国家级新闻学专业综合改革试点项目成果

国家级新闻学一流专业红色教育辅助读物

午人新闻文存

边　江　编著

新 华 出 版 社

图书在版编目（CIP）数据

午人新闻文存 / 边江编著. -- 北京：
新华出版社,2022.10
ISBN 978-7-5166-6436-0

Ⅰ. ①午… Ⅱ. ①边… Ⅲ. ①新闻报道－作品集－中
国－当代 Ⅳ. ①I253

中国版本图书馆CIP数据核字(2022)第165284号

午人新闻文存

编　　著：边　江

责任编辑：丁　勇　　　　　　版式设计：马汉宇

出版发行：新华出版社
地　　址：北京市石景山区京原路8号　邮　编：100040
网　　址：http：//www.xinhuapub.com
经　　销：新华书店
购书热线：010-63077122　　中国新闻书店购书热线：010-63072012

照排印刷：西安新华印务有限公司
成品尺寸：185mm ×260mm　　1/16开
印　　张：32.25　　　　　　字　数：606千字
版　　次：2022年10月第一版　　印　次：2022年10月第一次印刷
书　　号：ISBN 978-7-5166-6436-0
定　　价：108.00元

午人（1916.1.18—1997.7.12），陕西蒲城人。1938 年 3 月到延安抗大学习，同年 8 月加入中国共产党。1938 年 10 月回家乡从事党的地下工作。1940 年秋调回延安进中央党校学习。1941 年冬任安塞县委秘书，成为延安《解放日报》通讯员。1945 年 8 月调任《边区群众报》（后改名《群众日报》）编辑记者，解放战争中曾为新华社战地记者。1949 年 10 月任《青海日报》首任社长兼总编辑。1953 年后长期在中共青海省委、陕西省委工作，曾两任青海省委常委（1963 年、1978 年）、三任省委宣传部部长、两任省委党校校长等。1986 年 12 月在中共陕西省顾问委员会委员任上离休。1997 年 7 月 12 日在西安因病逝世，享年 82 岁。

图为 1937 年冬，蒲城县在西安各中学上学的学生，利用寒假组成抗日救亡宣传队，回乡进行宣传演出期间合影留念。午人（二排左四）当时主要负责书写标语，在城乡张贴宣传。（此照片系蒲城周琳光 1990 年寄午人珍藏。）

图为 1948 年春，新华社西北总分社、群众日报社全体同志在陕北绥德县霍家坪合影。

午人与妻子李咸（摄于 1953 年）

午人与妻子李咸（摄于 1973 年）

午人全家福（摄于 1958 年）

1993 年夏，午人先生（中）与女儿仵劲草（左二）、女婿 Tik Hwie Ong（左一）、儿子午海宁（右二）和儿媳何晓昱（右一）在西安家中屋前留影。

午人全家福（摄于 1962 年）

午人与女儿仵劲草（摄于 1982 年）

离休后，午人酷爱书法

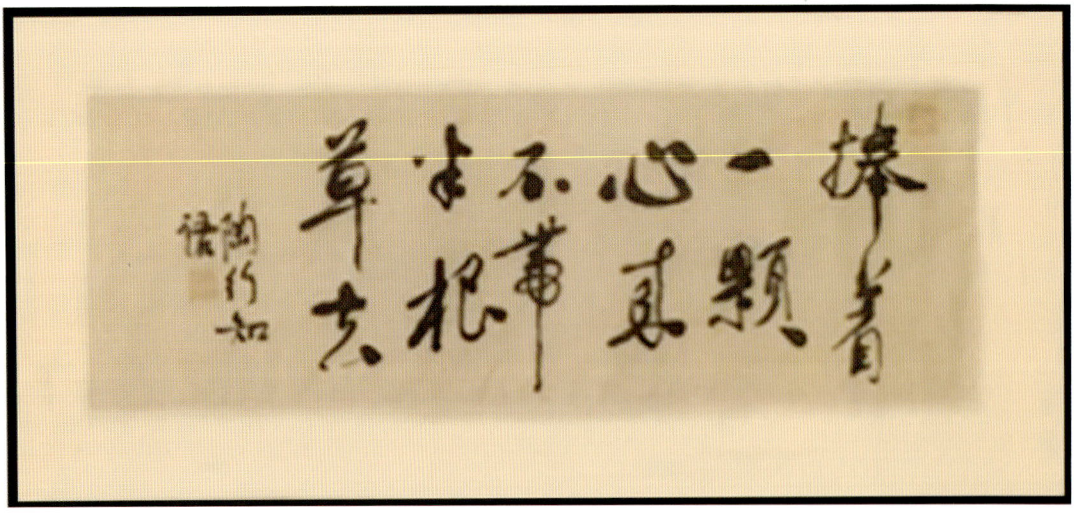

午人书法：捧着一颗心来，不带半根草去

序

当年明镜照今人

申尊敬

这一部图文并茂的《午人新闻文存》，是边江同志退休6年来编著的第8本著作，既有珍贵的个人“文存”，也有重要的新闻史料，还有边江的“午人传略”，文献性和学术性堪称俱佳。

午人和我国新闻界的泰斗穆青是同辈人，都是用笔杆子为人民打江山的功臣。他们都从延安来，都曾是新华社随军记者，都曾在枪林弹雨里采访，在土炕土灶上写稿，有时候就拿膝盖当书桌，在艰难困苦中为党为人民建功立业。午人这一代新闻工作者，对共产党领导下的中国特色新闻事业卓有贡献，但他们中的绝大多数人像蜡烛一样，一生都在为照亮别人而呕心沥血，很少留下关于自己的图片或文字。

在那一代记者中，午人是个有心人。他在晚年回忆了自己新闻生涯里的精彩往事，整理了极为珍贵的“战地日记”，他的子女和边江同志又搜集整理了他在革命战争时期的绝大部分新闻作品，我们可以从这些文字里看到那一代新闻记者当年的身影，听到他们的笑声，感知他们的情怀。

这本书的名头不大，价值很高。文集始于午人的“奔向延安”，终于边江的“午人传略”，比较完整地展示了一位从战争年代走来的新闻宣传工作者或艰苦备尝，或惊心动魄，或苦中有乐的革命人生和新闻生涯。虽然全是老故事、老文章，但今天读来，如饮陈年佳酿，其味醇香且绵长。

午人20多岁时由于向往光明，在战火里投身革命，从西安到延安后，先成为一个县的通讯员，又成为《边区群众报》《群众日报》和新华社记者，写下了大量优秀的消息和通讯。1949年，刚刚进入33岁的午人，其实还是一个风华正茂的青年，已经肩负重任，带着一班人马，在西宁城里为新中国创办《青海日报》了。后来，他又成为主管一省新闻宣传工作的省部级领导。今天的我们或年轻人，看到午人的履历，一定是羡慕多于仰慕，其实这是“知其然不知其所以然”。午人那一代新闻记者中的佼佼者能“年纪轻轻挑大梁”，是先成为随时准备掉脑袋的革命者，并且真真切切地经历了血与火的生死考验，然后才是被组织委以重任。他们往往年龄不大，实践经验已经相当丰富，工作能力也超强。

从通讯员到记者又到主管新闻宣传的省部级领导，午人完美地实现了一个新闻工作者的“职业梦”，这一生可谓是功成名就。

也许有人会问，午人为什么能？

答案其实就在这本“文存”里，在午人的人生故事里。

坚守信仰不动摇。午人从西安去延安时，还是个满怀抗日救亡之心的热血青年，是一个向往革命的年轻人，还不是一个革命者，脑子里也没有什么信仰或主义。到延安后的午人，变化是脱胎换骨的。毛主席和共产党的厉害在于，特别善于按照共产党的信仰和宗旨改造人的思想。在共产党领导的队伍里，尤其是在延安，不论你是什么出身，无论你因为什么或怀着什么目的加入这支队伍，都会被送进各种学校，通过培训或教育，接受思想洗礼，就被改造成了一个以党的信仰和宗旨为个人信仰和宗旨的革命者。午人到延安后，先是被送进“抗大”学习，经过延安整风，经过思想改造，他就有了政治信仰，在思想上就确立了对马克思主义、毛泽东思想的信仰，行动上就跟定了共产党，一生一世，忠贞不贰。午人那一代革命者，一旦确立了对马克思主义的信仰，就终生不改，并且绝不动摇。他们信仰马列毛，跟着共产党，是心口如一的信，是真信；是绝无二心无怨无悔地跟着走，是真跟。

思想上信，行动上跟，他们就能在腥风血雨和大风大浪里始终头脑清醒不迷茫。在残酷的战争年代和艰苦的建设时期，尽管遇到许多艰难困苦，甚至遭受冤屈误解，但政治信仰这个精神支柱坚如磐石，从未动摇，是实实在在的“不忘初心、牢记使命”，而不是嘴上一套、心里一套，更不是阳奉阴违。

一个人有了坚定的信仰，就“成了特殊材料制成的人”，心里头就有了远大的目标，思想里行动上就会放下小我，常怀大我，“不以物喜，不以己悲”；就会淡泊物质享受而重于精神追求；就会心无旁骛干大事，千方百计成大事，这也是午人和那一代人“学历不高能力强”的秘诀之一。现在的新闻工作者，看学历往往硕士甚至博士，不可谓不高，但如果不相信马克思主义、毛泽东思想的真理性，不相信马克思主义和毛泽东思想是科学的世界观和方法论，没有坚定的信念，没有远大的抱负，精于谋利，患得患失，守不住初心，抵不住诱惑，跑偏了方向，脱离了人间正道，则学历再高、脑子再灵，也难成才，至少难成大才，或许就成了歪才。

战地华章看日记。212 篇计 13 万多字的“战地纪行”，在“文存”里格外耀眼。这些“战地日记”的新闻和军事史料价值之高，怎么评价都不为过。这些“战地日记”，也是午人新闻生涯的华彩乐章。这些璀璨的“战地黄花”，一定会在历史的天空永远绽放。

让我十分震撼的是，在随时可能丢性命的战场上，午人能一面随部队行军打仗，一面采访报道战况和军民生活，还能在尚未散尽的硝烟里坐下来安心写日记，而且竟然写了那么多，最多的一篇长达 1500 多字。他写战地日记的 1947 年 5 月到 1948 年 5 月，正是解放战争中敌强我弱最艰难的时期，我西北野战军在陕北的千山万壑中与 10 倍于我的胡宗南军打“蘑菇战”，午人是西野某纵队的随军记者。写战地日记，肯定不是上级布置的任务，一定是午人凭着一种“历史自觉”，给自己布置的“历史任务”，是决意无论如何也要完成的“历史使命”。他一定强烈地意识到自己在这一段随军记者生涯里所见所闻的历史意义，知道记录这一段战地生活的历史价值，所以他每日每时在战地上眼观、耳听、心想、手记，不放过每一个重要细节。

这一年是他新闻生涯中最忙碌最紧张的一年，也是成效格外卓著的一年。

没有使命感的记者难成大器。一个记者，必须有强烈的使命感，非凡的意志，超强的毅力，出彩的文笔，方能成大器，午人具备成为大记者的这一切素质。在这一年的随军记者生涯里，他一个人干了两个人的活儿：充分报道了我军在西北战场上英勇杀敌的战绩，记录了丰富多彩又极其珍贵的战地生活和军民关系，还为我们留下一批极其珍贵的史料，也为未来的记者在重大报道中如何工作提供了一个可供参考借鉴的样本。

好作风生出好文风。前些年，新闻界曾经开展一场声势浩大的“走基层，转作风，改文风”活动。在午人的记者时代，这是一个不存在的问题。午人等人回忆道：“每当稿子写成，要先念给当地的群众听听，征求他们的意见后才修改定稿，如果群众听不懂，那就得重写或做大的修改。”有这一套机制保障，记者的作风和文风没法不好。那时的记者，如果脱离群众，不深入实际，写出来的稿子就通不过。在陕北，午人经常和群众在一起，同吃同住同劳动。在青海，他后来成了省委常委兼宣传部部长。官做大了，地位高了，但他还保持着深入实际、密切联系群众的好作风，不丢老传统，每年仍抽出几个月时间，深入条件十分艰苦的农村牧区调查研究，无论走到哪里，都和群众打成一片。记者的作风好了，文风自然会好，写出来的新闻就新鲜，就生动，肯定为群众喜闻乐见。

1948年7月12日，午人在《群众日报》上发表的小通讯《“七一”在洛川》，最能反映他和同代记者的风格。**（本报黄龙讯）“七一”的清早，洛川市两块黑板报，均登出中国共产党的产生及奋斗历史。新华书店展览出中共领袖挂像，解放区建设照片，各解放区报纸，蒋介石卖国罪行及解放军的全国进军胜利的剪报。市民和赶集农民，争**

先快睹。延大分校街头黑板报上的题诗："七月里，好太阳，中国产生了共产党，要为中国求解放"，立即被传诵开去，并有人抄记。农民们，看到彭副司令的像时，都敬仰地说："这就是解放咱们黄龙的彭老总！"这是一篇纪念建党的报道，题材重大，但部队正在行军打仗，记者没有拉开架势写稿子，名曰通讯，只有190多个字，篇幅之短，已达极致。这是一篇大巧若拙的新闻通讯，全篇都用记者眼见耳闻的事实说话，一句话一个新闻事实，一个事实一个画面，叙述语言简洁明快，句句都是朴实的大白话，读来却使人感到如在现场，亲切生动。作风不好，文风难好，不深入群众，不用心采访，绝对写不出这么接地气的鲜活报道。几十年后的20世纪90年代，新闻界曾经提倡记者多写有现场感的短新闻，却不知早在几十年前，我们的新闻先辈在大西北已经有了成功的实践。

位高依然严自律。午人很年轻时在新闻界就身居高位，后来又成为省部级高官，但他不仅没有"飘飘然"，反而常常自查自省，不断给自己敲警钟，唯恐自己的思想腐化变质。从工作到生活，午人都严格自律，对至亲至爱也不例外。他在《青海日报》当社长时，爱人李咸也在报社工作。报社进出机关大门实行查验出入证制度后的一天晚饭后，夫妻俩散步回来一起进大院时，看大门的小青年请李咸出示"牌子"，李咸没有带，小青年就把她堵在了门口。午人认为李咸是一般职工，应当遵守制度，没有替李咸说话，独自走了。李咸很难过，觉得伤了自己的面子，"一个守门的小青年，对机关负责人的情面都不看，真是领导当得窝囊！"她抱怨午人说："你，一个机关的负责人，不起个活牌子的作用吗？"午人却与妻子进行谈心，他对李咸说，你是不是有了特权思想？你也是从枪林弹雨里走过来的人，今后能不能禁得起和平环境这一无形的关隘呢？李咸受了批评，也意识到自己的错，觉得作为一个老党员，严于律己应该从小事做起。这就是午人那一代人几乎融化在血液里的自律意识，不骄不躁，知错就改。

午人晚年写下《预书示儿女》，实际就是遗嘱。他说自己这辈子"唯

—自安的是清醒坚定地跟党走到生命的最后。遵纪守法，羞于谋私”。他要求儿女在他去世后“不收礼仪之物。不因丧事向组织上提任何要求，节约公家财力”。人之将死，其言也真。这份遗嘱，最能显示一个老共产党员的精神境界之高。有才、肯干、德行好，这是午人一辈子行稳致远的根本原因吧。

读史为了温故，温故当重鉴新。历史是个好老师。我们向后看，是为了向前看。向后看，可以帮助我们向前走。我们读前人的故事和文章就是想要从前人的故事和文章里获得经验和教训、知识和智慧，或学其精神，或学其方法，用以指导我们的实践，使我们在前进的途中少走弯路，少缴“学费”，这也是我们读史温故的价值和意义。为达此目的就要下功夫结合实际，悟出点管用的道理，至少能受到一些启发。

时代变了，午人的故事不可能重演，但午人不怕难、不怕苦，甚至不怕死的精神没有过时。现在年轻的编辑记者要“不负时代，不负韶华”，务必学习继承先辈的这种精神，借鉴他们深入实际、深入群众等永不过时的成功经验。

午人是一面镜子，年轻的编辑记者们可以照一照这面镜子，看一看自己的作风和文风与午人比有什么差距，想一想在新时代、新环境里怎样发扬老传统，创造新经验。

这本《午人新闻文存》，完全有资格成为马克思主义新闻观学习教育的教学参考书。它有“史”有“观”，它朴实，生动，鲜活，真实，它不唱高调且境界高，朴实无华能感染人，掩卷沉思能启发人，对照检查能激励人。

这本书成为西北政法大学国家级新闻学专业综合改革试点项目成果，并成为西北政法大学国家级新闻学一流专业、延安大学国家级新闻学一流专业红色教育辅助读物，当之无愧。

我们要感谢这本《午人新闻文存》的主要编著者边江同志，感谢他为我们贡献了这样一本好书。

边江是《午人新闻文存》的编著者，也是午人精神的传承者，他用午人精神给午人编《文存》。

午人不在人世已经有多年，他在战争年代的新闻作品，除了其子女悉心保存的部分外，有许多已散失很久了。为了尽可能完整地展示那些珍贵的史料，边江在北京、西安和延安等地“踏破铁鞋”，费了许多周折，找了好几家图书馆和资料室，才使散失多年的午人作品在这本“文存”里得以“团圆”。

为了早日把本书编成，在西安疫情期间，边江怕坐公交被大数据“逮住”而误事，多次从单位家属院步行到陕西省图书馆去查资料，查完资料又在烈日下一步步走回来，一个单程就是一个多小时。

边江在新闻界是老人，在新闻史学界却是新人一个。他的新闻生涯起步于陕西省西北角的一个山区小县，从通讯员成长为新华社高级记者，并成为陕西分社副社长。退休后，因为编撰新华社陕西分社社史，他像发现新大陆一样发现新闻史及其研究是一个广阔天地，由此狂热地爱上了这个专业。把边江领进“新华门”的新华社陕西分社原社长周国华听说边江爱上了新闻史研究，热情地鼓励他“大胆地走下去”。边江对新闻史研究的爱，爱得如鲁迅所谓：“只有纠缠如毒蛇，执着如怨鬼，二六时中，没有已时者有望。”几年来，边江因热爱而执着，因执着而丰收，已经收获了累累硕果。他领衔编著的《延安大学新闻班——中国共产党创办的第一个大学新闻专业》，被权威专家誉为“研究中国共产党延安时期新闻教育的一部代表性作品，其创新性、创造性的贡献是确立了中国共产党大学新闻教育的源头”，“具有一定的权威性、独家性、学术性、理论性”。

边江与我，相识很早，相知恨晚。我们俩家乡的县连畔种地，又都在新华社工作，所以几十年前一见面就格外亲热，但新华社是一个“散是满天星”的大单位，分支机构遍布国内外，我们因为不在一个分社工作，相互的了解并不多，常见他采写的优秀作品屡屡发表在大报大刊，在陕西和全国产生了重要影响，我很为有这样一个能干的乡党而感到骄傲。我退休后回到西安，和边江住在一个家属院，接触多了才发现，这位乡党憨厚的外表里，藏着火一般的热情和一颗执着的心，为了梦想成真，他经常凌晨就“开工”了。在我们分社的退休干部中，边江的勤奋出了名。

退休6年，边江编著了8本书，总字数洋洋洒洒达300多万字，这成果，实在让人羡慕更敬佩。如果在退休干部中选劳动模范，我第一个投票给边江，而且会动员更多的人投票给他，因为他当之无愧。

这一本《午人新闻文存》，不是边江新闻史论著的第一本，相信也不是最后一本，让我们期待他再著佳作！

2022年5月31日于西安新华苑

注：申尊敬系新华社宁夏分社、吉林分社原社长，高级记者，新华社首批特聘教授。著有《品悟毛泽东》（在2013年第23届全国图书博览会推荐的百种优秀图书中名列第一）、《善变的中国人》和长篇报告文学《家国大漠》。《丝绸之路漫记》（合著）一书1984年被中国史学会和中国出版工作者协会评为全国优秀图书。杂文入选《中国杂文鉴赏辞典》和《新疆杂文选》。

目　　录

第一章　延安记忆

第二章　安塞通讯

第三章　群报选稿

第四章　战地纪行

第五章　青海留痕

第六章　人生感悟

第七章　亲情无限

第八章　附 录

第一章 延安记忆

午人，1938年3月从故乡蒲城奔赴延安参加革命。在本章收录的8篇文章中，午人回忆了自己到抗大学习，上中央党校，在安塞县委工作，学习写稿，调入《边区群众报》工作等情况，再现了当年的火热生活。

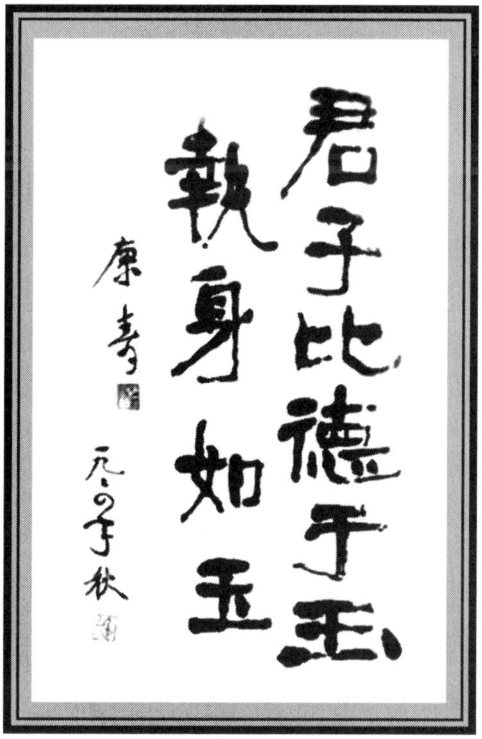

午人书法：君子比德于玉，执身如玉

抗大（资料图片）

午人自刻章：心曲

奔向延安

——人生道路抉择

童年穷乡，见闻贫乏，智力发展慢。那时，军阀混战，人民生活贫困，讨饭、卖儿女、逃荒处处可见，人们惶恐、无望。我的家乡，雪地见到路毙，土匪倾轧，军队抢劫、绑票之事接连不断。除夕夜村里发生匪报私仇，抢走亲友邻家小孩。

我出身于一耕读之家。祖父、父亲是清代秀才，五伯父是清代进士，在河北历任过 20 多个县的知县、察哈尔省代理主席和北平市政府高级参议。他们虽是旧时代的文人，却思想开明，为人正直，热爱国家。

父亲教我文化，灌输封建伦理道德观念，同时也教我不做官，不害人，做一个有学问有益于社会的人。他引导我认识了历史上许多爱国仁人志士，给我讲解他们民族大义精神，岳飞的《满江红》、文天祥的《正气歌》、屈原的《橘颂》、司马迁的修史等等有正义思想有意志的故事。五伯父做官勤政，清廉爱民，历任各县皆有赞扬口碑。日寇侵略，他即辞去官职，坚决不为日本人做事。人说，官久自富，而他做官几十年两袖清风，回乡的路费都是由我父亲为他筹措的。

大家庭里人口多，关系复杂。外有虚名，所谓诗礼之家、几世同堂等，但内有争斗、私吞财产，逐渐没落。亲友皆是读书人、老书生，多地富，但也有受进步思想影响，有开明的，有参加革命的。

在五伯父的鼓励下，父亲送我上新学，由家庭读书到镇小学，接触新知识、新文化。同学到三原买来新书，《少年漂泊》《野草》，读不懂，主要学习写作文的形容词。我逐渐读到更多诸如鲁迅、邹韬奋等的进步书籍，开始受进步思想影响。“九一八事变”，民族危亡，更激起社会各界人士抗日情绪。我参加小学抗日宣传活动，打倒列强、抵制日货，同时使自己也受到爱国的教育。

我上中学时，教师和同学中有先觉者，介绍进步书刊和思想。参加西安“双十二事变”，使我的爱国思想进一步扩大，追求进步，追求真理，逐渐注意到中国共产党对时局的主张。日本打到黄河东岸，西安动荡，局势不安，各界抗日情绪激昂。学校要南迁汉中，我临将毕业，感到国家有难，自己前途渺茫。

有红军到本乡测绘地形，在禾场上相互说话不多，形象俊俏，革命人，欣敬。红星帽给我的印象极深，心情激动，一夜未睡。

以上种种因素，促成我北上延安。谁能抗日就拥护；谁能改变邪恶社会就拥护；谁能帮助人民大众过上平安、不愁吃不愁穿的生活，就拥护。

1938年3月，我和同学三人背着家人，离开学校徒步去延安。我们出西安东门，早晨，阳光好，我们踏上新的征程，走向革命的起步。当时的思想是“国家有难，匹夫有责”。一心为求得上战场，直接为抗日做事。前面，延安在召唤，走在路上，什么困难都不怕。在路上见到佩戴八路军臂章的人，见到从全国四面八方奔往延安的青年，激动不已；后面，西安在跟着我，有爱国、革命思想鼓励我，中国在觉醒，要起来救自己；家乡在跟着我，有饥饿、恐慌。看到延安，喜欢，什么都新鲜。住进抗大（延安抗日军政大学），新的课程，新的学习方法，新的生活方式。初学马列著作，认识和了解共产党，从以下这两个方面：一、从理论、宣言、政策等方面。其主张代表了人民心愿，抗日爱国，不压迫人民，召唤了成千上万忧国忧民的苦闷青年；二、从日常具体生活。如，毛、朱生活、衣着，同群众接触，同士兵打球，看到好的党员，心里敬佩。看到人与人的新型关系，生活充满革命热情，和高尚的理想与信念。我思索，我对照国民党区，打破了我只做有益社会人，不加入任何党派的观念。同年八月加入中国共产党，在党旗下宣誓，十分激动，感到自己是真正的人，独立的人，有庄严的社会责任的人，不会被旧社会吃掉的人。革命到底是什么样子？怎么干？什么社会制度？怎样解决中国问题？说不清。

1939年，组织派我回本县工作，到某小学教书，党组织强，离县城远，好活动，在附近农村培养进步分子。身边有特务（曹某某）侦察进步教师；脱党分子，装进步（荆某某），实为内心阴险。

1940年夏，我二次上延安。父母亲担忧，知道参加革命艰苦、危险，亲友认为胡闹，是险途。父母年事已高，生活有困难，不愿独子远行。善良开明的父母亲看我下了决心，理解和同情我的愿望和选择，口说同意，眼里流泪。我答应父亲的叮嘱：要有作为，但不做官。为解决革命和照顾老人的矛盾，留下新妇在家照料父母。不革命不行，不爱父母，能爱天下人么？想到，万一做了亡国奴，则太可怕。历史上多少志士仁人都爱国，如岳飞、文天祥、陆放翁、辛弃疾、苏武、屈原等，对我影响很大。

二次上延安，是由组织调去的。离开家乡，放下父母亲，确是下了长期的决心。这次去，不是个人行动，不仅为抗日，还想到未来，赶走帝国主义之后，改造中国，让所有人都过上好日子。进入中央党校学习，较系统读马列书籍，进一步认识党，自己思想起了较深刻变化。自觉以革命为己任，以延安为家，自己的路选对了，走定了。

延安，是我走上革命的人生新起点。

在党校学习的日子

1940年夏天，党调我们返回延安。当我通过敌人碉堡林立的封锁线，脱离开黑暗、恐怖、特务横行的家乡，进了边区，真松了一口气，像飞出笼子的鸟，可以自由上蓝天、入绿林，像走出了闷死人的烟雾，来到了氧气充足的晴朗旷野。

我随关中分区“七月剧团”搭伴，边演出，边走路。我们穿过六十里梢林，看见什么都新鲜，一切好像都是第一次看见。一路上的山川、田园、人家、一草一木，都是那么自由、愉快、富有生命力，仿佛在迎接每一个从全国四面八方奔来革命的青年。

到了延安，真正是回到了自己的家，觉得比在父母的身边更舒展。我们换上一身八路军穿的灰布衣服，汇入同志们的海洋里，心也觉得换了，成了延安人了。初到中央党校学习，班里同学一个个面影生疏，而大家的思想却是相通的，感到非常亲近，似乎彼此早已熟识。我们这个班学生出身非常不同，有小学的；有大学的；有国外留过学的。其中有从前方回来；有刚刚从敌后党的地下工作岗位上回来；有从上海洋场和大城市来；还有的是从海外归来。

这年冬天供给困难，每个人只发一条灰布棉裤、一件棉背心和一件膻气熏人的羊皮袄，当然没有布面褂子。我们这些大小伙子、小姑娘们穿起来，七长八短，认不出哪位原来是小姐、华侨、工人、学者、诗人。我们试着衣服，彼此望着、笑着，高兴得似乎千里迢迢来延安，就是为穿这身特殊的冬衣。尽管我们各自的社会身份、经历不同，今天在这里，大家都是同志，有着共同的理想、追求、目标、意志、语言。共同爱国的革命历史使命将我们从五湖四海、天南地北，涉越千山万水走到一起来了。我们齐聚延安，相互感到这么熟悉，这么亲近，这么理解。深厚的感情是“手足”“兄弟”等词语所不能表达的。

我约是在十月末编进班的，看见先入学的同学已经学了很多课，心里正着急，可是没上几天课，遇上秋收季节。党校从校部到各班，教师、学生、男的、女的全都上山挖洋芋。我们有的用镢头挖，有的用手捡，有的把堆成山的洋芋搬运到院子里。大家挖的挖、担的担、抬的抬，干得热火朝天，整个党校一时变成了专业农场。这支穿着各式衣服的劳动队伍，人人争先恐后，心狠得似乎要将山头也搬回家。学员中有人从未见过洋芋；有人竟将在大城市穿的茶色西装拿出来垫在肩上；有人鞋子破了，拿出雪白的手绢临时把鞋子捆扎起来。呈现在我眼前的是一幅充满欢乐气息忙丰收的画卷。人们的欢笑声，不怕苦、不怕累的精神，散发出的情感像神话般奇特、动人。我在这些有血有肉的人中间，我喜悦、我振奋，觉得自己同所有人一样自豪。

我进党办的学校，任务是集中精力学习马列主义理论。学员们个个如饥似渴地学习，在树下、在窑洞、在吃饭的场地、在菜园，随处都可以看到有人在读马列著作，读党中央的文件。我们自由地谈论问题，公开地读马列著作和党中央文件，再不用像在敌后那样，随时会因被特务搜捕而躲闪，感到太幸福了。

学习马克思、列宁原著论述，通过教师为我们讲解，使我们在许多基本理论问题上逐渐得到较系统的理解。中央领导同志常来给我们作专题报告，结合实际生动地阐明军事斗争、地方工作和对国民党又统又斗等问题。他们阐述革命原理、总结实践经验，给我们指出了运用、做好工作的方法。这些讲座使我们了解抗日前线的军事形势；有关对国民党内部的分析和斗争；有关如何对付汉奸伪军，并如何予以瓦解与争取；以及党的地下活动所遇到的问题等等。好多好多在我脑海里思索的问题，在这里得到了回答，并重新得到了正确的认识。

学习的目的是十分明确的，党校不同于一般学文化的综合大学，是新型的学校。它的特殊任务是培养共产党人，铸造共产主义战士。因此，教学原则是理论联系实际，运用马列主义道理分析、认识中国的社会情况和目前斗争的特点和任务。同学们通过讨论，越发懂得中国革命的复杂性和残酷的特点，增强了我们的勇气和信心。

谁都明白，在中国这块土地上革命，斗争非常复杂、残酷。前方有日本兵，有日本浪人，有伪军，有汉奸，有地方恶霸和便衣；后方有国民党的统治，国民党军队有各种派系，有嫡系、杂牌，有CC特务，有复兴社，有三青团……我们党在前方、后方、敌军、地方、社会的各行各业都建立了基层工作，以各种方式进行活动。我们在一个班里学习的同学，可以说行行都能担负责任，处处是岗位。我们不知哪一天被派出工作，环境可能是险恶的，条件可能是艰苦的，任务是繁重的，而且要随时准备着牺牲，献出鲜血、生命。正由于每个人肩负的献身处境，同学之间，虽然一个饭盒吃饭，一个炕上睡觉，一个炭炉取暖，可是多用化名，不谈论自己的经历，不说自己原来的工作环境。这并不意味相互不信任，而是为了未来出去工作方便，为了革命的最高利益。在这一点上，大家都理解，自觉地互不打问。

这里既是学校，也是我们的家。我们学习理论，又锻炼了党性；既是学生，又是随时准备要上岗执勤的一兵。大家的思想状态是今天听完这一课，也许明天就会奔赴指定的阵地工作。

当时在边区外面，靠地下组织传阅党的文件太慢太少了，延安出的书刊不容易得到。记得我在某镇学校工作时，马列书刊东藏、西藏，避免被发现。《共产党人》杂志创刊号传到了我手里，是边区自造绿色粗棉纸印的，我立即在我靠近窗内的书桌旁最低处取开一块砖，将刊物塞进去，然后用砖堵上，放好自己改作文的桌椅，提防着那些特务、叛徒。他们有的装着进步，甚至以过去老同学的关系为借口，强行乱翻书桌、被褥。当时学习马列的书真不容易，今天在延安的机会太难得了，可以集中全力读书，看到有同学被调去工作了，我心中也有所准备，同时也更觉得在学校的时机可贵。

我们原来在外面一起做地下工作的几个同志，回延安后，分别到了党校、陕公、女大学习。我们常常于晚饭后或假日相互找着见面，话题很自然是现在的学习和以前的工作。

我和大家有同样的感觉：读书、听课，再经过讨论，对过去工作中遇到的问题和困难明确了，认识和觉悟到过去有些自以为是的态度，是幼稚可笑的。大家交谈中回顾了过去的经验教训，又设想再被派到原来的地区活动，怎么才能做得更好，我们谈学习心得，也结合实际运用。

一次见到金李夫妇，他们不是同时回到延安的，我没有问他们是怎么闯过了敌人的封锁线。他们现在一个到陕公，一个进了女大。半年前我们同在我家乡某镇的一个小学教书，做地下党组织指派的工作，他们的爱情就是在那里建立起来的。

说起那个偏僻小镇上仅有十多个教师的学校，情况并不单纯。教师中有躲避政治的；有心里不反动，表面沉默的；当然也有半公开的敌人暗探。可恶的是后段来的校长，是一个出党分子。他同我们相处，表情虚假，但又灵活，无意中显示他早先曾在共产党内，有意表示他不会伤害我们的活动。从表面上看，他并不歧视学校的几个党员学生。县西区这块地面的一个三青团头子，三十多岁，满脸横肉，将他的黑手伸进了学校。校长以不欢迎的姿态接待了他，其实他们彼此心照不宣。这个人是三天不来五天必到，尤其对我们几个感兴趣，故意要与我们搭话扯闲，强拉同学关系，一开腔就是几个钟头。我们心里憎恶他，预感到其人不善，却必须以极平常的神态应付他。教师中我们7个人是共产党员，他们可能有所察觉了，特别注意到楼房后面李某某那间偏背的小房。那个特务每次来见到我就喊同学，其实他要猎取的目标是领导我们的李某某。他总是突然钻进李的房子，名义上要与他交朋友聊天，说着说着就往政治形势上扯。吃饭的时候，他赖着不走，同教师一起吃饭，其间他顺手把衣襟撩闪一下，让人们看见他腰间别的手枪。一次他又去纠缠李，突然追问地下组织活动的情况。他把手枪放在李的书桌上，故意拆卸着，数枪中的子弹，一边问话，一边用眼睛四处打量。李当然明白其用意，却分外平静自若……李说："今日回忆这段故事，关键是为今后若遇到类似情况，我们应该如何应对？如何在特务魔爪下执行党的任务？今后同形形色色的敌人较量，一定比我们撤离前更为凶险，我们该如何更加机警灵活地做好组织交予我们的工作？”过了几个月，1940 年 7 月的一天，一位住在我们班对面山坡上，在党校另一个班学习的学员忽然向我说，我们县党的地下组织被破坏了，他看到在《西北文化日报》上刊登有脱党声明，看来可能是某某叛变了。报上同时登出许多党员的名字，只有某某知道，因为其他人都是单线活动，互不联系的。听了这不幸的消息，我立即跑去文化俱乐部，查了那天的日报。我反复看了几遍，不认得其他人的名字，只看到其中一人，正是为我办秘密组织关系，又亲自送我到边区党的地下交通人家里。我不相信，“他能叛变？一定是遭了陷害？”我同刘交谈，他比我知道得多，也觉得怪异，认为情况一定复杂，以后一定会弄清楚真相的。

我们同其他同学一样，人在党校学习，讨论和思索的问题，仍然离不开原来所活动的前方、敌占区、大后方、大城市和乡村的斗争情况，而且时时都在想如果再派去那里工作，怎么加强力量等等，似乎那里战斗的担子仍然继续担在自己的肩上。

通过学习，通过对以往工作的思考，觉得懂了不少问题，信心增强了，几乎想立即返回原岗位接着再干，同时当然又觉得学到的还远远不够。党校确是研究分析和学习中国社会的大学校，整个延安也是党的学校。延安是个奇特的地方，人们一到这里自然就变了。来自大城市的青年，礼帽、长袍不愿再穿了；高跟皮鞋、旗袍送给演出队了，都愿意早一天穿上一套灰布军装。女青年背上粪筐从大街上走过，表情显得自然、愉快、豪爽，感到这样的生活比什么都难得，感到自豪，觉得自己同“延安人”一样了。延安人，绝不是外形衣着不同，他们有共产主义思想觉悟，有共同的革命品格，有对党的忠诚。他们热爱祖国，有为劳动大众献身的意志和决心，有同志的爱，有自我牺牲的精神……

在党校内外，在学校课堂上，我看到了中国共产党，看到了众多的共产党人，看到了党的领袖人物。我们在夕阳下延河边散步时看到毛泽东；在干部会上听过周恩来的时局报告；在篮球场上见到朱德，以及许多战功辉煌，已在中外负有盛名的军事领导人物。这些战功赫赫的指挥员，敌人听到他们的名字胆寒震恐，进步人士对他们敬仰，而又感到神奇。延安人尊敬自己的领袖，对他们感到亲切，敬如父兄，爱如尊长，是共同战斗的同志和战友。我们在群众大会上、在山沟小街道、在延河边随处可以遇见他们。这些我们从心底里敬慕，感到神秘的人，对人平易近人，随处可以遇到，对我们学员、小鬼、马夫都是那么亲切自然，有说有笑，是非常普通现实的人。和我们一同在党校学习的学员，其中有不少同志，是在火线上、秘密工作岗位上做出成绩，立了大功的。有经过长征的老红军；有 19 岁的县委书记；有工运专家；有妇女领袖……

他们在党校学习，同样上山劳动，轮班帮伙房做饭，晚上守门站岗。这些人、这些事，对于我都是活的教科书。

离开党校后，原一个班的同学见面，都怀念那一段学习生活，对于我们以后继续改造思想、增强党性、做好工作，打了好的基础。有同志把所学的课程概括为三个方面：马列主义基本理论；来自前后方各条战线的同学们所共同综合、总结的实践经验；以及党风、校风、同志间友爱的感情、艰苦朴素的生活作风。党校从理论到现实生活，把三者融合起来，为党培养、铸造了千千万万个战士。

由格格不入到亲密朋友

——安塞记忆

1941 年 12 月，我在延安党校学习后，调去延安北面的安塞县工作，既高兴，又觉得没达到自己过黄河去前方的心愿。

早些时来到这个县工作的青年学生，有的从大城市刚进边区不多久，满腔热情，有吃苦的决心，缺少的是农村群众工作知识。这年冬季，最艰巨的任务，是动员群众运盐，要到国民党地区，换购边区军队急需的物资。运盐任务在不断增加，还要突击完成。我刚到县上，县委就召开区委书记会，开到旧历除夕结束。各区同志连夜赶回去，又开乡长会布置工作。

我也是作为县上的干部，被派到三区去帮助督促。

古历正月初二清早，我打好肩包，要出发，情绪非常兴奋。年节的肉菜一点吃不下去，只勉强吃了一个花卷，就背上行李徒步出发了。开始，我同往四区去的同志结伴走了不远一段路，就自己一个人按所指给的路向上山了。我边走边问，山路很难走，人家稀少，又听不懂我的关中话，说是四十里路，似乎越走越远，直到天黄昏，一问，到区上还有四五里。我又饿又渴，身上软得一点力气也没有了，只得躺在路边，几乎要睡过去。当我挣着气力，到了区政府时，天已全黑了，来开会的乡长都将要睡了。伙房为我热了些小米干饭，乡长们要我能再传达点县委的什么精神，自己实在不知怎么说好，只是无条理地说了几句自己来的意思。大家都看见我跑得很辛苦，就同乡长们挤在一个炕上睡了。

我很困倦，可是偏又睡不着，反反复复想，我怎样帮助人家的工作？怎样向农民讲清运盐追加任务的道理？怎么督促完成任务？自己到底能起什么作用？这个区新加的任务能不能完成？眼下又是春节，群众的习惯是不肯出家门远行的……

第二天清早起，区委书记老杜，按各乡乡长讨论的意见，把各乡承担的数目分定了。在乡长们要回去的时候，建议我跟高乡长到较近的二乡去。自己抱着学习的态度，听区委书记的口气，并不指望我能起多大作用。

这二乡的乡长叫高起楼，四十多岁，高个，话少，身上背个破旧的灰布挂包。因为乡政府平时没有人住，土炕不烧火，当天只有到他家吃饭住宿。第二天参加行政村主任会时，他好像是把向大家讲清追加任务的道理，靠在了我的身上。

正月初四这天，高乡长说他另有个紧事，叫我先到乡政府去等，说各村人来齐了，他就到。我被乡支部委员领到靠乡政府上院他的家里。到了中午，开会的村干部才陆续到来，有的在院子晒太阳，有的捻毛线，有的干脆钻在他亲戚家。我在这位委员家里吃午饭，因为逢春节，吃大肉菜，油炸软米糕，喝黄米酒，以客相待，弄得我不好意思。高乡长来了，开始开会，先叫我讲。我只有按领导讲的说一遍，几乎是照原话说的。看大家的神态是带听不听，似懂又不懂，情绪有点不耐烦，自觉也没劲了。还是乡长把他笔记本上事先分配给各乡政村该加运的数目正式宣布了，照例争吵几句，急着散了。越接近基层，自己心里越虚，似乎在县上听的记的道理，都说不清，用不上了。连日来行政村长陪我到各自然村找党员、找村长催任务，人家又诉难处，又喊乡上分得不公，又说牲口不行。村长们也不硬抗，有的只顾招待来他家拜年的亲戚。行政村主任在旁并不帮我说话，弄得自己也难多说下去，只有再转往另一个自然村。我爬山下沟、跑路、辛苦，心里有些泄气，真觉得自己不行。

我对陕北边区农村生活习俗不熟，当地语言发音听不准，如把“记笔记”，说成“至不至”，住在人家里，总是找不出多少话说，格格不入，亲近不起来。村干部，有体贴照顾的，也有暗暗看笑声的。在书本、文件上说的做群众工作一套，一点也用不上，只有苦恼，甚至怯于去人家家里吃饭。催任务的工作太难了，如果不是村干部安排帮助，真会饿肚子的。

过了一个星期，我同乡长都返回区上汇报，一听，各乡工作进度差不远，各有办法。看到乡长们，泰然自若不发愁，对区委书记、区长保证立即再出动多少牲口，在灯节前出发北上张家畔装盐，自己才松了一口气。我同时在心里把平时自以为有知识的偶像，悄悄在自己的内心深处砸碎了。

从此，我把长年奔走在乡村的区乡干部敬为自己的老师。他们把杂乱紧急的工作，做得有条有理，我真在心眼里敬服了。我心底埋藏了一个誓言，向基层干部学习。说老实话，这未说出口的渴望，是自觉的、迫切的。

我没有害羞，把在群众面前的无能状况，说给几个青年学生干部。他们也各自笑着自己，说了许多在农村受到党支部、党员、村干部的帮助，受到老乡的生活照顾，睡热炕、吃好饭的故事。女同志还受到老大娘的偏爱，进了村，像是回到自己家一样。但他们也有常走岔路、饿肚子、被狗咬、被狼追的经历。有的大小伙子，竟然偷偷哭过鼻子。大家都切实感觉到："做群众工作的学问大着哩！"

此后，我到了区乡工作，跟上区长、乡长奔走，最怕人叫某秘书，我甘心做实习生，又像个研究家，随时随地留心观察他们到底怎么做工作。

我先后走过一区、三区、四区等五个区，接触了许多乡长、文书。他们带我一起到村，到家户工作。乡长，多半是四十岁以上，有识字多的，有识字少的；工作经验有多有少；也有干得时间短的；有的点子多；有的作风生硬，方法简单。若把许多乡长综合回想一下，都是那么朴实、勤恳、能干，都像三区的高乡长，四区的张乡长，穿一身蓝的或黑的旧制服，戴一顶汗渍多又落满灰尘的五角帽，肩上挎一个灰色或黄色的布挂包，里面装有花名册、小墨盒、铅笔，还有要批的条子。他们走在路上、到地头、集市、农民家里，随时可以办公，处理问题，一天到晚全乡奔波不停。他们同农民走在一起，谁也认不出是乡长，一点干部架子都没有。他们识字不多，读书、读文件、做笔记等都有困难，可是脑子好，能记得不少事情，肚子装有一本账，哪个村几条牛，多少羊，张三李四家的穷富和为人等等，都一清二楚。我下乡爱跟乡长一起走，他们进了村，大人小孩立即围了上来，话也多了，人也高兴了，要办的事也活了，问题大半就地解决了……乡长，真是大家拥护的一乡之长，全乡人的代表。

我跟着、学着，乡长办事，可说是干脆利落。比如，乡政府召开有关布置征购公粮、分配运盐、安排春播计划等，常常是在乡政府当文书的大学生讲了好多大道理，说来说去，把问题搅不清楚，事情定不了局。可是乡长一开腔，三下五除二，几句话，把任务交代得明明白白，把事情处理得清清楚楚。参加会的各村干部，不争多论少，揽上任务回去办了。我真佩服他们的经验和才干。才体会到，当好乡长，办好一个乡的事确不容易，因为所有工作任务，从专区到县到区，一层一层布置，最后都是要落实在乡这一级完成。这是实打实的基层工作，讲到的要做到。我同在区、县混了一段的青年学生一样，认为即使派一个大学生去当乡长，也的确得要虚心地刻苦地在群众中，老老实实学几年才行呢！

我这一点发现，也是在跟多少乡长同吃同住同工作中，逐渐认识的。出于这一点觉悟，我曾为党中央的报纸写过一篇介绍乡长怎么工作的通讯。

乡村干部和群众，成了我心里敬佩的老师。他们教我逐渐了解农村情况、风土民情、生产政策和工作方法，使我看到农村生活是活跃的，生活内容比书本上、报纸上描述得丰富新鲜得多。农村真是广阔天地，对于我们青年学生，是没有教室的活的学校。

1942年延安整风之后，全面开展了大生产运动。我仅仅在县委当了一年秘书，学会做群众工作，但缺少陕北农业生产知识。我跟县委书记到四区，帮助农户做生产计划。书记一户一户按劳力、耕畜、土地及副业条件等，同户主商量、计算。我做记录、编写，这对于我确是基本功锻炼。这样做了一个乡，摸了许多实际情况，也发现了勤苦劳动的模范人物和劳动致富的村庄。由整理典型材料到写新闻通讯，使我的知识面逐渐扩大，还交往了很多劳动模范朋友。

延安的《解放日报》最先以头条大题目，表扬了退伍军人落户在安塞一区的杨朝臣，他上一年开荒种地的事迹。为进一步详细报道他今年的春耕生产，我同区上干部一起去他家。下午他在山上，晚上很迟才下山，早上天不亮，又带上小米饭和水罐奔上山去了。我们真没机会谈话，可是堆在家里的锅、碗、盆、瓢，向我们介绍了一个50多岁的单身汉，又种地又做饭的紧张生活。接着又发现了县机关所在地河对面马家沟的劳动能手陈德发。他不到30岁，种地有经验，劳动能下苦，还会计划。我从春到夏到秋，一段一段了解情况，连续报道。在全边区的劳模大会上，他荣列为六个特等劳动英雄之一。在他的带动下，马家沟全村，劳动风气活跃，出了四五个县上的劳动模范，还办了农民夜校、青年读报组。县的领导机关在真武洞，同马家沟隔一条河。我们早晚随时去那里看，了解生产情况，及时帮助总结经验。我们同开荒变工组一个个棒小伙，成了熟识、信任、亲切的朋友。我们可以随便进出各家喝水、闲谈。一次我去模范村陈家洼，正走着，对面山坡上一排开荒的青壮年小伙子，遥遥呼喊我的姓，一定要我去他们那里，了解他们那片山坡上的种植计划。

1944年春，安塞县开全县劳模庆功奖励大会，就有四区陈家洼模范党支部和书记安义元。会上的突出人物，有长途运盐队模范组织者张庆丰；有为群众办事，深受农民信任的供销合作社主任樊海旺；一区难民纺织厂青年工人孔祥俊，他用半手板机织布，一天织到将近四丈，创造了当时的新纪录；有落户移民，勤劳立业的刘喜；模范的读报组青年组长温汗生；还有模范干部乡长和文书……整个农村互相合作，生产活跃，英雄辈出，好人好事到处传颂，农村一片生动活泼、蒸蒸日上的兴旺景象。

生产大发展了，支援抗日前线的公粮超额了，群众有吃有穿，余粮多了，有耕三余一的，有耕三余二的，大大增强了冲破国民党围困、封锁我们边区的物资力量。

事实教育了我，认识到边区在党中央的直接领导下，开展大生产运动，使这个陕北山区形成了一个大战场。原来我们这些青年学生，总是想过黄河到抗日前线去，觉得那才是战斗。初被分配到地方工作，似乎后方就不能发挥革命热情，不能施展自己的才能和报国之心。

在安塞县工作的几年中，生活实践告诉我：边区并不是娴静的后方，而是生产紧张、斗争活跃的另一个战场。勤劳勇敢的边区人民，凭着觉悟、凭着热情，凭着双手和山坡地，为抗日、为革命克服了种种困难，贡献了物资，支援了军队，培养了干部。这个功绩是辉煌的，我们的党将永远不会忘记。

《解放日报》成为新闻函授学校
——报社编辑部对业余通讯员的热情指导

延安《解放日报》是我的良师益友。当时，我们生活在陕北偏僻的山区，加上国民党的封锁，纸张和印刷条件困难，一般书刊缺乏，更没有收音机。能看到一张《解放日报》，对于自愿奔来革命，刚刚参加工作的青年说，可以学习党的政策，学习新的知识，看到国内外大事，真是太重要了。来到安塞县（延属地区）工作的青年学生，人数很多，天天都急切地等待新报纸的到来。我也是爱抢先拆新报纸卷的一个。我们同《解放日报》结下了不解之缘。

我从报纸上看到介绍邻县的消息和工作经验，感到很新鲜，有时也同本县一些区的情况做比较，觉得我们这里也有类似的经验，或者比报上所刊登的另有特点或独具新意。于是我就试着给报社写稿，想不到有的竟很快发表了。稿子见报后，报社通讯部又来信给予鼓励，我写稿的勇气也就逐渐大起来。从此，我们一些热心写稿的同志，互相鼓励，大家动手，随时就各自熟悉的事写稿子。不过这时仍然处于自发的、无计划的状态。

经过整风运动之后，全边区展开大生产，劳动模范、英雄人物辈出，似乎有写不完的东西。在 1943 年到 1945 年这一段时间，安塞县的通讯报道工作也随之活跃起来，报上经常刊登出本县的新闻报道。有个把月份，《解放日报》上登出过本县长短新闻、通讯有近 30 件。同时，我们为报社写稿，逐渐由自发到自觉，由信手抓消息到有重点有计划地选题。当时在这个县工作的青年学生，爱写东西的人很多，带动了当地文化较低的农工干部、劳模和读报组长们的写稿热情。大家彼此帮助、合作，区长、干事、县长、书记等都为报纸写稿，而且乐于写各自专业的经验。

激发起大家为报社踊跃写稿的因素很多。首先是热火朝天的大生产运动，村与村、队与队开展竞赛活动，英雄人物不断涌现，形势喜人，大家都深受鼓舞，有县委领导的重视，但对我们业余通讯员来说，来自《解放日报》的支持、组织和具体指导，是起了直接推动作用的。

我个人就是在联系写稿中，同报社的联系逐渐密切起来的。开头寄给报社的稿件，一般都有回信，说明稿子为什么刊用，为什么修改，以及为什么不用的原因；还提出一些报纸在近期关于农村工作的宣传重点；甚至还指明要再报道某村、某事、某个典型人物。每次接到复信，我总感到有所得，从中体会到党报对通讯员热情、诚恳的帮助和尊重写稿者劳动的优良作风。这种复信都是由报社编辑自己亲手写的，它比一份铅印的退稿信或是简单的收稿回条，更使人感到亲切，犹如见面交谈。

我清楚地记得，当时报社经常给我复信的是毛笔字，字体稍斜，署名是李蕴辉。有时我寄较重要的稿子，为了帮助编辑处理稿子时便于考虑，往往向她另附信，说明写这一稿子的用意和根据。这样，彼此谈稿的信件往来就多了，比较自由地交换意见，谈到有的稿子被刊登在突出版面的原因。有时围绕中心工作，天南地北地谈写作、谈读书，先后曾收到过二十多件，有的信长到好几页纸，有点像朋友笔谈会。对于来信，我就其中有关宣传指导思想的提法特别留心，觉得所提示的意思，对于像我这样一个业余写稿者，其效益颇像函授学校。

《解放日报》记者常来安塞县采访，对本县通讯报道有直接的指导和推动。先后来过的有林朗、曾艾迪、杨永直、林沫、李蕴辉等同志。他们于采访写稿之余，还召集通讯员开座谈会，谈无产阶级新闻事业的性质和根本原则，介绍采访、写作的要求或经验，提出一些当前报道要点。我当时是县委秘书，有练习写稿的兴趣，也有接待、联络记者的责任。交往中，他们态度虚心，作风正派，不怕艰苦，对人热情诚恳，对我们写的稿子，直率地提出修改意见。报社记者善于发现新闻，采访深入，处理材料慎重，不信笔拔高、不歪曲事实的优良作风，我们都看在眼里，记在心上。记者又常常把写好的重要稿子交请县委负责人审看，也同我们相互商量交换意见，我们都乐于将自己知道的情况，尽可能地介绍出来，给他们提供线索。人们看到我们彼此间合作得好，便风趣地说我们“有点像报社记者帮办”，干部中也有人称业余写稿者是本县“土记者”。

随着群众生产运动的逐步深入，通讯报道也比较有计划了。我们先后报道了马家沟、陈家洼等生产、识字、读报模范村。报道的先进人物有：在边区劳模大会上被评为农业特等模范的陈德发（全边区共有六个特等模范）；劳模英雄、转业军人的榜样李朝臣；运盐公私两利的典型张庆丰；五区供销合作社模范主任樊海旺；原在二区难民乡纺织厂，一日织三四丈布的青年工人孔祥俊；河南难民落户立业的刘喜等。

注意报道新鲜经验，减少信手拈来的零星消息，看准了便精心采访，这也是来安塞县的记者留给我们的具体经验。如对模范村、四区陈家洼党支部的工作，我们同县委书记李望淮同志几次去了解情况，报道了支部书记安义元同志在生产互助活动中做好党员思想教育工作的经验。马家沟在县委机关对过，只隔一条小河，我们早晚常去。从延安来的记者、视察工作的领导同志，还有如经济学家丁冬放，也都先后来过这个村子。我们常随同去做向导。在介绍情况的同时，注意听客人们的观察和分析，于他们同别地做比较中得到新的启发。情况摸熟了，写稿就容易抓住新特点。就是远在一区的杨朝臣的家，我们也去过。我们从下午等到天黑，他还没有下山。虽然住了一夜，也没能同他本人谈上话，却亲眼看见他鸡叫上山、披星下山的一些情况。实践使我们认识到，深入群众中去眼看口问，比把人叫来办公室听介绍，或做间接采访，要实在得多，笔下也有感情。由于这些村庄和人物的事迹比较典型，报社常常来信向我们通讯员询问他们的新进展，从而也引起我们的注意，慢慢摸索出连续报道的做法。

新闻通讯虽然不是文艺创作，但它需要作者有出自内心的激情，有感而采而写。我写过一篇介绍一个乡长的领导方法的通讯，就是因为平时接触过好多乡长。他们文化水平不高，挎包里仅装有揉卷了的小本和三寸长的铅笔，可他们处理问题的实际本领可真行。一些做文书的大学生，开半天会还搅不清楚的事，乡长到场即能三言两语作出合理的安排和明确的决定，斩钉截铁，干净利落，颇有片言折狱之效。这些基层干部生长在群众之间，常年奔波在乡村，忠心耿耿，待遇微薄，他们辛勤工作和艰苦朴素的作风激起我心里对他们的尊敬、佩服。他们的形象活跃在我的心里，所以写起来也就生动流畅，满含感情。我还写过一篇乡文书怎样工作的报道。不少乡文书长期生活在深山僻乡，工作条件非常简陋，而任务是繁重辛苦的，但他们的工作态度却是那样认真、负责、有序。他们勤奋工作的形象，使我深受感动。另外，我又看到有些初出校门的青年，有一定的文化知识，有满腔热情，但对文书业务却不太熟悉。这就是促使我写这篇报道的原因。

由于《解放日报》对通讯员的热情帮助，使我们很乐意为党报写稿。多日不寄稿，似乎有点空虚，对不住党报和劳模朋友，觉得为党报写稿是自己责无旁贷的义务。每当看到《解放日报》发表有安塞的消息，大家彼此相告，乐得能跳起来。有的对照自己的原稿，如面对老师给自己修改作业那样，看编辑调整了几处，修改了多少，有的将报社的复信相互传着看。我个人也是这样心情，看见自己奔走访问、熬夜写的稿子见报了，能把群众中涌现的新事物介绍出去，有说不出的喜悦。实践使我明白了一个道理，即知识青年到劳动群众中去，了解他们的真实情况，脚踏实地向基层干部虚心学习，接近现实生活，头脑里才能获得一些活的知识，写出有内容有感情的文字。自己写的新闻能在党中央办的报纸上发表，是十分严肃的事，内心有一种特殊的光荣感。

大约是 1945 年初夏，记得本县久旱不雨，当地部分群众抬着神楼子游乡求雨。

针对这种情况，县委决定派干部到群众中做说服劝阻工作。我和县委组织部干事许瑞生、文化馆李如镜等同几个劳动模范参加了劝阻说服，效果很好。事后我们3个人合写了具体进行这场教育的起落经过。不几天，《解放日报》以醒目的标题发表了，同时报社还配发了评论，肯定安塞县对于群众迷信活动的做法是正确的，并阐述了既要反对命令主义，又要反对尾巴主义的观点。紧接着我们又收到报社来信，其中略略透露出中央有关领导同志对安塞县委的工作方法很重视。这使我们县的干部都很高兴，大家相互交谈一条新闻的价值。

我们在实践中懂得了为党报写稿，不应当按个人兴趣顺手牵羊，应该把它当作一项庄严的工作，要时刻想到对党负责，对广大读者负责。热情高，不等于报道工作就做得好。我们这帮青年同志，在写稿活动中曾出现过这样那样的毛病，如对有的模范村和人物偏爱，只看成绩不看缺点；对好的经验，不能深入调查、研究总结；对有的材料丰富的典型，写得简单潦草；对某些该写批评的报道，不愿意写等等。这些现象，有写作表达能力的限制，也有个人思想认识的原因。这些问题，经记者同我们座谈分析，在不断克服着。大家认为值得自慰的是，所写稿件未曾发生过夸大、拔高、失真的错误。

到1945年8月，在抗日战争胜利前夕，我离开安塞，调到西北局的《边区群众报》工作，分工负责编地方稿兼与通讯员的联络。在生疏的业务面前，才回味到在安塞县那一段工作实在获益不浅。由于对陕北农村的实际情况及群众的要求有一定的了解，在处理来稿时，心里就多少有点辨别能力。对于如何处理通讯员来稿，我就很自然地照学《解放日报》过去对待安塞县通讯员的指导做法，不管稿子用不用，都力争回信答复，认真谈些问题。对来稿尽量加工采用，或者把几篇稿子中有用的材料编写成综合消息。由于自己当过业余通讯员，明白写稿者的心情，所以对这项工作一直很认真，同不少通讯员成了笔墨知交。

1949年夏秋西北解放，我随机关下山，不久被派往青海创办省报。当时我们办报的人手少，不少同志又是从西北大学当年刚毕业的，没有经验，于是我强调仿照延安时的传统，注意走群众路线，着力开展业余通讯员工作，对来稿照老办法亲手复信。方法固然笨，但在当时赢得了通讯员们的友谊，换得了更大的吸引力。不久又增办了藏文版，同样用藏文字句向藏族通讯员复信。信的内容不仅谈写稿，也对他们不熟悉的政策，特别是民族团结及宗教信仰政策等做必要的解释。青海省委对报纸群众工作很重视，各级党组织都注意组织汉、藏文字报纸的群众读报活动，不少县常开通讯员座谈会。这对宣传党的政策，推动经济建设，提高群众的文化水平、政策思想起了一定的作用。天长日久，确实培养出一批写稿骨干和读报积极分子。1952年夏，经过省委同意，作为一次群众性政治工作活动，召开了全省上千人的各民族通讯员和好的读报组代表大会。会上表彰了读报、写稿活动中成绩突出的先进小组和模范人物，有力地促成了党组织、专业新闻工作者同广大群众一起办报的局面，形成一支熟悉政策，积极工作的群众力量。

以上谈的这些已是40年前的事了，今天办报的条件和环境，都发生了根本的变化。但是，我们党一贯坚持的全党办报的方针，密切联系群众、联系实际的作风，和吸引广大通讯员自觉参加报纸工作的办报方法不会改变。这方面的财富是十分丰厚的，对于今天我们在新时期办好报纸，仍然有值得借鉴之处。

（此稿写作于1985年，收录在《延安记者》一书中，陕西人民教育出版社1993年8月出版。）

怀念我办报纸的启蒙学校——《边区群众报》

延安时期的《边区群众报》，是我参加新闻工作的头一站，她的编辑部是我的启蒙学校。

1945年8月，正是抗日战争胜利前夕，我来到《边区群众报》工作，直到1949年夏西安解放时才离开。我先在编辑部约两年时间，延安保卫战开始后，被派往战地和黄龙新区采访。虽然我同报社的同志相处时间不多，但多少年来却时刻怀念那段集体生活，感激同志们对我的教育和帮助。后来，当我参加主办一个省报的时候，更感到当年清凉山上（先前机关设在文化山）的一个编报要点、一次评报讨论，都显得特别亲切和可贵，正像牛和骆驼反刍那样，将经验由记忆的胃囊里倾出，重新咀嚼思索，根据新解放区的社会情况和党在宣传工作上的要求，模拟着实践，试探着前进，使记忆在工作中继续活跃起来。

刻苦地耕耘

我第一次走上延安市场对面、延河东岸的文化山，来到报社门口时才明白：进了报社大门，也就是进了编辑部。因为所谓机关，仅仅是一个大的土窑洞，窑口面上插接前檐，近窗处能摆开几张桌子。报纸主编即编辑兼记者、美工以及青年见习等10人，全部集中在一起办公。这里都是旧桌小凳，墙上挂着成沓的报纸，显得很拥挤。我进去时看见大家一个个埋头写稿，有的还全神贯注地在查阅书报。

当西北局宣传部姓裴的同志，介绍我同报社负责人接上头之后，就下山走了。我留下来用心听着那位负责同志谈情况并给我分配工作，又望着人们严肃做事的神态，心里忽然不安起来。应该从哪里做起呢？我开始怀疑起自己来了，过去一直渴望干文字工作，恐怕是不自量力的。

我在外县工作时，亲眼看到，区乡干部最爱看《边区群众报》，因为这个报内容选得精，新闻简短，文字通俗。但有的知识青年也误以为通俗短稿容易写。我开初也有这种心理。及至到了报社之后，和同志们熟悉了，经过进一步交谈和耳闻目睹，批驳了原先的误解，才逐渐明白，一张用四号字排的四开四版的报纸，每期字数容量很少，但内容文字又要精练通俗，比之大张报确有独特之处。比如说，公布上级长篇文件，小报就要压缩摘编，既要篇幅短，又要准确；新闻只能一条报一事，评论一题议一理。新闻电讯，除了国内外大事、抗日前线大捷之外，有些刚编写好一条，接着又发生更新更值得介绍的新事，只得赶着重编重写。这一点，当时一起工作的蓝钰同志体会很深。那时的报纸副刊，只有柯蓝同志一个人编，既处理文艺作品来稿，又得每期赶写一节《洋铁桶的故事》，现写现登，连载多期。虽然党中央的《解放日报》每天一出版，我们是最先看到，但都不可能转用它的现成新闻或文章。当时所有的地方工作新闻，除了有重点地派记者直接采写之外，一般来稿，或因内容散，或因文字长，多数都得重编、综合式改写。我那时参加处理地方新闻稿，唯一的方便处，就是我在县上工作过四年，对于陕北的农业生产、山区生产、乡土民俗，多少了解一些。最吃力的要数改写稿子了，总是简短不了，即使夹用几句群众口头语，还是不通俗，文言、土语，疙里疙瘩，每经主编删削、细改，自己真不好意思。常思忖：到报社之前业余写稿，没有规范束缚，行文似乎不太作难，可到编辑部后却都不行了。怎么办呢？只有硬着头皮学。以后每处理一篇稿件，都像学生第一次习作那样，仔细推敲，耐心修改。其实这一段磨炼，对我以后的写作大有好处。

正是由于报纸自身的特点，逼着我们要走自己的路，逼着大家想办法。报上的见报文字虽不多，而编辑室出版前的制作量却真不少。大家出主意，就使这张报纸的要闻、言论、版面、题目、语言等，都能不断改进提高。记得当时的读者来信反映：《边区群众报》内容常有新道道，版式眉目常有新样子。

在报社工作的几年中，我同大家一起实习、留心观察，逐渐理解了一张报纸的出世，从选题、写稿、修改、审定到铅印出版，一字一句，都浸透了多少人的心血和智慧！对报上的一言一讯，每个读者有权也有责任评说，这是应该引起重视的社会力量。我也由此具体懂得了办报人耕耘的辛苦和党的宣传工作者的庄严责任。

人的精神风貌

加上我，当时全报社只有 11 个人，朝朝暮暮工作、生活在一个编辑室。宿舍也是几个人一起住。大家都很年轻，热情高，工作虽然忙，可年轻人的生活兴趣颇强。同志之间，包括主编在内，大伙相互容易熟悉，谁的言行、性格、思想素养、生活习惯，随时随地都看在眼里。哪个会补衣服，哪个偏爱吃洋芋，谁爱看什么书，谁写文章有什么顺手惯用的方式，彼此都很清楚。我曾看见过主编、编辑等几个主要写评论的同志，有的是先列出大纲细目，提起笔又解题又阐述，一路写下去，似乎比抄录还顺便，真是一气成篇；另一个却是事先不写提纲，不打草稿，却低眉深思，反复琢磨，然后按腹稿如蚕抽丝，用蝇头小楷，一字一句，想着，写着。我特别留神到，这些引文方法不同的稿子，都不曾有大返工，有时虽然修改却并不多。这使我既好奇，又佩服。我进而认识到，写评论文章，解释党的政策，阐明一个论点，其所以能表达准确又笔路捷快，关键还在于他们平时对党的路线、方针、中心工作任务、群众的心理等，情况熟悉，心中有数，写时方能一挥而就。对人和业务的不断了解，对我的思想很有启发。我深深觉得，这里真是个愉快的集体，也是所没有新闻学讲义的边做边学的学校。

说到愉快，是指在健康的政治生活中，人们有追求、有志向，自觉努力向上；但这不等于没有人闹一点思想情绪。像我们几个初学写作、编稿的同志，心里也有苦恼。当然不是想家，不是嫌苦，不是不愿做文字工作，而是别的。一次饭后散步，各人都诚实坦率地诉说哪一次采访的失利，哪一篇稿件写得不如意，大家为此叹气不安，心情像学生考试得了低分数，但谁也不怕谁笑话。谈来谈去，虽找不出什么妙法子，倒也警惕起来。他鼓励我，我鼓励他，相约不敢泄气，要刻苦工作，勤奋学习，这是最可靠的出路，也是这次闲谈的结尾。

当时报社主要是胡绩伟同志负责，以后加上金照同志。他们考虑报纸宣传的全局，计划组织各期报纸的中心思想和主要内容，团结并带领大家一起工作，使各人既有适当分工，又发挥所长，尽其所能。此外，主编、副主编业务熟练，亲自动手，经常下乡到延安附近农村如南区等点上采访，回来自己写稿。记得有一篇通讯，在头版登了满满一页，题目是《一车糜子穗穗》。他们发现了新情况、新经验，也随即写评论阐述推荐。领导的以身作则，使大家感受到一种平等、如兄如弟的好作风。领导同大家不同的，就是更勤劳、更辛苦，做得多，责任大，领导的行动，自然地鼓动了大家的工作热情，全力支持领导。同时大家也认为应该给付出劳动量大的同志，在生活物资方面有所照顾，但这在当时限于条件，实际上不容易做到。比如，我们的主编，仅住在山头坪台路边六七平方米的浅窑洞里。有次晚饭后同我们下山过河去市场口，他买了二斤熟牛肉，带回作为熬夜的食品，这仅有的一点“特殊”，后来常被人当作趣闻传说。

同上级朝夕通气

我们每编一期报纸，都是按西北局和边区政府当前的工作中心，认真开会讨论定出宣传思想、报道要点、言论、新闻、版面安排等。给我的印象，每一次都总像是筹备创刊出第一期那样的严肃，一丝不苟，不敢掉以轻心。有时考虑该发表什么重要言论，就事先同西北局宣传部商量。所以编辑部不仅内部工作忙，同西宣部也是随时请示，经常通气。胡绩伟同志更是三天两头去西北局或边区政府参加会议。当时，西北局同报社机关驻在对河的两道山上，西宣部的科长、干事经常到报社来，传达领导同志意见。我们每期稿子编齐了，专送西宣部审阅，部长李卓然同志亲自审阅，对有的文章批示修改意见。有一次，印刷厂催促发稿，立等排字，谁料由于出现新情况，西宣部指示要抽换一条时事稿。原写稿人和主编紧张突击，另选内容，重新编写。由于我们报所用时事新闻，无法用原电文，都得按版面容量加工改写，因此每遇这种情况，都从编稿者自身找寻教训，但大家谁也不感到厌烦。

一次，西北局直接召集报社全体同志去座谈、汇报工作。西北局领导同志到了会，直接听汇报，当面问情况，边听边谈，最后讲了话，有鼓励，有要求，反复强调报纸要旗帜鲜明、坚定地宣传党中央的路线、方针及西北局工作指示精神。会后留我们吃晚饭，多加了菜。吃饭桌上，大家继续交谈。领导同志的平易亲切，使得气氛和谐，我们丝毫不觉得有什么拘束。

经历战火冶炼

《边区群众报》得到了广大读者的普遍喜爱，在延安保卫战时期，她也经历了严峻的考验。

这份报纸，在全边区的基层干部和群众中之所以受欢迎，除了能正确及时地传达党的方针政策、国内外大事之外，也能生动地反映农村生产、群众生活，因此读者感到亲切、好读，文字精练，通俗易懂。那时已发行到所有的区、乡和偏僻山区的小学、中学、夜校、读报组了。

我在安塞县工作时，区、乡主要订阅《边区群众报》。区长、乡长们的挎包里，也常装着报纸。由于边区自造的纸质软，有的已揉得皱皱褶褶，还舍不得丢弃。他们借这个向群众宣讲政策，介绍生产经验；开群众会时，将报纸拿出来，选出有关内容，照念照说，把报纸看作“时事老师”“随身跟上指导工作的上级”“学文化的教员”“帮助想办事方法的好朋友”。还有的读者专心注意连载抗日小说《洋铁桶的故事》的人物、事态，一期一期怎么发展……这样，向这个报写稿的人也越来越多。

我自己呢，未来报社前，就喜爱这个报，现在也逐渐看出了兴趣：有的基层工作典型报道，是大报所没有的；报上的言论简短，说理明快，文章的群众语言丰富多彩……我对报纸的感情愈来愈深。

1947 年 3 月，由于胡宗南军进犯，我们报社暂时转移向延安北面安塞县一带的山沟，继续用蜡纸刻字、油印出报。有时转到新地方之后，就立即动手写稿、印报，头上敌机吼，远处炮声响，我们照样干。因为一时技术差，份数少，发行慢（后来霍一禾同志亲手精心研究改进，增多了印数），群众不断来信或捎话，呼喊着要看报。一次，我和闻捷同志到安塞真武洞及延河湾等处采访，遇到的乡干部和熟人，都是先问战局又问报纸，表示怀念地说：“现在战争紧了，更想看报。”我们常将自己随身带的旧报，顺手送给群众。

有天上午，胡乔木同志忽然来到报社临时驻地。他原是去陇东地区做调查研究的，现在要赶回中央机关。他背着背包步行，走进窑洞，连干粮袋都没来得及放下，就靠着老乡家的炕边上，翻阅着我们的油印小报。他边看边说：“在战争开初乱的情况下，能出报就不错了，你们辛苦了。”他还说：陇东的群众怀念你们，总打问报纸出没出……他在报社只停了一个小时，对宣传上提出了些意见，随即带上一套报纸，就匆匆赶路了。

乔木同志这次只是路过，又那么关心报纸，给我们以很大鼓励。后来常听说，我们的油印报，在遭受敌人践踏的延安市区，不断出现，传播很快，受到人民的特殊欢迎和珍爱，同时引起敌人的憎恨和恐惧。

祝愿不断创新

上面记述的片段，特别是四十年前延安人的生活环境和精神风貌，曾给我们以实际的教育，至今留存下深刻的记忆。今天已进入 20 世纪 80 年代，形势不同，时代不同了。党的战略思想和历史使命，已经有了新的目标。如何在新的历史情况下，根据十二届三中全会制定的纲领，党对报纸的期望和群众的心愿，努力改进报纸宣传工作，我相信我们的编辑、记者，在宣传四化建设、宣传改革中，必定会应用新的思想 、新的方式、新的作风，使延安精神继续发扬光大。

1985 年 1 月

（原载《延安时期新闻出版工作者回忆录》第 123—128 页，标题为《〈边区群众报〉回忆片段》，陕西日报社、延安时期新闻出版工作者西安联谊会 2006 年 8 月编印。现用标题为作者原稿标题。）

怀念清凉山

延安清凉山，一直在我的记忆里闪耀着光辉。

党中央、毛泽东同志在延安的年代，正是中国人民浴血抗战的艰苦岁月。清凉山建树的历史功勋，为史册所记载，为全国人民及世界人士所钦敬、仰慕。

1945 年前后，我在清凉山工作、学习、生活过一段时间。其实在这之前六七年，我已经和清凉山结下不解的缘分。1938 年秋，抗大学习的后期，我在这山腰间的一处旧庙里，庄严宣誓入党，令我永远不能忘怀。

抗战胜利前夕，我从安塞县调来西北局的《边区群众报》编地方新闻。不久，随报社机关移上清凉山。党中央的《解放日报》社、新华通讯社都在这个山上。人们说：这儿是新闻山，是举世瞩目的舆论阵地。

党中央、毛泽东同志，从这里发布过震撼世界的新闻，宣布过中国共产党对时局的主张；延安的观察家、有资格人士发表过文章、谈话，向全国各界人士阐明团结抗日的政策；向国民党、蒋介石进行倡议、劝告以至说理斗争……当时，各方面都十分关注延安的言论，聆听延安的强音，这里的动静在世人的心目中有如海上的航标、黑夜的星斗。

我初到报社，整天在窑洞里编辑来稿来信，涉猎面极小。看到编辑部整天进行的那些繁忙的工作，才知道一张报纸的产生，实在不那么容易，意识到新闻宣传，责任重大，做一个合格的编辑记者，责任重大。

到了清凉山，直接看到解放日报社和通讯社机关里，人们的生活节奏十分严肃紧张。山上山下，收稿发信；电台机房，日夜不停地收消息，发新闻；编辑部、印刷厂，人来人往，发排稿件，审校清样。遇到形势变化，需要及时发表评论，常是总编辑亲自动手，一边写，一边送工厂赶排，几乎是写一页排一页，全文起草终篇时，打出的全文小样，立即转给总编辑再修改、审订。遇到国内外有特大事件，遇到党中央公布重要文件，或者主要领导同志的重要文章、谈话，中宣部、中央办公厅随时通电话给清凉山。有时毛泽东同志亲自给博古、余光生同志打电话，提示修改意见，诸如某段某句的提法、措辞，以至标题字号、文章位置等等。于是，整个编辑部、整个清凉山犹如一个活的肌体，配合协调、紧张工作，社长、编辑、工人、校对，人影匆匆，在赶写，在审订，在听电话，忙着工作，忙着思索。

这里的生活实践，使我逐渐认识了无产阶级新闻事业在政治斗争中的力量和意义，理解了党中央在那样艰难的条件下，花大力气办报纸、办通讯社的战略思想。他们像指挥前方大军一样，直接制定宣传方针，及时具体指导。毛泽东同志亲自过问，执笔写社论、时评，倾注了很多心血。从已整理出版的毛泽东同志手稿中，就可以看到许多。

其实，战斗在这个山上的人，却过着极普通的生活，每天照例进出窑洞，编稿写作，上山下山，吃饭打水。十天半月，由总编辑传达党中央的新精神，讲述报纸当前的宣传主旨和中心任务。两周三周，党支部组织开小组会，学习文件，交流思想。在业余有人种菜，有人务花，有人养蜂，年轻夫妇照料婴儿，有的下山散步，或者到延河边洗衣。星期天，有人闲了，有人更忙，访朋友，陪情人。若是有了入场券的，便可以去杨家岭交际处跳舞，欣赏《三打祝家庄》《白毛女》《清明时节》（茅盾著）；或者去文化沟参加星期天文艺座谈会，听丁玲讲小说创作，听何其芳讲诗歌欣赏……尽管生活环境艰苦，衣食住行等物质条件简陋，但由于进步文化名人聚集圣地者众多，自己创造着崭新的文化，品类繁多，内容丰富，鼓舞人们精神愉快，革命热情高涨。

清凉山矗立在延河边，山上的人活跃在群众中间，记者到农村到工厂，都受欢迎。工人朋友、农民朋友、劳动模范，围住记者，殷切地问这问那，又热心地告诉好消息。记者随时知道许多口头新闻，学得社会知识，提取精神营养，若要说有没有一点与众不同之处？有的，只是知道时事情报早一些，对于新事物、新经验敏感一些，考虑党的报纸对人民的责任要多一些。我们也知道在国民党统治区，把“新闻记者”列为几大害之一，当局对记者是既害怕又迫害，既憎恶又利用。相比之下，我们在延安办报，是十分幸运而值得自豪的。

延安的生活，平凡无奇，却又新颖丰富。我当时年轻，不善思索，多少有意义的事，只缘身在此山中，却熟视无睹，被疏忽过去。待到离开延安之后，在自己独立主办一张省报的时候，回忆起清凉山那一段实践，觉得分外亲切，那么不平常，那么重要。

当我同年轻的记者讨论重大政治活动的采访时，又想起清凉山。我跟随解放日报社的同行一起，参加了边区参议会的报道，所受教益不小。送审稿时，领导同志边修改边谈说删改的道理，以及发表后会有什么反响……这次 20 多天的采访活动，使我感到吃力又大得收益，稿子被修改，自己确实心服：分明是政策思想不鲜明，实际工作情况不熟悉，文字表述不准确、不生动。察觉出自己的弱点，更感到实践机会的可贵，干了才知其中味。

一个普通的经验，随时可以忘记，往往临到迫切需要时，才能领悟它的价值。上述那些经历，也许当时不曾深思。可到了我要帮助大家出主意，在新环境尚未摸到新办法之前，便渴望在记忆的箱底找寻出更多有用的东西。

我怀念清凉山，多在工作忙，又遇到实际难题时，寻思它给过我的教育，给过我的启示，给我头脑里储存的那些有益的记忆。反复思辨，总是得到激励！

我的怀念，含有温故之意，感激之情。

（原载《万众瞩目清凉山》，师银笙、苏若望主编，中国文化出版社 2011 年 5 月出版。）

回忆延安鞭策自己

现在，是全新的时代，我经常想起延安。延安时代的革命精神和艰苦朴素的作风，永远鞭策和激励我不断向前。

我到延安以前，仅仅是从家庭到学校的一个青年学生，虽识几个字，没有多少社会知识。我从书本上知道一点革命道理，看到国民党政治腐败，看到日寇侵略，看到民不聊生的社会，出于正义，出于义愤，想到参加革命，保卫祖国，改变不公正的社会。我离开了正规的学校，辞别了父母亲，投奔革命，找寻光明和真理。就这样，走进了革命的行列。

到延安，住学校，听报告，懂得了做一个革命者所身负的社会责任和义务，确立了我全心全意为人民服务的人生观。我们一面学习、工作，一面打窑洞，参加大生产，上山开荒种地，学会纺线、做饭和缝补衣服，改造了旧观念。我看到人人以劳动为荣，个个以极高的热情参加学习和劳动。从繁华的大城市投奔革命的男女青年，到了延安，脱下旗袍和西服，换上草鞋，扛起镢头，挑起粪筐，思想感情发生了巨大的变化，认识了劳动的伟大，劳动人民的伟大。

在延安，党的领导同志以身作则，形成了一种艰苦朴素的作风。这种作风影响了所有自愿参加革命的志士们，生活条件虽然艰苦，但每个人的精神是舒畅愉快的。我夏天一套军衣，脏了在延河水流里洗干净了又穿上。冬天，自己上山烧木炭，烤火取暖。我们只发给一条棉裤，一个棉背心，上身一件没挂面子的老羊皮大衣，白天穿在身上，晚上铺在床上。平日我们在院子吃饭，下雨就在厨房屋檐下用餐。夏天我们坐在绿树阴下上课，冬天则是在山沟的避风处学习。每月的津贴是几毛，或一两元，除了买毛巾、肥皂，还买几本书。就是在这样的艰苦环境下，我们生活得愉快，觉得人生有意义，人人意气风发，精神振奋，都感到住窑洞非常温暖，穿草鞋很光荣。开讨论会，各自发表见解，滔滔不绝，争论不休；休息时大家又歌又舞。上山生产非常辛苦，但各个生龙活虎，没有人觉得苦，没有人抱怨，没有人计较得失，觉得生活在延安是生平最大的幸福。我们会想到家，想到受苦受难的人民，由此更加坚定了我们要拯救国家和解放全国人民的信念。

到今天，革命胜利已经10多年了，延安的良好作风，被所有在延安生活过的同志们，如撒播的种子一般，带到了全国各个角落，继续发扬光大，教育着青年一代。在工作中，干部们能深入基层，接近群众，克服官僚主义思想，防止腐化作风的侵蚀。回忆延安时期，教育我们克勤克俭，勤俭建国，勤俭办一切事业，保持和发扬艰苦朴素的作风；也教育我们干部参加体力劳动，踏踏实实深入实际，深入群众，和群众同吃同住同劳动同商量；在实践中不断学习，不断改造思想，把工作做得更深入、细致、实在。这些都是延安时代作风的继续，是革命传统的继续。

今天是社会主义时代了，延安精神丝毫不过时，它指引我们勤勤恳恳，全心全意为人民服务到底，做一个永不褪色的战士。

再忆延安

“一别延河四十年，时时梦里回延安。”诗人表达了多少人离开延安之后的思念深情。

我，幸因工作机会于1980年8月，专程访问了阔别30多年的延安。我在那里生活、学习过七八年，其心情比重回我的老家更急切更愉快。家乡总使我想起少年时黑暗、恐怖、贫困的情景和苦恼，延安使我重温革命大家庭的温暖和党对我指明人生为人民服务的道路。到了延安，参观了革命博物馆，瞻仰了当年党中央党政机关曾驻过的杨家岭、王家坪，以及毛主席居住和办公的旧址。踏过延河桥，重上宝塔山，在山上向下望去，一层层一排排石窑洞，新楼林立，公路纵横，秋田绿波荡漾，一片生机蓬勃景象。树荫丛中，我看到延安市场、边区政府、参议会礼堂，再往北是文化沟，中央党校。从北川转过延河，直接看到的是解放日报社旧址、清凉山等，眼前展开的是一幅扇形彩色画面。我陷入沉思里，没有多想四十年来延安所发生的深刻变化，反复在想延安当年对我的教育。

1940年夏，经组织调动，我第二次来到延安，当年冬进入中央党校学习。入学的具体日期已忘记了，只记得一编进班，就参加秋收劳动。全校学员和职工一齐动手，从山头上往回搬洋芋。我们担的担，抬的抬，洋芋堆积成山，突击完了任务，就开始上课了。因为打窑洞、修路、开荒等艰巨劳动任务，前几班学员都干了，为我们创造了学习的方便。

我被编在45班，学生比较多，男女学生都穿一样的灰布棉衣，各种口音，来自五湖四海。有的刚从抗日前线回来；有的从国民党统治区来，或从日本占领区来；有的来自都市；有的是来自南洋的华侨；有国外留学生；有大学生，也有中小学文化的青年；有刚入党的学生；也有已经过一定工作磨炼的同志。学生中有一位女同志，从前线回来，丈夫作战牺牲了，组织关怀她，调回延安学习、休息。还有的学生曾长期在蒋管区做秘密工作，暴露了身份，暂时回到延安，边学习，边总结经验。那些从实际工作岗位上来党校学习的学员，对学习理论知识、掌握马列主义特别心切。

在生活相处中，深深感到精神活跃的延安，同1938年我在抗大学习时有点不同，歌声少了，人深沉了，革命热情转入内向。人们在学习，在思索，不单是为了爱国，抗日救国，对于共产党的认识在加深。学习中，对于革命理想的追求，具体理解党员个人肩上承担的责任等，给予我极大的启发。我自己的体会是，那次在抗大学习，所抱的心愿主要是为学点党的有关抗日政策，学点军事知识，以至能直接参加抗敌斗争前线，对于党长远的历史使命，没有考虑那么多。二次到延安，是组织命令调回的，自己的行动、愿望已不是个人的事，并且下了长期献身革命的决心。这次在党校学习，确想学些马列主义基本理论知识，并且随时准备接受党交给的任务。

同学们都学习心切，因为经过各种环境和活动，各自都有不同的经历，深深觉得要有理论知识，需要有马列主义思想武器。学校的课程，正是根据革命形势，针对青年渴求的最基本的内容。如哲学课，在讲基本原理的同时，引导学生如何用辩证法分析、认识当前现实社会问题；政治经济学，着重讲中国的穷困、帝国主义的掠夺、民族工业的破产、农村的灾难处境和其原因；中国近代革命运动史，通过中国人民反抗帝国主义宰割的斗争，主要是进行爱国主义教育；党建，主要帮助我们认识中国共产党的性质、任务与中国革命的关系等。

大家觉得这些课程帮助我们认识现实的社会问题，有理论、有实际，不仅使学员认识当前的政治形势，从而又不断提高了对革命未来的理解。课程鼓舞斗志，学员提高了认识，又获得工作方法。

学校的课外生活，十分有意思，也颇有教育影响。比如学校的工作人员、教师，同我们穿一样，吃一样，劳动一样。校长邓发同志，除了亲自讲党建课之外，早晚在院子都可以遇到。他亲切和蔼、平易近人，和学生并肩边走路边交谈，甚至站立在半山坡上，就与学员们侃侃谈起我军前线胜利的消息、国内外大事，以及毛主席就近讲过的什么话……校务部对学员生活很关心，尽力办好伙食；冬季有足够的烤火木炭。为学生服务的同志，也都很注重学习，上大课时力争参加听讲。这些为学员服务的人，他们对自己生活要求很严格，校务部一位副部长，和学员一样只有一条单裤，夏天到延河洗澡时，先将裤子洗好晾在河滩上，等晒干了才穿上回机关。

我们学习在党校，其实整个延安社会生活也正是一个革命大学。课余时，特别是下午饭后或星期日，人们都到校外活动，有的去河边散步；有的去洗衣服；有的拿上发的晚会票去看戏；有的去打篮球。党校向南不远就是文化沟，多数人都去那里走走，可以看到许多理论家、艺术家，如诗人肖三、周扬、何其芳，还有马海德。文化沟内有图书馆、文化俱乐部，常常遇星期日在小亭子上举办业余文艺报告会。我曾去听丁玲讲小说创作、何其芳谈诗歌欣赏。在那里，我见到洛甫同萧军对面坐在小亭里。我当时喜欢读文艺书刊，几乎每星期日去图书馆看大后方来的报纸、刊物。看到大后方一些进步作家的名作，自己也练习写抒情散文。想求得指导，曾送给作家李又然，不多时，他给了我鼓励，介绍了鲁迅译的《山民牧唱》，还亲笔为我抄写了柯罗连科的《小小的火》。当时到延安的知名人士很多，慕名想见到的人也看惯了。他们同样是一身灰布军衣，腰间束一条皮带，一点也没有我们在国民党区看见过的大作家、戏剧家、电影明星的做派和架子。

这些见闻，在我脑子引起许多思索，比如，这些在全国已享有名望的人，为什么要冒着危险，来到延安吃小米、住窑洞，而且生活得那么愉快？常听到人们这样说："延安才真正有宣传真理的自己，有发挥才能的自由。"当时如北平、上海、武汉等大的文化城市，都被日本占领、摧残了。全国只有重庆、桂林和延安三大文化中心，而延安的文化是最进步最活跃的，虽然限于敌人封锁，印刷条件困难，但大后方出的新书、报刊，可以说我们都可以看到。延安的文艺活动也非常活跃，演出过不少大的戏剧如《清明时节》《马门教授》等，生活内容是丰富多彩的，精神是愉快向上的。

1980 年秋

离休后，午人酷爱书法

午人在家中看报

第二章　安塞通讯

1941 年冬，午人来到安塞县委工作了 4 年。在此期间，他成为中共中央机关报《解放日报》的通讯员，采写了许多稿件。本章收录了他发表在《解放日报》上的部分稿件，共计 23 篇。

午人书法：风华正茂

GIEFANG RHBAO
解放日報
本報啓事（一）
本報發行科啓事
蘇援華堅定不變
英美態度殊堪注意
國社黨副領袖赫斯出奔英國
社論 發刊詞
各國評論
美加緊援英
蘇駐美大使會晤赫爾 傳討論兩國商務關係

1941 年 5 月 16 日，延安《解放日报》创刊号

“学习、生产、工作、娱乐”
——安塞整风学习生活剪影

学习一开始，就很严肃而切实地进行着。同志们都在为党为革命为改造思想改造自己而倾注着自己的心机。

同志们在工作忙碌中渴望的整风学习，现在到临了。所以在讨论怎样坦白地反省自己的小组会上，同志们以不同的语句，说出各人的决心：“彻底地反省，搞通思想，改造作风……”

我们的学习是先从写反省笔记思想自传开始的。第一星期专门回想、反省、写笔记。同志们在休息的时间，便向同志、向负责人、向同工作部门的人、向过去相处的熟人，询问着商量着自己应该怎样反省，反省现在工作中存在什么不正作风，过去那一件事情应该怎样认识、怎样检讨、怎样批判。

“指出我在哪些问题上应作出怎样的反省，这是对同志的帮助。”同志们这样在要求着，正如想求医生告诉他的病状一样。

关于反省笔记，有的同志是从幼年写至现在；有的是由现在检讨起而追溯过去；有的是以一个问题为中心，检讨它的前因后果、当时的认识、今日的判断；有的先拣重大问题检讨——各人写的方法各有不同，却都为将问题写得彻底而努力着，如某同志连饭都顾不得吃地在想在写；某同志的思想自传一连写了 3 天，仍在继续补充着；某同志连续 3 个晚上一直写到 12 点之后。

学习生活是严格而自然，除了向合作社去交线子与领棉花去街上而外，没有随便逛街道的人，也没人想出去逛，“耽误一天学习，误一次讨论，那太吃亏了”。同志们不肯请假，他们会写一封信去解决区上工作的问题；遇着有人下去的时候，顺便托他传一句口信，就免得回家耽误学习。

* * *

下午，我们机关的纺纱厂开工了。

上午同志们在学习，可是在讨论会休息的十分钟内，就赶快去抽两根棉花条。每次休息哨子一吹，纺车就响起来了。

这十分钟的利用，成绩也是惊人的。章同志在一天下午叫我去看锁锭子上那约一两多的袋子，她说：“这是我利用几秒钟几分钟的时间积起来的。”

下午，才是大家纺纱的时候。

一走进政府的院子，我可以看见13架纺车旋转得使人眼花，仿佛故意表示它们的主人的快活与技术熟练。还有一架纺毛车，显得声音更响，表演它每日能纺半斤羊毛的本领。

这满院纺线的人，都是些谁呢？是县长，是科长，是我们县区在职的干部。他们就是在执行着党中央、西北局及边区政府生产第一的政策。他们是春耕的动员者，群众生产的组织者，妇纺的发动者呀！

转得最快而惹人注意的是郭同志的纺车。我问他纺了多少线，他像不满意地说：“才纺了20多两。”旁边一位姓贺的补充了一句：“那可纺得危险哩！10来天就纺了那么多，还交的是头等线。”

在秘书室窗前邵县长的纺车摇得很熟练。她的线子是抽得最细最匀，正如她自己诙谐地说：“你看够不够洋纱？”这一句话，我有一次在她的屋子里开会之后，才更相信了。她办公桌上放的一卷线，就是洁白细匀，寻不出一个小棉泡儿。

走上县委住的坪台上，也约有十五六架纺车，像风车一样地交响着。几位女同志在说笑话，某某同志向陈同志叫：“你把昨天偷我的那根棉花，还给我不？”她又向一位部长说：“应该向报上写个消息，我们要督促二流子好好生产，你猜是谁？”部长笑了，他却不申述每天下午晚上开会没有时间纺线的理由。

10多天来，大部分同志都能交半斤以上的线子，还有交了一斤多的。

星期六下午，许多同志一块儿去交线子领棉花，将真武洞四个合作社挤满了。洛同志由合作社领了一架纺车，搭在左肩上，街上人都很注意。一个过去穿绣袍的女同志，现在是穿一套灰制服，又肩上搭一架纺车，这的确是值得注意的。

* * *

如此忙碌而紧张的学习、生产、工作就该停止了吗？没有，一切日常工作在照常进行着。不过同志们更忙了些，对时间更善于利用了。星期日开政务会，星期六晚上就是开常委会的时间。支干会组长会都在娱乐时间开。

上一星期内，县委开过四次常委会，几乎每次都由上灯时开到晚上十点半以后，研究学习问题。

政府各科同样忙着工作。一科长很少空闲的时间，每天下午都有老百姓把他围在窑洞里讨论问题，直至天黑了，县长叫他开会，还是同群众很耐心地谈着。二科的办公桌上，堆着许多的经济建设表册、材料。最近与建设厅同志协同去检查研究四区三乡及模范村陈家窑春耕的刘裁判员，已经五十多岁了，可是他常不睡午觉，挤出时间来处理工作。

* * *

在学习休息的10分钟的空子，八副扑克牌和两盘象棋同时在打着斗着，三弦也弹起来，眉户调子特别显得轻快。

一星期有两天集体唱歌。只要不马上开会的人，都参加了。有些同志虽然不懂得五线谱或音符，可是也随大家唱和。他们的歌调固然唱得不熟练，然而他们的声音却是洪亮和愉快的。还有些同志练习跳交际舞的步伐。午饭后，同志们成群结队地跑去河里洗澡。会游泳的就大显身手。显得活跃的娱乐生活，使我们的紧张学习生活得到了适当的调节。

（原载《解放日报》1943年6月11日第二版。）

张庆丰运盐起家

一、运回食盐10万余斤

安塞县联社运输队，迄今年正月到八月份止，已经以36个骡子由盐池四次驮回一140多驮盐，由张家畔转运了7次，250多驮，总共食盐10万多斤，得净利60余万元。这两个数目字并不算少呀，这个运盐的领导者，就是张庆丰。

他现年30多岁，是安塞五区五乡杨家园子人，有兄弟四人。四弟管庄稼，三弟是抗日军人，二弟张庆荣和他专门从事运盐。现在他的牲口已由四个小毛驴扩大到20多条骡子；他的财富已由150元扩大到300多万元；自1937年起，6年运盐如一日，从没有中断过。

二、运盐的历史

1935年的元旦，他们全家因横遭国民党军队的抢劫，生活在饥饿贫困中。然而求生的欲望，使他不能不想出谋生路的办法。

1936年初春，种不起庄稼，便在自己村子附近开设了一座小店。雇不起人，他和他的父亲侍候来往行客。这一年，除维持家里最低生活外，他把余下来的150元买了四个毛驴，便于 1937 年春开始来往盐池驮盐了。这一年，是他一个人亲自赶牲口，四次驮回了 16 驮盐，除家用外，把四条毛驴换作了四条骡子。

1938 年，他继续驮盐，同时兼种庄稼 20 多垧，租用了一头牛。这一年运盐得利，除给家里购置了衣物及日常用品外 (因被抢光了), 又扩大了 2 条骡子。他用 6 条牲口在 1939 年运盐得的利，增买了一匹马、一条骡子，又给家里买了一头耕牛，家境渐渐好转了。

1940 年虽然种了 50 多垧地庄稼，驮盐仍然是他的主要职业。这一年，他家里除负担公盐两驮、公粮 15 石外，又新发展了 15 只羊和两条骡子。

1941 年就扩大成 10 条牲口的驮盐队了；农业上也扩大为 80 垧地，两犋牛。这一年他负担公盐 7 驮、公粮 25 石。但他运盐是大大得利，又发展了 3 条骡子、1 匹马、2 头牛，还新建和翻修了 12 孔石窑。

去年 (1942 年), 他以 14 条牲口，全年来往驮盐 16 次；由盐池 8 次驮回 100 多驮。按平均每个骡子每驮 250 斤计算 (他的骡子多则可驮 280 斤至 300 斤), 共有 3 万多斤盐。每百斤平均卖价 500 元 (至秋季后已上涨为 700 元), 可卖得 15 万元左右。再，春冬季张家畔 8 次驮回约 100 驮，约 3 万斤，可卖得 15 万元以上。合起来全年运了约 6 万斤盐，实价约 30 万元，除过盐本盐税 8 万多元，牲口草料及所雇用赶牲口的人的吃饭及其他花费等 10 万多费用、雇工费约 7000 元外，去年运盐净得利约 14 万元，若按他家去年负担 12 驮公盐约 7000 元，与他的盈利相比，才是 5% 的比例。此外，去年他家打粮 80 多石，出了 18 石公粮，又买了 3 条骡子 ,120 多只羊。

自去年把两条骡子加入合作社后，使他更清楚认识到合作社给群众的利益和便利，所以在去年底就把他所有的牲口都加入合作社了，并将所得盈利与县联社合买了 5 条骡子，同联社原有的牲口共 36 条，编一大队统由张庆丰领导，由其弟张庆荣带领。自正月至八月份，已驮运 11 次了，在张家畔所驮 7 次，仅得利 11 万多元，一方面是草料太贵，一方面置备鞍架等花钱很多，只有放青以来所驮的 4 次，每次可得 12 万至 15 万，共净得利 50 余万元。这次出发去盐池 (九月初), 为了争取放青期能多去盐池驮 1 次，便把这次驮回的暂时寄放在张家畔，再转回盐池去驮运后由张家畔转驮回来。据联社王主任谈，这两次驮回来的，除过开支，可以净得利 30 万元，按张庆丰与联社对半分红，他现在就可分得 30 多万元；若把这两次驮回来的算上，可以分得 45 万多元；按现在盐价估计，到年底再出张家畔驮 6 次及骡子价值折合，张庆丰可以分到 150 万元的红利。关于他同联社所包五区之 800 驮公盐，已于前月就将这笔代金交清了。

张庆丰明年的运盐计划，他自己已确定继续同县联社合作运盐，准备再增买 20

条骡子，扩大运盐队，并要及早设法包收一个区或两个区明年的公盐代金，此外还要把本区 30 多条长脚牲口加入合作社，或由合作社帮助组织自成一队，并给予经常性的扶助。他卖了 3 条骡子，已经以 10 万元给延安南区合作社入股，在张家畔开设一大盐店，他现在正在帮助筹备中。

三、加入合作社利大

他在去年与合作社合作，已经体验到对他真有很多便利和好处，他认识到与合作社合作运盐，更能有计划地帮助私人发展。他向别人说："加入合作社利大，比私人活动更有利。"去年他4头牲口加入合作社，牲口仍属原主，还分得一个半牲口的红利。今年把所有的牲口全都参加合作社，使周围有长脚牲口的人看了，觉得加入合作社真的有好处，也想加入。如邻村张俊义主动向张庆丰要求合作，在今年二月就把 3 头驴子加入合作社，合作社又拨给两头驴子，由张庆丰领导又开始合作运盐了。不久张俊德也把 3 头驴子加入进去了。他们觉得有张庆丰领导，他们高兴也放心。

本来五区各乡的群众过去没有运盐习惯，但在张庆丰由运盐发展到 300 万财富的影响下：现在仅就五乡说，已有韩连成、李承统、李如善、刘季高等七八家，30 多头牲口变成了专门驮盐的长脚了。

张庆丰加入合作社，不但在私人利益上是四六入股对半分红（多给他一分便宜），使他满意，联社把运输队归他领导，也更便利于他的活动。所以不论为公为私他都能克尽努力，把工作搞好。他每次回来向联社汇报，清算款项，并及时商量工作。

四、管理牲口的经验

他和二弟张庆荣，积六七年亲自管理运输牲口，经验相当丰富。他懂得怎样使牲口不生病，生了病又怎样能够很快好起来，春夏秋冬四季中，怎样喂草饮水，时间、次数及多少量等等。

春季，一早起程，一直到傍晚才进店。进了店先下驮（不揭鞍架），槽要扫干净，喂干草两次，豆料一次后，才饮水一次。这时牲口身上汗水干了，揭下鞍架，拴到院子休歇。晚上（人睡觉时）继续喂草，干草中加豆料，引其多吃，喂两次草饮两次水，为增加食量，把剩下的硬草根拌上麸子，这已是后半夜了。临天亮时，又加豆料一次，即饮水出发。当日行一站（七八十里），中途可以不喂。如此每夜需要豆料一升、麸子半升。张庆丰曾说："牲口不在草料吃得多，要水草均匀。"

夏秋放青时期，最重要的是选择草场，如牛茎草白草最好饱牲口。草场要草厚，要狼虫少的地方。在青草喂饱时，下午又加喂半升豆料，增加耐力。虽然夏天很热，但切忌半路上（尤其是过河时）饮水，以防致病，早晚休息时饮水四次。夏天行路不能太多，一日五六十里，早上天不亮起行，上午饭后休息，下午饭前起行至天黑进店。中午不上路，以免牲口过累。

冬季，进了店，先喂一次干草，饮一次水，再揭下鞍架。夜里喂草加豆料，不能拌麸子，因为天气过冷，滴水成冰，不宜让牲口吃，至天明起行，共饮三次水。

其他如牲口有了病，不能随便揭去鞍架，只有打针喂药，待病情好转，才能揭鞍架休息。对牲口最紧要的是，要随时整理鞍架垫子等，使架子吃力均衡结实、松紧适当，才不致路上发生毛病事故，不致损伤牲口的脊梁。

五、回忆过去

当不久之前听到国民党反动派要进攻边区时，他表示了极大的愤恨，因为他过去经过一段惨痛的遭遇。1935 年秋天，安塞刚红的时候，一次国民党军队打来，把他家里抢劫一空，6 头牛 4 条驴 100 多只羊，被子衣服都被拿走了，还把他拉去关进监狱，后来被强迫做苦役。他不堪忍受鞭打虐待，冒着危险逃回了边区。这一段伤心的经历，他永远也忘不了。

所以他对负担很慷慨，1941 年出了 25 石公粮。人家说他出多了，他说："多驮一次盐就补起来了。"他常爱拿现在和革命以前来对比，说他现在的负担并不多。在革命以前，他家每年要出 200 多元（银洋）的难款（按当时可折粮食七八十石），那时他家里经常有 300 多元的借债。他从亲身经历中，认识了共产党和边区的好处，因此他对保卫边区有着高度的热忱。

（原载《解放日报》1943 年 9 月 29 日第二版。）

秋收在安塞

秋收，在安塞正在紧张地进行着。

一个村一个村，一个家一个家的男人、女人、六七十岁的老汉老婆、七八岁十来岁的娃娃，有些小病的人，都上山去收割庄稼。

庄稼是人们劳动的果实，是一年辛苦的成绩，是人们的财富，是人们的生命呀！

所以，有的全家上山，婆姨们把娃娃留在家里由婆婆照看；有的婆姨把娃娃背上山；有的起早吃了饭，带点饭中午在山上吃，忙到天黑才回家。

丰稔的秋天，鼓励着人们紧张地劳动着。看，满山满谷，金黄的波浪中，不是响着镰刀急速的收割声么？向场圃背送庄稼的脚步快得不是像在跑吗？

丰稔的秋天，人们劳动得更紧张，心情更快乐。听，那山上那场上，不是到处飘散着响亮的歌声，欢唱着他们的丰收吗？

在安塞，每一个村庄、每一个山坡、每一个山道、每一个场圃上，都活跃着同样的场面。

马家沟收割早

十月初一个下午，我们去马家沟，先遇见了陈德发的父亲在场上簸扬蔓豆，蔓豆的糠皮落满老人的头发、肩背和鬓角。

“在初二（是指农历九月）就动手收割了，婆姨娃娃，一齐上山……”从老人的话里，我们知道，马家沟秋收开始得早。

在老人的指点下，我们向西走几步，看见陈德发和他的婆姨在割糜子。他们的糜子长得好，有3尺到4尺高。

陈德发一面同我们谈话，一面割着和捆着糜子，不一会儿，他的婆姨割到前面去了。

“这糜子可以打到一石（大石）的。”陈德发肯定地答复我们的问话。

“你村的婆姨，是不是都上山了？”

“都上山了，婆姨收秋顶个男子汉。”他说着笑了，“看我们都占10行，向前割，我婆姨比我割得快。”

我们走进村里，多数家户门上横着锁子，连个娃娃都看不见。

只有张忠和的母亲，64岁了，在看管着磨子。她向我们说："媳妇娃娃都上山去了，我磨些炒面。"

到陈德发家里，他母亲正烧着晚饭，她还照管一岁的小孙孙。她揉着被烟熏的眼睛，把柴填进灶孔里，开始摘辣子……

天已经黑了，一个婆姨，穿着白色的衫子，臂弯里携着一个柳筐，大踏步向河那边走去。她走得急快，两条腿形成了直角。区长告诉我，才知道她是难民朱维亮的婆姨。"村里人都说，她劳动得很好哩！"

前面走来两个婆姨，手里都握着镰刀，张忠和在后面背着一捆谷子。旁边一个干部的婆姨，给我们介绍："前面这是张忠和的婆姨，后面那个是走亲戚来的。"

"连亲戚妇女都去割谷子了！"我的话被张忠和听见，他笑着说："秋收是人人有份的！"有些辩解的意味。

晚上，陈德发来区政府。他说全村15个劳动，19个妇女孩子，都参加秋收，再10天，到二十前后（指九月），就可以收割完毕，背打，20天也可以结束了。

陈家湰集体收割

到陈家湰模范村，最先看见的，是每家门口都挂着一串串红艳艳的辣子。门都锁着，人们不回来吃饭。村里看不见一个闲着的人，没有坐下拉话的，没有空着手慢慢走的。遇见的人，都是由山上背庄稼回来的，或者是提着绳子匆匆赶向山上的。

老主任李德富在山坡上招呼我们，他背着像一座小山似的一捆糜子。

来到安家的门口，安义元正手握着用具，要去场上打蔓豆。

安义元的弟弟，才六七岁，跟他哥哥（安义元的二弟），背了一捆蔓豆回来。大家都笑了，那是一把就可以剥完的一点蔓豆。我也笑了，可是我感动，娃娃的行为，在大人看来可笑，然而他的玩耍，和伟大的生产劳动结合着。

下午，看了村子周围的庄稼。李应福那一块约七垧的红溜沙（谷子名），穗子都是一尺五六寸长，各个长得都一样好。"打一石（大斗）没问题！"走过这块地的人都如此肯定着。

村对面的台地上，一层一层梯一样的菜园，辣子落了叶，裸露出了辣子，红红一片。白菜长得特别好，有一二尺高，拥挤得倒到畦子外面。萝卜、蔓菁、葱一大片一大片。

我们帮安义元的父亲把牛赶回来，安义元在场上打豆子。纺织厂的工人，黄昏歇了工，也帮他打豆子。

晚上，李应福也来到安义元家里，我们谈着，才知道他们秋收前，开过村民大会，许多家户在一起变工收割，轮着背回收割好的庄稼。像张家徐家等，都是三四家一伙儿收割，一伙儿背。

第二天早晨，太阳刚出来，张家就已第三次把谷子背回来了，他们是东方刚亮就去山上背谷子的。

早晨潮湿不好收割，大家都去背谷子。徐家五六个人，相跟着一串，背着庄稼回来了。我问："一伙儿背是不是快些？"他们回答："一伙儿背，大家说着笑着热闹，走得快，不觉得熬，下坡时还能相互帮助。"

他们村计划好了，在打场的时候，可以十多人围到一起打，各家轮着打场。

杨朝臣收割紧张

到小樵湾去的路上，听见杨朝臣的消息，都异口同声说："老杨的庄稼好！"

这村里，只有村长婆姨在滚米，说："老杨下午把洋芋挖完了，又上后山挽荞麦去了。"

晚上，我们在村长家吃完了夜饭，又等很大工夫，老杨才回来。老杨要招呼我们，还要忙着照管牲口、喂猪。雇工患水病，家里、山上，就是老杨一个。

"我可急得厉害，30 多垧庄稼，打算雇些短工来帮忙。"说着，老杨顺手由地下，给我们掏起几块洋芋，碗那么大，像小瓜一样。

"一共挖了 40 多袋。"他又有些喜悦，丝毫记不起白日紧张收割的辛劳。

我们谈着，来了一个陈五，也搭上说："老杨可把辛苦下了。秋收来，老杨一天没做过两顿饭，天不明做得吃了，带上些晌午在山上吃，晚上回来累，随便吃些冷饭，不再烧火了。"

正说庄稼时，隔壁姓曹的，一进屋就抢着说："这村里，就是老杨哥的庄稼好。后山上的那块生地（荒地）谷子，每垧打一大石过外呢！"

跟着陈五敬佩地说："庄稼好，是苦下到了。看他的地都锄了三次，比人家多锄一次。还有锄四次的，不多打粮食还行？"

老杨越谈越兴奋，说到他今年要给公家"欢迎"一石救国粮；说到明年的生产；说到他今年冬天要领导自卫军训练…… 一直到了深夜。

天没亮，老杨就上山去，趁潮湿挽黑豆了。

小樵湾，因为杨朝臣的发动，连女人都变了工，男人和男人换工，女人和女人换工。

"二流子张月华，今年可转变好了。""这是老杨的功劳。"人们都这样传说着。

早晨，我们就去张新窑访问张月华。

老张不在家，由他婆姨口里知道，他们再有六七天就收割完了。

的确，老张今年同婆姨两把镢手，一满种了35垧地，春上掏了5垧荒地，种了6垧冬麦，除借人家几个牛工，再都就是镢头的功。夏天，地都锄了2次，7垧糜子锄了3次，秋底能打十八九石（大石）粮食。

这些都是村长证明的。

难民刘喜黑夜收割

本月十三日，贺代县长去看刘喜，他是去年底由河南逃来的难民。

我们走进他住的山沟，他正在背糜子，见我们来，就由山上回来。

刘喜走路，腿有点跛。问他原因，才知道他是黑夜里，月不亮，在山上割糜子，不小心，人带镰刀，滚到了沟底。

虽然痛了四五天，他没有休息，照样割庄稼，不过背得少些。

他四十多垧地，只剩五六垧谷子，两三天就收割完了。他怕损失颗粒，便随割随背。

“随割随背重得多。”一个建议。

“湿的背时重，人吃些苦不要紧，这样山上落不了颗粒。”他表示着粮食的宝贵和对粮食的珍惜。

计算了一下，刘喜能打20多石粮，全家够吃一年半。

贺代县长亲自爬上山，到刘喜的谷场，抱起谷把子，手量着谷穗的重量和长短。

关心着刘喜，像关心着自己的亲兄弟。“刘喜今年发了！”贺代县长喜悦地对我说。

县长下乡看秋收

一个早晨，贺代县长跑到乡下，看群众的庄稼和秋收。

他步行着，在路上，总是东看西看，称赞着长得好庄稼，数着那一块谷子割了几个(36把为一个)，便估量着每垧能打多少粮。

他走进真武洞李四家的糜子地，拿起穗子细看，一堆一堆数过捆数，又步量着地的面积，便结论说：“这块有一垧半地，可以打两石糜子（大斗）。”

到徐家沟，路过一段黑豆地，他有些疑虑地说：“前天冷的时候，大概把黑豆冻坏了。”便蹲下把豆角剥开，在手上比对着熟得早的和受了冻的。受冻的颗粒，显得瘦得多。

遇见一片好谷子，穗子长得好。他握在手里舍不得放开，想折下几个大穗子，口里又说："这样，老百姓不满意的。"便只折下一个来。

专为看荞麦冻的程度和究竟有多少收成，他就爬上山。他把一小朵荞麦，摘到手上，仔细计算有黑的几粒，红的几粒，几粒实颗，几粒空皮。

他关心群众的庄稼，就像关心自己家里的庄稼一样。

他看见好庄稼，高兴得满脸笑容，仿佛群众能有饱饭吃，比自己肚子饱了还快活。

（原载《解放日报》1943年10月29日第二版。）

孔祥俊一天织出三匹布

——安塞枣湾纺织工厂的赵占魁运动

在安塞一区枣湾工厂里，每个工人、干部都在紧张地工作。他们生产积极性很高，因为今年春上开展了赵占魁运动。正如张主任说："自赵占魁运动以来，一切都改变了，工厂生产大大提高了。"

工厂的生产效率，不断在提高，8月份8台织布机，就织了184匹布，比7月份多织了40匹，比原来计划每台机子每月织20匹布的标准，超过了3匹，8台就超过了24匹。

枣湾纺织工厂取得上述成绩，工务科一个同志说明了原因："是线子纺得好，也浆得好，织布快，各方面都配合得好，所以生产效率就猛然提高了。总之，是赵占魁同志的功劳。"

就纺线方面，9月份前已纺了3100多斤纱，达到了全年计划的75%。按现在所开17台纺机，以9月份纺460多斤纱的进度来看，今后每月会超过86斤多纱。冬季的三个月，不仅能完成计划，而且要超过将近300斤的纱。

全厂工作同志，个人的生产率，在相互竞赛的激励下，也不断在提高着，出现了许多劳动英雄。工友们羡慕和敬佩的袁佩辰同志，在9月份的26天里，竟纺了41斤好纱。其中，33斤上等纱，7斤中等纱，比他8月份多纺了4斤，比一般的人多纺了10斤，比纺得好的人，多纺了3斤。原来计划的标准是每台纺织机每月纺22斤，袁佩辰比这个标准超出了一倍。为工厂生产创了新纪录，厂方为此特别表扬了他。袁佩辰才18岁，到厂工作才3年，他在工作中进步比较快。

胡生成同志在"五一"被评为劳动英雄，9月份他除了4天修理机械，22天还纺了32斤上等纱，超过了平均产量10斤。李朝良同志，7月份纺了35斤上等纱，也受到了厂方的奖励。

在织布生产上，每月都有新创的纪录。周祥同志在8月份的26天里，织了25匹布（其中大布15匹），将原来每台机子每月织20匹布的标准，提高了5匹，比本厂一般人多织了3匹。孔祥俊同志，更使人惊奇，他在上月一个星期六，一天织了3匹小布，创造了生产新纪录。按此效率，一月的任务，他可在8天织24匹小布完成。

另外还有一位生产态度模范，马俊民同志。他在厂里织布技术最好，他乐意帮助他人，爱惜原料，常把别人不好织的坏机子接过手，把自己整理好线的机子让给工友。有一次因为纱太差，几个人都试过，觉得不好织，他接过手，耐心地把烂纱整理好，织成了好布。

其他40多位工友，都在他的影响下，努力工作，在不断提高生产质量和效率。上面所提到的几位劳动英雄，为全厂生产起了积极作用，是产量进展的火车头！

近半年来，工友中很少有人请假回家了，也没有人借口有小病不上工的现象了。甚至还有些同志，如孔祥俊同志等，连星期日也自动在织布机前织布。工友与厂方的关系也更加亲密了，时常提出改进生产的意见，责任感更强了。

生产效率提高了，原料和生产需用品反而节省了。在赵占魁运动中，厂方提出“节省一斤就是多生产一斤”的口号，大家都认真地响应，更加珍惜原料，为节省而想出许多办法。如过去20个纺机，每月需用10斤多弦绳（每斤约2000元），后来想办法经过试验，改用两股弦绳，7月份只用了2斤弦绳。原料的消费也由10斤减少到了4斤5两。这些都是大家想办法节约和珍惜物资原料所致。

为了生产出成效，工友们向工会和厂方提出了很重要的建议，减少和精简工余活动和会议。他们的建议立即就得到了实行，每星期一次的股长会、生产小组会、工会小组会，都改作两星期一次；每月二次或一次的工人大会，即改作一次，因而每月就节省了7次会议。其结果，大家的生活工作更加活泼紧张充实了，有效的会议，更加强了工友们的积极性；也加强了领导的具体工作，如生产小组的工务科，可3天汇报一次情况，随时解决问题，比在会上处理来得快，同时还密切了同工友们的联系。

工厂的职工们每天天亮就吃饭上工，中午吃饭休息只有半个钟头，工作一直到天黑才休工，每日10小时的紧张生产和劳动，可是，为了响应“自己动手丰衣足食”的号召，他们于工余也进行各种生产活动。特等劳动英雄马守俊同志（修理工）就和马能彪、高俊喜3人租了4垧地，种了3垧糜子、1垧豆子，秋收能打3石粗粮。王文清等3人种了半亩白菜，能收三四千斤。因为种白菜较简便，种白菜的人很多，工厂外面一片白菜地，都是工友们个人自己种的私产。还有许多工友捻毛线、挑毛衣，用各种方式为自己生产。

工余的时间大都在晚上，有些工友们会聚在一起闲谈，相互交流纺纱或织布的经验。在马守俊同志住的房间里，晚上总有一些人来，向他询问各自所用的机器的特性和使用时要注意的地方。有些工友在生产之外，学习文化，利用晚上的时间读报纸、看小学课本、练习写大字、写信。他们中间有一位学习刻苦、进步最快的工友，是织布工人杨思成同志。他过去不识字，今年来每日坚持一到两小时的努力学习，现在能看懂《边区群众报》中的四分之三，《解放日报》的二分之一了，有些文章，他还能整篇读下来，可见他真已认识了不少字。

他们不仅勤劳工作，也会安排自己的生活。他们每月 1 斗米、5 升麦子，每天伙食 30 元。早饭一般是软饭；中午是白馍或黄米干饭，配有肉和菜；下午是豆子稠米汤。干部同工友吃同样的饭食，厨房还帮助补贴每人一半花费。职工们的工资按物价逐次增加，3 月份之前，收入最高是 1200 元，最低的 350 元；3 月份起，最高增加为 1800 元，最低 600 元；6 月份增加为最高 3400 元，最低 900 元；到了 8 月份，最高增加为 4000 元，这相当于马守俊同志的固定工资。袁佩辰因为 9 月份纺了 41 斤纱，所以他得到了 4200 元的工资。只要努力，每个人都能得到更多的工资。

赵占魁运动，使大家勤奋工作，生产获得了大的成绩。对赵占魁同志的许多具体事迹，虽然有些工友还不是很清楚，然而大家都努力学习他，追随他的方向，发扬他的精神。

（原载《解放日报》1943 年 11 月 10 日第二版。）

保小在十月革命节

十月革命节——苏联人民翻身的节日，劳动者创造到新世纪的节日。

保小在这节日，紧张活泼的场面，在每个教室，每个山坡、院落、食堂、走廊及所有小角落……有声有色，像电影般地活动着。

保小在这节日，校长、教员、学生、工作人员、大司务，都忙着招待来宾，陈设着各方送来的奖品，排演着当晚要上演的节目……每颗心在兴奋地跳动着，紧张地度过每一分钟。

保小在这节日，隆重地举行着热烈的庆祝和纪念！

因为，他们懂得这是苏联的革命节日，世界人民的也是中国人民的节日，也是他们自己的节日。走进每一个地方，却像走近河畔，说话和欢笑的声音交响着，像奔腾的激流，像一个小浪花，后浪推着前浪，不容许一个小浪花稍稍迟疑。

走进每一个地方，像穿行花径，红红的脸，胖胖的身体，新穿的棉衣，快乐由心底充溢到唇腮。

在这样大会之前的会餐，每班必须多派几个人，才能抬取那一桶一桶的羊肉烩白菜、猪肉烩粉条；每个人碗里的肉菜吃不完的，在这样的时候，他们深深了解，他们丰衣足食的生活，无限的快乐和幸福是谁给他们的，所以他们都喊着拥护共产党吗？不是都坚决要跟毛主席前进吗？

展览室

农工业生产展览室到门前，也是最热闹的地方。

我们走进展览室，神经立即紧张了，满屋子每一件精致的生产品工艺品，都争着抢着跳进人们的眼里，以它们的棱角姿态和颜色，夸说着它们是出产于七八岁十来岁的小朋友手里；出产于天真可爱的心灵手巧的孩子们的手里。

学生们很有礼貌地为我们介绍着物品的制成。

在这里，我们发现了具体的天才，小技师、小发明家……

许多各色花纹的珠子，将自然的石纹，甚至多余的斑点，却有计划地磨成了适当的一点一点或一环一环的花纹，而且只有胶水才能使它停留在桌上，这是六七岁大的人的手艺，还不算小技师吗？

小颜料盒子，利用两色石，里面是浅蓝的，外面是紫色花纹的盖子，使人们不相信是一块石头制就的，这还不是天才吗？

胡琴的琴弦、葫芦、手柱、弹棒都是自制的，葫芦口上蒙包着雕花的皮口，这还不足证明匠心吗？

小方石雕刻的斯大林像，使来宾一进门就肃然起敬，这还不能说明小朋友对世界无产阶级领袖的崇爱吗？

那一瓶自制的火药，不是出于大化学家之手，出于小朋友对于战争的关心的创造，这不是把学习和血的斗争联系起来了吗？

还有，各样花纹的毛衣、领巾及细致的衬衣、鞋子……这些，不正说明了他们精巧手技，会读书，还会管自己的生活吗？还有很多很多的手工品、农业品……

另有几个窑洞，挂满了学生墙报：有短文，有故事，有诗，有画。

短短的文章里谈说着生活、学习、革命的道理、时事，每一篇文章都是为小朋友指说着做一个革命家的道路。

他们说着毛泽东的故事、朱总司令同八路军的故事，刘志丹的故事、各人的父母兄姊参加革命或为革命而牺牲的故事，还有列宁的、斯大林的故事。

他们画着我们祖国的领土——就是那片海棠叶，画着一幅国旗，和先烈的鲜血；也画着红旗，和红旗上发光的金色镰刀，画着咱边区人民的选举大会，丰衣足食的生活，画着劳动英雄——吴满有、赵占魁，也有安塞的杨朝臣呢！他们画着丰收、长长的谷穗和大白菜，画着为抗属收割和担水，画着他们自己——一个又红又胖的孩子，喜欢吃糖，又懂得革命道理。

来宾们口里不自觉地呼出惊讶的声音，有的嫌人太拥挤，看不清楚，有的拟定了还要来看第二次！

"这真正是学习和生产的结合呀！"

"这就是科学知识和动手制作的一致呀！"

来宾们不断地赞着。

颁奖大会

礼堂顷刻间挤满了人，颁奖大会开始了。

毛主席朱总司令的巨像，在讲台中央，正对着几百个革命的后代。

"向劳动英雄看齐"这支歌，是大会的前奏，也正说明着他们今天大会的内容。

"我们以总结生产和奖励小英雄，来纪念十月革命节……"对，梁校长的话，更有他实际的意义。

李书记向这些"新中国的主人"说，在革命的队伍里，只要肯努力，不分什么工作，都会有英雄的；又要他们加紧学习和生产，保卫边区。

贺县长号召他们向劳动英雄看齐。

介绍小劳动英雄和奖励的场面，是最热烈的。当说到全校第一位小英雄刘义峰的许多优点及课余生产三千多元的成绩时，台下轰起了掌声。

小劳动英雄上了台，有一手制作了十把胡琴的李波、一年一级九岁的王鸿喜以及为学校在烧水上节省了22万多元的王文昌。

锦旗和黑棉大衣，在掌声中送到英雄们的手里。

精彩的游艺节目：《保卫边区》《人民英雄刘志丹》《兄妹开荒》结束了这个热烈的颁奖大会。

（原载《解放日报》1943年11月24日第四版。）

王老太太今年的生产

安塞白家坪王老太太，在今年春上被评为劳动英雄。她虽然已是六十多岁的人了，仍有着旺盛的活力和劳动不倦的精神。她并不满足于对她的奖励，今年生产更认真、更有计划、更加紧了。

她自己亲手在两垧半的土地上，种了糜谷庄稼与菜蔬 11 亩多。她试种了棉花，试种了花生。她借粮食给别人，帮助别人生产；她鼓励男人多开荒多种地；鼓励女人多纺线；她耐心地教给别人种棉、种菜、纺线的具体方法；她也给群众提供许多有关农作、管理家务的建议。

于是，在附近农村里，王老太太被传说着——她的生产，她的为人，她的劳动。

她今年一共种了两垧半地（伙种白家宇的半垧地在内），其中有山川地，收获比别人多两倍三倍。她种的 7 分半地软糜子，打了 7 大斗粗粮（晒干后是 6 大斗），比其他人每垧地（3 亩）平均 7 斗的收成，多出 3 倍以上。她种的 8 分地棉花，收了 40 多斤。此外，她还利用一块块田边地脚，这一块那一片，大约只有一垧七分地，种了各种庄稼和菜蔬，收获了如玉米、糜子、稻黍、红豆等，共打粮食一石六斗多（都是大斗）。就在这些土地上她还种了很多菜蔬，她种的白菜除腌了 4 缸外，还余 600 多棵，每棵重七八斤；洋芋 3 大袋（约 150 斤）；白萝卜 4 大袋；南瓜 100 多个；葱 100 多斤；黄瓜 30 多条；辣子 3 斤；洋葱 50 斤，胡萝卜 40 斤；西红柿 300 多个；另外还收西瓜 64 个；小瓜 200 多个；扫帚 100 多把；连她试种的 4 棵花生，也收了一碗花生仁。

为什么两垧半地到她手里就能生产这么多东西呢？没有别的妙法，正如老太太自己说的："只有勤务养，多上粪。"她的七分半糜子，上了 10 袋粪，锄了 5 次；玉米也锄了 3 次；棉花锄了 5 次；种的菜蔬，她经常不离地地锄草、松土、灌水、打卡。她有丰富的务农经验，如：白菜苗子相距一尺二寸远，才能长得开；当白菜长到一尺高时，灌一次大粪浆，才能长得高；瓜类曾压 5 次蔓，随长随压，才能多结果。

她种棉花的动机特别有意义，她说："毛主席号召'丰衣足食'，这是咱全边区的任务。现在地种多了，粮食打得多，有了吃的，可是穿衣还是大问题，就需要种棉花。我先种些叫大家看看，若觉得有利，再教给他们务棉的方法。"她务棉是为安塞的植棉发展做试验，结果证明安塞地区能够种棉。

她说种棉，地要选在阳坡，地气温和容易“出苗”，阳光足了容易开棉。种棉前，地要翻几次，要翻深、翻松、翻平；棉种要选择熟足的并保存得好的；下种的前一天把棉种泡在冷水中，种时捞出，用锅底灰或别的灰拌好；种时把地一道一道翻开，撒下种子，把地推平，这样棉籽就压在细土下，得湿气生芽。她认为，在安塞古历三月初下种最合宜，八月中就能开棉。比较寒冷的地方，种小棉皮薄容易开放。她说：“棉花更需要多锄才能收花，至少要锄八次。”她雇用了一个人帮她种地锄地，但锄了两次后，在六月份她的雇工走了，所以她的棉花只锄了五次。第一次在棉苗二寸高时锄过，留苗，要相距一尺五寸，准备横枝长得大；第二次在五寸高时锄；第三次在一尺高时。对有些高的要打头尖；第四次在一尺七寸高时；第五次在初开黄花时……同时还要随时注意打头，打去小枝卡，因此她种的棉花一棵棉枝上普遍结 20 多个棉桃，有的甚至结了 38 个棉桃。她为了试验，专门留了几棵没有打头，正枝长到五尺高，才只结了 3 个棉桃。她收花的经验是：让棉桃开圆，等棉绒又白又肥时收棉；从桃壳里掏棉花要干净，不要让棉花里沾上干花叶；收棉要及时，不要叫雨淋了才收；收回来要多晒，使棉绒更肥虚些。她特别说种棉的好处多：棉花纺线织布；棉秆可烧火；棉籽可榨油，可以吃，也可以点灯，种棉是一本万利的事情。

因为她的目的是推动大家也种棉，收花的时候，附近许多男女都跑来看。他们走进她的棉花地里，羡慕地问东问西。她就此机会向大家做宣传，并具体地教他们如何打尖、打卡、留枝，以及种棉的各种常识。有十三四家乡民立即同王老太太约定了明年种棉花，要请她帮助指教，王老太太也答应给他们送棉籽，不取价钱。

王老太太不但会务农，还是个管理家务的好手。她不但自家的生活过得好，也给几个外甥补助他们衣物和上学需用的纸笔等。她的女儿女婿住在延安，曾请人捎去八只鹅和许多鸡蛋。她还把卖庄稼的一部分钱买了一双鞋，送给县政府拥军。上述种种行动为公家节省了很多照顾和开支。

王老太太喂养了两头牛，卖得 4500 百元；5 只鸭子、40 多只鹅（今年又抱了 4 窝），应该坐下享福了，但她却仍然勤劳节俭，保持着“卷起袖子束上围腰，又做饭又过光景”的好习惯。她劳动一天，回来还要做饭操持家务，整天忙里忙外。她割野草给牲口吃；拾柴为家里每月节省了近万元；甚至走在路上拾人家收后丢在地上的庄稼和豆子。九月二十二日那一天，她就摘了 8 斤棉花，拾了 40 多斤柴和半升豆子。

王老太太还是个纺线的能手，她总是热心帮助其他妇女，教她们纺线，亲手给她们做示范。

她热心帮助过很多人，其中有一位叫白家宇的二流子，借给他一斗米，又给他的娃娃四件旧衣。夏收后白家宇心里不过意，要还她麦子，老太太说：“麦子贵，等秋后还我米好了。只要你能劳动生产，我愿意帮助你。”在老太太的热心影响下，白家宇今年开了五垧荒地，一共种了十多垧地，都务养得不错。不像去年，他种了六七垧地，还荒了。白家宇对老太太说：“我总记住你老人家的话，好好生产，过两年就咋得奖个牛。”老太太回答说：“你好好生产，我请你的客呀！”

对明年的生产，老太太已经做好了计划：除一般庄稼和菜蔬照今年一样外，要种一垧地的棉花和四分地的落花生，腊月里再用卖白菜的钱买两头骡子，和原有的一骡一驴在冬季帮人家驮炭，不在乎赚钱，只要给牲口供草料。她对明年的生产，也有一些改进的建议，希望大家能多开荒，多种庄稼，多打粮食，使日子过得更美。再就是多种棉花，穿衣不求人了，做到真正的“丰衣足食”！

（原载《解放日报》1943 年 11 月 29 日第二版。）

杨朝臣的农作法

人们到处都传说杨朝臣去年的庄稼平均每垧打一石二斗，谷子滚七米八米，今年一垧洋芋收了 35 袋的惊人数目。人们也追询着杨朝臣的庄稼为什么那样好的道理，难道是天上特别为他下了雨？土地故意为他长得好吗？不，我们要在杨朝臣劳动的本身去找找理由，而且他的劳动是有自己一套丰富的生产经验来掌握着。

究竟杨朝臣在农作法上有些什么经验呢？下面分作开荒、耕种熟地、选种、下种、耕地造粪、锄草务庄稼、除虫及打庄稼与保管粮食等项，做一介绍。

（一）

人们都知道杨朝臣开荒一尺深，有些人就怀疑，“太掏得深了种不出来。”这是只按当地的撒下籽种再掏的耕作习惯估计的。而杨朝臣虽然要掏一尺深，他把土块都打碎磨平，再翻再下籽的，即所谓“深耕浅种”，他也懂得种得深了会“核籽”，他也懂撒籽后掏一遍过手是轻便些，可是他说：“种庄稼没有偷巧的。”他更清楚掏得深的好处。因为地掏得深了，土松，水容易沁下去，虽然是山坡地，雨水也流失不了，庄稼就耐旱；再是土松了，苗根能扎得深，庄稼就能长得好。地开得深了，将草除得干净，地也好锄。至于川地，就可以掏浅点，五六寸也行，因为地平，水能保留得住。背阴地比较不宜开得太深，掏六七寸就行，因它本来潮湿，不用太多沁雨水。如果太深了，土把草根压住不容易死，分了地的力量，还难除净杂草。

（二）

耕种熟地，杨朝臣比当地老百姓做的手续多而细致：就翻地说，他今年所有的地都翻过两次，约六寸深；麦子地翻过二次，翻时要一犁紧靠一犁，才能将地翻通，草根才能除净。他又主张用河南的大铁犁翻地，因铧的上面装置一铁板，地能翻一尺深，种时再用小犁浅翻。他说：“大铁犁翻过的，一垧能顶两垧。”再是庄稼随收了就翻地。好处是草根除了不再生虫，地能歇下，土松了又能沁下许多雨水和雪水。

他的地是翻一次要跟耙一次磨一次，他说：“我家乡种地是讲究耙磨，耙磨过的地如法（即舒服之意）。”是的，地耙过，地皮通了，土块细碎了，小草丝也被耙齿拉走。春初时麦子耙一遍，特别发苗，因为地皮活了。在这里山坡地也能用耙，是要顺坡横耙过去，牲口不致爬上坡吃力，且要交叉耙过二次，将地皮硬土块就拉碎了。磨地又有特别的好处，把地磨平了好锄，磨过地实了，籽种好出苗，苗子长得壮，又能收湿气。正如关中老百姓说：“多磨一次顶下一次雨。”杨朝臣今年麦子地磨了三次，秋地一律磨过两次。

“地要经常修，时时修。”地边也要修，山水冲个口，就该早补起，等越冲越大了，地不好修，减少面积。地边修好了再堆起一梁埝，还可以存些水。溜崖能多种地，又可利用老崖上的陈土做肥料。所以他今年由于修边畔，耕种到边缘，就扩大了三四垧地。又如把陈怀清的两垧地补成了三垧，陈家高兴地说：“老杨把我的地越种越多了。”是的，刚相反，二流子种地，四边都荒了，会越种越少的。

（三）

杨朝臣讲究庄稼的下种。他说：“下种是细活。”时间、方法、种的地方都应当注意。这里气候冷，秋庄稼种得早，谷子多在三月（古历）份下种。他的狼尾谷和干捞饭都是三月初种的。他说：“谷子，一般过了惊蛰，种下都能出来。”到五月种还行，“芒种糜子”在这里一般较合时。若把下种的时间误了，就如他说的：“把一年的事耽误了。”所以他今春很早把牛借给张月华种，并及时帮助陈家和自己的雇工种地。

“选籽种是重要的。”杨朝臣对于选种有很多条件：要熟得足颗粒圆而大的，要去年晒干保管得好的，要没有打损了硬壳皮的，要没有受潮而发霉和烂的，这样才能保险种得出，也不致少打粮食。有些庄户人家不注意打粮时选择保存籽种，下种时随便向人家要，那是不好的。“如果连籽种都不好好选择，还种什么庄稼？”他对一些对庄稼不够用心的人，是常如此批评的。

杨朝臣的下种，是采用了许多方法的。他按各种庄稼性质的适宜，谷子多是撒植，因为苗子散开好锄。荞麦颗粒要拌粪，粪力来得直接。糜子是溜犁沟植的，不怕稠，小糜子锄时就不减苗。玉米颗粒大，宜于“对种”，就是一手撒粪，一手撒籽，才容易匀开，将来苗稀散开好锄。点植多是用于瓜类和豆类，不能撒，要按一定的远近排好地位来种。

“籽儿下到地都能长。”杨朝臣认为这句话不完全正确。各样的庄稼各有更适合些的地方。一般说雨多了主要的庄稼种在阳地能长得好，多打粮。天旱了主要的庄稼应该多种背阴地，耐旱，也不会发霉。所以他又说：“老庄户人家，还要会看天象，估量全年的雨水旱涝（这是积累的经验），才能有计划地务好庄稼。”分别举例来说：狼尾谷种到背坡地，即使雨多，也不致发霉，因为穗上毛长，水不易湿到颗粒上。干捞饭种到阳面地，耐旱，地干能长好，即或雨多些，阳面有太阳，多不易发霉。白籽盖头糜子、刀把齐、大旗线等等都宜于种川台地，燕麦一般种山上好，按“春冻山头秋冻川”的道理，可避免冻坏。若是新开的荒地，种糜子比较保险。

（四）

积肥造粪，是杨朝臣所重视的工作，也是他庄稼比别人种得好的原因之一。的确他对于积肥造粪，有“粪”和“地”连起来的说法。如粪土，粪和土才能有劲气。“粪没有土就不壮。”这是有一套经验的。

他积肥造粪的方法有这么几种。一、经常拾粪和所有的粪堆在一起，于上粪前一个月要翻动，前后需要翻三次，再灌水拌土，使其发酵，越翻越酵得匀，而且发凉才有劲气。平时一担粪要搅和半担土，一担水能灌三担粪。二、地远的地方，就在当地掏坑，将粪堆下去，一层粪一层土，再灌下水，使其发酵，但不能沤得太过。如果翻开里面发白毛那就减少了肥劲。去年他在山上沤了二百多袋。三、柴核草渣也能沤好粪，弄到坑里一层柴一层草渣，灌下水去才能变化。四、粪杂了就好。将所有的脏水灌下去，和脏土脏物扫到粪堆上，使其变化，且粪易增多。五、牲口棚圈要经常撒土，一面干净，牲口不生病，同时牲口粪尿就积很多粪。六、厕所要掏土坑（比石板坑好），经常向里面盖土，又卫生，粪也发酵好了。七、朽墙、旧炕、灶炉土都上地很肥，不过还是不耐久，过一年就没劲了。总之，“积肥是经常性的工作。”要人勤劳，肯想方法肯收拾，不愁庄稼没粪上。

“我看见了粪就像看见了粮食一样。”杨朝臣这句名言是有道理的。就是说多拾粪多上粪，必定多打粮食是没有疑义的，这在他的庄稼地里证明得到了。去年他的谷子每垧都打一石二斗，比人家多打四斗，因为他每垧上 12 装粪，比人家多上五六装。今年他一垧洋芋收了 35 装，比陈德亮的多收一倍，也因为他比陈家多上了一倍的粪。由此老杨很肯定地说：“多上一装粪，多打一斗粮（粗粮）是至少的。”他又举例比证，普通一垧地上八九装粪，能打一石粮，上十一二装粪，同样地能打一石二斗多。杨朝臣又经验到：就是这里的山地，只要经常上粪是能永远继续种下去，且都长出好庄稼。他批评“这里老百姓不给地上粪，种两年就把地丢了，分明是土地多！”是的，这在今后人口一天天增加，荒山减少的趋势下，是值得特别注意的。

“就是上粪也不是简单的事情。有些人不注意，随牛圈掏出来就送到地里，那对庄稼没有益处还有害。”杨朝臣是把粪前多日就由圈翻掏出来，堆沤起来，这样上到地里有劲气，那热毒气也散走了，不致烧坏苗子，同时不惹虫。上粪的时候，要打碎“擂细”，上到地里不要撒在地皮上，这样太阳一晒干，风一刮就完了。

粪的上法。粪土少了就抓屉屉上，对庄稼有直接的效果，可是只能顾了本年。撒开盖满地面的上法，可以肥三年，且地皮一层土都是肥沃的，种到那里都好，不过就是用得粪多，每垧需要二十多装。这种上法在河南最普遍，老杨去年就这样上了六七垧地。拌籽上粪是最省粪，到苗子出地面后还可以补上粪的。还有一种，就是灌粪水。杨朝臣说，玉米一尺高时，老麻长出五六个叶子时，能灌一次粪水是顶好的。

“粪土上地固然壮，还要看什么粪上什么庄稼。”老杨常同许多老庄户研究，认为羊粪热气大，宜于上麦地；玉米地，如雨多了更能长得好；骡马粪上洋芋好，不多生虫；猪粪上菜好，因为性凉而耐旱；猫粪狗粪上豌豆等特别壮。如此按庄稼的性质，上以适合性质的肥料，是耕作最精细的做法，而且粪肥的效力能起到更适当的作用。

（五）

锄杂草都知道是一件细致的工作，杨朝臣更有他精细的做法。就今年说，他的庄稼都锄过三次。他说：“我的谷子种出来，煮饭米黏像胶一样，又黄又香。”现以谷子为例看他的锄法：第一次在谷苗四寸高时，要深锄约四寸，为的是松土和锄草根，这次就把苗子留好了；第二次在发一尺高时，因为根子发大了，就要锄浅些，还要斩去一些不必要的苗子；第三次在谷要吐穗时，要浮地皮刮去小草枝，并要向谷根上围土。总之，每次都要锄通地皮，不能只向有草处斩，锄通了才能耐旱。再要把草真锄掉锄死，不要给草上面盖土。

锄地留苗是个技术，有人常把好苗锄了发悔，这就要集中注意力。留苗要照顾到选肥壮的大苗和距离的远近两方面，一般的谷子苗相距留一尺远为最宜，小耙子就不怕稠，锄时不斩苗。白紫盖头糜就要稀些好，玉米苗相距二尺远，糜子一尺五寸，白豆荞麦都距一尺远，只有蔓豆是越稠越能长得旺，有人说：“越挤就越热闹。”至于围土，谁都知道好，都不肯做。杨朝臣不怕麻烦给洋芋围土，不是怕它倒，而是怕它露出地面，吃来就苦，且长不大。玉米稻糜围土能长得高而稳，谷子围土，刮风不倒，就不至于穗子掉垂地上发霉。真是，老杨说得对：“做庄稼是细法不尽的，大小事上都要注意到。”

（六）

“庄稼上生了虫，人都说是天年的事，我就不信。”杨朝臣说了许多合乎科学的防虫道理。他说庄稼生虫，主要是人注意不够。要不生虫，就应该在每年庄稼随收过，就把地翻一次。草根除了，阳光照照，虫就会少；上粪要注意沤过的，就没虫，如刚由牛圈掏出来上地，是难免生虫的；再就是给上些石油，庄稼长起来就不生虫。要庄稼没虫，主要还在勤劳动，把地做得整齐，自然虫就会少的。

（七）

庄稼是自己一年辛苦的成果，如果不注意收割，糟蹋了粮食，就是浪费了自己的劳动。庄稼要收割合理。杨朝臣说早收割几天，庄稼嫩，颗粒瘦，迟收几天又损失大，颗粒要掉落。所以收庄稼要事先准备好，当收割时要迅速。有些最容易掉落的像豆子之类，要天气阴湿或早晨收割，才少损失。

庄稼割倒就背，不能在山上放得太久，太干了就会掉颗粒。“如果地里掉遗的庄稼多了，过路人会骂的。”杨朝臣再忙都要把地里收拾得干干净净。

杨朝臣对于有些人家把麦子收回来不打，一直放到发霉，很不满意，他说应该快打快收。在场上打，他特别主张这里群众也应该用石碾子碾庄稼，比连枷打快得多，又省人力气；碾过的草软，牲口爱吃；粮食颗不破，衣皮也不多。

关于保管粮食，最先要在场上晒干、扬净，就能放得经久。像这里群众把粮食放到地窖，是常要坏一些的，因为靠土的一圈湿，受潮。他说粮食应该好好打个窑，里面要烘得很干。编个柳条囤，拿木架支起，就不至于潮湿而腐坏。又缸底上垫几层石板，老鼠也不会打窝来吃粮食。

这里仅介绍到杨朝臣在农作法上的一些经验，其中是当地所熟知的，那些他运用河南的方法，多不分开另说。关于他今年的收成，冬季的作业，明年的生产计划，及全县全边区明年生产的意见，当另做介绍。

（原载《解放日报》1943年12月10日第二版。）

张庆丰向刘永祥提出今年运盐竞赛

扩大合作运输牲口千头运盐两万驮

【本报安塞讯】安塞运盐模范张庆丰，向延安运盐英雄刘永祥提出，今年运盐竞赛要扩大牲口1000头，运回食盐两万驮。下面就是他进行这一巨大工作的计划和步骤：

一、安塞现有的运输力量。现在所有合作运输的牲口200多头（骡子120多头，驴子80多头）；群众私人长脚530多头（骡子约100头，驴400多头）；群众私人短脚300多头，共有1000多头牲口。除合作社的200多头外，其余牲口尚待组织和发展。

二、进行□骤。第一时期由现在着手进行到旧历二月底，将群众私人长脚500条牲口合作起来，以他自己与县联社合作运盐得利的事实，及延安劳动英雄代表会上所总结的各地公私合作运输的利益来向有长脚牲口的群众宣传，并解说四六入股三七分红的原则，公家多让群众一分红利，使他们自愿参加合作。每一个牲口平均以五万元作价，500头牲口，即值2500多万元。因为是开始组织，公家需要多向群众投资，仍做四六股份（暂不做三七股份），故公家需要投资1000万元（此款又以500万元增买100条牲口，所余500万则作运输开支流动）。现在就开始分工进行，张庆丰负责组织五、六两区，樊彦旺组织二区，曹文元组织一区，杨五组织四区，于旧历正月即可部分开始驮运（一面组织一面驮运）。到旧历年底，骡子驮17次，驴子驮15次（张家畔二次折一次算），共能驮运9000余驮（骡子平均作二驮算）。第二时期由旧历三月到四月，将群众私人短脚300多头牲口，利用放青的有利条件合作起来。其组织形式主要是发动私人组合，群众之间自愿合作，牲口作价，集体运输。公家虽不正式投资，仍要抽出相当资本帮助群众，便利调度，不收利息。这批牲口自旧历四月份起运至旧历年底，能运7次，驮2100多驮。以上所组织的合作运输牲口，总共能驮到16400多驮。按全县要驮运两万驮盐的任务，则下余3600驮，又以下面两种办法完成，即第三时期于旧历六月开始，由于各运输分队的获利，各自增购牲口扩大，预计增加100驮（可能更多），自六月到旧历年底驮 5 次，可驮 500 多驮，而所余下的 3100 百驮，则发动群众放青时自行驮运。按全骡在去年放青时出发的牛骡共达 4700 多头，那今年的 3100 多驮盐的任务，一定能完成（暂不预计超过数目）。

三、组织领导。为了全县能统一地全面开展运盐工作，张庆丰特提议设立运输大队部，统一领导全县合十多个运输分队。调剂代金：将全县 4250 驮公盐所收代金 2935 万元（早已收齐），统归调剂支配。以 1000 万元做合作运输的投资，抽 30 多万元作帮助群众运输的借贷之用（不取利），又以 1900 多万由大队部调剂支配做营业活动资本（又在此项盈利中，拿出 3 万多元向连刀湾、郭家洼、□山沟等三处驿马店投资。执行工作检查制度：每次分队回来，必须经大队部检查，每次算清账目、研究经验、修理和补充工具，准备下次运输。制定运输公约：（一）保证在路上不走私盐；（二）分队中队员之间及与店家等不发生吵闹与不睦现象；（三）负责招呼牲口，使其饥饱热冷适调，减免损失；（四）任何时候不侵犯群众利益；（五）发动各分队之间相互竞赛；（六）进行业务学习，研究运输管理牲口等经验，制定奖励条件：（一）努力运输事业，运得快、运得好、运得多；（二）运输力扩大发展得快，赚钱多而合理者；（三）能宣传鼓动群众参加合作，且具体帮助别人发展运输；（四）不侵犯群众任何利益；（五）减少牲口用具等损失，而又节省开支。

（原载《解放日报》1944 年 2 月 3 日第二版。）

状元陈德发回来以后

大家的光荣

安塞县劳动英雄代表之一——陈德发同志，出席全边区劳动英雄代表大会，由延安光荣地回来了。我们每一个知道陈德发的人，在内心里都诚恳地欢迎着。

当陈德发回到家里，父母妻儿都高兴得不知道说什么好，尤其是他的老母亲，简直忘记了问儿子去延安的事情，只是注视和抚摸着他胸前发光的英雄奖章，还没有来得及细看别的奖品，窑里就挤满了邻家的男人、女人、老汉和娃娃。

大家都争着和他拉话，问长问短：问展览会上有多长的谷穗，多重的南瓜，哪里的庄稼最好？问他坐在汽车上晕不晕？问他看毛主席是怎样个人？那金边的奖状和雪白的手帕，被婆姨们抢夺着传递着，每个人都投射出羡慕的目光。

就是这样四五天，陈德发家里像过喜事一样的早上午上晚上，家里总是挤满了本村人，还有外村人和亲戚。

难民老汉温汉生说："世上再没有比这光荣的了！"朱维尚听着陈德发叙说大会的热闹，大首长的亲自招待，每天吃酒席，走路坐汽车，便羡慕地拍他的肩说："你把我一辈子的福都享了！"一个后生插着说："就两辈子吧，你还享得下那福！"

于是陈德发的父亲，在心里把自己和儿子比了一比，便感动地说："我还不是受了一辈子苦，在旧社会谁管你？尔格共产党闹了革命，咱们受苦人才真兴时了。"

五六天后，家里人才有机会细细地和他拉话。父母被无限荣幸所熏染的内心，对儿子今后永当劳动英雄一点上，更关心了。母亲说："咱要好好干了，公家这样扶持你，自己也应该努个力。"父亲的话最切实："好名望是不容易得的，明年(指 1944 年)？可要多种地。""你把这工作接受回来了(指创造模范村的计划)，要和乡长和大家好好商量，谋起的就要做到哩！咱家那些工不要紧。"这段话代表了老人对创造模范村的关心。

鼓励了群众的劳动热忱

许多来看陈德发的人，经过一番拉话，就立地在陈德发面前计划自己下年的生产了。像温家老汉说："我今年(指 1943 年)打了 17 石粮，明年一定要打到 20 石粮。你看，非开七八垧荒地不歇。"

镢头手赵炳章 1943 年完全未开荒地，1944 年春至少要开五垧荒地，张仁山也要开五垧荒地，并且简单而有力地说："看谁掏得早。"

村里所有年轻后生们，没有不满怀兴奋，几乎等不及开春就动起手来，就在陈德发家的炕上拉话中，像开会一样顺便讨论着全村变工的问题。像赵炳章、朱维尚、老马和张家几个镢头手，很自然地组织成一个组，当时选了张仁山做组长；全村 11 犋牛和 12 条驴子，大家都决定要组织起来送粪和翻地。陈德发特别强调说："要保证全年都组到底，不信再出不下几个劳动英雄。"

已转变了的二流子刘士有，对陈德发说："咱人说是二流子转变了，比年时可强多了，至少有了吃的。还不算彻底，明年(指 1944 年)才要好作务哩！"他想跟陈德发伙种庄稼，打算跟劳动英雄在一起，会得到更多的帮助和教育。

二乡石峁子高家大姐夫，专来看陈德发，打听延安劳动英雄大会到底有多红火。他说："真没料想公家把好庄户人，看得这么贵气。我回去也叫我们石峁子家家都变工，也学你们的马家沟。"

七乡崖窑沟的一个半二流子何巨海，可给劳动英雄的拉话启发得深刻，遂下决心，1944 年一定要打到 13 石粮，比 1943 年多打 5 石粮食，并确定春一开冻就掏地。他说："人家也是人，天天吃 8 碗，可扬名扎了，毬，年轻人还不信改不过来，看明年 (1944 年) 当得了劳动英雄不？当 一下真不枉活了一世。"

状元的回家，不但刺激了本村外村、本乡外乡群众的生产情绪，连别区和全县的群众都鼓动起来。当陈德发送粮到一区黄崖根时，人们都指说着他，报纸上的特等劳动英雄。有一位粗粗低个子留八字胡的说："看人家多光荣，我明年 (1944 年) 也要开 20 垧荒地，咱也着的当一回劳动英雄。"

为创造模范乡而奔走

创造模范乡的计划，在延安就想好了，回来就是个埋头实干。

刚回来在县府的招待会上，就提出了对三乡生产的很多具体意见：怎样动员，怎样组织。因为他在从延安回来的路上，已日夜谋算着这任务的执行办法。

回到村上第二天跑去和区委书记商量怎样召开一个全区干部会，传达大会的精神，和大家讨论创造模范乡的做法。

劳动英雄的传达，使大家兴奋，一致拥戴陈德发在延安同吴满有做竞赛和创造模范乡的计划，特别是乡长兼支书也是劳动英雄的安义元同志，信心更强，在会上向大家说："劳动英雄给咱乡战回来，这是咱全乡的光荣，这计划就是咱全乡人民的任务，大家要努力，一定能创造得来。"

于是，把计划 1944 年生产的事宜，就早早地提到各家农户每个劳动者的议事日程上了。

马家沟本村的变工队，随手组织起来了，已选就张布桐为队长，领导各组。只是等待春天的到来。

陈德发提议早早开全乡生产动员大会，叫大家好在年内就准备春上的事，所以他多次地奔走乡政府区政府，亲自同县长县委书记商量。

为了创造模范村，于一月七日 (农历腊月十二日) 贺县长亲率 27 个干部，去参加三乡所有劳动者的生产动员大会。在这会上陈德发详细地传达延安劳动英雄大会的许多问题并以毛主席的亲口指示，来号召全乡所有劳动力半劳动力和能劳动的妇女儿童，以及所有牛驴骡子都"组织起来"。当场有人等不得会后，如吴光才、杜培德等就低声商量着参加变工队的事情。

当陈德发在大会上宣布自己的生产计划：以一犋牛两个劳动力 (雇用一人) 要增

开荒五垧，增种熟地到 35 垧，增加细粮六石七斗，种两垧棉花，川地每垧 16 装粪，植 300 株树，向大家提出友谊的挑战时，全会场一致热烈鼓掌欢迎。

户与户、村与村的生产竞争展开了，立即有三政村杜培德，向大家讲话，提高自己的生产计划，来向劳动英雄做竞赛；二政村副主任陈树业代表了黄瓜塔全村，向模范村马家沟竞赛；连才转变的二流子刘士有，以一把镢头手要种 10 垧熟地，再翻开 6 垧荒地，向大家以肯定的语气，保证计划一定要完成。

闭会后，陈德发同志亲自协同工作同志，奔走于第一行政村，到各村动员宣传，挨户帮助农民制订生产计划。他耐心地、细密地处处为群众打算，同群众研究各家的生产条件和怎样扩大生产，提高计划。

在陈德发的宣传和组织下，有几个村子的妇女也组织起了变工队，大家集体协助种瓜、务菜、打棉花尖卡。例如马家沟，21 个能劳动的妇女，就有 17 个妇女参加了变工，以居住的远近组织为四个小组，选定纺织英雄陈德发的婆姨张氏为队长。

最后，我们可以总说一句，在陈德发的发动下，全三乡的生产运动，已经热烈而紧张地运动起来了。正如一支开赴前线的大军，待命战斗，只等春天带来解冻的声音。

插一个故事

陈德发去延安时，曾一再嘱咐父亲，在征粮调查时要实报，多捐，早送，送好粮食。

陈德发回来了，第一件大事，就是询问父亲对于报粮交粮的情形。自己立即先于任何事情，把自家的公粮公草，几天之内送完交清了。陈德发在打场时，就和父亲计划把好谷子金一色地来送交公粮……

（原载《解放日报》1944 年 2 月 17 日第四版。）

一个具体领导的榜样

“真正要为群众打算”这个思想，安塞县委书记李望淮同志在干部们出发三乡工作之前，曾向大家这样一再强调。

李同志自己参加三乡工作，不仅帮助支部、乡政府总结去年经建工作，研究 1944 年全年的生产计划，在大会上做动员，组织全县的生产运动，而且亲自深入到二政村工作。

到各自然村，他先了解不同人的生产情况，亲自帮助个别劳动差的人做生产计划，一边和他们交谈，一边做笔记，并且做出计算。他耐心、细密、亲切和诚恳的态度，深深感动了每一个和他接触的农民。

李同志帮助安义元制订家庭生产计划，谈了半个白天和半个晚上，详细地检查他去年的农业生产、副业发展及各项大小收益。他甚至把家庭自产的蔬菜、苹果、羊毛等都按出卖或自用算成市价；把生活用品，如布匹、纸张等按适当的价格算成钱，详细地用这种方法计算了他家全年的收入和花费。李同志又帮助安家分析了家里的人工牛力、生产资本等，商讨他今年还能扩大几垧地，能够多打几石粮，达到耕三余一，丰衣足食。

李同志刚到达吉儿塔，请高义德到村干部家个别谈话，因为他早已知道这位姓高的生产不太好。当了解到高义德去年只种了两垧地，收了一石粮，家里有三口人吃饭，李同志便问高义德："你打的一石粮不够一家三口人吃，还拿什么买布穿衣和其他家用？"这句话打动了老高的心，他自己也正为家里的生活状况发愁，现在有人帮他做生产计划，他决心把典出去的地收回来自己种。他还打算掏种七垧熟地、开一垧荒地，要参加变工队。

在陈家洼，李同志知道了张好贤借口工作忙，不抓紧生产，去年只打了5石粮，今年又打算留下4垧麦地自种，把其余12垧地伙出去，自己专赶羊。李同志找他共同计算：先按他自己所打算的，把12垧地伙出去，每垧地按8斗收成，能打9石6斗4升；按四六份子算能分得3石8斗4升；四垧麦子打2石5斗，才能共得6石多粮，比去年增加不了很多。经过李同志对他家务农的打算分析，结果他计划要自种16垧熟地（4垧麦子地在内），又要和变工队联手开两垧荒地。所有的地他都计划要锄过三次，至少要争取收得14石多粮食（熟地可收9石6斗，麦地收2石5斗，荒地增收1石6斗，合计13石7斗多）。此外他还要做好推进和领导群众生产工作，"一定要把生产和工作都执行好。"他这样回答说。他认为今年按计划努力，就能得到比去年多增加9石粮食的收入。

李同志帮助变工队分析组织变工与不变工的效果。他了解张有直在去年春耕中使用一个牛犋变工耕种5垧地的情形。由于其他人力和牛力的变工耕种，节省出5个人工和1个多牛工。如果50垧、500垧地都变工耕种，当然会节省更多的劳力和牛力。李同志用实例鼓励大家组织起来扩大生产。

他同样帮助群众组织变工队，不是随便把几个镢头手或牛组织在一起，而是具体地帮助他们制订劳动计划。如对黄瓜塔背庄的骡变工送粪，计算全庄要上1035装粪，

3个骡子，每天平均送15装，共需23天送完。如果在正月初开始，月底就全部送上山了，这样一来，就可抽出时间翻熟地、开荒了。

对于黄瓜塔后庄闫某某使用农贷的问题，李同志曾花费了两三个钟头同他谈话，鼓励他增强了生产的情绪，也帮助他对农贷有了较具体的认识。闫开始要用55000元农贷，只计划用于自己的12垧地。但因地收成不多，农贷的作用不大，因此李同志建议他提高生产计划。闫不愿意，表示不想用农贷，也不想提高生产计划。他走了之后，李同志仍然为他的生产和生活感到不安，于是又找他恳切地交谈。他对闫说，一个好党员，先要自己生产好，才能带动和领导群众搞好生产，要在工作上和生活上做群众的模范，进而做通了闫的思想工作。

在陈家湰的村民大会上，李同志特别关切模范村，亲自向到会的男女老少讲话。他用通俗的语言，以该村的模范事迹鼓励村民更加努力。他说："我们努力多生产，多种地，多打粮，有吃有穿，过年过节，人家吃啥咱也吃啥……"大家听得都笑了，许多人说："尔格政府为老百姓好，把心用尽了！"

（原载《解放日报》1944年2月27日第二版。）

训练变工队长

变工队的发动和组织起来，是比较容易的，可是要坚持下去，并且中途不发生问题，那就比较困难。

去年春上，安塞是相当普遍地发动和组织变工队的。但仍然有很多劳动力没有变工生产，这固然是有些农民对于集体劳动的经验不够；也由于乡村行政上，只尽了发动和组织的力量，没有继续检查和领导。

今年，不用说更要普遍的变工。为了变工能搞得更好，我认为有训练变工队长之必要。要使各变工队能相互观摩，交换领导变工（扎工）的经验，发现与解决变工（扎工）中的各样问题，研究农作法及鼓动生产情绪……

训练的方式，可由当地劳动英雄、有变工经验的老农，集合附近三五个变工队长，开座谈会，大家很自然地研究，交换意见，提出问题，解决问题。

乡村行政上，应当推动并协助这样的训练，甚至可以同开政村主任或村长联席会一样地召开变工队长联席会，就是说必要把领导劳动组织，成为工作的一个中心。

（原载《解放日报》1944年3月12日第三版。）

模范村的一天

古历三月初九日这一天，太阳刚从真武洞山头上升起，阳光在桃果树含苞待放的花枝上染上了一层淡红色。冉冉飘浮着轻烟的马家沟，居民们已在破晓时起身劳作了。

看，那不是陈德发、吴凤祥，他们已拾满了粪筐，要回家吃饭了吗？看，那不是张布桐、张忠和，他们已从小河里把一天吃用的水担回家了吗？

因为时节还未过清明，大清早还不能上田，但是他们并没有闲等着吃早饭，好多人家都像吴凤祥门前那样，堆着一百多担的粪堆，就是每天在这早饭前一筐一筐积起来的。再如陈德发的父亲，在孩子叫他吃饭时，他说："谁舍得把看见的粪，不拾完走回来呢？"

吃了早饭，太阳才一竿多高。大家吃饭的时间都差不多，因为村里的婆姨们都记得在妇女变工队的会上所说的话："不要叫等饭！""不要叫等饭迟误了上田！""上田的走了！"这是陈德发在招呼大家上山。他的喊声犹如军令一般，大伙儿都相跟着往山上走去，愉快的歌声回荡在山野上。

他们唱着自己编的歌："三月里，是清明，每个人来都要劳动。今年生产更努力，人人都能当英雄，毛主席他最欢迎。"这是一个难民小伙子编的歌，他自己领头唱着，大家也都跟着他合唱。

到了小狼岔沟峁上的荒地旁边，没有人耽搁，就一齐挥锄开始劳动了。陈德发领的八个小伙子，摆开了一长列的阵形，挥动锄头干了起来。其他的十多个劳动能手们，也都分组分别开荒。

挥舞的锄头在太阳光的照射下，上下闪耀着弧形的光辉，封锁在大地的荆棘被斩碎了，一块块的新土翻身了。小伙子们个个干劲十足，额头上的汗珠滴了下来，脚下涌出了如浪涛般大片肥沃的新土。

大伙沉默紧张地干着活，不说话，也不唱歌，你追我赶地忙着开荒。温汉生赶在了张青山的前头，陈德发又赶在了温汉生的前头，相互比赛起来。

太阳快到天中时分，大家把各自的锄头竖立在干活的岗位上，开始休息了。他们坐在田头，吸着旱烟，说着，笑着。他们谈论着《群众报》上林主席的号召；绥德刘培润的农作法；以及杨朝臣的地掏一尺深，荒地也上粪的好处……谈说着如何学习别人的经验；谈说着在读报组发言。陈德发说：“朱维尚哥，今晚你要准备发言哩。”朱回答说：“多少我是要说几句儿的。”

他们从怀里掏出了识字本，吴凤祥早在别人拉话时，就在地上写前晚刚认的“模范村”几个字，和他的“凤”字。陈德发将温汉高的生字本拿过来，叫他默写生字。温汉生没有带生字本，并不是因为他忘了，而是为了硬记，把本本放在家里。上山前他将新教的生字记下来，到山上默记默写，记会了，他就把会写的字记到熟字本上。这是他认字的一种方法。由于他能用比较的辨字法记字，如“王”“主”“住”，所以学得快，二月份的 15 天里，他已新认了 60 多个生字。

休息了半点钟，紧张的劳动又开始了。

太阳正中，下午有些人要赶牛翻地，就回家吃饭。他们一面走一面回头看，那是他们新开出的有四五亩的一片土地。

婆姨们在做饭的时候，已经喂饱了牛。吃过午饭，全村十一头牛，开荒地时，人们将两头弱牛合并算作一头强牛，强弱搭配，分三组一齐出动了。

第一组四头牛，同时在一块地上翻，一个下午翻了两垧多荒地。由于马家沟村从一开始，就使用牛犋变工翻地的做法，截至九日，三个牛犋组，除过新翻的荒地，已翻了熟地五六十垧，还在十多垧地里下了种。

男人们吆喝着牛，镢头手们唱着歌，都上山了。村子里，婆姨们的纺车开始响了起来。初四那天，村上大部分妇女从四区合作社领了棉花，这时全村十五架纺车都响动了。张忠和的婆姨，已送交了一斤头等线。

饭后妇女们洗了锅，喂好猪，太阳稍偏西时，妇女劳模英雄、妇女变工队长张振兰，亲自到各家查看纺线的情况。她指导她们纺线，帮助她们熟悉纺车的操作，试验纺车有没有毛病，还手把手教那些初学纺线的妇女。

妇女变工队共分四组，张振兰嘱咐各组互教互学，相互帮助，把线纺好。妇女们说：“年时个咱纺线，没人教，想寻人，怕人家忙不愿意。今年我们组织了起来，组长亲自上门教咱。”

马家沟村的妇女们，现在不光是纺线，还兼做许多地里的活儿。组长说，目前是加紧纺线，还要兼顾为夏天农忙做好准备。像温汉高的姐姐，已经把全家一年的鞋都做下了，到了夏季庄稼忙时，就到地里锄棉花、打卡、压瓜蔓、务菜、务杂田。到夏天时，还要保证按时把饭做好，不要误了变工队上山；晌午要帮助喂牛；身体强壮的妇女尽量自己担水，叫男人能早些出工；自家的瓜菜地，也尽量不用男人帮手。张振兰自己还开出了一垧果园地。

这一天夜晚，月亮分外明净。各家都围坐在炕上吃饭，锅口喷腾出来的蒸汽，在屋中弥漫，传出欢笑声、碗筷声、娃娃的叫声。

读报组的钟声响了起来，全村的劳动者，都很快地来到读报室。

一个三间的小屋里，顿时挤满了人，年轻人围坐在灯前的桌旁，有的在黑板上默写着生字，有的相互考问着。

温汉高轻声地哼着由《边区群众报》上剪下来的种棉歌，组长张布桐展开了记录本，写上：“三月初九日，第20读报会。”他站起身，数了一下人数，又写下：“到会22人。”

“今晚本来要继续讨论林主席对于农作法的号召，朱维尚已经准备发言。现在县上同志来了，给大家读《解放日报》的抗战消息。”

第一个读了“静宁游击队民兵，粉碎敌寇抢粮计划”（上月26日《解放日报》一版），屋里的人都静静地听着。当读到我民兵在敌占区活动三天，打死伪军班长，活捉敌人密探，摧毁村公所，缴获文件一大包、子弹130多发时，大家都高兴地笑了。长发说：“咱们把狗某的做（打击）美了。”

一段读完后，陈德发和张忠和向大家解释说：“民兵就像咱们迩刻的自卫军。”有人说：“那自卫军可真厉害，敢跟敌人厮打哩！”

后来又读了几篇有关前方的消息，有人说：“前方的老百姓要打仗，要生产，要保家。咱们边区有军队保护，生活安宁，实在是要努力生产的哩！”

一个19岁的后生，提议说：“听了前方的民兵这样艰苦、英勇，把咱们也讨论讨论。”组长接着说：“是的，把咱们过去有关抗战动员工作、参加自卫军的工作，都反省反省，看跟人家比，自己怎样？”

“今晚已到了时候，大家回去想想，下回来再讨论。”组长说毕了，就给大家在黑板上写生字，各人把生字抄到自己的本本上。

读报会散了，月亮已经很高，河对面真武洞街上的灯火都熄了。

温家兄弟，一面往家走，一面唱：“……帮助难民好生产……”

歌声在静夜里飘散得很远。

（原载《解放日报》1944年4月24日第四版。）

一个读报组员的访问

一个从来不识字的农民，参加了读报组后，三个月工夫，就识了四百多字。这的确是惊人的！正如陈德发同志说的：“温汉生迩刻学习真不错，发表意见比有些参加革命多年的干部都要强。”

一天中午，趁着歇晌（休息）的时候，我到马家沟去，想找温汉生谈谈。

我和区政府陈启发同志一同到温汉生家里。他们一家父母兄弟都围坐在炕上，刚吃完饭。他的父亲母亲在拐子上缠着棉线，他姐姐是妇女变工组长，这时也坐在门口。

我们随便东拉西拉，先从识字上谈起。“世上无难事，只怕有心人”的道理，温汉生是在自己的学习中真正体验明白了。所以，他用这一句话，先回答了我向他提出的怎样才能识这么多字的问题。他又补上了一句话：“我解下（即懂得），什么事，只要你把心钻进去，就有办法。”

他的心为什么能钻进去？因为他曾吃了不识字的苦，他怨恨自己“睁着一对眼，是瞎子”。

听他说，和人家拉些钱股手续，不会在本本上画个道道记下。哥哥写回来的家信，要满村跟上寻人家看，也顾不了信上的话该不该给别人知道。去年，人家给他嫂嫂送来优待柴，他不会打收条，急得心里想，长这么大的个子，简直不顶一个人。——这些事情，使他的心里有了识字的渴望。

当陈德发提出读报识字时，他响应最积极。他说：“能有人教，这还不学习等什么，这比上冬学还要强。”

话又拉到他怎样在砍柴的路上，把本本拿出来向张忠和问字，怎样早上晚上，都趴在炕上画字。他好像有些不好意思自己述说这些用功的事例，他母亲便随便补充了一句：“我汉儿可专到那一道上去了呢，把饭送到口里，就用筷子在炕上画字。”这说明他为什么在第一月份，就有识到 93 个字的成绩。

再听他说怎样更有计划来识字吧，“第二月开头，我陈德发哥可要识一百字向大家挑战，我也提出识一百字同他竞赛。这一下不敢再信天游（随便）了，当时操心，怕完不成”。所以他在开荒时，休息下来，也在地上练字、认字、问字。虽然早起天不亮上山，晚上看不清路才回来，一天没一点空闲，可是他不歇晌，不睡午觉，趴在炕上认字。闰四月初五晌午，把识的生字，向本本上整齐地抄了 117 个。温汉生的母亲笑着向我们夸说了一件事：“前日晌午，汉儿在炕上写字，我说你不瞌睡？他说心里有事情就不瞌睡。我怕他熬（即疲乏），后晌要上山，叫他睡一阵，他就怨我说：‘你刚怕我睡不够，瞌睡一辈子也睡不完，整天睡下有啥用。’他父亲听得会心地笑了。”

我早听人说过，他到真武洞赶集时，曾拾了一颗枣核，把黑板上的生字，在晒焦了的胳膊上画着练习，回来问组长张布桐。我这时问他在胳膊上写了什么字，他说：

“破除迷信的‘破’字和‘迷’字，斗争巫神的‘巫’字等十几个字。”他不仅把识字当成了生活习惯，而且自己还能摸索经验，寻求规律。他识字先是王、主、住、进，这样添笔画的顺序识。最近，他又发现从字的旁边来相音（会意），如金半边添艮，是金银的“银”字，言字和兑字对起来是“说”字，知道了一个，就认识了三个。

他的计划是今年识600字。我故意问：“你夏上锄草更忙，计划是不是能完成？”他姐姐在门口插口说：“迩刻都把四百识了，到年底再识四百。”温汉生盘算即使锄草忙时，识字总不能停下的。想起冬天才是识字的好时候，便肯定了姐姐的话：“没一点问题。”

在我们拉话中，他说起老英雄吴满有，白塬村英雄石明德，二流子转变的刘生海，安置难民的冯云卿等许多劳动英雄和模范村名字，他从这些新鲜的事迹中，获得了许多有意义的启发。

“听了人家的好办法，要反省自己的，把咱们的事也能搞好才算事。”这就是他对于读报识字，所抱的学习目的。

在听了高司令“怎样组织起来”讲话后，他认为今年无论怎么，要好好变工。他在讨论时说：“我和谁都变，总不一个人上山。”又听了白塬村去年的全年大变工，他就批评本村去年春上变工时，开初还有人不满意的现象。他父亲不满意和陈启发的弱牛变工，他以“人家牛软，咱的地远”的理由，持公道的态度，劝说他父亲，这样做不但照顾了自己，又照顾到人家。他认为：“变工就没有个吃亏的，对大家都有利。今年马家沟家家都超过了计划，不是变工队，我看就不行。”为了证明他的看法，他继续给我找些实例。如陈德发哥牛强变工，开了13垧（等于山地三亩）荒地；樊树昌才拴一犋弱牛变工，也开了11垧地，迩刻还想开；又比如说姐夫张青山同是一把锄头，今年变工就开得6垧多，多出了前两年合起来开得6垧。他以反问的口气作结：“你看谁家吃了亏？”

拉起朱维尚害病，全村去帮朱家种地的事，温汉生就以“一人扶十人扶不起，十人扶一人就扶起了”的互助思想，开始了这一件事情的叙述，“初二（指闰四月）晚上，劳动英雄陈德发哥召集开会，我已睡下，把衣服穿上就去了。他提出要大家给老朱扶一把力，帮他种地。我听了也发言，说人到难中（指病中）不能劳动，啥时候才要帮助？大家都同意了。第二天就上山给老朱种地。”他说那一晚只怕起迟了，吩咐家里把饭再做早些。那天他们十八把锄头跑上去，一阵子把老朱去年一年开的地（指去年春新开的6垧熟地），连今年的2垧荒地，八九垧一哄儿种上了。他说，再没有比那天热闹和痛快的了。

他叫我看延安一位同志寄给他的毛主席的像，说起为毛主席代耕的事。他父亲开口了："那一回听报告回来，我汉儿给我说毛主席也变工生产。他说咱毛主席给老百姓谋划好光景，又谋划把日本打出去，劳的心太大了。他说咱给毛主席代耕七年，向我解释了说咱凭谁才有吃有穿的……"温汉生紧插上说："给毛主席代耕，我实在心里痛快。"我向他母亲提出温汉生今年参加读报组误了生产没有？老婆婆喜悦起来了："一点也没有，可操心种庄稼了，往年还有阵耍懒，迩刻你叫他歇一会他都不。"他姐姐又朝向母亲说："汉儿今年一心要跟劳动英雄学哩，陈德发哥怎样务庄稼，他就怎样务。"

关于帮助弟弟（汉高）学习，他是顶一个老师的。他对于弟弟二月份识字计划的失败，在严格批评弟弟之外，又深深地责备自己："那一晚上（指总结会上），大家批评温汉高时，可把我背信（不光彩）结实了，我自己也该负责。"此后他更认真地帮助弟弟在本本上誊生字，到山上牛歇下了，和走到路上都问弟弟的记下没有。他时刻督促，三月份温汉高就识到80多个字。在生活修养上，常教育弟弟很多道理，相互讨论报上的知识。在他的督促与鼓励下，温汉高也肯在读报会上发言了。

问他对于读报组的意见和希望，温汉生很满意地说："迩刻没什么意见，有的就在读报组提过了。我不会客气。开头时我常提意见，谁不对就批评，为他快些进步。"他还表示感谢陈德发对他经常拉话，说字，解释报上的问题和读报组长张布桐对他的鼓励和督促，带动了他学习的积极性。目前他最希望锄草扎工到外村去时，能把报纸带上，歇下来就读，不要完全停止学习。他对自己的学习打算是："假若大家同意有必要暂停一个时候，我个人还是要继续认字的。可以少贪些生字，把认过的熟字要好好复习，一个都不敢叫忘了。"

当我们快拉完的时候，劳动英雄陈德发叫他"上山了！"一进窑就说："这后生学习可危险（意即刻苦）哩，我几回晚上来，他都趴在炕上写字。"我趁热问："你看温汉生将来够不够个模范？"陈德发直快而肯定地说："那，迩刻就够模范了，我们读报组每月总结，温汉生都是第一。论识字，论理解问题，论实行，都比别人强。"

（原载《解放日报》1944年8月4日第四版，后入选《延安记者》一书，陕西人民出版社1993年出版。）

先生像妈妈
——记安塞真武洞女子小学

在假期中，常有三个五个女娃娃，拿着石板，站在先生的桌旁，趴在先生的床上，问生字、问算术，或者央求老师讲故事。亲爱、喜悦而又自然的情景，像是一个家庭——慈祥的母亲和她的女儿们在一起。

问她们放了假，为啥还来学校？她们顺口答道：“学校就是我们的家里。”“我妈妈把我给先生了。”“我们给先生当娃娃，叫先生妈！”先生笑了，学生也都笑了。

学生爱学校像爱自己的家，爱先生像爱妈妈的故事，多着哩！七岁的李晓一次生病了，她妈叫她在家里歇一天，她说先生不准，就偷着到学校来，又向先生说是她妈叫她来学校的。高玉英本来先生准她请假，因为她妈不在家，要她给她爸做几天饭，可是她做好饭后，就又跑到学校听课。

学校正像一块磁石，把一群女娃娃紧紧地吸引到先生的周围。

先生教书，也像她们的妈妈一样关心爱护着她们，时刻关照孩子们的寒暖。太阳红了，先生会叫脱一层衣服；天阴吹风时添上一层衣服；衣襟敞开了，提醒扣上纽扣；怕娃娃喝冷水坏了肚子，先生亲自领她们到灶房给喝开水；怕娃娃嘴馋随便买着乱吃，不准卖烂杏的担子停留在校门口。吕士智头疼，先生找来药服用，病好了家里还不知道；芳儿病了，先生把药拿到跟前，怕她嫌苦不吃，先生自己先喝一口，叫她不要怕；听到赵芳微患病，先生亲自把药送到她的家里，她妈拉着先生的手，感动地说：“我对我的娃娃，还没有你对她这样操心！”

先生们对学生很耐心，白凤侠比较笨，一课算术要教过五六次，先生一面讲解，一面捏起她的小手指，教她自己计算两个加三个是几个；毛岚开初写字拿不稳笔，先生握住她的小手学写字；毛岚在班里学习非常吃力，先生一次次耐心教她，直到她会念会写，才教她学新课；雷国英学习接受能力好，一学就会，可是贪耍，先生因人施教，对她抓得就比较紧，一课书限时要学好，又鼓励她跟勤学的汪占英比赛；对于不肯主动学习的张美花，本来能学第二册国语了，她还慢慢地学第一册，先生就督促她跟上第二册，结果成绩还不错；李晓学得快忘得快，有时连本星期内学的都忘了，先生就一面教她学新课，一面又帮她复习旧课。

先生鼓励念第二册的学生教念第一册的，年龄大的教年龄小的，学习能力强的教能力差的。比如，张怀英给王桂兰教算术，王桂兰又给张怀英教国语。

为适应农村的环境，先生采用随到校随教的办法。先到校的学生不用等其他人，先开始学习，后到的从头补上。28 个学生分成了 4 个组，在两个教室，由两位女先生复式给她们上课，克服了去年死等的制度。

为提高学生的学习能力，先生灵活按照学生的进步快慢，随时调组或升班。汪占英六月才读第一册国语，她进步快，而且在课外又识了许多字，就先叫她跟上甲组试验了一个星期后，七月就跳过了第二册，现在正式学第三册了。先生用这种办法增强了她学习的信心，也激励了其他学生。

在学生们的学习进度参差不齐的情况下，先生也是根据学生个人水平灵活做安排。比如，正在学习第一册国语的，不一定要学第一册算术，按各自不同科目进程给予调整。张怀英等五个学生，在学第二册国语，却学第三册算术；张英花学第二册算术，总是得一百分，可是她的国语仍是第一册，当然先生也在不断鼓励她，使她能够进步。

学生在学校学会认字写字，回到家里也教自己的家人。高玉英一星期给她弟弟教会 10 个生字，先生也就发动学生回家做小先生。自 6 月 24 日起，一个月来，高玉英等 6 个学生，教了她们的妈妈、嫂嫂、姐姐、舅母等 10 多个人，有的认到 106 个字，有的会唱 10 多首秧歌调的歌。

先生教学从不曾用打骂旧式的教育方式，也从不用严厉的词语。她们帮助学生建立了自治会，领导学生的自理能力，比如，领导放学回家排队；排值日；督促扫地清洁，检查卫生；带领同学扭秧歌。有一次，两位先生都出去参加会议，自治会领导各组自学，打扫院子，秩序井然，没有出一点事故。

先生还辅导自治会，每星期六开一次讨论会，培养小娃娃纯洁诚实的心灵，引导她们崇尚民主的作风。高桂生的蓝色铅笔丢了，问不出是谁拿的，检讨会上你一句我一句，没人敢承认。先生便提出："谁拿了，自己承认，就不罚她！"张美花脸红红地站起来说："我看见她的蓝色铅笔能染花纸，就拿了，不敢说。"大家对她的坦白都表示欢迎，她感动地继续说："我再不敢了，再拿就罚我扫地！"

有一次常兰香在课堂上打了小妹妹。先生这样去教育她，先生说："你姐姐打你不？"她说："不打。""咱学校里谁大？""我年纪大。""那你就是小妹妹的姐姐，为啥打妹妹？"她脸红了，害羞地说："我不由得，我不对。"从此她再没有欺负过小娃娃。

先生们常和家长们交谈怎样过光景、怎样管孩子等方法。她们劝说高桂芝的妈妈不计较李家邻居婆姨的叫骂；劝赵芳微的妈妈不要请巫婆来看病。学校还组织领导了一个妇女读报组，和附近的婆姨们熟悉了。家长和先生关系密切，有的妈妈还到学校来过七八次，有的请先生去她们家里吃饭，常给先生送来鸡蛋、挂面、包子、油糕、青菜。马毛兰的妈，一次硬向先生衣袋里塞过 500 元边币，诚心诚意地说："先生实在待娃娃好，我心上不得过，小意思……"

7 月 20 日晌午，妇女、老太太、老奶奶们，很多客人，来到这个女校。院子里、教室里，熙熙攘攘有 34 位家长，他们看见院子里的花草，看见娃娃课桌上的识字本、仿纸，嘴角上都露出了喜悦的笑容。

家长会开始了，爸爸、妈妈、奶奶细心听各家娃娃的学习成绩报告，都夸说着自己的女儿、孙女聪明。雷国英的爸爸说:“娃念了书,懂了讲卫生,还劝叫妈妈勤洗衣服。”她妈接着说:“年时没念书,胡串胡耍。迩刻念书回来,可比在家时做活多了。”高玉英的爸爸说:“过去在家骂她妈,打她弟。迩刻又听她妈的使唤,反而受她弟的欺负。”家长马春说:“迩刻我才看明白了,女娃娃也能行,我叫娃娃念书。”汪占英的妈说:“我女子迩刻不寻婆家,一直叫念到十七八岁,叫她干事。”最初以家务忙、要抱娃娃等许多原因,不让女子念书的周老婆婆也说:“过去是我不对。”

大家忙着说话,没有注意,高桂生的妈低头撩起衣襟在拭眼泪。先生看见了问她是不是生病了,她才说出了她的心事:“我看见这些女娃娃都念书,大了再不会受人的气,想起我大女子,那时没有解下念书,小小地就卖给了人家,受苦、受欺负。迩刻社会真好,我一定叫这个女子把书念好。”

(原载《解放日报》1944 年 10 月 15 日第二版。)

为群众服务要看效果

——安塞区乡干部工作种种

在讨论工作作风的时候,不少同志反省和批评了自己工作中的缺点,也有的同志提出来:我们没冬没夏、没饥没饱地跑烂鞋底,想破脑子,诚心诚意地为群众办事,为什么还有群众对我们不满意、埋怨、说怪话?!

(一)骡子毛也要赔光

去年春扩大运输牲口,原为发展群众运输事业,帮助群众包运公私盐及其他物资等,可是结果呢?四区五乡为成立运输社,向群众征来股金 487 万元,于去年三月份 15 条驴、骡子的运输队开始行动起来了。谁料到秋后,将 1 元钱赔得只剩 5 角 5 分,当把牲口归还原主的时候,也只剩下 5 条骡子了。如从春秋两季物价来比,群众吃亏很大,像该乡任家沟杨占臬,春上入股 15 万元,按时价可买 8 石 7 斗米,秋后只剩下 7 万元,只能买 2 石 4 斗米。从对群众生活的影响上看,该乡 1943 年夏秋共出公粮 230 多石，但为加入运输股金却卖出了 200 石米，致使有人到夏锄时缺粮。像刘振恩春上为入股 4 万元，卖米 2 石，包括有玉米、麦子等，到夏上就不得不买着吃了 1 石米，还加利息借了 1 石谷子。群众看到这样赔钱的运输队，特别气愤地说："再叫他们赶几个来回，连骡子毛也要赔光。剩下的牲口一定要分回来，牲口肉也要我们吃！"

（二）错就说错

去年私筹部分入股包运，七区在执行中，更是给群众造成了较大的困难。如二乡在古历七月十三日布置动员，限期定三天都要出发驮盐，不能出发的一律要作股交钱。同时，严格提出一定不能误了增抽麦子。群众无法，只好卖羊入钱。后来要向群众退股的时候，有些同志还不好意思公开承认错误。经该区二乡参议员高水谦的提议，区委书记才在政府选举劳动英雄的群众会上明白诚恳地说："私应入股这件事，我们完全做错了。尤其是咱七区时间只限了三天，就要出发，口头上说是自愿，实际上是硬性规定……"接着高议员向大家解释说："虽然上面做错了，当初不愿意入的，谁都可以自由抽出自己的股份，可是运输社也有很多困难……"于是引起全会场谅解的鼓掌。平时好争多论少的薛富华也说："只要上面知道错了就好。我是一个股也不往出抽，大家想，把运输社拉垮了，也是咱们吃亏！"到会的妇女们也说："谁还没个错！""现在政府真心实意，错就说错。"一个难民说："国民党那政府，做错了还是对。"结果全村 50 多万元没一个人抽股。

（三）在乡上解决

自实行新的司法方针以来，政府工作同志，对犯了错误的人，真心予以帮助和教育。可是如六区四乡江海成，从县上坐完看守后仍然偷着赌博，区上同志想找他当面劝说教育，谁知总是找不到他。他一听到区上乡上的同志来了，就以为要提他便胡躲。虽然区乡同志为他误工而焦急，却也无法。区政府助理员听劳动英雄李东青说："江海成就是怕往县上送，如果在本乡解决他的问题，我可以劝导他。"助理员立刻同意了，还把江海成引来全乡劳动英雄选举大会上，由大家批评教育，宣布他所输的钱帮他垫付，又找了保人。此后，他安心在家生产，感激地说："这一下我可自由了，再不怕政府的人了。"

（四）“嘴在区上就歪了”

去年春上劳动英雄选举，有些区乡却做成了指定或拉夫的形式，到秋后才真正实行了民主选举，可是也闹出了错误：

五区副营长到三乡传达指示，帮助选举工作。他在乡政府只“三两句话”简单传达了一下。他在四政村的帮助下，选举出两个正式的劳动英雄之外，又选了一个候补劳动英雄。乡长高生昌在一政村听得消息，专来问副营长，他却肯定地说：“选错了我负责！”高乡长以为区上的同志不会错，也选出一个候补英雄。后来区委郭书记见了高乡长就责备说：“谁叫你们闹这样儿的事（笑话），真是好经叫你们这些歪嘴和尚念歪了！”高乡长分辩说：“先慢些批评，嘴在你们区上就歪了。”

（五）解开了就好办

去年春节拥军月里，魏永盛同志在二政村召开群众会议，详细解释了拥军的意义，当说道：“大家想，我们的哥儿兄弟在前方吃苦流血，抵抗敌人，保卫咱们后方暖窑热炕地过安宁日子，过年过节谁不应当送些东西慰劳！”有些人被感动得眼圈都红了，连最穷的卖小吃的刘汉珠也自动捐送了一千元，并说：“这是应当的，人要有良心！”于是顷刻间集合起两万八千元。可是西政村按户摊派的方法就不合适了，钱收不起，群众还埋怨：“谁知道人家摊派做什么的钱！”后来一个村长刘元华给乡长说：“咱那政村主任就没给大家传说明白，他自己先提议摊派的。”当乡长专去问沙儿湾最穷最不愿出钱的蔡维德的意见，他深表懊悔地说：“如果我早知道是给咱军队送礼的话，我还要想法多出些钱的，人家舍下命抗战，咱多劳动半天工不赚几百么？！”

（与许瑞生合作，原载《解放日报》1945年1月23日第二版。）

换尽老脑筋
——记三区三乡韩接禄乡长谈话

同志，不怕你笑话，论我这样的人，现在把老脑筋也换得差不多了。你想想，我15岁上就耍起赌博，整整耍了15年，直到30岁上，当地红了（1935年）起才停止。革命一开始，我就改邪归正，参加革命，当上乡主席，到现在满满10年了，一天都没有脱离工作。说来咱太不进步，工作十来年，连乡长还是当不好。论我的赌博出身，是革命把我教育过来了。

听我给你说，我的老脑筋可难翻转哩，除非是亲眼见过、亲身经历过，真正认识了知道了才相信。像开始闹土地革命，看那游击队今日西山明日东山打来打去，咱就认为闹不成大事。后来二十五军接连打胜仗，中央红军也来了。我到高桥一看，黑压压的那么多军队，我心里想，革命是真的闹大了，共产党一定要成大事，自己就越有信心了。

到1941年要实行三三制，把我又搞糊涂了。上面传达叫选举党外人士，我实在不满意。人家给我解释国家事要众人办，脑筋总是翻不转，后来看到乡上的议员们都很好，热心帮助政府工作；再看县上边区的工作，这几年实行了三三制，事越办越好了，我才明白团结众人的力量才大哩！

你问我对于政府这几年帮助群众发展生产，是怎样认识的？同志，老实给你说，开始也是没认识的：像订农户计划，我可觉得是麻达事。心里想，过去多年政府没做计划，谁还不是都生产么？年时春上为做农户计划，把我的看戏都误了，心上实在不舒服，就问区上刘同志："咱们这样一家一家做计划，老百姓又不满意，真是吃饭怕不得饿么！"刘同志说我这老脑筋，对新工作没认识，我还是不服他的话。从去年到今年，许多人家生产比过去大大提高了，我督促大家生产有了具体方向，检查工作有了标准，又了解各家的经济情形，我才觉得真是不错，农户计划的用处不少哩！

对于组织变工，开初还是咱那老看法，总认为夏天扎工群众有习惯，春上人变工最是牛忙之时，是做不到的，人家不变你有啥办法？去年变工没有认真做，今年正月到县上开劳动英雄大会，听见马家沟变工的成绩，我回去到处宣传说："毛主席叫组织起来，人家都要变工。"当有人说，牛乏了怎么办？我就说："乏了就乏了，你说的还要我给你变牛呀！”咱心里就看变工没利，又看到杨树枝行政村变工得好，真比往年增加出许多地来，我才明白不是变工这事本身不好，是咱没帮助群众好好解决问题。

年时春上召开生产动员大会，奖励劳动英雄，又给二流子戴牌牌，我想，走运的走运，倒霉的倒霉，反正觉得二流子靠批评一下不顶事，还是把他们送到看守所里面去。谁料赵桥那杨树枝给转变过来了，今年领导他村生产读报，可积极哩！二流子是能转变的，怕是咱没有负起责任来教育和帮助。

咱是农民，咱还看不起农民。年时奖励劳动英雄，认为把那些打牛屁股的庄稼汉，给胸前戴花儿扶到台子上，有啥用项？直到今年正月到县上开劳动英雄大会，派我招待我三区的劳动英雄，给滚水给烧炕，可把我羞愧结实了，到政府院子抱上柴就溜着怕见人。又看见贺县长跟那些人谈话，我心里想，你（贺）跟那些“土人人”还能拉个啥名堂哩！当看见陈德发等许多英雄，演说他怎样帮助群众领导大家生产，做出很大的成绩，自己就服气了，劳动英雄真能行哩。开过会回去发动群众组织变工，每一项办法都是劳动英雄大会上讨论来的，使我才明白劳动大会不简单哩，把工作推动美了。

听人家说，办合作社有很多好处，咱不解那些理论，人家办合作社并不给群众办啥事情，我盘算有你们骑马浪花的，我们有钱也会浪。今年就想在本乡办一个合作社，人是老脑筋的就是老做法，要向人民集股，干部先要起作用。我自己是乡长，先拿出 20 万元。对群众口头说是自愿，实际上人家说入 5 万，我一定叫人家出 8 万。谁知区上县上来命令，绝对不许层层摊派，谁不愿意入就退还人家。这一下把咱弄得灰溜溜的，实在脸臊得没处钻，这一个大钉子才把我碰醒了。合作社要民办，自己实在不应当采用老一套摊派的方法，反而把好事搞成错事情了。

再说起来还多哩！就这几件事，也够你明白我这个老脑筋了，实在是翻转得不快。每一个新的工作，人家宣传解释来没？人家说得清楚，就是这老脑筋一下想不开。若是拿事实经过证明了，我还是肯相信哩。一旦认识明确了，我可是要好好干的。

你问我对革命对工作的想法？没有二话，那就是一股劲儿干下去。你想咱这么个赌天浪地的人，革命把咱教育过来，家庭发展得种够八犋牛的地的庄稼，一年打好几石粮，有吃有穿有用，咱还要啥么？咱现在就是觉得工作办法少，识字不多（现约识千把字）是个大困难！会上大家都说我工作方式简单化，拿上一条条，就当一本本的用哩。夜儿是这一套，今日还是这一套，到处都用这一套。过去拿命令办事，现在不准硬命令，咱先给人解释，尽拣好的说。咱懂得道理就不多，说完了人家还不愿意，怎办？又是个命令。像今年二月我去劝我的亲戚胡炳宽的娃上学，给人家讲了半天，人家还不同意，结果还是用了硬招。不用你们说，我也感觉上面首长条条项项都想得怎样为人民办好事，我这一办就不美气了。

我这次来冬训班学习可满意了，就是想学人家的妙办法，把我这简单化克服克服。这多日的讨论学习，对我“经验”大哩！比方新的司法方向、开展卫生文化……都解下不少新问题。再，这几天抓紧念《边区群众报》上毛主席指的十五条任务，我想回去了工作会进步的。

同志，我相信我这老脑筋，慢慢会换干净的，你看怎样？！

（原载《解放日报》1945 年 1 月 27 日第二版。）

关于反省

在工作中经常反省，是很必要的。从整风以来我们学会了时刻反省自己，作为天天“洗脸扫地保持清洁”的有力武器。

但是，反省如果流为形式、空套，譬如有人把反省挂在嘴上，好像事事都在反省，件件都找思想根源，但实际上都又是那么浅浅浮浮、轻描淡写不着边际的一套，虽然唱着“打通思想”的高调，实际上却丝毫没有反省的意义和效果。

例如去年七月，安塞县文教会上，检讨过对于教育工作重视不够、对学校对教员领导和帮助都差，这点在各级行政上，曾做了反省。可是秋冬以来，各区学校依然没有什么起色，甚至在最近文教会上，个别教员，对领导上很有一些不满意。又如 9 月间，县级干部在讨论《前线》和刘子久的长□两文件时，不少同志曾反省自己过去不用脑子、不求进步、自以为是等毛病，且以戈罗洛夫为警诫。可是数月来，工作中仍不免事务缠人，用手多于用脑，干部的相互间，研究风气仍未普遍和经常，甚至还有个别人仍旧故封着老脑筋、旧经验为奇货……

因为那些反省还仅仅是口头上的，不但对改造工作、改造思想的作用不大，而且产生一些不良现象：有人将许多毛病，只简单空洞地归结到思想问题上，就“万事大吉”了；有人很灵活地学会了反省“方法”，口里天花乱坠的“大反其省”，实际内心毫未认识。有人觉得“还不就是那样”，认为反省对工作效果不大，因此缺乏信心，而甚至有点厌烦了。

反省说是很重要，那么，怎样才不致“八股”呢？根据过去存在的缺点，和一些同志来谈，我们觉得平常要随时检讨工作，研究业务，使思想上的毛病，和反映在具体工作上、行动上的缺点，能在检讨中具体找出来，这样的反省将不致与工作脱节而流于空虚浮夸。在一个工作检讨或会议之前，一定要有相互之间的酝酿，才不致开会时因为意见未成熟，而仓促应付。事前有了酝酿，意见能有相当成熟，这样才能使口头反省和思想上实际认识一致，应当改变那种大家轮流自白反省的方法，要组织典型人物或问题做深刻反省。还要大家细心地帮助分析讨论，且要澄清是非，使反省者分明黑白，并给具体地指出改进方法，使反省者有所适从。领导上重要的还是在于能从形成错误的根源上帮助治本，能具体解决改造中的困难问题。最后，领导上的民主作风，对于反省和改造，是极为重要的。这样才会启发群众大家乐于反省、敢于反省、虚心反省。反省的内容，就可能深刻，不至于空洞和形式，反省之后，也可能进行有效的改造。

如上管见，是否有当？供给大家参考！

（原载《解放日报》1945 年 3 月 19 日第四版。）

真武洞的孩子为何死了这么多

真武洞这个仅有 90 多个孩子的小镇，从去年冬到今春，竟病了 60 多个，死了 30 个孩子。孩子们生病于照管粗心，饮食不卫生，但大多数是死于父母亲的愚昧。

孩子病了，妈妈日夜不合眼，哭得食不下咽，面色清瘦；全家痛苦得做不下事。但是，他们硬不给孩子请医生，硬是忍心请巫神把孩子弄死！

周家就住在保健社隔壁，但每次孩子生病了，他们总是请“塌鼻儿”巫神来“送邪”，花了几万元，直到孩子死了，也没有到保健社求医。

北街冯栓儿孩子，到病重得没办法，就请了巫神□三、杜生华来“驱逐鬼邪”，竟将半大碗猪血灌到孩子肚里。当孩子的肠子已被毒蚀破，又去请巫神挽救，巫神自知不妙，就以“正月十三不能出门”的理由拒绝了。急得信巫神的妇女愤怒了，骂着说：“救命的时候不来，什么时候来？”这位妇女当然开始悔恨自己，想请医生治疗，但为时已晚，宝贝已永远不能再唤妈妈了。

街中李家孩子病了，医生跑去看时，父母亲第一句话先问：“你看娃娃有外过失（鬼邪）没有？”当医生向他们说明“没有邪气”之后，他们似乎显得失望，对病也不怎么重视了。医生开了药方，他们竟没有去取药，就这样把孩子误了。

陈四的孩子病了，家人坚持不请巫神，医生给了三片药，但他只给孩子吃了一片，就把药丢了。——这能怪医生的药没有效吗？可是孩子死后很久，做母亲的不责备自己，仍抱怨没有请巫神。

周子发看到保健社里的医生把十多个孩子的病治好了，他就在请巫神之外，又请了医生，结果治好了。孩子现在能跑能跳了，可是父母亲和乡邻们却结论说："巫神治了外病鬼（邪），医生治好了内病。"

所以，当我问起袁医生关于本市孩子病疫急救的事情，他的答复提出了一个深刻的问题："救，这是我们最急于要做的事，只要谁家愿意看医生，我们确实想上门给孩子诊治。但是如果人家不愿意，孩子若有个一差二错，咱就担当不起。"

医生又伤心地告诉我，杜巫神把陈三的孙子用火筷子烧坏了鼻梁，巫神刚出了门，医生跑进窑的时候，孩子就断了气。然而，可怕的是，家人对巫神并没有痛恨。

安塞县政府感受到失去孩子的父母亲的伤心和痛苦，在三月九日，专门为孩子的父母亲们召开了一个全市大会，讨论怎样防止孩子生病死亡的灾难。

医生介绍了谁家孩子怎样活了下来，怎样用药，怎样治好的。同时还指出谁家的孩子怎样被巫神治死了。

妇女们也以自己孩子被治愈的经验，向大家证明着："多亏了人家袁先生的方方！"也有的叙说着孩子生病中，抱在怀里几夜几日的疲劳和煎熬；也有的流着泪，讲述了自己的愚昧："硬是叫巫神把自己的娃娃害死了！"可是仍然还有不少人却说："该死的死了，不该死的就活了。"

能过分地责备这些父母亲吗？封建社会留下的迷信和愚昧，其毒害是根深蒂固的。我们的工作就是要不断深入扫除迷信，并教育和帮助人民免于遭受诸如此类的祸殃。

（原载《解放日报》1945 年 3 月 29 日第四版。）

乡村干部教育应该经常进行

编辑同志：

最近群众报上发表的《关心与尊重乡村干部》一文，的确可提供领导机关注意。

我觉得在关心和尊重的另一方面，还要培养他们的工作能力和帮助他们提高文化，这正是政治上的爱护。

文化和能力的提高，不是一个多季训练班所能突击解决的，因为训练班只能在工作上指出方向和原则，学习上奠定初步的基础，仅是培养干部的开头，在工作中经常培养教育是极其重要的。

乡村干部都是有着学习的要求和兴趣的，安塞一区一乡乡长张鸣凤，在冬训班发言中说："论咱当七八年乡长到现在还是当不好，就因为咱不识字，咱把报拿到手里没办法，不能从报上学到别处的新经验。"六区乡支干白能彩，原一字不识，在冬训十多天中识了 200 多生字，又念完"庄稼难字"，当毕业时，还买了"日用难字"，请别人写了好多张仿格，回去要念难字，学写仿。四区一乡曹支书，受训回去后，没有放松学习，一个半月又识了 80 多个生字。

他们对学习也有很大的决心，恐怕落后。如三区三乡乡长韩接禄说："学了这半冬，肚肚像装得不少，回去总要干一场。就是怕过一个时期，把学下的两套用完了，没有好的用 (指方法), 就保不定瞎的又来了。"二区石乡长说："在这儿学习了，当时听起来都有办法，我怕有些人到下面两回碰得又格弯了。"他们的估计，不但可能而且是难免的。

怎样进行经常教育和培养呢？

领导上启发他们自己教育自己。区上对各乡不光要求大家完成工作任务，而且要求他们对工作共同研究和集体总结。布置工作时，不但布置数目，并要具体指示他们怎样注意材料，怎样研究和检讨的方法，在工作之外，要同时布置各工作时期的学习任务及检查学习情况。

领导上应当责成下乡干部，有直接亲手教育乡级干部的任务。不仅在布置检查和帮助研究总结工作上是领导者，而且要真正给他们教字，讲读报纸，教写条子、写报告和整理材料的方法，要耐心做学习上的教员。

以安塞的现状看，每乡脱离生产的干部 (有两、三人不等) 中，都有一个识字和初通文字的人，乡干部每月总要在区上开一次会 (开会的早晚，可抓紧读报学习) 县上区上随时也有干部下乡，这些都是可以利用来帮助乡村干部学习的条件。

如果能有计划地把对干部的培养和训练继续在经常工作中进行，将会有更多的收获的。

（原载《解放日报》1945 年 4 月 3 日第二版。）

抬神楼子的趣剧

近来天气干旱，有些村庄的群众，便抬起神楼子祈雨了。三乡固塔的神楼子，没被乡政府拦住，于古历五月十一日那天抬到了真武洞的大街上。跟在神楼子后面的游行队伍，人们头戴柳枝赤着脚，高喊：“降祥雨，救万民！”

有人向县政府提议禁止这种无益的行为，但由于迷信不是一道命令所能破除的，政府没有硬性禁阻。延至十五日，天还是没有下雨，我们才去固塔向群众解释，劝他们停止这种迷信活动。

为了使群众认识到用这种方法天不会降雨的道理，进而给他们做工作，希望他们自愿停止。我们与四区政府的干部研究，了解“祈雨”的内情和经过，并得知一些有关庄稼锄草和斑虫吃洋芋等情况。如果群众坚决信神的话我们就准备亲自抬起神楼子，叫他们看看神究竟灵不灵。

我们在路上看见马家沟曹庄的湾地上，还有人在稻糜秧子、洋芋地里锄草，特别是杜庄，家家户户门前都晒一大片苦菜、甜苣叶子。干活的妇女们见了我们愤愤地说：“固塔把咱村的后生们都拉去给龙王揽工了，神楼子越抬天越红了！”由此我们看出抬神楼子“祈雨”并不是每个人都自愿的。

我们到固塔先找村长杜老汉，他的儿子没有参加抬楼子的活动，晌午已上山锄地去了。村长一见到我们就说：“我不是在你们公家人面前说好听话，我活了六十多岁，就一点不信那木牌牌会有什么神灵，会下个雨。尽是些活神仙（指抬神楼子的人）在捣鬼哄自己呢……”

我们又请来各村的干部，商量如何着手说服群众。一位年轻的村长说：“我们村里的人准备今晚偷跑回去，明日一早上山锄地。做这事误了工，真没脸见婆姨。”另一位村干部说：“楼子是五月（古历）十一抬起来的，神说十二日就有雨，十二日抬着跑了几个村，又说十三日一定下饱雨，太阳越照越红了。抬的人失了信心，都在心里怀疑，但没有人敢说出口来。十四日神说要到真武洞去祈雨，路上‘雨师’问起来：‘你是玉帝吗？’‘不是玉帝一马向前，若是龙王一马后退！’大家便哄笑起来，一个人摔下抬神杠说：‘这是什么神神，玉帝牌子抬成龙王了！’于是就在半路上把神楼子歪歪斜斜抬回庙里去了。”

我们于是在寺庙院子里召开村民会，男女老少来了四五十人。我们先问：“有没有神？”“抬神楼子能不能下雨？”“神神会不会替人锄地、打斑虫？”“全村十垧洋芋，斑虫已吃光六垧了，神能显灵再结出洋芋吗？”说得人们自己埋怨起来，有人说：“咱不去，人家骂咱有粮吃，不怕跌年成。”马家沟一个后生说：“陈长发没有参加，他的田都锄过了。”“抬神楼子疯跑，谁也不敢拦，把我一块地的稻糜都踏坏了。”一政村主任张忠和这样说。积极参加抬楼子的张生富说：“前天咱就不想再干了，十四日那天我回家去，看见小娃娃在炕上哭，婆姨女子担水浇南瓜去了，心里很不好受。咱这几天把地放下不管，雨没求到，把工也误了。”

原来怀疑在心的人，现在敢提出撤了那个“雨坛”。杜庄一个人说：“这木牌子拿回去，能给村里做一对桶。”

村长把这几天吃的、花的算了一下，数目确实不小：香表、灯火共五万一千多元，共吃了七斗八升米。一个干部说：“丢了三四天工，能锄二百多垧地哩！”

最后，我们才发言，向大家讲明当务之急，赶紧快锄地、打虫和节约、拾菜等备荒的道理。大家都提出条约：咱们这五六个村子，谁家也不准再抬神楼子了。固塔的斑虫要赶快打，哪个村子不打，传染给别的村子，村长要负责任。如果你的村子田里的虫太多，打不过来，就赶快报告政村主任，大家帮助消灭，村民们组织变工锄地。

会散了，人们都像演完了一场滑稽剧似的，自己讽刺着自己，外村来的人，也都掮上被子回家去了。

（与瑞生、如镜合作，原载《解放日报》1945年7月8日第二版。）

关于报道选举运动

《解放日报》编者按：本文是《边区群众报》记者午人同志根据各地试选报道所提出来的一些初步采写经验——今年应该怎样报道普选，我们认为有参考价值，希望各地通讯员注意研究。

普选快到了！关于怎样报道各地选举工作，这里愿向各位通讯员同志提出几点意见，以供参考和商讨。

今年普选的重要意义，既然是为彻底发扬民主、深入检查工作、改造干部作风、提高工作效能，那么我们在报道和宣传上，就应当掌握住这一重点。要从各地是怎样放手发动群众，积极认真地检查和批评政府工作这一个主要环节，来着眼采访和报道。

围绕着这个中心，有如下一些问题：干部和群众，在思想上对于选举的认识和态度？群众为什么先不提意见？不敢批评？认为提了“不顶用”？经过怎样的启发工作，才引起热烈和严肃的讨论和大胆的批评？乡长怎样报告政府工作？群众关心报告中的哪些问题？群众都提出些什么意见和批评？干部对群众批评抱什么态度？怎样进行自我批评？政府对群众所提出的问题怎样处理？在检查工作与选举过程中，发现和解决了哪些在农村中久存而严重的问题？参议会的提案执行了多少？干部对选举工作和方法的看法？

选举的成绩怎样？（如工作检查是否彻底？人员是否选出群众所期望的？群众的觉悟是否得到了教育和提高？）群众对这次选举的认识和反应与过去有什么不同？提出了哪些应予以改革的提案？新当选的政府工作人员，应怎样在遵照群众意见的基础上，讨论和布置新的工作？

除了上述关于报道选举以外，还可以趁检查工作之际，就乡政府工作制度方面有哪些需要注意和研究的问题？乡政府怎样领导农村干部？日常工作和临时工作、中心工作和一般工作怎样配合协调？乡长文书应做哪些业务？怎样了解和掌握群众中的问题？怎样有计划地统计数目、搜集材料、向上级提交工作报告？乡级干部应怎样提高文化水平？对于不脱产干部，如何合理安排工作和生产的时间等问题，都是可以采访、进行研究和报道的。

上面所举出的问题，只提供各位通讯员同志，在采访的时候参考，绝不是要求将这一堆问题，从选举开始到结束，把每件事情都写成稿子。在报道的方法上，最好是研究和报道自己直接参加的那一乡那一村选举的情况，从自己熟悉的情况中，能够较深刻地发现问题。采访步骤应从研究探讨问题着手，材料的范围，每篇稿子，最好集中写一件事情、一个问题，易写得具体、深刻、明确。所谓写一件事情一个问题，也不是要把选举过程，分成零碎的小问题来写，而是要抓住事物中最有意义、最新和最具有特点的东西来写。像《解放日报》二版近来登载各地试选乡的新闻通讯，新市乡以七篇新闻三篇通讯，报道得最有连续性，自 8 月 14 日登载的布置试选的消息，到 9 月 12 日登载的当选政府人员布置新工作，前后报道了完整的选举过程。对普通选举，不一定也不必要全过程都报道，要抓住各地不同的特点和问题，这些是值得报道的。下面介绍几个具有特点的新闻：像新市乡居民的提议；像参议会为人民代表会的新闻（8 月 29 日），提出了乡政府和参议会在组织工作上值得研究的问题；像绥德辛店区八乡选举中，发现和解决了某些地主违法抽地，影响农民生活的严重土地问题（9 月 14 日）；以及像镇原孟霸三乡选举中未发动群众检查工作的失败经验的新闻（9 月 11 日），都提出了各地的特殊问题，因此得到重视，在报纸上登载。

在新闻写作上，提议不要拘泥文章的格式，只要有材料，写成一段笔记，一篇报告都可以，也可采用像对自己的朋友写信的方式，把有细节的生动材料和所发现的问题告诉报社。

为了帮助和组织各通讯员能够较好地报道选举运动，希望各县宣传部，于县上布置选举时，同时安排通讯报道工作，发动通讯员研究《解放日报》上登载的试选经验，和《边区群众报》连续登载的“选举知识”，使大家对选举运动有明确的认识，便于发现选举中的问题进行采访。如果人员不够，请选择具有典型，能反映出特点的新闻，及时予以报道。对于问题较多、情况较复杂的乡，建议安排得力的通讯员，负责报道。同时，还可以组织一些有工作经验且有写作能力的同志，有计划地对政府工作方面、制度方面所存在的问题做研究，以利于促进领导工作和今后乡村工作的改进。

希望各宣传部重视培养和支持通讯员，这将对新闻报道和报纸宣传作出一个很大的贡献。

（原载《解放日报》1945年9月29日第二版。）

一个乡文书的工作

在安塞群英大会时，四区委书记向我介绍一位模范工作者代表说：“这是思岳俊同志，一乡的文书。乡政府每次开会，他先向开会来的农村干部读报；帮助乡长整理材料；解释政策，把一乡的工作搞得不错。”

一乡政府在过去，同别的乡一样，工作虽然做了，却缺乏制度，没有材料存底。任务完成，事就算完了。除了乡长“肚子里有老账”外，便无法考察工作。一九四三年秋后，思岳俊同志担任了文书，乡政府开始有了正常的会议记录。他制了二三十种有关全乡情况与群众生产活动的统计表。每一项工作，都整理成一份总结材料，并按时向区政府作报告，自己留一份存底，分配各政村各项数目的资料也都存了底。自六月份起，凡经过乡政府所处理群众的问题，均作有登记。对区政府来的指示、命令、信件、条子也都按类收存起来，便于寻查。他同时还将他到乡上工作之前的麻烦手续，做了清理。如以前的几年合作社股金没有正式名册，股票找不到股家，他即协同合作社干部，各方参对，查明姓名与款项，制成名册留存。他还将全乡自卫军，按普通、基干分别制就名册，方便群众或干部查寻。他和那些“人在乡政府不做事”的文书相反，总是忙得有做不完的事。

他为什么能做这样多的事？他每次下乡回来，总是先直接去乡政府把材料整理出来，然后才回家。乡政府离他家有五里路，一年中他只有一次未参加会。乡长回来了，他就和乡长一起讨论和研究各行政府工作情况；商讨所遇到的问题；商量要写给上级的工作报告。乡长不识字，他向乡长解说相关政策、法令，如民事调解小册与政府“退股命令”等条文。在召开会议前，他同乡长商量怎样开，要解决什么问题。有时，他也代乡长传达上级工作指示。这都是在不超越乡长职权，和乡长商量好了的，乡长做最后决定。

他也曾同乡长讨论他们工作中的缺点：工作杂乱无章，每次会议，布置了一大堆事务，有的并未见到成效。乡长每次除了布置当前重要工作之外，还要给自卫军连长布置工作；对文化主任布置检查卫生；对优抗主任布置给抗属送柴……更是给政村主任灌了一大堆任务。其实，第二次再开会时，有的做了，有的仍然照旧。有些较大的任务，如春耕、夏耘等工作，之后也未很好做总结。比如，农户计划，没有一家一家具体检查；转运粮的条子收得很迟。工作中常是忙得搞数目字，检查政府工作，先问数目完成了多少。向上级报告，数目字成了主要的，其他，如怎样做，还有哪些问题，都放作次要了。所以，他认为今后乡政府工作，要抓住中心，上面的工作多了，可以照本乡的情形该前该后灵活掌握处理。处理一件事要有头有尾有结果，并注意总结。要注意多搜集下面的具体材料，才能发现和了解下面的工作情况和群众的反映。

每当思文书和乡长同在政府的时候，晚上就会给乡长读《边区群众报》、安塞油印报。农村干部来乡政府开会，他先给大家读段报纸。自春上到现在，他已读过二十多次了，对推动工作，起了很大的作用。

思文书下农村，也带上报纸，一面为自己有空时看，一面也为给群众读。到郝家洼，他给乡民读三区提前送公粮的消息，听众都说自己村的夏征粮也要快动手。

对于农村干部，恰像他所说的，工作主要是政村主任做，所以如果他们多读报，对工作有正确的认识，有的放矢，村里的工作就不会有多少差错。报纸上好的坏的经验的例子很多，且都说得明白，是学习如何做好工作的好方法。他说，读报就顶开会，一面读报上的消息，在介绍人家的工作同时，也检查了自己，明确了今后的工作。

对于乡村干部的学习和提高方面，他的答复是肯定的。他和乡长，每月除过下农村外，在乡政府机关的十来天里，一面整理工作，一面学习。他自己特别注意识字，常向人请教生字，自己用拼读查字典，已识了几百字。发给乡政府的各种小册子和各种报纸，他都看过。他为人虚心，说：“报纸上批评工作的文章，虽然不是指自己，但看时也对照自己，看到自己有同样的毛病，就得赶快改正。”现在除支书等已经有了识字本外，他计划给政村主任委员干事编写识字本，到各村去工作也可碰到识字的人请教认字。这些基层干部来乡政府开会时，或他下去检查工作时，他都会帮助他们识字。

思岳俊同志，自参加革命开始到现在，在区上乡上担负了不少工作。他为人朴素谨慎、吃苦耐劳。他的文化程度虽然不高，可是通过勤奋努力，进步很快。他的模范事例，告诉了我们，一个乡文书应当做些什么，应当怎样工作。

（与马生智合作，原载《解放日报》1945年10月19日第四版。）

通过区乡干部写日记 加强业务提高文化

安塞五区干部，在七月就开始写日记，除副营长柳凤清同志识字少，不会写，其余区级的同志，每人都订了一个本子，经常练习写日记，不但在机关时写，就是下乡工作时，也要带上写。他们大家督促，互相检查，每月做一次检讨和总结，研究经验，对于初学的同志，教以写作方法。他们就是这样地坚持，写到现在了。写日记，本来是一种很平常的学习方法，他们却利用日记来检查干部学习，督促和推动工作，以及在写作内容和方法上，都有些新的办法和启示。把从他们的几篇日记和来信中所看到的一点情形略做介绍，以供其他区乡同志参考。

* * *

从区书郭存道同志来信中，看他们对于写日记的动机：

“过去五区虽然对工作抓得很紧，但还有个别同志闲时就有串门子的现象。因此为了把工作搞得更起劲，就在六月召集了区级全体干部研究工作作风后，决定每个同志今后应作工作日记……”

再就他们寄来的五篇日记的内容看，的确是比较有宜于工作的重要问题。比如区长韩国英同志，九月十日所记的一段，“早饭后，开始研究四乡工作垮台的根源，是乡长有许多毛病，如阳奉阴违，不团结群众，并且家庭观念浓厚，工作应付。下午，开区级全体干部会议，还有县委马作斌、许瑞生同志参加。大家研究结果，觉得本区在领导上，能抓住中心，能深入农村，细心研究工作，能给群众解决问题。如在春季，曾调剂人力给有病的人砍柴，抢种中又调剂了燕麦籽。但在对于二流子的领导上，是犯了自流毛病……”其实这段日记也就是一篇检查工作的纪要，追究问题的提纲。秘书高建中同志，七月一日的日记中写道：“到三乡去，经过新窑坪的路上，看到地里的庄稼，有部分已被晒死了…… 下午回区，路过小关□庙上，见有两座神楼子，有 38 人在求雨，不生产，不锄草，我给他们解释没神的道理。回到区上，我将情况告诉大家，当晚就决定干部下乡，抓紧组织群众锄草。”这就显示了区上根据农村情况而立即布置工作的领导作风。

*　*　*

他们对于日记的态度是严肃的，不是写下来就不再看了，而是随时跟照日记上写的来实行，并检查执行的情形，就是把日记当成检查自己的镜子。比如组宣科长崔孝堂来信中说：“经常能参考过去的事情，究竟那个对不对？都能看出来。”又说：“对每天所做的事情，不管到什么时候一看，都能知道究竟进步了没有……”这正由于区书区长对于干部写日记很重视，利用和通过日记来检查工作、教育干部，在领导上能抓紧督促。如区书郭存道的来信中说：“每月都有检查，上一次由我负责召到区委开会检查，看他们是否记日记了，对他们有什么帮助，还有什么困难……”这样，把这写日记的个人自修行为，变成他们集体学习、检查工作、相互督促的最好形式了，同时也提高了日记对于干部学习工作、学习文化的积极作用。

*　*　*

写日记对于他们在推动工作和提高文化上，都有很大的成效。首先是督促了大家的工作自动行，比如郭存道同志来信中说：“一般干部，自写日记后，经常找工作做，已克服了散漫现象。多数同志都觉得做日记时对工作不要上面抓紧，自己就把自己抓紧了。”如高庆祥同志，过去有时间就闲串，自写日记后，他说：“再不敢串了，若不改，日记上写‘串门子’三字，叫大家检查出，真是丢人！”崔孝堂的来信中说：“日记好像随后催促工作和学习的一个硬掌柜。如我在七月初二下乡工作，随身带四张报和两本文件，有一次下了一天棋，到晚上写日记时，只好写了上午下棋，下午下棋，我觉得这样真是没味道。随时就找了 8 月 4 日《解放日报》，看了第二版登的一篇怎样写工作报告，又在日记上补写晚上看报的事。”培养了干部多用脑筋，注意问题和练习写作的能力。郭存道同志信中又说：“高庆祥开始做日记，只说上下午做了什么，两句话就完事了。此后他能每件事情写成材料，字也写得比过去强得多了。”

按他们的文化程度（除区长、秘书住过高小以外，区书等都是在工作中识的字）和工作环境（常下乡跑），能这样自动地热心写日记，的确也是很好的了。

*　*　*

安塞五区干部，写日记的热情和方法，对于其他各区的工作同志，当是一个很好启示。有些识字多能执笔写作的同志，也可以采用写日记的方法，来提高自己和推动工作。

好在大家都参加实际工作，有着丰富的好材料，日记是最容易写的，比写文章、工作报告、通讯稿子都简单，什么方式都不用讲求，只要把你所做的事所说的话，照样记到纸上，就是一篇好日记。再如果能在日记中写出有意义的问题和值得研究的材料，那就可以寄给报社，也正是一篇好的通讯稿子。三区干部认为写日记比写稿容易，那你就用写日记的形式写稿子吧！再则，日记绝不一定要每天非记不可，应当实事求是，谁能写就写，能写多少就写多少。比如材料多，又有时间，就多写几篇；材料少，工作忙，那就少写几篇，千万不要为别人检查工作而记，闹成形式和负担。日记并不在乎要写得多，只要真实，能坚持长久，和要经常当作一幅镜子来检查自己，那就会发挥日记的意义和作用。

（原载《解放日报》1945年11月25日第二版。）

第三章 群报选稿

1945 年 8 月，午人调入中共中央西北局机关报《边区群众报》工作。他在负责编辑通讯员来稿等工作的同时，积极采写稿件。本章是他在《边区群众报》（1948 年 1 月更名为《群众日报》）发表的部分稿件，共计 54 篇。

午人书法：雨后千山铁铸成

1948年6月9日的《群众日报》第一版，其中头条稿件《黄龙分区建立乡村政权》和左下方稿件《黄龙工商复业物价平稳》均系午人采写（合作）。

陈德发事事和众人商量
提高了大家建设模范村的热情

【安塞消息】劳动英雄陈德发，参加群英会回去以后，思想作风大有进步，自己很虚心，大小事情都和众人商量着办，像村里办学校，要修地方，他先提议修靠崖的两面窑，可是大家愿意把读报室的三间房子做教室，再给教员修一个小窑，他就服从了大家的意见。再比如，县上给全村奖了一头牛，陈德发的意见是按出去，但是，大家认为没有合适的公地，不如把牛租出去好。他就按照大家的意见去做，很负责地找下了租牛的主家。陈德发这样和群众商量办事，就提高了大家建设模范村的热情，正像陈满发说的："什么事商量着做，大家都明白，都满意，像去年有些事不商量，我们不晓得，谁管你怎样做哩！"像这次粉刷学校，陈德发先去掏了白土，陈长发没等说话，就拉着自己的驴子去驮回来了。

自然，陈德发不是没有缺点的，可是他能检查和克服自己的缺点。举一个小例子：年时腊月读报组弄坏了陈长发的桌子，他两人就互相吵起来；但以后他觉得自己不对，就去给陈长发解释说好话。事情就解决了。陈德发自己订了三条方针：（一）要把自己看小些，事事和全村人商量；对大家的事，一心往好处办，自己不对的事，小心不要再犯。（二）对上级老老实实，做了多少就说多少，没做就说没做。（三）过去，一有事就到区上和县上去说，这是不对的，自己能在上面活动，嘴又能说，做事不觉得就强硬了，群众当然就不满意。以后要和群众多接近、多商量；自己多学习、多看群众报。

（原载《边区群众报》1945 年 4 月 8 日第一版。）

安塞六区二乡支部领导备荒
层层发动 具体领导 党员负责 做好本村

安塞六区二乡支部，领导防灾备荒做得很好。六月底开支部会，决定派各个干事，分头到各个小组去发动，要各个小组和每个党员负责把本村的备荒工作做好。在支干会上又具体研究了哪村该变工锄草，哪村该抢收麦子，哪村缺少或剩余荞麦籽。使得干事们到小组去发动的时候，都有一个底。区委邵凤梧同志，还领导他们讨论了《边区群众报》上“深入备荒”的号召，使干部们在思想上更认识清楚。

各小组开会，研究了本村情况，各个党员就和左邻右舍商量怎样生产？怎样节约？如一村车道湾刘三，有三石荞麦籽多余，不愿意借给别人，王生福同志去向他解释：“要卖，给你钱；要换，给你粮；要借，保证给你还粮。你想，跌下了年成，大家收不好，就是你一家多打些粮也不好。”耐心地把刘三说服了。四村庄科湾乔家，因和村里人关系不好，借不到籽种，又没粮去换，村上的党员开了个临时小组会，由各个党员你三升他五升，凑集了二斗半粮，给乔家去换荞麦子。种子都调剂好了，支部还发动大家互相督促，保证各家都能种上，不准卖掉或者做凉粉吃了。还催促大家，在下雨以前，把驴变起工来，送粪上荞麦地。

对于二流子，党员先要给他们设法调剂吃粮，但这是最困难的工作，因为群众都讨厌二流子。一村的水湾村民会上，党员协助乡政府，一面教育二流子，一面耐心地说服群众，结果群众都应承帮助二流子。连比较穷的胡福才也说：“好，只要你种，我帮助你十装荞麦粪！”但是，给二流子调剂下的粮，没有全部给他，保存在乡政府，让他们按月向政府领，这样，一则可以防止胡吃浪用，二则使他们的生产能坚持下来。

（与瑞生合作，原载《边区群众报》1945年8月5日第二版。）

安塞七区石峁村从蝗虫嘴里抢出谷苗五十垧

去年，我们全边区被蝗谷虫吃了20万石粮食，今年遭了天旱，又有很多地区发生虫灾，虫的样数比年时还多，有斑毛、蝗虫、油汗等等，如果不趁早动手消灭这些害虫，将来的损失恐怕比去年还要大。这里有一个新闻，证明这些害虫是能够消灭的：安塞七区，各乡都发现蝗虫，有1000多垧谷苗被吃了，二、三、五乡特别厉害。没有一个村庄不遭虫害的。像屈家畔95垧谷子，被吃光了45垧，有些地方刚出苗的小日月糜子也被吃了，地里丈把方圆内，就有二三百个蝗虫。群众认为这是“天意”，伤心叹气，看着虫虫把糜子吃光。起初区乡政府也没有马上发动群众消灭害虫，直到六月底，才在三乡紧急动员，提出消灭蝗虫、保护糜子，是备荒工作的中心。八位县区的同志，先集中在三乡石峁村，详细调查蝗虫情况，召集本乡的干部和二、四、五乡的乡长支书开会研究，就在村里组织一个13人的捕蝗小组，干部也参加，动手打蝗。蝗虫的特性是向山上跳不往山下跳，他们就在山腰山顶掏一条长沟，许多人从下面一齐把蝗虫赶上去，赶到沟里，把虫埋起来，一坑可埋六七百。他们这样试验了三天，本村的51垧谷苗，从蝗虫沟里抢救了出来。其他村庄的群众对打蝗虫的信心也加强了。于是干部们又分散到别的乡村去宣传组织，有好多村庄都打开了。但是还有些乡的干部对这样重要的工作还不认真，四乡高乡长还说："那么多，群众说打不顶事！"

最近，区上又开了一次支书乡长联席会，研究石峁村宋家洼等村打蝗工作，有几点经验：（一）如果能把群众很好地组织起来，就可以像石峁村一样，把蝗虫打完。组织的方式，宋家洼是山变工队打。曹家洼村冯保山家里，把男女老少六七口人编成一组，由掌柜的领导一齐到地里去打。（二）打蝗虫可以和其他生产配合起来，像变工队锄草的时候，先在地里掏长沟，一面锄一面把蝗虫赶上去，锄到沟边就马上把沟埋了。被蝗虫吃完的谷子地，翻种荞麦，在犁的时候，蝗虫都赶到一面了，可以马上打。（三）埋蝗虫要埋得结实，打要打得死。谷地里如有荒草地，就不用掏坑，赶到草地里拿柳枝条猛打就能打死。还要准备在秋后发动群众掏蝗虫蛋，防止明年再遭灾害，去年七区只有二、三乡发现蝗虫吃麦苗，冬里没有掏虫蛋，所以今年蝗虫就多起来了。

（与正谦、仲兰合作，原载《边区群众报》1945年8月5日第三版。）

一个工作消极的乡支书半年学习大有进步

【安塞通讯】乡支书白能彩同志，一个字也不认得。年时到县上冬训班学习，饭也不想吃，话也不多说，只想回家。大家劝说他、安慰他。过了好几天，他也看到要马上回家办不到，又看到大家都高高兴兴学习，就慢慢试着认字了，开头认一个两个，在地上学着写；过些时，人家读报，他也去听一听；再过些时，大家开讨论会，他有些兴趣了。一个月毕业，他念完日用杂字，认下了200多字，写了10多张字，和来的时候完全不一样，对学习就很有兴趣了。

回到了乡上，他继续努力学习。并且把学习和工作联系起来了，他常对干部们说：不学习，工作就做不好。比如，乡上检查春耕，干部都说：今年要自愿，各个村子都没变起工。白能彩同志看过《边区群众报》上《自愿和自流有什么分别？》的文章，给大家解释，干部们就讨论，分工到各庄子去发动，结果组织起三十多犋牛。白同志说：不是看报，咱怕也自流了！

学习使他工作作风也进步了，像他看了报上登的“玉皇庙的卫生运动”，就和韩乡长商量，发动群众打扫卫生。可是，贺庄的张文富家，谈了几次还是不动手，他就和乡长亲自给张家打扫，把窑里的脏土担了十来筐出去，张文富脸红得像荞麦秆子，连忙说：“白指导员，你这干啥？放下！”他和乡长很和气地回答：“你们生活忙，顾不上，全乡就你一半家，我们可以常常帮助你打扫。”从此以后，张家的卫生就好起来了。白能彩同志说，这比下命令还有劲得多，再顽皮的人总有个脸。

半年以来，白能彩同志的进步，可以明白看得到的，过去做工作“不推就不动”，年时分配他去二行政村帮助选举劳动英雄，他却回家去了，区上认为“这些干部是没办法的”，可是，现在对他的看法改变了，认为白能彩是有指望的干部。虽然，他在工作中办法还少，为人做事还不够灵动，但是我们要知道，他才29岁，过去不识字，提拔当指导员也不久，这些缺点是免不了的，在努力学习和工作中，一定会克服的。

编报人的话：白能彩同志学习有了兴趣，工作就改进，从这个例子看来，我们的乡村干部大都是能够把工作做好、大都是有办法的，只要上级善于领导，在思想上教育他们，在工作上具体帮助他们，在生活上照顾他们，使他们对工作和学习有兴趣，那么那些工作不积极的、工作没办法的干部，都会像白能彩一样，变成有指望的干部。如果不教育、不帮助，把下级干部看成落后“没办法的”。这种看法只看到一面，不能解决问题的。希望区上同志研究。

（与瑞生合作，原载《边区群众报》1945年8月12日第二版。）

老子叫儿打顽固，妻子送郎上战场

自己的家乡自己保护

【镇原消息】蒋军时时骚扰边境，当地群众愤怒万分，自动组织游击队，要求政府发枪。防守边境，保护身家性命，政府接受群众要求，10月15日，正式提出扩大游击队，消息一传开，年轻后生纷纷报名参加，孟坝区，两天内就有 50 多人报名。情景分外红火，有的老子代儿子报名，有的婆娘劝丈夫报名。六乡邓遂善的婆娘，劝丈夫报名时说："咱家住在最边边，敌人常来抢，我听见枪响就怕咧，你快参加游击队，把咱家保护住。"邓遂善报过名以后，喜得老子立即把自己的布衫脱下给他穿，喜得婆娘立即买布给他把裤子补好。七乡张生玉上队时，高兴地对欢送他的乡亲邻里说："学下本事，蒋军敢再来骚情，不等队伍，咱们游击队就把他们轰走了！"他的想法是："家里光景再好，没力量保护还是不成，军队驻得离咱们远，咱们自己有游击队，敌人啥时候来，咱们都吃不了亏。"三乡李绪庚，是他老子替他报了名，送儿临走时，再三吩咐道："要专心训练，保护咱的家，也就是为众人出力。"不管是参加游击队的人，还是欢送英雄的人，大家心里都明白："保护地方，全靠自己，军队也是咱们老百姓来的。"有些报名参加游击队的人，本人家庭有困难的，邻里乡亲就热心帮助解决，仅七乡，就欢送出 5 石粮，50 亩地，6 条毡，11 条被子，每人一双新鞋。困难一解决，报名的人、家庭、邻里，都欢天喜地，忙着杀羊打酒，欢送游击队英雄，上队受调。有些村的报名人，在 16 号就背上行李，到指定的地方报到，等待受训了。

（与张世俊合作，原载《边区群众报》1946 年 11 月 5 日第一版。）

人心向谁?

"亲八路、怨八路，亲得他对老百姓好，怨得他老等等不来。"这是陇东边境，白区老百姓心里唱了几年的小调，如今呀！白区的老百姓不但唱，而且还动作起来了。

这次，咱们陇东驻军，迎接中原突击的三五九旅到了太平镇，虽是炮火连天响，老百姓却没逃避。有一个老汉，对他一家老小说："不是怕！不要乱！八老爷来啦！咱们见天的日子到咧！"第二天，咱们八路军进了城，娃娃从街上跑回去，喜欢地说："爷爷说得对，真是八老爷来啦！"老百姓听说八路军来啦，都自动集合起来，帮助八路军平碉堡。在西峰镇附近，一个不出大门的婆娘，也忙着抱麦秸来烧。有一个保长，他亲自动手来挖，火光冲天，碉堡变成了一堆烂砖碎瓦。有一家老百姓，当时听见八路军住到大十字碉堡了，赶忙吩咐婆姨说："快做饭，我给咱八路兄弟送去！"夫妻俩，连夜杀鸡烙饼，天没亮就往碉堡里送，谁知道八路军半夜里就拔走了里面又扎下了顽固兵。他刚走近碉堡，上面就吼叫："干啥的？"他说："给咱军队送饭的！"顽固兵骂："胡说！夜晚上这里住的是八路，你怎知道我们住在这里呢？"他一听才知是顽固兵，想跑也跑不了啦，只得把饭白送给顽固兵吃了。回家后，他气得骂自己："你倒图了个啥？把鸡肉烙饼，白丢给狗吃了！"

从前年起，靠近咱边区的白区地面上，有很多老百姓，成保成甲地自己武装起来，反抗蒋介石征粮派军，自己起名叫"自治团"。邻近保甲的老百姓见了，都埋怨说："人家敢反抗，咱就不敢？"最近，有一个甲的老百姓，男女老少一满三十多人，偷偷跑进自治区，见了那里的头目，都哗地跪倒，又哭又说："我们再活不下去了，你们千万回来，救我们一把，把我们归到自治区营吧！"

从上面这些事情看来，人心究竟向谁呢？有两句歌，回答得最好，那就是："西水东流归大海，天下人心归延安"啊！

（原载《边区群众报》1946 年 11 月 5 日第一版。）

送好儿，当好兵

十月下旬，镇原只七八天工夫，就有 303 个青年人，报名参加了地方游击队。这次参军运动，好处还不在人多，好在许多年轻人的父母，都懂得这仗为谁打，要靠谁打，所以舍得把最心爱的儿子叫去参军，谁都希望自己的儿子，到队上去当个好兵。

小园子村的人，谁都知道野禄堂最爱二儿子，可是野禄堂这次偏偏把二儿送去参加游击队。他说："当兵不是为别人支差，是为保护自己的家财性命，去一个要顶一个。"他对儿子说："在咱八路军里当兵，长官关心你一定比我还好。"临走时，给娃换上新棉衣，老汉提了一布袋烙饼、核桃，亲自送去。一面走一面叮咛。临分手时，还鼓励儿子说："好好干，把地方保住，明年为你择个好日子娶媳妇。"说得儿子又喜又臊。

马渠有个吴寡妇，最疼爱大儿。大儿觉得二弟在友区念书，三弟还小，自己想参军，怕母亲不愿意，先就试探着说："我若不在家，日月就不好过！"母亲听了，生气地说："日月有啥大小，你看猪毛湾路家，光景多好，顽固来抢了东西，烧了麦堆，糟蹋了婆娘，过得好，保护不住，也是枉然！我捎信叫你兄弟回来，家事他管上，换你去为咱边区干事。"大儿高兴地背上皮袄去大队。到了队上，大家选他当组长，喜得乡长连连说："果然是好儿当好兵！"

福娃才15岁，家在岳家畔，早就想上队。这天正在沟畔砍柴，看见区长过来，就问："组织游击队，要我不？"区长说："你来就欢迎！"福娃马上把柴送了回去，就跟上区长走。在队上过了几天，二流子哥哥来叫他回去，说："你走了家里不行。"福娃说："上队还不是为保咱的家！"哥说："你回去，我顶你！"福娃说："你在家都怕生产，在队上怎能当个好兵！"

好铁才打钉，好儿才当兵。

（与王如东合作，原载《边区群众报》1946年11月27日第二版。）

镇原战时工作经验

迎接九旅时，镇原县区乡所有的干部，都很努力，有成绩。但也有一些缺点：

一位区长告诉我，给他们四乡要30条驴，县上派人来催过三次，先是县长的条子，再是一科长的条子，最后是秘书的条子，结果乡上当成是要90条驴。原因就是没有统一的战时动员机关。

二区要40副担架，来了100副。堆在前线上等用，这些人来的时候，又没带干粮，吃的东西也发生过大困难。原因就是没计划好，前后方没有接头好。

地方上与军队的联络工作，也是头绪太多，有代表县上的，又有工作团，又有分区保安处，又有县委副书记，这个去联络一下，说前线要这样，那个又去联络一下，又说前线要那样，弄得手忙脚乱。在供给保队的需要上，不能做全盘的估计和筹划，浪费一些人力物力。

时间紧急，工作任务大，干部又少，制度上又有缺点，就使得工作方法上，发生了强迫打骂现象。真非这样不行吗？！不，其他百分之九十的干部，用商量的方法，工作更完成得好。

对于上面这些现象，镇原县召开干部会检讨，马上又想出办法来重新整顿。比如担架运输，都重新编过，绳索、鞍架都添制齐全，上六个抬手的名字，都写得清楚，都准备有干粮袋和五天的干粮。又按地区设立了粮站、草站、运输栈，每站经常要有存粮存草。

（原载《边区群众报》1946年12月4日第一版。）

孟坝一乡减租胜利

佃户积极参加战争动员

镇原孟坝一乡60多家佃户，自从清算了恶霸地主大李家、苏李家以后，对于保卫边区的自卫战争，特别表现积极和坚决。清算大李家的斗争刚结束，第二天靠太平镇的边界就打起来了。一乡的群众，马上在姚家塬、蔺家塬一带，设了饭站水站，供给过往军队吃喝。佃户王存汉老汉，亲自在站上招待。他这次在清算中得了57亩地，一院庄基，19万法币。他对过往的军队说："你们好好吃，只有把敌人打走，我得来的地才能保住！"当了15年佃户的苏满德，住在小李庄，乡长到前方去了，他自动指挥自卫军担架，到孟坝转运伤兵。后来被选为模范自卫军副排长。佃户李国珍，民国26年，被大李家把36亩地霸占去了，又被赶到曲子土桥逃难。这次回来参加清算，战争起了，他就没有回曲子，立马参加当地担架队抬送伤兵，帮助做饭，一直到战争结束才回曲子。领导清算的农会副主任苏国杰，一直跑到太平镇前线上去，帮助战地供给动员工作。佃户们还互相督促，鼓动大家参加自卫备战工作。他们说："快些动弹，你知道现在是给咱自己做事哩！"

地主家的李希刚，在国民党西峰镇当大队长，捎话回来说，要杀这一群佃户开人肉铺子。可是佃户们不怕，李满堂老汉说："我们加紧巡查放哨，帮助政府军队，叫他永远莫想回来！"佃户们叫农会主任向区长请求，给他们发枪，他们要在大孖城通太平镇十五保的一激崾崄上，修筑工事，自己派人把守，保住自己的生命和土地。

（原载《边区群众报》1946年12月7日第一版。）

就这样干，不怕颠了腰！

镇原孟坝一乡的农会，组织佃户们清算恶霸地主大李家，得到经验。

大李家做事太亏人，很多佃户早就想清算，就怕政府不给撑腰。这次开始动手，苏国杰就去问过区上，又去问过县上，他老老实实地说："我干是想干，就是怕把腰颠了！"这次得到了政府的支持，他就下决心干。

在一乡，只有苏国杰对大李家的情况最熟悉，他也知道哪家佃户吃过大李家的亏，农会就抓紧他，叫他联络各处的佃户。不到几天，佃户都联络、团结起来了。

开会那天，农会在事先就叫李廷治打头炮说话，因为李廷治受大李家压迫最厉害，又会讲话。果然，李廷治一讲完，别的佃户就争着要说了。

会开到第四天，发现地主造过假当约，佃户都要约，农会马上提醒大家，把力量回到清算高装的租子和霸占的土地上。因为这两件事最重要。另外，佃户当中有个席彦贤，是大李家的走狗，佃户们要把他拉来，和地主一样地斗争。农会又教育佃户，不要去斗争地主的走狗，把力量分散了，放松了主要对象。

在清算的头几天，群众情绪高。会开到第七天，问题提了一大堆，又没解决，有些人就松了劲，不大相信能得到什么利益。农会就在第八天上，具体解决一些问题，把应该退给佃户的土地、牛、粮食交给佃户。佃户们看见真正顶事，情绪就更高了。

斗争刚结束，农会就马上办手续，请人写契约。第二天就开大会，佃户、地主、一般群众和干部都参加。当众把一张一张的契约，读过一遍，正式通过，就交给佃户，应得的土地和钱物，照约上的数目交给佃户，现成兑现成，没拖没欠。佃户心里都高兴，马上就抢种庄稼，生产情绪很高。

（原载《边区群众报》1946年12月14日第一版。）

破窑水窨都查到 查出坏人柳世陶

上月十五夜晚，镇原全县举行户口大清查，湾湾渠渠，独庄小户，都检查过了。石佛区查出四个有特务嫌疑的人。马渠捉住一个柳世陶，就是黑渠口蒋军的便衣侦探。这次清查，由组长叫门，主人把灯点亮带路，才进门检查，秩序很好，群众一点也没有惊动，还自动帮助自卫军引路，把破窑水窨都检查了。

（原载《群众日报》）1946年12月14日一版。）

有计划地坚壁转移生产
悦乐干部民兵粉碎敌军“清剿”

【本报记者午人报道】华池悦乐镇干部民兵，领导群众，做有步骤的对敌斗争。四月下旬，当敌人窜抵悦乐前，全乡各村均先召开村民会，动员彻底坚壁，组织两三家相好者为一转移小组，该乡乡长张礼堂，事先与一乡商量借好窑洞、锅碗，调剂好一部分土地，因之在五月一日全乡群众即能转移至预定地区迅速安定生活，动手生产，参加战勤工作，敌人窜抵悦乐后，干部民兵即展开游击战，坚持对敌斗争，并乘敌不备，抢回已坚壁的粮食卅多石。在歼灭死守悦乐敌人（头二旅三团）时，干部民兵又配合正规军包围山头，封锁消息，起了很大作用，悦乐收复后，又召集壮年男人开会，调查敌人破坏情况，救济受害群众，清查与镇压投敌分子，没收投敌地主土地，又组织群众上下午换工耕地，解决犁铧困难，发动抢种小日月庄稼。

（原载《边区群众报》1947 年 6 月 21 日第一版。）

替病号背行李　帮大家烧开水
“乌江”连干部爱护战士

【前线电】“乌江”部连队干部对战士关心爱护无微不至。某连解放战士李荣润一次患疟疾，连长蔡有德替他背上背包，班上同志替他背上枪，指导员牵来毛驴扶他骑上。李荣润病刚一轻，硬不骑老乡驴，他说：“这样就能减轻老乡的负担！”他坚决地随大队行进。一路上要过五道河，连长怕他着了凉就亲自背他过，他不叫背，连长总诚恳地说：“不要以为你是解放兵，咱们家庭都是受压迫的穷人，咱们都要翻身。”他感激地向同班的解放战士说：“连长对我比爹娘弟兄还亲，我要跟连长干革命干到底！”“泉龙”八连连长王润福有一次为阻止战士喝冷水，竟致骂起来，但是，他一到宿营地，便安顿战士休息，睡觉，他亲去烧了一锅开水，又把战士一个一个叫醒来喝。第二天点名时，他又诚恳地向大家道歉说："昨天我的态度不对，说话太不客气，今后我保证不发脾气，大家也要保证不喝生水，这是对革命负责呀！"

（原载《边区群众报》1947 年 10 月 2 日第二版。）

溃败胡匪虐杀无辜

【前线电】北犯蒋军匪徒向南溃逃时，惶恐之际，更凶暴地残害边区善良人民，子洲裴区王祖会等五人惨遭杀戮，另一群众札固堂被吊半天，头上还压了一块石头，他伤势很重，睡在炕上不能动弹。米脂龙镇区四乡李家辛庄居民李浩举正在园子锄草时，忽然跑来三个胡匪，慌张地查问他们的哨兵哪里去了，并硬说李是八路军的山头哨，一定是他告诉八路军把他们的哨兵捉走的，于是便将李捆起来，把右耳朵割掉。两天以后，人民解放军某部经过该村时，李的耳伤已溃烂，卫生员便马上给消毒换药。八月底敌人一个营到延川禹居区五乡搭子坪村抢粮，听说村里有游击队，就架起机枪乱扫，打死村民一男一女，打伤了大小八口人，还拉走三十多个人，把村子所有的东西一扫而光。

（原载《边区群众报》1947 年 10 月 7 日第二版。）

攻克延长战斗中

我炮手大显神威

【前线记者午人报道】在攻克延长城之战中被俘的蒋胡军官们称赞我们的山炮打得真准，轰得满寨子都动摇了。战斗开始时，"海道"部炮兵首在城南张家山将娘娘庙山碉楼摧毁成两半，下午复配合北面总攻城内山上的寨子。炮手们组织了交错轰击，由西南飞去的炮弹完全轰垮寨子东北角碉楼的顶子，由东面飞去的炮弹第二弹正中西面碉楼的中心，第四弹把碉楼垛墙轰塌了，第五弹彻底摧毁碉楼上机枪工事，还有几弹眼看落到寨子中央，不冒烟，没响声，射手以为没有爆炸，后来，从俘虏们那里知道打塌窑洞三孔，把电台打坏了，把营长也打死了，打得全寨子没有一块完整的工事和垛墙。解放军神炮手之一的王俊云是鄜县（今富县）人，廿岁，1945年于高小毕业后即自动参军，去年四月到“海道”部学习炮兵，从去年八月开始参加作战以来，在每次战役中都发挥了应有的作用，技术日益提高，这就更加鼓舞了他为解放人民而战的情绪。现在他已研读“单炮作战法”，并准备学习间接瞄准法，使敌人受了杀伤，还不知道我们炮兵的阵地在哪里。

（原载《边区群众报》1947年10月12日第二版。）

光复延长县城经过

延长城北东跨山，南西临河，城内西北角高山上有一座土寨子，如果不先攻占东北大东梁碉堡和城南娘娘庙山碉堡，土寨子是不能迫近的。

一日拂晓我军“海道”部山炮即开始猛轰大东梁碉堡，敌营长凭着险要地形指挥顽抗，猛烈的火力封锁着通往碉堡的窄陡的道路，可是担任主攻的第四连一班长张明原同志早冲上土墩，扑到碉堡底下，看好地形后，又转下去领云梯上来，当抬梯子的战士们通过陡坡时，接连被打倒了八个，但谁也没迟疑，一个倒了，另一个跟上，梯子迅速地抬上土墩。

五连的机枪猛烈地扫射着碉堡上的敌人，使他们不敢抬头，只是盲目地往下扔手榴弹，这时，解放军的山炮从东面摧毁了碉堡大部垛墙，打塌了机枪工事，敌人的火力全部被压倒了，碉堡闪开了缺口，梯子立即从那里架起，张明原同志第一个登上梯子，他右手握着司登式机枪，腰里缠满手榴弹，他爬上缺口边缘，即猛扫两排子弹，把敌人压进工事，又连摔几颗手榴弹，打得敌人哇哇叫，接着四班长李永祥、新入伍的子弟兵张庚等拥上去，把碉堡全部占领，前后仅半小时。

各线战斗继续着。到下午四时，从正北向寨子的总攻开始了。寨墙西面是三四丈高的陡崖，北面是窄崾岭，解放军勇士们迅速迫近工事，把云梯扶上土墩，可是梯子比寨墙低了三分之一，勇士们便就地接修，其时，敌人一次一次由寨子上摔下手榴弹，战士一次一次卧倒又起来；接修完毕，在重机枪大力掩护下二次架起，可是梯子仍低，战士立即在寨墙脚根掏挖土台，把梯扶立半墙上，七连副班长周永同志亦冒着敌人机枪的弹雨，最先爬上西北角最高寨楼；副排长率领全排战士相继涌上寨子，并连续摔去七十多颗手榴弹，打退敌人两次反冲锋后，即隐伏墙上残破的工事中坚守阵地，待机冲锋。

此时，南峁上的山炮弹打坏了敌人电台，打死了敌营长傅光锐，不到半小时，匪徒们动摇了，负伤的副营长便带领着残部向寨子南面狼狈溃逃，刚滚下山坡，即被山南峁下山渡河占领西门的解放军悉数生俘。

（原载《边区群众报》1947 年 10 月 12 日第二版。）

洗刷敌军残迹逮捕奸伪

延长人民喜笑归来

【前线记者午人报道】延长城光复后，避居四乡的市民们扶老携幼纷纷返回旧居。有的在洗刷墙上敌人的宣传品，张贴欢迎解放军的标语传单；有的协助游击队员搜捕助敌害民的奸伪。当作恶多端的伪县参议会副议长兼伪县府秘书董开成逮捕后，人心大快，一致要求及早惩办，以泄愤恨。在二日清晨，城内街道上拥塞着人群，他们服装整洁，笑容满面，相互不住地拉手拍肩打招呼："你也进城来了，半年不见面了！"穿着黑色新棉衣的刘鸿远老汉从西城门进来，招呼他的人最多。他像大年初一向众人贺年似的双手拱着，迎接两旁的问候。可是，当走到他的骡马店门前，看见被敌人糟蹋得墙倒房塌的情景，他愤恨地骂道："该死的贼种……"当年轻的游击队员们走过来的时候，他便向他们连连称谢说："你们辛苦，你们光荣！"

（原载《边区群众报》1947 年 10 月 14 日第二版。）

捉廖昂！

十六日拂晓，解放军勇士涌进清涧城以后，向七十六师师部与二十四旅旅部前进，战士们都在兴奋而细心地寻找胖子和麻子，相互鼓励着"活捉廖昂建立第一功！"而廖昂、张新等八个蒋记将校们于前两天就紧缩到城东北老关庙高硼堡里去了。

全城所有据点尽被摧毁，仅余一个老关庙高硼。早已失去待援信心的廖昂一群，听见炮火愈逼愈近，无心再依凭这孤立的老关庙高碉，企图狼狈奔逃。这时，解放军“高平”部某排即已扑到指挥所前的地下大碉跟前，警卫指挥所的敌兵立刻溃散，该排跃上地碉后面的石墙，忽见有几个留头发的人跑进窑洞，副指导员赵清料想是敌人军官，便举枪高喊：“谁都不许动！”此时窑里的军官一个个面如土色，浑身哆嗦，有的蹲在墙角，有的躲在门扇背后，尽管八个人各做着不同的丑态，但都没有忘记高高地举起双手。最先抢进窑洞的战士樊四命令说：“投降不杀，都站出来！”而那个胖家伙还钻在灶炉与箱架的夹缝中不动，当被拖到门口时，赵指导员一看便指着说：“这就是廖昂！”战士们又怒又喜，解放军小战士胡宣海气恨地要拿枪托打他，赵指导员急忙阻止，而那个方大脸孔早已吓得像白纸的“将军”竟浑身瘫软，抖颤得失去平衡，押他往屋外走，他耸着肩，有气没声地装着说：“我三天没吃饭了！”另一个从桌子底下爬出来的大麻脸，一看就知道他是二十四旅旅长，而从他脚边拾起的铅笔杆上，正刻着“张新”字样。据被俘的该师副参谋长说：双十的下午，解放军扫清外围据点迫近城郭时，师部还向部下说：“延安有电报来，援兵只离城三里”，以维系军心，事实上，连廖昂也受了欺骗，满以为震耳的炮声是救援他们的大炮，连忙派了一个参谋去联络，结果被大炮弹片打得头破血流逃回来了。传说又有一个电报说“援兵”已从西北方接近城里，他们马上派号兵到城墙上去吹号联络，号兵死劲吹号，嘴都吹肿了，“援兵”依然一个没见。

此时全城已经动摇，不论官兵都想着一个共同的问题：“放下武器，还是完全毁灭？”但是谁也不敢说出口来，连廖昂自己也困惑在恐惧与动摇中。当他们接到城外我某将军的友谊去信劝他们早放下武器以免无谓牺牲时，师参谋长刘孝超及二十四旅旅长张新等都守着看信，并问：“怎么办”，而廖也只是无主见地说：“援兵真的到了又怎么办？”待到解放军总攻开始以后，轰隆轰隆一连七颗炮弹，把话报机打毁了，指挥所震撼了，廖昂也再装不成“镇定”了，焦急地说：“城外来送信的人走了没有？”刘、张却冷冷地回答，人家早走了。

廖昂等被捉的消息传出后，到处都在鼓掌欢庆。战士中间都谈论着“应当给捉廖昂的那一个排立个特等功”。曾经受廖昂等残害的城乡居民从很远的地方赶来，兴奋而又怒愤地观看这个杀人犯。廖昂却垂着头低着眼，面色苍白，一声不响。他忍受着人民的谴责。

（原载《边区群众报》1947 年 10 月 18 日第二版。）

破击清涧城 英雄显身手

【前线电】本报记者午人报道清涧破城战经过称：10 日晚上 9 点 40 分解放军开始总攻，第一声炮一响，布置在城周各山头的重炮都一齐狂吼起来，清涧城立即陷入紫色的烟海里。解放军某连爆炸组这时已跑近东城楼下三十米处。第一个在前面摸城的是胆大沉着的苏千里。他先探摸堵在城门口的石头围墙，然后回报连长说："围墙有二尺厚五尺高。"该爆炸组立即带着炸药，一下就把那个石头围墙炸塌了。

随着爆炸声，城楼上摔下来一大堆手榴弹，机枪也同时扫射。爆炸组长郝矮子、王忠山等就冒着弹片迅速越过倒塌的围墙，冲进城门洞去，不巧又遇到一道深坑，炸药滚下去了，王忠山机警地跳下土坑，死劲地把炸药背上来按好，点燃了引火线，"轰隆"一声，城门洞喷出一团黑烟，英雄王忠山敏捷地钻进浓烟中。跟着，三连副王守万带领的突击队便顺序爬进城门。当各排分南北两路上城时，城楼上的守敌又开始顽抗。排长王银临往城上摔手榴弹掩护战士登城。正打得激烈时，该营一连又从城外冒着城东北角敌人的火力，架梯爬上东城城楼，夺过敌人机枪，配合三连两面夹击，逼得敌人逃出城楼，退守北面百米处城墙碉堡。

坡楼全部占领了，恰是 10 点 50 分。全部登城的第一营，立即分三路扩张阵地，解放军强大后续部队源源涌进城内。

（原载《边区群众报》1947 年 10 月 22 日第二版。）

光复绥德瓦市经过

【前线电】绥德分区地方武装、游击队解放绥德与瓦窑堡经过：10 月 10 日，困居陕北重镇绥德之蒋胡匪军一六七旅、一四四旅各一部获知清涧被围，即惶恐万状，准备南逃，但表面仍佯作镇静，逼迫市民赶修飞机场，扬言援兵快到，绝不放弃绥德，但早已丧胆落魄之匪贼于清城歼灭七十六师之第二日，即 12 日拂晓即仓皇弃城南逃，监视该敌之绥德分区地方武装，立即跟踪追击，13 日晨，于九里山一带将慌乱疲困的敌人截成两段，与敌后卫部队激战一小时，解放被虏群众约千人，当日下午一时，敌由九里山绕向南沟窜逃，于史子河休息，复遭阻击，逼得敌人爬上东山，仓皇逃退，该地方武装一部复迅速机动西绕侧翼阻击，将敌伪县长等千余截断，另一路即从后面猛攻，敌人卫团虽反冲锋数次，均被打垮，激战至三时，击毙伪县长李宝衡以下四十余人，又解放俘虏群众一千余，缴获迫击炮二门及装箱之蒋币约二千万元。我地方武装乘胜追击，于 14 日一举光复战略要地、子长县政府所在地瓦窑堡市。

（原载《边区群众报》1947 年 11 月 2 日第一版。）

清涧光复前城区人民
捕捉敌探掩护我干部

【前线记者午人报道】清涧城区人民在清涧城收复前后用各种方法和敌人斗争，继续为民主政权工作，不给敌人粮食，却于黑夜或利用时机，偷偷向自己的政府转送公粮。柏树区群众有一次往陈家塔（敌人未至地区）转送一石多粮。妇女暗中为解放军做鞋子，在五月份三、四两乡，20 天就交来 270 多双鞋子。敌人时时要捕杀共产党员及革命干部，虽然于七月组织什么“反共工作团”，到处散布便衣特务，可是那些党员、干部经常就在编过保甲的区域内活动着，敌人却总找不到。有一次王县长等到清涧城东十来里地的陈家河工作两天，城内敌人知道了，即出来一个营将该村四面包围，但群众掩护着县长，从敌人面前走掉了。同王县长同去的杜同志，被惠老婆婆掩藏在自己家里，敌人搜查了三次，都没有发现。群众经常帮助武工队捕捉城里出来的便衣和散兵，7 月 20 日，七十六师师部的三个侦探，就跑出城，山上锄地的老乡看见了，远远叫去吃烟，把三个全捉住了，弄得少数敌人不敢随便出城。敌人编保甲名义上已经编到城周围 20 里，但直至敌人被歼灭时，好多被编过的村子，连门牌还没有发给钉上，他们恐慌得不准乡民进城，把东市小凳子都移到南门外，城里出来的人，须要保长打保条才准回城里去，同时城内巷道十字路口，都修有工事和碉堡。老百姓说：“清涧城真像一座大监狱，敌人自己钻在里面不敢动，城外乡村完全是咱边区的世事。”

（原载《边区群众报》1947 年 11 月 2 日第二版。）

绥城被敌掳去居民

三千余人重回家园

【前线电】12 日拂晓由绥德南逃之敌，曾于 11 日夜挨户抢劫全城，临走时并武装逼迫城内外居民五六千人，敌人前面走两个团，把老百姓夹在中间，后面一个团拿刺刀赶着。13 日即被地方民兵游击队追截阻击，大部解放归来重回家园。他们回来后纷纷向自己的政府和亲友控诉敌人的残酷罪行。重被解放回来的马忠孝哭着叙说路上的惨苦景况：“当天就跑了九里路，婆姨娃娃饿得跟不上，人家就拿枪把子打，哭成一片，有的女人把娃摔到地里。到一个村子，队伍就抢得吃光了，老百姓连生玉米也找不到，晚上赶到石咀驿一带，就坐在山沟里树底下，把人冻得牙骨颤，敌人从四面围着，想跑也跑不掉，鸡刚叫，咱们游击队打枪了，敌人吓得上了山，再顾不得守我们，哗地都往回跑开了。”一个卖烙饼的说：“咱们队伍，若迟来一天，我们饿也饿死了，冻也冻死了。”现在成批和零散回来的，已有三千多人，他们开始整理残破的家园。

（原载《边区群众报》1947 年 11 月 5 日第一版。）

洛河部总结一年战绩

装备增强获得了攻坚战经验　配合土改提高战士阶级觉悟

【本报讯】西北人民解放军“洛河”部，新年总结一年来战绩，并从战斗力量、指挥经验、思想意志等方面做了检查，充分证明该部的愈战愈强。

该部一年中于西北战场，协同友军进行大小战斗 60 多次，歼敌营以上正规军一个师部、一个旅部、七个步兵整团另一个连，连同营以下被歼者及地方保安部队在内，共计 15500 余人，其中生俘 11800 余人，内有整编七十六师师长廖昂等蒋匪将校军官 43 名；缴获各种炮 120 余门、轻重机枪 500 余挺，各种枪 5500 余支，各种子弹

46万多发（其他军用品从略）。以此，巨大缴获，改进了部队装备，充实了部队的战斗力。经历清涧、延川、高家堡等歼灭战役，加强了部队的攻坚信心，并取得了攻坚战的具体经验，如“左洛”部某次攻城战斗的火力组织都配备得适当精确，使各种火力，都能充分发挥作用。

又由于各级指挥员均能虚心听取下级及战士的意见，发挥群众的集体智慧，并与战士的坚决英勇相结合，故能屡战屡胜。在军事技术方面，如五支队不仅多数战士普遍学会了爆炸，且在炸药的运用上，创造了特殊有效的方法，出现了郝矮子等新的爆炸英雄。

部队经过夏季土改教育及此次“三查”运动后，政治认识更加提高，思想意识与组织成分更加纯洁。五支队某战士曾开小差回家园，经土改后家庭分到土地便自动归队。郝矮子自春上接到家信，知道家里分到十亩土地一孔好窑后，战斗情绪更高，于高家堡、清涧破城战中，坚决英勇，建立大功，现已加入共产党。高家堡解放过来的刘常俊，参加解放军后，觉悟到“过去被八十六师抓去害百姓，现在才真正是为自己劳动阶级的利益作战”。四支队某连在查坏人查坏事的会上，揭发了一个当过蒋匪保长压迫穷人而形迹可疑的分子，一个解放战士立即愤恨地说：“我们都是被保长捆来的！”于是到会战士都控诉起所受蒋匪地主保长的苦害，并揭发出这个坏分子的破坏罪行。在土改教育与“三查”运动中，清洗了阶级异己分子，增强了部队内部的团结。

（原载《群众日报》1948年1月10日第二版。）

踏着烈士们的血迹前进　迎接1948年更大胜利

洛河部除夕追念烈士

【本报讯】西北人民解放军“洛河”部除夕日于某地隆重举行追念会哀念一年来该部为人民解放事业英勇牺牲的功臣，以学习烈士们的精神来迎接1948年更多的更大的胜利。是日下午，该部军政首长、各级干部及连队代表千余人，整齐严肃集合于驻地广场，以深沉的怀念，恭读挽词和纪念文章，并回忆烈士的奋斗事迹。当礼炮震鸣，哀乐起奏时，全场肃穆默思六百位烈士中，有副团长柴枫、张野炬、团政委陈云汉、团参谋长张学舟等同志，他们生前忠贞坚决冲锋陷阵的雄姿伟业历历如在眼前。献花献爵恭读祭文后，主祭首长暨各代表分别讲话，号召全军学习烈士们坚决顽强的战斗精神。张野炬同志右腿重伤，仍坚持前线指挥作战；柴枫同志教导五支队的同志研究爆炸技术不仅培养出张八、冯树槐等许多爆炸英雄，而且在爆炸方法上有不少新创造；韩国义同志，于收复清涧县城扫清外围据点战斗中，曾率全排连续七次冲锋，终击退顽敌夺得阵地；李月秀同志家庭贫苦，土地被本村地主霸占，父亲被逼死。他和弟弟为地主放羊揽工，因不堪虐待而决然参加解放军，土改中李家中分到地翻了身，他更认识解放军真正是人民的军队，他以明确的阶级觉悟坚决对同志说："我才明白我当兵是为穷人，也就是为自己翻身，一定要好好干！"他在战斗中奋不顾身，于长城歼击蒋匪战斗中英勇牺牲。继由该部司令员报告目前时局形势后，明确指出烈士的热血没有白流，并号召大家加紧"三查"学习，加紧练兵，达到全军思想一致、技术熟练，迎接新形势新任务，创造更大的胜利。最后大会决定于该部参与战斗而收复之清涧城，建立人民烈士纪念碑一座，刻已动工兴修。

（原载《群众日报》1948 年 1 月 12 日第二版。）

左洛部"三查"运动已获成效

提拔连队干部的办法值得考虑

编者按：提拔连队干部先由战士民主讨论，再由组织上决定的方式很好，但参加讨论会的不应只限于贫雇农出身的战士。至于提拔干部条件，自然应该考察其成分，但成分不能作为唯一的重要条件，还该注意考察他在战斗中及群众关系上的表现，如果他对敌斗争方面表现很勇敢坚定，在群众中又有威望，那就不能因为他不是贫雇农而不提拔。

【本报讯】西北人民解放军"左洛"部积极进行阶级教育，以提高干部与战士的政治觉悟，巩固部队的团结。自上月七日开始至一月五日间，该部所有连队与直属机关，均普遍展开查思想、查工作、查阶级成分的学习运动，各个连队虽有做法与深入程度的不同，但均已收到或多或少的效果。

开始，在连队政治课学习中，提出各人受苦和被压迫的根源，在班排展开讨论。贫农战士诉说出在旧社会和蒋管区穷人受地主受保长剥削压迫无法活命的苦况，如六支队九连雇农战士诉说他不堪压迫与残害，同母亲由河南到山西临汾，又被阎军抓去当兵，以致母亲饿死的苦情。四支队二连战士倪傍，父早死，寄食叔哥家，只管吃穿，不给工钱，种了十年地，为他娶妻，他以前还觉得叔哥对他好，可是这次一算细账，才觉悟到他受剥削之重。大家于诉苦中，具体认识到地主的残酷剥削，穷人怎样穷，富人怎样富等问题。从诉苦从各人介绍生活历史中更容易正确了解各人情况。

学习运动的展开与深入是经过各种步骤的，最初各支队先选一两个问题较复杂的连队着手突破，如四支队先由二连、八连开始，五支队先由一连、四连开始，如此突破一点，教育全支队的雇贫农战士群众。四支队八连将阶级异己分子副指导员宋勇的罪恶揭露以后，即召开全支队军人大会，一致决定开除党籍，军法惩处，遂教育大家认识了阶级敌人的可恨，又消除了群众不敢斗争干部等顾虑。五支队政治处于详细总结一连的"三查"工作中，检讨出领导上主观愿望与群众实际要求脱离等问题，即予纠正，并随时推广这几个典型连的经验，一方面由运动开始较迟的连队派代表到先突破的连上参加实习，回去后即发动本连酝酿，一方面先突破的连又派代表到运动开始较迟的连上去介绍经验，并帮助工作。另外五支队出版《长城报》，六支队出版《战士报》，来指导与推进运动。如何使运动深入，做法上各有不同，有的连队先由干部查起，有的连队先由问题严重的人查起，有的连队先由一般普查而到重点严查，如五支队一连，开始先斗争并撤职贪生怕死的连长董得胜，群众觉悟更加提高，并涌现出新的骨干力量。继斗争坏地主出身的高长生后，由于铁路工人常应山、雇农王永社、贫农王世雄等提出："把些有思想毛病的先查，教育他们认识错误后，这些人还可以同咱们一起斗坏人。"于是运动又转入普查，即查出了王拴小（中农）的流氓习气，李玉泉（贫农）的丧失立场，靳保保（商人）的投机取巧等毛病，经过检讨，他们都开始注意改正。四支队二连政指宋同龄在"三查"中，向本连全体雇贫农战士反省过去失掉阶级立场的错误，曾将地主流氓反革命分子郑许祥提拔做八班副；又如一连曾把兵痞坏蛋刘月登吸收入党，四支队党委同志亦检讨批准刘入党是失掉阶级立场的错误。五支队五连清洗了阶级异己分子高长茂后，雇贫农战士立即开会讨论提拔干部。冯长贵说："我们要穷人领导我们，因为他知道穷人的苦处，会领导我们坚决消灭地主老财头子蒋介石。"经过研究后，提出王有（雇农）当排长，王五子、王花银等八个雇贫农当副排长、班长等，并经全连军人大会审查通过。同样该连于运动中有九个雇贫农战士光荣入党，有些连队党员发展到百分之三十多，于是那些残存的官僚主义、军阀习气和老一套的工作方法，均受到了批判与打击。六支队特务连五班副李栋，打骂战士，已被处罚半月苦工。经过"三查"运动后，连队的阶级团结加强了。

（原载《群众日报》1948 年 1 月 17 日第二版。）

支部工作有新气象

“左洛”部大批优秀战士光荣入党

【本报讯】西北人民解放军“左洛”部在“三查”运动中改造党的支部，大批像贫农、中农战士光荣地参加了共产党，连队党的工作有新气象。五支队第五连，原有14个党员，这次发展了15个，六支队第九连原有党员17个，这次发展了23个，其他各连队支部，亦不断地接受战士们的入党要求。如此动人的新现象，具体纠正了过去有些同志认为“没有发展对象”的思想。结果乃于新年彻底改选支部，贫苦出身的子福兴等人入党以后，感到非常光荣，坚决宣誓：“不彻底打倒蒋介石，不消灭封建地主，永远不回家！”各连队支部因增加了新血液，工作更显活跃，有的成立了读报组，加强时事教育，有的连队建立了新的工作制度，如班长排长在计划工作或处理问题时先同本班本排的党员或党的小组长商量研究，密切合作。

在发动连队群众讨论与审查新党员入党条件的过程中，不仅保证了党的组织纯洁，而且教育与提高了一般战士。六支队九连最近自动请求入党的有24人，在其本班讨论时，极其严肃慎重，共通过了14个。如二班副关尚志要求入党，在班上讨论时大家认为他虽是贫农成分，可是曾参加过红帮，有些二流子习气，又看出他的决心不够，便说：“你还是再锻炼锻炼，真正进步了再说！”

（原载《群众日报》1948年1月22日第一版。）

“左洛”部练兵中 五支队举行技术观摩

【本报讯】1月10日西北人民解放军“左洛”部五支队举行投弹大会操，七连战士刘五小创造60米投弹纪录。该部为观摩技术，交流经验，每连各推选一个代表，班与个人投弹 40 米以上者，均参加表演，并邀请上级及各支队代表参观指导。午时，轮批表演，各显身手，特别于最高投弹手决赛时，全场愈显活跃紧张。当七连一班长刘五小投出 60 米，弹一落地，全场响起鼓掌和喝彩声，庆贺此一新纪录，当场研究其手术要领。下午，全部表演完毕，团体成绩：六连机枪一班以平均 36 米、三连步枪六班以平均 34 米荣获优胜红旗。个人成绩：投 40 米以上者 62 人，50 米以上者，有刘五小、张凤清、李蛮牛、高明祥、王梦九、任吉有等 6 位，其中七连刘五小三弹平均 53 米，夺得“看谁是投弹手”的大红旗。

特等英雄伴随着飘展的红旗回到本连时，战士们还在继续开会。刘五小讲了投弹要领后，勉励大家说：“保守这旗子可不容易，可得好好练哩！”

（与王达、少华合作，原载《群众日报》1948 年 1 月 30 日第二版。）

战士的报

——记左洛部四支二连“练兵快报”

二连的“练兵快报”，办法可热闹啦！一张长宽二尺的油布上，贴满了 24 篇稿子，有练兵成绩公报，有挑战应战书，有学习计划，有论文、消息；有诗歌、快板；有图案、漫画；有表扬、批评；有启事、通知；活泼、严肃，样样都有。

报头底下第一篇文章，正题是“警惕！警惕！”副题是“新战士虚心学习，苦练进步快；老战士疏忽自大，瞄准落了后”。本文是评论前一天，全连测验瞄准中间发生的事情，文章结尾提出警告说：“有些人骄傲不虚心，这要严格警惕呀！”

接着一篇是表扬副连长马振勤同志领导练兵有办法，叙说他的好处，有三百多字，形容大家对他拥护的心情说：“一看见副连长到操场，大家都有精神了！”文章上边铅笔画马同志的像。

有 10 篇稿子，是文章和画儿一起，文章说明画儿，画儿表现文章。七班丁石锁画刘怀明练习投弹：一棵大树旁边，刘怀明脱了棉衣，两手握两颗手榴弹，上身前倾着，一颗投出去了，脚边还摆着四五颗，怕读者不明白，又加一段文章说：“二班刘怀明同志，早晨练习投弹，很卖力气，投热了脱去衣裳，他第一次测验投 20 米，第二次测验投 27 米，第三次计划投 30 米，测验时投到 34.3，他进步很快呀，已经超过了计划，大家应该向他学习！”另一篇批评吴连珠瞄准不好的文章说：“练兵瞄准上不了靶………”底下就画一个人在瞄准，枪口对靶环偏差很远，看的人都哈哈大笑喊：“画得好，画得好！”表扬二班赵恒德和伙房同志讲卫生的消息，下面就画了几个人拿着扫把，正曲着腰扫地哩！

在批评之后，吴连珠进步了，立即又写一篇文章，报道他的进步，并鼓励说：“吴连珠虽然脑筋不行，他自己很努力，不嫌疲劳，像这样的人，将来前途一定很大……”

八班战士集体编了一篇歌颂生活的诗：

“我们都是年轻的同志，
我们来自遥远的四方，
炮火中学习，
战斗中成长，
生活使我们健壮，
生活使我们坚强。
……”

同样在很多篇稿纸边上，画着鲜红的太阳刚升出地平线，万丈光芒，照射晴空，这是他们每天破晓练兵生活的写实。

八篇竞赛书，在具体条件的前面，都明确地提出自己的决心说：“为了打倒蒋介石，彻底消灭地主封建，一定要练好技术，这是为自己练，为穷人翻身练……”这一共同的政治目的和精神，贯穿了全部“快报”的每篇文章。

下操的时候，吃饭的时候，游戏的时候，“快报”下面总拥满了人，识字的念，不识字的听别人念，有的在评价某一篇文章起的作用；有的论说着某篇文章是全班集体研究写成的；有的论着说着唱起三班王瑜编的“三大拉风歌”。

问到快报有多大作用？八班战士陈士全说得对：“这样使大家进步更快！”大家都认为“快报”推动练兵交换经验，好处不少，应该长久办下去，于是在七号那天，在全连战士中选出六位编报委员，由副指导员孙顺明同志直接指导，具体分工：杨文清、王绍先负责编报；伍永福、姜福顺负责采访通讯；王连庚、毋云先负责保管，曾开会决定改善编排，专栏门类；组织识字同志帮助不识字的战士写稿，每期增加一两条其他解放区的胜利消息。

（原载《群众日报》1948 年 2 月 2 日第二版。）

“右洛”“泾河”等部发扬民主

连队和支部工作更活跃

【本报讯】西北人民解放军“右洛”部十三支队第六连在“三查”与改选支部后，吸收了十一位优秀战士入党，团结大批新的骨干分子，连队工作依靠大家推动，活跃起来。练兵中每天不等吹起床号各班即争先起床，相互呼唤，自动跑上操场里操练。三排长李丑，随时同各班长商量本排练兵情况和学习经验；新被推选当八班长的孟天元，过去不多说话，现在自动找解放战士赵焕章等谈话；战士梁满德经过检查斗志后，技术进步快，瞄准三枪两中，投弹40多米。同时该连又改造了原有的经济委员会，大家自动利用游戏时间帮助伙房收拾柴火，又具体帮助司务长调剂菜蔬粮食，常吃豆子米面窝窝、黄米馍馍，吃豆腐豆芽菜，做干饭洗米，不撇米汤，以保存营养，一切办公伙食经费，由大家监督，每周清理一次账目。文化生活上，黑板报成为战士发表意见，介绍练兵经验的场所，自十二月中旬创刊后，每天都有新稿子贴上去，有表扬有批评，及时反映各排的活动。

【又讯】“泾河”等部，在“三查”后审查党员及支部。“泾河”部根据“为人民干到底、作战勇敢、工作积极、遵守三大纪律八项注意”等条件审查党员，并检讨他是否团结群众、教育群众，好的得到鼓励，坏的受到批评。

“泾河”四支队在审查中，一连副班长张平为每天起得早，练兵努力，耐心帮助别人，说话句句是理，打仗勇敢。三连班长赵三子战斗很好，处处做模范，都受到了大家的鼓励与表扬。

“右强”四连在全连军人大会上审查党员时，批评了宗武同志好说怪话，不尊重领导的错误后，提议支部给予批评。很多人自动报名请求入党，大家对报名的人给以严格的审查，通过了九个，然后再交组织最后审查。“左洛”六支队九连改选支部后，有25名战士光荣入党。

（原载《群众日报》1948年2月22日第二版。）

七郎山上逞英豪

——宜川城外围战斗之二

外七郎山是卫护宜川城垣的最高阵地，扼踞西南角，从沟底到山上共有大小十级棱丘（即山峁台阶），均被斩修成垂直绝壁，筑有三层前沿工事，胡匪逼迫民工，花费四个多月工夫，修筑此一巨工要险。胡匪整编二十四旅以六个连的兵力固守这一阵地。在缴获敌人“死守”的命令中称：“此山为全旅阵地轴心，有此山即有全体官兵生命。”但在解放军几个小队的联合勇猛攻击下，毕竟毁于一夕。

2 月 27 日夜，攻夺外七郎山的战斗开始。万灵山阵地上我军廿多门炮，从西北、西南猛轰敌军阵地。“战斗”部“战五”主攻部队分两路运动。七、九小队由西南面上山，四、五小队由西北面上山。自沟底到梯台棱线八九丈高之羊肠陡崖，冰雪泥泞，只能匍匐行进，一步一滑一跌，战士们个个紧张肃静，争先前进。四小队七班长赵生发脚一滑，连人带枪滚下三丈多深沟底，但立即又赶上本班。这时头上炮弹轰响，脚下地雷爆炸。五小队抬梯组，在烟火腾冲下，力持镇静，互相拉紧手，继续爬登，于接近敌人第一层塬头阵地时，正遇两丈高笔立断崖。我九班投弹组往上连打廿多枚手榴弹，掩护架梯。八班长苗青云第一个爬登，接着张玉修、三排副冯有才等，一面往上爬一面打手榴弹。当英雄们冲上敌阵地时，左边工事里的守敌，已把机枪丢下，慌张逃退到第二层工事。

此时五小队又迅速沿交通沟向左右扩张阵地，继续掩护四小队架梯。攀登最后一级塄坎时，三排架梯子八班投弹掩护。但梯子比崖还低了六七尺，勇士们便趁重火器猛烈摧毁敌人工事的时候，拿铁锨掏脚窝爬登。三排长王海祥、八班长高二小等，爬上去夺过敌人重机枪，继续向右方追击。六班李清顺迎面碰到一个敌人，两个扭在一起，李另一手紧握铁锨猛力掰过去，敌即被击倒。李继续往前猛进到大石碉侧后地势较高处，迅速筑好简单工事，并依据占领的第一个碉堡，打退躲在石碉附近深坑内，近百个敌人的三次反冲锋。待到七、九小队经过几度架梯和猛烈战斗，占领了山上西南碉堡后，四个小队遂于最高山头上烟火中热烈会合，并共同筹商继续歼敌的步骤。决定九小队往城墙方向发展，四、五小队进攻大碉堡。

大碉堡中的敌人，仍依持重武器顽抗，英雄们不愿摧毁敌士兵生命，即高声喊话，三班爆炸手朱元富喊：“我也是廿四旅七十二团的，去年在清涧解放过来，解放军优待俘虏，你们快拿上武器过来，一定优待不杀。”碉堡里不应声，另一个战士喊：“不缴枪就消灭！”朱元富立即点燃炸药，把围绕碉堡的铁丝网炸毁，六班副冯延国等，给战友们开辟了冲向大碉的道路。大碉厚厚的石壁没有进口，英雄们跳上顶盖，才发现有一个小口。六班副冯延国即喊：“下面有没有人？”“不要打，有人！”守敌哇哇地连喊“缴枪”。冯即让他们把四挺机枪送上来，然后又把十四个俘虏一个个拉了上来，并对他们说：“对不起，打了你们！”俘虏们低声地回答说：“早就知道你们是好队伍。”至此解放军将外七郎山阵地完全占领了。

（原载《群众日报》1948 年 3 月 10 日第四版。）

看你张汉初往哪里逃？
——记胡匪廿四旅旅长就擒经过

三号上午，解放宜川城的战斗结束了，满城找不到胡匪二十四旅旅长张汉初，据解放兵说，“旅长”半夜跳城逃跑了。

三号半夜特别漆黑，“战斗”部五支队的几个同志赶着运粮牲口，从城西五里坪往西瓦窑走，忽然前面晃来一个人影。李二贾同志最先看见，喊：“干啥的？”影答：“司令部接线的！”又喝一声：“举起手！”同行的乔福福等抢上前去把枪对准黑影，一步跑上去抓住襟领，吓得对方猛把手插进衣袋，李以为他是摸手枪，立即把他的手腕拉出，那手里却捏的是一支金杆水笔和一些票子，企图行贿将他释放，但为李以责备的声气拒绝了。

不正派的动作，更使人怀疑他不是普通士兵，就问：“你是什么人？”他胡乱支吾：“刘戡援兵的一个散兵，刘戡死了，我被捉住又放出的。”问他姓名，他只是“张……”迟疑几分钟，才吐出个“张云”，再问：干什么事，他只承认是“收发”。于是哀告说：“你们八路军不是宽大政策优待俘虏么？”李二贾明确地回答：“对的，我们是宽大，现在你还是跟我们回队部去，问清楚，明天放你也不迟！”他还不吭气摸他的湿透了的毛裤，李二贾和气地说：“你的衣服湿了，先回去烤。”这个来历不明的胡军，被押解着往回走，大家心里已有几分明白。

一进屋，那人把帽檐尽往下拉，不敢面向灯光，小个子三角脸，两撮小胡，脚上拖一双烂鞋，李二贯抱给他一堆柴，他只垂着头烧火烤裤子。

第二天刚明，成群的解放兵，对新到的这个人，都现出惊异的表情，等到集合在坪场时，自称“张云”的人也来了，他不敢看大家，眼睛只望着七郎山顶，但解放兵们看见他一步一拐垂头丧气的模样，都议论起来，“张汉初”再瞒不过去了。

据解放兵说：在城破的前一天，“旅长”还召集部下开会，不是计划怎样待援守城，而是寻求着逃命的办法。半夜张同他的参谋长等，从西城墙跳下去，当时跌得很重，腰胯和左腿都跌痛，又遭解放军打散，参谋长不见了，吓得他一个人躲在山沟沟里，问他在冰雪枯草中一日两夜的滋味如何？他不肯直说。

（与孟少华、延晓合作，原载《群众日报》1948 年 3 月 10 日第四版。）

熟练的攻坚技术

“战斗”部一点半钟攻占宜川城

【西北前线电】“战斗”部于攻克宜川城战斗中，表现出英勇机智及熟练的攻坚技术，致使敌费时三四月筑成之险工七郎山、凤翅山等强固阵地，均被我顺利攻克。“战四”“战六”两部，分别于西城北城突击攻城，机动迅速，于一点半钟内，完成了爆炸登城，并进而占领市街大部。十点四分开始总攻，“战四”十小队爆炸组，冒敌人密集火力，涉过河水，扑入城门洞。战士李相兰放好炸药，三排副张敏学又亲自检查，仅七分钟即炸碎城门，又过四分钟后，一个小队即全部突入城内，并站稳阵地。同时另一小队，从城门附近架梯登城。“战四”由西往东南，“战六”由北往南，经过激烈巷战，到十一点半时，即占领城内大部街衢，并迫敌人于孤立的西南角七郎山绝崖阵地内。二号午夜“战八”配合友邻部队攻夺凤翅山，七小队夜袭山脚下碉堡内敌人，动作迅速、静肃、沉着。八班长朱长生、何汉章等，先扑至铁丝网前，当他们钻过铁丝网，扑进碉堡时，敌人已逃走，但近旁守敌仍未发现他们。

（与延晓合作，原载《群众日报》1948 年 3 月 14 日第一版。）

传播民主生活　讲解土改政策

担架队是新区群众好朋友

【西北前线十九日电】陕甘宁老解放区担架队随军南下到宜川、洛川一带，都成了新解放区群众的好朋友。延长县六区担架队住在洛川城周围，穷房东李老汉一见面，就让罗惟建抽旱烟，并问："听说红区穷人都分到地，是实不是？"罗说："是啊，我们穷人都分到了地，现在男女老少每人都有一份地。"李老汉叹气说："我们这里百姓害债多得数不清记不下，款子、军粮月月有，保长甲长天天要，穷人真是活不成。"另一老乡同担架队长刘忠和拉话诉起苦来，他和老婆侄儿三口人，只有八亩地，儿子被抓去当了兵，又把侄儿过继来，现在想把地卖了，给娃订媳妇。老汉又愁地卖了无法过活。刘队长便劝说："不要卖地，这里解放了，就要分地，还要废除买卖婚姻，男女都自愿，就能结婚。"城周某村一甲长，问担架队员李生秀："边区的办公人员是怎样派的？"李说："都是民主选的，谁能为大家办事，就拥护谁，大家就选他，要办不好，谁都可以换掉他。"吴奇怪地插问："当官的怎能由老百姓换掉呢？"李说："这就是咱们解放区的民主，办事人都是受百姓监督的，大小事都要照众人意见办。"吴再问："你们担架队是怎样来的？"李说："我们都是自己来的，咱军队来解放你们，我们应当帮助。"于是吴即叙说当胡匪军进攻边区时拉老百姓抬担架，抓得鸡飞狗上墙，男人都跑了，半夜把女人拉到保上逼着拿钱雇人等情形。他又表示当甲长很受气，款子多得跑断腿，愿意解放军永远在这里。有些群众上了敌人的当，躲避到山沟里去的，也由于担架队员的解释而放心地回家了。担架队自到了宜、洛一带新地区，眼见耳听，都和老解放区不一样。常于闲谈中把老解放区同新区作各方面的对比，更感到老解放区家乡的幸福，更觉得应该多尽力量，坚决帮助军队，早日解放胡匪统治下的苦难人民。

（原载《群众日报》1948 年 3 月 27 日第二版。）

洛川人民拨云见天

【西北前线电】我军进入洛川县境后，在蒋胡匪帮压榨下的洛川人民，似拨云见天，拉住解放军同志的手，亲热地慰问。队伍一到村里，家家忙着并房子、借家具，争着要队伍住在他们家里，男人们倾听解放军讲说为人民办事的主张；孩子争着烧开水；女人争着给同志缝补衣服。前姚科村农民周照锁，看见一位走肿了脚的战士，硬留在自己家里休养，给他弄好吃的，并安慰说："我眼前有吃的，你休养好了，再回队上去。"部队行军过靳家塬时，一位长工老杨，担着水到路边给同志们喝。他是三原人，盼望解放军快点打下去。他说："都解放了，我回家再不要身份证了！"

解放军宣言贴到农村，立即家喻户晓，邻闾传诵。三月十四日新成立的人民政权永乡区区公署的布告，贴到东贝新村时，村民都争着来看，李明义、李万保等老人，要求旁人高声念。大家听了，都高兴地说："好！条条都是为咱老百姓。""这样的政策一出，谁都安下心。"并关心地谈论起废偿分田等问题来。开初，有些老乡对解放军的政策还有某些怀疑，可是很快都被解放军真诚的行动清除了。十三日永乡镇曾开了一次村民会，会后群众纷纷报告出廿九军埋藏的被毯、炮弹等物资。开饭铺的张世昌、马元明等报告说，敌人汽车夫在村里偷埋了200斤清油和760颗鸡蛋，但这汽车夫却欠他们敌币390万元的账。当我军某部接收了这些敌伪物资后，即将汽车夫欠饭铺的账如数归还。饭铺股东秋先生，听说解放军给他还债的消息后，第二天就从躲避的地方回来了，他接到钱后，非常感动，对解放军亲热得像老朋友一样。

（原载《群众日报》1948年4月4日第四版。）

胡匪廿九军被歼后

洛川人心大快

【西北前线电】刘戡全军被歼的消息刚传到洛川时，有些老乡还不大相信。以为蒋胡军开过去那么多，怎么能一下子消灭完呢？当被解放军遣散的胡军伤兵们，成群地从汽车路上经过时，老乡们不再怀疑了。记者问老乡："他们再胡闹不胡闹？"老乡回答说："有咱解放军在后边跟上，他们不敢。"东贝新村李福海讲了下面一件事，他遇见一个问路的胡军伤兵，规规矩矩地，问了路后，还宣传说："刘戡带的队伍全被消灭了，解放军对我们好得很，发路费、开路条叫回家。"李福海接着诙谐地叙说，年节廿九军从洛川开拔时，伪县政府下了个命令，叫各保各村的秧歌队都到城里欢送。这回刘戡全军覆没，老百姓都高兴地说，欢送得好，一下送到解放军手里了。

老乡们提到二十九军，无不痛恨切齿。去年进攻延安时，从蒲（城）白（水）到宜（川）洛（川）沿途十县老百姓被拉去背子弹、送粮秣，抓得鸡飞狗上墙，各个村庄男人都跑光了。车王西村王建才的老婆说："我家就一个男子，他避了。保长黑天半夜，把我这老婆也拉到保上，硬逼我掏钱雇人。"说着就哭，老汉立即安慰说："现在折磨出来了。"接着她又说："今年这时节，咱的队伍来了，娃说：'妈呀！队伍来了。'我说：'不怕，是八路军。'我放心得很，连炕都没下来。"

（原载《群众日报》1948 年 4 月 6 日第二版。）

解放军战士利用一切机会

向新区人民宣传政策

【本报讯】三月三日宜川刚解放，"前卫"部的战士到东街一家小木匠铺休息，掌柜殷勤地招待纸烟，又要请吃饭，战士们都婉言谢绝了，裴青山同志明确地说："解放军不但保护工商业，还要帮助发展工商业哩！你放胆开门，货该卖多少钱，就卖多少。"掌柜的听了又惊奇，又高兴，到下午毫不迟疑地打开了铺门。五大队四小队朱元富，到某村去买柴。一家老太太门前放着两块树根，他先给婉言解说烧柴的困难，得到老太太的同意后，才购买。找不到秤，他又请了一位老汉来评斤数，估了 85 斤，给了 3 万农票。多给了 15 斤柴钱，老太太找不开，朱元富便说："不要紧，咱们是老百姓的队伍，找不开就算了吧！"另一家老乡，要把房上拆下来的旧木料出卖，朱元富很诚意劝说："这不能卖，我们是烧火做饭，这材料留着你们将来盖房用。"并说："我们是解放军，为人民办事的，绝不能损害老乡的一点利益。"老乡都非常感动，深深地记着战士同志的话。

（原载《群众日报》1948 年 4 月 24 日第二版。）

不惊动群众不乱拿东西

进驻扶风我军严守纪律

【本报讯】西北人民解放军“英勇”部解放扶风时，由于入城前经过深入的政治动员，提高了战士的政治觉悟。入城时干部又以身作则和抓紧领导，做到了秋毫无犯，纪律十分严整。

该部所属的“洛水”部于入城前，各连队在政治动员时提出多捉俘虏、多缴枪、不乱拿东西和不惊动群众等口号。指战员之间，都以严守纪律来互相勉励。九连二班进城时，战士们在碉堡边检查敌人丢下的背包毛毯中有无武器弹药时，班长陶克明立即提醒大家说：“对东西一点也不能动，后面自有人来收拾的。”该连一班到伪县银行搜索时，班长孙天成明确提出：“对伪票一点不要动，将来都是咱们的。”有人把几包票子挤落地下，孙即命令拾起放回原处。战士们也都自觉地遵守纪律，该城的民房、店铺、学校、福晋堂和育幼院等地方，均无一人擅入。对伪县府、警察局和银行等机关的物资器材，除枪支弹药外，战士们一概没有动。他们并派哨兵守护各机关的资财，待战斗结束，即交工作组登记清理。某部伙夫刘五申于送饭中拾得小包一个（内有鞋袜及30万敌币），他原封不动地交给教导员处理，因此得到了奖励。他们在搜索敌伪时，还随时给群众宣传，不使惊慌。十一连班长刘顺昌同志，从一老太婆的鸡窝中，搜出了一个敌伪的便衣。对方胡说老太太是他的姨母，老太太当面否认，但表现害怕不安。刘便劝慰她说：“不要怕，我们只搜索敌人和枪支，对老百姓没事。”遇小学教员李先生时，便安慰他说：“好好教你的书，不要惊慌。”三班副在搜索敌伪物资中，搜索出敌人抢拉群众的三匹骡马，经调查清楚后，立即交还原主。由于该部纪律严明，获得群众一致称誉。为此该部司首长特训令嘉奖。

又，“美明”部，从东面打进城时，除积极捉俘虏外，在战斗中还派专人维持城市纪律。并把“小贩”“杂货铺”“私人医院”等字用粉笔写在铺门上。二连的一个司号员看见育幼院有两支军号正要拿走，被他们的赵主任看到了，说明这是育幼院的。这个司号员自觉惭愧，把军号送回原处。由于军纪严明，各店铺于早饭后大部开门营业，一切平静如常。

（与汪波清合作，原载《群众日报》1948年6月4日第二版。）

人民起来民主选举

黄龙分区建立乡村政权

部分乡村未发动群众，少数坏分子混入新政权

【本报黄龙讯】黄龙分区乡村民主政权渐趋健全，并将在减租减息的群众运动中，培养与改造乡村干部。3月初西北人民解放军进至黄龙地区时，当地人民奋起摧毁蒋伪保甲统治，有的自动捣碎保甲门牌，撕毁“身份证”，废除“连坐法”等，在解放军积极协助下，相继建立民主政权。在我军围攻洛川城期间，除城周阵地以外，所有村政权全部迅速建立起来。永乡东、贝新、罗村等村群众，在攻城炮声隆隆中，兴奋而慎重地进行村选，男女村民大部到会，详细审查村长候选人并认真点豆投票。岭前村六十多岁的吴登荣老汉抱病参加选举。中农周召唤在酝酿候选人时特提醒大家说：“我们的村长和旧甲长不一样，现在当咱们的村长，就要为人老实、细心，办事和大家商量。”选举后，群众即在会上民主讨论规定了村长的工作任务：（一）帮助穷人翻身；（二）领导生产；（三）执行政府法令；（四）支援前线；（五）兴利除弊，解决群众困难。各地获得民主自由的群众，支前热情提高。洛川城东车王、西贝新等村人民，村选完毕后，接着就在会上讨论运输及生产等问题。黄陵县村选后，仅运转粮食一项，便由每天四五石，增加到二十九石，效率提高六七倍。洛川百余副担架也在几天内组织起来了。该区在乡村建政工作的初步经验中证明：建政工作必须与当地群众实际运动相结合，才能健全巩固。宜君城关区 × 乡进行居民调查，讨论救济贫苦群众问题，并宣传新政权的性质、任务，在救济中发现与培养出政权骨干后建立起新政权。当选者大部是公道、正派、有威望、要求进步的劳动农民。这种自下而上的建政工作，可保证新政权干部成分的纯洁。洛生区正副村长64人，其中贫农36人，工人1人，佃农4人，中农19人，富裕中农4人。

该分区乡村建政中，尚有下述缺点亟须改进：有些乡村，因未深入发动群众，选举不够严肃，少数坏分子仍混进民主政权机构中。宜川永安区三乡某政村主任周 ×× 系流氓分子；洛安府某村长和地主勾结，工作中有贪污粮食、命令摊派、耍私情、不公道等一套坏作风。韩城龙泉区四乡，因缺乏宣传教育，随便选了一个老汉当乡长，工作舞弊、疲沓，隐瞒敌伪物资。但当群众对民主政权认识提高时，就撤换他而另选

工作积极的陈桂芳担任乡长，即刻清出敌人暗藏迫击炮弹九十枚和地雷等。这个事例证明，深入发动群众，运用觉悟的群众力量建政，才能使新区民主政权趋于健全和巩固。

（与何长庆合作，原载《群众日报》1948年6月9日一版头条。）

分区贸易公司和银行多方扶助

黄龙工商复业物价平稳

【本报黄龙讯】黄龙分区工商业长期遭受蒋胡匪帮苛捐杂税的榨取，复遭延、洛胡匪南逃时洗劫，致店铺关门、工厂停业，影响全分区五六十万人民的生活甚巨。该分区解放后，西北贸易公司及西北农民银行，于3月25日赶至洛川，携带大量本币，转运农民必需品，恢复集市，扶助工商业，平稳物价，安定人心，经两月努力经营，已获初步成就。至今已筹建了宜川、洛川、韩城、合阳、中部、宜君、黄龙等七县的支公司。另设韩、宜、洛、黄四个门市部，银行已设立韩、合、洛、宜（川）、中、宜（君）等7个支行，组织转运与供应群众生活急需品，已运抵清油2万余斤、盐13万斤、碱2万多斤、棉花2万余斤、土布4000丈、雁塔布500余匹、土纱及很多零星日用品。各支公司分别召开商民会，宣传民主政府保护工商业政策，揭破敌人造谣，消除商人中的疑虑。韩城于5月12日商民会上讲了禁用敌币后，商人都抛出敌币，争存农币，贸易公司及银行又分访商人，调查所遭抢劫损失，研究复业办法。遭敌抢劫最惨的洛川市，现已有十之六七商店开门。韩城市面更活跃，被敌迫走的商人多已返回。蒋区商人陆续来解放区营业，货物云集。5月9日一次进口30辆大车桐油、路盐（山西运城盐）5万多斤及大批办公文具，稳定了物价。当蒋区一般物价平均飞涨百分之五十时，黄龙境内各市镇平稳如常，为使运盐群众获利，只洛川一地盐价稍提高五分之一。一般物价且逐渐下降。如洛川敌币3元兑农币1元时，土布每尺8000元。当敌币5元兑农币1元时，土布每尺6000元。正由于解放区物价稳定，敌币继续贬值，洛川市东街林有堂药店掌柜张德顺说："现在大家都看明白了，谁拿敌币谁倒霉！"在肃清敌币中，银行为减免群众受敌币跌价的损失，遂设兑换所，随时自由兑换。韩城支行5月13日兑来两亿敌币。分区贸易公司另一个更积极的措施，即以借贷实物扶助民营工业生产。如韩城一民营纺织厂，解放前遭土顽抢去大部资本，织布机被破坏，无法复业。解放后，向民主政府请求扶助，公司立即贷给棉花450斤（值农币1100余万）

并订立合同，约定织出布后，45斤棉花交一匹布，如果销路畅旺，市价好，先由其自由推销，若推销不出去，再给公司交来，继续换取或增贷棉花，使该私营工厂继续扩大生产。现在六架铁机已经开工，其余数架木机正修复中。韩城北关一私营造纸厂，贸易公司亦予以扶助，以1400万农币现款收买近已出产的200余刀东昌纸，厂主极兴奋，表示将继续大量生产。贸易公司亦鼓励该厂“造得越多越好，保证帮助推销”。现正计划设法扶助炼铁炉、宜川火柴厂、洛川肥皂厂等。对于摊贩小商的扶助，则以低价批发布匹货物，近已批发出雁塔布350多匹，价钱低廉，以协助小商获利发展。洛川门市部只购备油、盐、布等几大宗货，供应群众生活主要急需品，同时以低价出售。现在除继续发展上述各种业务外，再拨出粮食数十石，已于6月2日开始，在洛川平粜以便利贫民。

（与高燕先合作，原载《群众日报》1948年6月9日第一版。）

延大洛川分校延长考期
学生自由热情学习
蒋区学生冒险投奔该校

【本报黄龙讯】被西北青年喻为真理园圃的延安大学，其洛川分校已招收新生四十余名，并已开始学习。学生中半数系冒蒋匪残酷迫害与经过重重艰险，由蒋区远道投奔来解放区求学。在蒋区久被蒋匪法西斯思想毒害的同学们，忽然到了自由阅读、自由讨论、民主生活的理想环境，俱以高度热情阅读各种民主科学书籍。其中特别对于中国革命导师毛泽东同志的著作最为爱好。同学们终日手不释卷，有的一清早就抱着书本到野外埋头钻研；有的吃饭睡觉时仍讨论不休。学校为满足蒋区同学们的学习渴望，特予随到随即参加学习的方便。校长李敷仁先生同各位教员见到同学们此种学习热情极为兴奋，他们于办理新生考试及继续扩大招生等百忙中，同时组织与教导先到校同学学习。李校长谈及分校目前教育计划与步骤时称：“展开学习满足同学的渴望”是极重要的，学校一切工作措置都为展开学习而努力。在未正式开课前第一学程已开始学习。最先读毛主席近著《目前形势和我们的任务》《新民主主义论》《论联合政府》《中国人民解放军宣言》《中国土地法大纲》等书。谈到学习方法，李校长则再三强调自由阅读、集体讨论、联系实际，先提出问题，后由教员讲授，综合全面意见，解答各种疑问。为使同学们能从实际出发，首先获得具体知识，拟于下星期专讲一次学习态度方法等问题。又，该校为便利边区以外学生就学起见，特延长考期，随到随考。

（与程远合作，原载《群众日报》1948年6月14日第一版。）

我军城市政策美德 流传黄龙西府各县

不擅入民房，不动民物，清理敌伪所劫民财退还原主

【本报前线综合报道】西北人民解放军严格执行城市政策和战场纪律的美德，在黄龙、西府各县流传着。在解放宜君和郃县的两次战斗中，“立功”部“功劳”五支队全体指战员除了搜索残敌外，没有一个进入民房商店的。战斗结束后，除警戒部队外，其余都迅速集结休息，未在城里东串西游。他们负责看守的公共场所和敌伪机关，没有一点紊乱的现象。在城市商店还没有正式恢复营业以前，支队部下令不准任何人买东西，以免影响市面。五连的纪律最好，他们在四月十九日进入郃县占领电信邮局等机关后，立即派人看守，对房里放的东西，丝毫未动。六班的汪成明（瓦子街解放过来的）没有吃饭碗，想搞个碗，但班长刘福贵马上对他说：“尽量拿枪，其他东西一点不准动。”三班王祥柱的裤子很烂了，伪县政府里有的是裤子，但他为严守战场纪律，始终没有换，并说：“不能因我一个人破坏了纪律。”为此“立功”部特于五月十七日传令嘉奖该支队全体指战员，并给五连每个指战员发毛巾肥皂等日用品，以示奖励。

4月22日夜，我军到扶风县东阿村宿营时，适逢大雨，战士们拥挤在泥泞的街道上，叫老百姓开门，很久都叫不开，大雨湿透了战士们的衣服，有一个战士等得不耐烦了，就去敲门，但立刻被“西峰”部二营许多战士所制止。他们向他说：“湿都湿了，你还着什么急？你把政策观点当菜吃啦！”一个带路的本地老乡喊门，也喊得生气了，他连骂带喊地说：“这些人都是吃屎的，要是遇到蒋介石军队，早把你这门日踏啦！”我们的战士即向这位叫门的老乡解释：“没关系，老乡。要不开，我们就在雨地里站上一夜。”第二天，老乡一见是解放军，又感动又抱歉地说：“莫记在心上，夜里闹不清是什么队伍，没敢开门。盼你们眼都盼瞎啦，知道是你们，还有不开门的吗！”“英明”部的战士当天晚上住在一个姓刘的老财家里，该老财因误信谣言，在我军到达时已全家逃跑。我军走时对他家东西丝毫未动，并按主人向来的生活习惯把各种用具放在原来的位置上。“英勇”部解放扶风时，战士们都自觉地遵守纪律，该城的民房、店铺、学校和育幼院等地方，均无一人擅入。在搜索敌伪时，随时给群众宣传：“只搜索坏人和敌伪武器，与老百姓没事。”对敌伪抢劫群众的东西，一经查出，立即退

还原主。“英明”部在进入东门时特派专人维持城市纪律，并把小贩、杂货铺、私人医院等字用粉笔写在铺门上，以提起战士们注意。

我随军工作队在维持纪律、清理物资的工作上，起了很大作用。永寿常宁镇战斗刚一结束，“英勇”部工作队执法组即随主攻部队进入镇内，清理敌伪物资和敌伪抢劫商店学校的东西，清理后悉数归还原主。当他们从碉堡内、城墙上和军用物资中把胡匪抢劫该镇小学的东西一一交还该校时，该校教员 ××× 看到清单中连砚台和小墨盒都写明移交，非常感慨地说：“中央军是破坏队！解放军到哪里，就建设到哪里！”

（与立功部宣传科，杜鹏程、汪波清合作，原载《群众日报》1948 年 6 月 14 日第一版。）

分区首长亲赴各县

黄龙布置抢收保卫夏粮

【本报黄龙讯】分区党政于六月八日发出夏收指示，号召全分区党政军民，组织一切力量进行抢收，达到保卫粮食，供应前线，粉碎胡匪扰乱与抢粮阴谋。指示于分析目前形势后，即提出明确的动员口号：边缘地区要“抢收、快碾、妥藏！”内地各县要“快收、快打、晒干、藏好！”为此，应普遍发动群众，组织一切人力畜力，男女老少一齐动手，不分昼夜加紧抢收，边缘区组织民兵游击队，武装掩护群众收割，严防坏人造谣破坏。保护麦收，应作为当前地方武装的战斗任务；在较中心地区，主要应组织与调剂人力畜力，如为服务战勤而缺少劳力的群众家庭及贫苦的军工烈属，应设法帮助，各县区党政机关与地方武装人员，在不妨碍军事行动下，尽量抽出人力，积极帮助群众收麦。

为有保证地完成这一紧急重大任务，分区抽派机关人员与干部队共200余名干部，分途到各县区帮助发动群众组织抢收，地委专署机关仅留少数人员，应接处理日常事宜，多数干部均下乡工作。出发前分区负责同志，传达西北局对于黄龙新区目前工作的指示，报告减租减息，合理负担及反恶霸等重要政策，并作详细研究，特别是地委书记强自修同志，向大家提出三项要求，极为重要：第一，望每个干部，集中一切精力，做好当前的中心工作。第二，望于实践中研究新区特点，创造适合黄龙新区的一套工作方法。第三，于工作中建立战斗、紧张、严肃认真、艰苦朴素、民主的作风。

又具体指出某些干部以为黄龙解放了就万事大吉；有个别人计较地位，耀武扬威，行动跟随个警卫员；原来在当地坚持游击斗争的干部，不要以为功高第一；由老区刚到新区工作的同志，亦不要自恃资格经验，只要大家同心协力，专心一意，黄龙分区工作一定会做好的。下乡干部，已于九、十两日出发到各县去，分区强书记、王副专员、马部长、于部长亦分途亲赴各县传达任务，亲自布置与指导工作。

（原载《群众日报》1948 年 6 月 16 日第一版。）

洛川军民忙迎夏收

赶集新买割麦刀　平填场垣父子忙
干部帮收齐准备　只盼麦子早上场

洛川千万农家，正积极准备夏收。城关区政府将发动与组织游闲市民参加抢收。端阳节正逢集市，农民从四乡赶来购备镰刀、杈把、扫帚及牲畜。许多学校放了忙假的男女学生，头上插着艾叶，新条子布衫，系着红绸香包（香草装的），随着父兄赶集，帮他们掂上新买的杈把，愈显得丰收之前的欢喜。大人在街上遇到城南城北的亲戚相互问“你的麦能拉几斗？”一般说能平拉三斗。东门外农器市、牲口市，到中午，人越挤越多，牲口几百头，农具摊贩 30 多处。特别像东关屈季和家父子，忙着平填场圃，心情比往年更高兴。走过这场边的邻人，也高兴地庆贺说：“今年才能回到自己场上打麦了！”原来这块场垣同毗连的六七家场垣一样，在 1938 年，遭敌二战区某军部强租霸占作汽车厂，逼得屈家年年要在人家场里碾麦，到 1944 年该部走后，洛川蒋伪县府竟赖说是“公家地”，盖上房子，场主人更问不上，一直占到洛川城解放时，房子烧了，敌人逃了，场垣同屈家也才团圆了。今天儿子担土、父亲铺填，细平细轧，只盼麦子早日上场。

但由于敌人对农具的破坏，使今年收麦增加困难，如城区五乡，农具即被毁烧殆尽，其中 50 户专农家（别于半商半农），被破坏夏秋“下籽耧”约 30 个，杈把扫帚 300 多件；原有 100 多头牲口，被拉走被打死，现仅剩 26 头，内有 13 头已瞎了眼。蔺生芳家，种 30 多亩麦，原喂一条牛一条骡子，雇一长工，今年啥都没了，眼看麦熟了，非常着急。同时往年割麦时，巷市不种庄稼的小孩、女人及游手懒汉，乘机到地里偷麦子，庄户人家损失颇大。群众现在提议，政府于收麦前开群众会，教育拾麦的人不要暗偷明抢。洛川县府顺应群众愿望，已于13号指示各区乡除出通告劝告大家外，各乡村干部应具体组织农村一切能动手的和市内游手无业的劳力，参加抢收，对本人可赚工资，对收麦秩序亦有利。另外分区党政军机关及县府，决定于割收忙时抽出干部，军队自带镰刀饭食，到四乡帮助穷苦群众及军工烈属抢割麦子，县府现正分途调查收麦时缺少人力的家户中。

（原载《群众日报》1948年6月19日第二版。）

黄龙分区机关悼祭惠世全同志

【本报黄龙讯】洛川县兵站站长惠世全同志，不幸在6月7日下午于街头遭汽车冲撞致死，黄龙分区党政机关干部、学校、部队集会祭悼安葬于洛川城北门外。

惠同志为延川县清延区于家河村人，现年40岁，从小在家务农，一贯劳动为生。家庭贫穷，于1934年参加苏维埃运动，是年加入中国共产党，曾任支部干事、乡指导员、区委宣传科长等职。1940年调至西北党校学习。后在该校专门领导生产，管理事务工作。去年冬并参加榆横土改工作。今春任黄龙地委事务秘书，最近调任兵站站长。惠同志入党14年，其工作一贯积极负责埋头苦干，亲自动手，不怕困难，对党忠实对人民负责，能团结群众。

（与李世臣合作，原载《群众日报》1948年6月21日二版。）

政治争取配合军事清剿

黄龙土顽基本肃清

【本报黄龙讯】分区地方武装，以政治瓦解、争取教育为主，配合着军事剿灭，肃清韩、洛、中、宜、黄、澄、合、宜川等八县蒋伪保警队及反动土顽，自三月初至五月底止，全分区原有4700余反动武装，基本上已告肃清，计政治争取者1500余人，战斗消灭者800余人，另被正规军消灭者1500余人；残余丁坤山、顾启图、郭玉山、梁国英等零股散匪，则逃窜出境，或出没宜、韩、黄三角地带，妄图苟延，现正争取与清剿中。

过去三个月中，政治争取效果最大，在该分区地武所消灭的二千三百余敌顽中，被争取者占三分之二。方法是：到处散发“解放军宣言”、写标语、贴传单，除宣传优待俘虏政策外，又组织战场喊话，叫不要为胡宗南送死！编整后，保护他们的家庭安全，这些都打动了他们的心坎，又听到真正保护他们家庭的事实，遂发生动摇。中部县六百多保警队，除跑了 20 人外，全部缴了枪；宜君逃走的 200 敌人，跑至同官以南时，他们知道游击队优待，并释放回家，大部自动携枪归来；韩城某部保警队被打散后，往大荔逃跑时里面就有人鼓动：“咱们家在这里，跑下去怎么办？给八路军缴枪吧！”到半夜行军，一个保警队员打了一枪，连着又摔两颗手榴弹，喊一声“八路军来了！”吓得跑的跑了，有的就坐在汽车路上等游击队来收容。

配合着政治争取，分区进行了有效的军事清剿。二月尾，于野战军挺进宜川时，分区各游击支队，分途出击，“雁门”“中部”两支队由西向东进；黄龙、洛川两支队由北向南进；韩城、韩宜、合阳等支队由黄河向西进；乘各县敌人惊慌混乱之际，到处猛袭猛打。如黄龙、洛川支队协同野战军某部连续攻击宜川的燕窝镇，黄龙的关亭子、三岔等据点，打死保警大队长李忠信后，复袭击洛川土基镇、三交附近土顽头子姜廷玉部。“雁门”支队于宜君打垮偏桥、七里镇保警队。中部支队包围太贤镇，缴枪 30 多支，把残敌赶进城内。后由野战军某部消灭。我主力打白水、中部、宜君、韩城及冯口时，各游击队都曾直接配合与帮助。延安洛川敌人南逃时，黄洛支队、韩宜支队分途配合阻击、追击，破坏鄜城桥，阻挠逃窜之敌。机动配合，各处呼应，使逃敌更加惊慌。3 月 2 日，合阳支队黑夜奔袭韩城百良镇附近，日落时由芝川塬出发，急行军五十里路，半夜赶到，乘敌哨兵未发觉，即摸进寨子，展开激烈巷战，全部消灭守敌县保一个中队。附近驻守据点的其他三个中队，不敢增援，天明时各自逃走。另一次韩宜支队同 ×× 团，于宜川贺儿川打死敌一个中队长，生俘 20 多人后，其余散敌纷纷缴枪投诚，托亲戚托关系，三天送来步枪近百支。为人民除害，游击队极受群众的拥护，且得到很多帮助。如老乡随时和游击队通信，报告消息。有一次我游击队驻在杨三左村，半夜由山上跑来 27 个保警，偷偷住在村边破窑里，进村到姓白的家里要馍吃，主人就骗说“你们快到窑里睡去，我把馍给你们送来”，避过敌人，老白即跑来告诉游击队，去堵住窑口，连人带枪全解决了。又像韩城伪县长赵玉林，带上 300 多保警队，往合阳百良镇跑时，游击队在荣梯镇，马林庄一个青年气喘喘地跑来送条条报告，那青年自告奋勇带路，合阳支队追到百良镇，协同野战军某部把该保警队消灭了。

按黄龙分区人民地方武装，系前年八月，由黄、宜、洛等地暴动农民及合阳起义的保警队等编成，初仅 ××× 人，到去年九月，解放军解放宜川韩城时，不堪胡匪压迫的农民，乘机纷纷参加游击队，仅九月到十一月，即扩大到 ×××× 人左右。由十月十八日开始，至今年二月十五日，前后遭胡匪大兵团七次“清剿”，特别是敌五十三旅、六十一旅，在洛河东西反复“扫荡”，我各支队曾几次被包围被分割，不久又突围出来，集合起来，越打越强。三个月来，共毙俘敌八百余名，缴步枪 1910 支、轻机枪 19 挺、掷弹筒 3 个、驳壳枪 83 支、手枪 35 支、手榴弹 3000 枚、子弹 57000 多发。但由于成员复杂，战斗频繁，未抓紧训练，队员中有些人不守群众纪律，游击习气重。经过冬春的新式整训，思想认识渐趋一致、明确，并注意执行政策、遵守纪律。人数补充至 ×× 多人。现除部分轮流训练继续教育提高外，大部分在韩、合、澄、宜等边缘积极活动，主动打击敌人，继续向蒋管区发展。

（原载《群众日报》1948 年 6 月 24 日第一版。）

保证军粮　实行合理负担

黄龙征麦十二万石

内偿还今春借粮五万七千石

【本报黄龙讯】黄龙分区专署为保证前线军粮及分区部队粮食供给与偿还今春借粮 5.7 万石，决定今年征收公粮麦子 12 万石（包括春季 5.7 万石借粮在内），此数远较蒋匪统治时期所征粮数为轻（参看本日洛川征粮消息）。产麦区主要为夏征，非产麦区则秋征，全年仅征一次。专署顷发出征粮指示，号召各级干部与全分区 67 万人民，大家努力，共同负责，依据具体情况迅速完成任务，不论地主富农，均做到公平合理。除已制订“征收公粮暂行办法”外，指示中再三强调：必须经过深入调查，民主评议，反复研究，具体实现合理负担政策。并确定六、七两月以夏征为中心工作，与减租减息和反大恶霸斗争配合进行。凡地主富农出租之土地均征收土地财产税，以实收租额百分之五十为税本。农民之间及自由职业者、军工烈属和孤老寡幼等缺少劳动力者，所出租之少量土地，则不征收土地财产税。今年夏征，边缘区及战争地区酌情减轻，家庭贫寒者免征，其余以收获量一石二斗起征，起征率为百分之五，征收标准确定按不同土地质量的常年产量计算。为鼓励生产起见，除农业部分而外，对从事纺织、运输及兼营工商业者一律免征；新开荒地三年内亦不征收公粮。今春政府向中农预借的粮数，在此次夏征中全部归还，借富农的偿还三分之一，其家境较坏或今春借粮较多者，可酌情偿还至二分之一。在征收的办法上，指示规定要彻底发扬民主，由各村农民大会选出会议小组；各村代表和乡干部组成征粮委员会。征收前深入宣传、经过群众，确实调查土地数、质产量，尽力做到公平合理。

黄龙分区已于 12 日派干部 200 余名赴洛川、韩城、白水等九县组织群众夏收，并布置领导夏征。据悉，韩、合、澄等地之夏收已全部完毕；黄、宜、洛等地正在紧张收割中。分区党政负责同志，曾对参加夏征同志做详细报告，地委书记强自修号召大家集中一切精力做好与完成当前这一中心任务，同时要在实际工作中创造适合新区的工作方法，树立好的工作作风。又：分区并决定以洛川城关区第三乡为试验组，取得经验，推动全分区。

（原载《群众日报》1948 年 6 月 28 日第一版。）

洛川城关改变临时救济观点

结合生产安置移民，加强教育吸收参加收麦

【本报黄龙讯】洛川城关区区乡干部，热情认真安置绥区移来的灾难民，并督促组织其参加生产。在六月份以前遇到灾难民，只是临时救济，未与生产结合。因此，他们仍然流浪街头，生活无着。至六月九日区署才进行较有计划的安置：难民到后，先召集座谈会，因为所安置的难民绝大多数不带妻儿，都想在城内打几天短工再回老家去。区公署除宣传他们到乡下去参加劳动外，并按各人具体情况，给以安置。全区共安置 42 户，92 人。介绍到各乡的难民，即由乡干部负责找住处、借锅碗，推荐他们帮助人家锄草割麦，揽牛揽羊，有病的立即介绍到分区卫生部医治，并发给病人三五斤白面。现在个别移难民仍有出卖救济粮及领粮后不生产等现象。如介绍到八乡的四户，给了三斗五升粮，把房子锅灶全给借好，他们吃了几天，就走了。现区署已通知各乡：（一）督促移难民生产，粮食应按期发给；（二）检讨安置工作不细致，对难民没有注意思想教育，今后应按不同的人，给以说服，督促及必要的批评纠正；（三）帮助找生产机会，组织参加收麦。

（与罗枫、何长庆合作，原载《群众日报》1948 年 7 月 3 日第二版。）

“七一”在洛川

【本报黄龙讯】“七一”的清早，洛川市两块黑板报，均登出中国共产党的产生及奋斗历史。新华书店展览出中共领袖挂像，解放区建设照片，各解放区报纸，蒋介石卖国罪行及解放军的全国进军胜利的剪报。市民和赶集农民，争先快睹。延大分校街头黑板报上的题诗：“七月里，好太阳，中国产生了共产党，要为中国求解放”，立即被传诵开去，并有人抄记。农民们，看到彭副司令的像时，都敬仰地说：“这就是解放咱们黄龙的彭老总！”

（原载《群众日报》1948年7月12日第二版。）

迅速开展中的黄龙通讯工作

按：延属、黄龙、陇东分区工作组，已先后实行每月总结工作的制度，其中以延属较为经常（原延属工作组已于六月结束，其总结屡志本报四版新闻专页及“新闻业务”）。黄龙虽系新区，但从今天本版总结中，可以看出该分区通讯工作有飞跃的发展。陇东五月份总结，关于通讯工作部分，较为全面具体。特分别整理如下，希望其他分区工作组（或分社）亦实行定期的及时总结制度，以求提高工作。——通讯采访室

一、概况

黄龙分区的通讯工作，自4月开办以来的短短三个月中，发展迅速。到6月为止，已有通讯员约60名，来稿由4月份的16篇、5月份的60篇而激增至6月份的131篇；其中以洛川来稿最多——32篇；分区一级27篇，宜川18篇，韩城14篇，澄城10篇，黄陵（中部）10篇，宜君8篇，黄龙县6篇，白水6篇。稿件内容亦较丰富，有建立与改造乡政权、争取与消灭土蒋反动武装、保护工商业、夏收、夏征、反大恶霸、改造旧干部等，其中若干篇质量也较好，刊于本报一版显著地位。

通讯工作的开展，大致可分两个时期：3月宜川大捷以后，黄龙分区全境迅速获得解放，因当时一切工作尚在开辟时期，通讯工作尚未引起普遍注意，4月27日地

委宣传部发给各县的指示信中，曾提出开展通讯工作的重要性，指示各县在条件许可时建立核心通讯小组，然后求得逐步开展。此后，黄龙县等部分地区曾开过通讯小组会议，开始有人写稿，但至五月下旬，这种现象仍未普及各县，此为第一时期；五月下旬以后为第二时期，地委再发建立通讯工作的通知及报道要点，本社黄龙工作组亦逐渐注意这一工作，多数记者为此，积极活动，通讯工作日见开展，有些县的负责同志，如黄龙县委副书记杨峰、宜君县委副书记王生廉、澄城县委副书记杨力生、洛川县县长郭景龙、副书记雷雨天等，开始亲自写稿，起模范作用。大部县开了通讯小组会，县委书记亲自参加指导。洛川县宣曾召集县府、县委、公安局、贸易支公司等单位，讨论通讯工作，地宣及工作组亦出席此一会议，县委书记张俊贤提出通讯报道要和工作、学习、领导结合，会上研究了如何解决“没啥写”“不会写”等具体问题。城关区开乡长会时，也同时布置了区乡干部写稿。黄陵县曾号召知识青年写稿。黄龙县常向干部写信催稿，收到了效果，有一次发三信，就收到两篇稿子。宜川县负责同志下乡，分头组织专人写稿。现在，洛川、宜君、韩城、白水、黄龙、黄陵、宜川等县均已成立通讯小组。分区一级的地委、政治部、延大及驻洛机关兵站，亦成立了通讯小组，发过来自老区的干部及工作团同志写稿，并帮助培养新区通讯员。现在每县都有两三个在老区曾是积极的通讯员，他们在开展新区通讯工作中起着推动作用。6月24日，地委又给各县区、各机关、学校、部队、工作团及记者发出长信，要求各县领导上不要停留于“纸上重视”和“号召”，实行具体领导，大量发展通讯员，展开自我批评。下旬第二批干部派赴各县时，组织了廿多个通讯员，并开了一次座谈会。

二、检讨

（一）报道缺乏中心、缺乏系统性、政策观点不明确。

虽然6月份发了131篇稿子，刊出40篇，数量上较过去大有进步，但读者对我们说：在报纸上依然看不出黄龙当前工作的中心及较有系统的印象。这个批评是对的，其根源，除了新区实际工作曾存在某些弱点外，报道工作上确也缺乏主动性与计划性。我们的工作是被动的，碰到什么，便报道什么，来什么稿，便发什么稿。没有注意深入报道发动群众这一基本工作（不少地区也未做好发动群众的工作）。这便是缺乏中心的由来。至于缺乏系统性，则表现于报道的零星残缺，如关于新区文教活动，自解放后已报道过十多篇消息，都是点点滴滴的，看不出全貌。报道洛川等市商业繁荣，也是片段的，没有连续报道。如宜川的商业报道，也缺乏深入的调查和分析。分区干部会后工作的开展、作风的改变及节约救灾等都未继续报道。

和上述缺点有联系的最重要的一点是：报道中政策观点不明确、不完满，如肃清土顽一稿，对于政治争取的具体做法写得少、不清楚，这是采访时认识模糊所致。

（二）还没有抓紧一切机会开展通讯工作，如6月中旬大批干部下各县工作时，没有组织他们担任通讯员。对各县县宣未做具体帮助，过分强调县宣人力困难，寄稿发稿不统一，工作组改稿制度未建立，稿件绝大部分是原料，未加研究分析，改制为成品。

（三）报社对黄龙新区的通讯工作具体的指导不够，稿件发表得慢，或迟迟未处理，对新区工作缺点的检讨较少。

三、今后

（一）今后工作的中心，是加强各县通讯工作，同时加强分区内勤工作。有适当人选的县，可先设立通讯干事或指定专人负责通讯工作，将工作重点逐渐移至县宣，通过县宣开展通讯工作，稿件经过县宣处理综合再发至分区。一般通讯员由县宣直接联系。这是今后努力的目标，目前则由分区地方及工作组多与通讯员直接联系，但亦须经过县宣，并有重点——以各县特约通讯员及部分积极的通讯员为核心，通过他们去团结与帮助一般通讯员。分区地宣与工作组专以二人作内勤，指挥通讯员报道，编写与综合稿件。派至各县记者，除采访外，必须推动通讯工作。最近协同地委聘定下列同志为特约通讯员：杨力生（澄城县委副书记）、王生廉（宜君县委副书记）、杨峰（黄龙县委副书记）、刘儒珍（宜君县城关区区长）、郭景龙（洛川县县长）、包轲岗（白水）、罗枫（洛川市市长）、何长庆（地委）、王伯惠（延大）等。

（二）记者、通讯员（尤其是特约通讯员）除写稿外，应经常报告实际情况、提出问题、提供意见。每月至少向地宣及工作组汇报一次，地宣及工作组加以研究后，再向本社编辑部汇报。使编辑部、地宣及工作组掌握全面情况，便于指挥采访。

（三）记者、通讯员要学习政策，除学习一般政策外，还须研究当地当时具体的政策，如分区、县的决定、指示、号召等。工作组必须有计划地组织及检查记者及特约通讯员学习，并将学习情况向通采室汇报，通采室也必须有计划地组织与帮助工作组学习。

（四）采访工作必须严肃认真，力求精确，实事求是，反复调查，多方证实，对于记者，要求其重实不重□，力求具有指导意义。报道形式则不一定是新闻或通讯，可用书信、工作报告、随记、笔记、杂记、感想、故事等体裁。

（五）制度上，稿件一律经县宣或本机关负责同志（重要稿件由分区党委），审阅签字后寄交工作组转发。地宣与工作组建立改稿制度，不用稿亦经由地宣与工作组退还。

（六）各县应经常研究及检查通讯工作，记者、通讯员应经常注意《群众日报》，县宣与工作组关于通讯工作的决定、通知、启事等，并随时搜集读者对报纸的意见并及时反映。

（原载《群众日报》1948年7月30日第四版。）

“支援解放军消灭胡宗南！”

黄龙边缘群众争送公粮

实施民主政府减租法令农民热情高涨

【本报黄龙讯】合阳、澄城、宜君，边缘区农民积极送缴公粮。合阳东北区最靠边缘的二、三、五乡，虽然当遭胡匪抢劫，群众却热心地开着征粮会。七月十四日，敌人正在三乡 ×× 村沟对面打枪，但该村 30 多人仍镇定地开会，讨论时事、调查地亩收获，评议征收数目。即在敌我对峙的沟底下四个村子，7 月 11 日到 20 日，过后到沟上过来开过 4 次征粮会，只要捎话就来，从未延误过一次。各村粮食□自评议妥当后，□征群众立即抢送。合阳某区三乡□堡中农王□□的婆娘听见粮数评定了，便催促男人快送，并同本村王 ×× 套起大车，将三石一斗粮送到指定的地方。宜君 × 区四乡某村，仅离敌人盘踞的 ×× 镇五里之远，征粮同志一去，群众亲切地说：“这村里敌人常来，你们还是到 ×× 村去等着，我们马上就来开会！”随后 ×× 等五个村子所征 20 多石红崭崭的麦子，按时送到了指定地点，附近 ×× 街，农民，趁黄昏时装了三斗麦子半夜便送到粮站，敌人窜占澄城 ×× 镇后，靠镇子二三里的 × 村群众黑夜套起大车，先后送来五六车粮食，有一天下午粮食刚装上车，敌人来骚扰，他们迅速把粮藏起，待敌人走后，又连夜把粮食装上车送来了。

群众为什么千方百计，愿意把粮食缴给民主政府？他们说：“为咱减了租”“要帮助解放军消灭胡宗南”。宜君南区□乡 ×× 城，此次仅征了 60 石麦子，而该村对 8 户地主富农按四六减租，却给佃户减下 59 石多斗粗粮。往年负担三石多的刘万保，只应征四斗八升，他硬要出一石。

为掩护征粮工作，忠诚的农民曾费了不少心机。合阳工作组高长春同志到某区二乡某村，正同村长、主任和评议员开会，来了两个敌人的便衣，全村一致地把敌人瞒住，又暗里帮助高同志躲藏。澄城工作组呼长胜同志，同当地两个干部到□塬去工作，被敌袭击后，负伤逃进梢林，在夜色朦胧中，一个老汉提着开水和饭来找呼同志，安慰说：“村里你不能住，就在这里休息，保你无事。”此后又送来被子，并说：“我去打听消息，弄清路线，把你送去看伤。”果然不到天亮，老汉动员 8 个人过来，把呼同志轮着抬了 60 里，一直送到黄龙县境某部卫生所。

（与张子谟、靳丙新、金凤岐合作，原载《群众日报》1948 年 8 月 15 日第一版。）

千余副担架奔前线　十万双军鞋齐准备

黄龙人民誓灭胡匪热情支前

【本报黄龙讯】迟到消息："把敌人消灭在黄龙山下！"全分区70万人民，于歼灭敌三十六师前奋勇支前。1200副担架、1000余牲口与车辆，直奔前线；10万双军鞋大部于上月底收齐。男女老幼一起行动，直接参与配合战斗，坚决保卫黄龙。7月22日分区党政战斗动员令下达时，各县干部及广大群众，立即行动起来。洛川秦关区二乡，于23日接到动员命令后，各政村主任当夜即冒雨至乡政府集合，紧急布置工作。三政村主任李海成抱病星夜赴各村动员。秦关北村村长刘居祥，一夜往乡政府跑两次请示做法。次日上午，全乡19副担架，27条驴子，齐集乡府门前，听候出发。秦关街牲口，超过预计数目七八条。桃池村原要3条驴，来了6条。安草沟村本未动员，却自动来了5条牲口。全乡大小18个村庄，4天内给部队磨了1.1万斤白面。

（与韩志杰、罗枫、袁良合作，原载《群众日报》1948年8月21日第二版。）

黄龙征粮同志针对群众顾虑

宣传政策推行合理夏征

【本报黄龙讯】黄龙若干地区征粮同志在夏征中重视宣传活动。他们在家户访问，调查谈话，开干部会、评议会和群众大会上，都能抓紧一切机会报告时事，传运政策，解说条例，讨论办法。宜君东□于征粮开始，工作组感到同群众隔阂很大。经调查后，才发现群众当中存有六个顾虑：以为这次征了还要征；每人留过一石二斗粮，多下的全要征（对起征点的误解）；凡是地租都不准收了（对减租的误解）；大小利息都减，一切债都废（对减息的误解）；好劳动没用，二流子吃开了（对社会政策的误解）；同时怀疑敌人会不会再来？工作组针对上述问题，到处反复解说，洛川城南上黑木村群众，开初总疑虑征不公道，甚至强制“谁种地都应当纳粮”“按地亩摊派是公道的”。征粮同志把调查结果告诉大家说：今年普通一亩地能打麦三斗，而史正江因缺乏劳力，将地分种出去，36 亩地只分到一石多粮。史丙邦穷无插铧之处，每年（指敌伪时代）还要出五六斗粮，今年完全免征。富农史俊清，过去当伪甲长，负担很少，这次评议出粮 12 石，他家每人平均仍余粮 3 石多，比中农和免征户的余粮都多。从此群众才真正明白了在土地未平分以前按地亩出粮是不公道的，同时体验到今年夏征的公平合理：不仅照顾了穷人，同样也照顾了各阶层的生活。该村 38 户中，有 21 户兼做小生意，其副业收入虽折粮 30 多石，仍按条例免征。靠卖豆腐度日的史振耀，去年出粮六斗，这次免征，他同村人一样体验到民主政府对农村副业的扶助。该村先后开过五次征粮会，绝大多数都能到会，经常开会至深夜。群众回忆到去年有一次保长私自派了两石粮，至今大家也不知道为何派的，都说：“从前出粮出款出得糊糊涂涂，谁也不敢言语，今年才由了咱（自己主持）。”合阳东北区敌我交界村庄，一捎话便按时来开会，虽然沟对面的敌人射击威胁，也阻止不住他们。澄城某区十一乡鹊儿咀在讨论征粮条例时，不仅男人到会，且有十余个妇女及老太婆前来听讲。宜君桥山区西村，群众听了时事报告，大家知道了解放军的力量和胜利后，刘鸿生兴奋地说：“听了这些话，真是舒服。”北区姜家咀村长姜福奎说：“把敌人打败就好，不然敌人来了有多少粮也保不住。”该区农民普遍称赞今年征粮办法。宜川富云区在征粮会上，讨论军粮供给时，大家都说：“家里雇长工还要管饭，解放军不吃饭怎能打胜仗？”

群众对宣传的反映说：“新政府说一是一，说二是二。”多数群众已懂得了合理负担的政策。

（原载《群众日报》1948 年 8 月 31 日第二版。）

记者访问土基区

地点：洛川土基区三乡。

（一）访问区委书记

记者问：听说这个乡上，各自然村都把群众组织起来了？

王书记答：是的！（把本本掏出来。）你看！

记者念王书记的本本：基干排、妇女会、自卫军、青年队、贫农小组和农会、牛班长、驴队长、儿童团、老人队。……这是谁做的工作呀？

王书记答：是我们区上的宣传科长苗青峰。他总共下乡一星期，就把群众全组织起来了。

记者说：你这本本上写的，乡农会主任叫个王定儿，我去找他谈一谈！

（二）访问乡农会主任和乡长

记者问：喂！老王，农会主任，咱们谈一谈好吗？

王定儿说：谈啥呀？谁是会员，我还不知道呢。要叫干啥事，也没人给咱指点。

（这时候，上垣庄的张俊耀来了。）

王乡长说：来！记者同志，我给你介绍介绍，这位是我们的乡农会主任张俊耀。

记者奇怪地问：咦？你们王书记本本上记的乡农会主任是王定儿呀，怎么又成了姓张的了？

乡长答：就是这一个。

记者说：那么，咱们也谈一谈，老张，你跟各村的农会主任见过面没有？

张俊耀答：没有。夏上征粮的时候，苗科长叫我当，我说咱不行，他说："你承认上，受不了多大的劳，没啥事！"后来也没人给咱谈做啥。

记者问：那么，乡长，乡政府没给农会指示工作吗？

乡长答：连我也不知道农会干啥事哩。

记者猛回头，看见乡政府墙上贴着一张"农会组织条例"，就问说：乡长，这是啥？

乡长答：这是上头发下来的，贴上几个月了。我也不知道里面说的是啥。

（三）访问儿童团长和妇女主任

记者和乡长一块到了上垣庄。

记者问：王遂利，好娃娃，你这儿童团长领导着几个团员呀？

王遂利答：我不知道，就没人给我说过啥是个团员。

记者问：王甲申家，王定儿家，听说你们二位都选上妇女主任啦？

甲申婆娘答：咱不知道，刚跟娘家回来，苗科长来说当主任。只说要做军鞋，再没说啥。

乡长说：这事我清楚。夏上开征粮会的时候，女人们都没来，村长就给提名名哩，谁家婆娘能人前说话，就把谁提上，一提出来，苗科长就记到本本上，后来王定儿婆娘不承认。苗科长说：承认也要你承认，不承认也要你承认。

记者说：乡长，我有个意见提出来，咱们研究研究：我看这工作是脱离了群众，犯了形式主义的病啦。苗科长心里倒是想把工作做好，可是方法没对头。我看，咱们应该先调查调查，看群众现在最想解决什么问题，咱们就发动大家起来，把它解决。

从这里边，看哪些人积极、正派，咱们再把他们组织起来，这样的组织保险成不了空架子。另外，我看你对上头发下来的指示，不大注意研究，以后也应该改正。你看我这意见对不对呀?

乡长点了点头。

（原载《群众周报》1948 年 12 月 17 日第二版。）

新区来信：新区的婚姻问题

编辑同志：

最近到洛川土基附近农村工作，才较具体地看到蒋匪在长期统治下所给予善良农民种下的种种恶习与痛苦。其中之一，就是婚姻问题上的惊人怪相。

早婚是极普遍的，到每个村子，都可以看到穿红裤的天真女娃，看身段不过十三四岁，一切还是小孩形态，但她的脑后，却坠着与头脸不相称的大发髻，已被迫作“妇人”了。最近附近嫁娶的十多个女娃，几乎都是 14 岁到 15 岁，甚至还有 13 岁、12 岁的。三乡下垣庄王虎城的妹子，身个矮得还攀不着洗锅，她的新郎同样也是十五六岁的小娃娃。下垣花庄村长王大，11 月 15 日请来的新女婿，比他女儿的身还低，遇到要戏就几乎要哭了，相反也有女婿大几倍的情形。某家新妇 13 岁，丈夫已 38 岁，据闻结婚不久，女方已患重病。

老乡们说：“近多年来的女子出嫁年龄都是十四五岁，十六七岁的很少。”男家为什么要早娶？意在“早早娶来，新来新去三年，到十七八岁就能当一个人使用了”。而女方早嫁，实由于敌伪匪军的兽性恐怖所逼迫，父母伤心地说：“这世道（指国民党统治时）真像狼窝，女娃大些，送给人家就放心了，在咱家若有一差二错，怎了？”

其次是敌伪票币的经常跌价，遂造成了“二礼”的恶俗。所谓“二礼”，即是过去当亲时把“礼金”送了，现在出嫁时又向男家要二次“礼金”。现在这一恶俗依旧残存于新区农村中。下垣庄王某，过去“当亲”时已收了“礼金”60 元银洋，现在又向男家要 200 万农币。上垣庄张某因女家要二次礼，闹得亲戚互相不和，于是已成的婚姻，因重出不起二次“礼金”而拖延、变卦。

寡妇再醮，“价格”更高，三乡石泉街，秋来娶过三个寡妇，礼价都在 3000 万元农币左右。侯金保 7 月娶底路村杨黑旦家寡妇，出价 4700 万农币，由原青化区副区长杨德春说媒，侯曾卖了18亩地，交价3000万，下欠1700万，杨竟将侯之骡子拉走。侯金荣娶了一个“二杆子”（不够精明）的寡妇，也花了3300万元。当寡妇走侯家时，村上人挡住，花了300万才让走，请人写婚书时又花了300万，过河坐船也花了300万，从中被媒人卡走了800万。因此半路“失家”的光棍，只有十年八载地过着“自己做饭，寻人缝衣”的日月。下垣庄王长福、王文成都当了七八年光棍，劝他们“成家”，回答是“你看我的家当（财产），全部卖了也买不来一条婆娘的腿”。

在新区马上提出废除买卖婚姻，可能不易为群众接受。可是如前述怪相、恶俗，对于农村生产力的提高实系重要障碍之一，很多人都切望民主政府能设法把这种不合理的现象加以改除，我们觉得政府是应该考虑这一问题的。

午人

一九四八年十一月廿五日

（原载《群众周报》1949年1月28日第四版。）

第四章 战地纪行

1947年5月30日至1948年5月29日，午人作为新华社西北总分社（当时与《边区群众报》为两块牌子、一套人马）前线分社记者，参加战地报道一年，其间写随军日记212篇，后整理成书稿《战地纪行》，弥足珍贵。

篆刻：战地纪行（刻制：何晓昱）

群眾日報　中華民國三十七年三月十日

七郎山上逞英豪
——宜川城外圍戰鬥之二
午人　延曉

看你張漢初往那裏逃？
記胡匪廿四旅旅長就擒經過

1948年3月10日的《群众日报》第四版，刊登午人与战友从前线发回的报道《七郎山上逞英豪》《看你张汉初往哪里逃？》。

在记忆里燃烧

——战地纪行序

在伟大的延安保卫战中，我曾随军到前线工作和锻炼，那火热的战地生活，给我留下了永远不可磨灭的记忆。

这是1947年6月到1948年5月，我随西北野战军第二、第三纵队于采访报道之余、行军所到之处，生活见闻的零散笔记。

战地生活异常艰苦险恶而丰富多彩，有血有火、有炮声、有浓烟、有奔袭的雨夜、有鏖战的黎明、有铁马金戈、有杏花春雨、有祝捷的欢欣、有失利的沉思、有火线入党申请的誓言、有情侣互勉素笺的细语、有饥渴困倦，也有月下乡思……吃、住、行军、爬山、防空、厮杀等日常生活战斗的细节，无不同革命胜利的总目标息息相关。

但多年来在我的记忆里最闪耀光辉的还是人，是驰骋疆场的英雄群体。他们有坚定的革命意志，有顽强的胜利信心，有高尚的思想品德。他们全心全意为党、为人民的美好理想而拼搏，在战火中冶炼，在弹雨中成长。

战争，对每个人是最严峻的考验，共产党员、战士、指挥员、将领，都是忠诚地自觉奉献出智慧，鲜血乃至生命。我身临战地，亲眼看见运筹立断又和战士同甘共苦的高级将领、冲锋在前的营连骨干、刺刀见红的士兵、争先登城的英雄、冒着枪弹匍匐向前沿阵地送饭的炊事员、在烟火中抢救伤员的民工、有惨遭拷打不向敌人吐露我军情况的农民、有勇抓俘虏的红小兵、卫生员，还有编稿又背油印机夜行百里的新闻战士……这些人，正是我尊敬和怀念的。

延安保卫战非常艰苦，特别残酷，是中国共产党率领陕甘宁边区军民，同蒋家王朝在大西北地区的一场历史较量。随着岁月的流逝，当年战场上的许多事情，也许从人们的记忆屏幕上淡化了，而人民军队的革命英雄主义精神、献身精神，永远激励着我们前进。从1948年到今天近40年间，人民子弟兵继承和发扬了延安精神，在保卫祖国和四化建设中连连谱写新的凯歌，是最可爱的人！

当年我幸逢其时，能直接参加战争，认识战争受到锻炼。为了鞭策自己，戎马倥偬中，将瞬息之间曾触动情感的人和事，于打仗行军间隙，伏在农家炕边上，村头树荫下，河滩大石片，顺手匆匆记下几笔。

《纪行》所录，仅仅是个人行踪到处，耳目所及的一鳞一爪，如同猎人从苍苍郁郁、森森震响的大山林里顺手带回的几片零散枝叶，而硝烟弥漫、生死搏斗的战地生活，比在纸上能看到的浮光掠影，却震撼得多，深刻得多！《纪行》略微反映当年的战争艰苦和残酷，以及战地儿女的革命激情。作为一个见证者，我愿以此书献给战火中已牺牲的和今天继续为祖国四化奋力工作的同志们，向他们表示深深的怀念和崇敬！

1986 年于西安

● 1947 年

5 月 30 日 奔赴前线

我们一行四人，从安塞出发，跋山涉水，穿过森林，经过七天步行，今日才赶到陇东前线附近。我们听到了好消息，前面已经攻克将台、悦乐等敌人据点，歼灭宁夏马鸿逵八十一师步兵、骑兵各一个团，正在进攻曲子、合水县城。陇东地区，是青海、宁夏马步芳、马鸿逵等地方军阀于今年三、四月间，乘机配合胡宗南在我边区南边进犯关中地区时被占去的。

我们一行，有胡绩伟(原西北局边区群众报负责人)、刘祖春(新华社总社)、杜鹏程等，是为接续承担西北战场的新闻报道工作。因为原随西北野战军进行采访的几位记者，要回新华总社或解放日报社去，有的同志因视力、体力要回后方机关工作，我们是来补数的。几个人在路上相互鼓励，心情急切，明白这不是去迎接一般工作任务，而是共产党员赶往革命同反革命生死搏斗的战争最前线！

我们是沿着前面西进大军的路线走的，吃饭、住歇，遇到群众，最关心询问青化砭、养马河、蟠龙三大捷和在安塞县真武洞祝捷大会的盛况。当时听不到广播，他们已经从前面经过的部队听到了不少，仍然不厌其烦地提问，想听到更多的消息和故事。在我们主动撤离延安后不几天，是不是在青化砭一战，就消灭了胡宗南正编三十一旅一个整旅？俘虏了旅长李纪云，还有个副旅长姓周(即周贵昌)；到四月(十四日)，又在瓦窑堡南面养马河一战，消灭了敌人一个整旅(即整编 135 旅)，还活捉了一个旅长姓麦，吃麦子的麦(即麦宗禹)？五月初在蟠龙山里，又歼灭了敌人一个整旅(即敌整编第一师一六七旅)，六千余众，俘虏了旅长叫李崐岗，还缴获面粉一万二千多袋、单衣四万多套、子弹百万发……老乡的语气又恨又幽默：蒋介石、胡宗南运输大队长送来得很及时。大家问着说着，我们也补充着，越说大家对于保卫延安的信心越大了。忽然我们住的房主问：“听说金盆湾还捉了一个国民党的中将，是谁？”老胡立即回答说：“这一仗，我们消灭了敌人陕西自卫军第二总队五个中队的大部分，捉到的二总队司令李侠，是个中将……”当群众听说真武洞祝捷大会上，周恩来副主席代表党中央和毛主席来祝贺，讲了话，西北野战军和西北局领导都讲了话，非常高兴，信心倍增。

接二连三的胜利消息，使我脑子不断思索：这几次胜利，是在胡宗南匪军比我解放军防卫迎战的部队多出八九倍的条件下取得的，而且是在胡匪初进犯气焰正当十分嚣张的情况下，确不容易。这些胜利大大地鼓舞了士气，坚定了我边区军民对于未来胜利的信念。但是这场武力的较量才刚刚开始，陇东地区，三边地区还有青海马步芳、宁夏马鸿逵地方军的进攻，北面榆林又有邓宝珊南侵。一个仅有150万人口的陕北山区，除了东面是黄河一线外，敌人从南边、西边等三面多路联合进犯，险恶的搏斗还在前面。要在千山万壑取得一个一个战斗的胜利，必须经过艰苦的努力，要流血流汗，还要有牺牲的准备。毛主席历来教导我们，把困难设想得多一点，把意外预计得多一些，比考虑得少一些更主动。

当真武洞开祝捷大会时，我们报社在安塞县一个山村，临时办油印报。由于不断转移，不好安装使用铅字和机器，版面、字数、印数有限，对记者从前线发来的消息，一删再删，心里十分不安。我估计，这次我们去前线，发回的新闻稿，采用不了多少。针对这种心理，胡绩伟和新华总社的同志透露：原在总社部队采访的记者，将逐步撤回去，西北战场主要靠西北局原报社的力量承担。又明白说：只要写出好的稿子，主要向总社发送，再由新华社向全国播发。

6月1日 进入战地生活

今日到了前线总部后勤部驻地，已临近作战前沿，随时能听到炮声。看到部队精神昂扬，士气旺盛，消除了爬山越岭、长途跋涉的辛劳，我们涌进了新的战地生活，心情兴奋，无法平静下来。

人们相互谈说我军已收复曲子县，有的说围攻合水县只剩下一个山头了，一两天内即可将敌人歼灭。我们就可以赶到前面去，参加战斗，认识战争，采访、报道战争，从而于战争中学习，学会在炮声烟火、辗转奔波中工作，这是生活向我们提出的新题目，每个人都懂得它的含义。

刚刚来到战地，听说野战军指挥部要求新闻工作者，将陕甘宁边区全体军民奋起保卫延安、保卫全边区的战争实况，迅速而真实地向全中国、全世界报告。我们知道这场战争的艰苦、激烈，敌人调动了 20 多万人，疯狂残酷、灭绝人性；我军仅有两万多人，战场在这仅有 150 万人口、去年又遭天旱薄收、地瘠民贫、风沙苦寒的陕北山区。面对这个敌我力量悬殊的现实和艰巨的任务，该如何安排自己的行动，迅速丢开原来在和平的环境、机关办公的方法和作风，适应在分秒之间争夺胜利的战争生活环境？我们彼此交谈着各自的决心，懂得这是对我们的一次严峻考验，我们将比平时付出更大的努力，全身心投入这场战争，做好报道工作。

6 月 2 日　生活并不单调

因为刚刚到达，又是后勤部队临时驻勤的地方，有不少人趁空闲在村头小河里洗脚、洗衣服。还有人趁阳光温暖，脱掉汗渍衣服，躺在水里洗澡。沿河草枝上晾着衣服，有人低头消灭虱子，有人顺渠沟捉鱼，还有的用手榴弹炸鱼，响声震得好多活鱼游远了，草丛中白蝴蝶高飞了。躲在树后面的几个少年儿童闻声跑了过来，围上来抢鱼，还向叔叔们讨子弹壳。虽然远远听见西边传来炮声，而这村头河边的泰然景况，不似在后方所想象的处处都紧张。此情此景，本来平常，不过对我们刚来到前线的人却感到颇为稀奇。他们为什么不怕敌机来炸？不怕万一有散匪袭击？我同他们交谈，一个约 40 岁的老管理员说："你放心，大军在前，马家军正逃不及哩！跟随大军比在地方上安全得多……"我从他的语言神态中发现，他们多半是经过多年战地生活的老后勤人员。他又告诉我们，两军对阵，敌我活动都有规律。胡家、马家军知道，老百姓都恨他们，自己先惊慌害怕得不得了呢。

到黄昏，临时住的院子里，竟有人唱起戏来，一阵秦腔，一阵眉鄠，一阵秧歌，还有晋南临汾调，一直到月色把淡淡的亮光探进窑洞里。我想，生活本身并不是那么单调，到底为什么呢？未及寻思明白，却在这热闹中入梦了。

6 月 3 日　读《西行漫记》

今日还不能到最前边去，我们得以休息、睡觉、整理行装。心急，想早点到前沿炮声处去。看了书，读了西班牙诗选，正是诗人们为保卫马德里而写的。我抄了一首：《谁从这里走过》，拿起另一本小诗册，《沙多霞》，也是苏联保卫战中的作品，曾多次于《天蓝色的信封》一集读过。

午，读斯诺夫人韦尔斯著的《西行漫记》，这是我有意带在路上看的。前后翻阅了第二章中“在红堡中”(即延安)、“我个人的住房”及第五章中“八路军的行进”“九月中旬的早晨”等章节，均富有生活情节，笔法生动明净。她叙写蔡畅、康克清、丁玲等红色女领袖，感情真挚、亲切，如同与被访问者是相互理解的挚友。这也许是这位记者成功的原因吧。为了能具体地看她如何了解和描写一个伟大的人物，即特地读完十多页“朱德的一生”一段。她开始先从将军率领的普通士兵中了解这位所敬爱的将帅，叙说许多有关朱德令人惊奇而崇敬的传奇故事，继而写她访问朱德的情景和印象：并不是“佩着金色指挥刀”的军人，而是“温文、缓慢、从容……一个沉思默想的老佛一样恬静……”的人物。她对朱德领导的红军的功绩有着高度的评价，并准确了解朱德的动机，如她引用朱德的话：“战争不是一种功业，而是结束艰苦的一种手段。”作者引用了康克清同志(朱德夫人)口述朱德生活的细节，描绘了朱德与士兵共同艰苦的品格和作风。后面才是正面同朱德谈话，朱德叙述自己的身世和革命活动，生动真实地介绍其献身于无产阶级革命事业的思想境界和英雄伟绩。

读《西行漫记》两本，不但在采访、写作方法上获益良多，还得到另外更重要的启示，使我反复深思：斯诺、韦尔斯、史沫特莱等外国进步作者，对中国共产党的活动，革命事业这么关心，冒着国内外不同势力的压力和危险，千里之外来采访，并热情向世界报道，这为着什么？

我们初到前线，耳闻目睹一切生活现象，都感到新鲜，东看西看，问这问那。部队同志非常热情，向我们详细讲说行军、宿营、吃饭、走夜路、打仗、群众纪律等常识。单人行动，要警惕迷失方向，遇见零散坏人如何应付。有一位青年同志向我说蟠龙大捷后，打扫战场的种种见闻。他初次见那纵横狼藉的死尸、血渍、脑浆，臭气逼人，事后几天吃不下饭，夜里梦见些难看惊人的影子。他这样说着，脸上并没有害怕的表情，却在言语、眼睛中为我军打了胜仗，透出抑制不住的自豪感。

我，一个从未亲眼见过血肉战争的书生，愿意去前线看我们的英雄，看人民的力量。

新华社前线分社负责同志说，明日可以去赶赴西野前线总政治部。我们等着行动，热血在沸腾，时间似乎有意过得很慢，日影凝固不移动。

6月4日 山村如画

今日午后，趁雨刚住，立即赶路。

云散天开，太阳分外明亮，夕阳斜照雨后的山河，空气分外清新。我们步履轻舒，爬上小土山坡，望见向西北延伸的山湾，鲜红如血的夕阳，投染到山峦上、树梢和庄稼上，青绿笼上金黄。半山坡绿树深处有两三户人家的窑洞、小屋，有人在走动。这里，敌人的铁蹄也许没有践踏过，今日好像大自然特意为迎接大画师来临摹写生，显得格外壮丽。白云、蓝天、丘陵，天然地组成了一幅又宽又深的油彩画，看上去还是湿漉漉的，似乎油墨未干。这景色这么美好、宁静、可爱，岂能容忍敌人的黑爪玷污！有人说："这村小，不靠大路，也许马家军未来得及蹂躏。"有的说："这样的如画江山，我们将来还要建设得更好。"当我们这小队人沿山梁走进村时，真像人走进画里，又给这幅画中添了一串人影。我们深深地爱这里的一山一水、一草一木，决心用生命保卫这老革命根据地。

我们走着，直至夜月升起。谁知路线不熟，在梢林中往返几次，来到一小村歇脚。我们一组摸到一孔破推磨窑洞，便舍不得离开，卸下行李后又发现了另一孔大一点的草窑洞，便搬去住，大家称之为"高级旅馆"。

大半天没吃饭了，又饿又困，都围拢在煮饭锅边，期待着开饭。看见司务长也在着急，似乎为没有采购来菜而不安。他们辛苦，既要找来东西，又不能违反群众纪律。

6月5日　鲜血凝聚军民情

早上的饭，只有浮点油花儿的盐水，仍然照平时打菜一样认真，每人分一点，可是大家都吃饱了。很意外，不知谁拿出几块糖，你刁我抢，边走边闹，减消疲困。此时此地，糖太甜了，似乎有生以来就没有啃过糖似的，显得太少太少。

午稍偏，到刚刚收复的悦乐小镇，这里被敌人摧残得墙倒屋塌，地方干部正忙忙乱乱重找头绪。我看到的部队，仍然不是前线总政治部，只好再打听路线，想法寻找。

劫后的悦乐，老百姓惊魂未定，陆陆续续回到自己残破的家园。村子里只剩有空屋和烧焦了的门窗。所有能用的什物、盆子、罐子、面缸、水缸都被捣烂了，有的家牛槽也被推倒了，鸡毛乱飞，腥臭逼人，苍蝇团团飞滚。偶尔见到男人或老妇，不住地咒骂胡宗南、马步芳那帮土匪贼种，抑制不住满腔愤怒和仇恨。他们清理着破碎家具，吃饭没有锅，几家合在一起做饭。引人注意的是，虽然愤恨，并不大流眼泪。一中年妇女在收拾残破家什说："伤心顶个啥，只有把敌人赶得远远的。打日本时，蒋秃子见了日本鬼子吓死了，逃到老后方来，现在欺负老百姓，这算屁本事。"老乡们眼光里余惊未消，一个刚从后山里回来的老汉五十多岁，见到我们脸上浮现亲切诚朴的笑容，抓住我们的手，话语里却多少含有责备和疑问，为啥不早早把敌人阻挡在边区外面？而更多的意愿是希望解放军不要再转移，他们表示有信心重建家园。这场景，使彼此都沉浸在一个共同情感之中，即正义的战争，把革命人民和人民子弟兵的生死命运，紧紧盘结在一起，军民鱼水情深，真正是生命和鲜血凝聚起来的。

看见此情此景，战士们愤怒极了，骂起敌人来。语言有滑稽的，粗鲁的。其中一个小鬼骂得没词了，说："仗打胜了，把胡马匪帮消灭了，把那个蒋秃子捉来，装进笼子，用牛车拉着，游遍全国每个城、每个村。"听得人们都哄笑了。一个通信兵义正词严地插话："有什么笑的，蒋介石冤枉了多少爱国志士，枪口对内杀害了多少共产党员和抗日人士，不该受到惩罚吗？"这正反映了广大军民的情绪，愤怒的心情，完全应该理解。不过到那时候，我们党会对他按人民利益处理，战士所想的惩治之法，不一定恰当。

下午，参加华池县温区三乡干部会，了解全乡所遭的破坏。干部们研究如何着手进行救济乡民并恢复工作，组织生产。会上还向我生动地叙说了群众同敌人斗智的故事，我立即写了报道。

6月6日 我们也是战场上的战士

今天原想整理敌军来时，悦乐地方干部组织群众安全转移的经验，谁知早饭后又行军，无法动笔。夏天顶着大太阳爬山，流汗、口干、疲困，谁也不说话。部队在前面休息了，我们四个掉在后面的人，发现塬头下树林中立着一幢小教堂，里面住有人，竟有面粉相售，于是在这曾经华丽现已残旧的庭堂下，得饱吃一顿猪油葱花面，十分意外。

黄昏，我与景昌之(原在陇西地委报社)继续掉在旅政宣传科的后面，一边走一边交谈，谈战争中新现实、许多新工作，特别要考虑如何做好战地中的新闻工作，如何学习战争，坚定和锻炼自己，报道好战况的发展。虽然我们是新闻工作者，只是分工罢了，我们也是这场保卫延安，保卫真理，保卫和平战争中的一员战士。

我想起何其芳同志的两句话，颇多感慨：

我把我当作一个兵士，

我准备打一辈子的仗。

6月8日 不给敌人喘息之机

昨日下午，到了西北野战军前线总政治部，又连续几次骤雨，未行军。陇东战斗如何具体报道，还在研究。胡绩伟同志简略谈了些有关这次行动的意图。他说：“大军西进，正是打破胡宗南综合部署行动的一部分。在胡军侵占延安前后，马步芳、马鸿逵等组织起宁夏、陇东、海固三个兵团，包括宁马的八十一师，青马的八十二师等，进犯我陇东、三边地区，竟抢占我庆阳、合水、曲子、环县、盐池、安边、定边等县城，占了些便宜，一时气焰嚣张。而胡宗南军队在延安、安塞一带，偏偏意外地接连遭到我军的歼灭性打击，有点晕头转向，既窝气又不服气，企图稍稍喘过气之后，同青马、宁马、榆林邓宝珊军等，从东面、北面相呼应配合，对我军形成外线大包围。若这个阴谋得逞，胡宗南更会继续疯狂。为打乱敌人的设计，兵不厌诈，我们不惜绕大圈，偏浩浩荡荡进袭陇东高原。”青马、宁马等小土皇帝，多年总防着蒋介石吞掉他们，用心鬼，有自己的盘算，今日一看阵势，完全听蒋、胡的调动，他们那点地方军阀的家当是贴赔不起的，便守着已侵占的几个县城，不敢硬抗，更不会轻举妄动，长足东进。

知道点总的作战轮廓，报道各个具体战斗，心里稍有点数，便好掌握整体与局部的关系，小战斗对大战役的影响。

今日利用时间，继续阅读《西行漫记》，同时也在思考，有机会时留心了解行军所到之处的战地社会情况。

6月9日 作为战士融入部队

昨日乔某几个从某部回来，便请他给我们谈部队采访的许多情况与经验。他说：“战地采访不同于和平时期，情况变化快，要抢机会，因此先要目的明确，心中有数，平时注意搜集材料，多看多问多听多记，特别要反复多想。我们初到军队，要注意搞好人际关系，尊重被采访的对方，人熟了就会有很多方便，战士干部把你当自己人看，就会什么都告诉你。”

我想指战员们都知道我们，他们对记者是热情的。我们深入部队，同大家交朋友，部队干部的作风雷厉风行，果断利落，却不欣赏你那斯斯文文。应当将你的书生脾气、文弱习惯抛掉，不做旁观者，来得直率、干脆，一心一意深入战争生活中去，把自己作为一名战士，才容易融入部队，和战士、干部及部队领导坦诚来往。这样有益于了解情况，得到报道的材料。

6月10日 在英雄当中生活和学习

新华社前线分社，将新华总社和《解放日报》《边区群众报》的记者，从各个纵队或旅召集来开会。前线分社胡绩伟、刘祖春等同志，综合介绍了目前作战实况和各纵队的军风特点，宣布了采访任务及记者的思想、作风、品德以及采访写作的态度与方法。说明记者不能像文艺作家，来体验生活，采访收集材料，为将来写文艺作品。应当明确，目前新闻报道就是同敌人战斗，应当倾注一切精力做好当前的新闻工作。我同杜鹏程同志被分到二纵队采访。

这是我第二次到陇东来，想起去年九月下旬，南下支队经过两年转战中原，先后奔波过晋、豫、湘、鄂、陕、甘等八个省，南征北返，跋涉两万余里，由中原突围，历经艰苦卓绝的大小百多次战斗，从镇原县回到陇东地区。为迎接这支部队的胜利归来，西北局宣传部派了一个十多个人的小型文化宣传组，报社是我参加同去。由于走路行动慢，当我们到陇东地区领导机关所在地庆阳时，部队已赶回延安了。欢迎活动的新闻，已由常驻陇东的记者李千峰写了。宣传组分散活动，我只到镇原、孟坝及边界地区做些地方采访。听当地群众说，部队回来时，战士们疲乏极了，倒在街头屋檐下，就睡着了。他们身子很瘦，衣服破烂，有人生了病，可是回到了边区如到了老家，回到了娘身边，个个心情却是高兴的。地方干部告诉我，部队回来了，群众杀猪宰羊，犒师劳军，那股热情亲切的欢迎场面，盛况空前，比之过节过年还要热闹。

今天又到了陇东这地区，要去看望这支以顽强英勇著名，使敌人闻风丧胆的军队，而且我将要在这个冶炼英雄的学校里生活和学习。

6月11日 初见纵队首长

在商定了任务之后，我一心在考虑，怎样行动。

因为行军急，再未能多商量，匆促中又调整了分工，叫我去跟纵队指挥部。本来热望直接插到营连去的，跟指挥机关，只能写综合报道，只有深入连队，才容易直接看到战斗实况和英雄典型事迹。这一下，拴在领导机关，不仅采访、写稿，还要联系电台及电务人员。又一想，环境逼迫学习，和大家共同工作，对自己也是一番锻炼。

吃过午饭，来到二纵队，随同张潮，老杜一起拜会有关负责同志。

在一个窑洞的军事地图前面，见了二纵队司令员。他同我们亲切地握了手，简单说几句话，继续与九旅副政委肩并肩亮着手电筒查看地图。我们与纵队政治部主任谈了有关今后采访活动，即告辞。当要走时，首长却一定要留我们吃晚饭。等他公事办完了，到院子和我们拉起闲话来。这位首长看年龄不过四十多岁，一套半旧灰布军装，精力充沛，言谈爽朗，话题很随便，山南海北，战场内外，行军作战，读书看戏，什么都谈。我们丝毫不觉得他是率领雄兵叱咤风云的名将，在大生产运动中也有不凡的成绩，对我们像是见过多次的熟同志。吃饭时同大家一起蹲着围成一圈，大概发现我们生活在陕北多年不会吃鱼，夹起一片炸鱼，轻轻说骨节也可以吃。我们初去看望纵队主要领导时，那种怕干扰他们办公，怕说不清自己来意等拘束的心理，在与首长热情而平易的接触中自然消散了。

当时部队上下一般只称首长为司令员，不多提姓名。为了行动安全，都称代号为X号。可是司令员却没考虑过这些，自己不太在乎，随时在战士和营连干部中，来往自如。打靶时，随手拾起手榴弹就摔。他谈笑风生，有时碰上不顺眼的事骂几句，甚至很严厉，但没有人介意计较，他是指挥员，是同志，也是兄长，谁都尊敬他，谅解他，爱戴他，愿意亲近他，彼此不以为意，官兵上下之间的气氛如一个家庭成员那么自然和谐。他是有名的常胜将军，打仗勇猛、指挥有方。他又爱读书，到驻营地，秘书就将能找到的书，都放在他临时的床铺上。他知识广博，是一个文人，欢迎文化人到他的部队，喜欢同大家交谈，交朋友。

饭后，张潮同志扼要向首长谈我们到二纵队来进行新闻报道的事，并请他指示。他说："大家合作努力，把宣传报道搞好。今后相互多接触，我想到的意见一定会随时找你们谈。"他的话简短明快，表明了对宣传的严肃要求，对记者活动的热情支持。

夜，两点，又急忙起来行军。

6月13日　马背上的伙夫

昨夕，天黑，我们几个慢走了一步，掉了队，摸黑走进另一岔沟，往返十多里，又疲倦又焦急。好在附近都是二纵队几个旅团的友邻部队，天亮回到所要跟随的单位。

这一次，深深懂得掉队的损失和危险。不但会耽误采访，还会碰上敌人散兵或者便衣，以致出意外事故，同时也会引起所跟部队着急和担心。旅部、团部对于记者的安全很注意，如战斗打响了，大前沿阵地是不让去的，至多允许你到营地流动临时指挥所。如果要到基层直接采访战斗英雄，连队驻地太分散时，要派通讯员带路向导，以免迷路，失去联系。

黄昏，行军。在路边休息，某旅从前面急急忙忙穿过，忽然一匹大马小步走过来，上面坐着一个兵，帽子、军衣油腻腻的，嘴唇一圈黑胡楂楂，咬一支短旱烟管，他坐得稳稳当当，人们都望着他哄笑，他也乐呵呵地一点没在意。原来是笑他骑在马上，背包还背在肩上，随着马屁股的摆动，背包一跳一跳，很有节奏。人群中有人说："看，挺合拍的。"初到部队，自然好奇，别人告诉我说："那个伙夫晚上行军，担东西跑得快，把脚崴了，骑首长的马。"听说他脾气倔，常同连干部吵，中心题目是为保证战士吃好喝好，抢山头，拼刺刀，才有力气。行军中，我看到炊事班是顶辛苦的，一般总是天不亮做饭，部队出发了，他们洗刷灶具，担上铁锅、面袋，又赶到部队前面。到了宿营地，又要安灶、打水、找柴火、烧水、做饭。他记着，条件再困难，也不能损害群众利益，待大部队到宿营地时，就得有开水喝，有饭吃，还要有洗脚的温水。

骑马的人过去了，他的形象在我眼前更加清晰高大。战士们说笑他，目送他，尊敬他，都说炊事班工作认真。有一次开饭没有菜，一个人只给半碗白萝卜汤，有几个清油圈，仍是各班照人数分配，一点不马虎。

6月14日 想延安

行军路上，如果情况不紧急，同志们最容易谈说延安。特别在延安驻防工作过的，总是像孩子离开老家那样亲切，怀念着古城的斜阳、歌声，爱打听延安在我军撤离后，敌我周旋的情况。听到延安人民在斗争，以各种方式挫伤胡匪，惩得敌人日夜惶惶不安，大家钦敬延安人民和游击队，高兴得忘记疲劳。

我们旅政治部宣传科的几位同志，想起延安宝塔山、延河水分外亲切。我们回忆延安生活，熟识的同志，流露出无限的眷恋。毛主席在延水边散步，朱老总同战士一起打篮球，中央首长参加群众大会作报告，窑洞开讨论会，星期六情侣相会……印象仍然清新，就像昨天的事一样。大家深情地说着延安生活，我也插着说了一件事。1945年冬，有位同志从杨家岭的图书馆借来一本元曲杂剧，小32开，精装本，有四五百页厚，一打开，差不多的页面上，毛主席都用毛笔串圈、串点，有眉批，有旁注，有朱笔，有墨笔，页边上写有感想，密密麻麻，字迹清楚。我们住在文化山的同志，凡亲眼看到这本书的，无不吃惊，想象不到毛主席身负中国革命历史重任；指挥全国抗日战争；指挥各个解放区的作战、生产；同美国支持的国民党、蒋介石作斗争；研究国际形势等天下大事；看电报、批公文、主持会议、起草文稿，常常通夜到天亮，那么忙，怎么能有宽余时间看这古典作品？而且看得这么认真，像是一位古典文学研究者、元曲专家那样仔细。

你一个故事，他一段趣闻，说了不少延安的生活细节。我们都相信，不要很长时间，消灭胡宗南进犯军，我们会再回到延安，重寻自己住过的窑洞，开过的山地，摘过西红柿的菜园，挖过洋芋的斜坡，军民携手，重建延安。

6月15日 一群诸葛亮

部队传来消息说我军昨日截击，打毁敌人六辆汽车，是敌人由平凉向环县运送粮食和弹药的。

我去某团参加一个部署战斗的干部会。指挥员先照地图讲述了作战要求，交由大家提意见，如何打法最好。大家发言了，班长、排长各抒己见，从正面硬攻，从侧面迂回，夜间偷袭，组织阻击组等，各有章法，各有招式，听起来都有理有据。这会议使我看见了一群诸葛亮，一个个班排长，不是军事理论家，可是确会生动地运用“兵不厌诈”，使用优势兵力，出奇制胜等原则。军事指挥的主将，善于走群众路线，通过充分民主议论的方式，广泛集中了下层骨干的智慧，才做出正确行动决定。

因为是军事布置会，我心理上多少有疑虑，笔记吧，有关行动秘密，万一丢失了不好；不做笔记，战斗结束写新闻时怕记得不准确。散会后，司令员、旅长、团长们继续交换意见，没有回避记者，把记者看作部队的工作人员。

会后吃完饭时，旅政治部贺主任修订了原定作战计划。战士也是先生，民主会上能相得益彰。对环县守敌宁夏马家八十一师临时编组的3000多敌人，原计划迅速聚歼，但敌人行动狡诈，分路逃跑，我军穷追猛打，逼得敌人丢弃了很多枪支弹药，被我打死打伤、俘虏不少。但由于对敌人的行动变化估计不周，仍然没有达到全歼的目的，留了点后患，只有等机会再打。这不能说不是兵家的教训。

到某营找教导员，本想参加营里的会，可是他谈起了许多情况。于是，我改变了主意，索性和他多谈，多了解情况，多发现线索，以便进行专题访问时思路较少局限，典型事迹离不开事态的大背景。

6月16日 在环县

为准备环县城收复后的报道，去县政府访问关于敌占前后的情况。遇见王副县长，身体结实，中等个，脸色深红，眼球充血，显然是熬夜疲劳不堪。可是他精神振奋，口齿流利，说话斩钉截铁，痛快得很。他讲述了许多情况，如敌人利用当地匿藏旧匪来搜查清剿，部队容易受损失，今年恢复工作困难多，缺少干部，生产破坏惨重，群众遭到杀害，人们怕战斗再反复拉锯，一时不易找回来，强劳力多支援前线去了，基层骨干少，开展工作，怕要来得慢些。

王还说，我正规军要继续追敌人向前移动，一城一地收复之后，迫在眉睫要办的事太多了。要恢复地方秩序，要组织群众生产，安排群众生活，还有支援前线等。看到他们的气概坚强，有决心、有信心，言谈中希望前方多打胜仗，他说："这么多事只有继续发动广大群众做，是医治创伤，也是支援军队。我看全边区从人到物，以及所有的生活秩序，整个卷入了战争。"

下午，回到本部队，有人要去环县城内，我犹豫了一下，没有跟上去。原先估计部队晚上会移进城内的，谁料，反而移动得更远了，我心里焦急，却已无法补救了。这使我感到，自己失误，是不懂战时情况瞬息多变的特点，行军奔波多于驻歇。一个记者，要能不失时机抓材料，及时编写，发稿出去，确要处处留心，大意不得，不然会误事，也是失职。

6月17日 记者实在不轻松

今早想赶回旅司令部，想争取早点到主攻部队采访。昨天未赶去城里，心焦得睡不着。深深体验到记者不机动，不抓紧时机，将失误好多采访机会。

部队在前沿，留在附近驻地的所有人都忙，我昨今两次的失误，谁也顾不及察觉，只有自己悄悄苦在心里。做一个记者，实在不轻松。翻来覆去思索，如环县原守敌宁夏马家八十一师所编的几股3500多名敌兵，我军原计划要迅速聚歼，当敌人发现我运用对壕作业坚决要强攻时，敌人军心动摇，分路逃跑，我们猛追。看到敌人遗弃的机枪小炮、枪支弹药很多，部队追击信心大增，不顾饥渴连日连夜翻山越岭追得远了，我因此无法及时直接了解主攻团、营的情况，没能做出报道。我事先没有考虑到这种行动的可能性，深深感到自己是新兵，要从头在战争中学。敌情变化和我军的相机应变，是战地的正常生活，要抢时间，抓好采访，赶写战讯、捷报，不可能有明窗净几，让你品茗构思。要同打仗一样，分分秒秒赢得时间，战讯要求快，不次于内容的真实准确。

今日，敌机照例光临，接连轰炸了四次。

6月19日 战士批评营连指挥失误

昨午到某团去访问，见刚从作战前沿回来的部分战士。我走进几个窑洞，他们正在开班排会议，研究这次战斗中的经验教训。他们严肃地检讨某一个冲锋动作，指名道姓，批评营、连干部在指挥上的失误，乱了原来的部署，给了一股敌人突围逃跑的空隙。还提到老战士帮助刚上火线新战士如何辨别飞来子弹的高低远近……他们滔滔不绝各说一大串道理，围绕战例实际，既严肃又活泼，说得熟练、自然，分析得清楚。

在这里遇见几位连指导员，综合大家意见时，一条一条说得头头是道。他们的思想逻辑以及流利口才，使我敬佩，从这些人眼睛里看出了智慧和才能。他们尽管年轻，二十四五岁，文化知识不多，只上过初中或小学，可是在人民解放军这个大学校里，却锤炼得革命意志坚强，实战经验丰富，机灵得使人爱慕。

晚上，我没有回纵队政治部宣传部，继续向该团宣传股同志了解情况。今天清早就去第某营，全营正在开班排以上干部会，总结环县战斗。

6月20日 饿肚子是常有的事

早晨，到某旅宣传科，战声报社(旅政治部办的油印报)同志对新闻报道很重视，向我介绍了不少采访线索，且表示乐于帮助。大家都正在吃饭，也许是疏忽，却没有人问我吃饭的事。因为初次去，环境生疏，空着肚子，转往某团走，这也是流动记者常遇到的事。

到团部，负责人多不在，参谋为我提供了解放营(指俘虏)与著名劳动模范刘玉厚带领的担架队两个采访线索。看来想先了解一些有关该团这次战斗中的情况，似乎不可能，只好又转向七八里外的解放营。那里有个解放连（对俘虏过来的兵为便于管理另编一个连），是很有介绍价值的，可是队刚编起，问到的一些材料还是太少。由此看来，在进行采访之前，不必主观奢望太高，估计得太顺当，敌人情况，我军行动，随时都在变化，有时，意外而不费工夫的收获是有的，有意栽花而偏不发的也常有。如同打仗，有计划之外的偶然取胜，也有计划好而扑了空的时候，无心插柳柳成荫，也是寻常生活，应当理解。我这样想，并不算为一个新手记者的自我辩解。

6月21日 刘玉厚随军支前

今早从解放营赶到刘玉厚随军担架队留驻处访问，正遇老刘去别处尚未回来，我突然觉得精神疲劳，索性先坐下来吃饭。担架队员们很自然地向我谈说老刘支前的功绩，公认他在大生产时是全边区著名的劳动模范；今天在保卫延安的战场，他也是支援野战军的模范。他带领担架队，火线抢救伤员，鼓舞士气，捉俘虏，向群众宣传胜利消息，立了许多功。

在全边区开展大生产运动的时候，绥德地委书记带领干部到农村进行调查，发现郝家桥没有二流子，农民都是劳动能手，堪称劳动村，而且众口称赞刘玉厚劳动最好，说他勤快，务农心细，经验丰富，为人忠厚公正，生活俭朴等。还记得当时《解放日报》连续报道刘玉厚的模范事迹，社会上赞誉他是“劳动人民的旗帜”。

我刚吃完一碗荞面，居然把刘玉厚等回来了。他脸大面赤，背厚肩宽，体格结实，身穿灰色军衣，挂包里插着两只手榴弹。一早跑了四十里，仍然精神饱满，招呼大家吃饭。他说话，大笑时，眼角鱼纹微起，满口的绥德农家话里，已夹带了不少军事术语。虽然他的眉毛耳轮落满了土尘，却掩盖不住他脸庞上的刚毅神情。

因为他忙，我有意问得简单，把日前从别人口中得来的材料补充对证一下。他是劳动英雄，过去同记者接触多，懂得报道的事，他对我很耐心。他说，来前线的青壮年，同战士一样英勇，担负了乡亲嘱托的支前重任。他们懂得保卫党中央，保卫毛主席，保卫延安是全边区男女老少的共同责任。即使留在家乡，能安宁种地么？他还诙谐地说，有人想家，特别是青年人想媳妇，可是明明知道回去也不能住暖窑热炕，还得到深山老林里躲藏，想家也没有用，只有帮助咱部队把敌人消灭了，才能家人团聚，过安宁日子。他说话真切、实在。过去我同这位劳动模范没有接触，今天初见面，却感到亲近、熟悉。他言谈动作，除了劳动人民的忠厚、纯朴之外，还多了刚健顽强的气概。他在整理随身带的东西时，硬抓了两把自炒的白面小方块棋子干粮给我。

午饭后，动手写稿，发现没有弄清一个问题，黄昏又去看他，他已转移走了，只得等明日到旅政治部去问。

夜，韦明从前线总政治部回来，带来胡绩伟的一封信，告诉我有关时局动态，也询问工作情况，语言不多，很能鼓励我克服困难的勇气，继续增强了单独活动的信心。

明天，拟到前线总政治部去一趟。

6月22日 有时敌人是“追垮的”

带上稿子，拟给纵队负责同志审阅，先去×旅问清楚刘玉厚的事，知道他带了新任务回去，部队送他一支驳壳枪、新军衣等。我把情况查实后，当即把报道做了补充和修改。把写好的稿子拿到司令部时，领导同志都正在开会，只好等会后请他们审阅。

到宣传部去借材料，碰到他们理发，没客气，坐下来理了发。没有水，只能干推。用茶缸里的水润润胡子就刮，顿时觉得头上清凉，精神清爽。说起理发，前几天到团里营里遇到两次机会，自己似乎总舍不得时间，头发实在长得不行了，到这里正好剪掉。战地虽是非常环境，任务再忙，洗衣、理发，得要抓紧机会办。

原属某团远程追击敌人的部队，昨日返回来，沿路还俘虏了上百人。一个副连长说，我们战士非常英勇、顽强，翻高山，越深沟，未吃未喝，一夜曾追了八十里路，连续几天穷追，一直追得这股残敌全部溃散了。敌人是只顾逃命，哪能回头还击。有战士说，敌人不是打垮的，而是追垮的。

6月23日 要随时发现问题

今天跑回前线分社，找胡绩伟等同志谈谈我的活动。从交谈中，以及从前一段报道的经验教训看，应当将注意力集中到全面采访，多同纵队司令部谈，多了解指挥机关考虑的动向，从大处着眼，不应光钻到一个团，一个营，局限于一个小部门，甚至一事一人。若了解的面窄狭，不易看出普遍性，也难比出典型的东西。要真正选出典型，只有从普遍中才能提炼出来。这些意见正说中我的弱点。我不大会与领导同志交谈，感到他们忙，涉及军事行动，因自己缺乏作战常识，不知该询问些什么。有时竟客主对面坐着，没有适当的词，谈不开去，这样怎么能及时了解到应该报道的事？

另外，我的通讯稿材料多，综合分析少。有些具体情节，气氛没有细致描绘出来，不能形象地表现出我军中官兵互学、互敬、互帮的亲切、自然、和谐的面貌。写作要会取舍材料，还要在结构、文字方面下功夫。如“军中小鬼”一稿，材料不错，就是写得不细致，描写不够，没有使人物在情节中活起来。

这次交谈，对于在部队采访很开窍，回顾多日来的印象，部队领导同志是重视新华社对外宣传的，常主动向记者提示报道内容，亲自花时间审阅修改稿子，支持记者的活动。有时直接向团营打电话关照，使人感到亲切，平易近人，这对我们是有力的鼓舞。记者，要脑子有所设想，要随时注意多发现问题，多研究问题，多积累材料，“厚积而薄发”，写作下功夫，立足点要高，写作上要细，文字简洁明快，不应粗糙。

值端阳节，吃了羊肉包子，回到纵队政治部时，天已黑了。

6月24日 看纵队首长手把手教战士

早晨，我去纵队司令部找首长，想请他谈谈近几天的作战行动。先见到警卫员，说首长去打靶了，便即赶去，看见他正蹲在一挺重机枪旁边，亲自指导战士练射击。他一边介绍枪的性能，用手校正战士的卧势，肩、臂、手腕动作，指引视线如何瞄准，像一个普通排长、连长那样手把手教基本动作。在这样严肃的训练场上，看到首长亲自教练，我不好再干扰他。他看到我，打了招呼，问我有什么事，我顺口回答：“没有。”他就这样继续作业，忽然警卫员来，说有电话请他去接，他这才离开了靶场。

这位首长性格刚强，语言明快，动作有力，说服力、鼓动力强。他像一团火，给接近他的人以强烈的感染，觉得有无限的力量和信心。他率领的军队，战士勇猛善战，威震敌胆。

我继续留在这里看打靶教练，一位团参谋对我说：“今天这小范围打靶演习，实际是利用作战空隙，做一次训练，打了多次仗，射击不合要领的人还不少。”我说：“今天，大家学习挺认真。”参谋说：“今天纵队首长亲自做指导，也感动了大家。”

下午，参加了一个检举特务的会。这个人想逃跑，梦想蒋介石、胡宗南来救他。说他家是地主，革命军杀了他的父亲，实是革他自己的命……会上战士们非常气愤，觉得他年轻，都对他说道理，讲形势，指前途。

会后，一个做侦察的干部讲了一个故事：前不久，他们三个出去侦察敌情，走到一个小山庄，走进村时，只见残垣断壁，破烂不堪，悄无人影，知道敌人跑掉时间不长。忽听一家窑洞里传出女人哭声，进去看时，正是婆媳俩横遭虎狼污辱之后，躺在炕头，像半死人。缘由是这样，婆媳俩说了实话：当敌人快来时，全村大小都躲避了。她们以为她家有人在国民党匪军里干事，把敌人当作自己人，来了会保护她家的。敌人进了村，婆媳就给做饭，烧水，百般殷勤，硬攀自家人。谁知那群野兽，一个个把婆媳俩都轮奸了，还说她儿子在国民党军队里照样干坏事，抢掠奸淫好人家哩。最后他们抢走仅有的米面，便仓皇狼狈地逃走了。

6 月 25 日 旧社会妇女的命运

行军虽然辛苦，又热、又乏、又饥、又渴，可是年轻人总是精力旺盛，还是边走边说闲话。又提起那婆媳俩(是国民党的军属)横遭胡宗南匪军蹂躏的事。我也很气愤，仔细思索，旧中国妇女的命运，如涅克拉绍夫在《严寒、通红的鼻子》长诗中，叙述旧俄时代的妇女形象，是社会的奴隶，丈夫的奴隶，儿子的奴隶，环境给她们的只有痛苦和愚昧。

想起我参加革命前，在家乡 (国民党区) 的时候一次到邻村看同学，因为下雨，便住下。晚上听见村子狗咬声，问原因，是他家前巷半夜里抢亲回来了。那一家人是从国民党军队退伍的，老婆不生儿子，便要再娶个女人，人家不肯。有见机谋利的家伙，从中捣鬼，一是塞了几百光洋，二是套辆车去几个大汉，黑夜连着秋雨把人抢来，那女人哭了一路。我的同学对这事也很气愤，有啥办法，为表达对那不幸妇女的同情，当时凑了几句话，大意是：

乌云沉沉寂寂夜，
妇女无助遭绑劫。
天公不语潇潇雨，
滴滴苦雨滴滴泪，
缕缕凄风缕缕哀。

过后两年，我还去信问那妇女的境况。同学回答说：一个妇女怎么管得了自己的命运，到人家里自然服帖下来，饭还是吃了，孩子也生了。

同行的张干事是山西人，说了发生在他们晋南的一件事：一个七十多岁的老先生有学问，编过好几本戏，特别关心维护封建道德和社会风化。如乡村有戏，他是反对妇女去看的，认为戏场子男女混杂，一定要发生有伤风化的事。天黄昏，就将本村城门锁了，钥匙捏到自己手里。他平时很少出门，道貌岸然，强调朱熹理学，当地远近对他很敬仰。令人不解的是，他的第三个夫人去世，他已年过七旬，可是竟然不甘寂寞，听他亲戚的怂恿，再娶老婆。那些办事人，对外声言不要寡妇，要干净姑娘。近处不好意思，便到省城里找了一个 16 岁的少女，比自己的孙女还年轻几岁。那少女每次回娘家去，就趴到她父亲的坟上哭号，引起人们的同情。当地有位较开明的乡村私塾先生，怀抱不平，提了一副对联，只能口传，当然不能真的送给人家去。对联是：

红颜不幸，少女含泪作嫁娘

白发异态，老翁得意当新郎

解放区外面妇女悲惨命运的例子还有很多，那被丈夫、婆婆折磨死的，悬梁，投井自尽，横遭贩卖的善良妇女太多了。我有个伯叔姐，曾悬梁寻死被救活下来。

说着说着，几个人心上都浮起相同的思想，像这样罪恶的社会，不应该改变吗？竟然还有人死命要继续维持这种人间地狱。对照边区的妇女，积极参加支援保卫延安的战争行动，她们懂得，保卫住边区，就能保住自己的命运和幸福。

6月26日 三边行

昨晨行军，目标是北上三边地区。陇东几次战斗，给马家八十一军以很大打击，收复了环县大片地区，给我军赢得了机动作战的时间。形成的军事态势是：青海马步芳父子怕我军向陇东南部打；胡宗南又怕我军向关中专区西部打；宁夏军阀马鸿逵正怕我军北上三边；我军数量少，又着重在延安周围对付胡宗南的进攻。马家军三月乘机侵占三边地区，还骚扰安边、定边、宁条梁等地，残害报复老边区人民。正是出于这种情况，我军有可能继续北上，打击宁马、青马之后，再进而集中兵力打榆林，拔掉由邓宝珊盘踞的塞北重镇这颗钉子。这有利于我军再南下打击胡宗南，挺进关中地区。

行军离开环县时，天黑洞洞的看不清路，高一步，低一脚，沿沟不断地过河，一条小河转来弯去，似乎捉迷藏。鞋、裤管全踏湿了，上了山，又是尘土飞扬，湿鞋给尘土滚得几斤重。我右脚鞋后跟脱底了，只得拖着走，形状颇狼狈。我们宣传科几个人有一匹马，还可以轮流骑一段。

某宣传队提出牲口少，有人不满意长途背行李，有人身体弱，有人脚打起泡，有人背着公家文化活动工具……团政委向大家做了解释：同志们应懂得，陕甘宁边区地处山区，历史上穷苦，敌人兵多，我们人少，可是我们在这里坚持战斗，又是党中央直接指挥，毛主席和中央首长还在陕甘宁这个战场，对于全国各解放区鼓舞支援的作用很大。我们应当在最艰苦的环境肩负最艰难的任务，才是最光荣。现在环境越艰难困苦，就越需要坚定的毅力和信心，况且现在比红军当年过雪山草地时条件好多了。听了这些话，同志们心情激动，增强了信心，有位同志编了两句话："踏遍边区万重山，不破胡蛮誓不还。”

今早，又是天没亮起身行军。周身实在困疲得不想动，不饿也得吃饭。干渴、缺水，又偏吃没盐的大肥猪肉，腻得吃不下，于是又忆起和平时期的生活来。这些重重叠叠的影像，闪亮在记忆的屏幕上，又一刹那间消失了，同时强烈感觉到天下最大的福气，是能睡个天明觉、靠我左边睡的小鬼说：“若有机会，一定要不吃饭，不喝水，在我妈土炕上整整睡个三天三夜不醒。”

因为天下小雨，又住下了。我帮旅部报纸改稿子，又考虑写写人民解放军指挥上的群众路线的文章，材料不够，先起个底，再补充。

6月26日晚 补记

午饭后，继续行军，又至西华池元城区李家庄。走下燕麦梁就是人家的墙院。杨树成荫，坡地上庄稼丰茂，沟底有小水流，鸡鸣羊叫。山头上没有碉堡，是战火圈外的和平村庄，似乎敌人尚未窜到这里破坏。引人注意的是妇女们的小脚，尖头的花鞋后跟下，还垫着木桥底，走起路来脚尖不着地，摇晃不稳。十来岁的女孩子，竟然也裹脚，疼得流眼泪，离开墙就寸步难移，且影响得身体瘦弱，面色青黄，实在可怜。如果敌人来了要躲避，怎能爬高山，钻大林呢？年轻的妇女，尽管全身衣服破旧，腿腕上却缠一段桃红色的宽带，有的还绣着简单的牡丹花图案，衬托着大莲叶，分外刺眼，实在不大协调。这是老山区社会文化的状态，生活习惯很陈旧，可是男人，青少年们，见了自己的部队却非常亲热，没有什么顾虑。

在村边张望，遐想我们可爱的祖国大地，正同黎明前的黑暗进行斗争，从东北到西北角，从南海到长城边，几百万英雄军队各路出击，多少大片根据地将连接沟通，节节胜利，捷报频传，眼看蒋家王朝快完了，我们将夺得全国胜利。真是云霞光灿，气势磅礴，同今天活跃在战场上的英雄们联系起来，正似苏东坡说的：“江山如画，一时多少豪杰！”

6 月 27 日　来到缺水的地方

启程，天已亮。一直盘山走上上下下弯弯转转，一个上午，爬过了六个山头。没有树，没有水，只有烙烫的黄尘扑飞。人人满身大汗淋漓，喉头炕得成了干壳。好容易路旁半沟村子里有个水窖，许多人跑过去，虽然泥水浑黄，甚至碗面上漂着粪草渣子，谁管它，抢着喝。胸口沁凉了，一个人喊："同志，你嫌水浑就不要喝。"另一个碰了碰我，看那个女主人已心痛得流眼泪了，我心中受到震动，自问，这是不是侵犯群众纪律？

这里正是人们传说的缺水的地方，宁肯待客人吃顿饭，却舍不得给一碗水。水，似金子贵，像酒那样醇香。夏天趁天下雨收存些水，要吃用整个冬春。这就得有计划节省着用，把窖盖用铁链锁起来，这液体口粮是多半年的财富。到了中午，看见大树下坐着一些人在吃干粮，人圈中放一桶凉水，我们比花子看见宴席，酒徒望见酒家的大酒瓮，还要馋许多倍。似乎他们是这人间第一等享福的仙人了。

下午再赶路。山腰间，路边上，节节倒卧有人，已睡得鼾声如雷，不怕灰尘，不怕草虫，不怕蛇类，甚至也不怕驮炮牲口踏坏他们。我看见马蹄子碰过几个人的长腿，有的被撞得转个半身，仍然不醒不动，比睡在家里棉被褥、热炕头还香甜安稳。

今天行走约百里，到了陕西西北角定边县境。晚上，我们一小部分人，歇在一洞小庙里，神楼供桌上下睡满了人，谁都在心里默默祈祷，明天最好下点雨，叫人睡够，不赶路。

6 月 28 日　娃娃卫生队

今天，接连行军，太阳烧红满天，越热人越渴，喝了一路崖水。遇到一个石崖滴水处，便围一圈人，没有一个人疑虑水中含有什么有害的物质。大家喝起来，不是止渴，而是泼灭喉头的火，连卫生人员也大量喝起生水来。

旅卫生队七八个小鬼，多是十四五岁，腰间束条长皮带，军帽檐常是朝后，有的衣服盖住膝盖，显得太大了。绑腿布是一只紧，一只松。他们一个个爱喊爱跳，行军从不知累，敌机来了，又指又骂。因为缺水，他们把老乡装辣椒粉、留存菜籽用的空葫芦，用细竿儿挑在肩上，后面看像个卖药的小贩，前面看又是骑竹马的顽童。路边遇见了小渠水，趴下喝了，就把葫芦装满挑上走，真起了军水壶的作用。有个小鬼也好笑，边走边闹边喝，谁知仰起头喝了一口辣椒水，他辣得叫起来，引得大家笑他逗他。宣传科同志说，不要看人家满脸稚气，嘴角奶味未干，可人家是老资格哩！会补衣服，会打草鞋，会辨别子弹的方向，还敢捉俘虏呢。

由于他们走路不正规，贪耍爱打闹，看得人高兴，惹得带队的人讨厌。我羡慕他们精明活泼，有心走近卫生队问，这些少年，是从哪儿来的？怎么跟上部队的？没找到队长，只碰上一个大点的青年。他也说不清，只听队长说过，他们有的原是孤儿；有的因家里娃娃多，父母养活不起，咱军队过路硬跟上来的。那个脚有破伤的小鬼，是他哥在八路军，背着爸爸偷偷来部队寻哥哥，再动员也不回去了。看到他们对战地生活熟悉，活泼、机灵的样子，却不拿他们当娃娃看。对照我幼年在家乡时，农村少年，除了少数能上私塾识字，多数是跟父兄种地，或者是去地主家当童工谋生，不知外面的时事。今天，难怪他们调皮，他们获得自由了，不愁吃穿，见大世面，真该高兴。小小年纪，已经是打反动派的战士，是革命队伍的一员了！

水，如何保证烈日下每个战士喝上水，便成了营连干部头等紧迫的工作。晚上到一个山庄驻地，教导员、指导员，先巡查村子周围水窖，同当地群众商量，有计划地安排战士饮水，伙房做饭用水，以及战士烫脚水，而且亲手掌勺按人数分配。吃饭时，教导员对司务长说："分水，真成了政治工作。"

中午，真熬得走不动了，腿足发烧，脑涨，周身疲困，以至睡不着觉，预感着病的到来，没有一丝力气，什么也不能再干，只得忍耐着休息。

6 月 29 日　眼光要远大

生活艰苦对我们不在话下，从战士到干部，还有随军担架队，再辛苦、危险都不怕，因为有个共同的明确目标，就是一切为了保卫边区，为了早日收复延安。在撤离延安之前，经过七天战斗，杀伤了敌人五千余众，已经给敌人一个迎头痛击。而战士们和连排骨干，却不过瘾，总是耿耿于怀，对党中央、毛主席的战略计划，棋局步骤，是以后才逐渐明白的。

"七一"要到了，同志们更加怀念延安和党中央。毛主席、周副主席，是在我军主动撤出延安的前一天，3 月 18 日才率领中央直属机关撤离延安的。听说在退出延安之前，毛主席亲自给高级军事指挥员做工作，讲道理。毛主席说，我们经历长征的艰难困苦，好容易落脚延安，又同全边区的人民相处十多年，亲如一家，鱼水情深。我们干部、战士在这里开荒种地，劈山打窑洞，训练干部，学习马列主义，很多青年干部是喝延河水长大的。延安是解放区各抗日战场的指挥中心，延安是全国革命的灯塔，全世界都知道延安……

有的同志说：毛主席用辩证法观点把道理讲明白了，有曲才有伸，正是为了保卫延安，才暂时退出延安。因为真理是在我们这边，打的是正义战争，又有人民拥护，才有这欲擒先纵的胆略。

我们的眼光不单看到延安、边区这一点地方，我们还要看到全中国。我们决心打倒蒋介石，消灭胡宗南军队，以至于解放整个中国。毛主席分析了当时敌人进攻形势，是准备了很久，来势汹汹，人家集中了二十三四万人马，我们只有二万五千多人。人家枪炮好，有飞机，有给养，有火车，有汽车转运。蒋介石亲自督阵，特别爱多占地盘，爱背包袱等，我们边区人口少，条件是小米加步枪，我们不干硬碰硬的蠢事，光棍不吃眼下亏。我们有一条优越是敌人绝对没有的，就是全边区军民，上下一条心，同仇敌忾，人心所向，才是胜利的根本保证。

有亲自聆听过毛主席讲话的同志，还风趣地学湖南口音，泰然的语调，讲得大家乐哈哈笑声不止。这种喜悦的心情里包含着对胜利的坚定信念。

6月30日 多看多听多问

本来说要休息，一早起忽又行军，行动颇紧张。政治部的科长们去司令部开会，我觉得没有先向政治部主任了解情况，不能盲目跟上去。于是，心里感到不安。如果战斗行动起来，不知情况，那将怎样采访？怎样把人们所关心的大事报道出来呢？默默责备自己，主动了解情况，便于及时采访，是职责分内事，至于有什么特别机密处，领导自会有考虑的。其实，现在只有作战，再有什么内部情况呢？忽然想起记者的职业，不同于历史小说家，南斯拉夫某作家说：一个作家应该是沉默的，就像放在书架上他的著作一样沉默。而革命记者的职责是应该及时准确地将当前发生的、人们所最关注的大事报道出来，这就得多看多听多问，机敏地了解研究周围事态的脉搏，况且在生死拼搏的战地，岂能沉默！

行程已接近沙漠地带，大山退远了，只有一片长点蓬草的沙土梁，人家、庄稼都很少，群众储存的窖水，比粮食宝贵。这里是茫茫沙漠，皑皑雪白的盐海，六月天里，空气干燥得划根火柴就会燃烧，没有树，没有绿荫，没有水，天上少见云片，空中不见飞鸟，可真不是好玩的。炎夏行军，干渴，容易疲劳，而使人恼火的是到宿营地，刚睡不多时，就催着出发，吃的又是一盆白肉，厌腻透了，吃肉真成了苦差。

营连干部反映战士最不满意的是没打上仗。部队刚进入定边县境，宁夏马家，即马鸿逵敌军就往西转移，上级命令我军紧紧追击，只消灭些地方反动武装，跑路、干渴、辛辛苦苦，歼敌不多，仿佛大手面的商人没赚到大钱，很不服气。一个粗腰方脸的矮个战士，能猛冲敢打，平时表现好，竟然也公开说风凉话。

又：这次进军三边，狡猾的宁马军听风逃退，我们的战士和中下层指挥员窝一肚子气，但毕竟懂点辩证法，有说："胜负兵家常事，吃一堑，长一智。"再说这次同甘、宁、青马家军打交道，虽未按预计想法打狠，却仍有所得，即对马家军稍有认识，对他们不能单看落后的一面，认为封建武装腐败、装备陈旧。事实上，在陇东作战中，由于估计不准，就吃过一些亏的。敌人有意将民族心理和宗教观念纠结一起，再加上反动宣传。敌人从反面提醒了我们：任何时候，不能轻敌，正如一个营教导员说的："这次接触，真是一次实弹侦察，摸了点对手身上的体温热冷和骨节软硬。"又说他领会了一个道理：战略上藐视敌人绝不等于在战术上的轻忽。

7月1日 长城活了

"七一"是伟大光辉的日子，是党诞生26周年纪念日。在这塞上前线、长城脚下、辽阔草原上作战的部队，照样举行纪念大会。除了某旅向安边城攻击、前进，执行任务外，全纵队所有部队都会集到这里。当全副武装、神采健壮的劲旅，踏着胜利号声，进入标语牌林立的会场，一个方阵一个方阵就地坐下时，游云低飞，长风迅驰，似乎有意来听人民英雄的歌声，观看胜利者的风采。顿时，静悄悄的长城边，呈现出一片活跃气氛。会前，着布军装的某指挥员，穿行战士队列，检查、询问他们的武器。那一排由环县战斗中缴获的许多重武器，口径高扬，骄傲地蹲在解放军队列前。

二纵队司令员已提前到集合场附近，同围在身边的司、政、后各部门负责人及各旅长们高声交谈，时而四望，时而挥手东西指画。战士们望着司令员谈笑自若，又严肃又风趣的气概，心里有说不出的喜悦，好像从他那里能得来极大的力量，能得到很多很多智慧。当看到司令员健步走向高地，立即响起掌声。首长首先讲述我党26年来斗争的光辉历史，有胜利的和某些失利的经验教训。当讲到我们今天作战的现实任务和历史使命时，他号召人们要坚决为保卫延安，解放大西北，解放全中国，奋斗到底！掌声阵阵，口号四起，人民健儿的钢铁吼声，震动着暮色苍茫的长城内外，震荡在伟大祖国大西北高原的上空。

散会后，继续行军，耳边仍然震荡着刚才的雄壮歌声、口号声，大家都忘记了干渴和旅途疲劳，满腔充溢着驰骋祖国塞上的豪情。

沿着古长城行军，亲眼看到了雄伟的城墙，正像看祖国一部饱经风雨的古老历史。细草丛生，绿苔茸茸，一块砖，一块砖，向黄帝子孙们显示着古代劳动者的顽强意志和惊人智慧，深深感激祖先留给了我们太多太多的财富！

思索中，若有所悟：在老远的年代就有了战争，有入侵，有自卫，这长城就是见证。沿着长城线，使人想起著名的三关口，雁门关、张家口、居庸关、古北口、喜峰口及三海关等要隘，发生过多少次争夺搏斗，留下了多少历史故事。今天这革命的战争，中国人民解放军来到长城边，反击和讨伐蒋介石、胡宗南匪军的进犯，解救人民于水深火热，准备解放全中国的历史大进军，是旷世未有的义师壮举！有求解放争自由的人民和革命的军队形成的新的长城，一定能打垮以至消灭阻挡社会前进的反动势力。

7月2日 首长改稿

一早把部队在长城脚下纪念党的生日的新闻稿拿去送给司令员审阅，他把拿在手里正看的书放下，立即审阅。第一遍看完没说什么，他拿起笔伏身小炕桌上亲自修改，一句一字，反复推敲，想着，改着，低声商量着。常把改了的字再涂，精心琢磨了一个钟头，饭都凉了。我注意他增删的字句，意在使新闻内容更全面，又要避免文字冗长。虽然他在内容上照顾的方面很多，却表述、修辞准确清晰。我深深体会到领导同志对新闻报道的重视，其严肃不苟的作风，对我教育很深。

他修改完了，嘱咐文字上再加修正。我领悟他的意思，即要多用心思加工，便拿到政治部宣传部清抄了，再去送审。他虽然参加会议，又拿起笔细致改一遍，约半个钟头。我内心很不安，觉得让首长花费了太多精力。

回来再誊清了第二遍，仔细琢磨增删、修改几处，深深觉得要写好一篇新闻实非易事，不能以自己文字能力笨拙，而自我原谅。应该认真考虑今后如何多花工夫，多了解情况，多琢磨，多修改，多和人家商量，再补充，再对证，使稿子反映的内容深些、准些。文章没有巧功夫，只要肯下功夫，这才是自古有才华作家的必经路子。所谓一挥而就，倚马可待的奇才，所谓得来全不费功夫者，不过是读破万卷书、寒窗多少年的成效罢了。国外一名作家谈他的经验是：他的写作平均 4 个字要修改过 3 个字，也许是夸大其词。连托尔斯泰这样的艺术大师，在长篇巨著中有的章节要改过多少次以至重写，更何况我们呢？

连续行军，外衣脏了，衬衣臭了。没有水洗，也没有时间洗。自己走近人家颇不好意思，想洗，又没有肥皂。有什么难为情的，由于缺水，大家彼此都差不多，不是不愿意讲卫生。

到前线，已一个多月了，实在没有做多少事情，写稿不多，心里有点愧。不过这些时间，由于马家敌军逃窜得快，我们追着，打着，跑路很多，真正打仗打得少。就个人说，这多日长途行军生活，对于锻炼自己，认识自己的军队，收获确很大。

预计，部队在安边将休整几天。

7月3日　蘸笔尖和“土墨水”

昨日，忽接西北野战军总政治部来信，调伟明同志回去(他是新华总社派随军采访最早的记者)。我将信交纵队司令员，辞出后，给伟明同志写了一封信，希望他离开前线之前，再谈谈有关采访的事。

上午，写完《宁夏罪人——马鸿逵》一稿，衣服已臭得要命，虽然疲倦，还得去洗。水井30丈深，没有大脸盆，没有肥皂，马马虎虎洗了一阵，军衣下角被蓝墨水染得一片没有洗掉。有同志说：你的“墨水”多呀！我听了，感到话味有同情也夹嘲讽。行军哪有水笔，只带几个蘸笔尖，写字时，扎在筷子头上，墨水是用洋蓝加白矾自己化合的，墨水瓶用绳子系在挂包上，跑路快了还要溢出来，怎能不染衣服。这还是小事，最发愁的是稿纸装在布挂包里，四角卷起，被揉成千层软饼，曾想象，何时能有个硬皮挂包，使稿纸平展地放在里面，那要比和平时期机关的桌案美气多少倍呢！暂时无从得到，不要紧，关键在于笔锋上要有激情，手头有材料。

下午参加宣传股长会，听出一些材料，继续引我注意关于宣传工作者在前线活动的经验。团上的同志谈了些具体事例，也只是个别的，很零碎，于是又想到采访上的矛盾，要得到具体材料，顶好深入到团里、连里去，但相互驻地较远，一去得好几天，可能会耽误对于全面情况的了解。若留在上层，想写的题目就难有具体东西，矛盾如何解决，需要相时机安排。

晚上，草拟了《战斗在前线的宣传工作者》一稿，写好后再看，觉得材料仍显单薄，因此留下暂不发送。

7月4日 勇于做好自己的工作

今天，听旅政委传达晋绥高干建军会议的决议和精神，报道一些土地革命及阶级现况，党、政府的政策和军队对地方工作的任务等，特别强调建军与建设根据地二者不可分开，要求军队要做群众工作，参加土地改革工作，不仅为帮助贫苦农民翻身，而且也为加强部队为群众着想的观念。

会未听完，伟明同志来找，他将回新华总社，并说留我们几个负责二纵队的报道。我心想，他这一走，这里的采访报道工作将会减弱，可是又一想，自己是共产党员，要有信心，要敢于独立工作，学会接触各样的人，多同部队政治、宣传干部请教商量，及时了解新情况，把自己的工作任务做好。想起我们几个青年记者曾这样相互鼓励过：若你真正是一个斗士，在历史较量面前，特别在锋刃冲刺的疆场，应当以大无畏的气概，勇于做好自己的工作，对任务不允许有倏忽间的懈怠，在困难面前的畏惧是懦弱。

晚上为前线分社老胡写信，附寄一些材料。

7月5日 让他睡够

今早去送伟明几个同志回前线总政治部，临别时心里有一股留恋深情。其实，私人之谊，交往时间不长，总觉得多些人商量，互相帮助，工作成效会好些，况且，伟明同志善于活动，对于部队采访有更多的经验。

早饭后，去一个团采访，很意外，人家转移走了，只好向推测的方向再走。又走了几里，看见树下一堆人开会，满以为找到了，谁料又不是。此时已是又倦又渴，若往前走，前边的村子还很远；不走，已走的路程就白跑了。于是咬牙继续走，总算找到了。团里负责人不在，参谋什么情况也不谈，只说："你到那一营去"，便命他的文书写了介绍信。确是累了，坐下休息，约了组织股长谈了一些解放兵的情况。饭后，就去三营，正是午睡时间。教导员被叫醒了，他翻起身来看了介绍信，别的没说，只简单一句："你先睡觉休息吧！"他像墙塌一样又跌倒睡了。我也只得躺下来，实在想歇歇。因为心里有事，稍合了眼便醒了，自己着急，却不好喊醒他。不用说他一定是太疲困了，让好好睡个够吧。在战地，谁知那时候又是几日几夜，不得打盹，我同情他，等他醒来再谈。不多时，他一睁开眼，看见我已坐起来等他，仿佛不好意思，便开始谈话。起初，他一点半点地说，似乎要往连上推。问问说说，慢慢谈热了，他从挂包里拿出一沓材料，认真地搬出货色来，说得流利、系统。当我要到某连去时，他愿意亲自陪我，气氛活，成了朋友。他叙述自己学习文化的离奇经过，使我明显体验到部队不少老革命同志，见人不浮言俗语地应酬，可是正式谈起来，他们却诚恳，真有东西，经验丰富，说得有声有色，痛快淋漓。人熟了又好耍好闹，闲谈加笑骂，我虽然不习惯，却并不以为粗蛮，反而觉得亲热诚实，显出坦荡、豪爽的性格。

在流沙滚滚的地方，吃顿面条，胜似城里一顿酒宴。天快黄昏，又要赶回旅部。一出村就没有一条明显的路，一片茫茫黄沙，只有零散草枝，随风摇头，一望无际的沙梁，似海面上接连翻涌来的巨浪。沙滩，也许是东风有意，轻轻卷成一道道一缕缕如海边浅滩上的粼粼细波，像铺开的条子布，是否可比它作“吹皱一江春水”。可惜天要黑了，一个人走，顾不得看这个关中平原上想象不到的景色。越走越急，前面看不见村庄，后面的村庄早已悄悄地躲藏在暮霭里，一片空旷寂静，似乎有意威胁着单身行人。

7月6日 长城誓师

早起，行军前，我陪记者韦明同志去向纵队首长辞行，因他要回总部，特请司令员谈有关今后新闻报道的意见。

司令员先从新闻报道注意这次保卫延安的特点说起。陕北这个战场，地区广，人口少,经济贫困,部队比胡宗南进犯来的军队少得不可比,我们一个战士抗击敌人十个。可是这里是党中央、毛主席直接领导，延安圣地又为国内外瞩目，战略格局，战斗胜负，进退曲折，都会牵动多少人的关注……希望总社处理新闻时能注意这里的特点。

他认为二纵队只是西北野战军部队之一，记者光写战报消息还不够，应当多研究一些问题，一个运动的过程。对成绩要表扬，对光明要讴歌，对工作缺点甚至消极的东西，也要检查。看光明要深入，不能只看表面现象。所谓黑暗，就革命队伍说是指工作问题，思想问题。不是消极暴露，而要做研究，具体分析，对症下药。批评既要有满腔热情，又要严肃地提出要求，争取及时改正。比如目前纪律检查，固然犯纪律事多，不能消极地责怪，问题在于怎么对待。应该看到这种严格检查的行动，自觉认识和克服缺点，也只有我们党领导的人民军队才可能，这种批评也正表现了革命队伍特有的品格。在报道方法上，他说：于消息之外，还可以写短评、通讯、报告之类，报道要思想性强些，要能反映事物的内在本质……正谈中，另有同志来，估计司令员他们要开会，我们便告辞了。

他的一番话，对观察问题、采访写作极重要。自己却没有经心研究什么问题，得到几个事例就想写，也没有注意综合分析，由表及里，更深一层地去认识。如前几次写作，偏重了文字的推敲，而忽视了一些实质的东西。

为干粮不坏，把饼子切碎晒起来，同炒面装在一起，三四斤。为行军防空，每个人又用树枝、草叶编了伪装帽，各式各样的，有人编成工艺品，像个绿色花冠。精壮的青年战士把他们编制的这些戴在头上，浓眉大眼，庄严威武，真漂亮。这使人联想起外国油画里古代的高冠将军、王子、长羽翎骑士。他们的妈妈若看见他们这副俊俏的英姿，一定会摸前胸摸后背，乐得合不拢口，骄傲得不得了呢。

下午四时部队向西北沙原进发。斜阳炎烈，掠过长城吹来的风带着凉意。南望一片茫茫草原，北望是一条东不见头，西不见尾，横卧在祖国北方的巨龙——历代古长城。长城外一片淡黄沙漠，浩浩队列越过城垛，队伍几面涌来，人声喧噪，使数千年沉睡的老城垣，焕出了生命的活力。

黄昏，队伍聚歇在长城北侧，就长满甜甘草的平摊，围绕着一个小丘，环坐成扇形。纵队指挥员訾师讲话，他说我们的队伍，就是人民的活长城，说我们人民解放军战在西北长城城头，战在东南海边，战在东北森林雪原，解放军在全国无处不有，无处不打胜仗。

他引用毛主席诗词中的名句：“不到长城非好汉。”他以最强音鼓动大家说：我们已经到了长城，个个都是英雄好汉，无产阶级的好汉，消灭蒋、马、胡匪帮的好汉，将来是解放全中国的好汉。建立了新中国之后，我们又是保卫祖国安全、革命成果的钢铁长城……所有指战员精神振奋，情绪活跃，人人心里充满了夺取胜利的信心。这时，夕阳已落入沙原线下，余晖染得长城紫黑而青暗。

“大漠风尘日色昏，红旗半卷出辕门。”夜幕初笼，队伍疾步奔赴定边城。直至月亮东升，一行行人影飞驰在沙丘上，沙尘飞扬浮动，似乎想淹没月亮。

随大军踏着细沙前进，我同不少人一样，又回头望着长城，心里想，一个青年，一个共产党员，在这场战争，是否起到一块砖一粒沙的作用？

7月7日 战士也爱美

破晓，城南炮声轰响，虽被惊醒，得知是某部演习，遂又放心睡去。

早饭后，通过客栈林立的定边东关进城。东西大街宽展，商店成排，四通八达的街中心矗立着钟楼，小摊贩夹道，行人喧闹，广袤的沙原有如此闹市，原来没想到。

顺便去前总政治部与刘祖春同志谈了工作，又看了其他同志的稿子。记者戈壁舟同志写的通讯《救护灯》，是报道医务人员在战地临时救护伤员的情景，描写细致、深入。戈谦虚，说他写稿慢，总是先打腹稿，初稿修改誊清，反复琢磨，改三四次才出手。这正是实在的经验。他是写诗的，四川人，善于形象思维，他的诗，句子锤炼得精短，又不似中国古诗，独具风格。

当返回二纵队时，路过街头买了一条肥皂、一把牙刷，虽有卖鞋的，但未买，因为边区人民全力支援前线，密针细线做的拥军鞋，黑布面，白底子，很结实，也合脚，源源不断送来部队，战士真不缺鞋穿。有的人爱用布条编的鞋，说走山路不滑，过水不用脱，轻便爽利。有人会编织，蓝布底，白鞋帮，鞋头扎一束绒线球，系一朵红菊花，走起路来随着脚步跳动，吸引了多少同伴的视线。战士也爱美，行军中常喜欢说在家乡妈妈姐姐做的鞋，底子上扎有花草，有的夸说丈母娘偏心，给女婿做的是红夹心云子鞋。

下午，传来收复盐池县捷报，大家互相庆贺(自今年3月23日马鸿逵等侵占至今刚刚3个半月)。敌人既扰又逃，我们经常请命争打头阵的连队和战士，没打上大仗，心里总不过瘾，很不甘心。

7月9日　沙漠托绿洲

正是盛夏，烈日下行军，战士休息不好。

昨日天未明，又行军，转回原地驻扎。经过沙漠地，风扬起细沙，似有意追扑、击打行人的后脑，飞进耳孔、口腔、脖子、领口及衣服褶皱里，到处是沙尘，牙齿也不敢动，一说话就咯吱咯吱响。等天灰亮的时候，看见风在大路上张起了沙的帷幔，从人和人的间隔中散落着，弥漫飘飞，戏弄得人睁不开眼睛。

因为没有吃饭、喝水，一直到十一时才驻下。老乡都不见了，连一滴水也无处找，只得睡。不久就被喉咙的火苗冲醒来，到伙房看看人都在睡，横三竖四，毫无起灶的迹象，后来找得一缸凉水，如同滴滴甘露，像数珍珠一样喝了。

昨下午没办什么事，晚上看了几篇部队通讯员送的稿子，多是原则道理，具体内容少，从而意识到别人的缺点，也正是自己的镜子。

中午赶到刚刚收复的安边城，蹚过黄沙茫茫的旷野，远远望见一片绿洲，林密叶茂，房子和空气在树木笼荫下被烘托得绿莹莹的，风景颇好。走进城，东西街道宽阔，店铺整齐，柳树成行，在干渴的行人眼里，看见房子、窗口上下左右，都掩映在绿莹莹的树枝绿叶中，连空气似乎也是绿的，若扬手抓一把，也许手掌里会染上一层绿色的粉屑，感到分外清凉、滋润、轻舒。

吃过饭，稍歇息之后，便找寻到一个老人，姓白，五十多岁。说起安边、定边这一带，在1936年夏天早解放过，属咱陕甘宁边区三边专署管辖。群众安宁种地，过着和平的日子。可是今年4月(1947年春)，宁夏马鸿逵、胡宗南进攻延安时，趁火打劫，强占了三边几个县。老汉说："现在好了，把马家贼军赶走，咱这北方又回到老边区了。"又叮咛我向部队首长反映群众的心愿，"咱们解放军这次要守住，绝不能远走了，马家军再跑过来，老百姓可真活不了，抢东西，又杀人，说婆姨娃娃都是共产党，对谁也不会饶的。"

下午，去司令员处谈十日休息中怎么活动的情况。他说主要是整顿群众纪律，特别提示，整顿纪律一定要从群众利益出发，真正不好的可以批评，相信犯纪律的同志大多数是可以改好的，对于典型的事例要公布，要让大家知道遵守群众纪律的重要性。

顺便参加了研究地形的干部会。和他们一起巡视城垛，观察马匪军的护城工事。看完后，大家在北城角上集合，司令员先设几种情况，出了题目，让大家研究下一步如何打法，人力火力如何组织、配备。他说："敌人的工事应先看其优点，人家说我们攻城不行，我们要学习，一定能打好。"这对我添了作战的知识，同时也捉住了些战场报道的线索。

7月10日 聪慧的指导员

下午，到××团采访，他们驻西园子，沙道两旁，多是菜园围着墙垣。在小村庄相望不远处，走进一家院子，平房，雕花隔板门，正屋有精雕细刻的神楼子，紫红油漆桌椅，房屋用具古色古香。主人是地主，老两口无儿女，故平时大吃大用，每天要吸到一两大烟，似乎要在死之前，把财产全吞进肚子才甘心。

为了解有关群众纪律问题，晚上同五连指导员谈了很久。这位指导员宽肩大膀，不到25岁，漂亮的圆脸上那对眼睛似乎会说话，睫毛一闪显露出满脑子的主张，看上去聪慧精明。对于他的连队，他几乎对每个战士都那么熟悉，人的特性、文化程度、家庭状况、在战斗中的特长和表现，平时谁容易违反纪律，他心里都有谱。用他的话说，是心里一本账，手掌一群相，一伸手，似乎就可以看见每个人的影像。我若是他的一名部下，一定要学到他精干的办事本领。

说到深夜，我以欣赏的心情，问他经历，只说是晋南人，自幼参军的，跟部队已七年了，部队就是自己的家。要睡时，才知道他们对我客气，把毯子早铺在一副棺材底板上。约二寸厚的柏木板，截得很整齐。忽地想起这是不是犯群众纪律？乱拉人家寿木，主人一定不会高兴。可是不好意思再问指导员，自己心里想得有趣，一个年轻轻的人，就提前要睡寿木板了。独自发笑，当然不可向指导员说出，因为察觉到，指导员的行军背包，原来正是铺在这寿木板上面的，今晚让我睡，不能不说是对客人的优待。

7月11日　再遇敌机扫射

上午，由西门回来，看见许多大商店的房子被敌人烧塌了，墙头上留着火烧过焦黑的印痕。

一进城，就听到警报，两架敌机飞得真低，几乎要擦过屋檐，钻进门窗来。叭叭一阵扫射，屋瓦震响，显得特别凶狂，幸好没有伤着人。

上午连队军事演习，下午又讲政治课，没能找得谈话机会。

下午巧遇杜鹏程同志和孙炳先同志。孙炳先身体结实魁梧，军装整齐，风尘仆仆，却满面喜悦。我和老杜从延安转移北上后，在安塞山沟里编报。在敌人进犯之前，老孙在真武洞主持安塞县唯一的小学，我也在县上工作，彼此一星期要见几次。想不到他在延安时调往南去的人，却到了部队，随军做群众工作，我们都卷进了战争生活，各自对于人生、革命似有新的理解。今日竟然在狼烟弥漫的塞上沙滩相逢了，说话的题目跟在和平的日子里完全不同了。战争影响着人，使多少人分别，又使多少人相聚、相遇，真是传奇。我们依依恋恋，并肩在街上走了几圈，因为各有任务，便握手鼓励，匆匆各奔东西，而他们的韩城家乡口音，仍然颤动着我的耳膜。

晚上十二点前，孙即随军出发了，我们这部分还在休息。我在灯下翻看《时与潮》，其中一篇《铁托元帅访问记》，虽然几百字，从侧面写铁托，根本没提一句访问的两小时所谈的世界大事，却生动明了地给人一个无产阶级革命家的形象。这样写法对国际问题专家或者历史家都不一定能够满足，因为没有多少正面材料，简笔勾勒，有漫画速写像的意趣，读起来耐人寻味，留着再读，或者有助于医治只会生硬堆积材料、常见叙事的毛病。

7月13日 念慕情深

一个人活动，又忙又乱，连自己的许多事都忘记了，很多天没拿出李君的相片看，今早翻书看见几段外国作家的情书，便想起她了，可是一摸相片不见了，周身找遍都没有，立即泛起惭愧之意。找来找去，结果找到了。正面、侧面反复端详，仿佛多看看相片，就能减少一份歉意。

和李君婚后不久，我经党组织从国民党统治区调回延安。因为家乡有高龄双亲，既无兄弟照管，我又不能留在他们身边，只有将李君留在家乡。婚后一别六年，未通消息，到1946年春，是党的地下组织帮助，通过国民党封锁区的林立碉堡，她突然来到了延安清凉山，似乎从天上掉到我面前一般找到了我。她不单是找到了我，如她自己说的："进了咱边区也算走上革命了。"延安保卫战开始了，我被派来前线工作，她随后方机关，目前不知转移到哪里？不见转信来，不过随机关行动，能做点事，有同志照顾，生活会安全，使人放心。在这炮火连天的环境，她奔忙、经受磨炼，也许顾不及再伤心她两年前因肺炎夭亡的六岁女儿吧。李君从安定的家庭初次到战地，需要精神上的安慰和鼓励。

新闻、通讯写起了，拿去给司令员看，他批示叫在部队某油印刊物上刊登那篇杂谈。

睡到凌晨两点，旅政治部贺主任叫我去看演习。穿过钟楼出城，城上"守敌"(假设)已灯火闪耀，至城外西北角400米处，发现黑暗中有绿灯，正是指挥所，旅长正向各团打电话下令指挥。

我蹲在交通沟里，脚下的沙凉得像冰板，人们低声说着话，但驮炮的骡子却彼此呼应，叫个不住。参谋长骂着马夫，马夫使劲往下压骡子的头。

冲锋号响，各团信号灯闪亮，炸药、各样炮怒吼起来，一片轰隆声，震耳欲聋。约晨四点，把全城占领了。我随指挥员上了城，看最先登上城的战士在抢修工事及进行紧张的巷战。演习结束时，司令员讲话，天已大明了。

7月14日 见到醋够稀罕

一为防空，二为看老杜，清早出东门去海源部（代号），也想找个安静地方睡觉。边走路边看书，又连问了几个村都不是该部，走到时已是上午九点。

因避飞机，进了人称二寡妇的家。主人热情地招呼我和老杜，她硬给我们做白面，只得吃点。她三十岁上守寡，三个儿子，从没有过土地房子。去年分得十八垧地（一垧约三亩），她控诉今年马家军打来时，地主猖狂，又往回收土地，可是她相信解放军会来的，将地约深深埋藏在地下，等待着。

下午，到东滩区政府，了解关于把土地交还农民的事。又到反动坐探陈俊山家中，庄院阔气，有花坛，有客厅，字画满壁。看到他几件来往信件，多系国民党河南省特务要人的名字。听说他是日本留学生，家有些存书，想借几本看，其父不肯。他虽满面丧气（儿子在政府扣押），在勉强的微笑后面，显露出对我们切齿之恨。他的妹夫系一商人，叹气说："把书念那么多，念成这地步。"我说："念书要看干什么事，能办好事才对。"那商人立即接口说："他读书没用对。"从这家出来，我碰见一位团政治处干事，他是专了解地方社会情况的，便问他，这家人为啥没有逃避？他说："这家人儿子已经扣起来了，其他人逃不逃不关紧要，他们知道解放军来了政策是宽大的。"

赶了十五里路，天黄昏返回城，先去县政府访问，因为白天地方负责人都忙，不好办事。和县委书记开始谈话的时候，可巧晚饭端来了，白面条、有猪油和酸醋，吃饭有酸醋是平常事，可在行军中，我们经常吃炒面、干粮，见到醋够稀罕了。

晚上部队看戏，山西中路梆子，我赶写新闻，没有去，腿脚跑困了，仍然睡得很迟。听看完戏的人说：老剧团，只能演老故事，不过战士中山西人多，家乡梆子，锣鼓响亮，腔调熟悉，大家高兴。

7月15日 洗衣剃头 "清福双临"

新闻写完，今天才得有点空闲，去井台打水洗衣服。内外上下的衣服全洗了，又剃了光头，分外清爽。有人说：你今天是"清福双临"。当剃头时，心想这时可不能碰上敌机干扰，若刚剃到一半，敌人飞机来了，才有意思。这不是笑话，已发生过多少次，有一个战士头发刚剃了两刀，就紧急集合出发上山了。还有一个部队在转移，到一个村头歇下，伙房把肉煮到锅里，有人故意说：看敌机炸弹掉到锅里，就吃不成了。天下事有时真稀奇到令人难以相信的程度，果然话刚说完，竟有敌机来捣乱，只得匆忙转移。炸弹没掉到肉锅里，至少没及时吃上肉。

下午，把夹裤子拿到街上，想换一双鞋，但到处没有，碰到的妇女，多被大烟熏得面色油青，只好冒小雨将原物带回来，心里仍然在想有一双合脚的鞋。

晚上看一个作家写的《生长在战斗中》，系抗战初期，作家战地访问团丛书。虽然所写的事件已与目前无关，由于对生活观察细微，文字写得很有特点。

夜雨簌簌，格外清爽。

7月16日 看连队做游戏

早晨听了一个钟头报告，竟避了四次敌机。一次在教室(安边县城完小)等了半天，前总参谋长刚开口讲，就响了警报；第二次未集合就又受到干扰；然后又跑了第三次、第四次，最后集合才结束了讲话。

为转稿子，到前总部找副政委，遇见某旅长叫我吃饭(原是旅部请客)，推谢了。封好稿子，就去司令员秘书那里，人不在，只好又去找副政委，为避免人家见了我要添碗加筷子的麻烦，曾犹豫了几次，觉得稿子应当尽快转走，最后还是去了。喝几杯酒，吃几箸菜，他们见了记者，谈开诗人豪酒等细事，以及灵感之类，一点不客套，却是十分诚实，不是探讨，也不是戏语。听他们边吃边说，精神畅旺，性格豪爽，看到革命军队中级指挥员的气概，乐观、豪放，仍然保持着中国劳动人民的朴质强悍的特征。

我修罢鞋子，就去某连队看看他们的生活。正遇上他们集体点名和游戏，滑稽有趣，逗得满场哄笑，气氛活跃。有的唱一段地方曲子，有的出个谜语叫人猜。一个方脸盘，两腮胡楂子的人，近40岁，他说是甘肃一个镇上的工人，正月十五给儿子娶媳妇，半路上遇到一股马家军队，吓得接亲的、送女的男人们都怕抓壮丁全跑散了，剩下媳妇和几个女人，叫这一帮兵痞围着戏辱，还要拉回军营去。新媳妇又哭又喊，叫一声："表哥快救命！"领队的排长回头一看，这媳妇原是他二姨的小女儿吉花，弄得排长破口大骂，叫兄弟们放手，这才免遭污辱。

一个年轻一点的战士，圆脸，活泼，人都爱逗他耍，突然站起身开口了，他说："要我说笑话有的是，现在我只说我自己。我死过两次，你们爱信不信！"头一次是被拉壮丁，从家临走时，老母亲悄悄对我说："娃，你熬不住了就往你姑家跑……"这话被押兵人听见了，向长官告了密。入伍没两天，我那抽大烟的连长集合队伍惩罚我，说我要逃跑，当场就把我打昏迷了。等我醒来，才发现躺在一个黑房子地上，浑身疼得不能动，真想死了就算了，又想起老妈在家里等自己回去哩，这就忍着活下去。今年一开春被推来进攻边区了。第二次，就是这次当俘虏。刚交枪时，心想"这一下非挨刀不可，谁知当俘虏才真有了活路……"另一个战士插了一句："只要火线上不死，仗打胜了，可以回家看你妈了。"说得大家都笑，从他们脸上的表情看，这笑里含着"希望"。

游戏快收场时，有个原是马家军中的连文书，当场念了两句快书：

马鸿逵、马步芳，土皇帝，地主王，

眼馋老蒋攻延安，做梦趁火打个便宜仗。

他的兵，不敢上，长官后面手枪晃。

看见百姓如虎狼，见了解放军，下跪求饶喊爷娘。

这些解放战士经过一段新的生活，懂得一些政策，有的已没什么大顾虑了。他们原是穷苦出身的农民，被抓丁，甚至是用绳索拉来打仗的。在吃饭、生活习惯上，就战地的条件，尽量照顾。有的提出要早些参加作战，把枪口掉过头去，打胡宗南。我看在眼里，心在盘算，试试写篇“解放连一夕”，反映他们过去在马匪军当兵的奴隶状况，表现我们对待俘虏政策的力量。

7月17日　去找吴满友

今早本想到团上去看看战士生活，去找 × 连驻的地方，他们却已转移走了，就去纵队政治部找吴满友，商量为解放营讲话的事。先给他谈了宁夏马匪军的情况，我又跑去解放营告诉营指导员，他也约定下午饭后集合队伍。

吴满友，谁都知道是边区吴家枣园的农民，大生产运动中的劳动模范。延安保卫战开始后，即随军参加二纵队政治部民运工作。想等着看吴满友讲话的活动，便留在家里修改《解放连一夕》的初稿，又看了一篇记日俘虏男君的文章，材料不多，可是写得生动真实，从中感到，写东西要剪裁，要善于分析、组织、融化素材。难怪有同志说我前几次写的东西，只是材料，不够什么成品。于是在写解放连时，的确舍弃了许多材料，显得文字不臃肿。

写完稿，拿起文艺杂志一卷三期，第一篇就是《我看到了毛主席》。作者深刻的观察力、想象力，对毛主席的理解及文字的精致，把我迷住了。我读了两遍，写得真好，觉得作者刻画毛主席这个伟大人物，从品格到音容笑貌，表现得深切、形象、准确。文章写到这种适宜的程度，切实感叹作者的思想水平和艺术手法的技巧。在这严峻搏斗的战地，读到这篇文章，犹如看见了正在帷幄运筹千里的毛主席，感到特别亲切。

晚饭后，去找吴满友，他已被请走了。我赶到解放营时，他已开始向队伍讲话了。吴满友的讲话，有许多时事材料，还有军事术语，把解放兵都惊住了，认为一个种庄稼的人，知道的事儿真不少。

晚上，伏在一个老乡家炕沿上，赶抄一些写作手法好的文章，仿佛抄在小本上，就已经学来了写作技术似的。一个人悄悄笑，写作技巧不是三日两夜就能提高，与观察问题、思维方法和分析提炼都分不开，若对事物认识不清楚，在文字上怎能表达得切当。

7月18日 带兵先带思想

趁部队休息，我去某团政治处了解战士思想教育的经验。各连说的做法都差不多，多是开会讲道理，个别谈话，似乎都是一谈思想便通，使人感到思想工作很容易，汇报的方法也成了公式，原则加例子。会上只有一个指导员讲到了工作难做的一面，我感到他说的是实在话，散会后，便跟他到二连。

回到连部，都在午睡，我也困倦，便躺倒先睡。时近三点，我将这位罗指导员从酣睡中叫醒，有意多说些战士思想工作不易做的例子，他谈得很认真。

“汇报会上，人家把战士的思想教育说得那么轻便，叫领导愿听。我不相信。他们说的是表面的话，我们的战士，从政治觉悟素质说，确是好的，自觉革命守纪律的，若要解决某些个人思想深处的疙瘩可不那么简单。有个战士，打仗勇敢，到了休歇下来，情绪犹豫不安，似有什么心事。我同连长都问过他，也不肯说。时间长了，个别同他谈心，才发现，他看到《晋绥日报》上关于晋绥土改中一些斗地主恶霸的做法，便想起他舅父家土改不是定地主就是富农，担心遭斗。他解释说，按剥削说，他家虽然富有，但不是恶霸，按政策界限可以划开。按个人感情说，担心他舅父熬不过斗争……我听他说的真心话，向他解释政策，说明剥削与恶霸行为有区别，土改可按实际情况区分对待，不会冤屈他舅父家，他仍然半信半疑。过些天，新的《晋绥日报》上登有纠正过去左的做法的消息，拿给他看，又交谈认识，才使这个战士具体理解和相信党的土改政策。”

正说着，二连张连长来了。他宽肩大膀、敦厚结实，见了我和指导员，一边解开皮带，一边心直口快地说：“咱们的战士听话，好带，可思想上的事儿也多。在平时，这事，那事，叫人心急，生气，可是，一打起仗来，一心一意听指挥，往前冲像老虎，啥毛病都没有了。若到停下来休息，事儿又来了，什么张三家来信说困难了，李四在老家的媳妇不稳固了，王麻子又嫌伙食不好，吵架了，什么班长的态度生硬了……光这些婆婆妈妈的事儿，指导员就够忙了……”

指导员也说：“说咱的兵难带，却会讲民主。干部不能当兵老爷，事事要带头，冲锋在前，享受在后，更不能只下命令，况且我军许多规定，不许军阀主义，要细致把思想工作做到家，使战士自觉接受党的意志。做人的工作，不能空讲道理，其中学问大着哩！”

接着有人来找罗指导员商量事情，虽然我们只是粗粗谈了一点，留给我的印象是，这个连的领导比较具体地抓了思想工作，不是一般化地传达任务，空讲原则，能接触战士的思想实际。可见战士们说得对，连领导是指挥打仗的，也是帮大家思想开窍的朋友、兄长。

晚饭后，跟连上去演习。弯腰前进，接近“敌人”，穿行交通壕，通过敌人外壕。战士在修筑工事，我在工事边上看，等着战斗行动。攻击号响了，信号灯亮了，又通过开通地段继续前进到城下，遂跟他们登云梯爬上城垛。这是我第一次爬云梯，上到一半就觉得梯子摇晃太大，仿佛要倒下来，我的心似乎已经掉下城壕了。因为头上脚下都是战士，自己壮胆，用力爬到了城上。我们沿着街巷顺墙前行，战士一面作业，一面巷战前进。这是演习，毕竟头上没有敌人的子弹乱飞，若是真枪实弹，也许怕，也许逼得更勇敢。

7月20日　倔连长

到某连去交谈指挥员工作方法，却碰到团政治处主任也来了，顺便向我介绍这个连的连长与指导员的情况。连长是长征过来的，又经过南下北返的老资格，但文化低，提高慢，脸黑，力大，说话冲，好话也像训人。他曾因军阀习气而受过处罚，现在脾气还是怪得很，看见指导员一点毛病，便不高兴，既不提出批评，又不商量工作，有时故意闹些对立，使得年轻的指导员不好工作，为难，自卑，遂向营部提出要求调动。团政治部主任先后来几次，正是为帮助解决这两个人的关系疙瘩。了解双方一些情况，并请两人当面说，发言中互相提出批评，也提出对方的长处。事情本可以结束，却又节外生枝，连长说在定边演习时，指导员跟在他后面像是怕他开小差，且张口大骂：“老子革命多年，雪山草地、大战小战都经过，身上的枪眼还在，参加的战斗比你识得字数多，娘的，现在能动摇？……”团主任再三解释并严肃责备，他竟无理地说：“不管谁对谁不对，我不干了。”当严厉批评他的原则错误时，他脑子还是糊涂着坚持什么：“没能力，干不下，当伙夫马夫去。”说得谁也下不了台，连本想与他合作的指导员，也丧失了与他改善关系的信心。

为调节他们的隔阂，由上午谈到下午。我虽然没有访得要知道的材料，而这位怪脾气的连长，却给人以强烈的印象。对于认识了解部队某些老资格干部，还是有益处的。

我联想起有关苏联卫国战争所演出的一个叫《前线》的剧中，斯大林严厉批评了戈尔洛夫这个典型人物。他参加革命多年，立场是坚定的，就是不肯学习，不肯进步，主要是自己不觉悟，不努力。从组织上说，平时对这些同志的帮助教育少，也是有责任的吧。我记得在延安时，党中央的《解放日报》为介绍《前线》这本戏，发表社论以教育全党干部。

可是，战士们心里清楚，公正评价说，指导员年轻，有文化、精明、能干。说到这位连长，还是一位好同志。公认他革命坚决，打仗勇敢，对战士固然脾气倔，可有好心，常常晚上替战士盖被子，到宿营地督促洗脚，还给小鬼补衣服。大家所不赞成的是同指导员不合作，闹情绪，对于搞好全连工作不利。

回到城里，本想继续给李君写信，的确疲劳不堪，没有写。为了赶时间，还是硬支撑着写了一篇反映连队生活的短通讯。

7月21日　前边的人牺牲了，后边立即补上去

清早发了稿，同某团一指导员说话，他发现培养、提高、使用积极分子的做法与经验，是政治工作极重要的一项，在作战部队显得更迫切。积极分子群，既是打仗时冲锋陷阵的骨干，又是选拔基层指挥人才二梯队三梯队的源泉。我看见过在猛攻的紧急关头，排长牺牲了，班长当场顶上去，班长牺牲了，副班长或强干的战士立即补上去，阵容不乱，继续带领战士组织火力，指挥战斗，不歇气地压倒敌人以至解决了战斗。团政治处重视这类经验，是十分有道理的。

午睡起来，各班活动忙，我便闲下来，提笔给李君写信，告诉她我们部队的生活情况，同战士接触中思想上的收获。觉得最动人心弦的是：我们所追求的革命事业，争取人人平等，过上和平、幸福生活的意志，生动地、具体地、真实地活跃在一个个干部、一个个普通战士以及马夫伙夫同志中。在行军作战、火线指挥、争夺胜利的生死关头，在同志相处的日常生活中，表现出高尚的气质。政治热情和观念的东西，通过具体的人，化作能看得见摸得着的有光彩有形象的东西。这是不是叫精神变物质，理论通过有思想的人产生改造世界的力量。脑子里要说的话很多，但刚写了几句，听见指导员叫司务长准备驮架，我明白部队要行动了，立即跑回所在的机关，收拾好行李。拾到一本苏联英雄故事，却看不进去，躺下又睡不着，心绪处在整装待发的兴奋之中，时间白白地过去了，什么也干不成。

7月22日 挥戈指向榆林

昨夜离开安边时，不是留恋，而是觉得安边有些东西应该采访，自己几乎是有意忽误过去了。当时只看到城里的烟民多，脸色又黄又青的妇女，就武断以为被旧社会毒菌噬蚀着的地方难报道，没有深入了解这里的社会情况。

一夜沙漠路，脚下吃力，茫茫沙的瀚海。风是这里的主军，它腾涌起沙的浪涛，又把沙梁之间的小沟抹得像平静的湖面。沙子细如灰粉，飞扬起来卷起蒙蒙雾团，似有心戏弄可爱的战士，弥漫得睁不开眼睛。

早八点到了宁条梁——沙窝里的城市。走近了还看不见城郭，一排城垛从沙梁那面长出来，沙几乎将城门拥塞住。其实，不必走城门进，顺着沙堆慢慢上可以越过城垛，随手能摸着人家的屋檐。初进城，宽宽的街道，不见房屋，以为废城，走过几步，才发现黄泥屋顶一排一排，有很多铺面，颇为整齐。

下午，读美国作家马克·吐温的记游欧洲见闻，多描述胜景、古迹、风土、人情，文字细腻生动、形象、有声有色跃然纸上。

短暂的休整告一段，昨日开始行军。从准备工作看，大家猜测，可能有大的军事行动。只有团、营少数骨干，知道方向是要去榆林。熟识地形方位的战士，心里都有几分估计。基层干部和战士的猜测是有根据的，在我军收复盐池、定边、安边、靖边地区之后，马鸿逵部退回宁夏，胡宗南的人七八个旅紧追我们，寻着打仗。我们则指向榆林，拔除北方钉子，若胡宗南增援榆林，我们就截击援兵。

7月23日 又是一夜九十里沙路

又是一夜九十里的沙路，当太阳像燃烧的大火团，从沙的波涛上滚来，长长的队伍人马，立即涂上金色的光亮。看到浩荡雄师，不禁想起某次看到苏联的十三勇士的影片时，心里颇受感动。可是现在却腰腿酸困，肚饿喉干，又看躺卧路边的人不少，谁都默默不想张口说话，心里焦急地计数着驻营地的里数，顾不及体味什么气壮山河的情趣。豪迈的事业在奋斗的过程中是现实的、艰苦的，胜利是血和汗换来的，绝不像坐在电影院看抗日故事那么激动！也许若干年后，经作家用彩笔浓墨，把今日状况描绘出来，可能比现在更引人。

约十点到达靖边的张家畔，以西五里双家河驻歇。很意外，这里有数十里大槐林区，家户房屋，都荫笼在绿枝密叶下面。我们虽脚下依然踏的是松沙，这满目绿色，树叶绿油油、潮润润的，绿得醉人，绿得沁人心脾，消减了许多干渴、困倦，不由得人不颂扬这块地是：沙漠公园，塞上江南。

随便应付吃了一碗小米干饭，就拿上棉袄到树下睡觉。脚掌痛，腿膝困，热极，倦极，只有躺下，才是世界上头一份福气。一直睡到中午，树影移动了，烈日烧灼到裸着的身上来，再移到阴影处睡。找来一缸救命的清凉水，神志蒙眬，又睡着了。

为了按军事意图赶路，保证战士不累、不病、不掉队，连、排干部所忙的大事，是督促大家休息。有人闭上眼睛还微笑着说：连长操心大、管得多，真像延安保育院的阿姨，又纠正说：不对，是黑脸大个的阿哥。

7月24日 “穷怕了”（一）

我们驻歇的房东极穷，孩子都是赤条条一丝不挂，固然是夏天，十多岁女孩，也只有破裤烂衫。这里早晚依然冷，炕上没有被子，也没有毡，只堆几张羊皮。问其原因，主要是自己没有土地，除了给地主当长工，再没有任何求生的门路。做买卖没有资本，干小副业没有技能，困得死死的。另外就是孩子多，男女生过12个，把几个孩子连送带卖给了人家，可是她埋怨现在肚子又怀了一个。我想，如果全国都解放了，人民当了权，她将会受到国家的关怀，绝不会横着心肝卖掉亲生儿女的。但在目前，他们为子女的吃穿，起码的温饱都无法实现。

同院的一位老婆婆，正在向部队上的同志扯生意，要买旧衣服，她口齿利索，有说有笑，非常和善。忽然村长来拿着粮票要她家装六升马料，她坚决称说没有。村长四十多岁，看来很有经验，东张西望将屋子四周打量了一遍，硬叫她开放那放什物的小偏房子，这老婆婆疯了似的骂起来：“我偷了你家什么，你来搜？”打开门锁就摔到地上很远处，威胁地说：“我的家当都交给村长了，你们大家都看到了，没了东西向他要。”她一面朝院子里的人们索取着同情，一面又揭发村长独占了为军队磨面的麸子，问：“我们为啥不能磨一些麦子也赚把麸子？”

7月25日 “穷怕了”（二）

今日行军到龙州城驻歇，进一老汉家，问有吃的没有，女人都说没有。一个同志顺手揭一下盆子，里面满满堆着白面蒸馍。向她买，她说是为孩子蒸了一点，再没有麦子了。经过胡军的劫掠，群众又不断支援解放军，物力却有限，我们理解老乡困难。可是，战斗紧张，行军艰苦，同情也没法，只好硬着头皮再三请求，才肯卖给我们几个。当拿起吃时，看见她一面锅上做事，随时用手抓一把粪撒到炉坑，并不拍一拍手上的粪灰，又做起事来，谁也顾不及想这馍脏，吃不下去。

过了不久，她从草窑背草回来，气急地问我说：“咱八路军和老百姓是一家人么？”我正要回答，却看她表情不对劲，不等追问，她已说出：“我的一缸白面不见了，连缸都拿走了。”我们立即吩咐叫人追查，她又顾虑地说：“拿去就算了，不要查。”我说：“查清楚好。”她又说：“查不出乱子吧？”我们说：“保险没乱子，你放心！不会为难你家，我们有纪律。”白面缸原来是她转移了地方，经找出后，我们带笑说：“你不是说你家没有面，怎么还有一缸白面放到草窑里去呢？”她并没有脸红，只说：“灰婆姨啥也解不下（即不懂事），见队伍来了就胡塞。”我们听了，丝毫没有责难她的念头，知道陕北沙漠穷滩里，农民就是贫困，在这样作战频繁的时候，部队、地方政府，一时哪顾得及接济他们呢。由于敌人的抢光、烧光，我们部队的给养粮食，还得从黄河东面调运来，农民为自己埋藏点吃的，不能看作对军队不热情支持。事实上，农民群众、地方政府、干部在人力物力上支援部队，尽了最大的努力，功劳非常大，付出了极大的代价，应当记到历史的红榜上。

7月26日 冒雨夜行七十里

昨日破晓前刚要出发，一阵骤雨从黑乎乎的天空倾泻下来，把整装待发的人，压挤在又闷又酸的小窑洞里，大家偏如心愿，就地睡着了。一直到别的部队都出发了，虽然互相埋怨没听见号声，却满足睡了甜甜的一觉。

一出发，冒雨赶了七十里路，过河淋雨，脚下拖着泥水，帽边上滴着雨珠，棉衣被汗水雨点内外渗透了。空中地面都是水，水，太多了。有人打趣说，因为咱们前几天过沙漠干渴过分了，天公有意来慰问，让我们喝个够，淋个透。尽管喘气，还要说话：看来黑格尔的辩证论还是对的，不能笼统说下雨好。天旱了农民盼下雨，我们夏天沙漠行军盼下雨。可是现在这雨下得真够讨厌的了，下得驮炮骡子打滑，人摔跤，好事在碍事的时候会变坏的。

任务急，晚上又赶了六七十里。路虽然平，却走得紧张，大步加小跑。天黑得看不见自己对面说话的人，一个紧跟一个，摸着前面的黑影走，谁也不敢停脚，差一步便失联系，更不敢在路边坐，若一停下就会立刻在泥地上睡着，只有紧紧跟上，小心保持联系，人和人的链条不敢断了，地生路生不敢大意。鸡叫时，赶到了石湾镇。

7月27日 相逢太匆匆

周家崄是古香古色的，庙宇、街面虽然不宏壮，却显得石壁整齐，分明当年修建时费过匠心。因疲劳而又要做饭，未能调查有否什么姓周的古迹。

下午出东门，村村相望，垂柳密荫，果园、菜园、瓜田，沿着河湾石砭走，似乎进了河堤公园。听说快走近马蹄沟，我们报社可能临时住在附近不远处，我给李君的信，可由民教馆同志转过去。

天黑了，走进石洞整齐的小街，米脂中学新参军来的同志叫我，介绍县民教馆的地方，一同去找，未见人。又走几步，忽然看见前面两个女同志背影，走近，才认出是李君。叫了一声，边走边说，把信直接交给她。平时积蓄在心里的话，在突然相逢的顷刻之间，一句都找不到了，只有顺口问答了几句，又匆匆赶路。出人意料，没走几步，队伍休息，想再转回去和她说话，她已进沟走远了，即使叫转来，怕说不了几句，部队又要前进，便忍耐着坐下休息。这时才清醒地感到走开得太匆忙，话说得太少，也没注意她回头望过没有？一直走着想着，似乎她的影子比刚才更清晰，声音比刚才更响亮，更富有深情。

在见面的刹那间，看她身体健壮，满面喜悦，已经像一个经过锻炼的干部了。她的变化，使我回想起她曾说过的事，多年生活在农村，姑娘时学茶饭、针线，未来的命运，无非是找个有房有地的好婆家，做贤妻良母。自我离开家乡之后，她好在还识些字，将我留存的进步书刊，很经心地压在箱底，架上顶棚，常在灶房活干完了，料理老公婆就睡之后，才放下针线活，关上门窗，在油灯下，悄悄读起来，逐渐知道些国家大事、革命道理。对于我远离家乡，不再是简单的个人怀念，而多了一些理解和支持。

原想她参加革命队伍不久，能否经受风霜艰苦、经得起战争严峻的考验？现在看来，她随机关，在老同志的帮助下，在漫天烽烟中转移，在枪林弹雨中奔波，是经得住考验的。

7月29日 她特别关心我写的新闻

早晨下雨，毅然冒雨赶回到报社驻地，见了所有的人。此时此地，每见一个都觉得亲切，兴奋得安定不下来。当然又见到了李君，我们这才有机会说心里话，相互鼓励。各自谈了对生活的感受，也谈起她最高兴的事，是听从前线传来的捷报，当然特别关心我写的新闻，从报纸上看到我的名字，由于私心偏爱，分外欣喜。话头涉及某个人，她不肯向我说不愉快的话，可是，一位直接领导她工作的江思源同志(比较年长)给我说，李君能吃苦，不怕难办的事，性格刚强。虽然文化低，工作经验少，但不示弱，不气短。变动了几次分工，她能利用条件自学，提高自己。江又补充说，有个别女同志看不起人，刺激她，她感到自卑，偷偷哭过，觉得革命队伍里同志之间应跟家人一样亲，谁知还有自以为知识比别人高的女同志，像没受过教育的妇女一样心胸狭窄，爱品头论足，有着看不起别人的旧思想。李君意识自己没上过学，见的世面少，愿意多学习，提高自己的知识水平。关于她的这些情况，我压在心里，闲谈中，谁也没说出口。我和李君分析自己，分析生活，彼此都记得自己过去的生活境遇，一个上学；一个只能当窗纺线，谁知道自己的命运是什么。现在社会如此多灾多难，我们有责任改变它，使苦难的人民过上和平的好日子。过去的种种已经过去了，唯一怀念的是她已去世的老父。而今，我们能一同在这个正义战争的战地流汗、出力、冶炼，能说不豪迈、不幸运么！烈火般的生活，正鼓舞着、吸引着广大青年人哩！

晚，前往新华分社。老刘谈了很多有关新闻工作者的思想道德问题，说总社已开始自我教育，如：个人风头名气、新闻不是艺术、修改文章与个人面子、写文章不为广大读者负责等，要求我们在前线奔忙的同志，作书面检查，总结经验。

又谈到写稿，再三叮咛要用事实说话。内容应充实，突破老框框，避免新闻滥调，写得精短些，不迷信老形式，通过事实表现观点和主张，力求不直接出来自我说教。对照我的写作实践，使我体会到写作、行文，笔尖要充溢着对人民群众和部队指战员的深厚感情。写新闻，就是同全边区军民站在一起，向敌人作战。

8月1日 有力的战斗动员

今晚，部队首长向指战员作攻打榆林的战斗动员讲话。他身体魁伟，相貌丰实，双目炯炯，看起来很威严。开口讲话，语调爽朗朴实无华颇有风趣，使人感到平易亲切。

他讲当前各战场的形势，国内外大事，激发指挥员对革命战争的胜利信心。他有熟练的鼓动艺术，每句话和所举事例，正说到听者的心上。讲了晋绥土地改革，斗争恶霸地主的许多故事，生动逼真，语言诚实，明白保证贫苦战士家庭都能分得土地。要求地方干部经心照顾军属，不能被人家欺侮或占走，烈士遗属要得到抚养与培育。大家听了很高兴，受到鼓舞，得到很大的安慰。首长的讲话在战士中传开了，不单是山西籍战士，部队所有人都振奋，认为党的土改政策、拥军规定最能鼓动人的积极性，地方工作做好了，对前线作战是最大的支援。大家都认为首长的演讲没有套语，没有空话，都是针对战争形势和战士心上想的实际问题，观点鲜明，态度诚恳，效果好，会场气氛活跃："胜利是前后方合作，拿枪的、种地的、做工的合作得来的！"

历来成功的演说，都是人们急切要听的话，使人信任的实话。会后，随处可听到战士在谈说首长的讲话，确信他讲的是诚实话，一定做到，对家乡感到放心了。

8月2日 到米脂

由于行军频繁，《把土地证埋藏起来》一稿，起过三次头，写到一半都未继续下去，同时也因材料不够充实，情节不够具体，若当故事写，又觉得不完满；若当通讯叙实，更难说明问题，可是总舍不得丢弃这个题目，心中很苦恼。

昨夜，涉过历史上著名的无定河。河水深及胯部，当赶到米脂城时，已夜深人静。月色高照，古城显得雄伟肃穆，行军队列若墨色图案徐徐移动，印在淡白的路面上。穿过石铺街道，除商号外，多是砖石高墙大屋。看不清门额横匾上悬什么字迹，一家靠一家，可算是地主老财聚居的小城。

有趣的是，部队于行军住宿之便，有些中下级骨干，去居民家看望亲戚。有人告诉我，这个部队过去曾在米脂驻防几年，结成了不少亲戚，不少骨干做了这里的女婿。

清早到街上去游访，只听得传说城周四山中有个盘龙山，李自成起事在这里活动。一直到西安建大顺朝之后，便把原马鞍山改为盘龙山，又将原有真武上帝庙扩建为他的行宫，行宫里有一群殿阁楼台。下午出北门不远，见路旁一石碑，上刻“唐郭汾阳王七夕遇织女处”等大字，其实究竟如何，不得而知。有同志自信地说：“将来革命胜利了，按我们党的蓝图建设伟大祖国的时候，自有考古学家、历史学家来考证，是神话还是故意给郭老将军编的韵事！”

镇川堡街道宽平，石路整洁，竟有几处小洋房，向人们证明着这里有几个大家族。米脂是陕北的文化之乡。据说清光绪年间，先后考中过五个进士，近代又出现了许多爱国人士，有杜斌丞，有李鼎铭等。大户人家送子上大学的、国外留学的几十几百，在外公干的人物，有的反动，在国民党政府供职，有权有势；有的进步，参加了革命队伍，成了共产党人。各自称得上某一界人物的，可以数出很多姓名。

8月3日 “诸葛亮会”

那篇埋藏土地证一稿，反反复复写了几次，今天算写起，但还是觉得不够充实。一个同行看了挖苦说：“也像通讯，也像故事，四不像。”

从旅报编辑组看了一篇作战中战士互助的稿子，引出了一个题目，于是再找了些类似的材料，促成了一篇有意思的文章，看来主体思想明确了，材料就好使用。又组织别人写一篇通讯，不光要材料多，要善于分析、研究，用一条思想做线把材料串起来，不仅会赋予平凡事以新鲜意义，而且会以其思想深度从普通材料表现出新的价值来。

今天参加一个战斗中政治工作的检查总结会，从丰富的事例中得到许多启示，战斗之前的准备及行动后的总结，诸葛亮会是一个发挥普通战士的智慧、才能的好形式。

集体分析敌情，设计布阵，在战斗过程遇到意外变化如何应变以夺取胜利的办法，机智加勇敢就能操胜券。大家感兴趣的是：经过一次一次的实战，一次一次的检查总结，可以不断丰富经验，提高作战能力，提高指挥员的水平。大家认为：指挥不简单是下命令，是组织一个行动单位的有机集体，指挥员必须会做活思想政治工作，要做到战士自愿坚决服从指挥，还要大家真正懂得为什么这样指挥，明了意图，思想活了，才能上下一条心动作一个劲。这种做法相信群众是英雄、发挥集体智慧的思想，多少次战斗取胜都证明了这一点。

我军这种民主做法，已形成了制度。我所接触过刚被俘虏过来的原胡宗南的兵，对于我军诸葛亮会先不相信，经过简短教育编进了连队之后，自己亲眼看见了参加了，这才从心里佩服。有的说：“大家这样讨论，上下一条心，都明白为啥打怎么打，还有不胜的么！”也听说被俘过来的敌人旅长，向我军领导人说他们为什么失败，主要是战士和军官是两条心，怕长官恨长官，就是靠军法压，不教育，还说：“你八路军对战士这样信任，官兵民主，蒋先生、胡宗南的军队决然做不到！”

8月5日 “没有困难要人干什么”

昨日行驻，接近敌人数十里之崖畔。给人两个显著印象：一是群众对于我们军队又欢迎又生疏，心理复杂，既骂邓宝珊军的压迫勒索，又不太知我们的政策，又怕当地坏人。这里的群众生活非常穷困，房屋破旧，每天只吃稀饭吃糠咽菜，甚至吃沙滩中的蓬草籽，孩子光屁股，有的老婆婆大棉袄补了一层又一层，已经辨认不清原来的布底是蓝是黑，有说是穿了二十多年。榆林邓宝珊军在这里统治了多年，又遇到薄收，生活无法恢复。当地乡民遭受胡军邓军的糟蹋，过的日子真如两句旧诗所描述的“朝餐山草寻蓬子，夜宿霜中卧荻花”。这情景使我想起这次作战特点，是深入榆林军阀统治区域，群众被压迫、剥削的痛苦极深，渴望我军来解放的情绪，将会在懂得我们政策的基础上，逐步爆发起来，应当注意及时了解动态。

早晨，参加纵队军事会，具体知道战斗部署及各友邻部队之间配合的情况。为了能系统报道攻克一个据点的过程，我将机动赶往不同的主攻地点，同时还要多与老杜联系。邓军各点驻守军刚缩进城去，乡村留的坏人一定不少。环境生疏，地域分散，城外绕圈有几十里，单人行动有很多困难。我默默告诉自己，如果工作没有困难或者让困难横着挡路，那要人干什么吃？要共产党员干什么用？人类的每一页历史，都是同困难斗争谱写的，无不闪烁着闯过困难前进的光辉。

8月6日 榆林城外初接火

行军赶了一夜路，疲劳、饥渴，只盼快到驻地休息，谁知拂晓才算到了目的地。这里是火线，前头部队已经同赵庄的守敌接火了。我刚离开队伍几步远，不料转来时大家都不见了，我只得盲目往前赶。头上子弹嗖嗖如箭，躲到水渠时，里面已蹲了很多人。

不几分钟，大家都往前行进，我也跟上。前面要通过一段高而平阔的地段，我拼命飞跑，子弹在肩左肩右飞穿而过。再过一沟时，看见一群俘虏被押送来了，远处躺着死尸，没来得及细看，遇到两个负轻伤的战士，立即上前搀扶他们走。

赵庄战斗解决了，三岔湾战斗又开始了。炮声一串连着一串，我跟上指导员往沙梁上跑。正是中午，炎日悬空晒得沙子能烫熟脚掌。我的脚趾已破裂，又穿着草鞋，细沙钻进裂缝，特别疼，几乎不能步行。

晚上阴云密布，风沙扑面，天黑得人寸步难行。我们一个牵一个，从山上到河里，蹚过河，又爬上另一座山。头上是电闪雷鸣，大雨点如几万支钢箭从天空射下来，我们摸进一个窑洞，大家挤在一起，相互传消息：各个纵队已扫掉榆林城外附近赵庄、李家沟、三岔湾、二架梁等据点，把敌人压进城里，已占领了飞机场，榆林城外大体形成了四面包围。对这次行动的预计，其说纷纭，有说孤城好打；有说城北地势高，居高临下好攻打；有说城墙坚固；有说胡宗南会派援来……

8月7日 错综的棋局

早，大雨在继续，拖泥带水去找杜鹏程同志商量有关三岔湾收复的报道。返回后立刻赶去主攻的那个团访问，专到营上谈他们占领“九一八”高地的经过情况，拟写了一则通讯。一回到驻地，又是要行动。部队沿着榆林城南面绕向东北角，一直插到有名的镇北台。这是古代建筑的防御外族南侵的长城烽火台之一，高三层，外壁全用砖砌，方形，外观雄伟。走沙路非常吃力，每前进一步，半个脚陷下去，几乎要退后半步，整个精力聚集在脚后跟上。部队到沙丘中一片小绿洲处驻下，邓宝珊驻守城外的军队，早已龟缩进城了。当地老乡也躲了，只有空房子，找不着人。我们口干舌燥，哪里都找不到水，没法子，跌倒就睡。

这次围攻陕北重镇榆林，简单说攻榆打援是一个重要的战役，该如何报道，干部们都在分析议论。大家认为，这里地处北线，位置重要，是陕北、山西、绥远三省边境相接处，地方军阀的老据点，是陕、晋、宁商业来往的城市。陕北、山西北部逃亡地主多躲避来这里。就军事上说，西与宁夏马鸿逵集团连接，南与侵占延安的胡宗南军呼应，北面又靠绥远傅作义集团。若把这个据点拔掉，对于鼓舞榆、横地区几十万群众，巩固我军北线后方，得到物力、兵员的补充等，都有好处。同时在这个时候打，可以吸引胡军北上增援救榆林城，对于支持晋南战役，我军南渡黄河，出击豫西威逼西安是有利的。有人风趣地说：“这一步棋将牵动敌人的车马炮多少棋子。”也有人补充说：“还影响到陕北这盘棋之外的军事局势哩！”

8月8日 英雄豪情，美的诗！

正睡到午夜，疲倦得谁也不想动，门外有人呼叫主任快起床（旅政治部贺主任），我立即起身。村外成队的人马要到前线去，我也紧紧跟上。不知走了多少路，越走枪声越紧，子弹从头上乱飞，口渴得要命，路边一池污水，谁管净不净，都抢着喝。

到了榆林城北的古城滩、镇北台一带，北岳庙这时正处前沿，我跟宣传科几个同志，等在一个大沙湾后面，离北城垛三百多米。当往后转移时，天已亮了，却找不见政治部那几个同志，只好在沙梁后面休息。

早饭时，敌人打得急了，枪声连成一片。我们躲在林中，三架敌机专向树林扫射。往前沿阵地上去送饭的和从火线上轮换下来休息的战士，本来为隐藏不准再乱走，敌机不断轰炸，路上还是人来人往不断。炊事员同志最辛苦，在敌机扫射下，冒着炮火，把饭做熟了，又担着往最前沿阵地上送。敌人从城垛上放枪，正是平射过来，饭锅不能担着走。今日三连去前沿送饭的，正是我常见的那个矮胖子，伙夫班都叫他"张大胆，有办法"。他每次送饭回去，总要夸说一番，他怎么凭着沙梁，把铁皮稀饭桶用双手推上匍匐前进，子弹把稀饭桶打穿了孔，饭汤往外流着，还是往前推移，前沿有日夜守在那里的战士，又要做工事，不吃饭行吗？我想，什么叫勇敢？什么叫自我牺牲精神？看见这种高尚品格，能不使人肃然起敬么？

下午，起了大风，茫茫沙滩，扬起灰雾，而敌机照样来，胡乱扫射一通。这些飞机多是从北面飞来的，白天主要是扫射，机枪子弹约五寸长，晚上主要是重磅炸弹轰炸。有个骑马的后勤人员，还是从容地照走不避，似乎不曾听见敌机扫射，当别人骂他、喊他，才躲在树下停住，人却依然稳稳地骑在马背上抱住树干。人们在笑他，他也张着嘴笑，人和马真像是早在青铜时代就铸造在树下的造像。看他那泰然的样子，似乎子弹不会伤人，就晓得他是个久经战场的老战士。

在战地，随时都有受伤和死亡的可能，不是人们一点也想不到，我们都知道战争总要有牺牲，打仗的目的是为消灭敌人保存自己。我们也懂得应当力争减少无谓的牺牲，不怕死，无所畏惧，但死得有价值。我，生活在战斗英雄群体里，有不少熟识的同志，他们的语言行动，生活气概，深深地感染着我激励着我，如果把他们的豪情用文字记录下来，会有很多很多。我们今天忍受艰苦，正是为了明天的香甜，今天的牺牲是为了消灭敌人，为了千千万万劳苦大众和亲人不受欺压剥削，过上一个和平、稳定、幸福的生活。正因为战士们有这样的使命感，虽然为正义而献出宝贵的生命，绝不是为了死，而是为更好地活。

8月9日 “这就是战地生活”

昨夜睡得好，只盖了一件棉衣，腿上受了冷。刚吃过饭，敌人的轰炸机来了，忙跑进土坡下面的山洞，一颗炸弹掉到丈八远处，哗的一声，这个洞塌了。模糊地以为自己完了，一瞬间震动之后，看见洞口还有亮光，即大喊趴在口上的人快出去，我刚出来，这一排洞都塌了。因为是沙土层，质松，一塌就散了，人没有被压死。一个个从沙流中钻出来，当我躲进另一个小坑时，才发现上衣口袋里装满了沙土。那位形影相伴的摄影记者向我们说：在这个生死搏斗的阵地，不论是打仗、休整、转移、夜行军，只要你一睁开双眼，那闪烁着胜利光辉的形象和流着汗、滴着血的画面就立即映入人们的眼帘，印入人们的心海。我脑子里每天重重叠叠积蓄着很多很多影像和一部部活着的书。

本来想写东西，敌人的红头飞机连着来过五次，扫射、狂炸，只好作罢。

8月11日 攻城失利

两日来紧张准备，一切都为登城总攻击而忙。我们这个旅在城北面高地镇北台一线，最前沿阵地是北岳庙南面一点。虽然敌机一整日不停扰乱，可谁也不在乎。前沿阵地工事作业在加紧进行，赶黄昏提前吃饭，菜多肉多。参加主攻的连，吃饭后立即全连集合，全副披挂，一边唱歌，连排干部一边检查每个战士身上应带的枪弹等，迅速奔向阵地。重炮、炸药包都送到前面阵地上去，收容组已编好，只等天黑看信号行动。我看见城上敌人点起灯火，放出照明灯，炮声狂起。我们在指挥部附近等待的人，满身肌肉紧张，心情急切。

快到凌晨两点时，忽然接到命令往后撤，说：“城不攻了。”人们一下愣住了，不明情况。我刚回到住处，忽然又传来消息说：“登上城了！”团部同志立即赶往前面，我因太疲劳，以为入城后还得一阵巷战，收容人员不能立即进城，就没有动。可是心情兴奋，怎么睡得着？消息越传越真，说是某某部已缴获五门大炮……我忍不住了，翻起身跟上跑去。大家脚下生风，像竞走，像赛跑，往南向北岳庙急急赶去。却突然发现前面队伍往回走，× 政委也回来了。我觉得莫名其妙，一问，才知道消息传错了。人们又疲劳地往回走，心里直在埋怨：这么大的事，能出笑话么？大家心里是个“谜”，是行动计划变了，还是指挥配合上有什么失误？

时已天亮，战士们在树阴下、水渠旁睡觉。有的人在挖掩体准备防空。人们对未攻破城议论开了，有的说："这是吃了沙的亏，坑道工事大炮一震就垮。"有的说："从城墙下挖的隧道，方向偏了。"有的说："对城里敌情还摸得不准，自己火力组织也不好。"大家都知道，胜败乃兵家常事，可是心里仍然觉得这次很窝囊。

8月12日 到前线指挥所

黄昏，又到前线指挥所去。一阵雨后，沙滩有些硬，好走些了。至开阔处，可望见榆林城上敌人点起无数火把，在恐慌地防御着我们攻击登城。还可以听见敌人在城垛上叫骂声，有时还夹有女人妖声尖气的喊话声。

天一黑，前面打起来，人们等在沙窝里，子弹从头上呼啸飞过，攻城的主攻队伍，正急行军向前移动，爬上沙梁高处，能看见一道蠕动的黑影。

夜十一点，攻击开始了，重炮轰响，火光浓烟，地动山摇，脚下抖动，机枪声已连成一片，雨也下大了。政治处的人都躺在沙坑里，棉衣被湿沙浸透了，上面又被雨淋透了，身上的重量越来越沉，没有人在乎，有人竟然在炮声、雨淋中睡着了，脖子和衣领流着一道一道冰凉水。

破晓，榆林城还没攻开，部队往后撤，空中子弹乱飞，越过沙梁，要跑得快，脚腕陷进沙地，越心急越拔不出，动作太紧张，走不几步，就满身大汗。当接近休息地时，四肢软得没一丝力气。

走了弯曲路，大家都埋怨，边走边望镇北台，红石硖。为什么说这硖是红石，据说夕阳东照红石映日，硖把水堵住，使其从硖中间流出。额书"蛟窟龙窝"等字，河水穿过红石桥，转由榆林城西，再往下与无定河合流。现在两岸依然是柳翠禾茂，自然风光在向人们炫耀它依然完美，一点儿也没有受到解放军的损坏。

8月13日 甜美的睡态

前天午夜，赶到沙漠中的小村庄宿营，只有一家，分配房子的人，给宣传科指定了几棵树，大家就在树下为家睡了，有的盖着夹衣，有的披一片油布，有的背靠树身坐着。天亮起身时，破棉衣都被树叶上的水滴打湿了，全身内外衣湿得像水淋过，却没有人喊苦，想着只要身体不生病，也算是一种锻炼，况且我们现在是在特殊环境中。

我起来，在附近田边走了几步，所有的沟沟渠渠，树下坡上都睡满了战士，盖花面绸被的（也许是在家结婚时用的），盖毛毯的，盖破衣的，盖单子或一块油布的，有的侧睡，有的仰睡，有的蜷曲，有的直挺，睡态种种。一个粗壮的机枪手，脸上一层油渍，嘴角上却流露出甜睡的满足，又含蓄地显出一点辛苦。是妻子来到他的梦里，还是抓到了敌人俘虏？我看得心爱又满怀敬意，自愧不是画家，无法将这位革命战士从心底里流露在脸上的微笑，留在纸上介绍给更多的人赞叹！

我想，在我们这个西北战场，有多少对男女青年、情侣、亲人，有的在后方，有的同时在战地，被炮火阻隔。他们有的写来情书，有的捎来鞋袜，相互激励着："好好打仗！""好好工作。"心里都凝聚着一个胜利的信念，他和她，为着革命，为着消灭反动派，而彼此理解着，相爱着，鼓励着。

黄昏，大家都寻找柴草打地铺，有人睡一块门板，有人睡一把大扫帚，我刚走近一个草堆的地方，碰见旅长他们，立即意识到不能犯群众纪律，心里很不好意思，又没有流露出露宿的困难，当然旅长不会觉察我原来想寻找柴草打地铺的心意。

8 月 14 日　人生道路纵横

暂停打榆林，战士们一时不理解，心里不愉快。在认识上你争他辩，有的责怪领导，有的埋怨别的连队配合不好，从消极方面看得多，但忽视了对大局的考虑。岂不知这次行动，已经达到吸引胡宗南、钟松带领所谓"快速兵团"北上的目的，配合了我某某兵团在山西过黄河南进的战役。听说我军撤离后，邓宝珊军队上下恐慌不安，估计这榆林孤城终究是难得保住，对于长久固守这个孤城的态度不一致了，有的头目丧失信心，将来这块地方，迟早是案上的肉。其实我们军事考虑，即醉翁之意不在酒，之外还另有一层，要诱歼蒋、胡嫡系，等着捉瓮外跑来的大鳖哩！

各团、营领导分头向战士做解释，使大家从战略上观察问题，懂得扫外围、做工事汗水没有白流。据我从各方面听到的分析：这次行动，由于我们对胡宗南的指挥，造成了新的军事态势和政治影响，虽然未能直接拔取这座孤城，但在边区战场内外获得了很多优势。这一点正如给蒋介石、胡宗南口里塞了一把黄连，刺激得他们苦涩不堪。

榆林，过去人称塞上沙窝里的商埠，城西南有条河，城里商店颇多，大街清泉，门前垂柳，从大关中来榆林当兵、干事、经商的人不少，有的当了邓军的下属小军官，有的发了财，有的还以娶榆林城女人为傲。行军路上大家这样谈论着，使我想起了过去几个西安中学时的同学，也有在邓的军队里，听说有的已当了营长。

我回忆起其中一位同学的往事，最亲近的同乡，在学校我们非常要好，寒暑假同路从西安回本县，我到他家住歇，吃饭，认识了他的母亲、哥嫂，很普通小康的城市居民，而今天两军对阵，却是我在城外，他在城内。

这位同学青年上学时，行为本分，生活上不胡来，爱打篮球，在政治上有追求进步的心愿。他不跟反动的学生走，出于爱国思想，希望能直接上前线参加抗日。一九三八年三月，我们俩背着学校，毅然离开西安，步行北上延安，进抗大第四期学习。他体力好，也想上前方，要求转入军事队。他常在清凉山下打篮球，出于崇敬，在球场上请朱总司令给他小本子上签过字。结业时他申请过黄河上抗日前线去，当时不逢机会，被分配回本县，暂时在县城一个小学教书。还是由于爱打篮球，同邓宝珊集团某军官的儿子混熟了，便跟这位球友去榆林邓宝珊军队了。后来，我见到县城内其他同学，说他主要是为了寻求职业，也不喜爱家里给娶的媳妇。今天，当人民解放军要拔掉榆林城这个据点时，他在想些什么呢？我仍然相信他有延安抗大时的热情，仍然是进步青年。

8月16日 钱装在身上也没用

因为跑得路远，没有干粮，几个人到了石窑坪时，真疲倦得像要病了。向住户主人叶老婆婆买吃的东西，她听不懂我们的话。再三解说，她才说："唉，穷得吃没吃的，喝没喝的，哪里有馍。"我们看见她把两个糠窝窝锁进红漆箱子里。她的动作和表情，让我们具体地看到贫穷把人折磨得太年久了，无米为炊，破絮御寒，惨遭荒旱，孩子啼饥号寒的生活。农民受煎熬、伤心，形成恐慌愁肠的心理，正是中国农村妇女的普遍现象。这坚定了我们奋起，坚决进行革命，尽快改造旧中国，使勤劳的人民能吃饱穿暖，头一步先能过上起码不受剥削的生活。

虽然是个三十多户人家的大庄子，什么也买不到，钱装在身上没有用处。

8月17日 看见《前线报》

今早我们移住石窑坪，从某部队所驻村前经过，见到很多熟识的文化工作同志。他们背着长枪或短枪，腰系皮带，打着绑腿，和过去书案前写文章和下乡工作时神态风貌完全两样。他们风尘仆仆，满脸烽烟余痕，可是他们刚强、愉快、语言豪爽、笑声朗朗。我们互相望着、笑着，叙说经历。

遇见分社的记者蓝钰同志，说机关从白区进来不久的家属都参军了，参加看护伤员的工作，有的还奔波在革命斗争的最前线。这事的确不平凡，这些妇女们在农村的小家庭里忙柴米油盐，剪花刺绣，遭受穷苦和婆婆的虐待，今天她们也来加入革命工作了。她们今天奔波在革命斗争的最前线可算是奇迹。前线环境艰苦，看护伤员本是一件伟大的行为，但是眼见流血的伤口，耳听呼疼的喊声，要洗血衣、喂饭、灌水、倒大小便，想她们开始一定会不习惯，但是她们毅然来到前线，不怕牺牲，正是为着胜利，为着与丈夫重逢，为着幸福和美好的未来。

《前线报》是一份办得好的旅报，文章短小通俗，内容实际，消息及时。

说起部队办油印报的同志，的确很辛苦，要采、要写、要编、要刻蜡版、要亲手印、最后一张张折叠发行，这么多事常常是两三人干，有的字迹刻得有棱有角与铅字毫无二致，方正清晰，大家赞为是真宋体铅字印的。这位刻蜡版的同志，正是向某旅一位刻字油印的同志学的。那位能手前后干了整整八年，为保证油印机安全，每次行军一直背在自己身上。宣传科同志对我说："我们去学人家刻字技术，也学到了人家这种刻苦工作的精神。"我从心底尊敬他，这样的同志在各种战斗岗位上都能见到，而且很多很多。

8月19日 回师沙家店

部队向沙家店附近集结，听旅部同志议论，才明白我军从榆林转移的道理，正是针对蒋、胡的幻想心理，我们设计了个要乘机狠狠打击敌人远奔来援救榆林的大圈套。

急行军大半天，突然山上打响了，政治部的同志也跟着往山上跑。刚走进一条窄沟，雷雨打下来，帽檐上的水流进眼睛，流进脖颈，脚下山洪横流，鞋子陷进泥里，一步一跃，可是人人兴奋紧张，个个争先往前赶。担架队员把裤脚管挽到大腿上，抬着担架往前跑。爬上山顶，我们跟着纵队首长转移到别的山上。天已快要黑了，我跑得胸口痛，可是绝不能掉队。下到另一条沟时看见押来敌人两个俘虏，是敌一六五旅的电话员。这“活情报”说了有关敌三十六师和一六五旅，以及师长钟松、旅长李日基要求援助沙家店敌人的一些情况。

天黑了，雨稍住，正爬上一个山头，司令员展开地形详图，点燃蜡烛要看地形时，突然雷鸣电闪又开始了，就只得往山下的村子跑。路上，大暴雨倾盆而下，司令员、警卫员、参谋和大家一起相互手牵着手，结成了一个人的链条。我们一走一跌，不知相互搀扶了多少次，坡陡地滑，站立不起来，有时坐下被拖着走，若和前后的人脱开了手，就像被冲进了大水中，失了方向和平衡。好容易看到对面半山窝有灯火，知道离村子不远了，可是我们还要再下到沟底，爬上对面的山。

进了一家窑洞里，炕上地下立即被水流湿了，窑洞地上也浸进水来。休息了一会儿，身上冷起来，炕上坐两个老太婆，求老婆婆做点米汤。我向她解说，近两天这里要打胜仗，大家忙，辛苦得很。还好，老人给我们烧了点红豆高粱饭。

司令员同参谋又分析，钟松所带的部队这么快离开榆林，转折南下，看样子是要在咸榆公路上同胡宗南配合，南北夹击我们。司令员语气很重地说：“这又是他的一个梦，做不了几天了，他们已进入我们的计算之中了！”

8月21日 大捷后沙家店山上

20日，战斗在沙家店几个山头进行着，我就在指挥所的山下。到了下午，四面八方都开始攻击了，听见重炮发射命中目标，山头上鼓掌叫好的声音。飞机扰乱一天未间断过，五点时一次来了五架飞机，大肆扫射轰炸。黄昏时分，我军各部队攻取了山头，击溃敌人，尾随追击残敌。我赶往临时指挥所，走进敌人破坏了的常新庄。因天黑，未能目睹其被破坏的惨状。

我同旅政治部主任贺振新等，一起跑到山上现场。虽然枪声继续，满天星斗，四山漆黑，飘着硝烟味，到处是敌人的死尸。其中也有重伤员，未死的，在哭在喊，叫爹叫娘。有的骂他村的保长，也有的骂胡宗南害了他，狂叫声和怪笑声，显得十分恐怖。我走着，脚下软东西在动，有的还没完全断气，发出呻吟声，有的一只手抓住我的脚，乞求救他活命。我下山往回走，耳边和眼前仍是刚才那狼哭鬼嚎的情景。非常奇怪的是，少年时，听老年人说鬼狐故事，晚上遇见黑影或暗处，那种下意识害怕死人的念头，一点都没有了。

转回到刚刚经过的小庄子，准备天明看看劫后的战场，不等天亮，敌情有了变化，即匆匆离开。有一批人要到作战地方去抬缴获的山炮。

敌人曾占据过，并在那里顽抗过的那几个村庄里的群众，劫后归来，看见窑洞门窗烧焦了，箱柜砸毁了，坛坛罐罐打碎了，锅砸了，地挖了，满院是牲口血和鸡毛，家家痛哭，人人痛恨。对于胡宗南、钟松带领的一帮匪徒所犯的滔天罪行，群众极其愤怒，对我提出要新华社向全世界发消息控诉。

中午，摄影记者洛冒同我又跑上另一个山头，再看打扫战场的情况。顺西南沟下面的公路看去，敌人受伤未死的、少胳膊少腿的伤兵，边哭边号，沿公路往西南爬的爬，跛的跛，像蚂蚁出了窝，有的喊一声躺下死了。天正明亮，看得很清楚，他们绝望的动作与呼喊，曾逼迫他们往前冲的师长、旅长是听不见的，他们是被迫来打仗的，是抓来的壮丁，他们的长官不管他们的死活。我们在山上一边看一边议论着，蒋介石半个月前来抖威风，亲自指挥钟松带领三十六师北上，以快速行动驰援榆林。与此同时，外加董钊、刘戡率胡军精锐七个旅，分路北上配合，满以为可把我们人民军队和重要机关消灭在米脂、佳县一带狭小地块。他们哪里料想到我军离开了榆林周围，动作神速，已经回师到这沙家店一带几个山峁上，布下了“接待站”，当钟松顺咸榆公路南下寻机打仗，来为蒋介石“立功”时，突然被解放军全部吞掉，整整歼灭了两个旅。胡宗南在陕北连遭败仗后，曾经痛心地向“校长”请过处分，声称“学生无能”，校长当然比志大才疏的学生才高气壮，可是蒋先生这次移驾亲临陕北前线，把一个正编三十六师双手葬送在沙家店山上山下，不知他该哭还是该笑？

正说着，忽然发现山上不见人影了，我们俩赶快下山回原驻处，进了村，该政治部刚出发走了。我们一时摸不清走的路线，焦急得不知朝那个方向走。

8月22日 伤员闹着要回前方

访问完炮兵连，又出发了，行至石窑坪附近。听说西北野战军总卫生部在该村，想去看看那几位干部家属是否在那里。她们一定工作辛苦，听说医院在情况紧急时，卫生人员，甚至连女同志都冒着枪林弹雨、敌机扫射，山上山下奔跑抢救伤员，背抬伤员。她们中，有的曾是童养媳，有的曾不堪忍受丈夫的虐待而另嫁人。有人曾告诉我：有一个家属给伤员说故事，说她家乡有个妇女，泼辣、能劳动，可是整天遭婆婆虐待，公公和丈夫不敢说公道话，村上人劝婆婆也无用。她觉得活不下去了，一天便将房门关了，准备悬梁自尽，竟将三岁小女孩压在膝下，一起死。这时丈夫赶快把娘家人叔父叫来，才救活她。清醒过来之后，哭着诉说："怕自己死了，孩子遭罪。"伤员听了，十分同情，追问之下，这位家属才实说，这个不幸的女人，就是自己本家五姐姐。

她们救护工作做得好，受到伤员的赞扬。其中有一位，我同她的爱人熟识。约在十年前一个冬天，我参加了他们的结婚盛典，样式可滑稽，那就是农村的旧式习俗加城里时新，女的坐花轿却穿着旗袍，男的穿着西式裤又鞠躬又磕头，正反映了半旧不新中国社会过渡状态，当时看热闹的人都觉好笑。今天，她在这里是伤员的救护员。

管理伤员的同志告诉我，部分较重的伤员，他们懂得药物有困难，又不时转移，环境不安定，但他们体谅医护人员，忍着疼痛。最感到难对待的是多数伤势不重的，整天就是闹情绪，要回原部队，要赶往前线参加打仗，说他们在后方待不住，心里又闷又急受不了，劝他们多养几天都不行，常到领导那里去吵。一个左腿上负伤的班长说："前方那么忙，需要人手，多一个人总能多起一点作用；二是在前线上打仗，生活紧张、痛快；三是我们排的战士都熟了，真想他们……"他们的话说出了多数伤员的心理。也还有那么几个人意见多，指责伙食不好，挑剔照顾不周到，不遵守纪律还乱骂人，左一个"老子受了伤"，右一个"老子……"

回到前次住过的老房东家里，她高兴地说："仗打好了，你们来了我就放心。"另一个老婆婆看我们真饿了，给我盛了一碗高粱黑豆饭，又稠又热，喝得舒服，记起清代曾有一位文人(可能是郑板桥)为弟侄写信说过：风雪天遇远客或乞人来，应先予热粥一碗。此时，我第一次发现一碗热粥的可贵。

8月24日 遵守群众纪律非小事

口喊群众纪律，行动上容易做到最表面的扫地、上门板、借东西照还等。可是，真正感情上对群众如何体贴爱护，实在说做得很不够。有的同志拿上钱就硬要买老乡的鸡，以为给钱就一切合法，这只讲钱的思想对吗？老乡并不是视钱如命，他养鸡为下蛋，或者说就是养着不愿意卖，无论怎么说，勉强是不对的。昨日在刘家渠，有人买老乡半块南瓜，已煮进锅里，突然要出发，老妇即叫小儿退钱出来。还有人任意使唤老乡。在石窑坪，某科长要吃腌咸菜，人家没有，给他萝卜干，硬叫为他用温水泡，没温水，缸里也没水，就硬叫六十多岁的老婆婆下沟底提水。老婆婆生气了，你年轻后生不动，叫我老婆婆去提水。还有同志不顾当地风习，有个小同志把毡铺到锅台上睡，老婆婆过来说："把新的换铺上，这毡有小孩尿过，锅台上要敬灶王爷。"部队在场的人，有的当面批评纠正，有的转过身低声指责，也有的默不作声，反而笑人家迷信。如上几例，我们遵守群众纪律，应从思想感情上真正爱护体贴群众，比做形式更好些，如有的命令人家烧水用炭，随便给点钱，使老乡把煤炭藏到箱子里。想想谁没有父母姐妹，谁无家室，谁个在参军之前，在国民党地区、家里没有遭过旧兵痞的祸害？难道今天就忘了我们为什么叫人民子弟兵，承担着解放人民、救人民于水深火热的任务？政治部的干部都在纷纷议论这种现象，有的说这样不行，对于群众纪律，不能教条理解，要向领导建议，不光讲大道理，要组织纪律部门，具体检查及时处理才行。

8 月 27 日　祝捷

自沙家店大捷，一共打死打伤和俘虏敌人一二三旅旅长刘子奇(被活捉)等六千多人。胜利的意义不限于这些，正如上级所分析的，是我军在西北战场由内线防御转为外线作战，主动反攻的转折点。当时继续留在陕北并同西北人民、野战军一起战斗的党中央几位首长，毛主席、周副主席、任弼时同志等，还亲自赶到西北野战军司令部驻地某处，向参加野战军高干会议的同志祝贺胜利，毛主席还讲了话，特别指出，沙家店这一战意义非常重大，是西北战场局势的伟大转折，从此我们要从内线作战转入外线作战，要打向蒋管区去……当向部队传达了毛主席、周副主席等祝贺胜利的消息，所有司令部、政治部、后勤部从领导、伙夫、马夫到担架队、卫生人员，无不欢欣鼓舞，毛主席讲话，总结了前半年作战的胜利，又指明了今后的作战方向，全军上下对于迎接反攻的新任务更是信心百倍。

近时行军、住宿、开会、闲谈，人人都在议论、传说着沙家店这场大战的许多插曲和英雄故事。在某旅一个团的自办晚会上，听到一个参谋和宣传干事合编的一段鼓词，使我想起这词调，是套田水月氏二十四史鼓词活剥的，形象地描绘了沙家店的战斗，即请本人把原稿抄给我。

军中勇气增百倍，冲锋号声声震山梁
胡蛮军个个心胆破，半战半逃更恐慌
只见我军英豪叱咤生霹雳
只见我百战健儿飞腾如鹰翔
只见这塞上风云天色变

又听说大军直逼潼关，西安大惊慌
杀得他两炮不能还一炮
杀得他十枪不能对一枪
这才是蛟龙江海吞鱼鳖
这才是虎豹山林捕犬羊
这才是鹰隼空中击燕雀
这才是铁车道上碾螳螂
群众支援力无穷
全边区老少齐声喊打胡匪和老蒋
敌兵说当俘虏正是得活命
掉转枪口子弹一直向南放
首长指挥有谋算
重大决策紧靠党中央
解放西北指日事
关中父老兄弟姐妹早盼望!

几天接连行军，由前天下午一直走到昨日天亮，吃过一顿南瓜米饭，中午又走到天黑，全身疲困松软得没有一丝力气，头重胃痛，简直像病了一样，话怕说，事懒做，几乎不像是活人了。

回到乌江(部队代号)，本想回新华社前线分社去谈谈，在新的反攻情况下，报道工作如何安排，可是行军打仗频繁，只好推迟。见了杜鹏程，他交给我转的几篇关于军民关系与土地问题的稿子，材料很生动逼真。他肯深入连队，跟战士、战斗英雄一起生活，交了许多朋友，写的东西有生活内容、情感深厚。

8月29日 自觉有愧

住宿黄照川(米脂龙镇区)，正是苹果红熟了，差不多人人都买一堆，到处吃苹果，把肚子要吃坏了。遇见少年儿童，对苹果都摇头，因为打仗，苹果摘下卖不出去。

午睡时写了两篇宣传稿，吃过饭，我们一队人立即出发。天气凉爽，走起来颇轻舒，不觉行了40里路，到了田家沟夜宿。我们投宿的人家家里有婆媳俩和一个小孩。婆婆50多岁，媳妇30多岁，是后山的姑娘，说话挺本分，儿子参加民兵，忙得找不见人，小孩才4岁，想同我们玩，但老奶奶总限制着。我们大家睡在锅台前地上，到半夜写蜡版的同志工作完了要熄灯，婆媳俩不让，大概以为一群老兵和女人歇在一个房子，不像样子。我们给他们解释，希望能把灯熄了，婆媳俩不在炕上睡了，在房门口坐了大半夜，没有看出什么怨言，她们不了解人民的队伍呀！她们是不随便出村的妇女，可能弄不清我们队伍的纪律，还不知道这个队伍的品格。

在补记发稿题目时，小本子上所记录的引起我极大的思考，两个月发了二十篇稿，可是见诸报面上的却不多，自觉有愧，当然没有多想编辑处理稿件适当否，只从自己先后在采访、选材、写作的弱点上考虑。题材抓对了不少，毛病是精心写作不够。

8 月 30 日 区别对待俘虏

天不亮就吃了饭，出发往双湖峪方向走。宣传科几位同志告诉我们，某连的战士，刚从前线卫生部养好伤回来，夸说卫生部的救护员同志真辛苦，虽然药物缺、条件差，可是热情、认真，对伤员像照顾亲兄弟那样，喂饭、洗衣，还问伤员们前线打仗的故事和英雄事迹，了解伤员的身世、经历及受伤后的心情。她们提出要向英雄学习。设想，若她们一天谈一个，一个月就能了解许多故事，若像《水浒传》的作者，把听到的故事随手记录下来，那将会是一部丰富而闪光的英雄谱。

边走边闲谈，迎面走来一队俘虏，这一帮原是被我军歼灭的敌整编三十六师，即北上榆林时由钟松带的“快速兵团”，在沙家店山上活捉来一二三旅伪旅长刘子奇手下的兵。于是话题顺便转到战场捉俘虏，我们党对待俘虏的政策是严肃的宽大的，对不同的人进行分析分别对待，如较大的军官，立即送上级政治机关；真正是胡宗南摊派抓来的穷苦农民，便集中训练几天，很快补充进我们各连队，当成自己的战士用；对于敌人的中下级军官，经过教育讲清蒋、胡进犯解放区、同人民为敌，越疯狂越灭亡得快，以及我们宽待俘虏的政策，较快地释放回去，走时还发给路费，同时还托付他们回去向自己家人、朋友，特别是他们原在部队的熟人、士兵做工作、讲道理，宣传我们的宽大政策等。这些人，以为他们是小军官，被俘后开头心虚、害怕，但真要放他们回去，我看到有些人踌躇起来，脸上的表情掩盖不住他们内心的矛盾，似有新的顾虑，想回老家看亲人，又怕国民党怀疑，找麻烦。有个青年伪连长，30 岁左右，有一定文化，看样子很聪明，被我们的做法感动了，公开表示不愿走了。他告诉我们，他家里上有老母，下有两个很小的孩子。有的口里喃喃说：“在战场上真的领教了”“共产党的政策，亲眼看见了”“胡宗南部队除硬拉壮丁之外，特务的反宣传，骗了多少青年和老实农民”。有人在众人面前不表态，背地里向我管理员悄悄说明不想走的意思……

9月1日 一个侦察兵离我二尺远中弹牺牲了

天不亮上山，拂晓时正打激烈了，山炮几下把敌人在九里山上的高碉堡打垮了，顽抗的敌人溃乱了，沿汽车路往南跑。我们另有一股部队早堵在前面，把溃逃的敌兵捉住。我跟着跑上那碉堡，敌人营地的饭锅里，刚把南瓜切碎放进去，还没来得及点火煮。老百姓家庭所用的家具散乱在地上，壕沟里躺着一个敌人的重伤号，另一个已经死了。九里山大庙已被拆坏，有人说西汉初时三齐王韩信的家就在附近慕家河，秦腔唱词里那句“九里山前活埋母”的墓也在这里。有人说这里与韩信的故事无关，他是在陕南汉中拜将的，这附近也有一个武将也姓韩……我们来不是游玩访古的，也无心探问这传说的真假。

某指挥员把部队集合起来讲话，立即布置新的行动，我跟随指挥所，本以为南面五里之外骆驼铺马上可以占领，可是至午，清涧城里的敌人出来增援，天黑时，我军即撤回。

我在山上只吃一顿饭，还是勉强在别的单位吃的。又晒又热，飞机又来扫射，一个侦察兵离我二尺远，刚站起来，一弹打进了后颈，热血横飞立即倒地牺牲了，许多人才不敢再大意。

我下了山又赶了20里路来到后方机关，满想饱吃饱喝，可是饭已吃过，锅里烧杀猪的水不能喝，老百姓家里也找不到一口水。我来到马号，大家吃大灶上的饭，也说不够吃。这时我想能喝到一口热水，能吃到一口馍，能睡一觉，能不爬山……就是人间任何好事都比不上的满足。可是，这个喝水的起码条件竟然求之不得。是呀，不在前线，谁能想象喝一口水会这么难。的确，我们在前线，危险困难，生活艰苦，想到苦其心志，饿其体肤，是一种锻炼，我们这支队伍是一个具有理想的集体，士气总是旺盛的，只知压倒困难，心情上却不觉有什么苦。

宣传科知道我未吃饭，他们去给政治部负责人说了，便叫我去同他们一起吃，一面吃一面谈，气氛自然。部队的生活习惯不欢迎过多的客套，你那个斯文习气，同部队干部豪爽气概、坦率作风不协调，作为记者说，会失误许多该知道的报道线索，也会落得挨饿。打心里实说，自己算不上知识分子，却羡慕部队同志的豪爽性格，想学，自己又解不开手脚，发现旧社会加给我的精神束缚不少，内心自我不满，却似难以突破。

9月3日　首长爱看书

一整天秋雨绵绵，有人正好酣睡，有人却觉厌烦。我去纵队联络部采访有关对敌办的工作情况，随后同大家一起推磨、炒面，边做边吃，准备再行军的干粮。下午发烧，不料竟睡到天大亮，疲劳恢复了些，额上热度退了，便赶早写了《粮食斗争》一稿。

这是近些时意外娴静的一天，饭后到村外小河边散步，同联络部冯达同志聊天，谈到现实有关行动的话题，如涉及作战的指挥，为什么敌人那么多，那么疯狂，却处处挨我们的揍？又说到党中央、毛主席、周副主席经常行军离我们不远，直接指挥作战，各级指挥员总是非常坚决、一丝不苟地认真执行党中央和毛主席的命令、指示。又说到纵队首长在战斗之余的生活特点，他喜欢自己动手做菜吃，在军机繁忙中休息时，特别喜欢看书，涉猎广泛，古今中外，新书古书都看，于作战之余手不释卷。

9月4日　自己与老杜的差距

终日蒙蒙细雨，四山被浓重的雨雾吞没了，村边树梢上挂着淡灰色的纱幕。虽待命作战，却没有冒雨出发，人们躲在窑洞里安然休息。上午我写稿，中午正要吃白面饼子的时候，杜鹏程同志来了，好口福，才有机会坐下长谈。

本来自己觉得空虚，到部队三个月时间，没有多和战士在一起生活、一起谈心，不熟悉他们的情感、思想、风格，甚至连一个人物的历史和有关的系统材料都没抓到。每次回到纵队仍觉两手空空，除了新闻，就没有多少材料可写。想到将来离开部队，就更无法有完整的东西写些有关这场战争的人物事迹和故事。

老杜一下去就住一个团，钻到连上和战士共同活动，不仅亲眼看亲耳听，把自己投入到英雄群里，如兄如弟，直接观察和感受战士们一言一行活生生的思想情感。他深入了解生活，唯恐忽然调开部队。我多住在指挥机关，了解作战情况，因我只限于分社的意见，未能争取深入基层，同时也感到自己不善于运用条件和机会。

下午，再三留老杜想多谈些，可是我们都很疲劳，我有点发烧，关节困，就早早打开被子睡下，出汗、口干，灶房没有开水，恰好老乡家吃合饭(实际上即菜、面汤饭)，我坚持付了钱，喝了两碗汤饭，脱衣睡下，心里暗暗希望不要半夜起来急行军，避免病情再加重。

战斗频繁，生活艰苦，给养常遇到困难，找到什么粮吃什么饭，更说不上什么好的药物。可是生病的人很少，即使有了病，也能快快扛过去，意志使人刚强。

9月5日 给李君写信

雨天，无事，读《春潮》，不太有兴趣，与今日战斗生活毫无相关，虽然是世界名著，毅然丢开不看，不必因为别人崇拜而硬读。

下午，给李君写信，慰问她的生活，鼓励她好好工作，告诉她自己见到的战斗英雄们的思想境界，述说自己所得到的启示，越写越觉心情激动。觉得我们有志青年，今天一同奔波在战地，可以为革命献出我们的青春，将少年闷压在心里的烦恼，如京剧里一句唱词那样“愁思尽随流水去”吧。虽然战地艰苦，环境险恶，可是我们精神愉快，过着真正独立的人的生活，不致被封建礼教吃掉，也不致为了生活向反动势力折腰。人的能力各自有大小，可以欣慰的是能顺应历史的发展趋向，按自己的理想为革命做点工作，添点力量。我们用双手一笔一笔、一章一章，庄严地写我们作为一个真正人的历史，我们应该一丝不苟愉快地工作和生活。又着重补说一句：人不是脱离现实社会孤立存在的，个人的理想当然要顺应历史发展的需要，符合时代的需要，为广大人民美好的未来工作，奉献自己的心血、汗水直至生命，才是有意义的人生。

今天下雨，有房子住，有书看，过得轻舒。在下雨天急行军，身上淋，脚下滑，谁不骂天，遇到敌机跟追扫射，又似乎还是有云雾好。有人说起盛夏时三边行军，太阳像火，把满天的云烧散了，把空气烘干了，一点雨不下。因为众口都骂龙王吝啬，归结说：“在战地老天是很难当的。”这些都是震耳炮声之余，寻找出来以减少疲劳的戏谑。

9月6日 看徐迟写的歌谣

在清涧县折家坪区桃岭村，住在一家叫惠真有的农民家。他家十年前被分去了一部分土地，自从分地后，他多年来认真劳动，说他现在已没有剥削思想了。他对我们非常客气，让我们用东西，让我们吸旱烟，一开口总说：“好同志哩，咱们一家人么，你们来，我们老百姓吃碗饭也放放心心，只要咱有，啥都拿出来。”他原当过几年村长，道理是懂很多，他老母亲一会儿来看看，一会儿说石篓不见了，菜刀不见了，筷子少了两双，嘴里说着："东西不怕用，就怕乱拿，人多了照不住个把柄。"儿子一面轻声责备母亲说："没有，慢慢寻，不要吵，人家不拿去的。"一面对我们解释说："我妈年纪大了，小里小气，你们莫在意。"他很殷勤地说要帮我们买旱烟，说晚上去别庄给我们买，可是那天晚上下着雨，到了早上，他说买回来了，还说"人家婆姨一两卖两万元，男人不在家，女人难说话"等，其实烟叶正是他自己的，价扣得紧，偏爱说很多效劳的话，卖了高价还要我们感激。

虽然天已亮，准备行动，抽空读了徐迟写的《一代一代又一代》。这是一首故事歌谣，文字通俗精练，民间风味浓。故事叙述一个关内人到东北谋生，祖、父、孙三代的兴败起落，经历了清朝、内战到"九一八"三个时代，是一首好诗。虽然他第三代写得潦草，仍然喜欢看，于是就与田间的一首长诗《她要杀人》订在一起。这首长诗是描写中国妇女对日本帝国主义侵略兵的深仇大恨。另一篇《小红痣》是征军写一个佃户女子，为富家痴儿做小媳妇，后来觉悟了，砸碎自己手上的枷锁，干起来，成为妇女领袖。

9月8日　"解放军没长口味，不知道枣儿是甜的"

前天下午赶到二郎岔，立即上山去捕击敌人。机关所有人都上了山，颇有信心去捉俘虏、收捡物资，谁也不知疲倦。我赶到指挥所时，天已黑了，可是还没有动静，因为对敌情尚未判断清楚。听完了一段设想意见，大家都睡下，我和衣插挤在已排满泥脚的小炕上。

破晓时，忽听得有人说："走！"大家都忙起来，未及询问，即踏着泥路，披着残月，在淡淡晓色中急行军。空中的雾水像蘸水的软刷子在脸上抹过，促人清醒。快走进村时，同行的人分路到他们的住处，留下一只白狗耷拉着头，悄悄跟我们走来，一个同志亲热地去摸它的背，"呀"的一声，原来抓了一手露水珠。大家大笑，狗摇着粗尾巴，眼里似乎放出得意的光。

昨日，政治处少数人什么也没做，就是抢时间洗了衣服。下午行军，三步一停，两步一歇，不住地躲飞机。赶到桃岭村住下，老乡听说是自己的军队回来了，立即开了门，媳妇女子搬开地方给我们住。

今早，天亮又赶到清涧折家坪附近，河两岸谷子、高粱长得好，院墙内外和村边横卧着大南瓜，窗棂上悬挂着一串一串红枣子。这是一种一寸半多的马奶头式的长枣，颜色鲜红、深红以至黑红。谷子、高粱、红枣，黄的金黄，红的鲜红，构成了一幅丰收的国画，像一首秋色赋和初秋的抒情诗。未来得及考察，这里也许是被胡宗南进犯军漏掉的地带吧。在我们旅部机关前面，已走过几个团，落在地上熟透了的枣子仍然散落在脚下，战士说，没见过这么长的枣，肥肥的，像人的半截手指。说是说，却不拾来尝。小孩子们追着战士索要枪子弹，他们把枣子向我们手里塞着，战士捂住口袋不要，有个中年妇女，在旁边说风凉话："解放军没长口味，就不知道枣儿是甜的。"她的神态却十分诚朴亲切，笑得我们不好意思，这时有人告诉我：说这话妇女的丈夫，几年前就在延安工作，初闹革命时，这一带参加的青年人多。

9月9日 打清涧序页

早晨刚到旅部，沟里传来炮声，我即随指挥所上山，看见南山下公路上黑烟冲天。不多时从电话传来消息：烧毁敌人汽车二十辆、坦克五辆，歼灭一个营。我们在山头上非常干渴，下山到叶家坪村，到一老乡家喝水。两个老婆婆正在切南瓜，见了我们哭诉敌人破坏了她们家的大小家具。我心里想，这里的老乡为什么没有全逃避呢？有人告诉我，这一带战斗频繁，沙家店大捷后，敌人有南下的、北上增援的，五万多人在绥德、米脂和清涧一带挤来挤去，老百姓往哪里躲藏？我们来了，农民真心向着解放军。村里的一位老人说："敌人来了再凶狠，抓住我们的大人、小孩，不管是咋骂咋打咋骗，没有人给说实话，绝不说咱们军队的来去方向、人数多少，使敌人摸不清情况。"我们知道这样的老革命地区，参加革命早的同志很多，所以群众觉悟普遍高。正如首长分析的那样，边区一百五十万老百姓，等于一百五十万战斗员。

晚上行至关家沟，跑进一家买馍馍，一青年硬给我吃，给钱也坚决不要，感情十分真诚。这里的老百姓对我们来到十分欢迎，说没有解放军就没有老百姓。

9月10日 担心消息发迟了

反攻阻击战已十天了，应当陆续作综合报道。昨晨正洗衣服，司令部送来捷报，我立即跑到纵队司令部，正遇杜鹏程先到了，恰好研究如何报道。司令员对于这一局部胜利没有多加评说，似乎看得很平常。他说：敌人陆续南移，二纵队担任在某地区之间阻敌南撤，并抗击可能从某地以西增援的敌人等步骤，已经部署好了，我们某旅已开始向前运动。他一边谈一边亲手做猪血汤，留我们吃饭。在军务繁忙中，他利用时间看书，找人聊天以及亲手做菜等，是他的休息方法。天要黑了，我同老杜回纵队宣传部，赶写新闻、通讯，虽然拥挤一屋子人，我们把灯放在窗台上，稿纸放在膝盖上写，一直写到了后半夜，困倦极了，吹灯睡下时，忽然自己心惊起来：如果今天不抓紧机会主动去找领导同志，发新闻又要推迟时间了。这是我心里常处的状态，经常担心消息发迟了。

9月11日 敌人并非一触即溃

一早赶写评论，约10时写出，即同杜鹏程前去送审。关于报道敌人密集于大小山沟饥饿困窘的通讯，半路上又坐在河边石台上再改写清抄，送给司令员审时已12点了。他再三细看，指出有些地方将敌人的狼狈写得过火。他的提醒确实重要，新闻切忌夸张，会减弱文章的说服力。他说："敌人并不是纸做的，那么容易一触即溃。敌人本质是反动的，就历史的发展来说，从战略大势看，民心向背，必然要灭亡，是无疑的。但目前毕竟那么多的兵力，有坦克、有飞机、有美国支援的武器，还统治着大半个中国，比我们实力强得多，若想得太天真，那就没有多少仗好打了。固然出于对敌人的满腔愤恨，并不表明切实了解战地现场交战具体实况，缺少辩证的方法，把战略前景和双方具体现实力量做对比，不能混为一谈，以同样原因，把自己的实际作战威力也写得不深刻，片面的颂扬，不一定能扣人心弦。我们战士的政治觉悟高，作战英勇，为正义而不怕牺牲的精神，敌人早明白，所以采访要深入，如实叙述，朴实的语言，会赢得读者的信服。坚持实事求是，写事实，正是为了写出真理，原是我们新华社写新闻的根本信条之一。"

沙家店大捷之后，部队上下及老乡，都感到战争形势变化快。房东吴老汉家，为我们煮玉米棒，问长问短，又以感激的口气问毛主席、党中央还在不在咱边区？正说着，纵队政治部联络部冯达来了，向乡亲们说：毛主席和中央领导同志天天跟我们同样行军，离得不远。他们直接指挥着陕北的战争，给咱边区军民壮了胆，镇住了胡宗南的威风。

老乡们听得高兴，老冯说得激动，提及司令员说过，延安撤退时，毛主席转移得最迟，敌人已进攻南泥湾，即3月7日，毛主席由枣园来到王家坪住，还再三交代撤离延安时，要把房子打扫干净，家具要照旧摆好。毛主席等到延安大小机关撤走了，把作战的事部署妥了，到18日黄昏，才由飞机场，桥儿沟一路从从容容离开延安，这时敌人离延安只有七八里路，19日胡宗南军侵占了延安。

冯达又说，战局正照着毛主席的预测发展着，四五月蟠龙、青化砭连战三大捷，已狠狠打击了胡宗南的凶恶气焰；接下来，接连在陇东、在三边挫败了宁夏马家军、青海马家军的打劫行径；这次沙家店一战能吃掉敌人几个旅，可不是简单事。

坐在吴老汉身旁的一个中年人也说："胡宗南军队刚进边区很疯狂。我们现在最关心的是毛主席过了黄河没有？若说不过河，老乡们为他担心，若说过了河，老乡们又心虚，不知啥时才能把敌人赶走，现在看来胜利是快了。"

在炕边坐的人，都拿着热玉米啃，吃得香，聊得痛快。

9月12日 用笔打击敌人

天明行军，走了三十多里，至芦家河——离延安以东数十里，这道沟通青化砭。在大家休息时，我赶着改写评述，下午才送去，交纵队一领导同志先看。他认为说得不太全面，还应包括别部的战果。交司令员看时，他似乎满意，指出些具体词句，我当场就在原稿上做了修改。他谈起对我们前后报道的印象，说我们写的东西在政治观点上爱憎分明；在文风上，文字通俗，材料切合实际，但是表达还应更明确些。他曾经说过，除写目前需要的新闻通讯外，还应准备写些艺术作品，不是为了个人求名，写作也要有努力的目标，逐步写出好作品。我们现在是战争时期，但我们也要培养各种艺术家、文字工作者，强调多读书、向群众学习、多接触战士、深入了解群众的思想感情等等。他言辞委婉，用正面语言指出缺点，并提出希望。这些只有靠自己认真思索，总结教训，以求改进和补足。

过去听说很多知识分子和有名的文化人，愿意到部队工作，这次我们随二纵队行军，工作时间不长，深深感到对新闻宣传十分重视，把新闻报道作为同国民党进行斗争的一条战线。从来政治斗争有两翼，用枪杆子在山头上消灭敌人，用笔杆子在世界人面前展示事实真相，给敌人在舆论上以打击。领导同志亲自审查重要稿件，仔细修改，又随时提示报道要求。这使我更加注意到观察和分析问题的方法，以及采访作风。新闻、通讯绝不只是简单报数字。记得曾看见过毛主席亲自起草或修改过的重要新闻、评述，行文确有特色，有个性，有说服力。毛主席在军事指挥上是战略家，在政治舆论斗争上也是极高明的艺术家。

9月13日 命令来了

早晨，紧急传达要打仗，立即转移，我即赶往纵队指挥所所在地圪塔山附近。

黄昏，本想去问打仗的具体行动，一见面，司令员对我说："命令来了，调你回野政。"我问："来了电报还是信？"他说："就是口传命令，同副政委谈谈。"他们正忙着看地图和拟电稿，忽然，副政委给我一信片，即调我"立即回野政"。当时心里确一惊，是否要我回后方报社，或是到另一纵队随行打出蒋管区去呢？虽然这么想，却留恋这个已相处熟悉的部队，可是并不打算向上级提出什么意见，只有一心服从。

他们忙完了，要我同去吃饭才有机会同政委谈。这位王副政委，在干部中威信高，都认为他工作严肃，善于思考，态度和蔼，平易近人。我说明希望他谈对于我们几个月来在部队工作的意见，和对我个人的意见等。他很慎重地提出，建议每旅至少派一个记者，纵队要配有电台，报道要周密、多方面等，要我转达给新华总社。饭来了，有鸡肉、炒肉、削面，虽吃得饱，再拿碗吃时，又端来一盆熬青菜，里面有西红柿，这些极普通的蔬菜，在行军奔波中吃到，非常难得，不觉吃得过饱。

饭后，几位负责同志继续谈些部队情况，再三鼓励为将来创作艺术作品努力。辞出后，又同政治部交换意见。虽很疲劳，直到深夜总睡不着觉，想很多事情。回后方吗？舍不得战地丰富活跃的生活，坐在机关办报，工作有规律，却会整天刻板式地改稿。心里真不想回去，希望继续留在部队，这里人事和环境相处熟了。如果要跟随别的部队打出去，那也很好，我得以机会反映蒋管区的情况和那里人民的生活。总之，想了很多，翻来覆去睡不着。为杜鹏程打电话，他没有来，很多话应当面商量，来不及，只有写信，又想起走时别忘了要介绍信……

9月15日 指战员个个是英雄

又要行动，纵队领导同志仍叫我随他们同行。在路上问到了杜鹏程的地方，去找他谈了我回野政的事。

我随即上山到指挥所去。离敌人不远处，指挥所人员已睡觉，其他等着捉俘虏收容的人，都隐蔽在沟渠里防空，这也算是在紧张中的休息，有睡觉的、有闲谈的，我身边幸而带一本苏联小说《恐惧与无畏》。看完前半本，对照我们解放军的一群青年战士，有爆破英雄、有机枪能手、有比全连都辛苦的炊事班，还有穿行在密密如雨的飞弹中跑惯的小通讯员们，一个个面影，都一起涌向我的眼前，没有恐惧，有的却是满腔热情和无畏的心。我觉得现在部队里亲眼看见驰骋于西北战场的钢铁英雄群，所创造的奇迹和绘制的画面，比这本小说里所描写的丰富得多，深刻得多，感人得多。说真的，我们全军的指战员个个是英雄，他们是用智慧、用鲜血编写历史画卷的艺术家。

下午转移，爬上山顶。司令员到时，在草梁平凹处点起洋蜡看地图。东边十来里之处，机枪嗒嗒正响得激烈，司令员叫我们回去。我们摸黑下山涉水，一路上脚抬高了踏空，低了碰脚，跌跌撞撞又疲倦又饥饿，十来里路走了两个半小时，到做饭处已经午夜了，意外幸运的是饱吃一顿白面夹菜混合饭，黑摸到一家大窑热炕，一觉睡到天明，大雨在继续下。

9 月 17 日 指点未来

为了牵住胡宗南的鼻子，听从我们的摆布，我军常常是大踏步地转移，忽进忽退忽东忽西，行动迅速神速莫测，这种大幅度的迂回机动，部队自然要辛苦些。在第一次打榆林未下之后，一段时间，行动紧张，忍饥挨饿又难得休息，但战士们最关心的是中央机关、毛主席、周副主席的行动和安全。

我们听说中央机关继续在陕北，有时就在离我们不远的山那面行军、住宿、照样看文件、开军事会、起草电报、指挥全国战争。行军路上，毛主席还把担架让给有病的同志，党中央首长和普通战士们一样同甘共苦。他们每到一个驻地，办公之余还同房主家的孩子笑耍教认字。他们亲切与当地老乡交谈，又教育身边的机关人员，在挂好军用地图、架好电线、放哨之余，也要做群众工作，帮助老乡抢种抢收庄稼，给老年人砍送柴火等。这些消息不是正式传达的，说得也不具体，却鼓舞了大家胜利的信心，什么生活的艰苦、雨淋、日晒、缺粮、断水、虱子、汗臭等全忘了，草鞋破了光脚爬山，一心一意追击敌人，谁也没有想在这战场上，随时有子弹、炸弹片飞到身上来，没有人顾虑什么个人的安危。大家在语言里充满对毛主席的热爱和崇敬，感到他在战争风云中稳坐钓鱼船，胸中有数、有谋，必操胜券。

9 月 18 日 情同兄弟

虽然山头上敌人在放炮，纵队司令员却仍在驻地看地图，有时坐在炕头和客人闲谈、说笑话。谈起伟人的生活、性格、感情，他说：一个人具备一切平凡人所有的素质，才能成为伟人。

吃饭时，同司令员坐在一个炕上的客人是谁呢？仔细一看，发现他不是别人，正是某团的团长，因为有点病，司令员特地约他住在一起休息。这位团长身板结实，表情闲散轻舒，使我认出他恰恰是几天前攻击敌人时在半山坡上，因指挥不周到，被司令员严厉地批评，以至愤怒训斥过的人。我当时在阵地上全看到眼里，真是骂得下不了台。可是今天，我到这里又亲眼看到纵队领导同志，对下级这样关怀，同屋住同桌吃饭亲切如兄弟，气氛和谐自然，说笑自如似老朋友。为了作战胜利，对下级要求是那么严厉，可是同志间的情谊又是这么深厚。这两个不同的情景，在我们这个队伍里的日常生活中，是协调在一起的平常事，人们看习惯了，谁也不觉稀奇。

刚吃过饭，敌人竟打上山头来，我们是随时准备打仗的，需要立即转移，虽然敌机扫得很凶，我们仍然冒着乱飞狂叫的子弹出发了。

9月20日 回到前线分社

昨日下午到甘谷驿，满目荒凉不忍细睹。窑洞烧黑了，门窗挖掉了，水缸砸了，牛槽塌了，院子地也刨了，村子内外，除了几个劫后转回来的人，其他什么生气都难以见到。大街小巷和院落，长满几尺高的蒿草，人走不过去。

老乡们说，这里在敌人未来破坏前是一个热闹的市镇，现在看到家里被破坏得什么都没有了，只有伤心。住在山上的刘老汉，说他家什么都被破坏光了，活了六七十岁，没见过这样惨重的大灾难。他见到我们说："是咱自己的部队来了。"即为我们煮玉米吃，打扫了破房子让我们住。

晚上，忽然命令，部队当夜要赶往某某地执行紧急任务，与前总分开很远，我即决定回西北野战军政治部，不再随这个纵队去，可是又怕野战军政治部机关也转移，弄不好两头失去联系。于是打定主意，找不到野政，先在一个部队跟上工作，再不行，就跟随地方游击队或延属专区机关。

今日我走到张家巷时，遇见某旅负责同志从前线总部回来，他诚切地问了我的情况和打算，又看了我开的路线图，告诉我前线总部驻地已不远，似乎放心，就匆匆分手走了。

午时，回到前线分社，由于过分疲劳和赶路出汗太多，有点感冒，全身发烧，饭后就脱衣早睡了，多喝了开水，出了几阵汗，天黑时，稍觉轻松。

9 月 21 日 仇恨服从政策

随着战斗的胜利，俘虏兵一天比一天多。对于俘虏兵的态度，政治部门当作大事，负责同志经常讲：要正确认识，用阶级分析的观点，严格按政策对待，这样有利于促使多数人转化。但我们的战士一谈起俘虏，却缺少分析，总表露一概仇恨的情绪。我觉得不宜苛责，战场上的较量，大大小小的胜利，都是战士用鲜血生命夺来的，对于刺刀相厮杀的敌人，能不仇恨？

我个人也是一面向战士解说党的优待俘虏政策，而自己内心仍是满腔愤怒。他们打进边区来，烧杀抢掠无恶不作，真像一群虎狼，没有人性的野兽。陈布在我们眼前的是烧焦的门窗，砍死的牲口，残杀的血淋淋的无辜的儿童、老人的尸体，还有被饿死在窑洞里的妇女、捆在树上刺瞎眼睛的男人……这些罪恶，目睹者若无动于衷，那除非是精神失常冷血的人。

一位营副教导员向我叙述说：他对国民党兵的憎恶心由来已久。他幼年在家乡时，那些悲惨的记忆就种在脑子里怎么也抹不掉了。他们家二门后面墙角，有个半截井，平时井口上放着破筛子、小家具等结上了蛛网。一听说要过“粮子”(指吃粮饷的土军阀的兵)，村里男人都跑了，剩下女人，先将年轻媳妇、小孩、姑娘吊下井去，坐在半井偏窑里。听母亲说当时他还小，有一次，是将他放在筐子里，用绳系着撤下去，筐子几乎颠倒把他掉进井水底。村外狗叫得紧，赶快将二门加上门杠子，井口上放上破东西。几个年老的女人，跑去后院(实即厕所)，躲进墙角鸡架后，故意把烂被单、尿布、缠脚布挂上，实际是蒙自己的眼睛，以侥幸心安慰自己而已。他的叙说，也引起我想起自己童年亲眼所见的事，当时我十多岁，邻村来了一连兵，派饭到我村子，由于农村穷，有一家凉面条拌的油少，送去时，听说当时把菜碟子、面条盆子摔到粪堆上，把送饭人打伤了。紧接着，一个排长带一群兵来到那家里，见人就打，见吃的就倒，见东西就砸，排长把女人赶进房子污辱了，吓得家家连夜磨白面，做饭送汤，胆战心惊，不知哪会儿会遇到报复。

国民党的兵，先前有的在家不务正业、游手懒虫；有的为报私仇，或闯了祸而去补名字当兵的；后来主要是强征硬抓被拉去当兵的。一般有钱有势的人家以交粮交钱顶替，真正被拉去当兵的大多数是穷苦人和老实农民，不像原来全都是地痞坏人。有个俘虏兵说：“我在家也是种地，兄弟两个，村里派下兵来，自家没钱没势，保甲长巴结富人欺压穷人，硬把我拉去当兵。临走时，母亲哭得死去活来，一家人像送丧。”

他接着说："我不是说我没罪，到了边区看见别的兵要干瞎事，残害老百姓，自己心里想，谁家没有老的小的、姐儿妹子？他们也要吃饭过日子……"国民党军队败坏的作风，残酷迫害老百姓，尤其是长官更是胡作非为，干尽了坏事。他们抽大烟、强抢他人钱财、压迫士兵、污辱女人……记得我们县上曾驻扎过一个军阀，姓勾，叫章保儿，有十一个老婆，四乡人哄传骂他一天娶两个媳妇。看戏去是一个太太一辆轿车，一大溜把小县的巷道塞满了。他的卫士凶得如狼似虎，等于将整个戏园子全霸占了，老百姓妇女当然不敢去看戏。

9月22日　来到新环境

昨日看过总社关于"九一"记者节社论及新闻工作意见等，就去洗衣服，找朋友闲谈，真有点像回到娘家，故意懒散，算是松闲了一天。

本来想在前线分社多闲散几天，等行军到目的地，再去第三纵队接头，不料听说他们出发后可能会与总部相距远些，不好联系，遂决心立即来到三纵队。行动之前匆忙写了一条消息，翻了些有关资料，换了干粮，约十时即背上行李出发。

我到政治部，先遇见宣传科长，正副科长似乎在谈工作交接的事。他们表示不必找主任，似乎不宜见他，我预感到这里的作风和习惯也许会有不同，便直说："找一下好些。"副科长，走出院子，叫来通讯员领我们去见主任，他的动作颇显冷淡。

把介绍信转交后，曾几次被询问："你们到宣传科没有？"使人警惕到见首长，不可超越组织。最后，副主任是见到了，总觉得手续似很不容易。正谈中，宣传科长也来了，政治部副主任年岁较大，姓高，初见面言谈严肃，向宣传科长嘱托对记者要协助等，语言朴素恳切。我同副科长一起转回来，彼此算是都愿意交谈了。他健谈，也比较平易，愿意同我多说话，顺口谈出不少可宣传的新情况。

到了一个新的环境，开初不习惯，应多留心这个部队在军风、作风上的特点，在比较中有利于发现新东西。不管什么环境，只要能支持采访，给以活动上的方便，就是好环境。客观情况不应当影响自己活动，关键在于人的努力。新到一个较生疏的环境，也许有利于督促自己经心工作，也有利于医治自己观察事态单一片面的毛病。

9月24日 一把韭菜情

昨日到旅部去，没有找到驻地，只得又转回纵队政治部。谁料下起连阴雨，焦急地等待，又没有书看。

得知靠近纵队司令部驻地住有担架队，我冒雨去看看，了解他们的活动与抢救伤员的事迹。原来他们都是从清涧来的，同战士一样艰苦，正规部队到前沿阵地，他们也要随军紧张跟到阵地附近，同样冒着敌人的炮火袭击，有时他们比部队住宿、吃饭的条件差些，困难更多些。他们身体结实，显得疲劳，情绪却很饱满。他们说，这次敌人经过清涧，把群众糟蹋得太惨了。他们以极大的热情支援前线，盼望把胡宗南匪兵早日赶出去。也有人想念家，不知家里遭到什么灾难，担心家里老幼亲人的安危。

闲聊中有人说了这么个故事：前线有两个侦察员失去了联络，身上没了干粮，走到一个沟里，遇到几户人家。他们想要点吃的，找到一个中年妇女，诉说了困难，那妇女很同情他们，就仅存的一点杂面，给他们的干粮袋里装了差不多有二斤。他们正要表示感谢，那妇女一闪身转回去，从案上拿起菜刀，跑向后院，须臾间，她手里握一把韭菜来说："你们要烙饼，再拿点菜。"那两个侦察员拿上面和菜一时说不出话来，似乎把饿也忘了，只想这位嫂子的一片诚心。人家多的话没说，对他们那么真诚，动作又那么麻利，觉得给自己的不是杂面、青菜，是老乡的心，全边区老乡的心。几个上过学的战士，为此编了几句诗：

韭菜情谊深，支援野战军。
消灭胡宗南，边区万众心。
我是革命军人，杀敌第一责任。
枪杆诗铭志，火线立功勋。

9月25日 唯足以自慰的是身经枪林弹雨

雨天无事，在炕上翻看了自己写的日记，断断续续看了许多段，引起回忆四个月来的行踪、生活、思想，觉得平淡，没有将激烈的战斗、丰富的生活现实，反映出十分之一、百分之一，仿佛采樵夫从大森林里只带出几根细枝、几片散叶。可是战斗频繁，辗转奔波，又在采访写稿之余，时间真不允许将层层叠叠积聚在脑子里的东西详细记录在纸上。唯足以自慰的是身经枪林弹雨，亲眼看到英雄战士同胡马匪兵刺刀厮杀的壮烈气概，对于我这个青年人来说，就所记点滴，事后翻翻看看、思索、对照，无不是一种自我鼓舞。

记得有一次同杜鹏程交谈写日记，他说："肯深入生活，就能取得的多些。"是的，生活是最丰富的，只要注意力渗进生动的现实中去，就会发现有意义值得记载的东西。戈壁舟也曾说他："记录耳闻目见的故事材料较多。"他们提示我，要记点事，主要是到普通战士中去生活，锻炼敏锐的感觉与观察力，留心自己周围发生的种种事物，要透过现象，常常可能抓住真实的有意义的部分，注意观察人的精神境界、无产阶级英雄的气概、普通战士的品格。写作方法上，应当集中一个镜头、一件事物，突出某一特点，仔细叙述描绘，而不是平列流水账。进行采访应是相互启发交流、补充、座谈商量，比之板着面孔你问我答实在有效得多，口试式的访问必然失败。

9月26日　在某旅采访

绵绵细雨连续几天，把人们关在窑洞里。早饭后，雨住了，天色稍亮，纵队政治部宣传科的同志来叫，我们一起到旅部去。

来到某旅，遇到的人颇和气，与旅政治部严主任谈了谈，他高个，四十多岁，说话少，朴实平易。他结合回顾以往作战中，宣传政策和做地方群众工作的经验，认为谈宣传党的四十个口号，应当分开不同对象。对贫苦农民多讲分土地翻身、斗争恶霸地主；对一般老财主，要讲清党的政策，讲蒋介石卖国罪行，如他家的棉花为什么卖不上价，就是蒋美商勾结作祟；对西北军失意人员，应讲杨虎城遭受蒋幽禁之事，大家要报仇，只有参加或帮助解放军；对青年学生和知识界，应讲蒋胡奴化教育，书报检查制、对比讲我党的言论自由、写作自由……对照不同对象，着重讲说他们所最关心和顾虑的问题，切忌对不同阶级、阶层的人，照条条说一样的话。

这个旅从山西调过来不久，同样以战斗作风勇猛顽强出名，善于攻坚破城，能冲能打。他们自豪地说：尽管减员补充过多少新战士，提拔调整了各级指挥员，但顽强打硬仗的作风总是保持着。

9 月 27 日 兔子不会跳到稿纸上来

工作队研究党的对外 40 条口号，同志们均感到关于蒋介石卖国及内战责任等政治时事，没有材料，在宣传上会遇到困难。自己也感到需要具体事实，便想起我过去剪存的一些报刊文章、数字统计等资料，在机关撤离延安时，封藏在破窑洞里，一定遭到了敌人的毁坏，觉得非常可惜。

读一位领导同志对新闻工作的一封信，其中提到依靠群众、相信群众力量。他说，很多干部有顾虑，一面于群众未觉悟前硬干，一面是群众觉悟了，不去很好领导，而束手无策；土地工作中审查，群众完全有权力批评、审查、撤销、处理，领导上不能姑息干部而剥夺群众检查干部的民主……他短短的信中，提出很多新的问题，特别是沿路询问情况、需要有细心的方法与科学的态度，启示我们新闻工作者，到任何地方、任何时候、见各样人，应该勤问细看，多留心，多用脑子想，注意观察各方面的情况，才可能发觉许多问题，得到新闻线索，而不是守株待兔，等着兔子往你的稿纸上跳。

晚上同严主任谈，他告诉我许多生动的事件和英雄人物，我听得激动，很想立即去访问这些材料，去见这些人。

9 月 28 日 “闹革命靠穷人”

原拟到团上去，政治部组织科长回来，汇报连队反复动员打出去的活动，除反映了战士中好多奇怪的心理外，还谈了有关群众纪律的思想认识，如某班副从不犯群众纪律，别人问他，他说：“现在苦有什么关系，闹革命靠穷人，咱也是穷人，咱能损害群众利益吗？”另一个曾开过两次小差的战士，坚决向支部要求入党。他说：“咱家分到 10 垧 (每垧约 3 亩) 地后，再不开小差了，你想我家分到 10 垧地，有兄弟劳动，再有啥顾虑的……”

关于打出关中去的想法，分到土地的战士认为应当去解放蒋管区的同胞，相信解放军有胜利的力量；有些人也有顾虑，担心打出去了再回不了自己的老家。采访时，要注意对象，还要仔细分析。

9 月 29 日　战地中秋月

久盼的中秋节到了，早晨吃小米、南瓜菜。大家高兴地说：今天过节吃到小米干饭。有人立即不服地说："吃一顿小米有啥夸的。"从而引起话头：有人引用毛主席经常讲小米加步枪的作用，比大炮和飞机炸弹还要强，咱边区的小米养育了无产阶级战士。我也听说过：周恩来副主席从延安去重庆时，带陕北的小米，分送给一些进步人士，有人又转送给鲁迅先生，鲁迅十分珍重，招待他最熟的客人……所以小米对中国革命是有大贡献的。

晚来放晴，大家可高兴了，去某村看戏。我们到剧场时，河边草地上已坐满了人。在戏开之前，各连队都唱歌，相互比赛，相互鼓动。原想戏到天黑就能开场，可是直到月亮升得很高戏还不开，因为往 5 里外去搬桌子还没回来，只好等。

戏是山西中路梆子《潞安洲》，王佐断臂、私会乳娘等场最精彩，王佐、乳娘等爱国之情，表现得十分细腻，一些对话也颇艺术，大家看得很满意。

戏毕，人丛中忽有人叫我，给我一支香烟，回头看是上午交谈过的那位指导员。我们并肩走着，说："今晚月色明亮，没行军爬山，又看了戏，真像过节。在学校时读边塞诗，感到激昂豪放，动人心弦。今夜战地月儿正圆，人也松闲，却做不出一句诗来！"另一位插话说："创造诗的人是战士，他们英勇奋战，用智慧、用鲜血，为革命的胜利，谱写了最动人的诗。战士自己就是诗，诗不一定要七言五言写在纸上，我们的诗，是写在祖国的大地上，写在陕北的千山万壑，写在人民的心坎里，写在胜利的史册上！"教导员顺便赠送了他一句："老兄原是一位诗的哲人。"

9 月 30 日　夜行

早晨起床，正翻阅沙家店战斗的稿件，忽然听说要出发，而且某两处要打仗。回到分社的几个人商量如何分头去部队采访，提议我去"海道"（部队代号），做一次临时采访，仓促启程，心里并没有把握。

早饭后，即同记者洛冒同行，走过 20 里，到大川，该部队已于前四五天向延长方向走了，只有顺川往东南赶。又约走 30 里，翻山至贺家湾，老乡说部队于昨日离开了。时已下午 4 点，村长介绍我们在姓段的老婆婆家吃饭，我们留下了干粮袋的麦子和钱，老婆婆问我们吃不吃枣子，小媳妇尽选大的枣子，拣了一兜兜，约2斤。

我们一直走到天黑，月色分外明亮，四下静寂。前面离敌人不远，只有边走边问，进村的路上，有敌人在缩进县城之前，设置的路障。见到一位老人说，小伙子有的跑了，有的被敌人拉去修工事，村里门板都被扒走了，感到要有一场大战，空气如凝冻了似的，不由得心里也有些紧张起来。可见连老人都知道，不多时大事要爆发了。部队于下午2时开走，离我们要包围的县城仅15里。我们在冯家沟路上，三人一马徒步前进，松了口气，觉得路线没有走岔，同时，也越走越不放心，怕碰见城外敌人散兵或者便衣。我们遇见一个拿破碗的老乡，他刚为部队带过路，虽然脚痛，仍然为我们带了一段路。到了离城五里的怀里坪村，找到“河西部”(代号)一团三营，时已夜里11点。

10月1日　火线采访

夜两点，起来吃饭，随部队运动上山。营长他们布置阵地，指战员个个用汽油擦枪膛，气氛很紧张。破晓，枪响，我也上到阵地附近，沿电线找一团指挥所。

九时攻娘娘庙山，战斗非常激烈，山炮摧毁了碉堡，战士从火光烟团中往上冲锋，都看得清楚。洛冒要抢拍实战镜头，在阵地上来回跑。这时太阳当空，光线明亮，敌我两方阵地都看得清，正好拍照。我利用时间，找二区地方游击队谈他们的斗争活动，他们七嘴八舌，说前次我大军走过后，零散敌人又来村里骚扰，游击队也试探着摸到附近，有个中年妇女偷跑出村，向游击队报告了情况。那些家伙正钻进人家闹着吃饭，本来惊慌得很，游击队就从后墙外放了几枪，吓破那几个贼胆，胡冲乱碰往村外跑，正好被隐蔽在大树后面的游击队击毙，抓住一个活的。

下午，我军的炮打得好，命中率准，我即也询问了炮手的情况。听说他原是边区子弟兵，觉得应当宣传，立即于黄昏时到炮兵阵地去访问，也有收获。月初升时，碰见延长县保安科长，想向他了解敌人破坏石油厂的事，由于他忙，只好另约时间。

10月2日　敌机给我们送来了饼子

睡意蒙眬中，听说战斗解决了，随团长等赶进城。路上要过河，若解开绑腿再过河，一定会赶不上大家，看见跟来几条骡子，顺手拉了一条，到了河边就骑上。

晓色若雾，笼罩着余烟未散的恐怖战场。

同政治处同志一起上寨子看，碉楼城垛摧毁了，城墙半山坡上，到处是死尸、血、破枪、弹壳、饭盒、血衣。俘虏已被带走，尚有中弹未死的敌兵，边爬边滚，呼天叫地，央求救他活命……顺城垛到西南角小碉堡里，有两块板拼的床，一张小桌，桌布斜吊着，脚下丢有麻将牌，墙脚下还滚着一只女人黄缎扎花鞋。据说是守城敌人一个营长在城角督阵，在破城之前紧急时刻丢下的，这样的军队能不败么？

天大明时到街上看，原来逃出城的人们，都陆续回城，和留在城里的人见面，相互庆贺。我到县城去看，里面破烂不堪，为了解敌占时城内情况，找保安科同志，他们正忙得不可开交。又遇上石油工厂工人支队的一个分队长，便又随他到工厂去看。再转回城里找县长，时约九点钟，机关人员都不见了，只好出城去找部队。过了河，忽然碰见两个老婆婆，一个提着一筐枣子，说是到城里看新入部队的侄儿。我告诉她们城里没有队伍，因为她们也不知道是哪个部队，就劝阻她们，可是她们仍然确定地说："走一下就回来。"刚走开几步，敌人的飞机又来了，不用说是要扔炸弹的，可是丢下来的却是一大袋一大袋的饼子，有锅盖厚。人们都笑骂起来："真蠢，昨天飞机来扫射，正打死他们自己守城的人，今天却为我们送来了饼子。"可见敌人的上级还不知道解放军已占领了这县城。

经过团部稍停，我们即去三营访问，吃了面条、饼子、羊肉、鸡肉。洛冒同志说："今天又过了个八月节，这些都是敌人专为节日给我们奉送来的胜利品。"

10月4日　雨中行路，手中棍子真得力

昨又行军，到宿营地即去二团采访攻寨子山战斗，遇到主攻的三营教导员。需要的材料，大体都得到了，今日回野政。

又是雨天，心里非常焦急，战斗已结束第三天了，消息再迟误就不好了，可是雨越下越大，脚下滑得也实在不好走，材料送不出去。

吃过早饭，雨稍住，立即往旅政治部赶，一起步，又下起雨来，淋了10多里路。路上看见脚下有人滑倒的泥印，觉得自己手中的棍子太得力了。

听说从延长俘虏来的军官也在本村，即去采访。他们有的在下棋、有的在烤火、有的很沉静地在思考着什么。我同一个身穿棉便衣的谈起来。他脸上浮着笑，显得勉强，含有疑惧，尽力表白他读过列宁的著作，说他立即想参加工作，怕我们不了解他。与俘虏谈话，要严肃认真，明确解释我党的政策，讲清原则道理；同时还要减少其恐惧心理，不能因看不惯，施以刺激性语言，加以训斥，甚至辱骂。

渴望明日是晴天。

10 月 6 日 灯下捉虱子

一早起来修改延长攻坚战斗稿。

中午，听说要打仗，又出发去到三纵队采访，赶到天黑，写完了攻坚经验与炮手英雄两则，心里才稍松舒些。大家都睡了，便把灯端到炕边，捉虱子。几天忘记洗脚、洗脸，也顾不得洗换衣服。若得时间，我实在想换洗衣服，看看报，整理些材料，研究一些采访上的问题。

10 月 7 日 战斗结束后，采访最忙时

稿子写好了，回到前线分社，像是远人到了家里。早饭后下小雨，大家开会研究半年来采访报道中的许多问题。

昨日下午合伙买了羊，愁没有盐，到中午，盐买回来了，大家都很高兴，二十多个人竟然一顿把羊肉吃完了。上山去听攻清涧城的炮声，分社记者田方说："半年来真没有这样闲散轻松过。"是啊，我们在部队有时也闲过，任务在身，从来不曾轻松过。

在这里散步，听见炮声，心里又急了。这是我们随军以来形成的习惯，部队的每一行动都与自己有关，总怕误了消息。我们都知道，战斗结束后，干部们有更多的事要做，很忙。最好的办法是跟上部队进行采访，除了综合数字外，大量生动真实的战斗情景和英雄事迹，只有到现场，在战士群里，通过自己的脑子和眼睛这部高级照相机去摄取第一手材料。

10 月 8 日 "给这娃起名'望胜'或'胜利'"

同蓝钰同志(记者)等赶往战斗部队，到清涧城南十里铺，想休息，推一家老乡的门时，里面喊道："是月子窑"(意指住着产妇，外人不能进)，婉言说明后进去了。一位老太太在炕上梳理头发，又看到小月娃哭，心想作为风俗、礼貌，先给孩子点钱，说："你喜得很，添了孙子，给娃些钱。"老太太高兴极了，慷慨让我们吃饭。突然，某部队上士进来，硬命令再为他们煮饭，眼看急急忙忙把饭争吃完了，虽然看见他们

也给了钱，不相识，不好说话，他们也是执行任务赶路，致主人一家五口几乎没吃到一碗饭，我们心里非常不安，虽然不算白吃，可是把主人的饭争着吃完了，还不是妨碍了群众利益吗？

离开那家，我还在想，毕竟是在打仗，处于非常时期，若在平时，我们绝不愿意闯进产妇的屋子。真没办法，为了将来大家都过好日子，只得忍着当前，不知主人是否谅解。

走在路上，蓝钰突然问我："刚才你听见吗？"我说："听见什么？"蓝钰说："那位上士进了产妇的家，不向老人贺喜，冷不登登说这个时候生孩子……"又说："话真奇怪，肚子有了，不生行么？"我听得好笑，对蓝钰说："战争是非常时期，部队要打仗，老乡要支前，若是夫妇有机会在一起，难道生儿育女的人生课题能不正常进行么？当然在兵荒马乱中生孩子，大人小孩都会吃许多苦头……"蓝钰接下去又说："现在局势已比春上好，是节节胜利，箭头所指南下，要打到你们的家乡大关中。给这个娃娃该起个名叫'望胜'或者'胜利'。"

10月11日　破清涧，擒廖昂

攻清涧外围碉堡，已自6号开始。我没有跟部队上山去，留在接近阵地的临时后方，采访打仗换下来休息的战士。

前天下午，我找到清涧城区干部，了解在敌人统治时期，当地群众如何直接和间接与敌人做斗争的。

昨日黄昏，旅部各单位都紧张起来，准备晚上破城。我随旅指挥所上山，坐在电话机旁，他们同上面联络，又向下面传达指示，正好听到全面情况。为防止敌人的山炮弹，大家边说话边挖炮弹掩体。

晚九点四十分，总攻开始了。山炮机枪一齐轰响，山在震动，空气里充满震耳欲聋的轰响声，愤怒的火舌在夜幕中飞射，真像家乡县城过元宵夜的火花，清涧城已陷入紫黑色的烟雾里。爆炸城门的那一声巨响，震得人几乎要跳离地面，附近系在树上的小红马，挣断缰绳向东飞跑了。

等着进城的人，等待在城东北角指挥所附近，我整整与他们一起坐了一夜，一阵睡去，一阵又冻醒，衣服又凉又硬，脚已冻僵了。到天快亮时，城中战斗已解决了，人马，俘虏，像流水一样从东门涌流出来。人们冒着枪声，越过炸塌的城墙缺口，跑进城去。满街子弹乱飞，火药味扑鼻。我贴着墙前进，找到已捣毁的敌人师部。这是个小院子，在伪师长廖昂的房子里，纱帐有半面还吊在半空中，床上被褥狼藉，办公桌上，那只怀表照样铮铮在转。我注意到两架书，有不少生活书店、三联书店的书，也有延安出的，有马列主义经典著作，还有苏联小说。我拾了几本散落在地上的书，心想廖昂也看马列著作吗？

活捉了敌七十六师师长廖昂等，听说某司令员要同廖昂谈话，我即专程赶五里路去等待采访。天快黑之前，由直接捉拿廖昂的部队把他押来了。这位国民党师长五十来岁，中等个，穿着军大衣，戴着航空员紫色带耳帽子，圆脸，肥胖胖的，神情不惊慌，坐在一个碾盘上低头不语，似乎在想什么。由于部队又要急行军，司令员未及和他谈话，又将廖昂带上走了。

这廖昂，就是在今年 2 月中旬，指挥敌整编二十四、一二三、一六五等三个旅最先向我关中分区进犯的家伙。

我在师部所拣的几本文学书，还未顾得看，就被几位团长、营教导员顺手“借”走了，还剩下一本，不知谁又从我身后掏走了。其中有个教导员，在破城的前一日趁天未亮钻进西城门洞，整整待了一个白天，等待随时打进城里。城楼上敌人不时放枪扔手榴弹，干粮送不进去，人也跑不出来。这时团长开心地问：“捉到了廖昂，你一天没吃到饭，肚子没饿扁吧？”教导员轻轻地一笑说：“再饿两天，我还支持得住。”笑声虽不响亮，话语虽然平淡，却反映了下级指挥员的英雄气质。跟声看人，这位教导员的身体确结实，宽肩大膀，两臂一伸会撑破衣服，似有使不完的力气。

10 月 12 日 采访开会到深夜

一早起即赶至五团继续了解破城经过细节，一营教导员向我详细地谈了各连的情况。我到了团部正与团长谈话时，来了友邻部队的一位客人，得知廖昂是他那个团的战士捉到的，就问是否有记者已采访过？他告诉我还没有，并同意直接介绍我去那个连采访，我当即专门跑去采访了捉廖昂的经过。虽然该部队不是我的活动范围，认为还需灵活一点，重复了总比两相耽误了好。

由于胜利的喜悦，也为赶时间，与捉廖昂的副指导员的谈话还是有些仓促，很多情况没有充分追问，校对也不够仔细。

下午赶回旅部，正逢他们开团会，政治部主任留我旁听，一直到深夜。

10月13日 有了饭吃反倒不安

这次打胜仗，该旅缴获最多，听说他们供给部拉回来成群马匹，因没人管理，竟跑掉16匹。我心里很想向政治部主任提出商量，给分社记者要几匹马，又觉得没有事先同野战分社负责同志说明，不知纪律是否允许。

一早起，在院子石板上写稿，越急笔下越乱。写出后，希望能尽快送出去，不巧，主任已到司令部去了。为赶回分社，决然拿起行李走，进了沟，又带着侥幸转回去看主任是否从司令部回来了，可将稿子给他看看。当然不是那么巧，只好二次往沟里走。一路走着，我仍然在想："从那一大群骡马中要几匹，不算犯纪律的事，是自己的部队，不是向老乡要，况且马在河滩上乱跑，如能要到，即向野战分社送去。"可是自己仍然缺少办事的魄力，没有抓紧机会提出来。

单人行动，赶路、吃饭多有难处，走到陈家河时，打算吃些东西。看见一家老乡婆姨做饭，即上前去商量买面，再三说她都不肯卖，我有些气。走到另一家，正遇到某部队战士吃饭，他们立即让我吃，可是心里反倒不安起来。这里的老百姓的确苦，敌人来了奸淫、抢掠、破坏、打人、拉夫，他们的灾难够惨重，连性命也难保。我们来了，纪律好，借了东西给还，吃了的给钱，都是商量着办，可是在这反复频繁的战争环境里，农家能有多少？他们的生活够难熬的，我们也难接济，应当体谅他们才是，实在不应该对人家不高兴。却又不便转去那家解说，也许人家也有气，也许早已忘掉了。

10月14日 执行俘虏政策不能凭感情

写完稿子，去采访俘虏来的廖昂部署军官，他们和被拉丁来的穷苦士兵不同，多数内心有矛盾，不肯轻易表示自己的想法。有的尽量表示自己"进步"，好像在拿着屠刀向人民进攻时就已成"佛"了似的；有的极力表示此次被俘虏后的幸运，仿佛在今年初进犯我关中分区时就渴望着当俘虏；有的还在转弯抹角为法西斯辩解。我们当然明确一条：执行党的俘虏政策，只能是严肃的、理智的，不能凭感情。

10 月 15 日 听戈壁舟讲精彩故事

把捉廖昂的稿子写完，不到两千字。赶发出后，记者戈壁舟同志回来，他谈了关于捉廖昂时一些精彩的动作、情节，如丢在卧室的袜子没来得及穿，当解放军战士冲进师部时，他的卫兵已没有几个了。第一次没有找到他，廖昂藏进床帐后面，战士跑出来找，廖昂只穿衬衣逃出卧室躲在伙房案下，战士捉住他时，他已全身哆嗦得说不出话来。如果把这些材料再加进去，一定给读者更深的印象。我得到的材料主要是来自该连副指导员，说的情况大体差不多，若直接找捉廖昂的战士谈，那会更具体准确和生动。虽然已发的稿上并未有多大出入，但自己心里总觉得还是有些遗憾。

我曾怀疑过，城外围攻激烈，城内慌乱一团，向胡宗南呼救又不来援兵，廖昂何以会待在卧室？我想，我们围城，廖昂东西奔走城楼督战，最后看到守城绝望，才跑回师部卧室，准备个人躲藏的。

这两天，干部忙着总结战斗经验，战士主要是休息和看戏，原绥德剧团今晚演了一出山西中路梆子《打金枝》。

10 月 16 日 “首长也是部队的一员”

攻克清涧城之后，同志们很自然地以深厚敬爱的心情，谈起部队首长的指挥艺术和艰苦朴素的生活作风以及他在前线生活、工作的许多故事。

这位首长对党中央、毛主席的委托和命令，非常重视，经常对指战员们说：“中央把这样重要的任务交给我们，若是指挥不好，仗打不好，不仅有负中央的委托，同样对人民有罪。希望大家齐心努力，千方百计英勇奋战，完成中央赋予的使命。”在首长身边工作的同志说，首长在考虑作战计划和部署时，交代得具体、仔细。在作战过程中，总是要赶到阵地前沿，亲自观察地形和敌情，当面听侦察人员的汇报。如攻克清涧城一战，我军冒着秋雨，很快把县城外围的敌人据点拔掉了，只有粑子山，也叫笔架山，是城西突起的最高点，是夺取清涧城决定命运的阵地。首长到城下亲自给围城各部队拟发指示，直接听前沿阵地上主攻部队干部讨论进攻方案，营连干部和战士激动地说：“有这样的指挥官，战斗能不打胜吗？”

战士、干部中对首长传说很多的是他严于律己，与官兵同甘共苦的作风。在陇东打了胜仗，给他换一匹强壮的马，坚决不要。一次伙房为开军事会的领导吃饭，买了二十条黄瓜，他追查来头，大发脾气。一次警卫员端来了一碗白米饭，他火更大了，逼着叫把饭送到卫生所给病员吃，教育警卫员说："我是部队首长，也是部队的一员！"

10月17日 "是咱八路军"

冒雨行军，我与戈壁舟掉在牲口队后面，听到前面不断有人跌倒，一阵阵哗笑声。路可真难走，我俩中途走进某村，想歇歇脚，又顺便打问些地方情况。当踏到一家院门，一个姑娘往出走，一见人来，立即转身往回跑，动作迅捷，只见摆动在背肩后面的一条长发辫。问："这是什么村？"进到院子时，她已闪进窑里，把门扇合闭了。院子里有个捡柴的老太太，不回头不搭话。我们推开另一窑门，炕上坐一位老汉，正在吸旱烟，当知道我们是赶路的解放军，老汉才说："村上人才陆续跑回来。"正说着，另一家老婆婆端进来一大盘高粱饭、一小碗茄子和葱，送过来给这家老汉吃的。她解释说："这是给病人吃的。"老汉低声介绍说："是咱八路军。"邻家那位老婆婆才不紧张了。

听说守备绥德的敌人一六五旅同刘戡所属援救清涧的部队一路南撤，我军于13日收复了绥德。今日下午，驻宿到绥德城南十五公里康家沟村。

同志们都向一家老乡买南瓜，婆姨不愿意，把南瓜从我们住的窑洞里搬出去藏起来。一个老乡长说："咱们这地方工作不行，敌人来时，政府没有很好有计划地组织群众转移，敌人走了，也没有好好安置老百姓。部队打了胜仗又走了，地方上要做的事太多了，从吃饭到治安都要安排。群众知道这一点，也谅解，基层工作跟不上，有人埋怨。"我们可以设想绥德城收复后的工作一定很艰巨，这里有工商业、有各界居民，会比农村社会情况复杂。

10月18日 绥德

今天沿无定河走了15里路，到绥德东门外敌人未修起的飞机场，一位老汉告诉我们，敌人每天把城内男女老少，一齐赶到城外修飞机场，男人背石头，女人砸石头，连十来岁小孩也得抬石头，走慢了要挨打，城里市面停了，河滩上成百垧好地现在被破坏成这样，没法耕种了。

进了东门走上坡，仿佛街在山上，再走，是山坳大湾，往下看，房屋密集宛如蜂巢。窑洞横看成排，上下层叠。南城楼、绥师礼堂与整齐的石窑，使人想起这里过去的繁华。在董钊、刘戡带领的胡宗南七个整旅，今年八月中旬进驻绥德之后两个月的摧残，以及溃逃时的抢劫，逼走数千群众，致城内仅余一两千老弱，这里几乎像半个死了的城。

我们在西山寺驻营，大多窑洞都被破坏了，只有一楼未摧毁。院子里有一座方形铁塔，约一丈五尺高，四面铸文，匆忙间未详细读，仅知是《鼎建大藏经阁记》，明代正德十年建铸的。问起绥德古迹，据说有：扶苏墓、蒙恬墓等，韩世忠故里在二郎山附近，使人想起许多历史上统治集团内部的是非曲直。近代革命纪念地址之一，有以子洲同志命名的图书馆。

转回南关时，看见黑板上写着，二郎山挖出敌人活埋我干部尸体七具，他们的死难过程，有待仔细调查。绥德的居民，对革命对解放军有感情，对于敌人残害革命干部的罪行，非常愤怒。我到了田家沟，街巷一片哭声，儿子被拉走了，丈夫被杀害了……多少老人、婴儿、新婚夫妇、幸福的家庭，现在是家破人亡，有的成了绝户。

10 月 19 日 茅店夜宿

有马骑，就机动得多了。遇到营、团之间驻扎分散时，可以赶来赶去，比背背包徒步跑路方便。部队若没有大的行动时，常自己一个人奔走，像绥德以南九里山、骆驼铺一线，先后往返了几趟。有一次天近黄昏时，赶至石咀驿，附近不见村庄，打仗之后，更难见到人影。眼前只有“群山纠纷”“穹不见人”的战场荒凉景况。心里虽然有点嘀咕，天要黑了，只有向孤立在大路边唯一有烟火的茅店投宿。店里一个半老的主人，一面土炕，一盏小煤油灯，一台炉灶，锅里正煮着驴肉，黑暗的旧屋里显得阴森可怖。没有人再进来，也看不见附近有我们的部队，我坐在炕边，心虚起来，觉得孤单不安。帮我看马的人是一个解放过来不久的敌伪士兵，四川人，额宽下颚窄，小个，约四十岁。他平时很少言语，对牲口也经心，只是走路直打瞌睡。曾说他是被拉来当兵的，被迫开向陕北前线来时，他很害怕。可是今晚上，我对他也疑虑起来，心里想，会不会趁机伤害我，把马骑上往南逃走，有谁能帮助我呢？

因为这一带，敌来我去，反复几次，询问店主附近的情况，他却无心说什么。我试探着同这俘虏兵闲聊起来，问与他先后被俘的同乡，问他想不想家等。他平淡地又似诚实地说起来：“想家谁个不想，只是现在不能回去，回去了还要被拉兵上火线，火线上子弹没长眼，生死难保。解放过来了，才好了，一个是活着，一个是能吃饱饭。

这里的长官没架子，不骂人，不打人，不罚站罚跪，不受气，战士和连长谈话，像哥儿兄弟一样随便……”话虽不多，却多少看出蒋、胡军队士兵的心理，也解除了我的疑虑。由于这里通一条公路，自己又不知部队有什么新的紧急行动，就和衣顺窗睡了。这个四川人，却若无其事，上下衣服脱光了，躺在靠锅台一边的最热处呼呼大睡起来。

我看在眼里，感到蒋介石、国民党真的是坏事干到头了，没有多少人拥护他们，这也是人心所向，心里也希望早日解放他的四川家乡，与家人早日团圆。

10月20日 绥德复活了

绥德县城遭敌数月摧残，自己的部队回来了，街上人来人往，开始有了生气。小摊贩立即摆出来，有些商店也开门了。清早青菜担、热豆腐、鲜羊肉，都由城外赶到街头来，不用叫卖，顾客涌来，忙得应付不及，可是价钱都太贵，饭馆子吃一碗粉汤比发的津贴还多。在乡村行军时，发得十几万津贴，却买不到东西，似乎很有钱，而一进城，只能眼看，这也买不起那也买不起。

街上来来去去，尽是刚开进来的部队，战士们吸着纸烟，拿着糖饼。他们不问贵贱，想吃就买，把攒的钱一时花个痛快。家在解放区的，有政府照顾优待，不必愁着往家寄钱。电台里连续播发了《中国土地法大纲》，大家都盼着家里分土地哩。他们这种心情，使补充到连队里被俘虏过来的解放兵、家在关中国民党区的，非常羡慕。

由于将在这里举行祝捷大会，还要休整一段时间，各纵队都靠拢绥德附近的马庄，我见到二纵队政治部的同志，他向我说：“司令员叫转告你，《捉廖昂》的通讯，总社很快广播了，还有那一篇《最残暴者最恐惧》也播了。”

10月21日 作战辩证法

今天听部队首长作报告，使大家对七个月来边区自卫战中的有关问题和对西北战场形势有了新的进一步认识。

比如首长讲作战要了解敌情、我情、民情和地形等，他说，了解敌情是比较容易的，了解我情就难了。任何大小事要老老实实做到头才算事。他举例说，春上刘戡来援救敌整编一三五旅，没有到城跟前，我们就趁机消灭了一三五旅，这就是敌人犯错误，自己不犯错误，才能夺得胜利。他说，“大约如何”，“想当然”，是“唯心主义哲学”，凭感情愿望，常常把愿望错觉当成“客观现实”，都会犯错误的。另一位首长接着说，预计一个战斗有无胜利把握，不能主观想象，而是要经心侦察、精确研究情况，如敌我数量对比、士气对比、火器对比、地形工事对比、兵力集中与分散的对比，作各方面综合分析，不打无把握之仗……这就是科学的态度，是辩证唯物主义的具体运用。

下午，街道沸腾起来了，各部队进行秧歌演出，十字街口人群挤得水泄不通。黄昏，东门外无定河畔，集中了数万人开祝捷大会，各路英雄一个个雄赳赳气昂昂，汇成了海洋。我们分驻各纵队各旅的几个记者，随着各路部队会合，都见面了。我们参加会，也看热闹，自然也议论到人民战争中的许多感人细节。大家愉快又自豪，觉得整个作战胜利，也有我们记者一份微小的力量。

10月22日 “信号弹不是星星，敌机不是风筝”

我帮助旅政治部报纸看稿，一则是帮忙，二则估计各团、营来的稿件，可能内容具体，想从中发现点东西。可是看来看去，仍然觉得陈词空话太多，自己反而有点问心不安。可能通讯员同志也是向记者学的毛病吧，受流行的新闻套子的影响不小。油印报编辑同志谈，有的同志知道很多事实，说起来有声有色、有血有肉，很是生动，但一动笔，就把活生生的事写成死板的了；有的虽在连营里工作，深入不够，不会观察，只听汇报，也逃不了“纸上得来终觉浅”的老教训。

赵树理写的小说《李有才板话》，真是写得朴实又口语化，文章有生气、有感情。那深刻的思想、通俗的语言，雅俗共赏，实在是我们学习的楷模。我们聪明的战士们，也同样会以口头文学的通俗语言，描述战地生活及战友互勉的心情，我曾抄过这么一段：

信号弹不是星星，敌机不是风筝。
小伙莫逞强，不在嘴上说，
等到猛冲夺阵地，看谁刺刀敢见红！

下午，翻阅《中国的一日》，看了几段，反映自己生活的实录，虽然文章多是书生调，他们却是较真实地写出了生活情感，感人至深。

10 月 23 日 胜似情书

下午，霍一禾同志来，给我带来李君的信。她告诉我，由于机关组织的关心，她已进入延大学习，信不长，字里行间，充满着学校生活的愉快和信心，且诚恳地表示："我愿意学习一切知识，提高政治觉悟，将来不致走错道路，要为革命做事。"是的，她今天有理由自豪，过去在边区外面，全心侍奉老父，又是女孩子，未到边区之前哪有机会上学。偏远乡村，不知国家大事，更不可能跟上共产党走革命的路。信里满纸洋溢着她的幸运和信心，她不是写情书，却胜似情书，"烽火连三月，家书抵万金"。特别是信里的激情，比唱一万支爱情的赞歌更动人心弦！

李君在信中问到一位姓周的同乡的消息，是她的远亲，20 出头，到延安学习很努力，有志向，说话少，对待事认真、沉着，有革命觉悟。他父亲早就是共产党员，还在国民党地区工作，表面在教育界供职。前年春天，组织派他出边区做地下工作，他走之前，将棉上衣留存在我的宿舍。在清凉山送行时，他曾说："下次见面可能在家乡，可能在西安。"这种工作，任务艰巨，环境险恶，时常有生命危险。他走后，国民党对边区的封锁更加紧了，边区内外是两个世界，再未听到任何消息。她听到家乡地下党领导的武装很活跃，问我知不知道小周的情况。

她的信中充满着渴望，盼大军节节取胜，早日解放大关中。我理解她的心情，小周临走时的话，言犹在耳，她估计小周在白区配合保卫延安的战斗。李君明知道老父已经去世了，总回忆老人体弱、眼近视。弟弟还在乡村教书，家境贫穷，单纯、孤傲、鄙视世俗。设想老人如果还活着，当天天倚门望女归，会高兴，会为迎接我进军大关中写新诗的。

看完信，思绪万千，晚上没有去看戏。

10 月 24 日 秋色浓重

晨，经过绥德东门外飞机场，踏上永定河长桥，沿公路往北行。永定河河川宽平，各种树拥挤在前面，嫩黄的叶，枯黄的叶，干紫的叶，焦红的叶，深绿色的叶，各色各样，密密掺杂、陪衬，构成了瑰丽的深秋图画。行军队伍，不时爆发出战士们朗朗笑声，为深秋江山增添了青春活力。远望去，河那边，树梢头，山坡上一排一排窑洞，看来居住的人家不会少。如此平静美丽的乡村，竟遭敌人摧残，一直到现在秋庄稼还未收割，被践踏得枯枝败叶，向我们诉说、证明着敌人的兽行。眼下根本看不到往年秋收后，家家窑洞窗口挂着的一串串红辣椒，架上的金黄谷穗，晒着的橘红的南瓜，门前满满堆着的苞谷秆、杂草。今天看见的只有荒凉，不见羊群，不闻鸡叫。我们沿路没有遇见几个人，不愿遭敌人残害逃走的居民，虽然都知道敌人被我们狠狠歼灭了不少，但还是能逃的都逃远了。开罢祝捷大会，尚有许多人未回家来，地方干部目前正忙，当务之急是组织老弱妇孺重整家园，把地里庄稼收拾回来，先有了吃的，再收拾房子，准备过冬的事。

10 月 25 日 听老乡拉话

下午住到镇川北面芦草沟的一个小坪上，两孔土窑洞门前，堆一些谷子捆和荞麦。一个蓬头的老婆婆和一个十多岁的男孩子，正在剪谷穗，一支一支地剪，堆在一边，穗头小得只有手指头长。

老婆婆抑郁地叹着气："跌下年成了，怎么过呀！"不过，她又咧开嘴欢喜起来说："庄稼虽不好，可却是自己地里长的。"原来是去年冬镇川解放后，分到了土地，她同小儿，驹儿母子两个共分到五垧土地。她向我们夸她还分到棉衣、棉被、箱柜及锅灶用具，她抚摸着头发，方宽的脸孔笑得更宽了。她说："年时十月十八日炮响了，说把镇川解放了，讨吃多年的烂婆姨，一下土地也有了，吃的也有了，共产党八路军真的是护救穷人。"

说起过去老财欺压穷人的事，她说："哎，人家吃的是肉肉菜菜，住的是窑描着云子花儿，穿的是绸绸缎缎，吃了饭啥也不做，还不安生，日谋夜算剥削欺负邻家穷人。咱穷人吃了上顿没下顿，我们吃的饭倒下给老财的狗也不想吃，我多年身上都没挂过新棉袄，冬冬夏夏穿了一辈子补丁衣服。"

问起敌人来的情形，她说，可把人糟蹋扎了，箱箱柜柜都翻遍了，见鸡抓鸡，见羊吃羊，连一把炒面都抢走了。她女儿插话说："那些不成人的土匪，拿了东西，还动不动就用枪把子打人，脚踢拳打，不知他们是不是人养的……"

进到他们的家，的确穷得精光，只有分得的一对红箱子，摆在旧窑里，显得分外不相称。锅里煮的蔓菁，老婆婆说他们锅里一个多月没下过米，这地方地薄人穷，人们受饿却连个要饭处都没有。我们给了孩子些身上带的米饭，他香得几口吞完了。

天未亮时，他们弟弟姐姐等嘻嘻哈哈在炕上玩耍，一片喜欢气氛，不把解放军当外人。早上起来，大家肚子饿了，蔓菁还没切，灶火还没有烧的柴火。

10月29日 二打榆林

八月中旬，我们粉碎了蒋介石、胡宗南等在榆林、米脂一带歼灭我军梦幻之后，又在沙家店夺得大捷，弄得敌人晕头转向，我军经过几天急行军，二次又突然赶到榆林附近。

昨午，由榆林城南姚庄起身赶部队，向城东绕路过青云寺，里面驻部队，进去吃饭休息，顺便看看寺院。寺院飞檐挑角，殿宇嵯峨，画梁雕栋，艺术精美，古老而富丽堂皇，据说是最初为明末所建。人们一般不大能料到，在沙窝里竟有这样的建筑，说明我们的祖先，对于祖国山河每一寸土地，都是那么关怀备至，热情而精心装饰。

踏着月色浸染得淡淡发白的沙坡路，又来到了城北，即上次攻榆林住过的古城坛，老乡还记得这个部队的一些干部。

这次来榆林，我是跟随三纵队某旅，同旅政治部严主任接触多，他知道历次作战中许多英雄人物，出奇制胜的事迹，内容非常丰富，仿佛领我走进琳琅珍宝之库，给我教育，也给了采访上很多启示。

清早天刚亮，敌机来空袭，我们继续同一位干部坐在防空壕交谈。我靠在壕边上记录，看见敌机头往下冲时，就侧身蹲到壕沟里去，等扫射转过向去，接着继续谈。他谈话的神态、语言，泰然自若，连说带表演，使故事和人物在我眼前活跃起来了。

10月30日 夜榆林

为防空，人们伏在树阴下、沙窝里整整一天，太阳落下山，便大胆活动起来。

部队转移，因为某支队政治处要趁晚上开居民会，我也留在古城坛。

月色朦胧，部队出发，防空归来的老乡妇女，正忙着向部队清理手续的同志查究自己的锅、用具、粮食，有的虽然已接收下条据，但心里仍不大放心。

我们工作队的同志巡走了好多家，有的在整理家屋，有的忙做饭，有的在吃部队走时留下的饭，拿草枝做筷子，见我们来，询问晚上飞机来不来炸，有人安慰说："不用管来不来，该睡就睡，该干啥就干啥，反正大口小口防空回来总得吃饭。"

我本想召集大家开会，男人都忙，女人又不好招呼。我们回到住处，留守的人正在煮羊骨头，院子也是乱嚷嚷的，担架队正在推磨，将大麦粒做干粮，有人去场边剥被飞机打死的马肉。

大家拥挤在一个小房子，无法谈材料，也没有明亮的灯看书，只听粮食股老耿谈他先前在山西阎老西部队里当兵，天天受折磨，活得跟贼一样，受不住，开了小差，参加了八路军来的经过。他还描述了五台山胜景、阎锡山老家盖得排场的房子。

晚上十一点才睡，大家都铺稻草，盖棉衣，枕着干粮袋。所谓枕戈待旦这古话，已不切合今天的实际，我们常常不一定要等到天亮，而是准备随时集合行军，没有人脱鞋、解开绑腿带。

谁料敌机又来问候晚安了，不祥的红头黑鹰空中乱转，胡乱轰炸。院子里照样做饭的做饭，煮马肉的煮马肉，几处火光通亮，谁管它头上敌机扔炸弹，睡的睡，想吃肉的在等着肉煮熟，也有人责骂着要泼灭火光，说会招引飞机来轰炸，有人不耐烦地喊："吵吧，反正敌机上听不见。"

我醒来时，已到后半夜，院子里有人依然在推磨，炊事班又开始准备清早的饭，有煮洋芋、擀大麦面片，干饭里加有白豆。

10 月 31 日 阶级情、兄弟爱

今天算谈到不少材料，采访了几个爆炸英雄，他们告诉我如何准备炸药包，如何匍匐前进，如何把炸药包用长杆塞进敌碉堡枪眼去，后面如何用机枪掩护他们行动等。他们的语言表达不那么流利，可是那种坚决果断的神情、勇敢的精神和机敏的示范动作，给了我以感染和力量。

晚上，参观他们二连的登梯演习，动作熟练，一条梯子上能同时登上几个人，对如何利用地势架梯子，如何躲避城垛上扔下来的手榴弹等，都设想得仔细、周到。

回来看见战士们都睡在窑洞里，连、排干部都睡在屋外的草垛里。听政治处干事说："这个连的干部作风一直这样，住房子总是先让好地方给战士住，最后没地方了，干部就露营。"这种爱兵的诚挚情感使人内心感佩，其阶级情、兄弟爱，已不是讲一般理论道理所能做到，行动最感动人心。自己虽是临时来了解情况的客人，也和干部们一样钻进草垛里睡是心安的。

睡到半夜，脚腿冷得醒来，起身来到灶口烤火，喝米汤，烧洋芋吃。副连长也起来了，先到窑洞看看战士睡得如何，出来也坐下烤火，通红的火光映照在他的脸上。他低声说："一个个疲乏透了，我进去谁也没听见。"又以爱抚的口气解释："打起仗来，真正苦的是战士！到紧急的时候，个个像老虎，吃了豹子胆，抢着往上冲。记

得一次正打得激烈时，上面叫往下撤，把谁也叫不下来。咱们的战士，你给的任务越艰巨，他们越高兴，劲头十足，若叫他打配合，又有点不服气，若叫转移，临阵后撤，最不高兴，发牢骚，有人甚至掉眼泪……”他们说得很平常，我听了，被他们普通言语充溢着的纯洁高尚的品德，深深地感动着。

在我们的部队里，日常看到的官兵之间、士兵之间的情感，不是一般的亲如兄弟、情同手足，这里面有比骨肉同胞更深一层的内容，是阶级命运和革命的共同目标，把大家紧紧地联结在了一起。

11月2日　敌机又来捣乱

夜里敌机投弹数十个，听声音像是重磅炸弹，但人们照样睡觉。

天一明，敌机又开始扫射扰乱。我为采访昨日“右洛”部(代号)歼灭来增援榆林城的敌二五八团的经过，冒着敌机的扫射、轰炸，跑去纵队找“右洛”部。

我每走几步就得蹲下躲避炸弹，敌机转过头去又接着走。“右洛”部离城只三四里，敌机轮番投了很多炸弹，为了命中率高，炸弹用降落伞慢慢往下投，同时加扫射，可是地面上并没有多大损失。晚上又随“右洛”部临时指挥部实地采访，了解攻城总体战斗过程。

11月3日　感情的升华

昨夜总攻，我同城市工作人员们在旅临时指挥所过了一夜。

大约夜12点钟总攻开始，各种炮火轰响成一片，整个大地在颤抖，山炮、野炮的响声交织在一起，空气被震响得对面相互听不见说话声，连敌机来去远近也辨不清。总攻开初一个多钟头内，火力交叉密集，把城上的敌人压得不敢露头，枪放不出来。

到夜4时，忽然枪炮声稀疏要撤离阵地，看样子是不准备一下打开这城。天亮后，纷乱的沙梁阵地上，“左洛”(代号)政治部主任向干部们布置了工作，立即叫下连队去了解情况，整理组织，做下次攻城准备等。我也跟上他们去主攻的一营二连(属四团)。

团、营的负责同志都紧张了一夜，疲劳不堪。我赶到这个连时，天已大亮，敌机又紧紧跟来，指导员、连长、文书，正在忙着往旅卫生部介绍伤员，谁死了、谁伤了，还弄不清楚。战士们零散地往驻营地走着，有的背着阵亡伙伴的枪支背包，有的负了轻伤还挣扎着自己背枪，坚持自己走路。

同来连上帮助工作的某同志，仿佛无从着手，我看到连排干部也忙得没法交谈。一夜攻城下来，战士太困倦了，横七竖八躺卧在杨树下、水渠边，有的一躺下就睡着了；有的闭着眼，连喝水也懒得动；有的拿起死伤者用的东西，其中有入党申请书，有尚未发出的家信。彼此间谈到伙伴的死，似乎没有什么情感的波动。

指导员谈及哪个排长、班长阵亡时说："好同志，太可惜了。"接着考虑的不是如何悼念死者，而是商量某班立即由谁代理班长，表情却不显出特别悲伤。一个坐在担架上要到医院去的伤员，还摸自己脚上被子弹打穿的鞋，他笑，别人也笑……

这次攻城伤员不少，但连队的士气仍然是那么旺盛、乐观，这些都给我留下极深的印象。昨天还活跳乱蹦，在一个炕上睡，一个盘子抢菜吃，从嘴角抢烟头，相处如兄弟的人牺牲了，为什么心境那么平静？难道跳动着的心是石头？谁的心不是肉长的、鲜血养的？何况这是一群热爱人民，真正多情的战士。世界上、历史上再能找到这样对生活、对同志感情深厚的人吗？如果没有对人民深厚的感情、深沉的爱，他们就不会拼着生死来革命，为社会进步、为人类幸福而献身。

此情此景，执着地萦绕在胸怀，我硬忍着泪水反复沉思，如果我是一个连指导员，在战斗中遇到挫伤，至少在情绪上不能像他们这样克制。不，如果是真正理解这场战争的意义，又久经磨炼的指挥员，战斗迫在眉睫，非立即奋起再战，夺得胜利不可，也就会同他们一样地坚强和理智了。

记得一位团政治部副主任，说自己当过连指导员，部队曾讨论过什么是真正革命家的高尚感情，遇到战友牺牲了，是哭，还是忍着悲痛，掩埋同志的尸体，挺起胸来继续组织战斗，消灭敌人，完成烈士的遗愿？他说经过讨论，大家懂得了在战场上流泪，只能纵容敌人更疯狂，把仇恨满满塞进对准敌人的枪膛，把对同志的爱深深埋在心里，这才是真正对战友的情感，是升华了的理智和最纯洁的情感吧！

我心里久久不能平静，写上这几句话，以志对英雄们的纪念。

自愧不是诗人
辉煌的语言难以表达对你们的崇敬
你们的战友和兄弟们
将以更大的勇气继续奋战
在你们牺牲的阵地
将胜利编成花环
献上衷心的热爱和永久的纪念！

这里没有窑洞，都是树木和草房。飞机像钉在空中一样，整天不移开，轰隆声同空气一样存在着，只是时近时远罢了。我感到疲劳，却一点也睡不着。房子里不能睡，防空壕里又湿又冷，坐在不住下沉的流沙单人掩体边上，没法写材料。我还是找战士拉话去，听听他们的心声。

11月4日 耳听眼见，深受鼓舞

昨日全天防空，没有睡觉，到晚上，敌机又来加夜班，到处投弹。刚刚睡下，通讯员向连长报告，村外沙梁上有人给敌机打信号，绿蓝色的。不久营通讯员报告说北面打了三枪，叫大家警惕些。

忽然，通知大家起身，转移防地。

上午，开党员大会，连长、指导员谈了意见，叫大家检查战斗，没有人发言，可能是对于命令停止进攻不大理解，有意见。当会要散时，团政委来了，他先从具体事启发说起，于是你一言他一语谈了起来。

下午，连长向班、排干部传达继续担负原来的主攻任务，他的话非常有力量："榆林城还要打，上级把任务又给了咱，这是对我们的信任。多研究前次攻城的经验教训，分工同前次一样，一排靠梯子，二、三排扫雷，谁的任务谁完成。连的任务我负责，要坚决完成任务，还要减少损失。上级给任务也是有估计的，咱们有条件：地形熟了，上次等于实际演习，城碉堡打坏了，又检查了经验。给战士要全面讲情况，若突然说任务重，怕战士们往难处想太多；若草率说几句不做系统分析，又容易使战士轻敌。应当先回顾经验，讲清道理，引导每个人都切实想办法……"

连长的英勇气概把班排骨干又鼓动起来了，顽强再战的情绪渐渐激昂，整个士气又活跃畅旺起来。

晚上我参加各排会，战士们连续发言，具体检讨战斗中的动作、指挥、优点、缺点……我这两天在连上虽然没有抓到多的材料，耳听眼见的，受到很大鼓舞，不单是攻坚战斗知识，对我最主要的是学习他们革命的英雄主义精神和他们不气馁、意志顽强的必胜信念。

会毕，我回到连部，大家都睡了，我抓了一堆稻草把腿盖住，上身盖好棉衣，时时冻醒或被敌机炸弹震醒，听见从阵地上回来的人向连长报告："敌人把我们城下阵地的几段工事沟填了，可能还在另设什么障碍物。"

11 月 7 日 奸细暴露得好

昨天回到旅政治部，补了一些情况，写了三条消息和一篇《爆炸英雄的培养者》访问记。

写稿中间听到旁边有人在和一个奸细谈话。这是一个在高家堡解放过来的兵，曾于攻城紧急时乱传“向后转”的口令。后来我和保卫科长交谈，他谈到部队存在不少问题，如战士中的思想情况摸得不细，临战前，对政治思想工作没有具体抓，在军事技术、攻城方法上训练、讨论，花的工夫多，对于人，只满足于士气旺，有党员、团员带头，忽略了思想工作。比如从前几次战役中俘虏过来的兵，训练几天，讲清道理，补充进来。这些人多数觉悟快，枪口转向，打胡宗南也英勇，同我们山西过来的老战士是一心的，少数惧怕的心理还有，万一咱们打不好，再被敌人俘虏过去，那可就活不了。也有个别人，人在曹营心在汉。他说，这个奸细暴露得好，教育我们战士提高警惕，提醒大家减少盲目麻痹，懂得政治斗争的复杂性，敌人诡诈，我们单靠勇敢还不行。

11 月 9 日 战士休息成了最迫切的大事

昨夜攻城前，主攻连队开饭早，战士全副武装，一边排队唱歌，一边检查准备情况，一个个生龙活虎，棒得像铁人。他们向前面阵地运动，我也随去前沿指挥所。天气非常冷，空气冰凉，整个天空都被冻透了。

总攻的炮声不断，单等着听那一声爆炸巨震，一直没有，城下的枪声开始时断时续，越来越缓和了。大家觉得莫名其妙。我跑去指挥所，想问问情况，走近地下壕沟，听见他们在电话里也疑问着上级。不几分钟，传令下来，叫大家回驻处休息。回来躺下，我困得像散了骨头架子，全身发烧发疼。这时所有的人都想赶快睡一觉，绝不能再去啰唆他们，战士休息成了最紧迫的大事。

11 月 10 日 在土炕上睡觉特有福气

下午，到六团去，都说二营攻城准备做得好，即去找营教导员。吃饭中，常营长回来了，听战士从他衣袋里抢纸烟的喊声中，知道他就是营长，于是引起我对这个人物的兴趣。正如营教导员所说的，营长善于组织战斗，指挥各连排发挥作用，而连排干部批评他前次作战时自己抱上炸弹猛冲前去，认为指挥员勇敢带头冲锋向前是好样的，可是战斗紧急时靠你指挥，万一出了事，大家受损失，是不应该的，也算失职。我拟定采访这个营长，教导员已同意晚上给我详细介绍他所了解的营长的情况。因为营部要转移到城最近处接警戒任务，我原本想跟他们同去，忽然团部来电话叫我回团。

回到团部，并没有什么事，原来旅政治部是为了记者的安全。和政治处主任谈话，从口音上相互发现是同县人，因此扯了不少故乡的事。我有心问常营长些事，主任很熟悉地提供了不少材料。常营长阶级立场坚定，党性强，努力实干，带头为连排干部和战士做好榜样，时时关心战士生活等情节，正好补充了一些具体内容。我虽然尚未及与常营长面谈，已有了以下这样印象：常营长理解这场战争的意义，也懂得生命的价值，而在紧要关头，似乎忘记了自己的责任。对不对有待于听他自己叙说。

部里的同志打开一条被子让我休息，虽然没有脱衣服睡，已觉得够舒服了。这是自上月 27 日以来，第一次在炕上睡觉，是少有的特等福气，意外地安然睡到天亮。

11 月 11 日 “客气难免受饿”

清早，本要去三营继续采访，忽听纵队召集营以上干部开政治工作会议，我先犹豫是否去参加，结果还是去了。会上讨论改造解放过来的战士与加强群众工作两个中心问题，了解到各团的解放兵与群众纪律等很多情况。会上也谈及有关建军工作上的思想政策问题，这对我认识部队政治工作很有启示，心中有了许多采访的新题目。

到天黑，司令部、政治部分别招待开会的人吃饭。政治部是吃面条，一个锅煮不出，好多人都跑去司令部那面吃饼子。忽然听见吃饭人堆中有叫我的声音，就走近去参加一起吃，好几个人关心地指责说：“现在啥环境，都忙得顾不上照顾，你这样客客气气，到哪里难免自己受饿。”

11 月 12 日 敬慕访英雄

暂住榆林城东北七里流水沟。

一清早我往三营走，路上没有行人，风习惯地扬起细沙，沙细得像筛过的微黄的灰粉，给晨光张挂起了一层雾。沿着边墙，冒出几枝甜甘草叶子。我迎着干燥、冰冷的空气，一面走一面辨认沙窝纵横的路迹。经过镇北台，往东南走，想问路，大小找不见一个人，当我寻见通往前面的电线时，心里才有些踏实了，一直沿着电线走去。

到了三营就见到要访问的常营长，他胸挺得高高的，脸方、肤黑、两道浓眉，年纪也不过 30 多岁，坐在那里像铜铸的金刚。先同他闲聊，问东问西，他健谈、随和、直率。当我说明我准备介绍他的一些事迹，请他谈谈指挥战斗及带兵的经验时，他有点愣住了，本来被战尘烈日熏红的脸，显得更加红了，流利的语言有点涩滞，把他正吸的旱烟让给我吸，微微低头，似在回忆沉思，这位在敌人面前龙腾虎跃的铁汉子，突然腼腆起来。我只好把正题丢开，从一些具体小事问起，他才一句两句，一件事一件事地说了开来。

他先后谈出了许多，归纳大意如下：指挥打仗最要紧的是先要吃透上级作战的意图，同时必须明确自己带领的这个营所负担的任务，是主攻、是合作、是协助，并要向连、排骨干以及战士说清楚我们承担的任务。接下来特别重要的是探明敌情，要综合分析敌我的特点、力量、阵势布局，同群众商量作合理部署，到了战斗打响时，从指挥员到战士都心中有数，自然能同心协力，做到得心应手……不过在遇到困难和紧急时刻，干部要敢于挺身而出，冲锋在前，果断地处理问题。说到带兵，他说得倒很简单，最要紧的是干部能以身作则。对于战士，一是爱护、关心生活，关心思想进步；二是尊重，尊重他们的民主权利和人格。人都是有感情的，加上懂得点革命道理，他认为有民主，战士们守纪律的自觉性反而强……

话说多了，他开始时的拘泥已消失，问他怎么学会带兵打仗的？他同样回答得简单明白："从毛主席著作上看的；跟上级学的；在战斗的进、退、冲、攻、转移、运动中自己摸索的。"他还肯定了许多经验，是从普通战士那里得来的启示……

常营长不善于同记者正式谈话，可是他断断续续说的话虽然普通，他的经验却实在。也许他出于慎重、谦虚，甚至觉得自己没有什么可宣传的奇功，而我对他的敦厚、诚朴的性格和只知为了革命作战的英雄品质越感到敬重，觉得这样刚毅又朴素的品格，越应该宣传。

常营长不只使我感动，使我深思，也使我产生了感激之情。我军有这样坚强的中下级指挥骨干，他们带领的战士打仗能有不英勇的吗？劳动人民有这样勇于为革命献身的儿女，旧中国的苦难处境能有不改变的吗？常营长，我们见到的不是一个几个，而是成群，语言笑貌各不相同，而对于人民的革命事业都是一样的忠诚。他们精明能干、朴实无华，是真正的炎黄优秀子孙，他们是大写的人，中华民族的脊梁。

我向常营长辞别后，反复寻思，刚才自己说话方法有毛病，应该按不同对象用不同的方式，使交谈更加自如、舒服、活泼，而不是笼统提出大题目。因为心中在思索这个教训，竟忘记了问明他的籍贯、家庭情况、出生年月日，只听得一位连长说常营长的母亲是寡妇，靠给人家帮工养活他和他的妹妹。

又向胡绩伟发一快信，要棉裤、鞋子、棉帽，不知辗转到何日才能捎来。衣单、鞋破、浑身虱子，常不洗脸，如果就这样回到一同奔波在战场的亲人跟前，也许彼此都不会嫌弃吧！因为我们都装着一腔自豪的热情，见面仓促中，要说的话还叙说不完呢！

11 月 13 日 《土地法》在部队反映极为强烈

昨夜与李文禄拉闲话，他谈到某连朗读《土地法》，先调查一些战士的家庭成分、经济情况，结合战士熟悉的具体材料，向大家讲读。开初以为他们这种工作方法较好，再反复考虑，土地问题是我们党从苏维埃时期至今，一直在研究的一个对全国几亿农民的根本大事，况且我们的战士，大都出身于农村，靠种地生活。《土地法》公布后，在部队反映极为强烈，欢欣鼓舞人人关心，可是也有不同的反映。当年老红军、老八路及家在根据地的，理解较清楚，坚决拥护。不少新兵，特别是俘虏过来的，都觉得土地政策很新奇，没见过，不知道是怎么回事。他们对条文不清楚，甚至还有人不大相信，需要仔细解读，一条一条帮他们弄懂。基层干部解说道理的根据，主要是《晋绥日报》上关于斗争恶霸、分土地的消息、经验和文章。这个报纸从河东过来得快，部队上下都争着看，称赞报上对农村的斗争报道及时，问题提得尖锐。我虽然很少农村工作的知识，也爱看《晋绥日报》，感到过瘾。同时我也偶然听到从晋绥过来的人的反映和个别同学的来信，说到具体做法十分过激，中央对有的口号和做法已经提出过批评、纠正。

我觉得这一法令关系千家万户，是团结几亿农民的根本政策之一，部队战士对此如何认识应该有报道。为继续了解到材料，今早专程赶去该连，却正好碰上他们在前沿阵地担任警戒。敌人不断在放枪，我冒险走到隐蔽的地方，指导员仅仅说了几个战士的姓名，又匆匆执勤，检查工事，安排战士轮换休息等，我不好意思在这里多打扰他们。没有足够的材料，没法写新闻，只有另找机会再来谈。

11月14日 沙地见闻

昨夜行军四十里，赶到榆西南长海子。沙野茫茫，无法辨认方向，绕着沙梁，脚一踏就陷下去，很吃力，不过沙不沾鞋，忽然踏到一段硬土路上，双脚分外轻快。

十一月的塞上深夜，冷气冲得鼻子透不出气，路难行，身上偏不住地出臭汗，想坐下休息，沙子凉得会使衣裤上的汗水结冰，忙抢到大队前面，走进一细水环绕的小孤村，拾柴烤火，问起村名，老婆婆说是“音花西河子滩”，原属绥远管辖。

今日坐了一天防空单人坑，实际上也是挖了一天坑。沙子不停往下溜，坐着坐着人就长出地面了，用喝水的缸子不断往出掏沙子，底深了，再坐下歇，也算特种地闲了一天。黄昏又行军到马可村时，前边已打响，指挥所的人都要走，我们随小行李转回到较后面的小村。未逃避的妇女惊慌而又忙乱，仍极力殷勤应接，一面紧张地藏收食物用具，一面又笑着说：“咱们一家，我们不怕。”口口声声“咱们的队伍”，以为是对我军的欢迎，其实她们并不一定知道解放军是干什么的，表面笑脸应答，心里惊慌极了。这不奇怪，多少年来，在黑暗的中国农村，所见过的旧军队，都是以刺刀、枪托打骂、残害老乡的，群众心目中的穿军衣背枪的人，怎么会对老百姓好呢？若开始说解放军是保护人民的，也许他们当作梦话，不会马上相信，惊慌心理也不是讲三大纪律八项注意就能立即消除的。

应该理解这地区的群众，可是行军至此，又处于作战状态，纷扰他们一点，实出于不得已，难以避免，只有自觉守纪律，让群众在具体生活的接触中，亲眼看和分辨，慢慢认识自己的子弟兵，单靠口头上讲纪律规定是免除不了顾虑的。

11月16日 元大滩之夜

准备迎击马鸿逵匪军增援榆林。夕阳下，我军向西运动着，移近榆林城西八九十里处元大滩。几个旅的部队交叉运行着，稍有疏忽，就会混进别的队列，仿佛大庙会戏快要开场，十分拥挤。而天上敌人飞机旋转着，疯狂地扫射，飞机俯冲很低，扫射得火花乱飞，打死了几匹驮炮的骡子。一片沙漠平野，毫无躲避的地方，塞外撒野的风，有意向人眼里扬沙。

好几个单位，只有一家小茅屋，冻得无法，拔枯草、抱柴点火，一堆火围一圈人，像坐暖炕那样盘腿坐着。有的两人互靠着，肩依着背；有的在一把草上睡着了，我在人圈中，胸腹烤得很烫，领口到脊背却被野风吹得透凉。在这漆黑的夜里，一堆堆火焰跳跃着，一团团烟腾卷着，每堆篝火旁围坐着几十个人，沙滩成了火焰滩，场景奇异壮观。估计敌机上的驾驶员会清楚地看到这无边篝火的图案。对于一个寂寞了几千年的沙漠荒滩孤村，也算是一场风云时际盛会吧。

听说敌人从巴拉滩、元大滩纷纷逃走了，我部队继续往前赶，我们到指挥所时，天已初亮。部队、马匹挤到一起，敌机又来凑热闹了。虽然饿了一夜有人没来得及盛到饭，即散开找防空沟去了。

原拟在这元大滩、巴拉滩围歼敌人，不料他们逃遁比预计得快，敌人的飞机整整疯狂了一天，扫射、重磅炸弹、降落伞炸弹，一连几十颗成串丢下来，轰轰声不断，人们都听疲了，根本不把它当一回事。有的依然在草房子里开会、办公，部队还是走来走去。防空壕沙子太湿，无法睡，我索性去团上看看。顺着敌人退走后的工事，走几步就地趴下避一阵，子弹有时飞得很近，从肩膀飞过一个，又从手下飞过一个，无意中脑子里闪出这几句话：

子弹身边飞过，敌机头上冲击，
英雄不计安危，最怨未多歼敌。
敌骑惶惶逃向西，沙尘滚滚追莫及，
斜阳默默照朔漠，自知胜利将属谁！

11月21日　得民心者必胜

接连几夜在沙漠里行军，眼睛受了凉，眼发红，眼皮内是沙，眼皮外肿胀，左眼较重，找卫生部包些布条，什么事也没法做了。行军中各团驻地又分散，不便去采访。估计目前短暂时间内不致有大的战斗，回到纵队，又赶回前线分社。

这几天战斗不紧张，闲下来便寻思在脑子萦绕多时的一个问题。从头说是这样的：我到前方来，一直跟随第二纵队，从政治部到 × 旅都比较熟悉了，由于上月二纵队奉命将东渡黄河去晋南，因此，我被调去跟第三纵队，到宣传科、旅政治部，见到的领导同志，乐于介绍他们部队的简历、特点、战斗作风等，每谈完时，都建议我到营、连及战士中直接看看。

他们的提醒，是指工作说的，启发我一直在想一个问题：在陕北战场上看到了什么？这个问题并不是指一个战役的胜利和失误所能一口回答出来的。

我看见了中国无产阶级政党的伟大气魄。比如延安这个中国共产党的中央所在地，为世界人所注视，守与不守，确是影响军心、民心的大事，可是在撤离时，人们的思想稳定，未起波动。整个边区军民协力歼灭敌人，都有在不长时间收复延安的饱满斗志和坚定信心。这是多么大的政治魄力。我们野战军的一进一退，组织大战役时，各纵队、各旅相互间的协作配合，进行战斗的果决灵敏，部署任务、总结经验、官兵互爱、民主生活等，都具体忠实地贯彻党中央及前线总指挥的指示命令，一丝不苟坚定不移，真正做到了军令如山，这不是表面的，而是深深地发自每一个人内心的自觉和忠诚，大家在思想认识上是一致的。还有全军上下无不关心党中央、毛主席的行动和安全，特别当知道毛主席、周副主席等继续留在陕甘宁边区，同全体军民一起艰苦战斗，行动安全，亲自指导这个地区的战争，群众、战士无不振奋雀跃信心百倍。眼前的这个现实，真是古今中外少有的。

无产阶级革命的英雄主义鼓舞着每个人。国内外谁都知道，保卫延安这个战场，地区狭小、山脊民贫，人口只有 150 万，而蒋介石、胡宗南竟以 20 多万兵力携新式武器倾压而来。我军只有两万多人迎战，以寡敌众，战斗之激烈，生活之艰苦可想而知。由于人民子弟兵勇敢顽强，不怕苦、不怕死、不怕流血、不怕牺牲，冲得猛、打得狠、重伤不哭、轻伤不下火线，“有一个人就打一个人的仗”。有一个团记功者达到 160 多人，即使有的主攻连，在某次战斗中伤亡惨重，某旅有的连只剩下极少的人，士气仍然旺盛，没有人害怕、胆怯、叫苦，遇到困难时越勇敢，越危险时越坚强。我们仅以只占敌人约十分之一的兵力，竟在短短的多半年时间，战局已从内线转为外线作战，不仅可成批消灭敌人，且将把敌人逐步赶出陕北老边区，进而解放大西北，支持各个战场，一齐解放全中国。

谁要问我们军队为什么能“在精神上压倒敌人”，英雄主义气概旺盛不衰？回答很简单，因为它是生长在苦难深重的中国大地上的人民子弟兵，遭尽帝国主义侵略、受封建主义、国民党欺压和磨难，大家要革命，要打碎这旧中国。

我还看见英雄坚强的人民。他们要保卫边区、保卫革命利益，男女老少冒着生死，全力支援自己的军队打击敌人。身强的男人，组织担架队奔赴战场前沿抢救伤员，我军到处，群众翻山越岭送粮送草、转送军火。就在我所在的纵队，从青化砭到第一次榆林战斗，五个月，群众参加运粮食、物资、弹药，转运伤员，即有两万五千多人次，折合工作日，那真算不清有多少。还有在当地，组织民兵或游击队帮助妇孺转移，干扰敌人行动，坚壁清野，为我军送情报等；妇女为子弟兵做鞋；即是穷困山区，将一碗面、一把米，都拿出来接待部队；我军所到之处情报方便、消息灵通。这是为什么？除了敌人的抢掠烧杀、凶恶残暴到了灭绝人性的地步，激起群众的仇恨之外，重要的是陕北这老根据地，群众受革命教育早，党中央、毛主席到延安十年来，人民翻身解放，当家做主发展生产，丰衣足食，人民同党结下深厚的感情，怎么能容忍国民党反动势力再来加以残害和蹂躏。正如一位首长所说的：边区 150 万人民，就是 150 万战斗员。广大人民对共产党的领导是非常信任的，对党领导的革命事业是拥护的，对胜利前景是充满信心的。人民的竭力支援，鼓舞了我们战士的斗志。这些，不仅被俘虏过来胡宗南的一般士兵懂得，连一些匪军中下层军官，也不能不感叹说："共产党不胜利是无天理，国民党非完不可……"

(因事放下。)

11 月 22 日　观察问题要全面

(续记)昨日记的这些，是我身临目睹，看在眼里，想在心里，一个普通党员个人的认识。我的观点、情感、爱憎，虽然在写的新闻报道中，用事实反复抒发了，而这里所想的仅仅作为个人在战争烈火中学到的，记录在本子里，是书本上所学不到的。对我的教育说，比课堂上听政治的、军事的理论讲义，更真切、更实际、更深刻。

观察问题要全面，我也看到这样崭新的人民军队，正在成长，还有缺点。在会议上，在短时休整中，战斗总结，纪律检查时，首长在肯定成绩的同时，总是严格指出缺点、失误、教训。比如多年善于打游击战，对于坚守阵地、攻坚、攻城还经验不足；我们缺少新式武器；有些中下级指挥员工作方法简单，组织战斗勇猛多于智谋、物力准备多于思想动员、机械执行命令，部队容易受到损失；还有的负责同志，对于战士的思想政治工作不及时不熟练，甚至忽视做人的工作；加上不断补充俘虏兵，思想觉悟不齐，带来旧军队的坏习气，随便违反群众纪律等等，都是常有的。我前面也记了些，有缺点并不奇怪，况且性质上并非是不可克服的，因为我们这支革命军队还年轻，战士原是穿上军装的旧中国农民，政治觉悟水平，有待于继续提高。特别是我们党十分重视这些问题，经常通报警诫，各路将领衷心遵照马列主义、毛泽东军事思想，认真进行治军，并且形成成套办法。

总之，我们是战斗在马克思主义旗帜下的队伍，正在成长，是历史的先进力量，是唯物主义者，敢于实事求是，不自欺，不怕有弱点，更不隐讳缺点，并有改正的勇气和能力。我们有十分坚定的信心，人民一定会成为新中国的主人。

11 月 23 日 自我对话

在基层奔走久了，想回到前线分社，犹如我的家，可以随便一些，轻松一些，脑子闲一闲。却发现有人投以厌恶的冷眼，似乎不是对我的，感到机关内部人和人总有点什么，不肯相互商量，各自显得什么都行。为什么不能同志式地把意见说清楚，相互克制自己？因此又不想在机关多住，觉得气氛不愉快，反不如忙一点，跟战士在一起，于是就转往部队去。边走路边思索，革命队伍中常有这样的工作人员，有的知识分子，口头上颇能谈一套道理、组织原则，遇到具体人、具体事，便忘却干净了。有些现象，一时想不明白，例如同志间为什么不能开诚布公？为什么不能很好合作？为什么不冷静想想，我们现在是为前线工作，编稿、发稿、收听新闻，不就是在同国民党打仗吗？为什么不能像一个排、一个班攻夺碉堡激战时刻那样又不顾个人生死，相互紧密配合，同心协力？为什么不以战斗英雄的高尚品格来做镜子，严格解剖自己呢？大敌当前，日日夜夜见的是火是血，听的是隆隆炮声，正义的战争不是把所有愿意革命的人，紧紧连接到一起，趴在一个阵地上，难道个人有什么不可克服的？同志之间有什么不可谅解的？还想，如果能诚恳地帮助不比自己更高明的领导做好工作，那不是更有利于工作？这该是革命者彻底唯物主义的起码态度吗？我自想自回答，抬头已到要找的部队，自我对话似的思索，也就此刹住了。

11 月 25 日 反思

不知怎么回事，思路总容易浮动，采访不能周详，观察不能深刻，常常动手写稿组织材料时，才感到少这缺那，难以确切表达观点，对很多新的事物感觉迟钝，写东西总是直叙，不形象不生动。由于职业，使我反复想这个老难题，虽然有心学别人经验，但自己的手和笔总是不太听话。深深觉得要做到一个普通及格记者，实在不容易，必须多读书多学习，要丰富自己各方面的知识，政治的、文化的、历史的、社会的，要提高自己的思想境界和对问题的观察理解能力。

这些道理太普通了，已是前人或者其他同志早明白的，多半年来奔波的汗水和经验所得，也许可归结为不是手脚笨，只嫌学得太少做得太少。

11月28日 对照回顾

参加各旅团政治部主任会议，从他们汇报中，了解部队很多问题，特别给我以启示的是关于土地改革教育中，真正显露出战士的战斗热情与牺牲精神的源泉，是在于受尽剥削、压迫穷困的贫雇农家里分得了土地，已经翻身了。当然也有些有知识、能说会写、打仗表现勇敢的战士。虽然来自地主家庭，读过进步书籍，有社会正直感，出于正义心参加革命。仔细观察，不能单从阶级成分看人，有许多先烈背叛了自己的阶级成分和封建家庭，来寻求真理，踏上了革命道路。这些事实使我回顾自己报道战斗及英雄人物，描述实际行动多，较少注意深入分析他们为整个民族求解放谋幸福的献身思想和世界观。

12月1日 听报告

听某主任报告，触及很多人的思想问题及毛病。他提到在一个时期，干部中有和平幻想及进大城市的热风，还指出政治部宣传干部及部队办报的同志，有些要求急于进城……他说：城市，将来是要进的，要解放城市、保护城市，更要从头建设城市，应当抱正确的态度，不能是为看花花，为个人享受，先要做好思想准备，进城后有大量艰苦工作，建设一个城市并不容易。

他还谈到记者在报道中，思想方法容易片面，看到成绩，就忽视存在的问题，常常轻信一些不确切了解情况的干部的介绍。我们的报道要实事求是，要深入连队，获得真实的东西。

夜，得新华社西北总分社电话叫我们回去研究工作，当然高兴，感到自己没有很好地总结，平时脑子里想到的点点滴滴似是而非，也没有系统地清理。

12月4日 自觉律己

连日行军，走得疲劳的时候，同行的青年开始没天没地地信口说闲话，发牢骚，这件事不乐意，那件事怪别人，于是消极的话出来了，很自然地说到“三查”运动上来。有一个同志坦率地说："有时一人想，明明这样不对，却竟自己原谅自己。人是活的，有思想的，外界现象冲来点影响，瞬息之间不健康的情绪是难免的。"又有同志提醒自己说：作为一个共产党员，全心全意献身革命，牺牲自己的一切，对于消极情绪，即或是偶然的，也不可忽视。如果自我原谅、容忍，对于一个战士的成长是不利的。古人治学，强调逆水行舟不进则退，同样思想上的自我改造，十分艰苦，应有自觉的慎独，正视缺点，勇于改正，严以律己。

说着说着，各自很快意识到方才扯得有些消极。有的说，我们还需要锻炼；有的说，我们就是这样，一次一次地自我斗争着，又一次一次地认识着，"人，大概就是这样不断进步"。一个人，生活在现实的社会环境里，在思想意识里，继承了祖先的优秀思想，如爱国家、勤劳勇敢、恻隐之心、帮助别人、为人正直、办事公道等，同时也受封建宗法观念、迷信、自私等陈腐的东西影响，由于个人所处的社会地位、生活经历不同，有这样那样的毛病是很自然的，也不必奇怪。我们懂得自己，严格从自身做起。

12 月 6 日 陕北民俗风情

回分社，又沿无定河岸走，村庄大的有一二百户，群众住的窑洞宽大、整洁、明亮，穿着也干净。男人差不多都是蓝布棉袄、棉裤，妇女衣式比老山区里人要合身时行，她们动作利索，做活束着围裙，从背影看深蓝色上衣，束一道红色宽围裙带，显得色调鲜明。风俗民情比较文雅，有的青年妇女裤管宽，常爱束一条皮带。这里识字的人多，是陕北人熟知的文化之乡。听说前清时，当地念书人多，家里有很多古书，旧文化里封建思想影响也浓厚，比之榆林附近人民生活，显得稍宽裕而文明。

走近西北总分社，脑子在想，在部队生活时间不算短，苦吃了，路跑了，而对于部队的生活实际，了解得不多不深，新闻业务没有积累系统的经验；另一件是对总分社领导仿佛没有什么意见可提，或者曾认为重要的意见，却忽然怀疑有无价值。因为目前最要紧的是三查四查，应先听听机关查工作、查思想、查阶级、查作风的情况。设想在家的同志思想认识已先提高一步了，再看关于目前报纸编辑的方针等，才好发表自己的意见。

12 月 7 日　回到西北总分社

回到西北总分社机关大家庭，接着迎面双手送来的一杯浓茶，路上的疲劳都已丢在崎岖的山路上了。看见同志们紧张、严肃地工作，景象焕然一新，有秩序多了。报社人手增多了，报纸已用铅印，人们按战时新的秩序工作，有编辑室和伙房。记得初撤出延安时，只有十多个人，背个油印机，吃住在山沟老乡家，一次霍一禾同志拿上现钱乞求主人烀了二斤洋芋，相互呼唤一起吃，香得如同一桌盛肴，怕领导知道了责备，最后还是给老胡送去两个大洋芋。

到饭场，看见墙报上《欢迎前线归来的同志》的专刊，有很多文章，评说近几次战斗胜利，分析陕北战况形势，报纸宣传等，知道机关的许多变化。当晚，全社工作同志集会欢迎，也正好都见了面。

会上传达了周副主席报告，便对照检查自己思想上许多毛病。

同毛岚同志睡在编辑室兼宿舍的土炕上，说长问短，他风趣，说起他在西安有对象，还挖苦我那篇埋土地证的通讯似乎是编故事。

同志间见面谈心、慰问，生活上有意照顾，一些女同志要帮助洗衣服，感到党组织、机关温暖，更多地察觉到生活气氛的严肃。我在前方分散活动，生活不规律，政治学习也差，听上级传达文件少，觉得该自觉检查，回顾自己的思想觉悟、革命意志。

12 月 16 日　在战争中冶炼

在新华社西北总分社休息不几天，又回到前线部队驻地前线分社，继续总结检查工作。野战军政治部对于一年的新闻报道很关心，给我们提了意见和希望。

因为参加机关整训，有时间思索总结工作。有几个同志提出一个问题：多半年奔波战地，亲身经历战争考验，在阵地上、在炮火里、在血泊中、在饥饿中，作为参加战斗的一员，有些什么感想？受到了什么教育？大家回顾对这场战争的认识，各人的发言都是诚实的，严于要求自己。

昨日到驻地附近一个营部，看望我认识的教导员，进了窑洞，发现墙上贴一首枪杆诗，顺手抄下来：

转战百多次，踏遍万山路。

炮火复空袭，硝烟漫如雾。

困倦加饥渴，磨砺英雄志。

谁言疆场苦，祝捷最欣慰。

这首诗，仅仅是在描绘战地生活吗？不，我看到了一个人，一个解放军战士和革命者的人生观和幸福观，革命的英雄主义和胜利的信心。

我把诗带回分社给几个记者看，又介绍了这个教导员也是高中学生，大家不约而同地说："我们都是在战火里滚，确有同感。"我们这一群青年学生，在枪林弹雨、血里火里锻炼，脸黑了、体壮了、勇敢了，人生的态度、思想境界是不是比过去有所提高了呢？我们自思自问着，诚心诚意使自己的一生为人民做更多的事。

12月20日 "从废墟看延安文化"

自离开延安之后，经常在怀念着，爱打听敌人占据了延安后的情况。听说六月三日的一张《晋绥日报》，转载上海《联合晚报》五月的一篇通讯，昨日到驻地附近某团政治处找到了，题目是《延安点滴》。记者自然有他的立场、倾向，却也掩盖不了胡军在延安的罪行和狼狈处境。通讯写到清凉山原解放日报社旧址，虽然遭到敌人破坏，景象荒凉，而共产党的声音、党报传播的革命思想，却活在当地群众的心里。又写到被炸得只留灰烬的图书馆，看不见一本完整的书，但从卡片残迹中看到过去藏书和收集的资料很广泛、很齐全，连重庆、昆明、上海等城市最不出名报纸的社论、特稿等，都编有索引，记者们感到吃惊……

胡宗南的铁蹄践踏到古城延安，为了炫耀，组织国民党地区许多记者先后到延安参观，以便为他吹嘘。可是一位叫胡星原的记者，在他的报道中有这么一段："从延安的文化废墟看延安文化，虽然并不能看出昔日延安文化全貌，但文化工作者，在这荒凉的中国西北角，文化荒地上的艰苦生活和开拓精神、创造这些跟广大农民一同呼吸的文化形式和内容，不能不让我们养尊处优的文化工作者感到惭愧……"国民党区记者的这一段话，分明看出有的人在客观实际面前说了点心里话。

来自国民党区的记者，如胡星原，能注意到延安新文化同广大农民同呼吸这个崭新特点，算是有点眼力的。解放区的革命文化，正是在马列主义，特别是毛主席在论新民主主义和延安文艺座谈会讲话精神指引下，知识分子同广大农民一起开拓经营起来的，完全是面向群众，为人民服务，为抗日服务，为夺取革命胜利服务的，作者能为那些上海十里洋场文化工作者惭愧，够不错的了。

外来记者所见，仅仅是劫后延安的废墟，也许难以想象到陕北山区古城的文化活跃盛况，如学习马列主义理论，探求解决中国革命问题的道理，风气十分浓厚。这些且不说，仅我看见的文化生活，确是为抗日服务，为工农群众服务，多少国内知名的进步的戏剧家、音乐家、电影工作者、诗人，把他们爱国抗日和革命的热情，倾注在了延安，形成了国内进步知识分子所向往的新型文化城。到处歌声嘹亮，陕北农民所喜爱的秧歌，给以新的内容和表演，出现著名的《兄妹开荒》，还演出歌剧《白毛女》、秦腔《血泪仇》，以及《雷雨》《日出》《清明时节》，京剧《逼上梁山》等。文化俱乐部，为爱好文艺的青年办有星期文艺座谈或讲座，有机会我也赶去听讲。请著名作家、艺术家讲哲学、讲写作、讲文艺理论。记得丁玲讲过小说创作，何其芳讲过诗歌欣赏，周扬、肖三、肖军、陈波儿等都热心参加，张闻天等中央领导同志也常参加。

还办有文艺期刊和文艺壁报，头一期张贴在文化俱乐部窑洞口，发表过何其芳同志的手抄《夜歌》之一，还有街头诗、诗传单、木刻展览。出版了许多国内外文艺名著，桂林、重庆等大后方出的书，延安都可以看到……延河两岸，宝塔山下，到处有歌声，有墙报，有诗歌比赛，听小说朗诵。有的作家常下乡，走到群众中采访，搜索民歌。著名作家对于爱好文学的青年，热心联系、指导、评改作品。那时我们中央党校几个编文艺墙报的学员，遇到散文作家李又然，他热情、认真，给我们说写作方法，介绍鲁迅翻译巴罗哈的《山民牧唱》，又亲笔清抄苏联作家柯罗连科一篇《小小的火》让我们读……这些情景，想起来仍历历在目，特别在这忙于行军打仗又缺少书看的时候，回忆起延安时文化生活，对于清凉山、文化沟、文协山等倍觉怀念，有着特殊的感情。越想越激动，坚定了一个信念，我们一定要再回延安，重上清凉山，重访文化沟，还有杨家岭、枣园等，那些在人们记忆里闪着光辉的地方。

12月24日　写《毛主席万岁》的汤洛

沙家店大捷，接着收复了清涧、延长之后，战士们认为再打回延安，为时不会太远了。我们的指战员，每说起延安，感情十分深厚，都像是在说生自己养自己的家乡那样亲切。从延安机关来的干部，常常说起在杨家岭礼堂看戏，在交际处跳舞，在延河畔遇到毛主席散步，在清凉山下同朱总司令一起打篮球等事。今天，在前方打了九个多月的仗，快到年终了，大家更怀念延安，最关心延安人民群众同敌人斗争的情况。

我们跟随游击队活动的青年记者汤洛，头包白毛巾，腰揣手榴弹，知道延安市内外斗争情况多，他写的通讯《毛主席万岁》，反映了延安人民怀念、热爱毛主席和共产党的感情。内容是延安城墙上出现“毛主席万岁！”大字标语，敌人立即将“毛”字涂改成“蒋”字，天刚亮，“蒋”字不见了，重新恢复成了“毛”字，字体更粗，墨色更重，越发醒目。

● 1948 年

2 月 3 日 准备南下

西北野战军在去年夏、秋、冬，连续打了九个多月仗，十二月到今年一月，部队进行休整，集中学习毛主席关于《目前形势和我们的任务》的报告，总结历次作战经验，进行政治思想教育，并做向国民党统治区进军的思想、组织、物力准备，虽然没有行军作战，生活仍然很紧张。

我们随军采访的同志，又回到新华社西北总分社和群众日报社机关，进行总结和学习。为便于熟悉部队的准备情况，不多几天，又转到西野政治部即前线分社，继续集体学习，并为开春南下打出去的报道做准备。为此，前几天请西北野战军政治部一位负责同志来，给我们谈全国人民解放战争形势，谈新式整军的情况和成效，详细介绍西安敌军动态，大关中各界人士对西北战局的反映及心理。我们一起坐在老乡家大炕沿，依着小方桌，他讲了我军南下的设想，对记者提出报道要求和到新区应该注意的事项等。他反复强调新地区的特点，以及新闻报道中必须反映我党我军对新到地区的各项政策，包括城市工商业政策。

前线分社驻在野战军政治部附近的村庄，这一带农村居住条件稍好，是陕北文化之乡米脂，识字人多，农村比较讲卫生，窑洞也稍大，一般用白土将窑顶刷得干干净净，窑洞门口有大窗，光线也显得明亮，炕一圈镶有红的蓝的花纸墙围。为取暖，炉灶都和炕连通，灶台用白土粉刷，锅台面上也有用槐豆汁抹过，乌黑发亮。最引人注目的，是每家窑洞门前，都晒有几大土瓷盆面酱。进了窑洞，最耀眼的是一对红箱子，色泽亮得似油漆未干，黄铜长锁，描有金线牡丹、莲花、游鱼图案及人物画像。

这一带遭到敌人的抢掠，虽然一时恢复不过来，可是新春到了，少妇和姑娘们，在未全修复的窗格糊上白纸，贴上红色剪纸，有老虎、牛、羊、人物，也有剪一对红公鸡，分明看见群众热爱生活的心情，反映了目前老区群众对解放军南下胜利的信心。我们的房东就说：“今年是看胡宗南怎么败，那帮恶狼凶不了多久了。”

2月6日 新式整军运动

张副主任谈了部队进行新式整军运动的经验之后，又从政治部拿来了有关材料，使我们具体认识，系统进行一次整顿和教育是十分必要的。近一年来的战斗，充分表现出我军的素质，不怕艰苦，不怕牺牲，每一次战斗都出现一批英雄人物和英雄集体，特别是共产党员，冲锋在前，退却在后，夺得了许多次大捷。可是由于大量的俘虏兵补充到我们部队，出现了许多问题。俘虏兵中大多数是被国民党抓丁拉来的贫苦农民，不少人掉转枪口，表现勇敢，但在清查过程中，发现确有混进来的敌党团分子、反动会道门分子，甚至特务分子。有些地主富农出身的人，坚持地主、富农的立场观点，情绪消沉，虽然人数不多，仍然有着影响。例如发生过破坏群众纪律、损害群众利益的事，乱抓群众的毛驴，借东西不还，图个人方便，擅自要向导，有的伤员居功自傲，竟有人打地方干部……因此，从老战士到指挥员，都觉得应该好好整顿，提高思想素质。

2月7日 诉苦会

由于我们也在忙着休整学习，没有去部队参加整军冬训的活动。他们普遍开展群众性的诉苦活动，如查阶级、查思想、查作风的“三查”运动，同时也加紧军事训练，提高战术、技术等。

我在驻地附近就近曾参加过一次连队诉苦大会。战士们争着讲述自己在家乡的生活苦况，地主剥削非常残酷，租种地主家地，丰收了，交完租，自己还能吃几个月，麦薄收了，地主全部拿走，反过来又高利借贷，吃一斗加还五升，甚至一斗，还有驴打滚，等到青黄不接的季节，地主逼账、卡脖子，逼人卖青苗，以致卖房卖地。给人家当长工更辛苦了，从早到晚，一年到头，得的工钱养不活老婆娃娃。一个战士诉说：他家原在关中红白交界地区，有兄弟三个，父亲当了一辈子长工，睡半夜，起鸡叫，一年苦到头，腿弯背驼，反而欠地主的债，那年病得干不成了，地主就把大哥拉去顶工。国民党伪联保派壮丁，地主暗害，又把二哥抓走了，留下他，还是过不成，就跟着进边区的运输队，帮赶牲口，偷偷跑进来，报名参加了咱人民解放军。诉苦中，大家争着插话，有说到榆林城外看见穷苦农民吃饭，一家人在炕上围着一盆拌糠的炒面，一碟子核桃大小的洋芋，穿着破烂的衣服，就想起自己的老母亲，不知在家里怎么活？有说像黄世仁那样的地主恶霸，像杨白劳那样贫困致死的农民，到处都有，从逼租逼债诉说到国民党政府，官靠老财的钱，老财借官的权，相互勾结，压榨穷苦农民，征粮抓丁，苛捐杂税，派款多如牛毛，敲诈勒索，还私设公堂，迫害都落到老实劳动的穷苦人头上，举不胜举……有说他家卖掉妹妹；有说老父亲流浪乞讨……会场空气激昂，形成一人诉苦，大家痛哭；一人控诉，大家振臂高呼："天下农民是一家""拥护土地改革"……口号声交合起伏。会上有部队领导和干部参加，也插话说，只有消灭封建制度，挖掉剥削的根子，才能从根本上解决穷苦人不再遭受剥削压迫的苦难。

2月9日 人心所向

最近听了陕甘宁晋绥五省联防首长讲话，最鼓舞人心的是"打到蒋管区，解放大西北"。谁都懂得进军关中，敌人必然会滚出延安。指战员个个情绪激昂，不少同志的家在关中平原渭河两岸，自来到延安那一天，就盼着抗日早胜利，解放自己的家乡，救广大劳动人民出水火，这一天快要到来了，谁不心情振奋呢？

据俘虏兵的谈话和我党地下组织提供的情况，蒋胡统治区的绝大多数人急切盼望人民解放军的到来，可是国民党区那些为非作歹的保甲和特务也在加速迫害进步人士，疯狂捕抓残害所谓的嫌疑分子，并大肆搜刮老百姓的财物，那里陷入了一片恐怖世界。

在大军南下的喜悦中，我想起离开多年的家，不知情况怎样了？年过70的老父母，是否还健在？能不能看到共产党的军队和所有遭难的人，共同高兴，开开历史眼界。北上延安，真正投向革命，是得到父亲同情的，老人虽然年高，老母多病，一个姐姐遭婆家虐待，仅我一个晚生儿子，明知走远了家里生活会有困难，也知道上延安闹革命，有性命危险，可是毅然支持了我，而且帮助儿子向爱国有正义感的岳父做了解说。老人的开明并非偶然，虽是满清末年奔科场应试过的老先生，对社会的看法是"国正天心顺，官清民自安"。做人的哲学是"守分安命，顺时听天"。只教儿女读书，不许求官入宦途。老人去过京津，眼看过康梁变法、八国联军进犯北京、慈禧逃来西安避难、辛亥革命、军阀混战等大的历史事件。他有爱国心，受到一些民主思想影响，看不惯国民党的统治腐败，仇恨日本帝国主义侵略，爱国家、爱民族，憎恨蒋介石不攘外、只安内的卖国政策。我上中学期间，寒暑假从学校回家，带回一些书籍，老人看到鲁迅、邹韬奋的书，对我们党关于坚决抗日的政治主张等，赞不绝口，感叹自己年老，不能力行做救国的事情。

我第一次北上延安，是1938年春，进抗大学习。1940年夏第二次北上，旧历七月七日，从家里走的。为避免村人看见，于中午炎日稍偏西时出门。老父亲白发苍苍，长长的银须随风飘动，拿一把芭蕉叶扇遮阳，把我送到村西马王庙前的大路口，两人相对默默无言。父亲的表情和我的心境都是充满矛盾的，觉得走得对，也预感着未来的风险，甚至会有难以预测的意外。转身离开父亲，一个人在路上走，深深感到父亲在大事情上深明大义，是真正支持儿子的。

从本县我们党的秘密组织那里，我带上接头信，将小纸卷缝在衣角里，当晚赶到某镇党的地下交通陈某的家里，住了一夜，脑子里一直在想象路上如何对付国民党特务，如何通过敌人的林立碉堡封锁线，将前一夜晚上当着窗前的月光，和年轻的妻子相互温存细语话别的情景暂且撇搁下了。

次日，交通员老陈赶着小毛驴，肩上披条褡裢，带着我走了一天半才进到陕甘宁边区照金(党的重要领导机关所在地)。

一别七八年，思念父母的情更切了，如这次大军到了家门，我一定要回家看望老人，还要去看望老陈。

2月12日 义师出征南下

昨晨出发前，我忙着扫地，女房东急忙劝阻，十分留恋地说："咱们住熟了，猛地走了院子空静静的，啥时再回来？"

两个月没有跑路，有人说："斗志高了，腿脚硬了。"似乎又想爬山转岭。部队的气氛挺活跃，急行军中你说他笑，唱晋南戏、唱临汾小调，长长的行军队列，不时聚成一堆，三路五路，把汽车路都挤满了。到了中午，虽然被太阳晒得一个个脸颊绯红，人们还是嘻嘻哈哈，笑声不断。

号称"天下名州"的绥德，城东南小山下，有秦始皇长子扶苏之墓，西山寺一侧土冢即蒙恬之墓，城南关有"宋韩蕲王故里"横石碑，再往南走了约十五里，叫"一步岩"的小山梁凹口处，道旁一座古庙，内有韩世忠塑像。庙门横额为"重延宋祚"等二尺见方的大字匾，说明是"清道光廿八年知州江士松书题"，字写得不错。队伍路过，一时庙内庙外进进出出挤满了人，虽然没有谁正式瞻拜这位力抗金兵的名将，大家急于赶路，也未能仔细查看碑石，但都十分崇敬这位民族英雄的爱国精神，谈说他英勇善战、刚正不阿。据说对爱国英雄岳飞横遭卖国贼秦桧杀害奇冤，只有韩世忠敢于说公道话。同时人们还提起他那位英勇参战的夫人梁红玉，也是好样的，为民族献身，为妇女争光，在宋代出现这样的女将真不容易。修史者为他们表彰，艺术家编戏赞颂，广大人民群众建庙顶礼膜拜，世代怀念，都是应该的。他们是历史上中华儿女中爱国家、爱民族、坚持正义的代表。我心里默默沉思：韩世忠如果有灵，今日看到我们这支从他眼前走过的新式劲旅，当会高兴、会惊叹、会钦佩的！

2月14日 陕北乡情

在去年，陕北大地横遭蒋、胡、马匪军的蹂躏和摧残，我们南下部队沿路所见的是满目悲凉，石嘴驿通公路我来去走过几次，这一带的村庄，听不见鸡鸣狗吠，看不见几个人影，到处是空寂寂的没有门窗的窑洞。

虽然是农历正月初三四，从小孩身上衣服到大人们脸上的表情；从断垣颓墙到锅里的饭食，哪里能看到什么新春正月的踪影。问到老乡家的生活情况，他们声音低沉："今年，还说什么年节，敌人来了又是抢又是砸，破坏得啥都不剩，敌人一个旅接着一个旅地走过，咱们人能活过来就是大幸好事。再加上年时个秋里大冰雹，庄稼打光了，草也叫老蒋的贼军队抱上山铺露营地了。"

我们再问今年怎么办？已开春了，总得生活呀。一个中年人坚毅地说："当然，大口小口都要吃，总要刨得种点地，抓到粮食，窑洞先顾不上，冬寒已过了。"我们看到有不少老乡在担粪，有的是毛驴驮，有的小伙脱掉棉衣，卷起裤腿，往地里送肥。

2月15日 牵挂亲人

先行的队伍，除了用石灰、粉笔画路标外，引人注目的是石碑上岩崖上贴了很多标语。"一道南征命令下，军民上下决心大！""打到蒋管区去，解放劳苦人民！"大家边看边议论，好像在窑洞里才讨论过南下的任务，话还没说完，我们已经走在路上了。这次刚过正月初一讨论要南下行动，本来每个战士、后勤人员以及随军担架队员都熟悉，可是路上看见了标语，还是那么心情激动，都忘记了疲劳，脚步赶得更紧了。

休息下来时，坐在路旁的同志，都集中目光迎接后来的队伍，看人的被看得都相互笑起来。二分队（跟部队的民众剧团）路过时，人们朝着演员们看，人们发现演女主角的姑娘，骑在马上，她听见路旁的人们以欢迎的口气在评说她，不习惯众多人的目光和赞叹，脸通红，缰绳扯不住马嘴，就跳下马，好像在舞台上面向几千人表演的胆子一点都没有了，不像女兵，像个没出过村口的农家闺女。有人知道她的真名叫春花，只有十八九岁。

我们的勤务小鬼，出发头一两天精神特大，过分张罗，有一个脚走肿了，骑在大红马上，更显得瘦小，使人联想起大象背上的猴子。过路的老乡看了，一定搞不透他是什么人，说是部队首长，个子小，满脸稚气，总料不到他是小勤务兵，这在边区外面，长官欺辱小兵的队伍里，是不可能有的。

到了延长伊洛河大休息，村上的男女都到院里来看我们，也有大姑娘，一点也不怯生。我看见有位老太太问队长："你们是不是前次驻我们村的那部队，可真好，亲热得像一家人，我家那二小子也在咱队伍里哩。"身后有个姑娘又精明，又像是少见世面，手里捏着围裙，低声问着老太太："他们知不知道我二哥在哪个团，给他捎双鞋，能不能给捎到？"老太太疑惑地说："队伍这么多，人山人海到哪里去找？"老人和姑娘总是瞅着每一个走过的人，不停地问，专心地等。

2月16日 "我们都是您的儿子"

早晨赶了一段路到郭家塬，歇在果树下等命令。有的同志跑到老乡家喝水，又遇到一家革命军属，老太太领着媳妇到村外来，见人就问是哪一部分的。有个营教导员问老太太有啥事，才说："我家蒸包子，等部队过来为我儿子吃的。"一个调皮的青年战士走着，说着："哈，我们都是您老人家的儿子，拿来给我们吃就行了！"另一个战士说："闻见香味了。"说着话，人已经走过去了。

延长县三区小流河人家不多，房子也少，有的同志住在放干草的窑洞里，我们几个人住在一家暖窑。我抓紧时间赶缝了小搪瓷饭碗套，串到皮带上方便，又有利卫生，吃饭、喝水、洗脸，都用自己的小碗，心里十分满足。有人说："你到咱部队大半年，才置了这么个新装备，方便多了。"

下午，看见了一份有关介绍大关中社会情况的材料，便抽空略头去尾摘抄了许多，以备打出去时，对关中的情况至少有些了解。

晚上即同新来部队参加采访的同志，漫谈一些部队生活情况和作风特点，也涉及采访活动等等。我们在闲谈中，听到旁边有人说部队卫生员给几家看了病，我们没有听清楚老乡得的是什么病，却听到最后说是因为缺乏生活常识，不讲卫生。

2 月 17 日 夜看幻灯片

听说为并移房子，交涉的人要叫某移民并到另一家去住，这家原系地主，不愿意，交涉的人斥责说："你要不让那家搬来住，把你的东西全部搬到外面去。"遂引起这家人背地怨言。这件事被营长知道了，营长就给做群众工作的同志讲道理，我们人民的军队，要爱护贫苦群众利益是对的，但是做工作也应注意方法，考虑到居民之间的关系，做群众工作不能操之过急，主观上是好心，可能会对贫苦群众造成不利的后果。

晚上看《幻灯》第一套，把去年九个月几次大战役，一场一场地再放映了一遍，虽然画面简单，不像电影那样有真人上场，有打炮声，有滚滚浓烟，可是我军一次一次地胜利，敌人一个整旅一个整旅地被歼灭，事情本身振奋人心，没有见过电影的老乡太高兴了。另有反映山西土地改革、农民斗争地主的故事、有千万人民支援前线的活动、有许多战斗英雄和事迹等。其中一个是去年三月某部抗击战时，一个战士受了伤，部队迅速撤退了，他便躲进山根一个隐蔽的土窑里，喝岩滴水，啃树皮，几乎遭狼虫伤害，幸被老乡发现，细心救护，伤口渐渐好了起来。他想找寻原部队，听到青化砭胜利的消息，非常高兴，想立即动身，被地方干部和群众挽留一起打游击，在一次战斗中，活捉了六个胡宗南的兵。这套幻灯片的标题叫《三十六天》。

2 月 18 日 再读鲁迅作品

在烽烟弥漫的战地，能得到一本书看，恰似饿极的人得到食物，坐在树下或碾盘上读，其愉悦的心情同花格门内、明窗净几旁大不相上下。

由别人书堆中见到一本《且介亭杂文集》，一手翻到了"阿金"这题目，想起多年前看到过这篇《阿金》，那形象已很淡了，于是再读一遍，鲁迅先生是怎样描写这位女仆的。又读《忆章素园君》《忆刘半农君》等篇人物纪事。他是写杂文的大师，我却有意从中看写人物的品格及内心生活的手法。他运用了散文和杂文评论的笔力，的确对人物有着深刻的理解和研究，抱有无限的同情心和热情，如：作者自己不安地写道"因为避祸，烧去了他的信和书本 (指素园君) 我只能将一本《外套》当作唯一的纪念，永远放在自己身边……"以描绘抒发对他的人物深情厚谊。又写素园君的"致命伤"，他太认真，虽然似乎沉静，然而也激烈……肯定、赞扬之下更显得恳切、得体、深刻。

如忆刘半农，这样写："但半农的活泼有时颇近于草率，勇敢也有失之无谋的地方。但是要商量袭击敌人的时候，他还是好伙伴，进行之际，心口并不相应，或者暗暗给你一刀，他是绝不会的……"他又认为，"半农为人虽浅"，却如清溪，澄澈见底，总比混着烂泥，莫测深浅的好，因为半农后期变落伍了。鲁迅即明白地说："我爱十年前的半农，而憎恨他近几年。"使人感到是非分明，有分寸又合情理。这样知人论世的佳作，对于那种一捧上天或又一贬下地的风气，既是批判，又是从正面示范。

另外顺手翻翻，不觉读过十几篇，有的是重读，有的还是第一次，各篇给我的印象是：朴实无华、分析深刻，富有独到的思想见解。为什么他会见事深刻？觉得鲁迅先生对国家大事、民族安危、受苦群众的遭难等，有无限同情，注意研究，因而外界大小事都引起他的感触，就要想一想，如他所说：是真正生活在现实人群中。例如"从孩子照相说起"中，他说："为了这事，我曾经想了想。"正是他教导写作青年要"留心各样的事"，不光看，而且要多想。

在战地看到什么书，总容易同身临的现实联起来想，如知识分子的锻炼、斗争实践生活是最丰富的书等等。同几位同志交谈，在戎马倥偬的战地翻开这本书，似乎眼前站着一位斗士，虽然手里握的是一支笔，却是在庄严作战。

一位曾经上过大学的同志，认为那高楼林立，校园静雅的大学里，讲义告诉我们很多知识，可是太少活的学问，在战地打开脑筋，对于现实斗争生活经心观察，就能得到丰富的活知识和思想。

2 月 21 日　"精神食粮"

昨日出发，原想赶到"三边"部(代号)，听说宣传科长、政治部主任都非常忙，我即匆匆忙忙转到"战斗"部(代号)，遇见的仍然是忙。宣传科住的窑洞里，有人赶刻写蜡版，我帮助校对分发宣传品、报纸等，他们虽然疲劳，但工作得很认真，有的在封好之后查对有无差误，口里在重复哼着那两句汾阳小调，听起来单调而又泰然。

刻蜡版，一卷一卷封好，写分发报纸的地址，多烦琐、多单调的手工啊！他们没有显出厌烦，我听说他们科长能写评论、能编剧本，颇有艺术才能。我也帮青年干事一起干，赶部队行动之前发出报纸。一位编稿同志告诉我："我们这份报纸从在河东(指山西)创办，到现在，日积月累，先后登过上千条新闻、短讯、小评论，表扬过七八十个战斗英雄，还介绍连队工作经验等等，起了教育战士、鼓舞士气的作用……"战士在休息时、班会上读报的情形，我所到之处都看见过。

这单调的唱和机械的动作，在旅、团每天都会看到，太平常了，而今天却有力地吸引我注意，欣敬他们辛勤的劳动，给战士在思想上提供了多少精神食粮，对于打击敌人争夺胜利增加了多少火力呀……我看到了大家不厌其烦认真工作的劳动成果。

上午看了几份工作报告材料，选较新的问题，略摘记一些。到司令部找参谋长谈谈军事方面情况，他们不在，顺便找政治部主任谈了谈，整军、“三查”之后，部队在组织上更纯洁了；思想上都得到提高，明确南下的意义，对胜利信心饱满；还提到将进至宜川的打算等，给了我不少启示。五支队政委谈的几句话，更使我留意他们的行动安排。天黑又赶到三中队，教导员很热情，他是刚提升的干部，较年轻，精力充沛，看情绪对工作信心十足。

2月24日 逼近宜川

进入宜川县西北下绛头、房子沟等村，男人大部分都逃避了，虽然老弱妇女不大说话，看样子，也不显得有什么惊怕。问他们大小事，回答大多是“不解”，问：“知不知道边区？”“听没听说过八路军？”都吞吞吐吐说不知道，仿佛真的没听过。其实，去年十月那次解放宜川时，解放军某部正在这一带村庄驻过。只有成群的娃娃啥不怕，又好奇，把部队跟来跟去，看这看那，大人们却都谨慎，只是看，似乎在观察、比较，又准备应付什么，他们不敢表示态度，是怕将来吃亏。房子沟一位老太太穿着很破烂，相貌很朴实，见我们似有话想说，几次被那机灵的女儿阻挡了。下绛头村一位八十二岁老翁，山东人，满脸深皱纹，背有点驼，激动地说：“活到这时了，怕个啥，我看八路军为穷人分地，行事比国民党的贼中央军好。从记事起，经过几个朝代，七八十年间，我没见过你们这军队……”我已注意到，群众不敢表态，不是怀疑我们的政策，而是顾虑我们今后是否真的能长久驻下来。

今天要开始打仗，我同参谋长谈作战情况，决定留在五支队指挥所，到中队采访来往也方便。

2月28日 围住宜川

×旅接管宜川县城，原守敌逐渐缩进城里，我们几个团陆续分布北面、东面几个山头，紧紧围住宜川城。旅指挥所暂时驻在北面山上×村，旅政治部也驻得不远。

到前边瞭望，宜川县城位于四面环山之中，像在盆底下。这里地形好，若控制了靠近城的山头，居高临下，手到擒来。参谋说："攻这个城真像瓮中捉鳖。"可是为什么不一攻而下呢？又打又停好几天，人们不大明白行动的意图，不过按以往的经验，总预感到将有个大的行动。听说胡宗南这次下狠心，一面命令宜川城敌人死守，一面派刘戡（敌二十九军军长）、严明（师长）领七八万军队，沿洛川公路火速向东奔来援救宜川，听说快到瓦子街一带了。同志们议论纷纷，有的说再拖时间对攻城不利，有的说看样子这次我军的目标在城外，要捉瓮外跑来的大鳖，聚歼一大块，要叫胡宗南亏大本钱，宜川小县城是块小肉，不急着吃，作引敌的钓饵。

3月3日　一举破城

喜讯传来了，说我军在瓦子街沟里设有布袋阵，西北野战军除了包围宜川县城的部队外，各部队从四面八方，把敌援军压进小沟里，打了一天一夜，把赶来援救的七八万敌军全部歼灭，把刘戡、严明打死了。除打死打伤外，还俘虏敌军参谋长、师参谋长等。听到捷报，认为攻城时机到了，旅司令部首长立即开会，政治部、后勤部也忙起来，准备攻夺宜川城。

白天忙准备，晚上行动却推迟了，到后半夜开始攻城，投照明弹、放重炮，轰得四山震摇，空中回声交叉撞击，可以设想，被四面山头炮火围攻的宜川城，成了地震中心，完全陷进火网里，城里还击的声响不是那么密了。

早晨天刚亮时，我跟政治部同志，一起从北面山上下来，穿过干涸河道，从北门进城，城门洞堆有沙包、大石块，还有尸体。脚下一高一低，一脚软一脚硬地跑过去，街上除了部队，再不见居民，直到伪县政府附近，街巷、机关、商号、住户门都关着。我走进县中学，也不见人影，学生早躲回家了，教室虽然空着，桌凳照样齐全完好，蒙罩一层灰尘。一个锁着的储藏室，里面似乎没人动过。我环视着校园情况，忽然看见一个学生，十五六岁，圆脸宽肩，上身黑学生服，很旧，样子并不惊慌。问他为啥不离开学校，他说他家在城外乡村，姓王。问他不怕吗？他说："学生怕啥？"我有意继续问，希望他能多说些话，他反而提出一个疑问，他说："你们攻城，为啥又停了？昨天，城上传说援兵就到了，宜川能保住了，叫商号、学校在街上放鞭炮，准备欢迎胡宗南的援兵哩。谁料昨晚上你们真攻得凶了，才知道白天传的是假消息，骗人的。"我没多解说，只告诉他："援兵来是真的，可惜路上叫我们堵在瓦子街全部消灭了。连刘戡都打死了，一两天内，就会知道详细情况，我们是真做到了才说的。”

我到几处看了部队进城后的秩序，又到司令部了解初步统计结果，听到野战分社随西北野战军政治部移近宜川城外西面二三里处。下午即赶回去写稿，将解放宜川城的新闻，当晚发给新华总社。这一次可以说是采访快、写得快、传得快、发稿快，环环相接，是最及时的一次。

3 月 4 日 新闻必须坚持人民利益和事实准确

为配合瓦子街大捷，对于攻克宜川城的新闻，要求能快。所以枪声中，我紧随部队进城。根据党的城市有关政策，便多注意看商店、看学校、看我军纪律。中午即写了新闻，按旅部告诉的方向，下午即赶去送稿。分社同志认为，这次新闻重要在于记者行动快，亲眼看到发生的现场，战报中有具体情节，如城内秩序稳定、群众不惊慌、部队未进商店、学校教室桌凳完整等，新闻不长，报道了实况。

这次报道，使我感到战争新闻，在行军打仗中同分社联络不便的情况下，及时发稿不易做到。可是作为记者，先应该力求自己行动机敏。记得抗日战争中到我根据地采访的外国记者，如：贝却敌、阿兰、魏宁顿等的报道，都是来得快的，写得明快简短，对所见所闻也运用些形象描述。

偶然从一位同志手里，借到一本爱伦堡采访苏德战争前线报道通讯集，信手翻翻，很吸引人。写得有事有人，显得真实，于描述中表现作者的爱国热情，歌颂红军的胜利，对法西斯德军野兽以强烈诅咒，有点像述评，但语言形象。自己曾就目睹胡宗南匪军的残暴罪行，写过一篇《最残忍者最虚弱》的通讯，虽然被广播了，但比之战场实际所见和被害群众的愤怒控诉，实在显得内容单薄，远远没能反映敌人惨绝人寰的滔天罪行。

作为记者，任何时候都要坚持人民利益和事实的正确，就文字的表现手法，学习外国记者的新闻结构、表述方法，也学习我国的著名著作，如《史记》，历代散文，如韩、柳、欧阳修、三苏文章，各成风格，必须认真学习，精心钻研，练基本功夫。

3 月 6 日 瓦子街大捷后

宜瓦大捷后，大部队立即转移，我跟解放宜川城的部队，从县城顺川向西南行，正好路经瓦子街，大家都高兴，想亲眼看看歼灭胡宗南几万大军的大战场。我军经过几天调度集结，3月1日这天，于任家湾、瓦子街地区，冒着大风雪向刘戡带领援救宜川的军队，展开猛烈的围歼战，全部歼灭了敌军一个军部、两个师部、四个整旅，打死了敌二十九军军长刘戡，九十师师长严明，旅长周由之、李达，活捉了军参谋长、副师长、师参谋长、副旅长等人……真是打得痛快，消灭得干净，彻底粉碎了蒋介石、胡宗南企图阻挡我军南下的美梦。

我们走到瓦子街附近，所看见的已是几天之后的情况。战场在打扫，沿路仍然有未搬完的死尸，小河渠水被血污得紫黑，翻仰的死马，有被炮弹炸得剩下半个身子，马靴、炮筒、枪把、炮架、血迹发黑的破衣服、破棉絮、军毯、面口袋、破铁锅、破水壶、望远镜……总之，是部队所装备的东西，这条河沟里都有。太阳晒过，沟里臭气冲天，烧得半焦的树枝杈上，挂有破布絮，乌鸦、野雀飞来飞去，啄食腐尸。正走着，靠右手一个转弯的崖边，人越挤越多，原来是看刘戡、严明两具尸体，是用土盖在这崖底边。人们看着评论着：去年二月初，国民党西安绥靖公署主任胡宗南，在三原召开的作战会上，最先接受进犯我关中地区命令的就是这个刘戡。有人骂："这就是要手摸榆林城墙的那个家伙，现在可真走运，一下子摸到了阎王的鬼门了。"有人讥讽说："刘戡前面给胡宗南抢先到地府判官那里报到去了。"听得人都笑起来。人挤人，走得特慢，有的受不了这里的臭气，就紧走几步往前赶，推着前面的人快点走出这臭死人沟。不知后边谁又说："蒋介石这个纸老虎，这一下舒服了。"另一个接着说："自古恶人的墓坑都是自己挖的。"

听说瓦子街大战消息广播出去后，国民党内部震动很大，蒋介石身边的将领们，在心理上十分惊恐，压根儿失去了再战的信心。

3月10日　太忙了，日记未能连续写

自到宜川外围，一直忙乱得没有静下来，特别于打下宜川城及宜川西南瓦子街空前大捷，人人兴奋，工作紧张，旅报、团报都有人采访。我也忙，要报道部队，也要报道地方工作，给前总分社写稿，旅报团报也要稿子，采访怕时间迟了，写出稿子，又改又抄，都得过手，需要时间，等把几篇较重要的稿子发出，才能松一口气。每一次胜利后写稿紧张，如听到战果，急于采访；有了材料，又急于写出；送审要经过几道有关负责同志；直至把稿子寄发出去，仍顾虑着被人无意积压。我曾自我安慰，打了胜仗，大批歼灭敌人，赶时机抓材料、写新闻、传捷报和宣传战果，是头等主要的。

可以设想，宜川、瓦子街的特大胜利，对敌人的打击，对西北战局的影响，不单是西北，全中国所有人都关心，况且支持蒋家王朝的美帝国主义者，不能不震惊。这样的消息广播慢了行吗？我们的胜利不能叫外国通讯社先报道，更不能让国民党先发表假消息说谎话，欺骗世界人。

新闻宣传是一条战线，也是真实与谎言、快与慢的争夺人心的战争。

太忙了，日记未能连续写。

3 月 12 日　夜行军，看见敌人碉堡上的火光

连日来，我军分头收复甘泉、白水、鄜县（今富县）等，解放了中部(即今黄陵县)、宜君等县。

昨天到旅上，听政治部某主任谈说近几日来部队情况，提供了不少新线索，他同时举了一些事实，我听了非常振奋。谈完已夜深了，躺倒总睡不着，想立即跑到故事发生的连队，把英雄们从甜梦里叫起来，请他说，我笔记。

一夜春雨，洗得塬上青苗更绿。蒙蒙雨雾，延续到中午。踏着泥泞赶到五连，连政治指导员等人，谈得太简单，营部的同志也觉得没有什么好说的。找班长、找战士，一个人说一个具体情节，一点一滴，本本上记了不少，加以条理，可以写一个具体反映我军战士的英勇事迹。

这种情况，是常遇到的，抢山头、攻碉堡、直接逼近敌人厮杀等英雄故事，在营连的同志不以为意，看得很平淡。他们工作的确很忙，顾不及想这些；更重要的是，这类英雄事迹和人物各排各班太多了。一个排长说："要消灭敌人，就要战斗，那有什么稀奇？我们的战士个个是英雄，要细谈，等战争胜利后，坐下来十日八夜细细说。"真是："无心多夸英雄事，只缘忙在英雄群。"

夜晚，四面漆黑，同一位干事相伴，从营部赶回到连队，淋雨、踏泥，走着跌着，两条裤腿被泥糊了，又像刚从水桶里提出来的，有几十斤重。漆黑中看到对面敌人碉堡上的火光，更显得亮，显得逼近，几乎可以照映我们连驻扎的村庄。我们俩都懂得不大声说话，以免给连队惹来麻烦。也许敌人没有想到我们在附近，也许是以灯火招引我们的动静，也许是为他们壮胆。

3月13日 贫苦的洛川塬上

洛川塬上，老百姓的生活方式，已经同关中平原我们家乡习惯相像，村庄的格局、房屋的结构、衣服的样式、说话的发音腔调等，觉得一切都很熟悉，思绪万千，似乎已到了故乡。因敌人的封锁线而阻隔了七个年头的故乡，不知已被国民党、胡宗南军要军饷、抓壮丁折磨成什么样子。眼前所见的洛川：生活贫苦，景象破旧，特别是人，一个个显得恐慌，敢怒不敢言。从对我们欢迎的表情里，仍然掺有怀疑及顾虑。有人悄悄问：敌人是否从此再不来了？解放军是否永远占守住这里？特别是穷苦人，对解放军很亲切，看作可靠的亲人，诉说痛苦，吐着积在心底的闷气。他们常以命令的口吻，盼望解放军永远不离开这地方。

旅政治部不断传来捷报，说二纵队已解放了白水，还向蒲城进军。人们对于我军逼近关中的消息特别高兴，原话大意是，每一寸土地，每一个村庄，都是咱解放军用生命夺回来的。

捷报引起我怀念这灾难的家乡，县城内有高耸的宝塔，城北有松柏常青的尧山，城西有一条月下长流的漫泉河，人称颂的双塔夜影、南原春晓等八景；有唐代的睿宗陵，石狮、石马、石人排列几华里；有马嵬坡下掩面救不得贵妃一条活命的那个君王李隆基的陵墓；还出过名人，如曾支持林则徐烧鸦片的王鼎，近多年有发起过西安事变的杨虎城将军。我尤其怀念当年学生抗日爱国活动，党在本县城乡地下工作力量曾是很广泛的，现在正在险恶环境坚守岗位为党工作的同志，今日又急切又喜悦地期待和忙碌着迎接关中解放大军，还有渴望着解放又支持过我们的乡亲……

3月15日 总结战斗得失

到了 × 支队，大家都严肃地谈论着最近一次洛川外围打一个小碉堡的失误。有的说：骄兵必败，大小战斗稍有大意就要出事。有人问，多次打硬仗都能取胜，为什么在一个小碉堡面前出了事故？都认为这件事反映了工作有漏洞。主任说：这问题提得好。我便提议请主任写一篇经验教训分析，他却要我同旅油印报同志合写，相约先搜集材料，把情况弄实在，再好研究。我到连上同一些同志交换看法，政治指导员只简单地谈些现象，原因说不大清楚，似是而非，要动手写时，总觉得没有抓住要点。在苦恼中又寻思，从我自身找原因，主要是对部队政治工作，作战安排，指导员的指导思想等，研究理解不够。返回来同主任同志商量，他概括得有条有理，同时也提出了一个重要观点，基层骨干打仗是行，勇敢，有办法，的确个个可爱。可是对平时的思想政治工作，却抓得不够，就他们自己也不善于在忙中找时间学习，总是尖屁股坐不住，不容易提高，知识面窄，懂得道理少，更不愿听人说缺点等。他还说，这次再证明打仗不光靠勇敢、靠技术及物力，重要的是应有正确的指挥思想。不论大小战役，都要经心侦察、周密部署、谨慎从事，在作战过程，不论哪个环节若偶有疏怠，就会有失，影响战斗的局面，意外的失误往往发生在小战斗或者自认为有把握而万无一失的瞬间。

3 月 16 日 进村做群众工作

下了一天雨夹雪，在前面阵地上警戒的战士，连日连夜，上面淋下面冻，又吃不上热饭，非常辛苦。听送饭回来的人说，大家没有怨言。他们中有的是去年解放过来的兵，经过多次战斗考验，班里已把他们当老兵对待了。这些人说：在跟胡宗南匪军进犯来时，人多武器好，看来很凶，其实进了边区到处挨揍，老百姓跑的跑，坚壁清野，即捉到老乡，也没人给说我军的情况，有的还给谎报假情报，弄得敌人胆战心惊，没吃没喝，比我们现在辛苦多了。

在车王西村，我和有些穷苦群众已来往熟悉了，几乎什么话都说，相互都很诚实、亲近。我和部队做群众工作的同志，曾参加几户穷苦人开会，能说到一起。今天到东贝新村，想直接谈些材料，工作队同志为我们介绍了几户人名，初接触，人员生疏，互不摸底，对我们政策尚不了解，几乎谈不起来，提出问题几句话应付完事。看来不能心急，要解说政策，相互交往，再拿实际行动给群众看，有个过程，贫苦的农民会逐渐自动来找我们的。

晚上，听工作队同志闲聊各村开始建立政权的情况，有好多故事，有笑话，有疑虑，甚至还有些阻力，看绝大多数人的情绪，都是从心眼里拥护新政权的。

3 月 17 日 听老乡趣谈

群众口里对宜川大捷刘戡匪部被歼灭的情景，描述得非常有趣。洛川城东车王村李建材老汉、老婆说："听洛川胡宗南队伍往东开时嚷嚷救援宜川去，人马那么多，气势那么凶，没过几天叫解放军一下打光了。"东贝新村李福海、李同谷等说："廿九军被你们消灭了，汽车路上满是没被打死的伤兵，像蚂蚁似的天天往南走，跛的、爬的、头伤脸破的、少胳膊少腿的，有的问路回家乡，他们到老乡家要吃要喝，那股子凶劲不见了，一个一个耷拉着头像龟孙子。"一个廿七师的小军官，头上负伤，自己宣传说："八路军待老百姓好，不用怕不要跑。"又说："把我们放了，还发了路费，指给路线让回家。"群众骂这些人："以前对待老百姓比狼狠，现在垮成这样了。"听人说，刘戡路过洛川时，正月十五日伪县政府下命令叫四乡老百姓秧歌队到城里闹红火，欢送军队。商会的秧歌队正在街上闹，北街秧歌队插过路，又借伪公安局的势，起了冲突。当时廿七师的一个军官凶得很，眼一睁，摸出手枪来要打，吓得老百姓乱跑，耍社火的人惊慌地乱钻，有的钻进铺子，有的钻进居民后院不敢出来。李福海说得风趣："那不是贺喜，是最后一次给他们贺死哩，咱乡里常说你骂人凶得死去，果然过几天没到宜川，就挨八路军炮弹死在瓦子街。"

3月18日　霸道的人惊慌了

工作队的同志告诉我宜川大胜利后，洛川城内伪县政府及乡保人员惊慌得要命，听说风声不好，西贝新旧保长吴邦彦及老财吴生彦等，都把绸缎衣服换成烂的旧的，到处胡跑，胡钻胡躲。吴邦彦平白无故地偷偷借给穷人吴银宝家一石麦，还有钱。当解放军挺进到洛川旧县城附近，离城30多里，吴邦彦就逃跑了。一个常到这个村来催款的家伙，钻进吴邦彦家要换便衣，却不敢给换，又往别家跑，一个认识他的小孩胆壮地说："我们不怕你们了！"那人贼眉贼眼丧气地说："我知道你们不怕了！"刘戡的队伍驻到该村时，第二天保长派壮丁，逼走了吴银宝，跑出来参加了我黄龙游击队。他家弟兄4个，一个过继给人，其余3个被抓兵，把两个拉走了。洛川光复了，他回来看家，吓得吴邦彦更跑远了。村上人叫吴邦彦的妈是老母鹰，拉上棍，跑来对吴银宝的母亲说："听咱银宝回来过，叫给队伍讲个情，把我邦彦命留下。"人们说，过去仗国民党害人霸道的人，今天最惊慌。

解放军打宜川，伪县政府都慌忙把科长、科员派出乡要木料、门板、高粱秆、大水缸等，加紧修工事。直到上月九号下午，解放军逼近城时还在催。公安局来催的人气势汹汹，正向甲长摆架子，甲长李同谷到邻家寻娃他妈准备给做饭，女人从门外一回来说："八路来了。"那个伪公安局来得凶神，一下吓得变脸失色，浑身发抖，甲长说我到门外去看，果真来了，那个家伙吓昏了，连跑的出路也寻不上，一股脑儿顺巷子溜，冲进李振荣家院子里打转转。老百姓又好气又好笑："八路军来把你们就吓死了，过去你们对老百姓一点活路不给。"城里的队伍又送来派草料的条子：这个村1450斤草，550斤料。送命令来的狗腿子，刚进村，把条子一丢，溜得不见鬼影子了。

3月20日 战斗英雄座谈会

昨晨跑到"战五"部（代号），参加他们一百多位宜川战斗立功英雄的大座谈会。会场布置党旗，毛主席、朱德总司令的画像，还有标语口号等，还贴有洛阳、四平街新近胜利的捷报、战果及西北战场击毙、俘虏的蒋胡匪军将校军官的图片。开会了，英雄们争先发言，各自介绍爆炸、起雷、登梯、巷战、打反冲锋的战斗心得和经验，有的把动作经过讲得详详细细，口说手比画，生动具体，使我们这些外行人学到很多知识。他们讲得痛快，我们听得也激动，未能全记下来。会毕大家还照了相。

昨晚帮助油印报写点消息，又把手头的一些零星材料合写一篇《宜川道上》的通讯。

写完稿，去找永乡区长，他忙得顾不得答话，只好跟他一起到永乡镇。那里有许多人在等他，刚上任，工作才开始，尚无头绪，我虽然想了解更多的情况，但又不便打扰他们工作。

下午，遇"模范"部（代号）帮助工作的同志。他们介绍在这里村民会后，群众告诉部队，敌廿九军所寄藏的东西，如：地毯、炮弹、几百斤清油、七百六十个鸡蛋等。油、蛋都是敌人司机欠饭馆的饭钱，寄存到张世昌、马之明、董秋三合开的饭馆，我们部队把物资接收了，则代那司机还了全部欠款。还账时董秋三有意躲避不在家，先只还了张、马两家的，叫捎话给董，董第二天回来了，我们说话算话，把钱照数还给他，非常高兴，再也不避了。

晚上原来我们党的一位地下工作同志，谈叙他过去遭反动势力迫害的情况，这次随咱们军队回乡来工作。敌人的狗腿子、地头蛇，有的跑了，有的以为罪恶不大的纷纷请他吃饭，有意示好。他用了一个比喻作结论：恶鬼常会缠着向人求饶，豹子都有笑的时候。那些家伙兽脸变人脸，可得提高警惕。

3 月 21 日 天亮了 解放了

天未亮，号声响成一片，村庄打麦场上，部队在紧张操练。东方渐渐明亮了，一轮红日从地平线升起，照到田野，照到树梢，照到练操场，照着每一个战士，这情景使我想起群众说的："现在是天亮了，解放了！"时局确是天旋地转，雾散云开，大地和人民真的解放了。

早饭后，老乡们都到村外防空，我到四小队找战士朱元福补充点材料。他告诉我他买柴时向群众解释政策的情景：那天到某村买柴，正遇下雪，先婉言解说部队烧柴有困难，群众很谅解，愿意卖。当一个老婆婆对农币怀疑时，他解释说："这是好票子，比法币(国民党的纸币)值钱，有信用，一元顶三元，咱打开宜川，银行马上开了，法币都没人要了。"再到一家买柴，主人要把拆了房的椽子卖给他，朱元福就劝说："这不能，我要烧柴，这成材的东西不能烧了，你盖房子困难。"他没有买。通过这些，老乡都看到眼里，对比对比，解放军就是同国民党的队伍不一样，人们说："八路军说的政策，照着办哩。""买东西一点不亏老百姓。""别的不说，你看人家那买柴的人，好小伙子，年纪轻轻精明能干，会办事，态度和气，价格公道，道理讲得明明白白。"

3 月 22 日 村头来了宣传队

为防空，随部队到村外沟渠，坐在湿地上，赶写起《从宜川到洛川》三段文字。写好再看，却觉得材料单薄，不似采访听介绍时那么有声有色。对采访的事情所感动，并不等于自己真正理解事物的本质，没有抓住实质的东西，当然写不好，不能帮助读者了解确切的事情，更无法感染读者，引起共鸣。

下午，"统一部"(代号)宣传队来演唱歌曲、新洋片、快板、秧歌戏等。画的、说的、唱的，演的内容、故事，都是本部战士在新近几次战斗中的英雄事迹。

战士听了看了很高兴，受鼓励，有的说，这等于上了金榜了。当地老乡看了更觉新鲜、有趣。有的团营干部看了都觉得"夺取洛川"迎接毛主席回延安等新歌，内容不错，可为啥谱成小调？既然表现的是疆场同敌人搏斗的内容，应当配激昂的调子，以鼓舞士气，内容和乐曲情调不协调。不知是哪位音乐家作的？教战士唱，调子太松软，情感不够豪壮有力，同战士的生活及战地环境不合拍。

3月23日 酒似凉水淡

早上刚起床，房东大嫂就进来了。她四十来岁，家穷，衣服旧，但干净，看样子是个会过日子的利索人。她到床下翻东西，破衣棉絮等，接着要揭床板开柜子。我帮她扶着床板，她很焦急地翻，拿出的仍是些破烂棉衣，后来她从柜底摸出一个黑光磁盆子，侧身又装下柜子底。我先以为这有什么躲闪的，怕人看见，几乎不耐烦，忽然想到这就是穷家妇女最实用的宝贝。资本家太太的皮箱里，自然是金戒指、银项链，什么绸旗袍。狐皮大衣都装不下的，哪里会装磁盆子。我立刻默默自责，刚才不该有厌烦的念头，这也许是知识青年对社会生活、对今日农家的无知之处。

饭后随连队到城外防空，在一个窑洞里遇到一群老婆婆、妇女和孩子，想同他们拉拉家常，了解妇女们的心情，一个中年妇女正要说话，听到敌人飞机飞来，赶忙禁止孩子哭叫，她们怕飞机听见声音追下来扫射。队伍在附近练习瞄准，妇女们起身就走，我们说："不要走，队伍不进防空窑的。"她们说："咱们队伍守规矩，我们知道，你们在外面练枪，挤得人太多了，飞机上看见了一定要打。"原来不是躲人，而是怕引来飞机。

下午，转移到永乡镇城里，到区公署了解收缴乡保枪支及民间武器的情形，当地群众自动来参加协助新政府工作的人很多，不全是出于觉悟高，多出于好奇心。

到了镇上想吃东西，直等到天黑，才见酒家主人回来。同延晓同志喝酒，却没菜，酒像凉水淡。

3月24日 前线的宣传广播

昨日，宣传队到最前线，向洛川城敌人广播，我们一些人跟随到阵地上去看。走近阵地时，领导同志说要肃静，不能咳嗽，大家立即紧张起来，城上"叭叭"放来子弹，人们都俯下身躯，本能地把头往下猛低，惹得久经火线的通讯员笑说："看你们样子，子弹是近是远还听不出来？我们的首长，对敌人的枪炮，是坚守的，是应战的，有计划的，还是乱放的，都能听出来，以声判断情况。"

沿着纵横的交通沟，到了播音器架设的地方，没有一丝风，夜，静悄悄，似乎有意便于广播能清晰地传送过去。摇起马达，先喊道："洛川守城的朋友们，你们辛苦了，我们为你们送音乐，请好好听……”接着演奏八路军进行曲，城上敌人向着声音方向放山炮，大家都避到沟底小窑里，继续喊话、朗读西北人民解放军致洛川守敌的一封信。后来我沿交通沟再往前面走了二百米，听见广播声音仍然响亮，但字句不够清楚了，敌人断续打着抢。

乐曲停了，又夹了几句喊话，前日俘虏来的张 ×× 喊话，先报自己的姓名，说明被解放后的生活情形，再向对方问话，城上不应声，有时答一两句，有时骂几声，又打几枪。当新编秦腔《宜川大捷》和歌曲《劝蒋军投降》唱起来，枪声却停了一阵，表明城上的士兵是愿意听我们的广播宣传的。

说、唱、喊话轮流交叉进行，至凌晨三点，才离开阵地。

3 月 25 日　人民的县长

今日回来睡不久，天明了，去城东 × 村洛川县人民新政权机关临时驻地，访问新区地方工作情况。

我到村边场院上，正遇见郭景龙同志，我对他虽然不熟悉，可常在报纸上看到他写的新闻稿，知道他工作经验丰富。他这次随军来，是准备接收洛川原伪县政府，组织建立人民新政权。他，身体高大，四十多岁，脸方肩宽，说话少，却常有笑意，笑时额上几道纹很深，一身灰布军装，像军人，也像农民。当地群众听说他是跟随解放军来的新任洛川县县长，非常稀奇，左右围了很多人来看，小孩子比老年人直率、胆子大，调皮地问这问那，郭县长也有意向老乡们打问农村和城内情况，亲切自然。

有位老汉笑着让我抽他的旱烟，我们拉起家常来。我们说到洛川解放，说人民政府、人民县长，他说："我今年六十一岁了，经历的事不少，见过穿长袍子马褂的县长；见过领上小老婆抽大烟的县长；也见过穿洋服带上狗腿子打人的县长，就是没听说过人民的县长。你看人家一身布衣服，说话多和气，是共产党派来的县长，当然是为我们办事的……"

我接着老汉的话茬说起来："人民的县政权就是为全县人民办事的，郭县长革命多年，工作经验丰富，以后群众会看见他领导县政府办的大事好事，都是为发展生产，把咱地方建设好。"郭景龙同志也向老乡们要求，今后要请大家多帮助人民政府，合作起来一定能做好工作。

3月27日 洛川塬

昨日到县政府去访问，了解肃清地方武装与当地进步人士参加新政权工作的情况。县长郭景龙同志，他跟部队工作了一个时候，对这一带社会情况熟悉，他的形象也正是群众评说的样子。现在他是最忙的人，他提到许多情况和政策问题，开拓了我的思路。在南下之前，我曾看到过些材料，心中有些设想，但同现在的实际情况有着相当的距离，因此感到不能急于报道，还要再反复询问、交谈，请教于地方工作的干部。

到了洛川境地，人们很自然地想起1937年8月，党中央在县城东北十多里一个村子，叫冯家村开的政治局扩大会议。这是一次有历史意义的会议，称作“洛川会议”。有同志说是在一个农村小学开的，毛主席、朱总司令等许多中央首长都参加了。会上专门讨论了当时政治斗争形势，通过的著名文件是：《抗日救国纲领》，还讨论了在敌后发动群众开展独立自主的游击战，以及在抗日战争时期解决农民困难的主要办法，实行减租减息等。熟悉党的斗争经历的同志说：“今天解放大西北胜利在望，回头看十年前制定的方针是完全正确的。”

洛川塬，平而宽，可是沟深而窄，有的直上直下七八十米到一百五六十米。人说：“站在塬边上，沟对面说话都能听见，要过沟一下一上得半天，真像劈开的地缝。”今早，赶去罗村，没有下沟，将至，敌机飞旋头上，猖狂扫射，并有运输机用降落伞投送东西。

翻洛川县志，出于历史兴趣，有意看第四册：风俗古迹人物志部分。前面插图中有秦丞相甘罗墓；在县南十六里京兆村附近，燕荆轲在关中庄南山中，汉大树将军冯翼驻节处，有鄜城古塔、炼柯山风景；相传樵夫王质至桃花洞二仙下棋处，一局未看完，斧柄已朽，倏间八百年过去了；右边于右任书屈凌阁墓志铭影印；辛亥革命率洛川民众讨袁的屈植柳先生传……又说城东几十里两坑村，即郭巨埋儿掘出金子的地方，附近有郭巨墓。有古有今、有真有假，有传奇、有神话、有迷信，今天不是分辨的时候，由他传说吧。只是郭巨的事，从何查考，为爱护老父母，把心爱的儿子埋掉，近情理么？鲁迅早写文章批驳了，违反人性的举动，怎能感动天地得块金子？把父母疼爱的孙子真活埋掉，爷爷、奶奶会答应会高兴吗？不过荒诞故事其所以流传，也许是出于人们对穷苦老人的同情心，以劝诫不抚养敬爱父母之徒吧？

3月29日 枪弹齐全 待命出击

近几天来，我军横扫洛川外围，如石家庄村等敌据点，向旧城逼近，又接连听到我二纵队在东路攻占韩城、合阳、澄城等县的消息。

昨下午我赶到前边指挥所，大家都在忙着准备晚上攻夺东关的战斗。战士们已枪弹齐全，待命出击，参谋人员、电话员、通讯员正忙着布置一切。我们非战斗人员，也以紧张的心情，期待着总攻，根本睡不着。

约八点，炮响起来了，敌人的山炮弹打过来，敌机轰轰飞来配合，预示着激烈战斗的来临。可是炮、枪总打得不大吃劲，火力并不猛烈。坐在窑洞听响的人，疑问着，猜测着，期待着，而且谈说过去攻城的类似故事。

人虽兴奋，有的还是蒙眬睡去，我们看见院子在收电线，枪声也不响了，反而显得异样的平静。月色淡淡，似乎刚才没有发生过什么事一样。我们转回机关住所，谁都困倦了，不大说话，也没有去指挥员那里打问消息。

睡到刚二三小时，天已大明了，电话铃不时响，人们又说又吵。我翻昨夜捡回的《创造月刊》，当年创造社出的，论文、创作读起来觉得幼稚，骂鲁迅为封建余孽，太无稽了。《不拍手的人》一篇，是翻译日本作家的，空洞，没有生活的内容，小说人物像纸剪的，缺少血肉。有的文章，富有激情，说他自己的话，有个性。

3月31日 翻看同事稿件深有感触

昨日写完《宣传兵》一稿，听说二三日内不攻城，也无大的行动，就瞅机会回前线分社。走到东车王下山，峡谷幽深，草树丛杂，单人空拳徒步，很怕遇上敌警便衣之类，脚步急促，直到认出了前次经过的村庄，心情略微松了下来。

回到分社，翻看其他同志写的稿，深有感触，觉得他们的新闻内容充实，表述清楚细致，读起来吸引人。可见，要写出好的东西，还是老原则，要深入生活，下功夫研究问题，自己先要把报道的事情吃透，由表及里，加以清晰地阐明和分析，只看表面，不知实在内容，不钻进局内，只满足于局外的瞭望，是无法反映事态的本质。

晚上，得到津贴，大家合伙打酒，把拣来的野菜，炒了鸡蛋，烩了两脸盆面絮汤，人多，吃不到多少，可算点大享受，实在使人心情轻松。一位青年喝醉了，没有人想什么把钱留存下，也没有人想拿钱去为自己一个人花。对此情景，知识分子发议论了，说这正是生活的节奏，一张一弛，文武之道，在紧张的战斗生活中，也有轻松的时刻，仿佛大退潮后雾散云开，在海滩上拾几个贝壳，放松心身，准备着再迎接猛烈的战斗和炮火。

4月1日　闻李君随延大入晋运粮

午前，赶回部队，接李君2月24日来信，得知她现在跟延安大学教师、同学一起到山西隰县留城粮站工作，转运几万石粮食，过黄河来支援陕北战场。从字里行间看出，她任务紧迫，工作繁忙，还亲眼看到那里群众斗争地主的实况，增长了见识。趁有空闲即给她写回信鼓励。要说的话太多，反而简单写了几句。她已不是八年前在家乡时，从花轿里扶出来就“三日入厨下”的境况。现在政治生活是刚刚开始，务须努力多学习知识和锻炼自己。

晚上，部队传达上级对攻洛川城的决心及办法，虽然围攻近20天，可是敌人的处境更困难，据捉来的俘虏说：敌人已伤亡上千人，城里弹药不多，援兵无望，守敌六十一旅副旅长兼城防指挥官杨阴环，曾在话报机上向胡宗南哀号求救：“援兵为什么还不来，一、二营已死伤过半，连不成连，排不成排，希望飞机快送弹药并空中援助。”但是他们的驾驶员心里明白，飞机送的东西，大多丢到城外，正好补充了我们围城部队。又听说飞机驾驶员也叫苦：“忙得很，晚上到陕北，半夜后两点，又要到临汾去，带的炸弹、照明弹，全部投下了。”而城里守敌焦急地呼吁：“即使没有了炸弹，多在空中盘旋几圈也好。”

洛川，从地势说是高平原，不像山区，部队运动容易暴露。这里是西安到陕北的交通要道，从政治上说，几年来国民党特务经营据点多，专门对付陕甘宁老边区，所以这里社会情况极为复杂。

4月5日　指挥员是军事艺术家

昨日到四团来，本没有固定的采访题目，晚上正遇胡村开村民大会。会上工作队同志讲夺取洛川的目的，讲新区的政策。群众中有人诉苦，如孙有柱老汉，去年曾出了一千六百万元，买自己儿子不去当兵，人留下了，家里却穷了，没法过活，目下就没吃的，还要逼着派夫差。同样有的人家为避拉壮丁，交不起麦包子(军粮)，倾家荡产，小伙子跑了，庄稼没人做。有的无心过日子，耍赌、吸大烟、偷盗、当游民等。大家对国民党、胡宗南匪帮统治的揭发，深深感到这个新地区，原来的蒋家政府除了对当地人民在政治上压迫，经济上剥削，逼得农民穷困外，也从精神上腐蚀了一些善良的人，并把他们引向堕落。

今天参加全旅营以上干部会，我也参加了。主攻营连指挥同志，谈说攻夺城东关战斗计划，战斗中各段的具体动作，如何突破前沿工事，如何纵深发展，如何陡封敌人侧射火力，各种重火器的组织配合，对付短促火力，打击敌人反冲锋的方法，都预计得具体、周详，如抬梯动作、距离、人数、梯子重量、地形、前进路线、行动速度等，均考虑到了。许多复杂问题，经过反复讨论、争辩，大家心里都有了底。营连干部经验具体而丰富，是来自战斗实践，来自战士智慧，部队经常强调平时多训练、多流汗，冲锋少流血。给我的印象是，组织一切成功的战斗，在一个指挥部队指挥员说，是一套复杂如锁链式的周密设计，每一个环节都必须考虑到，指挥员堪称军事艺术家。

4月6日 战地生活紧张有序

准备战斗的连队，驻在离城上敌人炮弹射程内的村庄，生活照常紧张有序。清早上操或者演习，午后分班开讨论会或修筑工事。从宜川战役解放过来刚补充到班排的新战士、战斗经验丰富的老战士或共产党员，分别开会，以各人的情况谈专门问题。晚饭后，猖狂的敌机扫射刚过后，战士们即欢聚广场，玩捉汉奸、抢手绢、拌草堆等游戏，掌声、笑声一片，慢慢扩散在夕阳里。

捉汉奸的游戏是把一个人眼蒙住，另一个人来从头上轻拍一掌，即逃归原地，率领人重做出各种手势，放开被蒙着人的眼睛，由他找拍他的人是谁，如找对了，被抓的人算输，要唱戏、唱歌、作表演。输了的有解放兵王洪增、七班副张怀仁等，王能唱《白毛女》剧中的插曲，张能唱晋北梆子戏，最后目标集中到副指导员梁金山头上。这是位有趣的青年干部，人很聪明，可是他故意扭捏，挑动得游戏圈内外人更加活跃。在我身边刚解放过来的新兵，觉得很是稀奇，他们在胡宗南军队里，遇到的是长官的斥责、耳光、罚跪、禁闭等，哪里能想象到我们部队官兵之间这么亲切平等地一起游戏。班里有一青年战士告诉我，王洪增在解放过来之前什么坏事都干过，如今到了人民解放军，真的是改邪归正了。我有意与王洪增聊天，问他过去的生活，他说：老家原察哈尔汤鹿县，曾在大同煤矿为日本人修电灯，四五年秋日本投降后，被山西阎锡山匪军抓到三十八师当兵。阎军中长官带头，普遍赌博、逛妓院，战士中花柳病多，没有好样子，自己心中也很苦恼。

他的叙述，鲜明对比出中国人民解放军战士的素质和高尚的文化生活。我们的军队确是一个有品质有文化的学校，这里的战士思想觉悟高，作战英勇，个个是英雄，大家一起像一家弟兄一样生活，像学生一样学习。

4月8日 “咱们都是同志了！”

早晨，我又去找那些俘虏兵，了解他们进步经过，到快午时，才返回旅部。

一到旅政治部，说有人给我打了电话，野战分社叫立即赶回，戈壁舟已从总政来，据他说可能有行动。不料我的马去四十里外帮助驮运牲口料，天黑才能转回，只好向总务科借了别人的马，帮我们运送行李，恰好到路上遇到了自己的马。快要赶到分社驻地时，机关已出发了，遂跟上部队走，大体知道打仗方向，心里才平静下来。

阴云低垂，更显得天黑得早，雨雾笼盖下来，渐渐下大了，夜黑得像墨染了，周围什么都看不见。我骑在马上看不见路，任马一高一低地驮着走。过河时，也不知道水深浅，到河中间只觉得水流湍急，似乎马在泅水，自己像浮在一根木柱上，行李淹湿了，若不把马鞍抱紧，随时会随浪闪下河里。沿河畔越走路越宽，我下了马，脚下石头滑，地又泥又黏，跟上一支蜡烛走，进了村，人多嘈杂，连个避雨的屋檐也挤不到。后来终于找到一个大破窑，将往后方送的棉被絮，每人抱一堆铺开睡，有的还脱光盖被子睡，又绵又软，过分地舒适。谁知醒来后，才发现个个衣服内外钻满了虱子，全身到处都痒，哪顾得去抓，立即出发。

小雨还下着，连水带泥走，山路滑得爬不上去，只有从崎岖乱石杂草丛生的陡崖往上爬。

午后，到了宜君北区七里镇，正遇集市，一住进房子，放下行李，就上街串，买纸烟、纽扣、牙刷、牙粉、肥皂、针线……我同戈壁舟到饭店吃凉面、豆腐包子。女主人河南口音，服务勤快。

晚饭后，几个人合伙进馆子喝酒，炒了鸡蛋、豆腐、菠菜，喝得脸颊绯红。刚走到街上，又遇见某部从街上穿过，宣传科长衣袋装满花生，边走边吃，看见我们侧过身子，让我们伸手从他衣袋里掏一把。

到中心小学，看见小学生们已围着几个穿军装同志，请他们教唱新歌，一个娃娃刚唱了一句，便羞怯怯地躲向教室的窗下去。忽又隐隐听见敌机在山头上的轰轰声，一个女娃娃拼命跑回家去，叫了几声也没有转回头，有的娃娃也跑也躲，却笑个不停。

在驻歇的院子，也住有中部、宜君两县临时训练班，有农民、有小学教员、有游击队员或党的地下工作者。他们对我们非常亲热，很好奇地向我们问一些打仗的情况，有人自我介绍说："咱们都是同志了！"虽然这些地方刚刚解放，要医治敌人破坏的创伤、要建设，百废待举，得有个重新整理秩序，逐步恢复、建设的过程。

4月13日 到马栏

从洛川到中部、宜君路上，已是春暖季节。这一带以前可说是："麦苗万顷绿波，杏花千家嫣红。"全是松柏白杨夹杂的梢林，山麓小村庄的茅屋上，缕缕炊烟悄悄从枝丫密叶缝隙透出，飘飞淡没在低压的云层里，显得十分幽静。大自然美好如画，而今天生活在这里的人们却挣扎在黑暗地狱，遭受的灾难太惨重了。胡宗南手下的裴昌会带领救援洛川的几个旅，不断由铜官地区顺咸阳、延安公路上，沿路抢东西、杀人、放火，方圆老百姓大多数逃走了，不知去向，特别是关门子到史家塬数十里，村子被敌人纵火烧了，只剩焦黑的墙头、破屋，听不见犬吠鸡叫，真成了无人区。

马栏，是陕甘宁边区原关中地区党政机关多年的驻地，也是直接联络指挥我们党在关中活动的前沿，已经被敌人破坏成废墟。房子没有屋顶，窑洞没有门窗，长满院子的蒿草随风摇头，走不过去人，只有街道的轮廓与颓垣破屋，向人们见证着这里以前的繁盛景况。

这里的群众，知道我军这次真要打出去了，纷纷来看望经过的部队，而且有名有姓地打问过去地委、专署的干部，对我们每个人都很亲热，对过去一年的遭遇很有感慨，控诉说：胡匪来了，烧、杀、抢，披了一张人皮，干尽了人间坏事！

4月14日 可喜的日子 拉不完的话

今天是可喜的日子，正开会，霍一禾从黄陵一带赶来，接着杜鹏程又从某部回来，握手、相抱，一阵亲热的笑闹后，就谈起别后多半年的经历和奇闻。如宜川大捷，震惊西安城内，军警掌权集团，神经失了平衡，草木皆兵，好像到处有八路军，街街巷巷大搜查，连妓院也没放过，曾一夜乱捕妓女院客人一百多人，认为来历不明。市内街道也修了工事，正玩牌的官太太们像火烧了旗袍，又喊又闹，收拾金银细软，抱着向四川、上海跑，飞机票天天上涨。又说国民党伪“国大”贿选丑态百出，全市大饭店都为贿选代表包完了，害得旅客无处吃饭。某校选举会场圈定人名，高价贴钱买选、包选、保选。学生吼叫：“太黑暗了。”“打开窗子，还是黑暗。”某人落选了，就大骂当选者无耻。某教员贿选请学生吃包子，一顿吃了三百多万元，可是写票结果选他的票比吃掉的包子少得多；又一官员将贿选时花的项款，竟以 ××× 选举国大代表活动费名义，向各县保摊派征收，以补亏损，填满自己的腰包。

我们有说不完的话，一直谈到深夜。

战士知道要出击，越显得调皮、风趣，一行军，就笑话满路飞，其中也讲了有趣的故事。前几天，随军民众剧团演出，战士、首长都平地坐着，外围有乡亲也来看演出。近黄昏时，来了一个机关家属模样的中年妇女，她的小脚动作，充分能显示出结实的体力和劳动习惯。孩子帮她拿来大木圈椅，面对戏台近处，放在人中间，她坐下了。靠近的战士看见她衣袄左边耷拉个蓝缎扎花针包。她像庄稼地的一株大树，遮住不少观众的视线，戏开了，越觉得显眼。这一景，我当时看到，却没有谁向她提醒，她坐得稳实，也没人埋怨，只是散戏时，一个排长的结论颇幽默：“这位大嫂，看队伍这么多，一点不怕敌机来，真有点涵养，令人佩服。”前后人听了都笑，脚下轻快了许多。

4 月 15 日 纵队宣传部部长

前线分社又派我到二纵队采访，由马栏行军到关中区庙湾，找到二纵队政治部。这算第二次来，他们欢迎记者，再加上彼此也相熟了，说：“盼你们来。”纵队宣传部部长刘英同志，已脱衣睡了，翻身起来，握手，看介绍信，立即给政委打电话，告诉我们来的消息。很快端来饭，因为晚上要行军，争取早休息，没有谈什么。见到刘英同志，上次在这里同他直接联系多，他当时是二纵队政治部宣传部负责人。他高个，方脸，看年龄还不到三十岁。他热情、朴实，有理论知识，也有部队工作实践经验。他在前沿阵地，语言行动处处现出血气方刚，意志坚强，完全是个典型的八路军，哪里像个大学生。他说过，曾有好多同学陆续到了延安，我们党用马列主义，以自己的纲领、品格、作风，把大量知识分子吸引来，培养成为革命战士。他风华正茂，对工作非常认真负责，说话简洁，办事明快，已没有什么文绉绉的书生气，有军事指挥员的风采。他对记者采访的活动，想办法给条件，给方便。他尚未想过结婚的事，从纵队主要领导同志口里也听说过，他是年轻的优秀骨干之一。

4月16日　月夜马蹄疾

一直没有睡着，昨夜十点半，就起身出发行军。

经过照金梢林地带，身边是带刺的枝杈，脚下是泥泞，行走实在吃力，肚饿、干渴、疲乏。到了营地，一步也不想动，吃了下午饭，喝了水，气候也清凉些，精神稍清醒，像复活过来。到了杜桥镇，听说关中地委、专署机关在附近不太远，即想去看望金照同志（原边区群众报负责人之一），把前线分社关于南线战事采访的意见告诉他。虽然天黑了，仍是决心去走一趟，便把马上的行李取下，路过街上买了一块腊肉，坐在马背上边吃边走。月色渐渐由朦胧而明亮，说是七八里，似乎越走越远，直走得人困马乏，总算找到了。

彼此有一年时间没有见面，况在此时此地，有一种特别亲切的重逢深情。他还是那样，说话慢，沉思多，词句准，只是同在清凉山机关时比较有点瘦了。桌上只亮着一盏小灯，两人对面交谈，他说关中报社记者已经出发走了，商量了相互联系有关发稿办法，自然也谈了在延安撤退后各自的经历，便彼此分手，我即往回赶。

月色清明，亮得人马影子印在地上，十分清晰，四野悄悄，路途生疏，单人独马，风呼呼叫，看见摇动的树影，像有人要走近似的，很自然地疑心起来。如果附近遇有坏人，真无法隐身，又没有武器自卫，心里只想能碰上我们的骑兵通讯员，将能壮壮胆子。什么历代诗人笔下月色夜景的惬意情趣，一句也想不起，更顾不得月下的景色，回味苏东坡夜行惜月，什么“莫教踏碎琼瑶”……回到驻营地，已是十一点半了，没一个醒着的人，伙房又开始做饭，估计快要开饭出发了。

4月17日　“天险难不住咱们的部队”

今晚 × 旅先渡泾河。

这个旅，我熟识的人多，他们给我谈了在河东晋南作战的那一段生活，有关打仗、“三查”、整训等不少故事。到高王镇，由于要渡泾河，便较多谈起这次二纵队，于山西运城战役之后，又西渡黄河过来参加宜川、瓦子街战役的行动，也是一场激战，够艰险的。

刻写油印报的同志说：当时守黄河禹门口岸的敌人，怕我军西渡，沿黄河岸东庄、西禹门、上下峪口一线设点布防。因为是地方卫队，有阻拦进攻的河防工事、有陡崖峪谷，但设备差，兵力不大，战斗力不强。

要从禹门口渡河，天然困难少，像龙门山 500 多米高，禹王庙附近河面不到 500 米宽，我军的火器，能发挥威力，而西岸山岭上敌人的火力同样能打到东岸。时间真是不利得很，正值初春，雪化冰消，河面上涌漂下来的大冰块，像几吨重的大石板，顺流拥挤冲撞，小木船和人下水，都有被打碎的危险。

他越说越激动："咱们的部队，能叫天险难住？我们在龙门山上安了山炮连，七团在前两晚派少数战士、民工摸到渡口边沿，侦察敌情、地形，赶修船只。当时只有 12 只船，各旅成立了临时渡河指挥所。2 月 23 日夜里，拖船下水，这时河防守敌已经发现我军的行动，四连副指挥员小徐，领了 13 个战士，在火力掩护下，驾了第一只木船冲向西岸，用手榴弹同守敌短兵相接，猛冲猛打闯开路，占了四个滩头阵地，压住敌人的反冲锋，站住阵脚，迎接营主力陆续登岸，不断扩展阵地，先后很快夺得禹王庙、上峪口等主要据点，俘虏了敌人 30 多个人，其中有个伪连长。"当时我野战军主力从延长、固临地区南下，赶向宜川，使胡宗南军无法增援河防守敌。讲述故事的人意下是指渡泾河可比强渡黄河，也是艰难险阻，但对英雄的战士一样不在话下。

4 月 19 日　边打边追到常宁

前边部队已经同敌人接触，边打边追。

昨夕，把蒋匪青年军二〇三师一旅第三团，全部歼灭于永寿县常宁镇。当晚，我即赶去街上看情况。寨子上仅有部分敌人在顽抗，喊话讲道理无效，才用炸药包摧毁。据说里面有永寿、乾县一带的土匪头子吕十三，曾杀死过数百人，残暴极了。他因杀人多、害妇女多的恶行而出名。

战斗初步解决了，打死打伤守敌六百多，活捉敌人少将团长雷夏电及一千多人。工作队即进入街道维持社会秩序、打扫战场。镇中心小学学生的被褥衣物、校具等，被敌人乱拉乱砸，工作队即于缴获的物资中，把学校和学生个人的东西一律归还，并列出了清单。因师生逃走，即写了一封信，不多时有学生来取东西，请学生叫回先生，当面一一点清移交，还从缴获品中给学校和学生一些物品，以作补充损失。在场的学生，非常意外，深为感激，把眼见的事实向家长、乡亲们传开了。

今午，冒敌人飞机扫射，又去街上看，了解情况。村镇周围死尸狼藉 300 多具，可见当时敌人顽抗和战斗的激烈。听说于战斗危急时刻，竟有人要自杀，表明蒋匪的反动教育，捏造什么被八路军捉住了要割舌挖眼等反动宣传，蒙骗青年，使他们十分恐惧，思想反动顽固。工作队动员群众帮助掩埋死尸，把负伤的敌人抬到屋子里，铺被套、盖被子、喂开水、找医生治创伤，又给每人发负伤费五万元。他们觉得意外，解放军并不是他们长官和特务说的那样，有的青年说：他们这批被蒋介石骗来当炮灰，太上当了，八路军真宽大。有的一时还不说话。

4月20日　谁毁了青年军青春

我去看被俘虏过来的伪青年军第三团的青年，都是十七八岁左右的中学生，口音多数是广东人，个儿小，有的年龄更小，但名册上却登记十八岁以上。该团第六连是所谓模范连，平均年龄十七岁，他们为继续升学、找职业、寻出路，不得不服军役一年半，可是多少青年牺牲于炮火，葬送了生命，毁灭了青春。

被俘虏前，他们愚昧而骄横，真有一部分青年，对他们的失败不服气，嘴里不三不四地说着脏话。有的对我们讽刺，似乎只有蒋介石是伟人，可与希特勒并列等。他们的部队被歼灭，这些人当了俘虏，大多数心中恐慌、悲观失望、情绪低落。解放军为他们发毯子，宰猪优待，解说俘虏政策，耐心交谈、劝解，帮助他们思索，慢慢觉悟。有的回想过去，对比身临境况和见闻，开始表现出难受，有的说了真话：过去官长训话，总是说共产党多么坏、野蛮、没有人性，占的山区很穷，都是靠穷百姓，少吃没穿、老破枪、缺子弹，不堪一击。消灭共产党、八路军，就是为“党国效忠”，能当上军官、能发财、穿马靴、娶老婆等等。谁料到了前线战斗危机时，团长、营长都溜得不见人影，各逃自己的命。他们惋惜那些因恐惧、误解，在火线上自杀的同学，太天真，是上大当了。当听到他们的团长、营长有的也被我们捉住了，他们高兴地说：“应该的下场……活该，太坏了。”因行军忙，将他们送到后方去学习，未能继续多谈。

政治部接触过这批青年俘虏，无不气愤，同时也在克制自己的情绪，惋惜他们那么幼稚，年纪那么小中反动教育的毒却那么深。这些青年中，有的思想确实很顽固，当了阶下囚，竟不觉悟，讽刺、辱骂共产党。

我熟识的同志都认为值得深思：哪个青年不是娘养的，父母养育不都希望自己的孩子长大成人，有益于社会，为国家做点好事么？是的，人绝不是生下来就坏。他们不幸，生长在国民党法西斯教育下，做蒋介石的工具，年轻轻在未懂事之前，就为蒋家王朝做了炮灰。他们的父母得到不幸的通知，丧失爱儿，又落得人民的唾骂，该是怎样的痛苦？

4 月 21 日 “今天真见天日了”

今天发生两件事，一件叫二擒团长，一件叫打恶官。

清早三点半，我军行至永寿县西南店头镇时，忽然前面打枪，这时旅属机关人马，因不知前面的情况，后来又听到后面有枪声，更摸不着头脑，有些乱。此时我军在常宁俘虏的青年军团长雷夏电却乘天黑逃跑了。不料到了下午，我们的地方武装又把雷夏电捉到了，送了回来。雷夏电一见到昨日与他说话的同志，显得特别恐慌，即俯首乞求饶命。我这才注意看了他，粗矮个子，肥圆的脸。“英武”部(代号)的同志没训斥他，也未责难他昨日所保证的一片堂皇言辞，还是叫他骑上马，依然同昨日初见时一样严肃客气。

另一件事是永寿县逃亡县政府被消灭了，捉住伪县长李卿琏及科长、巡官、县警等全套残害人民的衙役班子，被人们拉到钟家堡。愤怒的群众，马上团团围住，有的哭，有的喊，有的骂，有控诉不完的苦，有讨不完的血债。种大爷当众控诉，说他儿子以给八路军通消息的罪名，被杀害了。老大爷哭得泣不成声，捶胸顿足要儿子，气得拿起棍子朝罪恶多端的伪县长狠打，李卿琏忙跪下求饶。这个李最怕遭受过他宰割的人民，反过来向我们部队同志求救。这场被群众称为“打恶官”的街头戏，真是开天辟地以来，在封建主义长久统治的中国乡村小镇是第一次，可算是天下奇事。我们把被成批抓来的壮丁，当众放回家，老百姓欢天喜地，人群中喊：“今天真见天日了！”喊声里充满了感激深情。

4 月 22 日 良好的军纪

晨，冒雨进军，赶向扶风县城。先头部队绕到城东，一面迎击增援敌人，一面炸开东城门。搜索的部队经过各机关，纪律极为严整，伪县政府办公室的一切档案、文稿，均未触动，伪县长王义绪住室的桌上、床上，一一照旧，仿佛未曾有人进去过，特别是警察长室挂的雨衣，遇这正下大雨的时刻，竟无人取用，依然挂在原处。这就是解放军战士的纪律修养和军风，没有亲眼看见的人，在蒋管区生活的人，怎么能相信呢？然而，这是真确的事实，若有摄影记者一同来，这类镜头是拍摄不完的。我想，此刻我们的摄影记者洛冒同志跟随着其他部队，也自然会拍下这样好多照片。

我到小学、育幼院、福音堂、中学校去走过，了解些简单情况。中学教员对于我们的谈话非常感兴趣，看我们冒雨踏泥，又不随便进居民大门，觉得很新鲜。他们跟我们谈话，很不满现状，但说话很含蓄，似乎知道他们同人中有耳目，显得半吞半吐，不觉谈了很多。我们因任务紧急，要匆忙离开时，教职员非常留恋，希望再多谈些。

我们赶路急，路上却继续想刚才各位老师的谈话，感到他们多数人心里苦闷，有正义感，在一定程度上同情、敬佩共产党的正义事业，言谈间，似乎有好多问题，希望我们给予解释、回答。他们也知道在进军紧急的时候，不可能多谈深谈，不过在初见面的交谈中，他们毕竟说了些耐人寻味的心情，有人感慨地说：人，念点书、识点字，能分辨点是是非非，除了妻儿温饱之外，正在青年，还要有所追求，向往进步，希望能有个合理的社会，希望有机会给国家出点力……

他们的心情，可能是国民党区知识分子普遍的烦恼！政治部同行的人说：看这关中盆地，沃野千里，中国祖先最早活动的发祥地，历史文化的摇篮，土地丰饶，现在正逢春夏之交，路两边青苗荡漾，绿波万顷，生活在这样丰饶大地上的人，为什么生活这么穷困，精神这么抑郁、痛苦？

4月23日　延安收复了！

我野战军，自这半个月来，浩浩荡荡向关中西府进军，直捣胡宗南的给养后方宝鸡，以威胁敌人在西北的老巢西安。

近几天，我所跟随的二纵队 × 旅政治部，正沿扶风、岐山一线进击。今日拂晓，刚进占岐山县城时，同时听到最鼓舞军心的喜讯：胡军在22日从延安逃走了，延安收复了！在战斗百忙中，这个特大喜讯的口头号外，飞散极快，人人都说：“延安收复了！”

敌人闻风逃窜，我们真有点望尘追赶不及，连饭都顾不得吃完，又得继续前进。就在行军如此紧张繁忙之中，同志们心里想的、口头说的题目，全是延安。延安的山！延安的水！延安的人！就如同听到被囚禁的母亲获得了自由那样兴奋，那样欢喜！每个人都清楚地记得，自去年3月19日到今天，刚刚一年零三十三天，心中激动万分，真想马上飞回延安去看望宝塔山，喝一口延河水，亲手抚慰母亲的创伤，仔细聆听母亲叙说同蒋介石、胡宗南军这类野兽搏斗的经过。每一个指战员，都一直牢记并坚信党中央命令全军主动撤离延安时，毛主席同各位高级将领说的话：“少则一年，多则两年，我们还要回到延安来的。”他还风趣地说：“下次见面，不是延安，可能是南京或者北平。”彭德怀副总司令在去年3月19日拂晓率总指挥部撤离延安时说：“等着瞧吧，我们还要回来，延安是我们的，全国是我们的。”

一年多来，同敌人在疆场较量，重要的是民心所向，广大人民拥护、支持我们，形成了军民携手的人民战争。胡宗南自吹自擂：“共军不堪一击。”“三天占领延安。”并没有吓倒边区内外的人民群众和我们英勇的战士们，而正欺骗了他们自己，向死亡走得更快些，倒帮蒋家王朝覆没得更快些。

铁的事实，也验证了去年我们撤离延安后，新华社曾指出过的预言：“蒋介石占领延安，将标志着他的灭亡。人民解放军主动放弃延安，将标志着中国人民的胜利。”

今天，是西北战场全军振奋激昂的日子。

4月24日 由扶风到岐山

昨夕，冒雨由扶风出发。雨太大，走了30里，驻到益店镇。当地乡警早闻风远逃了，市街照样开门营业。在山区行军时，雨天是的确讨厌的，到了广阔的平原，云低、雨大，不大有人埋怨了，因为，一则阴云使敌人飞机扰乱不方便；再则，这几天进击赶得太紧，雨大，可稍稍歇脚缓息。

天黑之前出发，都以为要同岐山的伪县政府与县警队打一阵的，不料守敌早逃跑了，我军顺利进了城。街头肃静，前卫部队已在伪县政府、参议会、银行等门前站了岗。工作队立即分头叫店铺开门，组织小型群众会。不多时，街头铺面开了门，卖小吃及杂货摊摆出来，几乎像平时集市一样热闹。商人们都洗刷各家门前敌伪时的反动标语，并谈说敌人逃时乱打乱抢，给群众造成很大的灾难。

我随旅政治部主任贺振新同志到岐山中学，进门看到“忠孝、仁爱、信义、和平”的横幅。学校已经放假，由于伪县政府恐慌下令停课，原周公庙春季庙会，连从省城请来的秦腔戏也不敢唱了。十多位教员见了我们非常客气，很愿意交谈。他们满口教书语言，文质彬彬，流露出他们知道共产党、解放军，任务是消灭胡宗南反动势力，对教师是会保护的。因房子小，便把长凳搬到院子，端来桌子、茶水，围成一圈坐下。贺主任着意谈有关城市政策，包括保护教育事业等，教员们都表示心里有苦闷。我同坐得近的穿阴丹士林长衫的先生谈，怕谈政治多了，一时说不清，就说起教学、读书、文学等。忽然看到一位靠桌子站着的中年教师，像是我上西安二中时童子军助理教官，颧骨宽、下腮廋，中等身材，一问姓名正是景某某，如今在这个学校教体育。他显得神情很不自然，也许是想起当年在学生面前散布过落后言论而不安吧！正要打问他的情况，突然通讯员跑进来，告诉贺主任旅部马上要出发，我们离开了学校，继续向宝鸡进发了。

4月25日 党中央的祝贺

拂晓前，解放了虢镇。这个镇街道整齐，比一个山区普通县城的场面还要大些。我们进东门出西门，匆匆穿过，什么也未看。不过街头市民、学生等，都拥来看八路军，也不担心敌人飞机的袭扰。

约上午十一点，在火车站附近休息、吃饭。这里居民生活贫困，衣式、语言、习惯却很明显地有着城市习气。当我们把车站上的胡宗南粮食仓库打开时，男女老幼夹着口袋，提着斗，推着小车，蜂拥赶来，他们紧张得疯狂了，拥挤不堪。有个中年妇女到不了小麦堆边，就用嘴咬一个男人的光腿，挤个缝子钻进去了。有人连工厂、车站房的东西都往自己家里搬，不顾一切地乱拿，经部队解说，才逐渐平静些。

看见了铁路，青年战士、小鬼特别有兴趣，好多由西安北上延安的同志，也同这条陇海铁路相别七八年了，久久生活在陕北山沟里，也是为了解放这片土地啊！如果这里的山水、铁路能说话，一定会向我们见证许多事情的。

今天最鼓舞人心的事，是传达党中央在二十四日致电彭德怀、贺龙、林伯渠、习仲勋及西北人民解放军全体指战员，热烈祝贺收复延安的伟大胜利，勉励大家继续努力，为消灭全部匪军解放整个西北而斗争。

党中央的祝贺，对于全军将士是最大的鼓励，也是新的动员令。全军都高兴地将什么困难、辛苦一概忘记了，只记住一条：继续前进。

这消息，全世界都知道了，我抑制不住心头的欢喜，编写了一张诗传单：

“我们向全世界宣告：
延安收复了！
时间比预计得早！
边区军民同奋战，
西北高原传捷报，
斗转星移人未老，
看这一年一个月，
谁到最后笑得好！”

因为似诗不合律，似词不入调，既没向人朗读，也没贴出，悄悄喜在眉梢，压在心底。

4 月 26 日 宝鸡街头

我们政治部在宝鸡市郊东北塬边上等了一天，看见渭河，市东小河川，等着部队攻进市区去。

下午约四时，宝鸡战斗基本解决了，我和政治部同志，还有贺主任，从东关大街往西进，两边商店小洋房，金字招牌，形形色色，比小县城的商店，显得耀眼，像个都市样。工人、店员多是长大褂，脚穿皮鞋，十字街口，都挤着成群的人，楼窗探出人头，以稀奇的目光望着解放军。

银楼、金店、百货公司、茶庄、酒楼，一家靠一家毗邻，中国银行、交通银行等门口，我军已放岗哨。到宝鸡市警备司令部，里面已被先进去的部队接收了，国民党通俗日报馆已封闭，附近贴一张今天上午的“新闻”，所谓捷报，什么“国军”再克扶风等县，宝鸡东关仍在坚持战斗等可笑的消息。可能市民还不知道，乘铁甲列车的敌七十六师师长徐保，已当了俘虏，几百铁甲兵被我们在路上消灭的情况。战士中传着一个笑话：“徐保自不保，怎将宝鸡保？”

我回驻地，经过火车站附近小街巷，才看到贫民的茅草矮屋，有的像瓜地里的窝棚，非常破旧，巷子窄，路不平，与刷着五颜六色的洋楼巨厦完全两样，真乃表面最华丽的楼房外也正存在最贫穷的生活，呈现出悬殊的社会现实。

又听到好消息：在昨日，即二十五日，洛川的守敌跟随整编十七师顺着洛川、白水公路往南逃了，我军第三纵队完全解放了洛川县。

4 月 28 日 到凤翔

前天黄昏，我跟旅政治部的同志，匆匆在宝鸡主要街道上走了一趟，打算到连队驻地采访。原先说我军这次行动本来不是为占宝鸡，可能在这里只休息二至三天。

昨日清晨，我赶到暂驻在宝鸡市外东北角居民区的连队。午后，传来命令叫立即转移，说我军这次长驱西进，在经济上冲击了胡宗南军事供应的物资后方，在政治上直接摇撼了敌人老巢西安，同时，向关中广大地区人民群众扩大了我党我军的胜利影响和政治声望，预计的目的达到了。胡宗南现慌慌张张派军队从扶风、凤翔、虢镇等几路赶来抢夺宝鸡，因此我军要迅速转移。连队立即吃饭，下午约五点就出发，每个人都掂一个大炮弹，每个乘马的都要带东西，或者背一两卷白帆布，有计划地从敌人被服厂里带些衣服、皮挂包、望远镜。我们从东北方向爬上塬头，这时天已黑了，听见市内敌军火库附近，大炮小炮混杂震响，越响声越密，我先是怀疑敌人行动怎么这么快？后来才知道，是我们将靠山的那个军火库放了火。在高原上回头看，宝鸡上空半个天，一阵红云，一阵浓烟，一阵闪亮。我们走着、望着、说着、笑着。有人说，一个青年战士，到被服厂里，嘴里骂，手里抓，一下穿了七套单衣，部队一行动，他才发现穿得太多走不动了。据说他的理由是：群众的东西一点不能动，胡宗南仓库里的东西，拿得越多越好。

赶了一夜路，今日到凤翔一带，果然下午同拦路来的敌人遭遇了。

我真笨，行军时总苦于装在软挎包的稿纸揉皱了，可是这次宝鸡之行，也曾走进过军用仓库，仍然没有从皮制革库房拿一个皮挂包。

5月2日 过灵台

这两月行军很紧张，要对付胡宗南军，还要对付青海来的马家军，又是在敌人统治区，环境较生疏，社会宣传、群众工作基础薄弱，生活、作战都比较艰苦。

昨日行军赶到“洛水”部(代号)，宿营灵台县境，想了解一些连队工作情形。刚到营部，指导员接到介绍信，没有展开看，就直快地问：“你到哪个连去？”我说：“想先同你谈谈各连的情况再定。”

今日到六连，指导员也来了，热情地介绍这个连的种种事情，彼此很自然地亲切合作。连上继昨日的评功会，讨论颇活跃，内容生动具体。晚上，又开战士委员会，研究给立功和伤员同志的奖励，连长未到场，去帮助炊事班杀猪，督促推磨、烙干粮，一直忙乎到后半夜，天麻麻亮又行军。

今天只走了五十多里，到崇信县金平镇宿营，战士放下背包，立即动手构筑工事警戒，指导员即招呼伙房烧水，亲手为二排扫房子。来去在邻近几个县，看到两种窑洞。有平地上土坯砌的小窑洞，一般是连三连四紧靠一起；有在地面打下个方坑，坑下三面窑洞，一面慢坡隧道上地面作进出口，半坡处安有大门，人、牲口、小猪、石磨等都在窑内挤着，说不上什么光线和卫生了，可是走在远处，除了几株树以外，看不到村庄、房屋。

5月3日 在崇信

夜十二点出发，战斗部队已赶到前面去了，知道是准备打崇信县伪政府和自卫队。我们天明前赶至县城附近，未听枪响，却传来消息说：战斗已经结束了。估计敌人可能闻风逃跑了。我们往城里赶，城的确小得像个村庄，如人形容说，划根火柴，就从东门到了西门。俘虏来的自卫队员供说，伪县政府早准备好要跑的，伪县长舒耀江拉了老百姓十个驴子、骡子，把太太、公子先运到平凉去，县粮政科长也早把家眷送走了。大官们都喊着要坚决守城，同兄弟共生死，当解放军在城外远远打了几枪，县长、科长不见了，自卫队的动作也非常快捷，像狐狸碰上猎人，跳墙逃跑了。

5月4日 泾河岸边

继续往泾川挺进，我把马让病号战士骑，到泾河岸边，只能脱鞋踏水，水冰冷得出奇，像小刀子刺在骨节上，疼痛难忍。

夜深了，人很疲困，大家明白不能停歇，若是一坐下，马上就会有人睡去叫不醒的，只能前后传话跟紧走。人们边走边打盹，高一脚低一脚，迷迷糊糊走着走着，眼前出现了幻影：像看见门户，以为是住人的家，不由脚往前一踏，手往门栏上要抓，正碰着路边埝坎上。如果稍一停脚，便立即有鼾声响起来，有的人身子东摇西晃，步子像醉汉。领队的同志为了让大家清醒起来，说起了笑话：“咱们的战士真机灵，听见徐保丧了命，就给蒋介石、胡宗南手下几员干将送了个封号，你们听听：严明不明，刘戡不堪，徐保不保，钟松稀松，还有一个志大才疏的胡宗南，焦头烂额快要完……”说得幽默真实，惹得大家哈哈大笑，把瞌睡虫也赶跑了。

天亮时才赶到玉都镇驻下，一睡倒等于死了半天，开饭时一个个才被摇醒过来。

5月6日 前边枪响了

昨日回到旅政治部，连夜从玉都镇出发继续追击逃敌。指挥所在部队之前走远了，直属机关队比较拖沓，组织不严密，正越过一开阔平地，前面枪响了，人们并没想到什么危险，继续弯下腰前进，空中子弹越飞越多、越紧，于是顺路伏倒地下，子弹“嗖嗖”左右飞落，不知谁说了声“来了”，人们忽向后转，若水渠般倒流起来，人、炮兵牲口，交叉拥挤，又立即分散开来，很快躲出子弹射程之外，人流才缓慢下来。当然敌人不知道这种误会，如果再追，队形还要乱，甚至遭受损失。

接着前进中，忽然又遭遇一阵扫射，只好就地停下来等待新路向。有人擦火柴吸旱烟，虽然有人指责，他却不在乎，慢条斯理地说：“没有啥怕的，吸烟就把敌人叫来了，敌人不过在放枪嘛。”暂时转进一个小庄子，又遭敌子弹猛击，大家都弄得莫名其妙，似乎几面都有了敌人。

到天明，什么敌人也不见了。在一个村子吃过饭，头上敌人飞机疯狂地扫射，我们还是继续行进，边走边躲。到丰台镇时，一家大户新门楼外搭芦席棚、摆桌子、挂着纸钱，正在过丧事。酒席桌上杯盘狼藉，饭菜仍然冒着点热气，一个锡铁酒壶滚在桌子底下，客人们吓得靠墙站着，吹鼓手们惊恐地坐在地上，主人身上穿着孝服。一个客人说，听说解放军来了，马家兵刚刚吃着就逃走了。

午，起大风，尘雾弥漫。平安行军，到荔镇住宿，大行李很快跟来，相互谈昨日事。他们也曾遇到几个敌骑兵冲到队伍跟前，但相互不知是谁，望了望，各自奔走了，危险而又滑稽。

5月9日 进入旬邑

5月7日，部队仍然留在荔镇抗击胡宗南三十六师，我某团三个连队击退敌人一个整团的多次猛攻，并杀伤敌伪团长等两千人左右。我军近黄昏时撤退，另一股敌人离我们不远，气势很凶，山炮向镇西关猛轰。时至下午四点，我们几个正在一个窑洞吃饭，炮弹震得土往碗里落，把通路封住了，只有趁着敌人炮弹的间隙，一个人一个人往外冲。我眼前一片拥挤纷乱，各个纵队纵横交错，人海中似乎也有总司令部的人影，都忙着在纵横交错的人海中，找寻自己的队伍。头上敌机旋转射击，人喊马叫，相互挤撞。这是一年来行动最紧张的一次。天黑，我们分路撤走之后，敌人颇显威风地占领了这镇子。

赶了一通夜，8日早晨到宁县某镇附近休息吃饭。当晚又走路，乌云压得很低，夜一片漆黑，前面走快一步，后面即失去联络，疲劳、紧张。到天明时，行至早胜镇，别的队伍驻进村，没有地方住宿，我们只好铺着青草、树作房子，盖着夜幕，又潮湿、又冰冷，衣服外面是露水，里面是汗水。起来打火烤暖身子，吃了饭，我们继续走。进入旬邑县境，过分疲劳引起人的议论，有的不耐烦，抱怨说我们前面那么多队伍，何必赶得这么紧。有的知道这次行动紧急，不单是因为左右有敌人，而是部队有新的考虑，说：“不知道意图，就少乱说话。”

5月12日 踏入关中解放区

昨夜，算是睡了一整夜，稍稍恢复了精神。清早出发，一过河就踏入关中解放区境内，沿河村口挤满了乡亲男女老少，摆有茶水，军民见面感到格外亲切和高兴。在敌人统战区作战，环境生疏，群众一时不了解我们，敌人也猖狂，再加上遇到马匪的骑兵，佩长刀，乱冲乱刺，我们步行，路不熟，比在老边区作战困难多，容易吃亏。我路经一个区公署，见有人手里拿的《群众日报》，我匆匆翻了几页又赶路，虽然只看了几条标题，心里颇得安慰。我是从这机关派出来的，现在日日夜夜忙着出报的多数老人手，都是一起工作过的熟同志。看报也含有怀人的意思，看到了他们的心血和劳动成绩。

驻职田镇附近万寿村时，到小学校去看，学生书桌上摆的还是国民党教育部审定的课本，同时也放有《幼学琼林》等书。我们向教员借《群众日报》看，他们说老百姓都拿去看了，再问有剩下的一两张旧报也行，他们又以拒绝的口气说一张都没有。他们的神色启示我：这里是解放不久的边沿区，是两军反复拉锯争夺地带，教员们尚不敢肯定这里未来的局面，大概不敢公开留存我们的报纸。

5月13日 急行一百二十里

吃过饭，忽然见到刘星全、刘漠冰等，他们赶了20多天路，刚从后方报社来。久违重逢，高兴、亲切，有说不完的话。他俩一个善于采访，笔下快捷；一个会做群众工作，熟悉农村情况。他们说报社组织上可能叫我到黄龙新区工作，这消息使我不平静，我是多么希望能继续跟上部队跑啊！在部队，打仗、行军固然辛苦，可见闻广，生活内容丰富。

前天晚上一个通夜，昨日一个整天，连续急行军，不住脚走了一百二三十里，爬不完的山，转不完的湾，蹚不完的河水，穿不透的梢林，脚下时高时低，又渴又饥，眼皮有好几斤重，撑不起、睁不开，的确疲劳得够呛。有的人，就在半路边、草坡上、树荫下睡着了，掉了队，睡得比在床上还香甜，也许还在梦中抓了俘虏，也许有狼、狐狸光临身边。今天在柳林街遇见掉队的几个，笑问他们没有叫狼吃了？回答说，战地上狼早已跑光了。

柳林，是原边区内外通商口，过去较繁荣，最近敌人经过，把这个地方破坏得破烂不堪，几乎每家都遭到了抢劫，未跑及的男人被拉差，女人被奸污，牛被杀掉，锅被砸碎，柴草一切被烧光，不是三光，是七光八光，群众十分痛恨。本来拟作较详细的访问，关中地委报社记者，已到现场采访过了。据地方干部说：敌人这次来特别疯狂，像是有意报复，他们知道不会在这地方久留，放开兽性大肆破坏。老边区人民是好欺侮的吗？敌人跑时，我们地方武装狠狠揍了个美，死的死、残的残、爬的爬、滚的滚，叫他没好受，回他妈家炕上哭去吧！

5 月 16 日　含蓄说家境

自从 4 月 17 日开向西府进军，至今又凯旋转回到原关中分区，整整一个月。这是行动急促、最惊动西安的一个月，也是部队生活辛苦、见闻经历有趣的一个月，是解放大西北的一段小序曲。

早晨，部队出发，雨也下起来了，泥泞中爬了几架山，鞋成泥靴，棉袄淋湿，内衣汗透。当走出暗门山区，插到白水平原，雨止，云开雾散，千里沃野，小麦已出穗，碧波荡漾，飘散清香，使人感到眼界开阔，心胸舒展。

老百姓成群结队挤在村口路边，笑着、说着，那份亲切的气氛，像是新春看“社火”。有人说起前多年，一听说国民党兵来了，男人跳墙逃避，小脚女人下地窖、钻草堆，谁还敢出来看，特别是姑娘，更不敢露面。女儿长到十五六岁，赶快嫁出去，免得有意外。白水虽然不是老边区，可是当地党的组织在群众中进行过宣传教育，人们对我们八路军已有几分了解。

白水县城西北 30 里，有个新姚镇，我们驻下来。在街上闲走，遇到“模范部”(代号)工作队一个同志，听说我们由宝鸡转过来，极有兴趣地把我招呼到他的住处，要我谈西进故事。

第二次走到街上，有心找人打问过去在西安老同学的情形，看见一个学生装的人，顺便打问，原是三一剧团的负责同志，又招呼到一个老同学家的铺号，正谈间，他忽然看见刘拓同志从街上走过，便向我指说，我赶紧跑出铺门时，刘拓已闻声转回头了。与刘拓同志在这里彼此相见，是绝难料想到的。他急急匆匆跑过来，相互紧紧握手，都说意外。他把我拉到他们的临时机关，介绍了几个本县同乡。

我们亲热地谈说从延安中央党校分别后的许多事，才知道他和其他同志被组织二次派回本县开展工作，历经艰险。由于国民党特务遍及各县、学校、保公所等，真似天罗地网，搜索破坏我们党组织的活动，捕杀共产党员，他同有的同志曾在人家屋梁上躲藏，在井下偏窑住。秋雨连绵季节，在大片芦苇丛里，披上麻袋生活过多日，常常受饿。晚上去找进步的熟人串联消息，风声紧急时，听到相约信号，竟不敢应声开门……在特务网下穿来穿去活动，随时会遭不测的危险，这不是传奇故事，确是严峻的现实斗争。

刘拓很关切地叙说了我的家庭近况，70 多岁的老母健在，唯生活操作困难，身边无人照顾。偏有用心险恶的人时时背地捣鬼送气，不惜造谣说我已死了，还声言要到县衙门去告密（指我去陕北），想方设法阻难别人对我父母的关照。说到在外做官多年的老伯父，去年由北平回到老家，身边仅带回四姑娘和一个男孙，生活困窘，贫病交加，我的父亲与伯父于半年间相继长逝了。我的伯父，系清末进士，忠于封建道德，在河北省为官几十年，却不参加国民党。他对蒋介石不抵抗日本侵略极为愤恨，辞官前，曾以马援的“马革裹尸还”为誓。日寇围北平时，则教全家男女各自准备刀剪，临难时为国殉节。他为官清廉，回老家来，两袖清风，境况凄凉，路费还是从家乡亲友中借筹的。老人对共产党的政策颇为信服，骂国民党的政治腐败，对国内人民残酷压迫、对外侵略者献媚卖国……但他对我党分地等做法不理解。这个无党无派老人的态度，说明了国民党已失去了民心。

刘同我一直谈到深夜，并劝我写信安慰老母，他设法帮助传递。我提起笔，平静不下来，相别八个冬夏，被封锁阻隔的日日夜夜，谁知道她曾同游子梦里相逢过多少次？多少话一时不知从哪儿说起，非常迟滞地写了几句话，证明我活着，只预告她我们节节胜利，将打出关中，家乡快解放见天日等语。

夜深，刘送我回到驻处。

5 月 17 日　爱父母、爱真理、爱人民

昨夜，怎么也睡不着，七年前多少往事重重叠叠，不断映入脑际，思绪万千，没有尽头。

我相信刘的叙说是实在的，也听得出他的语气很缓和而有选择，有意保留些使人不安的苦况。我能设想到老人的困境细节，国民党地区在冻饿中挣扎的老人有千千万，目前有什么法子援助他们呢？解除亿万父母的痛苦，自然也包括自己的父母

在内，记得我离开家乡时曾想过，一个青年，愿为革命事业献身又有照顾父母的义务，况且是独生子，矛盾如何统一？一个两全的暂时办法，只有把刚过门来的新妇暂时留在老人身边，今天革命胜利在望，悄悄祝愿老母亲再忍耐些时日！

早晨本要出发，天雨稍停，即拿一套衬衣为刘拓送去。我知道地方工作队任务艰巨，日夜奔波，比大部队危险多，生活更困难，他却解释说他们活动在家乡附近有办法，我眼见他衣领已经很破旧了。

同刘分手后，我还在想：中国革命斗争激烈，国内外敌人勾结一起，屠杀人民，多少共产党人、革命志士，为了拯救水深火热中的劳动人民，拯救自己的国家，毅然离开家，为革命英勇献身。记得多少先烈在就义前，嘱咐兄弟："堂上双亲，希吾弟好好奉养。"嘱咐爱妻："无论在任何条件下，都要好好爱护母亲！"他们的胸怀是："人类解放不成功，何以为家！"这样高尚的境界，光辉的思想，感染了千千万万青年走上革命的道路。

蒋介石法西斯集团骂我们是铁石心肠、无情无义，这完全是蓄意歪曲、存心污蔑。他们才是反动透顶，杀人越货，失却人性，使中国千家万户家破人亡，民不聊生。他们怎么可能有正常的理性理解共产党人是真正情感深厚的人，为了创造人类的美好生活而勇于自我牺牲的高尚情操？

拿到一本观察杂志，其中有中外记者的报道评述，急于先睹为快，骑到马背上边走边翻阅。刘伯承南下记全文已读过，另外夹杂在锯齿中间的根据地、长城内外争夺战等通讯，都写得好，特别是最后一篇分析平、津、保三角地带与山西的军事形势，傅作义与阎锡山的窘态及对解放军的战略意图等，看法精辟。

午后，往澄城县西北史关镇。著名的造字先圣仓颉庙在这里，虽然围墙破旧，古柏森森，庭院肃穆，殿宇雄伟，殿堂后面有冢丘。到底他老人家如何将人们所日用的符号编画成字？在这战火匆匆的今天，也无从考察。

5 月 19 日　西府战役影响很大

到休整地方，房子比较宽裕，我住在一家刚娶过新妇的洞房，因为新妇去娘家了。新房四壁挂有时装美人图画，也有五色剪花。主人对我们客气，让出房子，专门拿出一把新筷子，及时送开水，就是不大愿意我们到灶房去。六十多岁的女主人，看见我们一举一动都觉稀奇，家里雇一长工，掌柜腿跛，做小生意谋外快。

晚上，主人端菜倒酒，这突然袭来的礼貌，立即使我们提防，怕自己违反群众纪律，都婉言推辞不敢接受。

这次我军直捣胡宗南物资后方宝鸡的西府战役，从四月中旬到五月中旬，先后约一个月，政治影响极大，其战果不仅限于歼灭了两万多敌人，一度解放岐山、扶风等十多个县城。这次西进，遇的敌人，逃遁得非常快，忙得我军追不及，刚占了这个县城，前面守敌已逃跑了，我们立即出发，赶往前面的已是空城。这次重要的是震惊了蒋介石、胡宗南西北老巢西安。据俘虏过来的人说：瓦子街一战后，西安大恐慌，直接挫伤了胡宗南、裴昌会据守大片关中地区，以及保住西安的信心，敌人准备向陕南、四川逃退。再说，我们往返驰骋了1500多里的行动，是一次有力的宣传，沿线男女老少亲眼看见了解放军，初步打破了国民党污蔑共产党的种种鬼话，开始消除了人们对共产党的误解和疑虑。

5月21日 准备去黄龙

上午去访问上次部队西进中工作队的活动和经验。他们介绍了很多，边问边谈，形成相互讨论。队长对这次谈话感到有趣，彼此都谈得随和投机。

回到旅政治部，又是会餐，有人宣布前多日我军西进的全部战果，个个精神振奋，早已忘记一夜百里行军、猛追猛打、露营、爬山种种辛苦。新来部队一起采访的小汪，竟喝得半醉。

晚上与人闲谈时，二纵队政治部转来电话，西北野政叫我立即回前线分社，我当时请电话通知杜鹏程到二纵队政治部，交换意见。调我到黄龙分区做采访活动的事，大体可以肯定了。现在该考虑的是去，个人能再另外想什么呢？又觉得去也好，可以从头比较系统地了解新区恢复建设的情况。地方工作、环境会比部队复杂，必须多看点书，多做调查研究，向社会学习。将要离开野战军，我平静不下来，比去年奔上前线来时，想得更多，留恋部队和熟人，自己越觉得一年来做得少，学得更少，在战士和熟同志面前欠了许多债似的。

5月22日 杜鹏程积累很丰富

二纵队驻澄城县冯塬镇附近，昨日在政治部同杜鹏程交谈，拟今早即回西北野政，他们留写稿，只好再等。下午到街头，老杜向我指说，那是文工团驻处，刘英同志的恋爱对象就在那文工团。这也不是无意地指说，因为我们都喜欢和钦佩这位大兵化了的知识分子，乐于关心他的婚事。

见某旅政委，问我是否去他那里，遂答应迟一会即去。我无事一般不多去打扰首长的，先后跟随过二纵队几个旅，一起行军、生活，彼此熟悉了。他们对新闻报道很关心，这是第二次来随军西进，一个多月来彼此都忙，未主动去看望更多的熟人，就同志情谊说不应再推脱。晚上同老杜一道去，刚到，他正在同司令员忙着拟什么文稿，办完后即同我们谈起来，谈到部队目前情况，提出对于一个青年，确是冶炼人的革命学校。

回到宣传科，去找纵队政治部负责联络工作的冯达同志闲谈，他已知道我要离开部队，相互扯了很多时事趣闻，读书、学术等，似乎愿意多扯些时，又谈了一年来的随军生活，听见鸡叫了，还没有睡意。我们都认为，杜鹏程积蓄的材料、故事，体验的生活丰富，有了机会，会写出好东西。他提醒我：到了新环境，应当重新计划一番，我懂得这个建议的用意和分量。

5 月 23 日　在新解放区

早晨启程回前线分社，同刚从武功西北农学院投奔来的五位进步青年一起走。路上谈说许多国民党统治区学生的情绪，有学问的教师和多数同学，心向革命，虽然对于共产党的主张，认识和理解的程度各有不同，各有后顾之虑，如父母、妻子的安危，思想较矛盾复杂。他们来寻求革命道路，是出于关心中国的前途命运，看到国民党的腐朽，个人职业和前途的苦闷，特别是当解放军光复了延安，大军西进冲击宝鸡的影响，戳透了蒋胡军假造捷报，吹嘘“胜利”的谣言，促使青年们走向革命的决心坚定了。看他们语言动作，他们对共产党和解放军的使命、品格还不太了解。

我们经过澄城县冯塬镇、黄龙山区，晚上住洛川石头镇，为住宿吃饭找到乡政府时，乡长说：“你看谁家能住就住。”手指着街上的店房，我请他们指引一下，他说：“我们不能。”似乎很为难。我走进一家店时，主人说没地方，有客人要歇。我们考虑既是私人店，不能妨碍人家经营生意，又去找村长，村长也不指引路，才发现他们有所顾虑，可能以为驻宿解放军会招来嫌疑。也许还怕胡宗南军万一再来了，又会受到牵连受害。当时几位青年生气，把情况想象得太简单，实不了解，这里正是刚建立人民政府的新区，群众尚不熟悉共产党的政策，疑虑多，是可以理解的。正因为如此，才需要我们做工作，不能要求高，要求急。

5 月 25 日 记住英雄写的活书

今天是 1948 年 5 月 25 日，从去年 5 月底开始到陇东地区合水县跟上部队进行采访工作，到今天刚刚一年。

这一年，西北战局的变化震动了全世界，我们将夺得消灭蒋家王朝的全面胜利，将很快解放全中国。

这一年，我，一个共产党员，一个普通士兵，随军在战地生活、工作、学习，参加了真枪实弹的斗争。生活在这个战斗集体里，真忘记了自己个人的一切，除了全力夺取胜利，再没有任何有分量的事值得放在心里。我们都时刻记着自己作为一名共产党员，在你死我活的搏斗中，在胜负攸关的严峻时刻，为了祖国的命运，为了党的事业，应该承担什么样的职责。

晚上，对分社几个同志谈了工作情况，转达部队领导关于今后工作的建议。因为我要离开分社，有关我的采访活动，普金、毛岚等，就一年的工作状况、思想作风直率地说了意见，如说生活作风艰苦，同部队关系处得好，写稿较多、及时、内容也广泛；同时由于材料多来自干部或领导方面，有的未写深刻。提出：到新的岗位，要注意学习新区政策，熟悉新区社会情况，问题比部队复杂得多。开初更要多调查研究，注意深入了解典型材料和经验。

这些日子，我沉浸在回忆中，一年的行程经历、生活、见闻，以及爬过的山、涉过的水、访过的英雄和同志，犹若电影、连环画一样，一件一件事、一个一个人的音容笑貌，一言一行，在眼前重新跳动，应接不暇。这些闪耀光辉的影像，是留存在我脑子里一页一页的活书，是过去一年在炮声烟火中读过的书，是千万个坚信建立一个崭新的、光明的中国的英雄群体，用他们的忠贞、意志、智慧，集体写的书，用生命写的书，用鲜血写的书！我要将这长卷里激励人心的故事和高尚的思想品格，深深刻在记忆里，继续伴随自己的生活，鞭策自己前进！

5 月 27 日 不忘这一年

今天是 1948 年 5 月 27 日，一年前，我来前方，任务是采访新闻，向外报道。部队对记者活动很支持，似乎有点当客人看待，给了很多照顾。

这是排山倒海的一年，有轰响的迅雷，有陡亢的险涛。这最激烈、最艰苦的一年的生活内容，使我具体地认识了战争，认识了我自己。

我忘不了在部队的一年里，天天看到的是纵队、旅、团及连队的指战员和战士们，不怕艰苦，听从命令，雷厉风行的作风。在最艰苦的时候仍然保持乐观而有秩序的生活，即使临时在某地驻扎几天，也是墙壁、炕头、地面，都要收拾得整整齐齐，干干净净。无论在连队驻地或前沿阵地上，战士们都像在自己的家里那样，有节奏地生活，构筑工事、学习、休息待命。这些生活细节，真实地反映出中国共产党领导的队伍，如何一丝不苟地对待生活，又善于培育生活里美的情趣。一旦命令下达行动起来同敌人接了火，个个是猛虎，忘记自己的一切，那样机智、勇敢、顽强，为亿万人未来的幸福，甚至献出宝贵的生命。我深深地敬佩他们，热爱他们，默默地学习他们。

为了夺取胜利，每个人都全力以赴。我看到战事紧张时刻，司令部、政治部、后勤机关所有的同志，还有宣传、组织各部科的同志，全投入火线前沿，能干什么就干什么，个个匆忙。我看在眼里，想在心里，前沿阵地上的胜利，不单是哪一班、哪一排、哪个主攻突击队、哪个指导员的事，而是部队全体的共同力量。我自己也是这个集体里的一员，这个阵营里的一员。我很自然地参加所能做的事情，如临时照看伤员，计数俘虏，印发快报，帮助伙房弄柴提水，帮连队写墙报等。无论走到哪个连队，我会很自然地把自己融化在那个集体里，心里才觉得舒服和满足。听到老乡、房东称呼我为“班长”“上士”“司务长”我高兴。如果能够先做到一个合格的士兵，心中是极大的安慰和快乐。

部队今后将继续向西安进军，完成解放大西北的战役，我不能再随军参加报道了。我记着同志们的相约，相信有一天，在为全部解放大西北胜利的庆祝会上，我们又会见面，这一天为时已不会远！

5月29日 继续思索，继续前进

今天是1948年5月29日。从此要离开人民军队，也离开战地生活了，这是我忘不了的日子。

从去年五月底开始到陇东合水跟上部队，到今天刚刚一年。

一年来的战地奔波，部队成了我第二个家，对战争生活习惯了，也同不少指战员交上了朋友，当要离开他们，心里十分依恋。他们革命坚决，他们英勇善战，他们普通，他们高尚，他们是我的教师。在战场上，看到不少好同志流血流汗，为夺得胜利，为亿万人民的未来幸福，献出了鲜血，献出了最宝贵的生命。他们是好同志，有些我认识，说得上姓名，握过手，他们的体温还留在我的手心，是真正的人民英雄。

一年来，我真实参加了真枪实弹斗争这一课，有流血的沉思，有祝捷的喜悦，有牺牲的一瞬，有饥困的煎熬。生活是艰苦的，工作是紧张的，心情是愉快的，思想是充实的。古人说：凡操千曲而后晓声，观千剑而后识器。我已不是从银幕上看炮火，从书本里看战争故事了，而是亲身来到战地，报道战况，认识战争，同时战争也锻炼了我，告诉了我许多以前不懂的事情，战争真是一所学校。

战争，告诉了我许多东西，需要我思索的也有许多，许多……

作者一九四八年五月二十九日于新华社前线分社
一九八三年春于西安修订

●有关延安保卫战的三篇回忆录

延安，我们一定会回来！

1947 年 3 月中旬的一个清早，我们“边区群众报”的一批同志，从杜甫川出发，随同西北局机关撤离延安，向西北延河湾、安塞等方向移动。

向北、向西北几条川道，路上撒满了人，多半是最后撤离的机关干部，妇女家属很少。背着大包行李，有担的，有俩人抬的，好像不准备去多远。有的已靠大行李坐在路边，从我身边走过的已气喘吁吁，有的拄根粗棍子在走，驮东西的骡马也夹在人行中间。头上时有敌机侦察骚扰，只听得人声嚷嚷喳喳，走着说着，无非议论战事形势，估计发展的几种可能。

我们的行动比较轻便有序，只有几条骡子驮着继续出报的油印机、纸张等。个人的东西都各自背着，无非几件衣服和饭碗。原来机关办公的桌凳、灶具、资料等，都在前几天敌机轮番轰炸声中坚壁埋藏了。说来有趣，刚刚从木器厂里搬回来一批新办公桌，没有上油漆，也就同所有带不动的东西全塞进一个窑洞。从窑顶崖畔上劈下土层，把窑洞门面堵住，明明土色是新的，谁看见都在笑：“这不正是告诉敌人此地有银多少两么？”

我们从杜甫川口出发，经过西北局山下、延安交际处、南市、延安市场、边区政府机关，绕过古城东门外，经过文化俱乐部、中央党校等，一边走一边望。

虽然敌机扰乱，已听见远处有炮声，可是眼目所及的地方，似乎比平时更清楚，也许出于心理的不平常："要暂时离别了。"行动虽然不平常，要相互招呼、照顾，要照料驮公用东西的牲口，仍然是走走不断回头看，大家心里都有一句不说出口的话："延安，我们都会回来的！"也仿佛觉得清凉山、古城墙、高高的宝塔在向我们示意："延安儿女们，暂时离开好，放心，我们都挺得住！"

开初蒋胡进犯军来势汹汹、气焰疯狂，比我们迎击的人民军队多到将近十倍。我们知道党中央、毛主席还未离开延安，会有深谋远虑、总体部署，真是一百个放心。言谈中都有个坚定的共同信念，暂时撤离是为有利于歼灭敌人，我军一定胜利，敌人必败，延安一定要光复。有同志还要打赌："你们信不信，按我估计延安的收复，一定要比中央预计的时间快。不强迫你们相信，以后看局面的发展！"

安塞是我工作过四年的地方，李君就在县所在地真武洞小学教书，她是现学现教低年级的娃娃。我们到时的前两天，小学校已临时解散了，李君已跟随教师离校转移了，并同校长的家属一起暂时落脚在县教育科长的村里。我们机关接着往前移动了一天，在七区山村里才和李君相遇。她对我叙说路上有老有小，拖拖沓沓的情况，不显得怎么惊慌。我们在一起只逗留了一天，第二天清早我们要出发了。李君要跟我的机关一同走，她觉得分散隐藏在当地老乡家里心里反倒害怕。刚来边区人情不熟，当地语言不通，真的敌人来了，老乡也难保护住，还会牵连他们。我觉得有道理，自己又不好向领导提说申求，只好眼看着分路走。我们顺干河川走，她在沟岸上面走，尽管上下距离能喊着说话，可是真要从此分手了……突然她喊我："我要向你们社长说去，不许一起走，以后就不能怪我了。"我心里很不安起来，知道她性刚，说不定会出意外，相信她不至拖累机关，便请一位管行政的同志，代我向坐在相距三十米的大沙石上的社长申述，请求了两次，好，总算同意她跟我们机关一路走了。

事后说明了她跟机关行动，能吃苦，还在生活上帮大家做了很多事。每到一个驻地，她帮助伙房烧水、洗米、切菜，雨后帮工作忙的同志晾衣服……成了大家乐意互助的人。原来坚决主张把她同有小孩的家属留在山村的社长，已不憋什么情绪了。而我却心里自责：太书呆子气了，何以开始不能明白向领导争取，让她跟我们一起行动？并不妨害机关什么？对她，一面我心有内疚，一面开始预感到她有体力、有胆量，能够适应战时艰苦奔波的生活。

我们转移到安塞六区一带山村，立即组织出报。只能是两页油印报，对记者熬夜写的稿子一删再删，笔下无情，越削越短。作者心疼，编辑报面的也心疼，总负责的同大家一个心理，自言自语："炮火下，能出这两页报，真不错了。"这不是为安慰大家，而意示保卫延安迎击战开初局面的险恶，未来不多久又会出大报的。

油印一张蜡版只能印几百页，记者老霍自告奋勇学刻写蜡纸，怀着满腔热情，以浓厚的兴趣练习用铁笔。我帮助印，最怕蜡纸版裂缝，反复琢磨、计数一期能比一期多印几页，心里真高兴。常常是这期蓝墨，下期只有红墨。就这样，每出一期，大家都十分珍爱，摸在手里，看在眼里，比过去买到一本米色道林纸精印书还宝贵。大家最引为自慰的是，通过这两页油印的报，及时发表了来自前线的大小捷报，大家都觉得我们在为前线杀敌英雄鼓气，是一种支援行动，也是悄悄在山沟里作战。

我们报社本来只有 10 多个人，常常有人外出采访，有时也陆续会集在一起。转移所到之处，暂时借挤在老乡的几个窑洞，我们在树下写稿，在炕边刻版、写稿、编排、刻印、裁纸、发邮，一个人什么都干，偏忙得高兴。我们边干边谈说，话题总是怎么能印得多、发得快；墨、纸优劣；更多的是说前线消息；也说延安生活、清凉山的石阶、杜甫川新居的窑洞……

在这兵荒马乱奔波辗转中，我们生活得正常、不慌不乱。一个下午，刻蜡版的老霍偷偷花几元钱，请老乡家帮助蒸了一小盆洋芋（二三斤），相互悄悄呼唤到一起，你吃一个，他吃两个，烫手烫嘴地吃上觉得特别香，也突然发现碱盐是世界上最可口的五味、十味之王。这些洋芋真是太少了，每个人都馋透了，可是都把手缩回去了，大家都同意给我们的领导送两个去。这是要冒着他的指责的，但可以说清楚：没有犯群众纪律，连蒸洋芋的火钱都加在内了。

吃完了，人们表扬老霍，仍有余兴，以感激的情调挖苦起他来了。他是个很有趣的人，宽肩大膀，黑面孔，厚嘴唇，衣服不整齐，生活习惯邋遢，还没有个女同志爱他。机关过春节那天，将饺子馅分给个人自己包，老霍不会，又懒，将馅子炒熟调面片吃了，竟得意地向人夸他的机动灵活。他乐观，他平易，谁都喜欢他，愿意亲近他。

大家忙着编报出报，唯一所向往的是：希望这战时环境早些稳定下来，争取尽快恢复铅印报纸。忽然有天早晨，党中央机关一位负责同志来报社要报纸看，他光头，背包没放下肩，干粮袋还盘在背包上，似乎忘记走路疲劳，靠着老乡家的炕边，全神贯注地一张一张仔细看。

我们在延安时见过他，知道他读书很多，协助党中央领导同志研究报纸，指导新闻宣传工作。我曾见过他写的蝇头小楷，遒俊秀美。

我们的接待是一碗白开水，切望他能有所指导。他一开口先以感激的语言鼓励我们，再三强调在转移中能出这张油印报的作用，同时就原标题、文字、印刷以至错别字，一一指了出来，很亲切、很严肃、很诚恳。最后，他说中央有电报叫他迅速从陇东赶回中央机关。他匆匆离去，我们送出村外，望着他的背包，谁也不会看出他是理论家、文学工作者。

这位领导同志虽然来去匆匆，带了一套报纸走了但大家心情激动，得到了很大的安慰和鼓舞，即使在山沟窑洞里出的油印小报，西北野战军总部、地方领导机关、中央机关领导同志都关心、都重视，给予指示和支持。这些鼓励和要求都倾注到我们每个人心里，而且凝聚成一个心愿：就是千方百计，竭尽全力，把报纸编得再精些、印得再清晰些、发转得再快些，我们理解我们的任务是庄严的。

当时野战军大量看《晋绥日报》，而且得到这份报纸比较方便。我们原西北局的报纸在宣传上更注意边区人民和地方机关全力支援前线的活动。除派记者跟部队采访外，又派记者就近奔走采访地方工作。一次我同赵闻捷同志到安塞几个区采访，他背一支长枪，我拿一个长矛子。一次天黑赶到延河湾第一区政府，遇到很多我熟识的干部，了解情况极方便。写好稿子，只有翻山越岭亲自往回送。赶到真武洞那次，正是县级机关转移，我们紧随上走了一段。路边经过原来我们常去的模范村马家沟，熟识的农民、劳动模范，一面同我说话，一面坚壁清野，青壮民兵在准备埋伏迎敌的部署，不用采访，看到的情况就够写几条消息。

我们两个在返回报社途中，遇到原在延安一个演出单位专搞音乐的某夫妇，是去找寻原单位的，一步一步走。女的在老乡家临时生了孩子，一手拄棍，一手提个为孩子煎奶的铁皮罐头桶；男的用一方白包袱将婴儿包住，挂在胸前。他们只能慢慢走，彼此在这山坡路上突然迎头相逢，真是格外喜悦。我们告诉他们一些前线传来最新的洋马河大捷消息，他们生了孩子，造成比别人更多的困难，可是同样被胜利消息鼓舞，又高兴又心急，渴望立即找到自己的单位。说话间，我们竟然没有忘记问孩子叫什么名字，是叫“保卫”或者“大胜”……我们大体给他们指说了某单位的方向，就各自继续往前走了。

看见这个孩子降生在战火纷飞的时候，便想起前几天刚死的另一个婴儿。我们机关行军中，把一位书店干部刚出生的婴儿放在骡子的驮篓里。一个下午，在一个村附近停下做饭，煮了一大锅肉，大家围着等吃，还告诉为孩子喂奶的女干部说：“你该多喝肉汤，好下奶。”偏有另一个人打趣地说，肉说不定吃不上，一个炸弹掉到锅里，不是完了？说也奇怪，笑话是笑话，不多会儿，敌机真的来了。领队的叫立即转移，肉硬是没来得及吃。骡子驮上锅和孩子走，到夜里摸黑走到时，发现孩子已被闷死在棉被下面了。这谁不难过呢？但是人们挺着，一切照样行动，心里都知道这就是战时生活。

我们俩走到大约下午五时，看到路边土包侧面有几个封口的小土窑洞，从木片钉的密缝里，发现是新华书店，总店把书库和延安街上门市的书，全转移埋藏在这里。我们想，这些书存不住，敌人若到这里，一定会烧掉的，不如我们拿两本。闻捷有心窍，将钉窗的木片取下几根，自己钻进去，里面全是新书，印得那么漂亮，平常想看又买不起，真诱人。那些书静静地待在那里，似乎都渴望我们能拣几本带走。闻捷往出递了几本三联书店新出的著名小说，他看着书的定价，口里又不安地说："这是公家财产，不该随便拿。"我也接上说："将来回到延安，书缺了数，咱俩不好交代。"两个书迷、书呆子的念头一样，根本不从大处想，不懂得这样残酷的战争，这窑书是否能够保得住？书受了损失，我们还有双手，清凉山印刷厂还会再印书，延安收复了，书店还会再开门营业，那时我们会有更多的书读。老赵从窗子里钻出来，又用脚下的石块，照原样将木片钉上，还特别下力钉得更结实些。费了这么大事，我们俩只拿了三本书，迫不及待地边走路边翻书目，心情却七上八下地不安，觉得好似占了公家的便宜，满腔心虚，似乎书店明天就要搬回延安，重新清点书数了。

战争初始，敌众我寡，机关秩序、群众生活一时都不适应。我野战军常是大进大退，我们报社随地方领导机关，在洋马河、青化砭、蟠龙三大捷之前，多是在敌我力量运动空隙穿来穿去，辗转奔忙中要出报、要采访，很是艰苦。被允许跟上机关行动的李君，没有掉队、没有生病，她虽然是从大关中白区农村来边区不久的家庭妇女，她坚强，她勇敢。

现在回想起来，当时撤离延安的情景颇有趣，所经历的人和事，长时间以来不断地从记忆里浮现到眼前。当时每个人的信口估计、预测、打赌，以后果真灵验了。延安，在遭遇了胡匪军的践踏凌辱一年多一个月，即一九四八年四月下旬光复了，重见天日，同自己的儿女团聚、生活在一起了。宝塔山又照样每天最先迎接着"东方红，太阳升"。可见在匆忙转移、情况险恶时的闲谈、估计，正表明了干部、群众对中国革命形势了解，懂得保卫延安战争的正义性，对人民和自己的军队有充分信心，对党和毛主席有极高的信仰……所以这种预计并不是先验论，不是天真愿望，而是科学的预见。

我们一定胜利

蒋介石、胡宗南于 1947 年春大军进犯延安，是国民党走向全面溃败的一步。陕甘宁边区军民为了保卫党中央、毛主席，以寡敌众的战斗极端残酷和复杂，但当我们撤离延安时，大家都知道是暂时的，我们确信胜利要比预计来得快。

人们在延安保卫战开初这么想，并不是言之太早，虽然都懂得这场搏斗将是非常险恶、严酷的，正是出于对中国革命形势认真地分析和了解，才有此必定胜利的坚定信念。

我军迎击敌人，洋马河、青化砭、潘龙三战三捷，旗开得胜。当年五月初，在安塞县真武洞祝捷之后，我们原边区群众报派出记者组，于五月底奔赴陇东地区，赶上我们的野战军，参加前线的采访报道。

我们六一前夕到达了陇东地区，部分军队正在曲子、合水一带同宁夏马家八十一师及骑兵旅作战，不断传来解放将台、悦乐几个地方的小捷报。我们以满腔激愤，急于赶向作战前沿部队去工作。由于带我们来的负责同志，等着同野战军总政治部商量如何部署记者的活动，因而临时住附近后勤部驻地，只听见炮响，看见俘虏和零星伤员，还并没有直接看见战争，身临枪林弹雨。看见的是村边有人在小河里洗衣服、洗腿，有人竟在太阳下脱光躺在水里，把军衣、汗衫晾在沿河岸边的草枝上。有人在水里摸鱼，有人干脆用手榴弹炸鱼。村里的儿童、少年，守在河岸，蹿来蹿去想要小鱼、想要子弹壳……眼前沐浴在初夏斜阳下的场景，颇为娴静。流水淙淙、绿草茸茸，在村庄和树阴的衬托下，真是一幅放在大地上有声有色的油画。战士和村童相互嬉戏，泰然而亲切，他们仿佛忘记前面正在打仗。这使我真感到意外，原以为到了前线，一定是时时刻刻炮声隆隆、烽火腾空，这天最先进入眼帘的是这样的平静场面，生活好像仍然按照以往和平时期的习惯正常进行着。

不，这只是战地的一个小的侧面镜头，而紧张的、艰苦的、险恶的生活正在前面，并且将日日夜夜地持续下去，将使每一个人都要在这艰苦危险的环境里咬紧牙关，忍受和坚持下去。

战场，当然要打仗，几乎每天有战斗，不过，除了动用各个纵队的兵力共同打仗之外，更多的时间是日日夜夜、少驻难歇的行军。这是出于总体部署、具体战役的需要。指挥机关为选择打击敌军的有利时机，设置歼灭敌军的最好的地点，调度自己的兵力，以牵引敌军的行动……我们必须爬山、转湾、下沟、涉水。为行动机密，偏于最电闪雷鸣的黑夜里赶路；为争抢时机，不得不冒雨急行军。有时行走中困倦得跌倒在路边睡着；有时被六七月火红的太阳晒得眼发昏；有时饿得腰腿发软；有时干渴得看到路边一池布满绿苔脏臭的污水便趴下喝。卫生队小鬼们将老乡放辣椒面、菜籽的葫芦挑到竿上，遇到水就灌一葫芦。经过三边旱塬时，营长、连长的迫切任务是向老乡求情开储水窖，并亲手向每班每人合理分配饮水。在山头上宿营，露水浸湿了衣服；在沙窝里吃饭，风将细沙调到饭汤里；伙夫班为病了的同志做一碗白面；连长帮体弱战士背枪，为负了轻伤的战士找一条棍走路。我们还看到血，看到火，看到敌机整天钉在头上，看到有同志负伤、牺牲……也听到歌声，晋南小调、山西梆子，还有朗朗的喧笑……耳目触及的，身临其境的点点滴滴，都是战时的现实生活，是艰苦的生活、愉快的生活、冶炼人的生活，是日日夜夜、曲曲弯弯走向胜利的生活。

更振奋人心弦、让人永远不能忘记的，是活跃在陕北千山万壑的我野战军英雄的战士和人民。我在行军行列、大战役前沿指挥所常常看到彭老总；看到前沿阵地上亲自帮助团长、营长在现场指挥的纵队司令员；看到在重点战役之前，亲自带领担任主攻的营、连干部，摸近敌把守的据点或城池下侦察地形、设计阵地的旅指挥员；看到在战斗最激烈时抢在突击队前面最先闯进敌阵的营长；看到机敏而善于做宣传鼓动工作的年轻指导员；看到勇猛而有点简单粗暴的连长……当然，一个战斗的胜利，绝不单是在前沿阵地冲锋或者登城、破碉堡的哪一班尖兵，有立过多次大功的战斗英雄，有身负过多次伤的普通战士，还包括有整个野战军的每一个人，整个陕甘宁边区一百五十多万的人民，是他们形成了一个英雄的整体，共同支援、协同动作的成果。我又看到阵地后面那么多辛苦为前线工作的人，各个连队的伙夫班，确实是非常的辛苦。行军部队出发了，他们还在收拾炉灶，又很快担着铁锅、米、面、肉，疾步从部队旁边抢路插着赶过去。当部队到宿营地时，战士们已经有开水喝了，有热饭吃了，有洗脚温水了。遇到战斗紧急时，又担着饭桶送向前沿阵地去。随军的卫生员，有的只有十五六岁，同来自农村的救护伤员的担架队一起，冒着敌机轰炸、枪弹袭击，抢救伤员，有时还抡个手榴弹追捉俘虏。当地民兵四处干扰敌人的行动，向野战军报告敌情；山沟里妇女为前线战士做鞋，战士所到之处端水倒茶慰问……还有，通讯员、编报人员、组织干事传送胜利捷报……我在战场上看见各种各样分工不同的人，相貌不同、口音各异，而他们都共同有一个坚定的目的：为了夺取战争的胜利！他们的共同性格是英勇战斗、顽强不屈。

他们都是普通的人，却是受党教育，争取人民解放、获得平等、自由和幸福生活指引，要坚决革命的人。我生活在他们中间，我熟悉他们，他们熟悉我。在抢到承担主攻任务的时刻、在阵地上、在同敌人搏斗中、在行军的路上、在休整的讨论会上、在围坐草坡上游戏娱乐的时候、在他们的一言一笑中，我鲜明地看到了我们党的威望和力量；看到了战士和人民，甚至从胡宗南进犯军俘虏过来的劳动出身的普通士兵，对我们党的崇敬和信任；我看到了党为人民服务的意志和思想深深倾注到了每个人的心灵、血液，这些都通过燃烧的革命热情和崇高理想的汗水发挥出来，将这千斤重的威力如排山倒海一般压到敌人的心上和身上。人民有这样气壮山河的境界，能不夺得胜利么？我们一定胜利！

为革命胜利同敌人在疆场上生死搏斗的是人，是先进思想武装起来的人，战争的烽火硝烟、艰难险阻苛刻严峻地冶炼铸造着这些头脑聪明、意志顽强的人。

我随军在战地出入枪林弹雨的一年里，经过了陇东、三边、榆林、沙家店、清涧、宜川、瓦子街等大的战役。在胜利的喜悦中，经历和亲眼看到过敌人的残暴、恐惧和虚弱；看到过同志的牺牲和鲜血；也遭遇过生死在顷刻之间的险境。多年来，这些经历都在我的脑子里刻印着持久的记忆，特别是两次榆林战役，总是执拗地使我不断思索着。

榆林战役，从具体攻城战斗上说是有失误。直接参加登城、爆破的主攻连队，在听令撤退时，憋着一肚子闷气。但从战略上说，为吸引敌人大军北上援榆，达到瓮外歼鳖的意图，却并不是兵家失败的行动。

胜利能鼓舞人的信心，而艰难曲折却锤炼人更加坚强，理解更多些的道理。

第二次攻打榆林城是11月，塞北气候已冷了。我看到某部二连登梯演习回到营地，连干部将战士安排到窑洞睡觉，自己却睡在屋外草垛里，睡到后半夜，腿脚太冷，起来到灶口烤火、烧洋芋、喝米汤。副连长进窑洞看战士睡得如何，出来向我们低声说："一个个乏透了，我进去谁也没听见。""打起仗来，真正苦的是战士，到紧急时刻，个个都像被惹怒了的老虎，抢着朝碉堡冲。有一次，上级叫往下撤，硬是怎么命令都叫不下来。"语言中充满纯洁的同志爱。

11月2日夜，我军向榆林城发起了总攻，各种炮火响成一片，满天火光，大地抖动，人们面对面听不见说话，连敌机来去的声音也辨不清。到深夜四点，忽然要撤离阵地，看样子是不准备一下把城攻开。就地在月光下，某部政治部主任向干部布置了工作，大家立即分头下连队，了解情况、整理组织、安排下一步工作。当我赶到主攻连休息地，天已大亮了，敌机又紧紧跟来，指导员、连长、文书，正忙着向旅部介绍死伤情况。当时，谁死了、谁伤了，一时还弄不清楚。战士们零散地继续往驻地走着，有的背着阵亡战友的枪和背包，负了轻伤的仍在挣扎自己走，战士们疲倦极了，躺在树下或者水渠沿，谈说着伙伴的死亡，拿起死者用的东西，有入党申请书、有写好尚未发出的家信，似乎没有什么情感的悲恸。文书给随军医院写介绍信，或者登记死者名单，看上去也那么无动于衷。指导员谈起哪个排长、班长牺牲死亡时，只简单说："好同志，太可惜了。""某班立即由某某同志代替班长。"表情也是显不出怎么伤心，甚至一个坐在担架上要到医院去的伤员，还笑着摸自己脚上被子弹打穿的鞋，别人看得也笑了……这次攻城伤亡不少，而连队士气仍然那么旺盛、乐观。昨天还活跳乱蹦，在一个炕上睡，一个盘子抢菜吃，一根香烟轮着吸，相处如兄如弟的同志，今天牺牲了，为什么活着的人的心境却是那么平静呢？何况我们是真正多情的无产阶级革命者。此情此景，执着地萦绕在我的脑海，强烈地问我，我流着眼泪，反复思索。

记得一个团政治处副主任说过："部队曾经讨论过什么是真正革命家的高尚感情，遇到战友牺牲了，而敌情紧急、战斗任务迫在眉睫之时，我们是哭，还是奋起战斗？如毛主席教导的：忍着悲痛，掩埋了同志的遗体，挺起胸来，继续组织战斗，消灭敌人，夺得胜利，完成烈士的遗愿。那种小资产阶级的过分脆弱，表面是同志情深，实际上对革命事业要带来损害的。”是呀，只有握紧拳头，把仇恨塞进对准敌人的枪膛，把对同志的爱深深藏在心里，这才是对人民总利益的深刻理解所升华了的战友情感吧！

我这么思索，这么回答自己，并且记录在学习笔记本上。

回忆初到前线时，把战争想得很简单，就是进攻、退却、交锋、厮杀、死亡、胜利而已。经过了一年的战地生活，耳闻目睹，看到战斗前后、阵地前沿和后卫；看到各种生活细节，各种人的心境、品格……使我懂得有血有肉的战争内容，懂得每一个大小战役都是为了整个中国革命的胜利。

如果我没有随军到战地来，就无法理解成千成万英雄的战士和人民用鲜血获取胜利的深刻意义。

忙在前沿阵地后面的人

战争动员和调度着各行各业所有的人。

为夺取敌人阵地、摧毁碉堡，多少英雄战士在最前沿同敌人直接交锋拼搏，同时在阵地后面又有多少人忙着支援前线的工作，做饭、送水、运转炮弹、通讯、救护、医疗、办报纸、演戏、慰问及地方上各种配合作战的工作队……日日夜夜地奔忙在前沿阵地后面，为夺取胜利而辛苦工作着。

打仗行军期间，再紧张的鏖战，再火速的行动，连队炊事班总是为战士保证开饭、准备好饮水和洗脚温水，战士们看到炊事班顶辛苦。部队开过饭行动了，炊事班自己才吃饭，匆忙又收拾米袋、铁锅，当部队爬山不多远，他们担着柴火、铁锅，背着仅有的食粮，急急忙忙从队伍旁边插过，赶向前面驻地，抢时间安灶、烧水、做饭。部队赶到时，战士们有饭吃、有水喝、有洗脚温水。往往是连队的战士们已经睡觉了，他们还在刷锅洗案，有时，因连部的行动计划，紧接着为下一步行动忙碌，一定要在天亮之前保证战士把饭吃完。

记得部队到了榆林城外时，晚上敌人的红头轰炸机连夜骚扰，不断扫射，战士们可以在窑洞或者前沿工事里休息，炊事班依然在村边树下做饭。做饭的火焰腾空燃烧，比信号弹还耀眼，最容易遭到轰炸。冒着生死把饭做好了，还要向前沿阵地隐蔽在工事里的战士送饭。我跟随的围城某旅在城北镇北台，看见炊事班战士将饭担上往前百叶庙阵地上送。他们要经过一道道沙梁，城头敌人不停地往沙梁上的人影放枪，他们躲在沙梁的背面，只能在放枪的间隙乘机翻过沙梁，就这样，子弹声刚从耳边飞过，立即再翻过一道。当接近前沿时，只得卧倒在地，用双手推着饭桶匍匐前行，铁皮饭桶被子弹打穿了洞，稀饭往外流，炊事班送饭的人是滚一身沙，淌一身汗，毕竟使战士吃上饭，喝上了水。

在连队里，首长和战士们都很爱护炊事员，知道他们很艰苦，炊事班也非常关心战士们，一位老炊事班长常亲昵地说："消灭敌人靠咱这帮老虎弟兄呢，他们吃得饱，才能打得好、打得猛。"

亲爱的读者，恕我说不上这帮小卫生员的大名，他们虽小，可不能瞧不起。调皮的小鬼，他们有的是孤儿，有的是因饥饿从家里逃来的，有的是跟上兄长、亲友来革命的。那个高一点的小王，他叔叔就在二营当连长，他满脸稚气，可已经有点军龄了。这些小鬼，平时好像谁也管不住，一旦战斗打响了，他们又机灵又听话。他们什么都干，冒着枪林弹雨，从烟火弥漫的阵地上抢救伤员、上药、包扎、喂饭、看护，还能抓俘虏、搜捉特务。他们是卫生员，到需要时，喂马、帮灶、送信，除了攻城、炸碉堡外，阵地后面的许多事他们都懂，都会干。

在行军中，在阵地附近，我们常常可以看见支援前线的民工，时时待命抢救伤员的担架队。他们没有穿军装，跟部队一起奔波、运动，吃、住、生活上常常比部队还要艰苦，宿营、给养条件和管理经验都要差些，他们在战地所承担的任务，却不比正规部队轻。每一个大的战斗之前，司令部的作战计划中，也包括了担架队的任务。战斗将要开始，主攻排、连的战斗员进入阵地，担架队就紧随着隐蔽在阵地的附近。当战斗打响了，担架队便向阵地近处靠拢，如有伤员，他们冒着狂叫乱飞的子弹勇敢而敏捷地从滚滚浓烟中把伤员抢回来，背出来，然后，又冒着头上敌机的扫射，抬着伤员往安全的地方转移。不论白天、黑夜，晴天、雨天，前线打多久，担架队就跟着忙多久，即或一个战斗结束了，主攻连队可以稍事休息，而担架队仍然还在忙着将伤员再往离敌人更远、更安全的地方转移。

跟着我们这个旅行动的担架队，就是全边区在大生产运动时的劳动模范刘玉厚带领的。延安保卫战他们随军到了战场，也是支前模范，抢救伤员，兼捉俘虏，立了多次功劳。他们和军队一条心，在战场上抢救伤员和战士们与敌人打仗一样勇敢机智。他们知道，不消灭胡宗南进犯军，谁也不能得到安宁的生活，他们都有决心，同部队一起夺得保卫延安这场战争的胜利！

我们人民的军队，行军作战紧张之余，喜欢学习、喜欢读报、喜欢看戏，也有丰富多彩的文化娱乐生活。

《晋绥日报》在西北野战军中每个连队都有，纵队、旅、团都办有油印报纸，报道本旅本团的胜利消息，介绍作战经验，表彰战斗英雄等。报纸的消息快捷、及时，战士们都爱看，觉得报上所登的事迹，就是自己团里的连里的事；所表彰的英雄，就是和自己在一个菜盆吃饭的兄弟或班长。

部队里办油印报的同志，虽然不参加作战，可他们的工作也是非常忙。常常只有两三个人办一份报纸，要采访、要写报道、要编辑，还要刻出蜡版，亲手油印出来，最后还要一张张折叠起来，分发出去。我接触的一位刻板油印的同志，刻出的字迹与铅字竟毫无差别，不细看，还以为是四号宋体铅印的呢。战士们在阵地待命休息的时候，读报纸是他们的一大乐趣，赞扬为他们出报的人。

原来深受边区人民喜爱的“民众剧团”，一直跟部队行军演出。在战斗紧张的时候，他们编戏、排练新节目、采访英雄故事。在每次大战役之后，部队休整，剧团就开始更忙了。他们深入到连队给战士演出，自己搭台，自己搬道具，演出日程排得满满的，一天日夜演几场。他们演出的节目很多，还有歌颂英雄的折子戏。一次行军，听说民众剧团插过来了，战士们都争着想看看舞台上戏中的人物，可是一个也没找见，列队过来的青年演员们都和战士们一样，穿一身军装，背着背包和干粮袋。他们大部分也扛有枪，为的是在遇到零散敌人时，能够独立应付。其中几个演主角的是不到 20 岁的娃娃兵，常向队长嚷嚷要下连队，直接参加打仗，似乎上了战场才算真正在行动上保卫延安了。指导员总是忙着讲一个极普通的道理，只要为战士把戏演好，当然也是参加过神圣的延安保卫战，也是一生的光荣。

我曾在临时舞台帷幕后面，几次见到过老编剧家络腮胡子马建翎。

我跟随部队，看到大军每到一个地方，立即就有当地区的或县的工作同志，来主动和部队接头，介绍当地的社会情况、敌人破坏的情况和群众的情况。他们还根据部队的作战计划，做配合工作，如按当地地方的条件，从人力物力上全力支援部队。这些地方的工作同志非常辛苦，敌人来时，他们要安排老弱妇孺转移躲避，组织地方民兵武装配合部队行动；战斗结束，立即协助部队处理各种善后事宜、清理战场。一个区、乡、县收复了，立即保护群众回来，重整家园；进行救济工作；抢机会搞生产；搜索暗藏的敌人和地头反动分子，维持社会治安；使地方政权迅速恢复正常运转等等。他们工作繁忙不说，常常会遇到紧急情况，也许正在开村民会，立即又得组织上山隐蔽。他们时而带领村民抢种抢收；时而又要同零散敌人接火。他们勇敢顽强，在种种意外情况中和艰难险阻的环境里，做好了当地各种工作，还大力援助了前线。

1948 年春，我大军南下，进军西府，光复延安。接着三天之后，洛川守敌顺着洛川白水公路往南溃逃。

洛川县城于 4 月 25 日解放了，一直跟着部队行动的洛川县干部，立即进入县城全面开展工作。主持洛川政权的县长是郭景龙同志，我很早就认识他。记得在进城前的一个下午，我在洛川城北面农村遇到他，40 多岁，宽肩大膀，方脸，前额下颚显得宽厚，一身军装，皮带裹腿整齐，一副迎接繁重任务的神态。我们本来想谈谈进城后的设想、行动步骤，可是在场园边围着看县长的人群不断干扰着。村民们对新来的县长很是稀奇，郭县长尽管一身灰布军装，态度温和，人们总有点不敢往近处凑。已同解放军混熟了的儿童胆子大，围在县长身边蹿前蹿后，偷偷地摸摸他腰间的皮带，还要试一下县长的帽子。老人们呵斥小娃娃没礼貌，郭县长却笑呵呵地为娃娃们辩护。

看到群众对我们这样亲切、信任的场景，我忽然发现，原来要了解他们进城计划等，没有必要谈了。党有新区政策，有渴望解放的人民支持，今后的洛川一定会兴旺起来。

说起来也很巧合，几个月之后，我真的离开了部队，转到黄龙新区的洛川县，在那里工作了半年多。

（1948 年夏，作者任黄龙分区新华支社主编；1949 年夏任新华社西北总分社通联室主编。）

●附录

关于《战地纪行》的说明

这册《战地纪行》，是一九四七年五月到一九四八年五月底，我跟随西北野战军第二纵队战地生活见闻琐记，也就是自己的日记。

延安保卫战，是震撼世界并赢得胜利的战争。延安的暂时撤离和较快光复，引起国内外各种政治观点的人极端注视、激动或惊恐。

这场战争是非常残酷的，蒋介石、胡宗南蓄谋消灭中国革命的心脏，即中国共产党中央所在地，驱师 25 万之众，于 1947 年 3 月进犯边区，直冲延安，来势凶猛。首当其冲的人民解放军仅两万五千多人，在党中央、毛泽东直接领导和彭德怀具体指挥下，回旋在十多万平方公里，地瘠民贫、约 150 万人口的陕北山区。解放军和当地人民顽强抗击、以少胜多，打破了蒋胡三日占领延安的神话，旗开三捷，狠狠打击了敌人的疯狂气焰；又相继在陇东、三边、榆林、沙家店及宜川、瓦子街等地，逐步由内线转到外线，一次接一次给敌人以打击、杀伤以至整旅整师的歼灭，逼得敌人狼狈逃出延安，夺得西北战场决定性胜利，谱写了光辉的壮丽史诗。

战争改变着生活的各个方面，没见过的事看见了，没想过的问题出现了，整个陕甘宁边区党政军民，投入了战争，一切工作都是为了胜利，所有人都面临着考验，学习在战争环境中生活和工作。

近 40 年过去了，那峥嵘岁月、艰苦年代的生活，也许从人们记忆的屏幕上淡出了，而无产阶级军队的革命英雄主义气概，全力支援战争的英雄人民的光辉形象……仍然身临战地，周围所发生的事情，都充实着胜利的意义；生活在战士群里，每个英雄人物，一举一动，使我敬佩；谈话、访问，总是怀着仰慕的深情；枪林弹雨里的分分秒秒，都给我教育和力量。

初到部队，生活上受到照顾，不以为意。逐渐觉悟到在自己的军队工作，本来是普通一兵，见事就干，见俘虏就捉，老乡把我看作连队战士，心里真高兴。同时又自愧做得事少，出得力少，发的光和热少，觉得个人很渺小，但是同在火线上的同志们一样，自己也在变化。

日记原为自己学习、备忘，把战地当课堂，把英雄和他们的事迹作为在书本上学不到的东西笔记下来，以便进行思索和鞭策自己。行军、作战，戎马倥偬，只能在老乡家灶台、村边树下、防空工事壕边，将写稿之余的见闻点滴，忙忙草草写几段；较长的文字，多利用休整或作战间隙，补点续点，来不及将当时血与火的生活画面反映出来。文字比起浓烈残酷的现实，毕竟显得浅薄、瘦削。我们的英雄战士，为了推翻蒋家王朝，解放全中国人民，建立一个新中国，疆场上同敌人搏斗，英勇献身的精神，比纸上所能看到的更丰富、更深刻。

考虑到战争激烈，随时都会有意外发生，恐有丢失、失密，涉及部队番号、行动路线、驻扎地点、行止时间、人物姓名等尽量回避、不写，虽然补记了一些人名、时间和地名，今日事过境迁，有的已无法查核注明。为保持原稿面目，作了一些补修，基本上只修订不通字句和明显错讹之处，其他无法补救。

我仍然记得战场上牺牲的烈士，他们装在衣袋里的入党申请书、给父母爱妻的家信。他们在进入阵地前的顷刻之际，充满胜利信心，坚定地向党组织、向战友希望，到胜利的时刻，不要忘记他们！这样庄严的遗言，表明烈士所关心的不是个人的生死，他们的高尚理想和品格，是我们生者、后继者永远不能忘记的。

午人

一九八六年于西安

对《战地纪行》几点补充的来信

午人同志：

您好！《战地纪行》读完了。这段时间，由于忙忙碌碌，加之还是“八路军的会多”，直到最近才看完。看后甚感亲切，帮助我回忆了战争年代的生活。我是 1947 年底才到 359 旅的 (以前在晋绥)，因此，对晋南运城战役之后的情况，还有点印象，不过这些年手头的材料一点也没有了，有些记忆也很模糊了。这里只能提一点零星的情况，很可能没有多少用处，供参考吧！

一、《战地纪行》提到九旅从禹门口西渡黄河，我记得当时正是在晋南曲沃“三查”运动之后，部队士气很高，连队个人都订了杀敌立功计划。计划中许多人都提出要打好“三查”后的第一仗，要捉多少俘虏、缴多少枪，有些提出要参加突击队，有的还咬破手指写了血书。西渡前王震同志曾亲自参加九旅召开的动员大会，并讲了话。强渡禹门口的前卫团是七团，团政委是贺劲南同志 (现还在新疆工作)，曾亲自给担任突击的连队做了动员。据说，渡河中有的小船中途坏了，有几个战士会泅水，曾利用漂浮的冰块泅了过去。旅机关和后卫机关渡河时，敌机在上空盘旋，同志们开玩笑地说：“老蒋还派飞机来欢迎我们西渡黄河呢！”

二、关于常宁镇战斗。我记得好似一次遭遇战，当部队的一些干部知道是青年军时，有的同志说：“吃菜要吃白菜心，打仗要打青年军。”意思是说要打嫡系部队，打硬仗，显显身手。这一仗打得时间不长，但很激烈。青年军受骗中毒很深，最后有自杀的、有下跪假投降的，我们有些战士竟上当遭受牺牲。有的战士打得眼红了，要端起机枪扫俘虏，被干部制止了。这批青年军被带到后方集训去了。

三、《战地纪行》中多次提到的旅政治部主任贺某某，他的名字叫贺振新，是江西出来的老红军。这个首长对干部尤其领导干部很严肃，爱批评人、骂人，但对一些初级干部，尤其一些小干事还是很随和的。记得我们一些年轻娃娃称他首长时，他还开玩笑地说什么“手掌”“脚掌”的。还爱叫我们宣传科一些同志的外号，什么“江博士”(我们的科长)、“小皮球”(一个油印员)、“李老栓”(一个宣传干事)，弄得大家哈哈大笑。他是个工农干部，但却酷爱小说，休整中他爱人小平在部队，还常给他读《日日夜夜》等小说。小平比他文化高，大概是个高中生。西府行动中，他摔坏了腰到后方去了。20 世纪 60 年代中期，他在新疆患心脏病去世了。

四、《战地纪行》中提到油印股刻战胜报的情况。我现在想起来还很有意思。他们的股长叫李刀青，原是新四军的，中原突围到了九旅，埋头苦干、勤勤恳恳。一个小油印员才十四五岁，外号叫“小皮球”，连、旅首长都常这样叫，而不叫他的名字。刚从运城解放时，曾给贺振新同志当过几天通信员，把贺的爱人称为“太太”，弄得大家都很好笑，告诉他我们的女干部都叫同志，在解放军里，大家都是平等的。以后分到油印股当油印员，工作很好，有胃病，痛得直冒汗，还捂着肚子工作，有时躺下休息片刻，又继续干。没有桌子，就在油灯下，坐小板凳，靠着炕沿刻写。这个小编辑部，还有个画画的，是个三八式干部，能用铁笔刻插图、连环画。他看见大家深夜打瞌睡，就给大家讲他们在冀中地道战、白洋淀等故事，或哼几句京戏，给大家提提神。搞编辑的干事外号叫“李老栓”，因为他会气功，所以还有个外号叫“气功”。每逢宿营的晚上，写的写、编的编、刻的刻、画的画，最后油印、分发，真是一条龙作业，有时直到出发前才收拾油印机。回想起来，当时办小报很有意思。

五、你写了不少官兵关系的生动事例。当时旅机关也有件小事。我们宣传科副科长刘征，是鲁艺毕业到部队的，为人忠厚老实，平易近人。记得曾给他分配了个十四五岁的小通信员。这个小通信员很机灵，每到一地灌水壶、装干粮、铺门板动作都很快，就是爱哭鼻子。有时走到平路脚打泡或受了几句批评，他就哭个不停，坐在路边拉也拉不起来，要想办法把他逗笑才肯走。有时弄得副科长没有办法，只好拉他骑到马上，自己跟在后头，边走边开玩笑地骂着：“你们看这熊孩子！”

六、打宝鸡那一仗，我记得敌军长徐保是被打死了，《纪行》中说是活捉了。我记得不太准确，如需要查证，我还可找老同志问一问。

七、西府之战，部队也有不少英雄事例。我记得七团就有一个叫小陈年的，在一次战争中负伤，胳膊断了，在后方医院，不叫他到前方，他非来不可，说他一只胳膊还能扔手榴弹，后来在战斗中牺牲了。还有些侦察英雄等，如果你还记得一些的话，能否在《纪行》中补充些英雄事例呢？

八、西府行动回来在黄龙山区休整时，在石堡曾开了一次反击战的动员大会（向壶梯山出击）。这次大会彭总到会讲了话。见现场主席台上布置有他的像，他狠狠批评了一顿，说有毛朱的像就行了，为什么要挂我的像，太不像话了。这次动员大会以后不几天，就打击黄龙山，取得了壶梯山战斗的胜利，歼灭了敌36师，击毙了钟松。那次动员大会，我不记得你还在部队，还是已经离开了……

近来又在开会，会后再去看您，身体如何？望多保重。

敬礼

流长

一九八三年八月一日

七律 读姑父午人《战地纪行》有感

李坤明

保卫延安见笔端，
豪情壮志越当年。
践行战地烽烟里，
论载微言山水间。
记者怀贞承伟业，
民心铸史颂群贤。
雄鸡一唱宏图谱，
感悟飞龙翔九天。

第五章　青海留痕

1949 年 10 月，午人成为中共青海省委机关报《青海日报》的首任社长兼总编辑。本章有他撰写的《青海日报》创业记忆，发表在该报的部分稿件，还有他的青海琐忆文章，反映了这位老报人深深的“青报情结”。

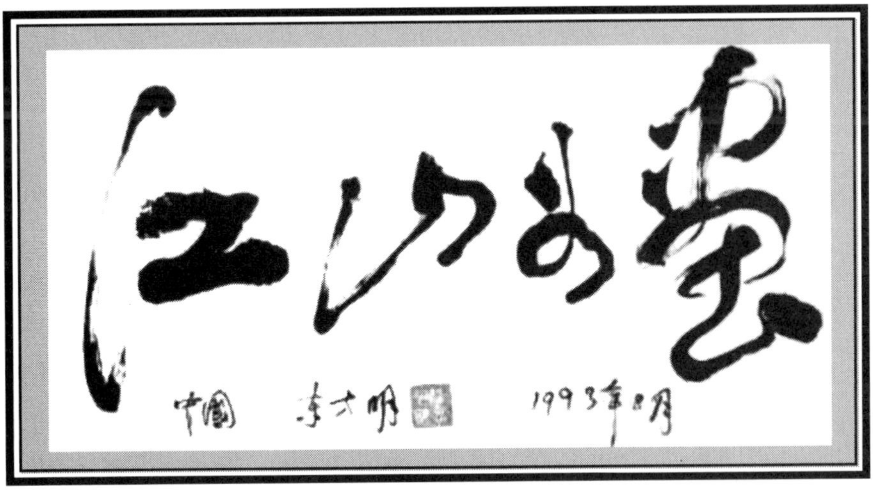

午人书法：江山如画

青海日報

第一號

台灣門戶廈門解放

宣傳政策深入發動羣衆

收繳散兵武器獲得成績

社論

各民族人民團結起來

為建設新青海而奮鬥

新華社西寧分社成立

1949年10月20日，《青海日报》创刊号

●《青海日报》创业记忆

从零起步创办《青海日报》

西宁，是青海省会，坐落在马步芳的乐家湾兵营大片树林以西湟水南岸。

今日初到西宁的人，绝对想象不到30多年前解放初期西宁的模样。一条条窄窄短短的街道，那土屋、低檐，人从卡车上可以爬上房顶；两套骡马车对面行进互不碰撞，还真要好车把式。不用夸张，从东门步行沿街走，只需点燃第二根纸烟，就可以出西门。街心十字拐弯处，有一个二层小楼，既非钟楼，也不像庙宇，算是城中心目标。商店多是布匹、草药、杂货、染坊、京货。街中最大的一家商号是一个有五间铺面的绸缎衣料庄，其主家号称“彦百万”。另外没有什么集中的商场、菜市，日用小杂货、蔬菜等散摆在铺面檐下和路边。除了城东门外有一段较长的梢关，在城的南、北、西门外，就是田野、菜园、小片树林。城墙脚下，晚上有狼叫，甚至白天叼过羊只或小孩。

我们报社机关，驻扎在东门外湟中大厦旁边，与湟光电影院为邻。湟中大厦是西宁当时最显眼的高大建筑，二层楼，大圆顶，算是辉煌而新颖，是马步芳办舞会行乐和大宴宾客的交际场所。初解放的几年，逢年过节，省上领导机关同省市各族各界人士在这里联欢聚会。那时紧靠大厦的电影院，是全市独一无二的娱乐场所。于是，每到下午公余，东门口附近，即电影院门前熙熙攘攘，几乎可以碰上全城所有机关的熟人。报社得天独厚，职工们看电影最为方便，晚上站在院子里可以听到银幕上人物的对话唱歌。从工作说，这里同上级往来很便利，省委机关就在报社对面路北的一所砖门楼的院子里，是原来马步芳时的银行机关。我们向领导同志请示工作，也不用多跑路。

怀抱满腔热情来青海工作的干部、青年学生，面对这个比江南一个大集镇还小还穷的省会，住土屋、少青菜、吃青稞、点煤油灯，对这种艰苦简陋的生活，谁也不嫌弃、不灰心。他们认真地努力认识青海，学习党的有关民族问题及政策，同情生活在这块边远穷困地区、世代遭受苦难的各民族同胞兄弟。他们在学习的过程中逐渐了解到使这里的社会经济文化发展落后，有政治历史、地理和气候的原因，也有历代统治集团对于少数民族和边远地区的歧视以及欺压和剥削。有同志说，听到解放西宁的捷报，才从地图上查这个省会的方位。今日身临其境，看到封建土皇帝马步芳祖孙父子几代，残酷的压迫剥削和这里世代人民的穷困生活。这里虽地处祖国西陲，是一个非常边缘的角落，但是这里的社会状况并不平静，有来传教的，有来做生意的，也有潜藏的特务……英勇的中国人民解放军解放了青海，也是建设事业的开始，要改变这穷困、落后局面，艰苦的任务还在前边。我们要以雪里送炭为己任，以献身于解救全省七个民族劳动人民的疾苦，以同全省人民一起建设新青海为光荣、为高尚志向。

上面这一段叙述，并不是空洞的陈述，却是当时为青海献身者的赤诚心境。正是由于这种光辉的思想，鼓舞到青海参加建设的青年志士，不畏条件艰苦困难，不介意生活单调、远离亲人的寂寞。他们精神振奋，一心一意想着如何多做工作，做好工作。他们心境充实，感到有多少新事物要认识，多少急事要赶做，他们精神富有，要为青海人民做些事情。我见过许多担负领导责任的同志，到北京开会，多一天都不肯停留拖延，有的家乡在河北、陕西，路过家门，也顾不及下火车探望亲友，颇像大禹治水的急切心情，总是匆匆忙忙赶回青海，传达精神、部署工作，唯恐迟误了时机。特别是那些派往果洛、玉树等远牧业区的大批汉族同志，长年住账房、吃炒面，随牧民牛羊追逐水草，奔波在夏滩冬窝的转移中，同藏族同胞一起生活。他们语言不通，风习不熟，为了更好地做好工作，他们学习藏话，学习藏族同胞的风俗。几次大雪封山，用飞机送去麦子，无条件加工，只能煮吃原粮……他们没有怨言，多年坚持在牧区工作，同兄弟民族人民结下深厚友情，他们只有一个高尚的观念：为了建设新青海！

人的精神境界确是这样高洁美好！

《青海日报》创建记

最近《青海日报》负责同志说，正在筹划搜集资料，整理编写报史。这确是十分重要，而且是应当抓紧研究的一个科学课题。

我曾经参加过这份省报创刊第一张的编辑、发行工作，又是30年来未曾间断过的忠诚读者，和这份报纸确是结下了不解之缘。今天虽然远离青海，离开青海日报社的工作已30多年了，得知编报史的喜讯，不由得要补说一番我平时的心情。比如，每当我打开各地新报的时候，常常容易回忆起西宁那个地方，30多年前青海刚刚解放的那个时候。我似乎还能记得某日报纸发表有什么重要新闻；听到编辑们评说当天报上哪篇文章好，哪个标题不确切；看到印报机器在轮转和工人同志的油手；闻到刚刚拿在手中的新报纸的墨香；当然更多的是想起曾在一个编辑室改稿的熟同志……这些情景，多年来不止一次地浮上心头、映在眼前。

《青海日报》一开始就在省委的直接领导和关怀下，根据新区社会特点，宣传党中央的路线、方针、政策，以及民族团结政策等，是青海各族人民的报纸，是省委贯彻政策的得力助手。这份省报积累有在少数民族地区办报的独特经验；同时在十年内乱期间，被抢夺去做派报、打砸战报，一时被利用造反革命舆论等不幸的遭遇，又有被损害的教训。有必要从正面反面回顾，历史的经验是可贵的，绝不能忘记。这份报纸，每天农村、城市、山区、草原，省内省外，天南地北，记录了多方面的社会生活，整编报史，也许对于编修全省的历史有点用处。

我看到卅年来青海的深刻变化，《青海日报》本身的发展和深深植根于广大群众之中，十分高兴，长期积存在记忆中的火星，又显现明亮起来。限于手头没有资料，仅就当时创刊之初留在脑子里的零星印象，记录出来。

（一）捷报催人急

1949 年 9 月，我人民解放军解放了青海省会西宁。当听到捷报，我们打开地图，寻找这个远在祖国西陲，不太熟悉的地名。当时西北局、西北军政委员会，立即责成新宝鸡报社，组成一支新闻力量，由乔迁同志带领，从宝鸡沿西兰公路赶去西宁，筹办青海新区的报纸。

我在新华社西北总分社参加为总社编发稿件，当我 9 月下旬从农村家乡探望危病老母转回西安，胡绩伟、林朗等领导同志找我谈话。因为我是第三个被谈的，而且我们彼此间也熟悉，对我提出去青海办报的意见，出口直率而肯定，并解说，盘踞一省的马步芳反动势力是被消灭了，对于广大人民，亟待去进行革命思想教育、宣传共产党的政策，在当地党组织的监督领导下，从政治思想上占领阵地等道理。我明白接受分配，他们也知道我家乡有七旬老母，无人照顾的实际困难，便以组织名义主动提出照顾。

我一直做采访和编稿工作，对于编辑部、行政、财务、印刷、发行毫无知识，便一个部门一个部门约人交谈、请教。到 9 月 28 日，青海省驻兰州办事处通知，说明日有去兰州的卡车，从西安出发，叫我立即打行李送去。就在 29 日上午，我们在等出发的时候，听见广播中传出令人振奋的喜讯，即 28 日全国政治协商会议宣布决议，定 1949 年为中华人民共和国纪年之始。同车的人高兴极了，无不欢欣鼓舞，谁也不想千里迢迢西兰公路上将会遇到什么坎坷。

一路上心不平静，思绪万千。我反反复复思谋着如何办报，开创局面。前面乔迁同志带领的40多位原来创办《新宝鸡报》的同志和西北大学暑期毕业的学生，可能已到了西宁，开始忙着准备工作。人向西行，心里仍然怀念熟悉的延安，张望着曾在山区久久盼望的关中大平原。车过永寿县、监军镇等地，又想起去年初夏随野战军西进宝鸡那次西府战役的往返情况，因而又联系起，曾吃过宁马青马匪军的亏，消灭敌人，解放一个地方的不易。今日甘肃、青海成了人民的天下，岂能不敢去占领阵地，按人民的意志建设吗？

当10月1日，中华人民共和国成立这个伟大的日子，我们正走在路上，又没有半导体收音机，只有到了10月4日下午，进了平凉，满街旌旗飘动、锣鼓喧天，秧歌、高跷，万人空巷，一片欢腾。我们看到解放了的各民族群众，庆祝10月1日中华人民共和国成立这个伟大的、具有历史意义的节日。我们走进人流，观看街头的热闹，我不禁又想到西宁的街头，也会是如此红火热烈，心情更急了。

老天不知我的心境，偏是接连下雨。同行的有到兰州工作的女同志，还带着小孩，车上张着伞，车下有泥坑。6日午前刚到了红旗漫卷过的六盘山下，车又抛锚了，我们只有在山下和尚铺小茅店里度过中秋节。我的心情又兴奋，又焦急，顺手编了几句：

六盘山下度中秋，和尚古铺车复修。

衔命百思焦无计，茅店风雨倦悠悠。

我们9日到了兰州，得知有商业部门去西宁载运物资的车。我临时住在甘肃日报社。兰州是花花绿绿的城市，男女衣着上海式样的似比西安要多，可是我无心浏览街市，待在机关看书、学习、思考。正逢一个晚上甘肃日报编辑部开会，研究回顾前一段新区办报的情况，我抱着学习的心情，参加了他们的会，听了宣传部负责同志讲的意见。

从兰州到西宁仅200多公里，又是走了两天，15日下午近黄昏到了西宁。王珏同志来接我，我除了铺盖，只带了一个几斤重的小包袱。只忙于问先到的同志筹备工作的情况，无心看西宁这个古老的小镇，什么卡车比房高、街宽仅丈余等等。

（二）创刊的日日夜夜

同乔迁等先到的同志，在西宁东关临时住处会合。这地点、这时间，都感到一种特殊的欢喜，同时我们各自也明白我们肩上所承担的分量。

先到的同志，已经投入了出报的战斗，做了大量准备工作。尽管人力、物力条件极差，只有西北大学当年暑期毕业的二十位文科学生，加上延安来的几个同志，只有东关三间铺面的民房和一个骡马店院子。新华社电稿是戴耳机收听抄录，再译出。马匪留下的印刷厂，仅有手摇的四开圆盘机，字号只有五仿，工人技术每小时只到300字。

就这样，我们按省委的责成，于1949年10月20日上午正式出了青海省第一张人民的报纸。报纸只有四开四版，发表了社论，新闻内容、版式面貌、印刷质量都比较粗糙，发行量仅1500份。为如期出报，我们连日派记者走访军管会、军区政治部及各行业人士，赶写新闻。到了19日，从白天到深夜，全报社的人都围绕出报忙着。社长、编辑、记者都到印刷厂，审稿、研究标题、画版样、校对。无所谓上班下班，工人守着不离开字架子，连伙房的同志也紧张地流水供应饭菜，如同打一个战役，没有人想什么休息时间……

在刚刚解放一个多月的西宁地区，各族人民、各界人士，正渴望着了解共产党的政策；注意观察、认识解放军和共产党政府。报纸一出厂，立即引起了极大的震动，未及向外县各界发行，即抢购一空。虽然我第一军解放青海后，政治部公开铅印一份“新闻”（都是新华社电稿）。《青海日报》除了全国大事报道外，开始有青海地方新闻，有评论，有青海省委和军管会的决议、公告等。所以在社会上，在人们眼里，认为这是青海地方一张正式的报纸。接连的日子里，报社不断接到教师、学生、比较进步的人士的来信和来访。他们反映的意思多是说：“你们报纸办得快，内容新鲜，讲的道理明白，是过去难以知道的。”这是给青海人民办的报纸，今后会从报纸上知道党和军管会的许多消息。“我们都相信报纸一定能继续办好！”

当天下午，报社全体职工，齐聚东关湟光电影院开会，庆祝报纸创刊。除报社负责同志说明了筹备出版过程和今后办报方针、计划之外，省委书记张仲良同志亲临讲话，给予鼓励。他着重指出办好省报的原则和省委要求。提出，要鲜明准确地宣传共产党的主张、观点政策；又要从青海社会实际出发，宣传教育，广泛发动全省各族人民同党同人民政权一起建设青海。参加会的同志，心情非常激动，觉得自己在参加一个庄严的新事业，有同志形象地表达他的感情说：“我们心里的喜悦，好像抱得一个胖婴儿。”他又补充说：“不，受党和人民的委托，集体开创一个事业，这不是一般的事业，而是社会主义事业之一，是我们伟大祖国进入一个新的历史时代，光辉事业的一个小螺丝钉！”不用说喜悦充溢着每个人的心，可是我们思想的深处，同时埋藏着不安。省委的鼓励，是指在这块新地区，甚至被马步芳禁锢封锁而形成的文化荒原上，出刊了一张人民的报纸，从无到有，真算一件大事，然而，这仅仅是开始。特别是几个从延安来的，他们在老区时间或长或短，参加过人民的报纸工作的同志，意味深长地向忙在一起的大学生说：“按党的要求，按人民的希望，按老区办报的水平，相比之下，实在不能令人满意。”

（三）繁重的未来

创刊大会，实际是启航进军的动员大会。我们懂得，繁重的任务，艰苦的工作，正在出了第一张报纸之后。我们的军队把马步芳统治的山河解放了，把受宰割的人民解放了，继续把各族人民从封建思想、民族之间隔阂的心理中解放出来，是要做长时的宣传、教育，精神领域的问题，不是军事的、行政的力量所能奏效的。

事实正是这样迫切，客观形势发展很快，一面部队继续向西前进，消灭马步芳残留的散匪，安定社会秩序；一面要开展各族各界统战工作、民族团结工作、基本群众工作，要安定人心、要恢复生产，真是百废待举，千头万绪。报社陆续收到社会上各方面人士所关心的现实问题的来信，有的不署名，揭发隐藏着的马步芳爪牙；有的诉说多年遭受马家父子的残害；有人建议军管会该较快解决的问题，托报社转交有关单位。此外，有人要求人民的报纸要用马列主义思想观点，细心地从头做分析，并予以阐明和解说；有关城市的、农村的各项政策，都要具体准确地反复宣传。在这么一个边远地区，又是多民族共处的环境办报，不说我们新闻业务刚才学起，对社会情况、风土人情、人们的思想等等，还都是非常生疏的，可是，各行各业都希望报纸能给予宣传和解答。报社又只能派出六七个记者，日子过得紧张，顾此失彼。采访要步行（没有自行车），写稿在油灯下，改稿在床边，经常熬夜，有的编辑还要帮助收报台手摇马达等等，却没有一个人叫苦。大家怀着对马步芳的愤恨，怀着对于劳动人民的同情，怀着对于青海发展前景的信念，一个个满腔热情、坚强的意志和信心就是力量，保证了报纸一天一天地出版下去。

1949 年 10 月 28 日晚，我们接到了党的领袖、中华人民共和国主席毛泽东同志为青海亲笔题书的“青海日报”四个大字。这是毛泽东同志在普通宣纸上横的、竖的写了两套，且在他认为好的字旁边画有圈，意示我们选择。当晚报社同志们心情激昂，一片欢腾。同志们感到毛主席主持全党大事、全国大事，而且正处于中央人民政府刚刚成立的时刻，日理万机，任务那样繁忙，却还关怀远在祖国西陲的青海，专为一张省报亲笔题字，这是党中央对我们的指令和鞭策。我们为此立即请部队专攻木刻的赵燕翼同志，精心刻制，赶于 12 月 9 日正式启用。同样，这天报纸一出，在广大读者中又掀起了热烈的反响。

（四）鲜明而谨慎地宣传民族政策

青海是解放新区，党委、军管会对这里的社会、人民、历史在逐渐熟悉，而各族各界人士和人民群众，对于共产党的主张、方针、政策非常注意。报纸正是协助党熟悉青海，同时帮助群众正确认识党的一个有力工具。我们深深感到，军事搏斗胜利之后，我们党要全面占领阵地，恢复生产，逐步建设青海，一张党报，是绝不可少的工具。这里，历代都因地处高原远域，对伟大祖国中心地区情况不够熟悉，其政治、经济、文化落后，特别在近百年来，由于马步芳父子世代土皇帝、小国王统治，形成封建割据，对各族人民实行残酷的政治压迫和经济掠夺，思想文化上愚昧；生产工具原始，在远牧区还是刀耕火种的形式……国民党，蒋介石对马家既无法统辖，又乐于保持其贫穷落后的状态。面对这种社会特点，报纸宣传要进行更多的启发教育。遵照省委的指示，着重宣传三个方面的问题，即肃清残匪，保证社会治安；贯彻民族政策，加强民族团结；恢复和发展生产。这些当然也都是广大群众所最关心的大问题。

正由于这种民族关系复杂和相互戒备的心理，又加上同宗教信仰交织一起的状况，这三项重点工作在宣传政策上、在实际处理和具体对待上，又不能稍有疏忽。不论在军事行动、统一战线、生产建设上，以及商工贸易、学校教育等各行业，都会牵涉到民族关系、宗教意识问题。

事实上，人们对于民族关系问题、宗教信仰问题，特别敏感。我们在新闻内容、言论上十分注意系统地阐说党关于民族问题的理论观点和在民族问题上的具体政策。诸如发动群众进行生产、兴修水利，即有人散布什么某泉是龙眼，不能开渠；如商业上既要供应牧民生活日常缺少的用品，又要注意改变这一个民族的奸商(叫“叼郎子”)，过去对于牧民的不等价交换，从中无限界地剥削；发展学校教育，不能完全搬用纯汉族地区的课本，又有藏、蒙等几种民族文字的问题。若宣传解释，甚至在字句上稍有不慎，就可能引起误解，以致被敌人利用。

所以新闻报道和言论，绝不能笼统说一般大道理，切忌人云亦云。如中央所发布有关全国性的工作指示，自然对青海这个省不能有例外，而专为民族工作做直接政策规定等，在坚决贯彻执行的前提下，同样要结合青海社会具体特点，写文章、报道，作阐明。如在1951年土地改革宣传中，除了对农业区提“打倒封建势力”这口号，只提地主阶级，以区别广大牧区和暂时不能进行改革的地区。有许多的千百户、族长、宗教头领等，这些上层人士中，大多数是爱国的，接受和拥护法令的，要多做说服和争取工作。又如关于增产节约政策的宣传，对于牧业区，只强调增产，不提节约，当初反映效果好。今日回头看，这种做法也是正确的，因为当时的广大劳动牧民的生活确十分贫苦，吃青稞炒面，冬夏穿没面子羊皮袄，住破帐篷，烧羊粪牛粪，再节约什么？据来信反映，有人就节约，误解为再不能烧香敬神、点酥油灯、为敬佛烧青稞（粮食）等。如果一律推行，也容易给汉族干部违反民族宗教政策的缺口。政务院关于“家家养猪，修圈积肥”的决定，而青海省在执行安排和报纸宣传中，便明确区分少数民族不适宜养猪的地区除外，还为避免引起宗教信仰问题，对于农业生产上消灭虫害一事，不笼统空喊“人定胜天”的提法。

关于土地改革，虽然是在汉、回、土几个民族的农村进行，我们报纸配合始终，进行了大量的宣传，先后发表过一百三十多篇消息，二十余万字。我们时刻注意，以增强爱国主义，促进土、回、汉民族团结。记得写过些“土改中坚决贯彻民族政策”“互助县和平乡土改更巩固了民族团结”的经验和文章。我们同时强调本民族贫雇农惨遭本民族地主恶霸剥削、压迫的罪行，逐渐引导基本群众在思想上提高本民族农民是一家，各民族受剥削的农民同样是一家的阶级觉悟，把阶级斗争同民族关系严格区别开来。

当然不论土改、剿匪、镇反等运动，都出现过“胡大不准土改”“活佛不让打井”等言论，对此，我们只能正面具体讲说道理。对于民族生活中某些落后的习惯，如不利于身体健康，以及不利于本民族人口发展和生产发展等，也是讲道理，说明其危害。还遇到通讯员来稿中涉及民族情绪，有刺激的内容和词句等，我们不在报纸上公开发表。少数民族中有一些进步分子（或叫觉悟快的）提出什么“反对重婚”“喇嘛还俗”“寺院也要生产开荒”等口号。我们觉得社会总是要前进，有些事物总是会改变，但鉴于大多数人一时觉悟还不高，我们报纸就不公开表态，无论是支持还是反对，条件还不成熟，便“引而不发”，默不作声。

在宣传方法上，注意运用本民族喜闻乐见或适当的形式，根据不同民族的生活习惯，对不同阶级、不同宗教信仰的人和事，进行报道，效果比较好。如报道西宁东关清真大寺（较有影响力的）教长，亲自组织本市十个寺宣传和平签名捐款的消息。这实际上把“民族团结就是爱国”等思想，广泛传布到信教群众中去，既尊重他们的信仰，又提高了爱国思想觉悟。

为此，报社组织职工学习党的民族工作政策，以及马克思、列宁、斯大林、毛泽东关于民族问题的理论著作；查找有关社会风俗和社会情况的资料。省委负责同志，帮我邀请在兰州专门研究民族问题的教授吴钧，来报社介绍本省民族关系、各个民族生活的特点、宗教心理、风土人情，以及历史简况等。我们对于涉及民族工作的言论、稿件，反复推敲，除报社社长总编辑审过，还要送省委有关负责同志审定。既要宣传伟大祖国的统一，又要注意各个民族的特点。特别对于牧业区，既要从劳动群众基本利益出发，又要团结教育上层代表人物；既要有阶级观点，但在字句上有关阶级分析之类暂时不能说。

事情常在怕处出错。党的机关报，人们要从报纸看党的指导方针和具体政策，上报的一句一字，都不能掉以轻心。教训深切。谁料 12 月 5 日，二版头题消息，把剿匪、征粮两项工作，又在题目字上错为“剿征匪粮”。报纸印出后，全报社惊动起来，立即检查原稿、排字、校样、清样等。翻出清样，并没有错，以后才知道是上版时题字搞乱了（当时尚无制纸型的条件）。下午，从编辑部到工厂，全体职工开会检查，讨论教训，最后按工人的意见，重申严格执行稿子付排时主编签字制，在付印清样上社长要签字。

经过一段时间的实践，报社职工已深深体察到一个道理，即创刊一张报纸，固然不容易，读者对我们如同母亲看到自己的婴儿初学步时的幼稚样子，是爱护的，是谅解的，当然对报纸的要求会逐日提高。因此，我们都在寻思着办法，怎么努力，才能不断丰富报道内容，提高思想水平。

要一张一张真正办好每天的报纸，单有热情和信心是不够的，必须脚踏实地从编辑、通讯、采访、接待来访、校对、译电、印刷，各个环节做刻苦工作，要相互协作配合，日复一日，努力不懈。我们虽然业务不熟练，可是有股耐劲，不怕麻烦，不怕笨拙，先从实处来。

编报月有计划，周有重点，对重大工作又有专题计划，日有安排。每天清早上班，先开编前会，由社长或总编辑主持，听取各编辑室对前日报纸的意见，再综合各室对如言论的准备、来稿内容、版面设计等情况，综合研究，确定明天的报纸如何编排，突出什么，确定头版要闻。考虑按地方报纸如何选用新华社全国性新闻，还要平衡农、牧业生产中心任务之外的各项工作，如画版样、拼版面有什么不妥等，编辑同志亲自到排版车间同工人一起调整。这些起码的做法，在老报馆说，已是熟中思巧的普通习惯，但在我们却摸索得正有趣。

（五）刻苦劳动赢得友谊和支持

报社专业编采人员太少，条件迫使我们对内放手用人，如从西北大学来的几位，多数各主办一个室的业务。陈均、冯显国负责综合编排要闻版，不多时，人们称他们为编报、标题能手；王水主办通采室，他能坐下来埋头做通讯工作。我们同时遵照党一贯坚持的全党办报、走群众路线的方针。通采室主要对外联系，组织和处理通讯来稿，经常和城乡各行业通讯员联系，逐步在社会上培养起一支写稿队伍。对写来的稿子，登记、分类、精选、加工修正，再推荐给各版编辑。来稿不论能刊用或不能刊用的，一般都给予回信，且以满腔热情照具体对象亲笔回复，谈说稿子刊用的道理，修改的根据，不刊用的原因。同时还采取耐心摘取几篇稿中有用的内容的方法，给予综合刊用。对有些文字交往熟了的通讯员，回信中不仅给提示目前请他们注意报道哪些新闻，还交谈些他们学习或写作中所关心的问题，甚至还叙点朋友之间的家常话。通讯员对这样做法很满意，见到报社专回复他的信，很感动。有的通讯员说，报社通采室是他们写稿的辅导员；也有的说，收到复信，得到了写稿重点的提示，真不好意思不继续写稿。这种做法，虽然带手工业方式，笨而辛苦，可像王水等肯扎实劳动的同志不少。他们的勤奋没有白费，换来的报答是源源不断的来稿，得到社会上广泛支持报纸的友谊和力量。

（六）日报是活页课本

密切报纸和读者的另一种形式，是通过基层干部、通讯员、识字看报的积极分子，广泛开展农村、工厂读报组活动。群众把报纸当成学习革命道理、党的政策、文化知识的活页课本，学习别县别乡的生产经验的公开通报。确有因一地的新经验而引起许多地方自动模仿，有时比行政指令推广还方便。有读报组长向我们写信说，我们读了报，如跟到人家那个地方走一趟，亲眼参观一样。有说报纸成了他们农民生活不可少的东西，听读报如同吃饭，几天不到读报组，心里就想念，像缺了什么。《青海日报》逐渐在群众中扎根，从而报纸的发行数量在不断增加。记得到1952年的夏天，在省委的支持下，召开了全省读报组、通讯员代表大会，约一千人的规模。在会上，除了集中总结群众写稿、读报的经验外，还以爱护关切的心情，评论了报纸，提出了大量恳切的鼓励、批评和改进新闻、言论的意见。这次不仅直接动员推进了群众读报和写稿活动的积极性，同样也帮助我们报社检查、总结报纸工作，教育了我们报社全体职工。我们把所提的有关编稿、采访作风、版面安排、印刷质量、发行差误等，分部门进行了研究，切实改进自己的工作。

报社人员陆续在增加，但仍然缺少业务骨干，在紧张的出报之余，职工们还热情地挤出时间搞些文化宣传活动，如将陕北老区秧歌引进了青海。编辑、记者、排字工人逢国庆、春节，装扮起来，敲锣打鼓，走上街头，又跳又唱，渲染得街头巷尾喜气洋洋，气氛活跃。当时西宁缺少文化活动，平时除了一军带进来的一个京剧团以外，东关仅有一个湟光电影院，解放初只能看到《荒江侠女》。为形象地帮助群众多知道些时事情况，曾在报社小院子举办了新华社发来的国内外大事图片展览。连续几天，观众如流水进进出出、熙熙攘攘，虽然影响到编辑室窗内写作改稿，可是都认为是一个时事教育的好方法，是一次雪里送炭的举动，受群众欢迎的盛会。这个活动曾在机关、学校引起广泛的影响，有的中学老师出作文题，叫学生写参观后记。

（七）读者认识人民报纸的品格

报纸成为读者的朋友，赢得广大群众的信任，并不等于报纸不出差错。说老实话，仅我在报社的头两年，可以不夸张地说，仔细查几乎是差错天天有，也出过明显的大差错，甚至发生过涉及政治原则性的严重错误。但报社不讳疾忌医，开诚布公地向读者交代明白，把群众当自己人。曾有一次，报纸已经全部印出，不惜国家物力的损失，便压住不发行，少数发出的，立即郑重通知追回。

难于自我原谅的如 1950 年元旦，是青海解放后第一个新年，正是在这天，青海省人民的新政权宣告成立，省主席、副主席、省府委员庄严宣誓就职。这是青海人民政治生活的大事，大喜的日子。为此，报社编委会早几天专题讨论订出宣传方案，动员全报社各个环节提早做好准备，记者向领导机关联系采访。就在这一天，编辑、记者、工人忙了个整日整夜，报纸刊头及头条新闻大字主题，套了红色，稿子、清样经过多少手，审来审去，结果报纸印出来，谁料竟然将“青海省人民政府成立”，错为“青海人民省政府成立”。真是大大的晦气。虽然有人说，含义并未歪曲原概念，可我们自己觉得是不可原谅的。说来也未免冤屈，大家熬了几个日夜，本来事忙过了，该休息睡觉，同志们有的无心去睡，有的禁不住哭了。报纸没有往回收，领导上也没有多指责，而我们编报人却真伤心透了。

尽管报纸常出差错，而人民群众对报纸总是爱护的。从来信中看，有不少批评是尖锐的，实质上却是以满腔热情，渴望报纸逐步办得好，能改进、提高得快。信中的诚意，给我们激励和教育。群众不失信任的根本道理，就因为我们这是人民的报纸，宣传是实事求是的，阐述党的政策是诚实的，说话算数，尊重读者意见。群众的这些建议和来信，我们也直接登上了报纸。有一封来信说得明白，大意是：《青海日报》是我们各族人民自己的报纸，替劳动群众说话，从不骗人。过去受压迫剥削的奴隶，今日翻身，工人、农民劳动者的事都上了报，觉得够新鲜的了。群众对于报纸本身的自我批评精神，更感到新奇。当我们将编稿、印刷、发行等内部经验以至差错，正式用文字，以一个整版的篇幅公开发表后，社会上反映强烈，纷纷评论，这同马步芳时候的《国民日报》，还有国民党的《中央日报》根本不同，是天上地下的分别。《青海日报》也出差错，我们读者也觉得不好，而这些技术上，以至个别概念词句上的差错，同样国民党的反动报纸不能相比，我们的报纸错了还公开检查、纠正……这样的信件，经常有，报社拿来向职工传布，不是企图为自身辩解，而正是作为群众监督和期望我们的教材。我们请各部门讨论，教育大家懂得我们肩上的责任，不断提高为读者负责的觉悟，切实改进我们的工作作风。

（八）党给了我们志气

回忆当时那一段生活，是很怀恋。尽管条件困难，人力不足，思想幼稚，却觉得辛苦得有价值，报纸竟然一天一天出版了。现在想起来很有趣，胆子大、顾忌少、思想算解放。我们自己知道，从延安来是事实，却不是老办报的，做过报社的通讯员、写过些新闻稿，对于从编报到发行，内部的各个环节，一概不懂，猛然同大家一起办这份报纸，心里真怯。但是想起自己是一个共产党员，面对这种情况，不应该一味从个人谦虚考虑，重要的是从政治斗争、革命需要说，党的事业是要当仁不让地坚守好阵地。况且，上有省委的直接领导，左右有群众的集体力量，最实际的党性，就是挺起腰杆，勇敢大胆干起来，下决心边干边学。毛主席教导，干就是学，实践出智慧。参加打仗才懂得战争，亲手办报才能学会办报。

同志间，相互鼓励要有志气。对呀！我们的志气，是党教的，党给的。我们有信心，是革命在全国胜利的鼓舞下，我们亲眼看见，并亲历在中国广大辽阔的土地上，结束了旧历史，开创了一个新时代。前面，光明的火，能不点燃起共产党员、有志青年的激情！

报社的几个领导同志，年龄在 30 岁上下，也从未当过什么领导，说不上什么组织才能、领导艺术。可是，他们工作忙，有朝气，信心足，从早到晚，同大家滚在一起。试看一天的生活日程，大体是这样：清早起，先同大家一起到城外湟水南岸菜地边跑步、做操；再听听广播要闻（只有一个收音机）；上午若不是去省委列席会议，就是报社自己开编委会，传达上级工作指示，或者讨论报社部署报纸的宣传重点等（编委会十之八九次是讨论宣传）；下午多是看稿子、写社论、修改重要稿件，或者听记者采访汇报等；吃过晚饭，一般有一点空闲时间，散步、看电影，如在夏天则到处找寻打苍蝇，社长同样按规定数向有关人交任务。如在元旦、春节之前，也挤进职工练习跳秧歌的队列凑热闹，有时还拿起粉墨帮青年工人化妆；到了晚上，一般常要忙过深夜，复审明天见报的一版新闻；有时要等新华社的重要急稿，睡得更迟些。有一次，集中精力在拟写一篇评论，因为人们接连来找，曾搁笔七次，再拿起笔时，差点将前后文气联不起来。还发生过一次滑稽可笑的事情，即晚上过了一点钟，看大样时发现一版有一条新闻要调换，我亲自去找已在睡眠中的有关编辑处理。他起来认真地另找了一条后备消息补上，第二天报纸发到编辑部来，有人立即发现第三版有一段上接第一版的新闻尾巴遗漏了。我真若芒刺在背，不知读者看了是骂还是笑，自己已满头是汗。

开初可以说不会工作，事多，又怕出差，领导什么都亲自管才似乎放心。往好处说，叫作责任心强，如主要抓报纸宣传、安排新分配来的干部、职工的思想问题、青年男女恋爱的苦恼、对外办交涉、生活住房、伙食……都似乎得找社长、总编出面。对这种事务主义忙碌，同志们看在眼里，有的同情，有的赞扬，有的不以为然，有人在吃饭的院子里讽笑说：看我们领导，什么都干，是生、旦、净、丑、旦、末等八角演员，主演、龙套都来。这种评说，刺激得好，来得好，犹若警钟，启发他冷静思索。这般从早到晚忙个不得开交，不是长久之计，正堵塞了提高工作水平的路。不过，分析一个事态，认识一个经验教训，不能离开当时事业初创的实际情况。报社内部人力、物力缺，经验少，机构布局未形成起码的秩序。如负责印刷厂工作的，是延安清凉山来的老印刷工人同志，一次召集全厂工人开大会总结工作，我以为他总可以讲一些实际内容，谁料只说了三五句话就完了，社长着急了，只得临时讲讲话。我又临时代管广播电台、新华书店，外面同出报直接有联系的机关、单位，也是开始筹组搭架，责任未定型，制度没建立，大家都有着困难。曾为工厂要一卡车火煤、支援点纸张等具体事，竟然去直接找军区贺司令员，或军管会主任，似乎负责人不出面，也有着难办之处。

（九）在实践中学

我们都是新手，没有报业行家，彼此自称是实习生。有人写过文章，却不会写新闻，叙说不清实际事情；有同志没见过排字、组版，不知标题字体字号，老实向工人同志学；有同志不懂经营管理、财务核算等。我们搬用部队的办法，官教兵、兵教官、兵教兵，编辑教记者、工人教编辑、干部教领导。报社的人事工作同志和领导干部，对于如何做人的工作，特别是多来自外地的知识分子的思想政治工作毫无经验。

出报开初，组织上陆续分配来干部，热情接待、欢迎都容易，可是人有各种情况，有刚从学校毕业的大学生，有曾在上海干过一般事务的中青年，有当地的中学生，有留用旧职员等，思想情绪各式各样。所以在初期，对报社内部职工队伍的思想建设，总题目是革命、如何建立在青海诚心诚意为各民族人民服务的思想。再具体点，着重围绕三个问题，即首先能安心青海工作做长远打算；加强学习有关民族问题理论和党的民族政策，树立正确对待少数民族，平等团结的牢固观点；再就是，写新闻、编报纸这行工作不迷信，只要有决心、肯学习等。我们反复进行这几方面的教育，成效是好的。概括说，就是热爱青海，热爱兄弟民族，热爱新闻事业等，只有热爱，才能安心工作好。

绝大多数同志热情高，理解新区创业的意义，一心扑在工作上。当然觉悟慢的人仍然有，听到夜里街头有枪声害怕；看见草原来的牧民衣服臃肿，闻见藏民身上的酥油味认为不卫生；觉得青海高原天寒地冻，尘土飞扬，有点受不了，闹不安心；嫌青海地区落后，生活条件差，想向东走，回转到某些大城市去。有人批评这种情绪说：作为一个新中国革命的青年，应当志在雪里送炭，为建设新青海出力，为在精神文化上嗷嗷待哺的兄弟民族群众工作，都去大城市，挤着给锦上添花，你一个人的贡献能有多大？这些人，今日找社长谈话，明日找总编辑诉说个人的所谓特有的困难，确得花不少时间。同他们谈话，解说道理，如果偶然语言讲述不周到，便会伤到他们的心，甚至抓住口舌闹起来。

（十）学习做人的工作

从事业发展的长远着眼，队伍的建设是最基本的，而用马列主义的思想，不断提高人的革命觉悟，确是特别重要的。例如，人们逐渐注意新闻业务的提高，出现的情况。正由于大多数同志是新手，所以在写作、文风上，都真切朴实，很少有弄虚作假、套语公式的毛病。但仍然有人在新闻思想流露出资产阶级观点，强调什么新闻要新奇，其实是掩盖政治原则的所谓自由。为此，当时先后在研究稿件、检查工作中反复讨论，进行过多次教育。

还有，逐渐分来的青年人多了，办报的力量大了，个别青年男女闹起恋爱，这自然属于人生课题，不过随之而来出现了一些问题。如某某两对，因谈情、追求而苦恼，以至影响到工作，使其他同志感到不满。这又得找他谈话，进行教育。苦口婆心谈一次，情绪能好几天，不多久，又茶不思，饭不想，事不积极干。负责人再得挤时间帮助他或开导她，这一对说通了，心平了，那一对又接着有问题了。对这类事的思想工作，比之商谈较繁重的任务，还要费事些。虽然人数不多，但是花的时间、费的心思却不少。

有同志说：看来领导真难当，要天天计划出报纸，还得花精力做人的工作。并提出疑问：这样忙乎，宣传大事能集中心思抓好吗？社长、总编辑听到这类议论之后，觉得问题提得好。有的领导同志曾向我说过，他在思索、在分析，认为事业是要人干的，人的思想对头，政治觉悟高，政策观点强，写新闻、写评论显然差误少，校对、排字、发行也有同样的情况。报纸正是思想、政策观点很强的事业，天天公开同群众见面，不像内部发行文件。所以要办好这样的事业，必须不断提高人的政治觉悟，做好人的思想工作。这对于一个为事业负责的领导人说，是极重要的，完全应当作为头等大事，绝不能视为麻烦，捎带做的副业。

记得在几次政治学习会上，几位领导曾联系自己实际思想发言，大意有：做人的思想工作，要有热情、有诚意、有方法，不能简单，不能粗率，特别对于青年知识分子，他们有他们的世界观、立场、观点，有自己一套看问题的逻辑。他们自尊心强，感情脆弱，和他们谈话，不能嫌人家觉悟慢，真要用心讲道理，语言要尊重，涉及原则问题也要严肃。他们文化知识较多，对道理容易分辨，讲对了，是通情达理，愿意接受的。再一点体会是，同一些同志接触交谈，感到人的工作，也许比多做些改稿、编辑业务，还要吃力得多。同时，和人接触，往往使领导受到的启发多，教育深。起先，总觉得人家本来不应有那么些思想问题，即或在最普通的问题上，不应该有那些不正确的看法；又觉得，既然出现了就谈谈帮帮，不做通思想，既不利于工作，又是领导的失职，若真在报纸上、在生活中以个人的情绪不正常而出了差错，不又是领导的事吗？

我还看见过一位报社负责同志的笔记，他这样写了一段：同别人谈话，先有点心怯，自知学习不多，工作经验也少，业务不过硬，理不直、气不壮，硬着头皮试试看。经过多次谈的结果，多数是有效的。这有效，不单意味领导说服了对方，而更多得到效益的是领导。不打不相识，经过谈话，包括不愉快的争论，常常由疏远而亲近，由不理解而到较理解，彼此成了朋友，甚至于在有些问题和意见上是领导的教师，大大冲淡了什么领导被领导的界限。

（十一）报社是我们的学校

有人说，先把人的工作做好了，整个工作就等于做了一半，顺当了许多！

报社是知识青年多的地方，如何按照这些人的特点做思想，实在要仔细摸索，既坚持原则，又不能生硬；既不能迁就，又得有说服人的道理和方法。

按前面叙述的经验，在对待人的问题上，曾有过不一致的看法。我赞成强调本人自觉，即使某人有什么思想谬误，先不忙直接指责，相信大家有知识，懂道理，领导在公开说话中讲些有针对的有关正面的道理，促使他能自己省察、考虑，也许就能解决问题！对这种做法，有人认为是迁就过多，或者叫作软弱，虽然没有说出指导思想偏右这个概念，而我已意识到别人的观点。我反复思索，有所警惕，注意回顾分析过经验教训，但仍然认为正作用显然是主要的。

总之，《青海日报》出刊后，大家的思想觉悟、业务能力，可以说在实干中不断提高，困难中逐步前进。同样，作为报社的几个领导同志说，更是在实习，以及在全社职工的监督教育中得到锻炼、提高，逐步懂得点领导的责任、做工作的方法。

我曾在十一月廿二日的笔记中写过点体会："多看各省的报纸，启发思想，以办好我们的报纸；要提高编辑人员的业务水平，先要提高做领导的业务水平……从而逐渐觉悟到了一点：领导人固然要比大家懂得多，重要的是，能不能比大家学得好些？""一个好的领导者，要有诲人不倦的耐心，首先自己应当是一个虚心勤奋、求知不厌的学生。"……

《青海日报》是我们大家的学校，是我锻炼思想、学习工作的学校，这是实在话。

第一张人民的报纸

1949年10月20日，西宁街头，各机关、各界人士和群众，最关注的喜事是：《青海日报》出版发行了。这是第一张人民的报纸，是自9月5日西宁解放以来，政治生活中许多新事之一。

这仅仅是一张四开四版的省报。从创刊第一天起，除了刊登新华通讯社发来的国内外大事外，及时公布了省军管会有关安定社会秩序、恢复生产、加强民族团结等重大政策和措施的新闻，大量报道了各族各界工人、农民、城市劳动居民、工商业者正常工作、生产活动。广大读者认为：这份报纸的政治品格及版式面貌完全是崭新的，根本不同于国民党的《中央日报》、马步芳办的青海《民国日报》，那是为要人办的报，是马家的家报，而只有今天的这份日报，真正是各族人民的报纸。

报纸以自己对革命原则的忠诚，对各民族读者全心服务的热忱，天长日久，赢得广大群众的爱护和信任。有人说："一天不读报，好像少了一件事。"有人说："报纸是我们的良师益友。"于是，来稿、来信、来访，源源不断，我们的编辑、记者感到报纸的朋友遍及城乡各地各行各业，有了广泛雄厚的社会支持。

一张报纸，在宣传先进思想、教育群众、推动工作，在省委直接领导下，到底为党、为人民做了多少工作，起了多大作用，那只有党和人民最了解，读者最明白。当然编写报刊史者会研究，这里不必多说，只叙述几个小插曲。

由于来稿、来信、来访的人多了，有的赞扬，有的提出疑问，我们就邀请了部分作者、读者来座谈。座谈会上发言者争先恐后，上午下午整整谈了一天，有颂扬、有期望、有批评、有建议。其中有一位发言者，是曾经到外省念过一年大学的青年，他发言只将全报归纳了一个“新”字。他的解说比较别致：除了最新的新事新闻外，主要是思想观点新，报纸将所有人们关心的和日常生活遇到的问题，如有关民族关系、宗教信仰自由、城市工商业、发展生产，以及各民族的风俗习惯等，都是用马克思主义新观点，作正确的分析、阐述；对读者群众的态度新，就是消息、言论，都是说真话，说实话，说新话，说群众关心的话，说群众心里要说的话；还有一新，是把兄弟民族人民、劳动者做新闻的主人，如对农业劳动模范李德祥、工人模范袁志成、牧区青年满西塔、刚察藏族十三岁放牧二百多只羊的姑娘等，都在头版详细报道，为劳动者大长志气，大显风光……

另一件趣事是，有读者提出要参观我们报社。他们以为报纸天天出，发遍全省，发往千里之外，到底人才、条件、环境等，内情是怎样的？我们热情接待客人观光。一进大门，见院子放一辆三套骡子的后勤服务马车，再到隔壁院子，便是编辑部人员工作的几组居民小平房。这里原来是一家商号货栈，编写工业稿、农业稿、通讯工作、综合组版等，几个编辑室都在这里了。一个窗下坐三人，稿件、来信都被挂上墙，立体化了。全社合起来，不到二十五个人，是刚从西北大学毕业的文科生。客人再转去看印刷厂，所见的，仅仅是马步芳时留下的几部旧机器，工人正在脚踏、手摇，忙着印刷报纸。巡视过程中，他们摇头，他们惊奇，他们感叹，说：“明白了，只有共产党才能做到……”

最后临走时，社长将客人请进自己的住房兼办公室，是四合院拐角一间小斗室。室内有个小木格纸窗，光线只能射到半个桌面。客人坐在靠墙角的小土炕边，只问了一句：“写社论、审稿子，都在这儿？”社长微微点头，笑了笑。

这次好奇的观光之后，我反复想过，我们就这条件，也没有编报科班专家，何以胆子大，敢一天一天将报纸编印出去。我们这批新闻新兵，没有特别本领，只有靠两条，有省委领导，按党的政策说话，胆子正；倾尽全力为各族人民服务的热情和读者的支持，信心足。

在组织决定我到西宁办报时，我以这方面知识太贫乏，便分别约各室主编，谈他们的工作经验与意见。谈得较多的是社会服务、资料、广播电台等方面，在思想认识上给我以提示，在业务方法上给我以知识。可惜关于领导问题与编辑工作，未及谈完就匆匆离开了西安。

创刊报纸编出来了，使我较具体体会创办一件事业，鼓励我努力的勇气，也深深启示我要更加虚心，认真学习。

（1979 年 9 月，为《青海日报》创刊三十周年而写。）

万期报纸新航程

在临近《青海日报》创刊 35 周年之前，报纸要我写文章，既感激盛情，又自觉很应该，因在早期我同报社许多人一个桌上编稿，一张大样上商改标题，围一张新报评说优缺，于是我同报纸结下深厚感情，同编辑、记者结下友情。

文章就从回顾、总结历史经验说起吧。歌德说过：历史给我们最好的东西，就是它所激起的热情。《青海日报》所走过的路程，自身具有的性格，会给我们很多启示、激励和信心。

先说这张报纸的创刊，正是西宁刚解放后 45 天。筹办时间非常急迫，出报条件十分简陋，编报主力没有科班，编辑记者只有延安来的几个骨干和西北大学刚毕业的一批青年。我们采访要步行，电讯稿用手抄，印报用脚踏手摇，装报要肩扛，晚上睡大炕，吃饭围着灶口和煤堆……可是人，一个个生龙活虎，心情愉快，干劲十足，心中只有对兄弟民族同胞满腔的同情心，以雪里送炭为荣，有改变青海落后状况的迫切感。凭着这一股闯劲，在省委的关怀、鼓舞下，报纸出版了，大胆发行了。今天看来，这股闯劲，仍然是可贵的，而且多年来，在改进报纸过程中，这种闯劲不断在深化、升华。

《青海日报》又是面向七个兄弟民族服务的一张省报，对于宣传党中央的路线、方针、政策非常严肃，对宣传报道的意图十分经心，特别涉及新区的社会治安、民族关系、民族团结政策、宗教信仰自由政策，以及农业、畜牧业、城市工商业等不同类型生产问题，不论是新闻、评论、经验介绍等，都要反复讨论；对重要文章要送上级审阅；甚至一条简讯、一则广告，都不能同党对这个地区的政策有抵触。所以报社从编委会、社长、主编以至编辑、记者，都十分重视民族问题的宣传，树立了必须严肃准确地宣传体现党的原则和政策思想，丝毫不能有疏忽，保证报纸坚决不向党闹一个字的独立性，不能以任何借口在报纸上散布记者个人违背政策的情绪。这一点，我认为当时在编辑、记者思想中是自觉坚定的。报纸尽管在日常小毛病不少，省委也及时有指责，但在报纸的党性原则这一点上，省委总是作肯定评价的。同时，广大读者也评说：《青海日报》的最大特点，是准确地传达和阐明了党的思想观点、方针政策，说真话，说实话，说人民心里的话，说各民族关心的事，说群众要办的事。

今天，已经是20世纪80年代，党的工作重点已转向经济工作，青海正在物质的、思想的新基础上开拓，任务更伟大更艰巨，而报纸的宣传任务随之繁重，事业发展和读者对报纸的要求当然更高了。当然报纸有许多新思想、新经验、新设备，以及新的活动方式，有条件有能力为今日的国家四化、为开拓青海、为促进改革，继续做出更出色的新贡献。

以我的觉悟水平和认识，党历年来一直教导给我们的党性原则，严肃负责的态度，一心一意为人民服务的思想，刻苦努力工作等优良的作风和品格，不论在任何新的情况下，仍然是宝贵的，是应该永远坚持、永远继承和发扬的。

（1984年9月，为《青海日报》创刊三十五周年而写。）

庆贺《青海日报》创刊四十周年

青海日报社：

青海日报创刊于西宁解放，共和国成立的历史时刻。40年来在党的路线方针指引下，为促进生产建设、加强民族团结，做了艰苦工作，对全省各族人民贡献辉煌，特表示庆贺。同时预祝并相信，在今后新时期坚持四项基本原则，为改革开放、为青海地区两个文明建设事业，继续创造出新的成就。

顺颂新老新闻工作同志健康奋进。

午人（1989年10月8日）

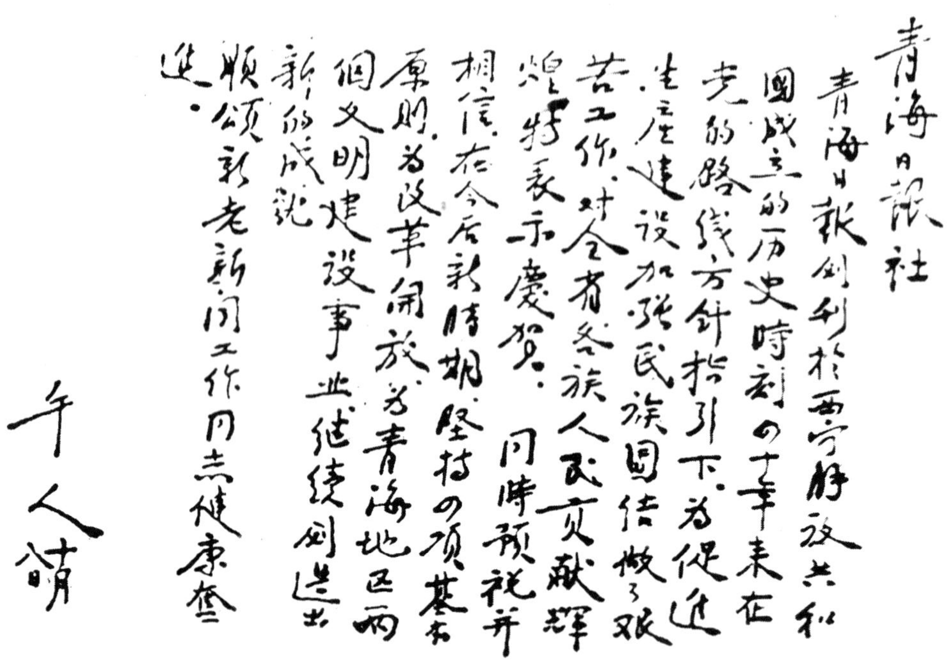
青海日报社

青海日报创刊于西宁解放共和国成立的历史时刻四十年来在党的路线方针指引下为促进生产建设加强民族团结做了艰苦工作对全省各族人民贡献辉煌特表示庆贺。同时预祝并相信在今后新时期坚持四项基本原则为改革开放为青海地区两个文明建设事业继续创造出新的成就

顺颂新老新闻工作同志健康奋进。

午人 贺

一位勤恳耕作的记者

——悼念古洪同志

古洪同志长逝，使我十分震惊。

讣告收到得迟，来不及追悼会前寄送花圈，只得先发电报，表示深沉的哀悼并劝慰他的亲属节哀。

我同《青海日报》早一批老报人一样熟悉古洪，他真是把青春、把一生奉献给青海各族人民，奉献给青海地区党的新闻事业。

现在又逢9月。正是39年前，即1949年9月，西宁刚刚解放之际，古洪随一批大学生赶到了西宁，参加创办《青海日报》，比我先到多半个月。从此，我们相识并合作办报，成了编辑采访骨干。我们朝夕相处，一个锅里打开水，站在一排屋檐下吃饭，一个编辑室讨论采访计划，一个桌上面对面改稿。当时，地域生疏，少数民族风习不懂，新区政策不熟，工作条件简陋，编辑部就设在东关居民小院，人们挤在几间房里编报、写稿、开会、睡觉，接待读者。外出采访只能步行，到外县去还会有生命危险（马步芳军队逃走时仍留有散兵），而古洪同志同大家一样，虽然都是刚出大学门，是报业新兵，可工作热情却很饱满，心情也愉快，尽责尽力，没有说过困难，更不诉说个人什么要求。他刻苦采访，精心写稿，且虚心听取版面编辑同志和审稿者的意见，认真核实修改，力求正确，不曾发现他的稿子有失实或者大的差错。

后来，编辑人员逐渐增多了，记者能按工、农、政、文行业分工，古洪同志一直注意工商业界的新闻报道。他的采访活动总是出去前商量，回来后汇报情况（包括不宜公开报道的资料）。他设计长远报道，分理采访线索，集聚有关人物、事态的资料，业务颇有条理。他当时还不是共产党员，而他所联系的单位，从领导到职工，都欢迎他，信任他，赞扬他认真、清廉、勤恳的作风。报社内外，对他印象好，不是由于他有什么惊天动地之绩，而是出于他在事业上的努力，一天一天实干，一篇一篇写作，长期不懈，给同志们塑成一个实在的形象。他热衷于党的新闻文化事业的业绩，不用说《青海日报》最早一辈的同志们最熟悉，有切实的评价，就是几十年来《青海日报》的版面上，也自能见证他所付出的心血。

我离开青海快十年了。从此，再没有和古洪同志见面，可是在记忆的屏幕上，对古洪同志的影像仍然是清晰的。今日未能参加追悼会，只觉得有负于老朋友，便写了以上几段文字，聊作一幅迟送的花圈，这是充溢着友情编串的，谨致哀思。望古洪同志安息！

（原载《青海日报》1988 年 10 月 8 日二版。）

●《青海日报》稿件一组

多样和一律

生活是丰富多彩的，天下事物有相同的，也有不同的，即或是相同的事物，也各有特性，各有特点。《水浒传》一书，描写了一百单八将，反对宋朝封建统治，这是他们的共性，但各个英雄的心理、性格、面貌、气魄，没有一个相同的。毛主席在《矛盾论》中，谈到矛盾的普遍性以后，接着强调分析事物的特殊性，教育我们，要确切认识各种各样不同的事物，从而予以正确对待。

农村人民公社的经济建设，生产资料，已经是公社集体所有了。可是各个生产队或作业组之间，情况并不完全相同。以湟中县平安镇人民公社为例，各队的土地，有薄有厚、有山有川、有水有旱，土壤有沙土有棉土。每个劳动力所担负的耕地面积有多有少，平安镇队每个劳动力耕地约一亩八分，古城队每个劳动力却有耕地 12 亩多

（山、水都有）。农具，有的队有拖拉机，有的没有；有的队运输已经车子化，有的还用小背斗。劳动力，有的队强，劳动力多，有的队就少。劳动技术，有的熟练，有的不熟练。劳动效率有快有慢，有的出活多，有的出活少。经济力量，有的队底子富些，有的队底子薄些，等等，都形成了各个队的经济基础、建设条件不同。因此，公社在统一布置生产任务的时候，强调因地制宜，由各队再订出自己的计划，什么地种什么作物，什么地包产多少，由各个队特别是生产小队具体安排，是十分正确的。但是有的干部，只图简单，不注意研究各个队、各个作业组的不同情况，一般布置了事，不能种芝麻的地方，也给了任务并拨了籽种。

再就是社会生活中，人们的政治觉悟，党员和非党员的水平，也有差别。对于新事物的态度，有人先想通，接受得快；有人就感觉迟钝，接受得慢些。如对于深翻与合理密植，多数人积极，并设法改进，力争高产；有的人还半信半疑。办事的方法，也有各式各样，有人用这个方法，办得很巧；有人却用另一个方法也没错。人们的生活兴趣，也各有不同，有人爱读书写字，有人好歌善舞；有人愿穿得华美，有人愿简洁朴素。因此，对事对人，除了有关立场观点、革命利益、人民利益等原则问题，应该严肃对待以外，其他办事方法、生活习惯、个人爱好，尽可以多式多样，没有必要强求一律。但是有些人却喜欢划一，干什么都干什么，不干什么都不干什么；看了一面，却不看另一面；看了一样，却再看不见别的。如对待今年的春播，不分地区，不看农时，曾一律强调五不下种，即每亩肥料不到十五万斤不下种、地不灌水不下种、大粪不拌籽不下种等，以致有的地块延误了播种时节。

列宁说，马克思主义的最本质的东西，马克思主义活的灵魂，就在于具体地分析具体的情况。

每一个事物都在运动着，而且各有其运动的规律，使它带有各自的特点。各个事物的不同，是相互比较出来的。例如今年的春耕，比去年深翻了地，多施了肥，又合理密植，所以人都说，今年的春播比去年好。又如人民公社建立以来，由于政社合一、统一计划和领导生产，进一步解放了生产力，促使社办工业、文化教育卫生事业、群众性的集体福利事业，迅速发展起来，农民体会到人民公社比高级农业社更优越得多。

毛主席在《矛盾论》中，教育我们要认识每一个运动、每一个矛盾的特殊性，要在相同中找寻不同，大同中发现小异。比如，共产主义运动中，有低级阶段和高级阶段的不同；社会主义公有制中，有公社集体所有制和国家全民所有制的不同；社会主义建设中，有工业生产和农业牧业生产的不同；社会主义按劳分配中，还有部分供给制即按需分配的因素存在等等。正因为相同中还有不同，而且是现实地客观存在，所以党的八届六中全会在关于人民公社若干问题的决议中，再三强调要明确认识人民公社的社会主义性质，强调巩固和建设人民公社的基础是发展生产，强调按劳分配、多劳多得的原则，强调公社要注意发展自给性生产和商品性生产，强调由集体所有到全民所有、由社会主义社会到共产主义社会的逐步过渡等等。

在《矛盾论》中，毛主席还强调指出，要注意事物发展的阶段性。比如同是农业生产，同是春耕播种，今年就比去年大有不同。据了解，自从去年秋季，人民公社化以后，进一步解放了生产力，农业区有百分之七十多的耕地，实行了秋翻深翻，深翻有一尺以上甚至更多的；去年冬天和今年春天又开展了以肥料为帅的备耕运动，亩施肥料比去年增加了好几倍，有上两万斤三万斤以至七八万斤的；实行了合理密植，一般每亩地下籽量在四十斤到五十斤。这些，都比去年耕得细、做得好，确实为大面积高产，打下了良好的基础。但是正由于深翻、多肥、密植等特点，带来了新的矛盾，这就是要求我们必须做好夏季田间管理。例如肥多了，就要适当多浇水，否则要烧苗子；肥多了，麦秆会长得高，就要注意加施钾肥，防止倒伏；因为密植，苗子稠，就要注意改用刃片较窄的小锄；等等。总之，今年春播的特点，要求夏季田间管理，采用和去年不同的措施。

斯大林说：分析问题，处理工作，要看时间、地点和条件。群众常说，去年的日历今年看不得，意思是事物在运动、在发展、在变化，如果不愿落后，要把事情办得更好，把运动继续推向前进，就要抓事物的特点，抓时机。毛主席说，我们不但要提出任务，还要有完成任务的工作方法。任务是要过河，没有桥或者没有船就不能过。有了正确的政策，还必须要有正确的适当的工作方法。

锁子各有钥匙。不同的矛盾，用不同的方法解决。因此，对办事的方法，做工作的方法，必须是多样的，不能一概而论。不要想用一个办法，解决各式各样的问题。八仙过海，各显其能，各有各的过法。古人说："杀鸡焉用牛刀。"意思是用牛刀子杀鸡是不好的，杀鸡就要用小刀子才合适，反过来亦如此。

正确的方法是为了达到正确地解决问题的，因此，正确的方法是和一定的革命任务分不开的，选择办事的方法，绝不能离开正确的方向和原则。方向对头了，方法也会正确。只有正确地认识矛盾，才能正确地解决矛盾。

要方法多样，一要解放思想，大胆创造。因为事物在运动着，不断发展、推陈出新，新问题就要用新办法对待。反对用旧眼光看新问题，也要反对用陈旧的老法子处理新事物。二要实事求是，从实际出发，因时制宜，因地制宜。裁缝懂得量体裁衣；医生懂得号脉、查体温、问病历、察言观色，才对症下药，如果对各种病人，只用一个处方，不但治不好病，还有死人的危险。办事也同样，对于不同的问题，只是千篇一律地使用一种自以为是不可改变的公式到处硬套，就只能将本来可以做得好的事情弄糟。在现实生活中有千百次的教训，反复警告我们，观察事物，处理问题，不要一个模子套，不要乱般经验，不要犯机械唯物主义的错误。只要方向对头，同时要善于选择适当的方法，天下便没有办不好的事情。

（原载《青海日报》1959 年 5 月 13 日第三版。）

从农业丰产谈科学预见

目前农村正是男男女女齐动手、田间管理处处忙的季节。绿波万顷、麦浪滔滔向人们预示着一个丰收的年景。

人们众口同声说：今年庄稼好。从而丰收的预言风传农村，有的以浪漫主义风格，夸耀他们有多少万亩地可以达到亩产千斤；有的用科学实验家的态度，算株数、计穗粒，核估他们高额丰产田可以争取最高产量，力求创造麦子、青稞等主粮的亩产新纪录。

人们的预见，一般都是以客观实际，包括历史经验和主观努力等条件为根据的。不错，今年的农业生产确比去年好。从播种情况说：各类作物已基本结束，其中粮食作物的播种面积，比去年增多了，而且超额完成了原计划的面积。从庄稼生长的情况看，大片大片的小麦和青稞，都是株肥叶茂、色泽深绿，特别经过田间管理的一系列措施，一类田在 70% 以上，二类田占 20% 多，三类田只有 10% 左右。这些情况，坚定着人们预卜丰收的信心。

人们大胆预见的根据，不限于目前庄稼的长势，而重要的还在于如下两个方面的事实。一是今年春播以前的备耕工作做得好，即从去冬以来，从省、县到各公社，都集中力量抓了农业生产，其特点是开展了以肥料为帅的全民备耕运动，动手早，抓得紧，使大部分耕地进行了秋翻，其中深翻面积占到 260 多万亩，施肥量达到每亩平均 15000 斤以上，其中水地比去年增加更多。普遍采用了良种，籽种一般都经过选择和药剂拌种，下种量水地每亩都在 40 斤左右，山地每亩 30 斤到 35 斤左右，基本上做到了合理密植，粮食作物大部分实行了条播，耕作较细，出苗率高等等，给庄稼播种、生长打下了比去年优越的基础。二是从春耕后期开始，各级领导到每个社员，全力紧抓田间管理，当前正在突击除草。根据经验，除草不除草，产量悬殊，特别在山区，除一遍草就可以增产几十斤粮食。现在川水地已除草一次到两次，争取除三次，山地正在除草，争取除到两次。适时适量浇水、追肥，大力防止倒伏。今年一般麦苗数比去年增多约三分之一，株数多，是保证丰收的重要条件，加上底肥多，秆子长得高，也增加了倒伏的可能。现在是看天、看地、看庄稼，灵活掌握时机和分量，进行浇水、追肥。坚决消灭病虫害，最近有的地方已发生吸浆虫、麦锈病，需要及早消灭，并防止蔓延和扩大。做好防灾工作，整修防洪堤、坝、渠道、蓄水池、排水沟等，注意防洪防雹。这种种措施和人的主观努力，也是保证丰收的条件。

上述种种说明目前风行农村的丰产预言，是有着客观和主观的实际根据，而且这种大胆预见，正有力地鼓舞着人们的信心和积极性，继续在千方百计地以冲天干劲，努力争取更大丰收。

马克思列宁主义辩证法，是指向未来的，认为只有发生、发展着的东西，是不可战胜的。即辩证唯物主义的科学预见，是指导革命运动、指导人们运用客观运动规律充分发挥主观能动作用从而取得胜利的武器。

科学的预见，必须以客观实际为基础，和空想或无根据的胡思乱想毫无共同之处。列宁说过：神奇的预言是童话，但科学的预言是事实。不错，客观世界是物质的，是客观存在的，而且“世界是按照物质运动规律发展的”，所以客观世界，是可以认识的，运动的前途也是可以预见的。

毛主席在 1955 年就说过：将来会出现从来没有被人们设想过的种种事业，几倍、十几倍以至几十倍于现在的农作物的高产量……去年农业丰产的事实，雄辩地证明了毛主席预见的力量。人们遵照党所指的方向，进行调查研究，充分考虑种种实际条件，不断地破除迷信、解放思想，敢想、敢说、敢做、敢为。经过苦干、实干、巧干，达到丰产的伟大胜利，取得了丰富的实践经验，如农业“八字宪法”等，从而进一步解放思想，为今年大面积丰产和今后不断创造高产奇迹，提供了更多科学的预见的可能。我们深刻体会到毛主席经常告诫我们要尊重实践、尊重客观规律的意义。做任何工作，必须做细致的调查研究，要及时总结经验，即找寻和研究客观事物的内部联系、运动规律，作为我们行动的向导。不是凭主观想象，一时的热情，死的书本，而凭客观存在的事实，详细地占有资料，在马克思列宁主义一般原则的指导下，从这些材料中引出正确的结论，才能比较正确地预见未来，明确方向，继续前进。

科学的预见必须以一定的主观条件为根据，和主观盲动、不落实的“干劲”毫无共同之处。目前，农村正在尽一切努力，开展大面积丰产运动，是有着多方面的实际条件，即前面已经说过的，今年农业生产上的那些特点。

办任何事情，都不能离开当前的实际条件，特别是人的条件，人民群众的智慧和力量。任何正确的设想，必须同群众商量，集思广益。也只有坚决依靠群众，才能把美好的理想，变成生活现实。领导社会运动如此，和自然斗争、要夺得农业的高产，也是如此。我们是唯物主义者，必须从实际出发，必须考察各方面的有利条件。丰产条件是多方面的，在制订丰产计划的时候，必须具体地研究和估计客观情况。如土壤、气候、雨量、水源、季节、农作物、劳力、畜力、农具以及农业设备等等。同时要充分地考虑主观措施，如怎样培植土壤、积肥造肥、兴修水利、合理密植、选择良种、保护植物、田间管理、改造工具，以及领导安排上如何掌握和做好农业“八字宪法”等等。只有经过主观努力，适当地发挥了各方面条件的作用，就一定能达到预期的高产。如果畸形地把一个条件夸大到不应有或者今天还不可能做到的地步，便是荒谬的，便会造成错误。严肃地考虑各方面条件，绝不同于消极的“条件论”。我们不是片面地孤立地看到困难条件，同时还看到有利条件，并且善于利用有利条件克服不利条件。我们不把困难看成绝对的，在一定时机并加上工作努力，相信不利条件可以转化为有利条件。我们特别懂得见物又见人，人的主观能动作用，在党的领导下，人民群众的社会主义、共产主义觉悟不断提高，任何困难都是可以战胜的。

目前进行的包产，就是收成的预见，包产的目的为了鼓舞群众、增强信心，想一切办法来力争丰产。落实包产，指标过低了，落后于现在客观的可能性；指标过高了，又超过了现在客观的可能性。这两个片面，都不是科学的预见，都不符合预见的目的、包产的目的，都不利于动员群众的积极性。目前的包产，应该比去年的实产有增加，才比较切合今年的实际。只有实事求是，既要留有余地，使承包单位有产可超，有奖可得，又要鼓足干劲，加强措施，经过努力可以达到。

科学的预见，必须把运动方向和现实任务、把发展远景和当前工作，既要严格区别开来，不能混为一谈，又要紧密结合，不能割裂对立起来。例如少种、高产、多收，这是一个优良的耕作制度，也是一个努力方向、远景目标。如果今天耕作水平尚低，不可能普遍做到高额丰产的情况下，要勉强盲目地实行，将不利于粮食的增产。当然不看到逐步达到将来高额丰产的可能，而只安于过去的广种、薄收的水平，不积极进行农业基本建设，改进耕作技术，将不利于农业生产水平的继续提高。所以今天按青海地区的实际条件，实行提高单位面积产量和扩大耕地面积并举的方针，是完全正确的。既搞大面积丰产运动，又要多种多收，只有从这两个方面同时努力，一定能保证总产量的增加。

对待将来和现在，我们的态度，集中起来说是：既要高瞻远瞩，相信将来，又要脚踏实地，把握现在。生活教育我们深刻体会到现在比过去好得多，更相信无限美好的未来，“一代强过一代”。同时教育我们要抓紧现在，如鲁迅所强调批判过的，忽视现在就要误了将来。所以必须是老老实实、勤恳经营，“一步一个脚印”。

（原载《青海日报》1959年7月14日第三版。）

组织群众过好日子，是革命干部的重大职责

在冬季到来的时候，报纸上先后发表了人民公社、生产队、公共食堂、机关、厂矿全面安排群众过冬的消息和通讯，反映了现实生活中极有意义的工作。读了这些消息使所有的革命干部、政治活动家应该严肃考虑一个重大问题，即怎样认真负责地组织群众生活，怎样帮助群众过好日子？

关心群众生活是我党的优良传统，党历来把组织人民生产、安排好群众生活，作为自己的根本利益。中共中央关于人民公社若干问题的决议中指出：一个好的领导者，他不仅是群众生产的好领导，同时也应当是群众生活的好领导。“大跃进”以来，各级党组织，党的干部，一手抓生产，一手抓生活，学会了管理生活，安排群众生活，组织群众过好日子，并取得巨大成绩，积累了丰富经验。如门源回族自治县苏吉滩公社党委入冬以来，切实安排了社员的衣、食、住、行：吃的，做到食堂有冻酸奶、酥油和肉食；穿的，做到人人有棉衣、棉裤、棉帽、棉鞋；住的，做到家家有暖炕、地炕，账房里晚上取暖有火，温暖如春；行，给各家都有自留牲畜，又实行劳逸结合，男女社员一月都休息几天，并对妇女的月经期特别加以照顾，使社员人人满意，爱社如家，生产积极性很高，出勤率大大提高。

人天天要吃饭穿衣，是生活极普通的事，但又是极重大的事。党组织、机关、人民公社主要负责同志，亲自深入伙房，动手做饭、洗菜、切肉、烧锅，同炊事员一起做饭，又同社员、职工们一起吃饭，许多机关、厂矿和农村的食堂越办越好。

好的特点是按人下米，计量做饭，细作安排，调配饭菜花样，有计划，有菜谱，使职工吃得饱，吃得省，吃得干净卫生。打饭方便，人多不乱，不等时间。食堂还实行核算，随时公布账目。许多厅长、局长、党委书记由于自己下伙房，参与炊事实践，同管、同做、同吃、同算、同议、同安排，切实抓好了生活。参加食堂管理、炊事工作的同志通过亲身体验，真正懂得管理生活的意义，懂得管好生活确不是容易的事，懂得吃穿过日子，是人民群众最切身的大事，懂得管好群众的生活确是政治活动家的崇高责任。但是对于这种广大群众极为关心的问题，有些人不够重视，甚至以为柴、米、油、盐是烦琐的小事，不足挂齿。有人竟然把生产劳动，看作太凡俗的事，看不起创造生活资料的劳动人民，看不起工人，看不起农民，看不起生活福利工作和服务性劳动。虽然自己每天要吃几顿饭，却看不起伙食管理人员、炊事员，自命为“高贵”。

我们的党和毛主席，对于人民的生活，对于群众的集体福利，从来是十分重视的。过去在革命斗争艰苦的时候，动员全党全民，自己动手，丰衣足食。党中央再三再四地要求所有干部，既抓生产，又抓生活，既要全面地关心群众生活，又要具体地管好柴米油盐。为什么要这样重视，其道理很简单，因为革命的目的，为了解放生产力，为了建设社会主义，为了人民过美好幸福的生活。人是最宝贵的，“人是铁，饭是钢”。只有抓好人民生活，才能更好地保证生产和工作，保证社会有让人民过上好日子的经济条件。

特别在今天，公社化了，生活集体化了，社员以社为家。群众要求：“现在家大了，可要好干部来管。”人民公社是人民生产和生活的组织者，所有的干部，对于群众生活问题，更要管，要有计划管好。诸如衣、食、住、行，柴、米、油、盐以至婚丧嫁娶、生老病死等，都要全面安排，切实担起来。

管好群众的吃饭穿衣，是最实际地为人民服务；关心群众的生活，是最大的群众观念。因此，管好生活问题，是政治问题，是每一个无产阶级革命干部的职责。

（原载《青海日报》1960年10月10日第二版。）

农村公社杂记小序

这组“农村公社杂记”各节，是这次在乐都县某公社帮助工作过程中向社队干部和社员学习的笔记。

社会主义的农村，振奋人心的事情太多了，可歌可泣的人物到处都有，随处可见。这个“杂记”仅在工作活动中，就所见、所闻、所看到的，随手录下来点滴。同社队干部和社员处在一起，但由于今日在甲队明日去乙队，走马观花，对很多事情没有作进一步考察其本末，或人名、地名，等等，也未及加工整理。所以，杂记内容芜杂，有直接看见的情景，有别人说给的故事，有自己的感想，有社员的议论。又由于就自己方便之时随手记录，并无统一的体例，更限于写作技艺生涩，文字粗率，内容杂乱，行文无章，姑且取名为“杂记”。其目的仅为记事、取意，为自己备忘，假此思考，并附带与社队同志谈心而已。如观点有错，望读者指正。

（原载《青海日报》1962年7月13日第二版。）

集体的温暖

——农村公社杂记之一

“我一家是一辈子也离不开集体，永远同大家扭在一起。”这是乐都公社某大队一郭姓寡妇的话。

事情是这样：她男人去世几年了，留下 5 个孩子，生活周旋本来就有困难，谁料 6 月 27 日晚上，她出去了，孩子在家睡着，灯倒在炕板上，将被子衣物引着火，一直连房子都烧了。抢救未及，损失很重，幸好孩子们没有受伤。

突然奇祸，使这家马上无吃无穿无住处，这位寡妇和孩子陷入困境。火灾发生后，大队的干部，立即去看望安慰，并资助了钱和粮食、布匹等。左右邻舍和全队的人都去援助衣物、安置住歇。生产队干部作为大事，同社员商议，动手在院内给修盖房子。社员们调剂木料，能砌墙的砌墙，能上泥的上泥，木匠们做门窗，七手八脚，从 28 日到 30 日大体把房子盖了起来。母子 6 人住进了新房子，一家大小深受感动，觉得生产队的力量大和集体关照的温暖。

另一个队，有位袁某，过光景不会筹划，春上外出，自留地没得及时种。队里社员看到地要荒了，大家便帮助他给地里送上粪，也抢种上了。他回到村上，却不很好劳动，浇水不负责任，甚至擅自把水分给了别的队。社员开会，便对他提出批评。大家对他的关怀和诚恳，感动了他，在会上向大家说：对不起大家社员和队干部，表示今后要好好劳动，愿受集体的监督。

这两件事，同时发生在一个村里，社员中都有评论，说法固然很多，从内容上看，有三个基本点：一是靠队里就有办法克服困难，过光景光凭单家独户不行，个人再有本事，也总会遇到办不到的事。像郭家遭火烧，盖房子添衣服，合下来花了好几百元，谁家个人能办得到呢？大家相帮，队和社员，如同船靠水。二是个人有集体相帮和监督，大家对袁家的相助和诚恳批评，是对他的爱护和督促。离开集体，个人不努力，放任自流，误了农活。三是个人靠集体，也有责任扶持集体，众人拾柴火焰高。集体是大家集合组成的，队里的经济要靠全体社员共同努力生产，大家关心集体利益，集体经济才能一天天发展和强大。

社员的谈论，编作四句打油诗：

公社把我管着，
我把公社想着。
大家拾柴火焰高，
经济发展日子好。

（原载《青海日报》1962 年 7 月 13 日第二版。）

谁也不许损害集体利益

——农村公社杂记之二

先从故事说起：某村，有个人不肯自觉，到人家自留地拿菜，被主家老奶奶看见，便责备他：“你这人真不会拿，队里那么多菜，你不去拿，哪里看上我老婆这一点！”那人心里想“说得对”。下次果然到队里的菜地去拿了，偏又遇见另一个姓张的老奶奶，先问他：“是队长叫你割菜的吗？”那人不说话，经再三问了之后，老奶奶明白了，便直言厉声说：“你不好好劳动，自己不经营菜，你拿人家自留地的，本来很不对，又来拿队里的菜，更不对了。这是大家劳动的，你拿我不答应。谁也不许损害集体利益！”那人心里震动了，此后，可真的再不拿了，并感激老奶奶对他的教育。

这事情虽小，说明了什么呢？该如何去看呢？听社员们的分析：

一是私拿人家的菜，不论是队里的还是个人的都不对，没有什么该不该的区别。

二是第一位老奶奶的话，只是叫不拿自己的罢了，不仅没有指明私拿不对，而且还明示叫去拿队里的，引导方向，叫去损害队里的集体利益，大家认为这位老奶奶同样私心太大。

三是张老奶奶的话，却有大道理，不仅指出私拿不对，而且明白斥责了拿队里的更不对，贪取大家的劳动果实，损害集体利益的错误。她弘扬和树立了社会主义思想，并勇敢地卫护集体利益。议论中大家提出向这位老奶奶学习，并把这精神教育给自己的子女。

（原载《青海日报》1962 年 7 月 15 日第二版。）

学会为集体理财

——农村公社杂记之三

有的生产队，干部总是喊说队里没钱，买农具、添牲口都有困难等，但是却把眼前的许多现成钱，忽略过去，用在不适当的花费上，或给个人拿走了。

例一：某队，果树很多，当杏子初熟时，却把几棵树随便包给个别社员去卖。后来经过研究，觉得当初如果除去留给社员们吃的果子外，统一由队里负责摘采和卖出，按照合理价格计算，队里可以收入五六百元，比包给个别社员出售，能多收入一半。

例二：去年某队种了几亩西瓜，快开园时，曾有人主张以一千五百元的总价，由一个小队去批卖。事后作了计算，队里若分工由有经验的社员直接卖出，虽然价钱比预计的低，结果收入还多一倍。

例三：还有一个队，原来有一盘水磨，因磨道修了小型水电站，把磨拆下来闲放着。这盘磨在上年收入1500多元，今年这笔钱没有了。因此大家商量，决定在一个适当的地方修建一个磨坊，把这盘水磨使用起来，这样，明年又可从这盘水磨获得收入。

上述几例，说明学会管理集体经济，学会理财，是十分重要的。古语说："打算不到一世穷。"农村经济工作，就是要讲求核算，要善于策划。策划集体经济，绝不意味向个人打主意，而是要善于安排集体经济发展，又合理地照顾社员个人的利益，使集体和个体经济活跃起来。

生产队集体经济的经营管理，对于我们许多干部来说，有许多新问题不熟不懂，缺少经验。毛主席教导我们"要学会做经济工作"，就是要学。只要深入钻研，肯努力学，一定可以逐步学会的。

还有一个重要问题，是要有觉悟，要热爱集体，爱护集体。管理一个队的经济，当数十户社员的家，固然不容易，有困难，但我们干部多是农家出身，有的人把自己的家务管理得很不错，对于集体大家务，为什么就显得不聪明，没有本事了呢？除了经验，还要有对集体的责任心。

总之，管理好集体经济，干部需钻研学习，做好带头人。

（原载《青海日报》1962年7月17日第二版。）

促膝谈心 发人深思

——农村公社杂记之四

一个下午，我们在地里看庄稼。左面的麦子长得深绿密茂、株身高过人腰；右面的麦子却叶黄穗小，株高仅及人膝。我问，同是水地，同一品种，只隔一步行小道，为什么状况这么悬殊？一位浇水的青年，先说那面的庄稼是春上缺了粪，又说是缺了水。正说着，走来一位老人。我问他："你看见这两面的庄稼吗？"他直快地说："天天看见咧！"接着又解说一句："这是两个队的地。"我再问："两个队种一样的地，差别怎么会这样大呢？"老人显得很气，叫我们坐下，说："事在人办哩，种下连管也不管，我一辈子也没做过那样的庄稼。"我问："干部检查没有？"他先说干部忙得很，后来才说，干部也不负责。我再问："身为国家干部，就是为队里大家办事，生产关系国家建设、社员吃饭的大事，还有比这更要紧的事吗？"老人看我问得很认真，才感叹地说他心里的话："共产党为社员把心操扎了，就是太民主。有人对大家的事不负责，也不见严的教育，政策到底是啊么了（即怎么了）？我们庄稼人不懂……"照老人的询问，我解说了干部的责任，民主的实质和目的，以及有关的政策等等。

这一次地边闲谈，给我启示。我们要多了解群众的心情，要知道他们心里的疙瘩，从正面和反面了解情况；遇事应听他们的议论和建议；若有不解的问题，引导他们自己思索，自己解答。经过促膝谈心，把一个道理说明白了，如同清风细雨渗下地层一样。同时，也使我耳闻目睹了一些实际存在的问题。

（原载《青海日报》1962年7月19日第二版。）

理直则气壮

——农村公社杂记之五

公社化以来，基层干部的任务非常繁重，工作确实辛苦。同时社员的觉悟不断提高，事情办得不适当了，会提出意见，上级还要批评。于是，干部好当不好当，成为一个有争议的问题。

有的说事难办，干部难当。理由是：工作任务繁重，事物多样复杂。工农商学兵，农林牧副渔要管；生产要计划；生活要管理；婚丧嫁娶、生老病死等都要管，方面太多。百人百性，情况各有不同，不容易管理好。若不去管，是自己的责任；管了，张三有意见，李四也不一定满意等问题。

认为工作好办、干部好当的理由也不少。首先有党的领导，有人民民主政权，政府政策明确，群众拥护。任务再大，工作再多，只要肯走群众路线，遇事与大家商量，把群众的积极性调动起来，办法就多了，力量也大了。干部负起责任来，领着干，啥事都好推动等等。

争论的结果，都认为制度是先进的，社会条件是优越的，每一项事业都是为社会主义、各族人民群众的利益。问题主要在于干部自己，要按政策办事，既坚持原则，又能从实际出发，因地制宜，同群众一道商量，事情一定能处理得合理，自然会得到人民群众的赞同和支持。

干部以身作则，“走得端、行得正，说话有力腰子硬”。只有自己不违反党的政策，也不违反群众的意愿，就敢于指出并纠正工作中的错误。即或有个别人不肯心服，做得有理、正确，会得到多数人的支持的。

要正确对待缺点，及时总结经验，提高思想觉悟，改进工作状况。做工作总不免会发生错误，这是正常的。只要肯正视缺点，自觉检查，主动纠正，古人说：“过则勿惮改。”也仍然理直气壮。唯有工作中出了错误，不肯认识，甚至坚持，那应该理屈，群众也不会原谅，事情自然不好办。

有错误不足为奇，也不必怕。只要能正视，能虚心倾听群众意见，能诚恳接受群众的监督，我们就会不断健康起来，工作一定能做好。

（原载《青海日报》1962年7月21日第二版。）

关于毛驴

——农村公社杂记之六

到了农村，常常听到社员关于小毛驴的种种议论。起初，我怀疑，小毛驴有什么论头，询查询查，才明白是该注意的事儿。

社员们说："农村的毛驴太少了！"有的说："这几年，社员和生产队都愿意养骡子、马，谁也不肯养驴。由于不注意这方面的发展，现在毛驴越来越少了。"

有争辩说："毛驴，就是不爱。养起来不值几个钱，用起来力气也不大……"

有针锋相对的意见是："不要小看毛驴，火车来了，还是顶替不了毛驴的作用。毛驴，好养好喂，买一个价钱便宜，可以拉小车，可以驮柴驮水，可以运粪，可以上山下岭……能帮人干很多活，大小路儿都能走，很方便。"

这些议论，引起我的注意，果然眼前驴子不多，有的队有的村，几乎数不上几个。查原因，一是有些人确对毛驴不爱，因此没有好好经营，损失了不少；二是，现有的毛驴不叫下驴，总是配骡子，说是力气大，使用价值高，还能卖得大价。但是，这种现象却带来一个不好的发展趋势，驴子越来越少。有人说："草驴是大骡子的妈妈，驴少了，骡子又从哪里增多呢？"

因此，社员和干部都在想：要认真注意驴子的繁殖问题，一来便利农家；二来驴子多了骡子也会增加。要发展驴子，就应该想些办法：诸如改变人们对毛驴轻视的看法；要鼓励并爱护喂养毛驴；要注意马配马，驴配驴，不要单从眼前使用利益价值考虑，应从长远设想，繁殖毛驴；注意改良毛驴品种等等。总之要重视毛驴的长远用途和价值，适当提高毛驴的喂养和产量。

（原载《青海日报》1962年7月23日第二版。）

评议，这方法好

——农村公社杂记之七

某生产大队，为了督促社员养好牲口，运用了集体评议的方法，大家鉴定牲口膘情。

第一、二、五生产队，于6月底，先后分别举行了评议会。他们的做法是把全队牲口拉到一起，请老农和饲养有经验的人，一个牲口一个牲口地经过检查，看膘情肥瘦，看毛色干净不干净，看笼头拴得好不好，看母畜怀胎养育的情况等等，大家评议，定出等级。如第二生产队，骡、马、牛共23头，评作一等的7头，评作二等的6头，评作三等的9头，评作四等的1头。当场宣布了优劣，头等的给予表扬，甚至奖励了些工分；四等的给予批评，甚至警告要扣工分。

据大队干部说，自今年以来，这个方法已经实行过两三次了，效果很好，牲口膘情逐步上升，头等的一次比一次多了。

社员和干部都认为评议这个方法好，有许多优点，大家都欢迎。

这是一个集体监督的方法，民主评议，大家检查，相互帮助，养出更加健康的牲畜。

这是一个简易比赛的方法，在一定时候，把牲口拉到一起评议一下，表扬好的，批评差的，帮助激励人们的积极性和负责精神。

这又是一个交流推广经验的方法，在评议过程中，分析牲口养得好的原因，总结经验，是互相交流，相互学习的好机会。

这也是一个领导走群众路线的方法，对牲口只由几个干部鉴定，不一定评得准，群众也不一定心服。采用这个方法以来，干部们也觉得牲口比以前喂养得好，工作进展也较前顺利了。

（原载《青海日报》1962年7月25日第二版。）

领导有力与民主

——农村公社杂记之八

有一位同志对我说，他到某公社一个大队帮助工作。初到时，支部的同志介绍各队主要干部的特点，说到某队长，年纪轻肯干，能推动工作，又轻淡地附了一句说：就是冒了一点，爱骂人。

过了三天，该队有一个为人诚朴的社员说，为了开会的问题，队长骂他，又朝他腋下打了几拳。过一天，又有人来反映队长召集社员开会，把这个呼来，把那个喊去，有一妇女来得较迟，便当场斥责，神气傲慢，语言不逊。再同队的其他干部谈论，他们以实相告：这个队长就是爱训人，架子大，遇事不愿与大家商量，自己说了算，社员对他意见很多。

这位队长的特点和大队对他的评价，使我想到一些问题：领导有力是否可以不要发扬民主？单凭权力办事，能不能把工作做好？即或能推动工作，完成某项具体任务，是不是能把广大社员团结起来，能真正把大家的积极性调动起来？

能推动工作，是优点也是责任，国家干部就是要坚决地负责完成党和国家交给的任务，不做工作，不负责任，是失职；不能推动工作，耽误工作，也是失职。干部要工作，担负起责任，是应该的，没有疑义，问题是如何工作。是靠自己的行政职权呢，还是靠发动群众，把群众组织起来大家自觉同心协力干呢？这是两种不同的工作方法和思想。党教导我们，必须坚持群众路线的工作方法，因为只有民主，才能更好地集中；只有向群众讲清政策，讲明具体的任务和其意义，才能使群众自觉响应号召，积极支持领导的工作；也只有大家事同大家商量着办，才能集思广益，办法多力量大。所以，正确的集中，坚强的领导，必须建立在充分民主的基础上，才是最可靠、最有力的。

推动工作，不仅是为了完成一定的具体任务，在工作的过程中，还要正确体现政策，团结群众，带动和热心帮助群众提高觉悟和工作的热情。干部既要完成工作任务，又能引导大家认识共同努力的方向，这才算是全面地做好了工作。如果只靠行政职权，事情会适得其反，绝不能办得好。群众思想上得不到认识，失去积极性和生产热情，工作任务也不能顺利得到完成。

（原载《青海日报》1962年7月27日第二版。）

办法要为达到正确目的出发
——农村公社杂记之九

时至七月，果子丰收在望。有一天，某大队和生产队干部开会，讨论怎样把全部果子收好、管好、处理好的问题。

我觉得他们讨论得很有意思，表明了办法的选择，不是技术性的枝节问题，而关系到对做工作有无较好的方法，以达到较高成效的一个思想认识问题。

我愿意把他们的争论摘记一段，供读者思索和评议。

会计：我先提一个建议。果子，年年是件麻烦事，今年总估价成批包给几家社员，由他们摘卸，由他们处理，队里省事，不用再管。

二队长：我同意。青稞快割了，加上摘果子，忙不过来。

一队长：我早就这样打算，我们一队想包给某某几家。

支部书记：好好讨论一下，再多想些办法，看怎么做更好些。年时（即去年）包给几家社员，队里少收入一千多元。

五队长：年时队里不统一处理，实话说，今年队里生产上钱不够用。按我的主张，还是各队统一由队里办。

三队长：两种办法都可以。我们队里同社员讨论过，若包给几家社员，也干利(即干脆利索)；若队里搞，我们打算大部分人投到割田上，另组织几个劳力、半劳力专摘果子，老奶奶捡果子，专人与外面联系卖，也能安排下来。

保管：队里搞，要你们各队自己有专人管，那东西不好放，迟几天就有损失，我可管不了。

四队长急了，反驳说：办事怕麻烦还行？栽树务果子，也是生产，果子卖了是大收入。政府经常宣传政策，叫保护树木，发展果子哩，不要怕麻烦。收果子，不只是为增加收入。光是图简便、干利，不想吃果子，不想卖钱，队里明年不想用钱了，啥办法也行。我的办法最省事，索性连包也不用了，也不用开会商量了，放一句话，谁愿摘就去摘，想吃就去吃，不是更干利吗？

支部书记：不用争了，四队长说得对，这也是我的主张。办事先要目的明确，栽树、打虫、浇水、务果子是生产。果子结了，怕收怕管，不是浪费了我们下的功夫了吗？我认为收好果子的目的有三条：第一，要收好管好，不让果子收成受损失，供应城市和不产果子的地方，叫人们香香地吃上果子；第二，要使队里能增加收入，算一算，这笔钱可不少；第三，对社员有利，鼓励集体和个人更愿意多务果树。我们想办法要从集体和个人的利益上想，若不能很好地实现这一点，便是我们当干部的没负到责任。这是我的想法，若说得不对了，大家可再商议。

最后大队长说：就这样定了，我同意支部书记和大多数人的意见。(余略)

如果读者问我的意见，我便无不迟疑地回答：完全赞同四队长和支部书记的见解。相互交换意见，选择较好的方法的思想性就在这里，对吗？

（原载《青海日报》1962 年 7 月 29 日第二版。）

正确的，一定支持
——农村公社杂记之十

在农村帮助工作，同基层干部熟了，彼此什么心里话都说。

一位大队党支部书记，同我谈工作中困难之一，是有些问题领导上为他撑腰不够，并顺便举了几个事例(从略)。交谈中我们还提出了许多相关问题和看法。

撑腰不撑腰，要不要做具体分析？按所举的事例看，可分两类。有些事，上级没有或完全没有按队的主意处理，看来上级的方法是对的。坚持原则，把事情办得更完善些，这是上一级应有的态度，应负的责任。至于某些事，或者领导上考虑得还不周到，或者是大队提供的情况还不够具体、确切，以至于把事情拖延了，或者处理得不当，或者把一些原则和道理没有交代清楚，或者是原来的意见就不对等。如上原因，应按实际情况分析，不能一概而论认为是领导上不撑腰。

撑腰、支持，要不要有个标准？原则、政策就是标准。只要是坚持原则，按政策办事，符合群众意愿和利益，方法对头，做得正确的，上级应该支持，也一定支持。所谓支持，是支持真理，自己对的要求支持，完全应该；如果自己不对，或者不完全对，也要求盲目支持，就不适当了，也不能这样要求上级。

我们党和国家的根本制度，是民主集中制。如果对上级有意见，在某些问题上有着不同的看法，完全可以诚恳直率地提出来，请上级考虑。这样做，不仅可以，而且必要，提出不同看法，不仅是自己的权利，而且也是为做好工作的义务。对上级提出意见，坦率说明自己的观点和看法，这不意味不尊重领导。这是对国家事业负责的表现，也是对上级领导的支持。

（原载《青海日报》1962年7月31日第二版。）

向老农学稼

——农村公社杂记之十一

庄稼种得好，务出的田地犹如艺术品。远看麦子一方深绿，油菜一片浅黄，各色相间，好似大地上展览的花毯；近看田间横竖成排，穗头高低整齐，显示着大自然的滋润、劳动者的辛勤劳作和智慧。

一次中午，在拔大草休息的时候，青年们同老农就地畔座谈起来。问：庄稼怎么能种好？老农们回答得极朴实而恰当：务农务农，庄稼要好，四五十年的经验是“勤务”。

他们说：“三年学个生意人，一辈子也学不下个好庄稼人。”接着感叹起来，主要不满意有两点：一是现在有些青年人，不肯用心学种地务庄稼，只出笨力气，不知学问、寻求经验，又不服气老农的指点；二是有些社员，也学起机关、工厂的作息制度，讲钟点。“设想抢耕下籽，引水灌苗，龙口夺收的时刻，怎能说下班的钟点到了，放下手里的活不管呢？这种思想太不像话了，我们就没经过。”

老农们意见说完了，火气平下来，接着说他们务庄稼的经验，总结出“务农四要”如下：一要不怕苦，肯出力。翻地铁锨要纳得深；扶犁胳膊上要用劲，地要深翻；下籽要赶墒气；夏天锄草，要不怕当午赤日晒；务农不怕风吹雨淋日晒，不误每个节气，扎扎实实劳作，才能吃上好饭。

二要勤快。庄稼活做不完，地里的活要找着做，按时做，随时做，不要让活等人。会务庄稼的人，没有闲着的时候，眼里什么活都能看见。晴天在地里忙，下大雨天就在牲口圈里忙，或修整农具等，不然，农忙时节手下调搭不开。

三要用心学，细心做。莫看务庄稼是力气活，但也是最有学问和最细致的活。如下籽，用耧摆要定籽眼；选籽要看肥瘦，是否饱满；播麦子、菜籽，还要看套的是马是牛，走得快慢；籽眼应该有大有小，掌耧的人，手摇摆时，要注意有急有缓。再如务菜，要小心锄草不伤菜苗，留苗又不漏锄去草，粗心大意不得，更不能瞎出力。

四要熟悉农田，学习务农计划。务庄稼不但要会做农活，还要掌握地情，会计划。例如，什么地该种什么庄稼；什么庄稼应上什么肥。今年种什么，还要想到明年种什么，怎样倒茬口，调配品种等等。务农田，没有计划不行，人们说：“吃不穷，穿不穷，打算不到一世穷。”

结尾，这几位农业老行家再三说：农活是真要下苦学习的，现在一般青年，又识字，又聪明，加上耕作条件比过去好多了，有新式农具、有化肥、有农药，若爱学、肯学，一定可以学会，务农一定强过老一辈。

（原载《青海日报》1962年8月1日第二版。）

●青海情思（琐忆一组）

怀思与信念

我离开青海五年多来，一直怀念那里的山水草木，喧闹的市街；辽阔的草原；熟识的面影；亲切的同志；青海，我的第二个故乡。

30年的日出月落，30年的春暖冬雪，30年的春华秋实，30年的风云沧桑，我在热情奔放的岁月，诚实地在那里工作，做了些许各兄弟民族所急需的事情，心情是愉快的。但我内心又伴着不安，觉得比之应做的，尽力仍太少，奉献仍微薄。

对于30年的高原生活，日日夜夜忘我工作过的青海，怀念之情比对我生长的家乡要深厚得多。

去年，党的总书记胡耀邦同志，亲临青海视察，热情洋溢的讲话，表达了党中央对这个地区的关怀和期望，明确提出开拓青海的战斗口号，大大鼓舞了全省各族人民，使继续战斗在青海的同志更加振奋、自豪、信心百倍。

有位重游青海的人，对我惊叹说：变化真大呀！另一位在那里工作多年的负责同志，深有思索地说：建设需要再加快！我相信这两种表述不同的话都是正确的，并且想过，这个地区今日继续开拓奔向四化，更上一层楼，是在30多年的物质和精神上的创造、奋斗中建立起来的。现在再次飞跃，比之解放初几乎是零的空白地，在各方面的基础丰厚了多少倍，坚实了多少倍；人们建设的才智更是聪明了多少倍。这种不能用数学，以至电子计算机对比衡量的因素，激励着人们，增强了人们比当年更大的信心。

这组回忆短文，就是在这种心情下写的，绝不是为怀恋过去，回望往日的贫穷，也不是为在今昔对照之下引起某些近视者的自满，实在觉得需要面对变化着的现实思索，原来贫困的青海，怎样使党对各兄弟民族的关怀和各项政策，逐渐在广大人民心里生根、开花的。怎样一点心血、一滴汗水，一步一个脚印走到现在的。党的优良传统的发扬，人的精神风貌的塑造，长途前进中的起伏曲直，使我们充分认识今日新的实力基础和许多有利新因素，从而振奋精神，激励斗志。歌德说过：历史给我们最好的东西，就是它所激起的热情。

这里所记述的片段，只是解放初期几年，我所接触当时文化、教育、艺术方面的见闻点滴，犹如深秋之际，层层落叶之中的几片，确是我记忆影像中的几片散叶。

将前面的文字，简化作下面几段话：

壮年豪情上高原，
两鬓霜染故里还。
自知奉献甚微薄，
临行意恋恋。

两袖清风别往昔，
不带半片叶和云。
伴我层叠情与谊，
辞别情依依。

换天地多少心血，

三十年沧桑风雨。
与民族兄弟同心，
建盛世泰平。

1984年8月于西安

席棚剧场里的豪情

西宁东街北面小巷居户房屋中间，有一处门额横匾，上写“山西会馆”四个斗大金字，特别显赫引人。这个会馆门口常贴有戏报，自然引来纸烟、瓜子、熟食摊贩，形成了市内的热闹地段。

在一个星期日中午，为观赏海报上夸扬的新到旦角，即赶去会馆看戏。舞台是木板席棚搭的，龙套翻了几个跟头，木板顿时嗵嗵有声，灰尘如烟似雾。

几个折子戏之后，压尾戏是一个不堪继母虐待的官宦小姐出场了。小姐花枝招展，蹙眉低首，跟上乳娘来郊外捡柴，意外地遇见一行路相公，惊得粉黛低垂，嫣然羞怯地躲向乳娘身后。我突然发现舞弄香帕掩面的手，掌心涂有胭脂，却粗大得能抓篮球，再看体型，五大三粗，像个扛机枪的大汉。我情趣索然，但是我没有退场，不是出于礼貌，实在说，另外真没有什么可玩的去处了。

过了半年，曾在西安名噪一时的小生沈和中，带上以女儿沈爱莲为主演的秦腔，从兰州来到西宁。平静的小城活跃了，我同爱人又到“山西会馆”看夜戏。果然沈爱莲演戏身手不凡，她演小二过年，待嫁的姑娘，窈窕俊俏，辫梢飘舞，碎步轻盈，在舞台前眉眼闪动格外妩媚，顿时压住了剧场。她背着父母，为未过门的小女婿偷拿年糕、肉、菜、油、馍等，脸上的表情和身段的表演，显现出姑娘的娇羞、泼辣、爱恋、同情。把一个束缚于古老婚姻旧习，又欲冲破而不敢的心理，细腻逼真地表演了出来，把坐着和站着的观众们几百双眼睛，牵引得像拴在了她的每个动作上。

散戏时，夜已深了。我抱上孩子，走近城东门口时，发现路边阳沟倒卧一醉汉，路上已没有行人了。忽然一群野狗追来，我将孩子交给爱人，捡起石子自卫，边吼边打，且退且躲，后悔去戏场何不带一根长棍子，大人仓皇，惊得孩子哭号，可是并没有扫兴。

1953年，部队将随军的京剧团移交给地方，演出的剧场仍是席棚搭顶。到城东门内石坡街小巷口往南，人们就可以看见高悬的条状红灯广告，电光闪现的是演活了诸葛亮的女演员“刘成高”三个字。这个剧团生、旦、净、丑、末行当齐全，各角都有几套，连外省，甚至北京的客人，都有好的评说。

红火的一阵，是尚小云的儿子尚长春，以演武松挑头，又带有青年演员华华、吴玉频等，从上海来临时搭班演出。尚长春演《武松打虎》，十六七岁的华华，演出《贵妃醉酒》《红娘》等，轰动了这高原小城。记得有一夜，雨水从席棚上滴到看客头上，嘻嘻哈哈的观众们只顾看红娘从小姐衣袖下偷棋子，似乎没有人发觉天已下雨，只有戏散走出剧场时，才清醒过来。人们把衣服顶到头上，一边评论，一边挤出泥泞小巷。剧团的演员们回关东居民院临时住处时，卸了妆的潘金莲、刚酒醒的杨贵妃等上海姑娘，也得脱掉鞋袜，卷高裤脚，水里泥里，相互喊着扶着拖着走回她们的住所。

演出环境、生活条件真的是太简陋了，兼之华华等薪资索求太贵，不多时就走了。有人却争抢她的艺术剧照，将个传柬的丫头提在公文包里。

不多久，在西大街建立了第一座较合格的剧场，装上了灯光、调音设施，观众坐席的角度和剧场内暖气装置新颖，俨然是高出周围居民平房之上的大建筑，向人们预示着舞台戏曲将逐步走向繁荣的前景。

解放初期，西宁的戏曲观众，并不计较条件的简陋，演艺的高下优拙，可是非常高兴去看戏，自然是紧张工作之余需要娱乐。我感到，更多的动力，是人们对于经营建设青海这片新地区，充满的豪情。他们以极大的热情和责任感，全心全意为解放了的各兄弟民族同胞服务，而且对未来意志坚定，满怀信心。

农村学校教育设施的改善

我初到西宁，市小，人口少，可是散在街巷的儿童却不少。他们衣服破旧，看到有十岁上下的孩子在街上玩耍，心里想，他们为什么不上学？因此发现东关仅有的一处小学，院子不比居民院子大多少。学校有四个教师，班次不全，学生数目也常常不稳定。

为参加农村土地改革和帮助生产，我先后到大通县朔北、祁家乡，乐都县的雨润、共和等乡，看到山村小学，比之西宁城里更穷。这些为数不多的学校，多半在围墙坍塌了的由汉族修的破庙里。有的泥像已被拆掉了，有的诸神黑虎灵官仍然不减当年的威风，学生一边念书，一边观看本村阿爷阿奶求福上香。这些学校极简略，讲堂上写字黑板，是将土墙用墨水刷出的一长方块，学生坐凳和课桌，都是土坯台子。有几所小学的班次只有一、二、三年级，问原因，一是教师程度低，教不了四年级以上的学生；二是儿童过了 10 岁，就开始帮家长干活了。学习的课本也极有限，需要教师帮助学生翻抄。学生的玩具只有土块，风琴、皮球当然从未见过。

乐都是从东面进入青海境内第二个县，位于去省城西宁公路沿线，被称誉为文化之乡，有“乐都的文书，循化的兵”之说。我几次下乡顺便访问过教师，却是本乡本县的少，多半是省城或外省来的。我见一位女教师，不到 30 岁，甘肃东部口音，高中程度，学师范教育。与她交谈，看情绪，并不以为这山区破庙寂寞。她白天轮流到学生家吃饭，晚上同学生的奶奶一处睡。她说学生经济困难，有的学生连作业本都买不起。她最发愁的是学生不稳定，所以她常通过村干部，逐村挨户动员学生上学。上学之际，有几个学生得经常到家里去叫，家长对老师还客气，但对于孩子识字不识字看得并不要紧。

我虽然没有考察教育的责任，可是到了农村，随处都可以看到儿童帮家里拾粪、捡柴、牵羊、看牛，也看到他们上树、玩土、打闹，满脸尘土。因为学校少，上学的儿童去学校往往要走上五六里路，翻梁越沟。庄稼高了，家长十分不放心，因此一到冬季，学生下午四点全放学回家了。

一次走进达子湾(沿公路线，离乐都县不远)，在一个人家吃派饭，女主人是藏族，看面相较老，实际不到 40 岁。她丈夫常年不在家，在山上一个乡教书。我便问及她种地、管孩子及家务，能忙得过来么？她说：“当老师是好事，我愿意，就是拿不回来钱，三个孩子全靠我种地养活。念书当老师养不了家，不如种地。”她语气平和，没有什么埋怨，感到她的朴实，却提出了一个有关教师工资待遇的大事。吃完饭送我走时，她悄声向陪我工作的县委同志说：“你给省上同志说一说，叫他爸(指教书的丈夫)回家来，两个人种地总好过些。”

上面追诉的情况，早被历史发展的巨手翻过去了，农村的学校从校舍设施到教育质量在不断地改进着、提高着，教育和培养着新一代人。如果我再去大通、乐都等农村，当然再难找到过去学校残旧的影子了。

农家庭院文采

地处高寒边远之地的青海，风多且大，农村居民的房子，都是四方院墙围抱，墙高而厚。低平的屋顶，用白泥抹得很光平，如阳台，上面可以晒粮食、放柴草。檐口常年搭有梯子，孩子们在上面玩耍，小姑娘一天取东西上下不知多少次。

我走过许多农家，从庄院外面看一点不起眼，多数庭院大前门虽然不上油漆，门额上却有简单图案浮雕。听有的主人介绍，他们听自家老人说过，这是模仿阿拉伯习惯。一进大门，是一个干净的方院，四面盖有房子，整整齐齐，妇女们在廊檐下干家务活。最吸引客人的是，院子中央，都有一方花坛，四边用土垒或砖砌。花坛里植养有牡丹、桂花、葡萄、小石榴树。到夏天，牵牛花、葫芦等藤蔓上架了，争奇斗艳，枝叶掩映、叠叠层层，确能看出主人有着爱清洁和良好的卫生习惯，他们都热爱生活，有培育和欣赏美的情趣。

紧靠青海省东大门，民和的乐都县，沿公路从原雨润乡到老鸦乡一线的农村，我下乡时都住过。那里大家小户都特别讲究卫生。客人绕过花坛走进正屋(一般坐北向南)，最先引人注目的是后墙正中间，悬挂有毛主席像，庄严端正。有的在两边贴有红纸对联，墙壁上无一点灰尘。毛主席像的下方，靠墙摆有一长桌案，或者是一个古老样式的大柜，两边各摆有接待客人坐的古式高椅子。桌案或柜子上面，中央一般放有一方镜子，也有的家放有一个小屏风，屏心上嵌有一块西湖苏堤、断桥胜景，两边放有小木匣子、白陶瓷茶壶，以及玻璃瓶子。这些物品按高低大小排列，都擦拭得亮晶晶的，非常干净。这些当然不是富人家的古董花瓶、雕塑珍品，可是主人对这些小物件的珍重和爱护之情，真使客人心里受到感动，很自然想起，这就是生活，人们热爱他们的生活，严肃认真对待着他们的生活。

正房多是三大间，两边都有木格大窗，可以由下往上撑起。屋子一边是大炕，炕上铺有干净的白棉毯。炕边都放有一个二尺见方的小木桌，招待客人，或者下乡干部吃派饭。人们盘腿围坐在小桌一圈，村干部陪着吃饭，我注意到，吃饭时常常是母亲为儿子端饭。有一次，我只顾看墙上的景致，连说话都忘了，因为墙上的各种布置极其吸引人。炕周围贴有图案花纸，较高处，便贴满了年画，如富贵有余、莲生贵子；还有美术精印的画，如四条；还有岳飞抗金、杨家将保宋等十六幅连环图；或者四条时装美人等。反正墙上贴得满满，五色斑斓，成了炕头画展，什么时候一抬眼，都有画儿看……

农村人的家庭院落给我启示：人民爱美，欣赏美，需要文化，需要美，人们心境里充满了美的情趣和兴致。

各民族劳动者登上戏曲舞台

青海省有七个兄弟民族聚居生活，随着政治上的解放，文化发展和提高，放牧、种地、做工等劳动男女，逐步成了国家主人，登上了社会历史舞台。在戏曲艺术舞台上也出现了劳动模范人物形象。

最早有自编演出的大型话剧《草原风暴》，不仅反映了辽阔草原上藏族人民的新故事，还描写了解放后各样人在政治上的新关系。

原戏故事情节，我已经记不起来了，可是活动在舞台上的各式人物，仍然历历在目，有政治上觉悟坚定的积极分子；有受尽牧主头人残酷剥削的纯朴牧民；有专事宗教信仰爱国的喇嘛；有逐渐成长中的藏族青年干部；还有满腔热情全力帮助牧区人民生产和建设的汉族干部……

这个戏，在艺术上成熟到什么水平，在思想上有多少创新，是戏剧家、文艺评论家分析、探讨的课题。我作为观众群里的一员，当时在台下，听到过僧俗人等的一些评说，如这场戏是一场民族政策教育课；是歌颂我们藏族人民政治上翻身的胜利的歌；我们应有信心，把牧区建设成人间花园……

陆续创作演出过《土族儿女》《昆仑战风雪》等描写土族(主要分布在互助县)、蒙古族(主要分布在海西州)人民在生产建设中，同自然灾害、同错误思想作斗争的生活。

逐渐地出现了各民族自己的艺术家，创作塑造各民族劳动人民、英雄模范事迹的作家、演员们的作品登上了人民艺术舞台。我自己就看过不少次民族歌舞和曲艺演出。

给我印象较深的有《黄河放排》号子，是一场群众歌舞，主旋律紧张激昂，歌声高亢雄壮，首尾起伏跌宕，声韵深远悠扬。舞蹈动作生动，表现出有险有夷的放排情景，使人联想起《黄河大合唱》和《大路歌》的节段。

循化县撒拉族少年(不记得姓名)，十四五岁，徒手演唱的《循化好》，声腔甜美，情调明快欢乐，表演熟练。这位少年一张口，把循化县美好生活、民情和风光活托到了观众的面前。

一个海北州的女少年，表演了《放羊姑娘》，歌声清澈悠扬。她把揽羊、拖羊、喂羊等各种动作轻捷、生动活泼地表现了出来，像一幅优美的淡墨画，一首清丽的抒情诗。

哈萨克族一位老人和少年，合演了一场哈萨克族舞蹈，题目不记得了，但他们的舞姿画面仍历历在目。他们表演的舞蹈是扶犁、拉犁耕地，老人全身四肢及双手每个指节，都在乐曲的旋律中舞动，动作有力，协调奔放，有棱有角，造型刚健，犹如活动着的岩石雕像，风格别致。

玉树州特来参加演出的藏族舞蹈，领头的腿腕套一串小铃，手持胡琴，边跳边拉，指挥协调着队形。这些藏族舞蹈家们，动作豪放，气氛激昂，鼓荡得舞台上地震山摇，全场观众都被激奋得想站立起来，随着歌曲一同舞蹈。

青海，艺术舞台，是七个民族的。

青海各民族的艺术宝藏，是丰富多彩的。

土生土长一枝花

青海的戏剧舞台上，除了秦腔之外，原来没有当地剧种，但有一种坐唱艺术，称为平弦，也叫西宁赋子，就很好听，流行于西宁及大通、湟中、互助等县。这种坐唱艺术，是解放后才登上戏曲舞台的。

我最初听平弦的演唱，是一种艺人围坐演唱的形式，像陕西关中农村的自乐班，农闲、节日、雨天时，拉的唱的吹的凑到一起，不上舞台，唱家也奏乐，拉胡琴的也唱一角。平弦的乐器不少，有三弦、扬琴、板胡、笛子等，其中起协调指挥作用的乐器是“月儿”，一个小瓷碟，用一只筷子敲打，声音响亮清脆。从“月儿”的轻重缓急中，听众可以听出节奏的刚柔及情调的抑扬。

也许这一民间艺术，生活流行于黑暗、贫穷、痛苦的年代，腔调偏于低沉，声韵中含有过多的哀伤感。

后来，这一民间坐唱艺术，在党的“双百”方针鼓舞下，进了剧场，上了舞台，成了一个新开放的剧种，演员和乐队分开，粉墨登场，同观众见面了。

平弦，自有许多传统剧目，可以演的古老故事很多。我先后看过试演的《狸猫换太子》和逐渐演出的新编历史剧《武则天》，还有表现新时期生产内容的《送肥记》。赋子唱调古朴、悠扬、悦耳动听、典雅不俗，登上舞台之后，出现了如张月芳、丁希等许多观众熟悉的青年演员，还进北京演出过。

这一枝土生土长的艺术花朵，开初请省京剧团老演员做教师，指导排练，当然吸收了许多京剧做唱的优点。后来又由秦腔演员做教练，自然也接受了秦腔的一些优点，但同时又都给这个新剧种带来了不利的倾向。即，除了赋子曲调为主的唱腔和西宁地方语为科白之外，似乎谁教练、谁导演就容易跟谁走，有“吃谁的奶，便有点像谁”。京剧和秦腔的程式影响都有，不容易形成平弦自己独特完整的艺术风格。这是观众们所关心的一点，也是戏曲工作者曾研究过的课题。

我曾听一些戏曲外行的议论说：平弦应走自己的路子，是否考虑以赋子曲调、西宁话科白为主，向地方歌剧试探，也许容易摆脱别个剧种程式的影响。学习各剧种之长而不离平弦本宗，不断探索、创新，逐步发扬、完善平弦自身特有的风貌。

平弦在培育成长。

西宁戏曲舞台上毕竟土生土长起一枝新花。

志士攻克零和零

听到青海运动健将们将跟随祖国的体育代表团，去洛杉矶参加奥运会的喜讯，高兴极了。

近几年来，青海的运动健儿，各兄弟民族的有志青年，在全国一些体育项目中，得过世界纪录，破过亚洲纪录，夺得不少金牌、银牌、铜牌，为国家为青海为省各兄弟民族争得光荣，赢得声誉。

今日金牌，是从打碎大零夺来的。

所谓大零，实际是两个零套在一起的。

青海解放初，专业体育活动，完全是个零。这个零含有两层内容，一就这项事业说，是真正的空白；一就开始创业时说，在全国比赛场上的得分也曾是个零。

这个零里面，曾演出过几个故事。

人们传说过，西宁解放前，省会最高学府是湟川中学，土皇上马步芳到学校去，观看学生打篮球，你争他夺，搏斗激烈。这个马长官，以非常慷慨的口气，向左右陪同者认真下指令：“把一个小小皮球，抢得那么凶，多买些，每人发给一个。”

西宁解放后，群众体育事业，随着各项建设事业也逐渐发展起来。当第一次派体育队参加全国运动会时，送行的场面是隆重的，有关领导同志亲临鼓励，我也赶到现场看热闹。待到体育队回省的时候，虽然未夺得一分，抱的是一个大零，但迎接的场面照样隆重。领导同志亲切热情勉励运动员及体育界。人们把这个零当作一个长跑起点，起飞的第一块基石，继续磨砺动力，大家对未来抱定希望，充满信心。

青海体育运动史，头一页上这个零，广大运动员和各民族群众，是怎样用苦练的汗水冲垮这个零；用意志的火焰融化这个零；用钢铁的力量和拳头砸烂这个零……总之，壮士们刻苦的日日夜夜我虽不了解，却可想而知。

我知道，每天清晨，人们还在酣梦未醒的时候，运动员们穿着背心短裤，已经沿着环城路练长跑了，雪花扑面飘来，头上冒着热气。

我在居民小巷里，给横冲直撞，踢着棉布团的少年让过路。当时脑子闪过一个念头："也许他们就是未来的足球健将……"

下乡到山区，我看见农村青年，从田间回来，吃过饭后，在村边篮球场投篮比赛。他们当时也许并不完全懂得传球规则，跌着跤，犯着规，他们的兴致却非常感人。

我看过小学校春季或秋季运动会，天真的儿童们有的为自己班夺得优胜而雀跃欢呼；有的小同学为自己的一球失误而躲在墙角或树下流泪。

我曾在西宁的南门外、西门外运动场的土台子上，观看过全省运动会。运动员尽全力表演，裁判员、教练员一丝不苟地测算新成绩。看台上的观众一阵叫好、一阵惊叫、一阵鼓掌、一阵评论，为场上的运动员们鼓劲。

青海的体育事业，如何闯破零而走出国门，飞向洛杉矶奥运会赛场，这一段艰难的辉煌路，只有党组织、运动员、苛刻的教练，最明白其中酸甜苦辣的滋味。

两画师

1978年初秋，全国著名国画师、岭南派的光大者，关山月及黎雄才等，应谭启龙同志邀约来青海，专去龙羊峡工地写生。西宁美术界乘此良机，布置了一个小展室，将部分美术作品挂出展览。作品中有国画、版画、油画，还有几条书法，博得关山月的赞赏和指点。

我和画界的艺术家们的心理一样：这点成就当然与画业盛期距离尚远，不过，大家有志耕耘，辛勤创作，希望和取得更好的成绩在前面。

回忆西宁的美术事业，自然会想起两位画师，一位是郭世清，一位是方之南，都长于花鸟。我和他们之间有交往，主要不是工作上的往来，而是因爱画的兴趣接近。他们给我送过自己的作品，以至认识了郭的爱人刘缦云，是一位中学教师，见过其子郭宜生。

两个人各有特点，却都清瘦，体力较弱，都戴有眼镜。他们在政府的鼓励关怀下，勤奋创作，热心奔走于开展社会美术活动，肯花心血培养青年画家。他们带三个五个学徒，联络七个八个画人，颇费了精力、时间和周折。他们安排各种活动，今日一个讲座，明日一个实习，亲手动笔示范，热心品评指点。

我是有展出必去看。在历次举办的画展室里，既可以看到郭、方二位自己的新作，也可以看到他们做园丁的成果。我虽然是外行看画，却也曾写过文章，表达一个观众的祝贺。

早先以塞上生活速写，同冯玉祥配诗出名的赵望云，敦煌艺术摹写研究专家常书鸿，先后来青海写生、讲学，都是由郭世清、方之南接待他们，同西宁画界交流经验，做了很多工作。赵望云到海北祁连山区写生，《青海日报》专为办了画刊，我照他《谷出》《鹿跳》等幅画凑了一段诗，其中有“山高峰竞秀，林深鹿自鸣”等句。赵望云为我画了一幅牡丹，郭世清即兴在花影下添了两只鹌鹑。一只埋头自理羽毛，一只双目仰视着被风摇动的叶枝。画中的花儿芳香，鸟儿有情，情趣盎然。

据画界高手评说，郭世清和方之南笔墨功底深厚。他们两人，勤于创作，不断探索和提高绘画艺术。他们为人也极谦虚，认为艺术家要有广泛的阅历，自己游访名山大川较少，画境入神不够，还有待于升华创新。

近来，听说方之南还在继续创作，只是体力较差些。郭世清已逝世，但他把美的作品和好的画风留在了人间。

●青海乡村见闻随笔

诗人下了乡

诗人下了乡，
帮助工作忙。
开会讲政策，
登门访问谈家常，
社员都把他当作新来的队长。

诗人下了乡，
正遇春耕播种忙。
扶起犁辕耕地，
扬起鞭子赶牛，
细撒麦种播入田地上。

诗人下了乡，
体验生活忙。
交了许多朋友，
听到许多传说故事，
新诗越写热情越奔放。

诗人下了乡，
社员都夸扬。
敬他有学问，
爱他亲切友好人和蔼，
新诗写得好，务农也在行。

诗人下了乡，
触景生情吟诗忙。
双手劳动磨起茧，
挑担双肩红肿胀，
越辛苦诗情越畅旺。

灯影戏

小小灯影戏箱，
装着三百多男女和刀枪。
唱手、琴师五个人，
率领着皮人、马到处演唱。

今夜南村明晚又北庄，
三尺见方的白布上陈兵摆战场。
吸引了人们四面八方来看戏，
老奶奶几十里路骑驴赶戏场。

一缕缕胡琴弦声悠扬，
一阵阵锣鼓山谷震荡。
唢呐齐鸣英雄奏凯歌，
惊堂木三击奸贼滚下堂。

唱的是东周列国志，
唱的是魏蜀吴三国兴亡。
唱的是包文正秉公断案，
唱的是历代英烈忠良。

唱的是青海解放新故事，
唱的是公社化新人新气象。
老年人看得心情舒畅，
青年人看得心花怒放。

乡村小学生

小学生长得聪明，
今年戴上红领巾。
学习很用功，
考试总得百分。

清早先为羊割草，
饭后奔往学校。

下午回家为妈妈背捆柴，
黄昏时还把老牛牵回槽。

葫芦架下的人家

小路旁边一片菜圃，
风吹葫芦架枝叶飘拂。
花架搭上屋檐头，
密密层层绿叶掩映窗户。

屋里住着婆婆和媳妇，
一家人劳动勤苦。
媳妇农活一把好手，
婆婆终日忙理家务。

大学生暑假回家来，
久别重逢亲情浓厚。
白天田里比劳动，
晚上闲谈逗趣爱满屋。

葫芦越坠越长，
月光下偷听主人温情细语。
葫芦架上缠牵牛，
天亮时把成串花朵赠给年轻多情的夫妇。

公社就是她的家

年纪三十上下，
五个孩子的妈妈。

人都夸她劳动好，
可惜年轻轻守了寡。

男人干活顶条牛，
谁料砍修树枝不幸离开了她。
想起男人心如灰，
看到娃娃又舍不下。

左邻右舍相帮助，
队里干部关心她。

一天黄昏她不在家，
油灯引起火灾吓坏了娃娃。

娃娃哭喊跑出院，
社员奔来抢救她的家。

她回来一见放声哭，
社队干部争着请她住到自己家。

工作组同志来慰问，
队干部拨钱救助她。

党支部紧急开会议，
全队帮她建新家。

除去灰烬打新墙，
七脚八手盖新房。

垒墙的垒墙、抹泥的抹泥，
三天后新房落成啦。

她说集体力量大，
一家独户难持家。

她说今后更要爱集体，
公社就是她的家。

这几天老婆婆更忙啦

老婆婆虽然年纪大，
头不晕眼不花。
媳妇下地去劳动，
小儿子也去上学了。
做饭、扫院，
看羊、喂猪，
帮助媳妇管娃娃，
整日忙得没个闲暇。

这几天亲戚送来一只小猪，
东邻又送来两个小鸡娃。
火车呜呜驶过村，
长子从大学里放假回来啦。

急忙呼喊小女儿，
快把媳妇从地里唤回家。

这几天老婆婆更忙啦，
要为儿子做好饭；
吩咐小女儿给嫂嫂房子贴张画；
要为小猪铺个窝；
还要为小鸡搭个架。
她介绍小儿子的学习成绩好，
她夸扬社里的好庄稼。
老婆婆从早忙到晚，
欢喜得忘了同儿子说句娘的心里话。

林荫道上

绿树浓荫夹道上，
小驴车穿过树巷。
车轮儿飞滚转得忙，
驴蹄儿轻快嘚嘚响。

车上飘过红头巾，
头巾映着母子喜悦的脸庞。
妈妈的辫子随车儿摆，
孩子在母亲怀里睡得香。

孩子刚刚一个月，
年轻的妈妈第一次带他去外婆家。
驴儿请你快些走，
外婆在大门口翘首要见我们的娃！

乡村小商店

公路旁边，
有几间不大的铺面。
日用杂货样样有，
青年经理终日忙不休。

主妇来买把咸盐，
姑娘来买对花簪，
学生娃娃买支笔，
农民来买把木锨。

小经理勤快不闲，
随到随买不拖延。
老伯伯走进店来，
忙招呼坐下吸袋旱烟。

县长和老农

县长下了乡，
总把老农访。
遇事同老农商量，
老农找县长作主张。

春天拜访老农，
座谈怎样把庄稼及时播种上。

夏天请教老农，
如何除草、灌水促使庄稼长得旺。

五月天旱了，
老农去请县长。
杏黄麦熟时，
县长同老农一起割田打场。

劳动休息时，
老农同县长并坐在田坎上。
县长吸着老农的旱烟，
对面谈叙家常。

老人说他经历过多少时代，
见过各种县长。
清朝的县太爷，
出门坐轿百姓忙躲藏。

国民党时的县知事，
戴墨镜穿西装，
手提文明棍，
乱打乱骂人人惊慌。

今天世道不同了，
人民县长同官老爷不一样。
真正是老百姓的长工，
勤勤恳恳为百姓办事忙。

县长打了多年仗，
领导生产也在行。
老汉受过多年苦，
解放后越活越健康。

说起了过去，
一个为地主流了半辈子汗；
一个是长工闹革命，
人民选他当了县长。

县长老农情谊深，
相互学习为生产着想。
老农把县长当亲人，
县长把老农当师长。

山村

叠叠峰峦叠叠山，
层层梯田层层园，
清清流水绕山腰，
闪闪银光映青天。

行行白桦行行柳，
绵绵柳絮漫屋檐，
白羊点点草青青，
鸡鸭对对戏菜园。

朝朝暮暮人勤苦，
男男女女忙不闲。
双手建得家园好，
丰衣足食日子甜。

饲养员

饲养院子宽敞卫生，
槽头干干净净。
麦草铡得细匀，
圈栏里垫的土新。

大小猪儿分槽喂，
饮食冷热拌均匀。
白天精心饲喂养，
夜里也操心看护勤。

风筝

（一）

风筝片片，
如白鸽飞上蓝天，
浮浮游游，
寻寻觅觅，
试探春深浅。

（二）

风筝越飞越远，
孩子心喜欢，
老老少少，
熙熙攘攘，
都说高原春不晚。

（三）

春风渐暖，
风筝徐徐落田间，
向村前村后，
预报今年定丰产。

鹿之歌

美丽成群的鹿，
自由自在生活在祖国辽阔的土地。
在深山密林里徜徉，
在绿波荡漾的草原上欢乐奔跑。
在绿色的世界里出没繁衍，
给世界增添了生命的绚丽。

一身黄土色的披肩，
发亮的皮毛染着红色的纹斑。
额头顶着一对坚硬的枝杈角架，
拨开清晨的浓雾，
划破低飞的白云。
精心寻找清香鲜嫩的草，
渴饮最洁净的流水。

黎明双目远眺射出海面的晨光，
吸引来通身的热能和力量。
在夕阳的彩霞里左顾右盼，
看着自己和同伴印在草地上长长的身影。
晴空下静静聆听，

远处牧羊姑娘清朗的歌声。
突然天空里划过一缕，
轻柔透明的白练，
从蓝天上飘落到草原那边，
立即放开四蹄随影飞奔追去。
来到一条小河边。
明亮如镜的水面上，
映出自己美丽的身影。
额头上的角架如枝杈，
自欣自赏骄傲无比。

爱远眺，
向往茫茫草原之外还有丰美的草；
爱听歌，
知道远山白云的那边还有好听的歌曲。
你眼中的世界永远多彩多姿，
你心里的世界永远自由幸福。
人们喜欢你和你的儿孙，
你的形象逗引着无数艺术家的画笔。

生活在草原上的人民，
从你们那里得到自然界的真谛。
将你们的机智灵敏优美和善良的风采，
融进了自己的生活里。

我不会谱曲，
也不会唱歌，
却有满腔热情，
默默地把你赞美，
你，一群群美丽可爱的鹿，
还有那为祖国倾注心血的，
与你们一起生活在草原上勤劳的人民。

山路

忽隐忽现的羊肠小路，
像从地头搭入白云的天梯。
别看小路遥远而险陡，
多少人从那里上上下下，
多少人在这条路上度过风晨雨夕。

成串的毛驴把粮食山货驮到川里，
络绎不绝的人们把日用品运进山里，
多少干部经过这条路到山村去工作，
把党的政策和关怀给山民带去。

年老的县委书记，
满头汗水一步一呼吸，
到深山里去检查工作，
社员牵来牲口他不骑。

山里人民感激这条路，
也感谢到山上来的负责干部，
热情地说：你们太辛苦了，
谢谢你们把毛主席的关怀送进我们山里。

草原成果丰硕

草一天天高了，
羊一天天肥了，

马一天天骏了，
机器一天天多了，
产品一天天丰富了，
日子一天天兴旺了，
人，一天天欢乐了。

三十年日出日落，
三十年春风冬雪，
三十年辛勤汗水，
三十年喜怒哀乐，
三十年春华秋实，
三十年成果丰硕，
三十年不平坦的路，
三十年金色的岁月。

草原上夜晚有了电影，
牧民们白天展喉歌舞，
帐房里传来读书声，
回来了，畜牧专科毕业的大学生。

草滩上奔驰割草机，
妇女们学会了使用挤奶器，
伴随愉快的歌声，
牛儿慷慨地献出了奶汁，
结束了，刀耕火种的历史。

1979年

果洛，美丽富饶的地方

（一）

果洛，美丽富饶的地方，
浩瀚无垠的茫茫草原，
是青海的一个自治州，
是祖国一片绿茵沃野的瑰宝。

远古以来，
这里繁衍聚居着优秀的藏族儿女，
勤劳、善良、勇敢的牧羊人，
奴隶的生活伴随着他们，
痛苦捉弄着他们的命运。

（二）

全国解放了，果洛天亮了，
世代的藏族人民看见了太阳。
久久被愚昧捆束的人们，
一时不知道外面的世界，
有人说：“天大地大，
哪里也比不上果洛大。”
部落头人也炫耀：
“我有马匹和土枪，
还有大刀队，
毛主席有没有三千个兵？”

生活在变化，
社会各阶层各种职业的人，

劳动的、放牧的、念经的，
陆陆续续走出了草原。
跳下马鞍坐上汽车，
又乘坐上了长龙火车。
走出青海大草原，
看到盛唐的古长安，
看到万里长城，
看到了外面的世界，
还去了首都北京。
惊得伸长了舌头，
喜得睁大了眼睛：
骑上骏马日行千里，
也难以走遍祖国的辽阔大地。
果洛人伸出了大拇指，
为祖国感到自豪无比。

（三）

果洛的牧民说过：
果洛的人民代表说过：
果洛的藏族青年干部说过：
“在北京的城楼上，
远远看见咱们果洛，
千里草原万顷绿波，
数不尽的羊群如片片白云。
还看见牧羊姑娘的身影，
听见她们悠扬的歌声。”

果洛的各族人民，
勇敢勤劳有智慧，
他们手里有劳动致富的钥匙，
勤恳地工作愉快地生活，

草原、厂房，各行各业，
呈现一片繁荣气象。
上海、天津、北京最大商店，
新产的高级日用品进了账房。
畜牧产品也源源运往各地，
还有出口产品为外贸获得荣光。

（四）

我有幸半生曾是青海人，
廿九个年头住在西宁，
做过西城区的选民。
我知道果洛多少事，
见过果洛多少人，
握过藏族兄弟多少手。
吃过果洛的牛羊肉，
喝过果洛香甜醇美的奶茶，
心和果洛人早已连接在了一起。
我欣喜果洛的成绩，
总愿记忆在果洛情景，
这片祖国大地上的花园乐地，
并祝愿果洛越变越壮丽。
我以上的回忆和心中的话，
遥寄我对果洛表达的信心和厚意。

1982年于西安

1949年末，青海日报社在西宁市东大街的老办公室。

1949年底，《青海日报》印刷厂的老车间。

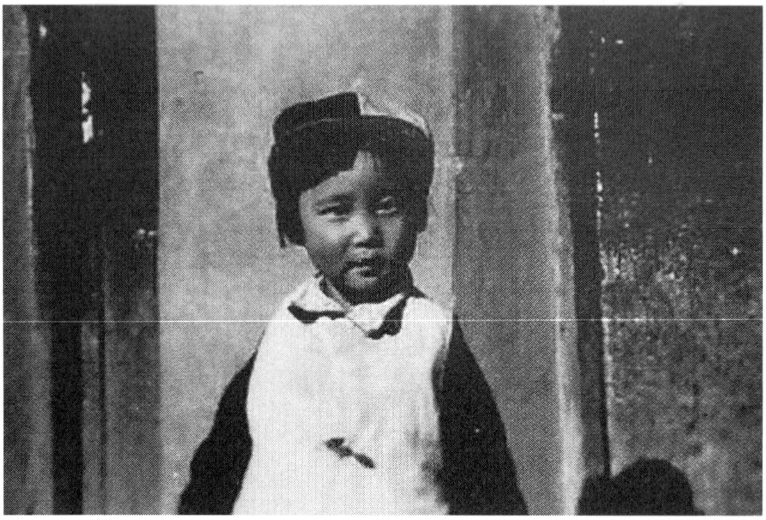

午人的女儿仵劲草对这幅照片的说明：我是青海日报社第一个出生的孩子，当时报社都是年轻人，对我喜欢得不得了，常给我糖吃。报社一位摄影记者拍下了这张照片，据说我身后贴有母亲写的纸条：不要给孩子糖吃。拍摄时间大约在1953上半年，地点是西宁东关三间铺面的民房，当年《青海日报》创建和办公的地方。时间已过去近70年，每当我看到这张温馨的老照片，心里充满了温暖。我以此照片深深地缅怀我亲爱的父母亲和昔日报社的老报人们。

第六章 人生感悟

午人在近60年的革命生涯中，长期工作奋战在新闻宣传战线上，在工作岗位上时发表了大量的各类文稿；离休后他仍坚持笔耕不辍，写作了许多富有哲理的文章，具有相当的思想深度和理论高度。

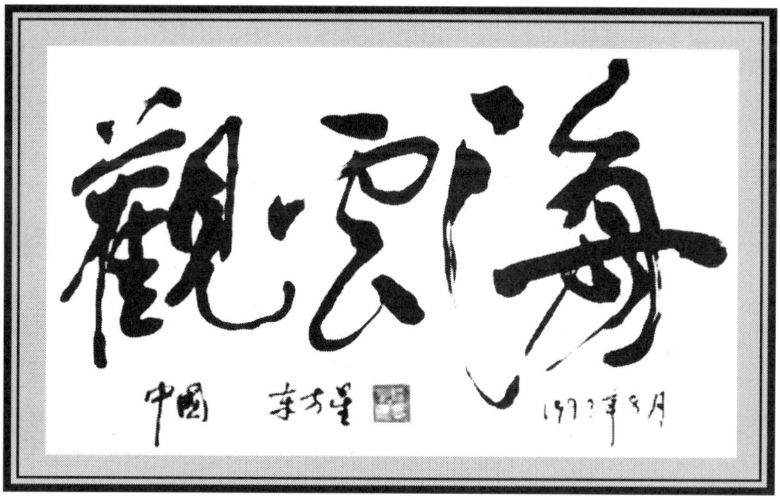

午人书法：观云海

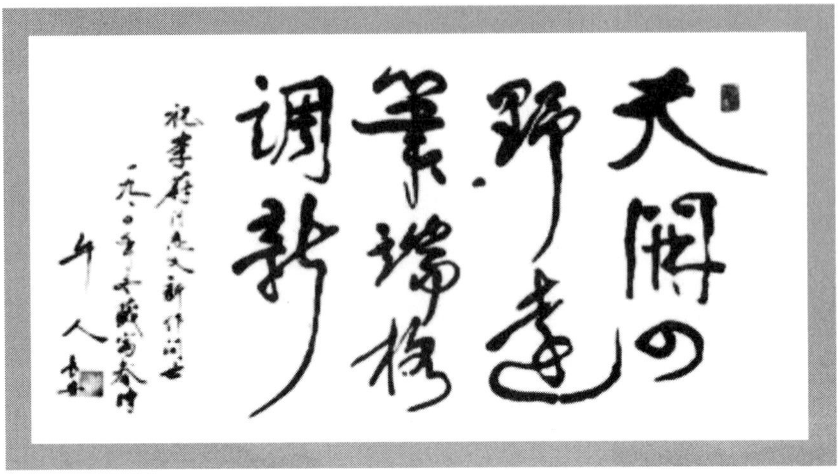

午人书法

天开四野远，笔端格调新

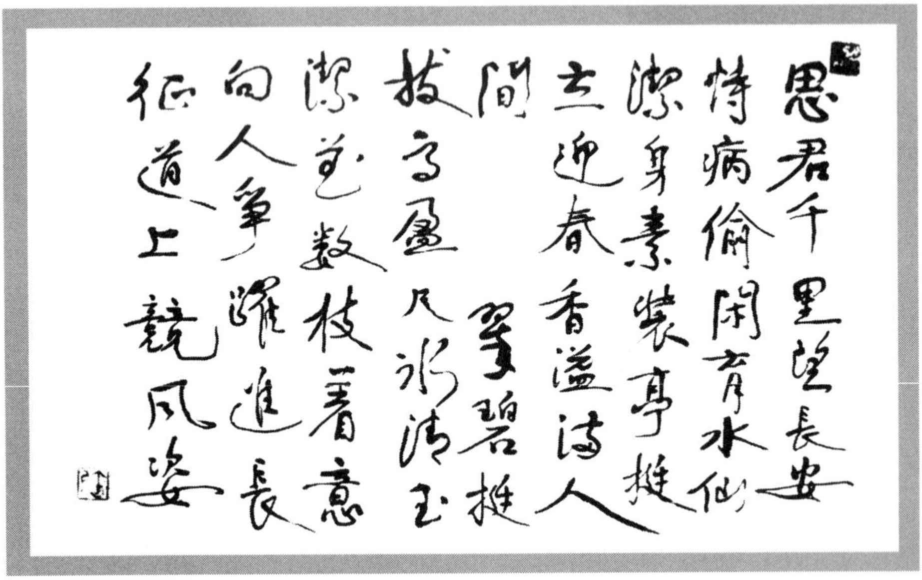

午人诗书作品：

思君千里望长安，恃病偷闲育水仙，

洁身素装亭挺立，迎春香溢满人间。

翠碧挺拔高盈尺，冰清玉洁花数枝，

着意向人争跃进，长征道上竞风姿。

老同学的风范

一次，在省上有关讨论小球藻试制会上，意外地碰到中学时同学房某。虽然相隔十多年，看脸型仍然能认得出。他四十多岁，生活条件好了，还是那么清瘦，细长的眼睛，有点近视，言语却健朗，显然是一个勤恳苦干的忙人。

他到这个会上来，不用问，是管科技部门工作的。他说："调来已经一年多了，以前在安徽合肥……"这一说，使我陷入了沉思，从西安到延安，从延安到青海，在阔别的年月里，我们赶走日本侵略军；消灭了蒋介石的统治；我们的国家和人民经过多少艰难险阻，发生了多少深刻的变化。

彼此工作都很忙，这次见面之后，总是抽不出时间互相到家里看望，只有在听报告或者在什么会上才能见到面，而且也只能匆匆说几句话。彼此都明白双肩上的责任，无暇叙说过去的千山万水、崎岖岁月。

今天在新地区相逢，中学时的同学现在都成了中年干部，他给我留下新的印象。同时我眼前也浮现出他青年时的影子。在西安上学时，从外县来的学生，多数都家境贫寒，吃饭是到校门口外花最少的钱，吃烙饼、米汤，肚子饱了算半天。许多同学若有一套黑布学生服已够阔气了，冬天，没有棉裤，靠一件旧棉大衣裹住腿。看戏，买一角钱站票，到书店见到新书，钱不够，看看摸摸而已。他现在算是当领导了，上班仍然急匆匆步行，手里提的蓝布公文袋，沾有汗渍腻痕，总是穿一身灰制服，裤脚管似乎稍短了点，脚上不是锃亮的革履，是一双草绿胶鞋。

他的俭朴生活、为人及工作，逐渐在干部中传说开来。

说老房上班从来不迟到；在单位值勤，同干部一样排班；清扫卫生跟工友一起干；遇有劳动任务也从不落后，完全像普通干部一样。他没有架子，若有人来机关找首长，从衣着神态上难认出他正站在眼前，介绍了分工，才相信他就是负责人。

机关小车司机向人们夸说："我们的首长好招呼，上下班不要接送，天下雨，车去了就坐，不去他也不喊叫。我的工作算清闲，只是有一条最吃亏，他看戏，不像别人带上夫人，都是自己走去，干司机的就没法跟首长进剧场。"

一个星期天，我顺路到了他家，一家正围小桌吃饭，无意中看到桌上饭菜简单，都是素菜、辣子、盐。瓷钵食具大小颜色各不相同，一点也不像有的首长家，碟子和碗色调大小配套一致。再看家里的摆设，多是旧桌凳，没有沙发、躺椅。床上是普通印花布被子，水红绸被面只有一件。床头放一只红色古式方顶枕头，上有鱼儿戏莲扎花，可是莲叶上的绿线已毛了，可能是早年结婚时的珍品。见此景此情，我顺口说了一句："你是天天追求科学技术的，家里这一套似乎也需要更新了。"他淡淡地说："这，无所谓。"

干部们跟老房下乡，又高兴又害怕。他工作辛勤，不怕艰苦，背上挎包，拄一条棍，逢山先上，遇河先蹚，住在老乡家，抓起扫把扫院子，白天下地劳动，晚上开会。凭他这种作风，到哪个村，哪里工作就活了，积极分子都愿意接近他。社员称赞他，我们同去的也高兴，可是他阻拦房东做好饭，我们也就吃不上点好的饭菜。那次在乐都南山上某公社，他感冒发烧，房东劝他休息，他不，弄得跟随的干部也不得少劳动。

老房是一个认真负责，兢兢业业为人民工作的好干部。他对上级组织的指示，省委委托的任务，总是尽心尽力，认真地执行。例如这次省上委托他，与科研单位研究实验小球藻，他虽然是外行，可他同内行一起不分昼夜，在研究现场蹲点，同工人、技术人员一起干、一起学。初有点成效，又带上技师工人一同到有关上级部门做汇报、检验、核对、讨论意见。所有过程，他都是一条一条仔细地亲手笔记……

他热爱自己的事业，在政治生活大事上也是严肃谨慎的。他的头脑比较清楚，有自己的思想和分析，不盲目附和，不迎合那些头脑发胀者的所好。他表述的方法比较朴实、小心，没有引起注意，因此也没有遭到批判。事后看来，他是对的。

随着人们对于他勤恳工作的优良作风的夸赞，一致提出："像这样的领导同志，应当给予表彰，给干部们树个榜样。"《青海日报》也向上级组织提出了采访老房事迹的请示，理由是两条：一是干部普遍佩服他，如许多在新中国成立后参加工作的年轻同志说："延安咱没去过，延安的老作风没亲眼见到，但从老房那里，我们看到了延安老区来的好干部。"二是领导干部以身作则。他能在新的环境里继续坚持和发扬党的优良传统，受到干部的尊敬，是大家学习的好榜样。同时还说：现在有些人开始在生活上追求排场，而老房丝毫没有眼红的意念，继续坚持老区艰苦朴素的生活方式，一点不受流行风气的影响。表彰他，实际不是只他一个人，也是表彰众多工作和生活中严格要求自己的优秀共产党员，从而提示我们干部要发扬什么，抑制克服什么……

表彰一个担负县级以上工作职责的党员，是件慎重的事，省委十分重视。根据反复核对老房过去的事迹，经过周密的考虑，批准在省报上公开写报道表彰。

表彰之后，从地方干部到党中央引起很大反响。作为老同学，我为他高兴。当和我熟识的同志向我赞扬说："听说老房和你是同学。"我自豪地说："他在初中时就是一个倾向进步的青年。”

老同学之间，说话随便，我见了他，省略了一般祝贺的词语，说：“你为老区来的干部争了光，是大家学习的榜样。”老房很平静，沉思说：“我一个乡下孩子能走上革命，为社会做一点事情，是党引的路，是毛主席的思想给予的指导……”他的话说得朴实，引起我思索，党中央号召，强调全党要继续发扬延安精神，我们现在艰苦朴素，勤奋工作，正是在继续这个优秀的传统。中国古代和近代有许多勤政、廉政、爱民的故事，更何况我们这些有理想、有信念，全心全意和广大群众一起，要建设好我们祖国，让每个人都过上好日子的革命者呢？

可是赞叹之余，又听到不同的评论。

有说，对于负责干部，主要看政治品格，生活上不必过分要求。有说，领导干部中，党性强、有能力、工作出色的人很多，老房并不是最优秀的。像他这样的老干部有的是，在战争年代，枪林弹雨战功赫赫，身上弹痕几处的同志不少。这些人今天到了和平环境，也仍然保持着勤奋工作、艰苦卓绝的革命品格，保持着老八路的优良作风。

事实上，大家都知道，也确有那么几个，进了城市，环境渐渐优越，个人生活上的追求慢慢多了，要求也高了，爱讲排场，喜欢比赛手表，热心于交谊舞。有的竟然嫌弃同自己同甘共苦多年的同志、妻子，组织了新家庭，还夸耀说自己的对象是舞场上的几级舞蹈家……

我的老同学，在这样的风气里，不动摇，不眼花，不受时流冲击，仍继续保持战争年代的俭朴生活，不正是难能可贵的么？

若说老房有什么缺点，就是脾气有些暴躁，工作方法不婉转，但一起工作的同志们不觉得这是缺点。记得同他一起共事的一位工程师，一位党外人士，说：“老房直率、性急，但大家都谅解，愿意亲近他，和他一起工作。他在业务上虽然是外行，他下苦功夫跟我一起学。他理解技术人员的心理，全力支持我们的工作……”

有人笑他死板，不懂得生活情趣，不会跳舞，认为“土包子今天不适宜了”。他的回答是：“什么叫土包子？跳舞，我不会，可不反对，不顽固。”当然也有人暗中不服，在当时人们受马列主义思想教育，共产主义道德气息浓厚的气氛中，深藏在灵魂最深处的嫉妒之心、腐朽意识，是不敢暴露的。

对老房的表彰，教育了当地广大党员和干部，激励大家更加自觉地继承和发扬党的优良传统，也警诫了一些贪求排场的人，在工作和生活作风上自我约束。

轻燕点水

星期天，我去朋友家，遇到一个小保姆。她家在商洛专区某县，最近从家乡转来，说了个有趣的故事：

“我妈说，国庆节前，我们家要来省上的大干部，村长、乡干部，帮我家准备了好几天。乡长亲自到家里来督促，又一句一句教我妈，上级问啥话，一定要怎样回答。我妈说，把她难死了。”

“有一天，正下小雨，阴历农历是哪一天，我妈搅不清，只看见来的人多，一大群，不知是大官小官。跟上的有警卫员、地区的书记、专员、县上的书记、县长，乡长、村长不算数，还有从西安跟来的电视台记者，站了一屋子。我哥不在家，首长问我妈：‘这两年生活怎么样？……’记者电灯光正照着我妈，一闪一闪的，我妈眼都睁不开，人已晕头了，胡说：‘罢了（即差不多）。’乡长急得在一旁代答：‘生活好，有吃有穿。’大家看见炕上一个婴儿在哭，问到计划生育的事，我妈慌了，说：‘娃刚八个月，我儿子打（在）前几年就结扎了，实行计划了。’”

“县长、乡长对我家里熟悉，对上面来的人问的话，他们都能回答得出。多亏走得快，坐也没坐，水也没喝一口，站了一时儿，只问了几句话，人都一嗡子跟上走了。我妈出了一身汗，人家问些啥，她一句也没听见。”

“原来县上叫乡上在我村布置了四户，上面来调查，因我家在村上情况最好，说是重点户。打我家出去后，只走了村西头王家，就急忙回县，走了，还说要到别的乡镇去，小汽车一大溜。”

“大官走了，乡长和文书又跑我家来了，把我妈狠狠说道一顿：‘婶婶，今日是怎啦？没见过大官，话不会说了，给你教的都忘了？人家问炕上的小孩几个月，你咋冒出一句你儿子早几年都结扎了？人家要再追问，谁也帮你家解释不清了，连累乡上要挨批的。’说得我妈转过身哭了……”

小保姆说，“转来西安前，我哥从外地才赶回家来，没跟上应付上级检查。乡长埋怨我哥，配合得不好，没心帮乡上的忙。当时家里人没有想到，把多生的娃暂时转到隔壁三妈家去，闹了一场笑话，太丢人现眼的……”

小保姆说有大首长去商洛地区调查研究，报纸和电视都有报道。今日说的虽然比报上登的消息简单，可比报上写得生动。新闻中说是某领导下乡三天，走了两个县六个乡，深入基层，又重点走访了十几户人家，亲自察看询问了群众的生产、生活、收入等情况。可是我并没有料想到，某领导这次视察的人家中，正有这个小保姆的家。小保姆告诉我所发生的故事真有趣，她当然不会知道这位领导是谁。我只能心里明白，却无法告诉她其人是谁，官有多大，家住哪里。

淡淡友情

昨夜，星期六，刚看完电视新闻，有人敲门。进来的是郑医生，原来在我们单位医务室工作，现在是某大医院，科主治医师。西服整洁，满面春风，特意来看我。于是，我们又随便聊起来，仍如过去那样，天上地下，身边域外，无边无际，随兴之所至。到临走时，他打开大报纸包，是一盒国级乌龙皇茶，漆盒左角上特标“半天佛名茶”。他端在手，对我说，他是看了苏东坡在杭州品茶的故事，晓得君子之交，送茶最适宜，并对我表示多年交往的情意。当我孩子送他走时，且对他最近荣获“十佳医生”表示祝贺。我们都为他高兴。

这位医生，前几年在我们单位，帮助老同志保健时，工作勤恳认真。他按时到老弱、病人家户巡回查诊，细心探问，随手作病情及健康记录，听诊、查血压，乐于解说病理，懂得心理安慰。我是患心肌梗死的重点病人，他诊察得更仔细，更经心一些。我又是离休后的闲人，于是看病之余，都乐于闲谈，彼此便熟悉了。我们谈政策、时事、生活、书本、市场，什么都说。我渐渐发现，他不单是个医生，而且有政治头脑，勤于思索问题。每次他来巡视，若没有紧迫病人，我们总先谈说一阵。

谁料那年 6 月，他犯了错误，被开除党籍，调出原单位，转往某大医院工作。他在新岗位上继续努力，仍然认真干工作。他自己心里有底，原用心是为国家事业兴旺，建设活动中少出点差错。他在日常业务活动中，积极认真，克尽一个医生的责任，没有消极，也没有怨怒。到了今年秋冬，医院开展百日“十佳比赛”活动，包括各科室医、护、行、科研等，各评选出十位最佳者，作为推动工作的榜样，郑医生荣获众十佳桂冠之一。知道他受处分那段经历的熟人，特别为他高兴，觉得他的中选极不容易。他到这个医院仅有五六年时日，且同事们知道他是背着处分来到这个医院工作的。当人们向他祝贺时，他很平静地说：“我并没有特别努力，只是老老实实尽了医生的责任。”

在郑医生受处分之后，熟识他的朋友和病人，照样同他交往，求他看病，不像早先政治运动中那样，某同志一旦被认为有错误，好朋友都躲远，忙划清界限。我有体会，“十年浩劫”中遭批斗、诬陷，一直到了组织上已明文宣布平反、昭雪，而且恢复原职务了，竟然仍有熟人相见不相识，避之唯恐不及。现在党内外认识问题不同了，水平高了，同时人们也看其人。我更知道他青少年时就是共青团员，当兵多年，又是干部家庭，近亲多是老干部。他不再做这个单位的保健医生之后，我们彼此仍然照常往来，环境变动了，相距远了，而友谊没有疏淡。

面对送我的茶叶封，耳边响着“君子之交”，便思想，只有他帮我检查看病，认真热情，尽医生责任。他对我未有特别照顾，带着一片“医者父母心”。我也没帮助过他点滴事，不曾想过报答，没有逢年过节送礼、喝酒、便饭之类。除了乐于闲谈学习、世风等，交往单一得很，情谊平淡得很。彼此作为病人、医生，相互尊重着，理解着。我明白他守职敬业，有自己的思想，为人坦诚；他看到我老原则尚多，不大适应时景。我们的友情，可谓淡淡水流长。

某科长

在下午下班的时候，我碰到某科长。相互打了招呼，我说：“小李，炎夏高温，你们工作消耗大，辛苦了。”他坦率，说：“哪有你想的，办公室根本不忙，没有多少事情做。要说辛苦，正是回到家里，要打水、做饭、买菜、接孩子，为老婆忙得晕头转向。”

他说的全是实在话，因为我们相识已有十五年了，相互都了解。我看着他由青年步入中年。初见他，是在某负责人家里，他正为首长专责服务。我去同首长谈工作时，他为客人送茶，渐渐熟识起来，彼此有时谈谈学习。

他聪慧，爱看书，留心首长的处世为人，有集邮的兴趣，有一定活动能量，对于找对象，眼头条件较高。几年过去了，所在的部门理解首长的关心，便给了他一年脱产学习的机会，在一个相当中级水平的学习班上课。我看到过他的政治、经济等基本理论课讲义，差不多有大学初级程度，内容相当深，也编得系统。显然，组织在培养他。

结业之后，据说组织拟调动他去外州县，或西安其他实干业务部门，去工作、磨炼， 自然会有机会发挥才智，可是他不理解。他却考虑得太多，有的能说出口，有的不便说出口，诸如，爱人工作单位没房子住；快要生孩子；不想离开这领导机关；生活福利方便；愿意留在原部门做点具体事等等。他再经过私人的疏通，于是留下来做个小科员，帮助科长打杂跑路。一些有上进心的人，替他惋惜，年轻人，身体又壮，何以不争取到缺少人才的地方去闯一番事业，有利于锻炼、提高？

放弃机遇，当然另有所得，那便是安逸地坐办公室的环境。这样一来，家庭生活方便，既能随时照顾孩子，爱人下班回来有现成饭，假日可以全家上公园，还有高级机关某些福利等。时间久了，虽然自己也觉得那点分工平淡无奇、乏味，干不出什么，却没有勇气再想什么突破这安乐的富境。

到大前年，所在的部门，忽然宣布他当某科的科长，能直接指挥五位科员了。他新掌权，曾兴奋了一阵子。平静下来之后，四顾身边阵容，本部门外处、室，多少人岗位变动了，有调出的，有升迁的，有到别处挑了重担子的，均表现出各自出色的才华。他扪心自问，其实那些干得有声有色的哥儿们，论知识论组织能力，确不如自己，可是人家有勇气，敢于迎接挑战和艰苦，偏干出来了。他还是个肯思想的人，回顾、比较，似乎自己在人生道路上有点什么错失？却又想不透，又觉得改变现状已来不及了。

这几笔已够了，能看出一个有小慧而无大志者的一眉一眼。真实姓名是次要的，可以从略。

同学

家乡同学秦某，最近随旅游团从重庆来到西安，见到许多青年时的同学同乡，仍然很亲切。

我俩“西安事变”前后在西安上高中，在抗日救亡活动中，他是活跃分子。他常给我介绍些进步书刊，如鲁迅等作家的书；爱国七君子如邹韬奋等办的时论刊物；推荐抗日救国的文章，对我思想影响很深。寒暑假期，回到本县家乡，他家在县城，我住乡下，每次进城，都去他家停歇。有时为晚上看戏，还留宿他家。结婚时，彼此互到场帮忙，参加婚礼活动。后来我们先后又都北上到延安抗大学习过。

从相识交往至今已有半个世纪多了，在这些奔波岁月中，各有机遇，各有处境，各有曲折，各有所为。今日我们都临近八十的人了，白发相逢，自然愉快，都闯过了生活的狂风恶浪，岂能不庆幸。

这次见面，较有时间，得以从容谈心。我们叙说经历、谈书问学，他依然是爱读书，喜欢买书，文质彬彬，不苟言笑，一派学者气质。他这次回家乡来，给县上几个主要中学图书馆，捐赠了一批自己的存书，其中有不少成套的好书，聊表对家乡的关怀深情。我在羡慕之余，十分可惜我家新旧书籍的几次劫难。

同学第三次来家里看我，向我辞行。他讲述了他落户重庆三四十年来经历的故事。他从延安学习期满，回到陕西，参与过当时社会抗日团体，或者是国民党军队办的什么机构。据他所讲，他当时知道所参加的团体或机构，在实际内容上多是进步的，可是出于派系斗争和人员的矛盾，他被牵累了进去，甚至遇有杀身之祸，或因误解，而受到莫须有的委屈。待到中华人民共和国成立后，就历史情况，得到合理的澄清，从而在以后的多年里，得以安静地做了不少工作。

我出入战地，枪林弹雨的经历，今日不必向他细说了，反正我们都活过来了。今日回顾，真有些后怕，再仔细思索，也算是见了一番世面，警醒了一些只知顺利的天真。

闲聊中，他的生活意志仍然很强，还爱买书看书，并设计着要为社会做些力所能及的事。他诚切地希望我能写点东西留下，他的语声平静，却使我脑子里受到极大震动。也许，他以为我真能出产点什么！这，是朋友诚挚的鞭策！

我的书劫

最近，我一位家乡老同学， 自重庆来，除过到西安看望家乡的一些老同学老朋友之外，曾回到县上，为县尧山中学“井勿幕图书馆”捐赠了一批自己的存书。他为家乡的盛情捐献，触动了我，回想起了许多往事。

我算出自农村的耕读之家，我第一个塾师就是父亲，我从小养成爱读书的习惯。家里原有的，自然都是四书五经之类的木刻版书。我到了镇上上小学校，才接触到新课本、新学，如算数、自然常识及音乐等。高小毕业时，得以看到新的文学书籍，如鲁迅的《野草》，冰心《寄小读者》及《少年漂泊者》等，真觉得新鲜得很。因没钱买不起书，对于短的诗，拼命抄录。以后到西安上了中学，见的新书和报刊更多了。我有时买几本，假期带回家，给老父亲朗读，因那时他视力不行了。父亲非常爱听，赞叹不已，新思想，新文章，真打开了眼界。一次暑假回家，有意多带些新书，同时还特意借了同学几本。谁知半道乘坐本村拉脚的马车赶路，晚上遇倾盆大雨，我携带的纸书箱，被雨打湿，书被渗透了，损失不小。

第二次劫难，是我离开西安北上延安时，把心爱的书籍和我的作文抄稿，还有报纸上发表的文章，都留在家里，以为安全。谁料，我这一去8年，后来爱人也北上了延安，待大关中解放时，回到家里，老父亲已去世了，家不成样子，存书已散失得无从寻找了。

我在延安生活的几年，买大后方来的书不易，主要靠读报。我就所喜爱的政论文章、文学篇章，大量地剪存了下来，按类分辑，便形成了一册一册的书。我又常到图书馆，抄录了几本袖珍诗集。不幸的是，胡宗南进攻延安时，机关在转移前，就地埋藏，坚壁清野。到延安光复，我们重返家园时，到处已成废墟，机关和个人的业务资料全部被毁，就我个人，也真算是极大的损失。

我到青海，从创办《青海日报》开始积累资料，加之熟识书店、文化单位，有条件系统地买了些书刊。当时，一是因工作迫切需要看书学习，一是心里多少有点准备以后写些什么的心愿。直到现在，我仍有剪辑报纸的习惯，看到一篇有新见解、文采新颖的文章、中外文学名品，以及一些重要的政治史料，还是要剪下来，分类装进文稿袋里。我的心愿是有机会再读，放在手边方便，不用花时间再去查找。可是限于视力日益衰退，脑力也开始下滑，所剪存的文章，很少精力再去重读， 日久这些文稿袋被灰尘封盖，渐渐淡没了。我再剪新报，心里已多了些内疚！

第一个向我求字的人

离休后，原有雄心，撰写点经历回忆。我设计过，试写过一些，便懒了下来。无事干，便又拾起毛笔，复习毛笔字。每天清早起，在废报纸上写一页，坚持约有两年，又写起“大字”来，供子女贴墙上作以“座右铭”，几乎不敢叫外人知得。

一天写字，我家请来帮助做家务生活的小姑娘，忽然提出要给她写一张字，当然乐得。立即铺纸挥笔写了“劳动致富光荣”几个字，不好提款。到她要回家夏收临走时，才补写了“祝某某一家兴旺”，并署上了名字。

这就是我的毛笔字的社会影响。

她的索字，使我有不平常的滋味。想起有人说过：才能常常是自己误弃的。确真是如此，我在蒙学时，就练写毛笔字，也是当时正课之一，父亲亲手指导。到我少年时，已可代父亲向人家写对联、条幅等，乡里已有人称赞。我也以为自己虽然功夫太嫩，而行笔却无怪毛病。到了上中学后，参加学生运动和各种抗日活动，承担了写标语、横幅的任务。参加革命到了延安，固然环境有不便，主要是思想上认为是“小技末节”，便放下了。这一放，竟是几十年过去了。当自己休息下来，看到书法展览，逐渐理解书法艺术，真感到来不及了，自己误了时光。如果说多年来坚持写练，相信总会熟练的，不成家，至少也敢在人前当众握笔了。

现在练写，作为一种休息，难有大的出息。

1990年6月26日

隔膜

高君，星期天和我同去某医院探望熟人。在一个过道门口处，高君偏遇着一位熟人，已住院多时。这位熟人见到高君很热情，其亲切的表情，使人感到一定是多年的老交情。他们相互寒暄、问病情、安慰，病人很感慨地说："人生路上多折磨！"高君即安慰他："生活长途，自有鲜花和荆棘。有生命，就有再生潜力，康复有快慢，应该有信心。"

他们对话完了便分手，高君同我继续往要去的病房走，一边向我介绍说："刚才说话的病人，姓黎，多年做文化工作，彼此相识约有二十多年了。"即从头叙说几次见面接触的影像：

"第一次正式接触，是在某工厂，当时我在工作岗位，算是某部门的领导。他是被打成右派之后，在做一定具体工作，对我在缝衣上给些方便，且有意顺口吐露一些他爱好文学，有写作兴趣。不多时，将他的文稿转给我看，从诗、文稿的数量和质量看，感到他勤奋。他能在受委屈的境遇下，刻意读书、写作，很不容易。他的毅力是可贵的。

"过了几年，他又回到原来的文化岗位，彼此也容易见面。他很感激我对他写作的鼓励，偶尔见面，愿说些有关学习的事，似乎能谈得来。他显得谦虚，克己，严肃做人。

"不多久，我离开了那个地方，他却常给我来信。他信中称谓我什么'老师''长者'，而且用了不少'敬爱'等赞扬的语言。逐渐传来他工作条件变化，岗位有升迁的消息，随之笔尖上字里行间的恭维情调平淡了。这样的友谊通信，对我感到才是适宜的，心安的。"

"再过些时，他来信中，过分的赞词忽然又热烈了。我心里有点隐约的困惑，但觉得不能以小人之心乱猜测。果不然，接连来信中表明他要离开那个地区的愿望，要我能转达给他的同学某某等。我明白某某等都是现有权力、有帮他改变环境能力的人。我依他的意愿做了。我没有权力，可我曾向他透露点他希望的信息。他自己同时跟某某等另有热线对话。

"不到半年，他的愿望实现了，而且大大地超出了他的期待，意外地得到了过多的满足，他到某某部门，又兼什么等。这当然是由于某某等同学的权力作用。于是他得其所哉，该好好干了。由于会弄权术，会标榜，再加上自我炫耀，精于经营知名度，联络了不少哥儿们，颇有点风头。正直的人们，由寄有希望他会好好认真工作，而怀疑，而鄙视。不太多的时间，船又翻了。”

说到这里，高君替他幸运地说：“他是错在今天，只免去了他的职务。帮助他反思教训，他不肯从自身自省，却满怀委屈，怨犹别人，以为某某等同学不理解他，不帮助他，不为他说情解脱。于是，他同原来愿意帮助他的熟人，冰冷了，疏远了，似乎别人都辜负了他。”

高君说着向我提了个问题：“何以同有的人相交，时间越久，理解越深，情谊越厚；而对有人的交往，时间越久，反而逐渐淡漠，隔阂大了？不一定是出于利害，而正是了解越多吧！”

“名家”

从报纸上看到一则新闻，说本省有几位同志列入抗日战争时期老作家，真可算有历史意义的殊荣，其中有的我也认识，并没有多读过他们的作品。

喜悦之余，我沉入思索，对某些人显得更陌生。多年来不曾接触到像某君的作品，或什么文化活动实绩，自知孤陋寡闻，不敢妄作评估。

思来想去，记起前几年在一期新闻学史料上看到，有人回忆当年晋察冀根据地的诗歌运动，出有《诗建设》（或《诗垦地》）。积极组织者有某某等人，且时有诗作发表，倒给我留下点记忆。因为当时在延安书刊较少， 自己喜爱新诗，凡见到报刊上有新诗作品都看。

忽然才想起前年，这位老作家，某君的老伴，给我送来她自己新编出的一本书。书中收录的编目，有些是当年对敌斗争的通讯，记丁玲的生活，记在西北战地服务的活动。有些是新中国成立后及近年所写的回忆纪事的文章，反映当时抗日前线艰苦斗争生活，还有些文章，多描述个人活动经历。集印成书，也是心血耕耘的积聚，我赞成。可是过不多时，看到报上有为此书举办座谈会的消息和新闻，文化界有多少人到会，对书如何评价，未做详细叙说，却特地举出有某领导亲临祝贺。

辑子我翻看过，几篇极普通的文章，足然能张罗得开座谈会。即从眼前功利说，能造成多强的社会效应？这位自封的老作家，我们不曾谋面，只同她的老伴相识，从而得从他的熟人评说中，略略听得有关她的为人点滴。人们公认她有交际活动才能，善于大张其词，大张声势，颇喜欢，而且又会经营知名度，是会跟新形势新风尚的能手。她以“自我宣扬”“自我推荐”为时髦，贬低谦虚，认为是陈旧观念。

现下是“著名”、什么“家”满街飞扬，自我标榜的名家太多了，自制的桂冠随便戴。

一种心态

有位地方领导同志，工作一贯勤恳，直到退居第二线，仍然如重担在身时一样繁忙，文件、会议、多种工作活动，概不稍缺。

这当然是好事，生活的热情，是令人欣敬的。他虽然心脏病逐渐明显，熟悉他健康状况的医生，提醒和劝告他休息，到医院做一段调治，他不在意。

某年春节期间，不少多年相处的同志看望他。按报纸、广播上的新闻动态，感到他的活动太多，劝他减少一些不太急要的会议，注意身体养息。而他却显得意气风发，情绪分外昂扬，说：“不要紧，我觉得近半年干些事很顺畅，精神蛮不错的。”他这么说，家人和朋友，似乎预感到什么，对他微微有点不安。开春不久，他在医生的敦促下住进医院。这时，他应该自我松宽一点，可是看文件、督促秘书打电话问事，叫人来谈问题， 日常工作活动并未有稍许减少。医生曾正式劝诫过几次，且向家属提出限制他疲劳等。可是他仍不听，竟然有时于治疗期间悄悄坐车出去参加会议。爱护他的人有说怪话：“你不去，人家照样开会、决定问题，地球照样会转动。”另一个人当然纠正说，对一个老革命的高度责任感，不能这么看法。

这样，他在医院里，医生治疗着、劝着，他照干着事。到了三月，他自己偶尔觉察点什么不舒服，因感觉短暂，便不向医生直说。可是医生已有所发现，又不便向他本人如实说明，只好同家属商量，如何稳定着这偶出现的异状。正研究新办法，忽然一天清早，他本人也向医生坦率说出不平常的新感觉。医生立即做了措施，调加新药，平缓了。他又看公文，向秘书交代任务。到中午，突然不行了，抢救，终未奏效。

他长逝已过去了三周年，一生为革命做的事，立的功，可以写多少页书的，只是同他共过事的干部，从各人不同接触的角度，议说着不同的印象，便难免只记住了某些片面。

有人说，特别在“十年浩劫”之后，他复出工作，人们寄希望于他，希望他敢于坚持正确原则办些事。而他，有权了，主持会议时，往往对于有关的大事，不敢明确是非，坚持正义。按他的思想水平，是非界限该是清楚的，但他在紧要时，却不鲜明表态。引起人们许多思索。也许于敬佩之余，会于无言中浮起微微遗憾。

还有，某单位举行事业开创45周年纪念活动，邀请现职主要领导出席庆贺。在主要领导受记者一步一拍照，于闪光灯下落座之后，他拖着残缺不便的身体来了，被安坐到主席台最边的位子。现场贵宾们，看到实况，看到单位主事者和记者对待所邀请来的领导，其态度的不同，其兴趣的冷热，表现太明显了。同时，也感到他大可不必来，何必再多这一次新闻镜头呢？从而很容易引起人们猜测，他在思想境界底层，有没有一点点什么缺陷？

聪明人，是会审时，有自知，练习着超脱，走向清静。这并不意味什么对社会事业的冷淡和不关心。

妒忌，摧残才智的大敌！

《人民日报》1月31日第一版，登载了《江永綦为什么要求出国？》一文，使我惊异，立即读完。她的申述和湖南省调查组的“调查”汇报，明确她是热爱祖国的，而且是工作积极分子。但她所在科的领导，处处刁难她，制造诬词，竟要把她挤出化验室，使她工作不下去。为什么？道理很简单，即，科里有的领导怕她超过了自己。这种意识境界是卑劣的，同时也够愚昧。

记得约在1980年《人民日报》登过一篇杂文，大意是批判武大郎小店里容不得大个子，还指出秀士王伦事事刁难林冲。读者对于那种嫉妒心气愤、不平，不过又觉得事出在那个封建时代，不足奇怪。这种心术，怕也是阻滞中国社会进步的原因之一吧。可惜的是，这种陈腐的意识，没有随着时代的变化而死去，竟然悄悄在某些人的灵魂深处活到了今天。

领导同志多次讲话强调，我们要把一个落后的中国变成一个富强的国家。他指出，真正的革命者是勇于改革的，当然也包括对于旧思想意识的不断改造。作为一个担负四化建设的领导者，要广开才路，发掘智力资源，团结各方面人才积极工作，建设才有希望。

在中国，一向希望青出于蓝，更胜于蓝。如唐代韩愈，已认识到，弟子不必不为师，师不必贤于弟子。当代数学家苏步青对学生讲了这样一段话：“一代胜过一代，科学才能发展，事业才有希望。学生超过先生，是先生的光荣。我人老了，学问也老了。你们要超过我，去开辟新的领域，攀登新的高峰。”是多么具体、恳切，言辞中充满了对四化事业的关心和热情。

我想真正懂得这点进化论的人，希望祖国兴旺发达的人，关心社会主义建设事业的人，有点良心的人，绝不会以私名私利，阻挡历史前进的车轮。这种卑劣的灵魂，正是在我们今天清除陈腐思想流毒之列。

江永綦热爱祖国，社会主义建设需要她。江永綦的领导，那么怕人家超过了自己的逻辑，叫人都老死在原地，老死在你那点学识上，那四化建设可真难有希望，而他自己也要萎衰下去的。

这种意识，可能不是个别人。不过，今天千方百计紧张地进行建设的人越来越多。大家一道努力，相互帮助，相互学习，共同提高，使我们的国家向富强的路上健康前进。

珍惜电视观众的时间

现在看电视的人越来越多了。电视以特有的形式和方法，丰富了人们的文化生活，也在精神文明的层面，起到社会教育的效果，其影响之大，作用之普及，这里不用说了。

人们坐在电视屏幕前，以认真的态度，观看和欣赏节目，边看边评说，赞扬好新闻、好节目，感激记者、编辑、作家、艺术家和技师们的辛勤庄严的劳动。

人们也有感叹，觉得有的新闻、报道不确切；有的文艺节目太粗糙，思想性、艺术性太差；广告太多，有的把产品无限夸大，用一些陈词滥调，在宣扬中反而起到否定的作用，产生了反效果。难忍的是，播放的节目到关键的情节时，忽然插入广告，破坏了故事的连续性。一个使人们普遍感到苦恼的，是电视播出时间拖得太长，大大影响人们的正常生活，浪费观众太多的时间。

为观众服务，就要为观众设想，不要以为是办好事，观众就不该有意见，好事要做得当。在职的工作人员，有的晚上要开会；双职工下班后，靠晚上料理家务；学生晚上有大量作业。有的家长为了不影响学生的正常作息时间，有足够睡眠，保证第二天上学不迟到等，便把电视机上了锁，只允许周末、节假日看电视节目。离休老人等固然有时间，但是晚上一些有趣的文艺节目安排得较晚，要看到深夜。老人们若看完，感到精疲力尽，支持不了。

这对一般观众，也是如此，若看到深夜，必然影响第二天的工作和学习。于是，提出呼吁：电视台，请“珍惜观众的时间”。

我认为这个呼吁是有理由的，是认真的。在今天，四化建设的任务繁重，发明创造日新，人们工作都讲求高效率，快节奏。在这种形势下，人们看晚间电视节目，都想在一定的时间之前，看到他们喜欢的节目。

节目安排得好，至迟不超过十点，就是让观众吃到仙桃，少吃烂杏。例如，一般时事新闻要简明；文艺节目，要精选优秀作品，宁少毋滥，滥竽充数不等于内容丰富；减少广告，要坚决删除陈词套话，更不要使广告故事化，过分虚夸拖延时间，其效果只能适得其反；电视连续剧，集与集之间，不要再重放片头、演职人员表，浪费片带，浪费观众时间。

时间最宝贵，节约时间，就是节约金钱，观众看到他们喜欢看的节目，节约下的时间还可看书、学习，做很多其他的事情。

电视工作者，要分析现在观众的新特点。社会在发展，人们渴望看到内容多样、思想健康、艺术性强、有水平的节目；同时在四化建设的紧迫节奏中，不希望浪费宝贵的时间。因此，电视节目也需改革，希望能过滤节目内容，务必精制精选，讲质量，少而精，节约时间，为观众着想，也会增强电视节目的社会效果。

不要借名家来做广告

对于名作家要尊重、爱护，不能借其名做出书办刊物的广告，这不好。作家之成名，是因为创作了好作品，有思想内容和艺术创造，对社会上产生积极影响，受到广大读者的承认和仰慕。不久前，看到报上有两帧漫画，一是“指腹为婚”，即名作家的书尚未写出，甚至在酝酿腹稿时期，抢先约稿的书家、编辑，早就围了一圈。无独有偶，第二帧画画的便是“投稿无门”。编者的亲戚、朋友、关系户，已组成人墙，岂容你无名小卒发表文章。

漫画所反映的现象，我相信是极少数，但却是真实的。正由于真有其事，更使人觉得不是滋味，不能漠视。

《人民日报》1月4日《大地》专栏发表作家王蒙答读者问，在感谢记者访问之后，便是强烈地呼吁：“再不要来慕名盲目约稿了！全国各地报刊几十个，信件、电报、专人，有的还辗转通过我的老上级，老战友，老同学，亲属来约稿、催稿。有的采用激将法，说我未寄稿，是看不起他们，架子大，不给面子，使他们难以交差云云。”这段话讲得尖刻、透辟。我同情名作家这种苦恼。这种不正之风，应当纠正和遏制。

真正有成就的名作家，把创作看作极严肃的事业。赫尔岑等名作家，为消除不必要的干扰，躲开崇拜者们车马盈门的纠缠。像鲁迅那样的文学艺术大师，看到青年买自己的书时，心里犹豫不安。他们把创作看作是极严肃的事业，要写一篇好文章、一本好书，是精细的辛苦的劳动。我们都应该爱护他们，不要逼他们应差，不要干扰他们，让他们能够按自己的计划静心进行创作。报刊书籍的发行者们若是光为自己的刊物，借名作家壮门面、为扩大发行开路。作家也是一个现实的人，哪有三头六臂，来应付几十几百刊物讨稿？

我见过有的文艺刊物，从遥远处求来名家四句诗，或者一段亲笔题词，引以为荣，我怀疑这期刊物在读者眼里能增添多少分量。这种慕名，对作家是不郑重的。出书、编刊物，是庄严的工作。出版刊物，不仅向广大读者推荐好作品，当然包括名家的作品，（我也是爱读名作家作品的）；同时也要真诚地发现、介绍和培养新人新作品。这是极其重要和光荣的责任，也是一项艰苦的工作，需要有鲁迅等前辈那样对后来人的热情和辛勤耕耘的精神。

近年出版行业还有一个令人担忧的现象，我在报刊上陆续读到不少人请名人为自己的书写序。名人推举后起之秀，这当然是好事。但是从写序的字里行间看出，有些老作家对写书的人并不相识，甚至未曾见过面，不熟识作者本人不说，对其作品也没有经过深入研究。序言里遂不免谈些与作者本人和其书籍内容无关的意见。得到了名人写的序文的作者，也许以此为殊荣，但买书的人主要看其作品，并未见到有人为某书的一段小序而抢购其书。文坛不是封建时期的官场，靠头衔名望者提携。

总之，我深深感到要真正繁荣文学艺术创作，多出好书好刊物，需要诚实的努力，不断学习，不断提高，踏踏实实耕耘，推出真正有思想、有水平、有社会意义的作品来。借名作家来做广告之风不可长。

败类查出之后

上月末《陕西日报》一版，公布新闻队伍中的败类某某等被逮捕的消息，人们为之一震，该说是小快人心的一宗好事。

某某等利用新闻工作者身份，与诈骗犯勾结，替不法行为吹嘘、受贿，触犯了法律。

他们被捕后，机关内外，拍手称快："除了一害。"但有个别人，叹息曰："小题大做。"

共同结论是：今天发生败坏分子的事件，不足奇怪，问题在于总结教训。

亡羊必须补牢，割掉毒瘤，并不万事大吉。机关，特别是领导，还有大量工作要做。新闻领域是严肃、庄严、负有极大社会责任的工作，讲求实事求是，讲求诚实、真实和公正，要不得半点虚假，更不能允许利用自己的身份与不法分子勾结弄虚作假。新闻工作者要求有正直的素养、高尚的品德。这几个败类的做法是在危害我们的新闻事业，是一种腐蚀社会的行为，严肃处理是对的，教训应总结，更应采取有力有效措施，杜绝这种亵渎新闻工作的现象。

“与世无争”辩

——为公必争

最近容易听到“与世无争”一词。说者似乎是对年事已高的干部作劝慰的，以启示他们对待离休能想得开、自觉。

从而引起了议论。如与世无争，仅指争官、争权、争名、争利，那是对的，无须争，更不必争。若笼统将离开实际职权岗位，同与世无争联系起来，便成谬论。岂能允许革命家，飘然物外，消极地不争呢？

因为我们老革命，当初决然参加革命以至入党宣誓，并没想要做官得权、出名图利。千万个共产党人，革命先烈们，每个人在国家生死存亡之际，都坚定地时刻准备着抛头颅、洒热血献出生命的。这些人为的是祖国的安危，社会的平等，人民大众脱离贫困，能够有吃有穿，过上幸福安定的生活。

半个世纪以来，在中国共产党的领导下，广大党员和革命干部，历经艰险。他们出生入死，在枪林弹雨中，为民族的尊严、为解救煎熬于水火中的人民，同帝国主义、同日本侵略者、同卖国贼、同国民党，无时无事不争，付出了鲜血的代价，一步步争来了人民的江山，成立了独立于世界的新中国。多少热诚的同志，争着奔向最艰苦的地区，争着承担最艰难的工作，为祖国建设不计较个人得失，勤勤恳恳地工作在每一个岗位上。现在，更是每个人积极争先为四化建设做贡献，努力补回“十年浩劫”的损失，光荣而艰巨的年代。

人要老，这是事实。年事高的同志离休是党的战略决策，我们都遵循代谢运动的规律。但是我们这些共产党人，在入党的誓言里，就坚定地要为人民服务一生的信念和意志是不变的，是要坚持到底，直至生命停止的时刻。退休、离休，革命的意志绝不衰退。一个党员虽不在其位，但仍有对社会的责任。比如坚持四项原则，为逐步实现四个现代化，当然是要争的。同违反、歪曲四项原则的行为争；同不正之风争；同破坏经济建设争。总之，要为国家富强，人民能够过上富裕幸福的生活而争。这种争，不是为了权力，而是为我们社会的健康发展和有益于人民大众的公共事业，是老革命的庄严责任。

渼陂湖光美

国庆刚过，乘秋高气爽，我随几位年老的同志去户县参观。我们到那里欣赏农民画乡艺术家的新作品；参观宋村乡一个队办机械厂；还有农家二层小楼新居等。这些生活的书，使我耳目一新，身临现场，得到的比从报纸看到的、广播听到的更生动丰富。

令人愉快的一项活动，是游了县城西渼陂湖。接待的同志，热情地建议我们去游览渼陂湖。这个地方我生疏，并没有什么印象，以前曾几次来过户县，并未听说过有这么一个地方，因此去游玩的心情也平淡。得知路途不远，便随同大家驱车，离开县市区西行。路程只有四五里，行进中，我贪看丰收后的农村景象，人们安乐而忙碌。忽有人指说公路两旁大片半枯萎的莲蓬，向导即介绍说，这里原本是湖区，当年大片湖水碧波荡漾，莲叶接天，雪白的和粉红的荷花争相开放，得到历代诗人颂咏。等车掉转头，闪亮的湖水顿时映入眼帘。汽车停在陂头村湖畔的空场上，我们走下车，展现在眼前的是一所小宫院，门额上悬“秦萯阳宫”横匾。进入后院，似是一处展室，里面设有塑像及实物。解说员开首一句说：这里曾是秦始皇幽禁其母的宫室，接而介绍一连串有关故事和附近的历史遗迹。我们一边听，一边观看，墙上悬挂数十幅描述秦始皇出生、成长、登基、掌权的连环画，细笔彩绘，各约二尺高。这些绘画只到秦少年时登位，其后便是尚空着白纸的画框整齐地排列在墙上，据说其后来大的政治活动正在绘制中，设计要画完整套。

解说员姑娘说得有兴致，问我们看到宫门前的那对大石狮么？接着便讲了一段故事。她说：守护宫门的并非石狮，本名叫“白泽”，相传会说话，“通万物之情”，若稍留意，会看到右边那只“白泽”背上有被刀砍的刀痕。据说很久很久以前，萯阳宫道士众多，吃饭都有计划，人未增加，米没少下，忽然发现饭不够吃了，即使增加米粮，还是不够。伙夫心疑，有一次将米下锅后，躲到隐蔽处，果然两个野兽来到伙房偷吃饭，连老道也生气。第二天，怪兽又进伙房来，伙夫即举刀砍去，因此留下刀痕。

说得听众好奇，转出宫门外，特地端详石兽，果然刀痕尚在。这对石狮，形象怪异，不同常见的石狮，雕刻生动，左右姿态不全相同，双目眈眈注视湖面，使人立即生起一种怀疑：也许在夜静月明时，它们会扬头摆尾跳下石基，扑向湖里戏水撒欢。

行不几步，湖畔柳丝如翠绿的垂帘，柳枝轻拂人面，遮住了人们的视野。我们中有人笑说：“关中一宝是灞桥翠柳，何时缠绕住小船，将丝条带到户县来了？”我们拨开柳丝，踏上水上曲桥，前面有人已坐在湖心亭里眺望一览无垠的湖面，湖水烟波浩渺、细浪粼粼，真如杜甫在《渼陂行》中描绘的“波涛万顷堆琉璃”。有人急匆匆顺曲桥前行，登上湖心高埠，瞻仰杜公祠当年写诗的小园“空翠堂”。当大家回转来聚集湖心亭里，湖滨文化馆同志，向我说这渼陂湖的来历。传说，这湖距古城西安约四十公里，早先是秦汉上林御苑中名胜之一，又是诗圣杜甫泛舟游玩的地方，素称“关中山水最佳处”，是唐、宋、明、清以来风景游览胜地。渼字，查过辞源、辞海等大字典，解说都是陕西户县有这泉水，而美字边加三滴水，成了专用字。水源出自终南山，出谷后，潜流地下，隐渡十里天桥，复汇流成陂。据志书，该渼陂本五味陂，陂鱼肥美，属鲤鱼一类，只长至一尺，即向厚肥长肉。渼陂目前水面约五百亩，湖周十里，远未恢复到古时水面。水深二米到四米，尚未达到杜甫诗中所写的“沉竿续蔓深莫测”的深度。湖周围有历史古迹和传说，如周王季陵，即周文王父墓葬；有“九女冢”，系秦始皇女儿墓，一说是九个女儿，一说是为防盗墓，一女设了九个疑冢；有仙童刘海的故乡；有金蟾池；还有汉代几个皇帝的行宫；还有自唐、宋、明、清、近代，如杜甫、岑参、韦应物、温庭筠、苏轼等数十位诗人墨客的吟咏，这些千古传闻，有些有历史来头，有些给传说施以美化，也许考证不出底细，却表明人民对于自己祖先的爱慕，对于历史文化遗迹的感情。

接着，我们从湖西北角乘龙舟泛游湖上。舟上有两篷、有小亭、有座位、有茶几。舟子是陂头村农家青年。随着船身启动，晕头转向，岸上的柳丝、亭榭、飞檐、横堤和村落，不断构成新的图景，可谓移船换形，加之夕阳彩笔下的不同景色，眼前尽是活动画廊。我们沐浴在淡黄的夕阳里，湖上时有飞鸟凌波，龟鹭钻入浪里。如许醉人风光，虽然不是画家，又没有带照相机，人在画里，心旷神怡。久久尘没在闹市的嘈杂里，现在置身如此仙境，尘世的一切悄悄淡没了，如灰尘落入湖底。

问起这风光美景，西安知道的人多少？来此游玩者多少？青年船家颇自豪。这个新开辟的风景区，虽然可能知道的人不多，水平面是今天才扩大的，游艇也是才下水，但是现在继续在维修、扩建。估计今年国庆节后几天的假期里，附近工厂职工和西安来的游客一千多，到时这一排小船，会忙得不够应付呢。

船靠近湖东南面长堤时，人们争相站立船头，向被长堤隔开的东边水面望去，那是个养鱼场，约有几百亩面积。被游客们戏称为船长的高个青年说，这里水好，没有被污染，鱼肯长。眼下还不能供应市场，只能为西安接待贵宾的餐馆供应。

小舟迎着夕阳，划过平缓金波，从杜公祠高埠角下游回西岸。队上陪同的同志回顾往昔，几千年来，以“世事沧桑多变幻”，清代诗人慨叹湖水所遭遇破坏，如“层崖高下陂仍在，急水潺湲渼自流”。之后，便兴致勃勃地说：现在这湖可以继续恢复原有的青春景色。他们的设想是，“千亩竹竿碧荷清”当年曾是“竹里深巢鸟易迷”。这长堤要再加工整修，恢复桃园，培植竹林，扩大荷藕面积；湖东南开设游泳池；修建跳水台，更衣室；曲桥上将扎起栏杆；还要修建一座可通过龙舟的弓形陡立的高桥。

他们有信心，其中设想将接连动工。政府重视，群众热心，估计筹款不会太难。队里农忙之后，有大量劳动力投入施工，且说半年一个变化，欢迎明年再来，更有新情新景物。

登岸告辞时，文化馆同志希望客人题词，我初访这个湖，意料之外匆匆游览，一时没有方便的语言描绘胜景，抒发感受，可是口里默默含着一个心愿，将向熟人如实叙述这里的美景。如果要问这湖光山色有什么特点？我的印象是，湖面宽广、波平浩渺，湖泊周围岸上衬有望不断的，延绵伸向天边，似在蒙蒙轻雾里的一行行树木；有连绵起伏的绿色丘陵；有秋后娴静的田野；田地水渠边有披着斜阳吃秋草的黄牛；有树上和屋檐下架满金灿灿玉米棒的农家；新建的二层小楼人家大自然的景物被深浅、浓淡的色调浓妆淡抹，装饰得渼陂湖优美和谐。这里的美景比之西安闹市区内，被高层建筑物紧围着，束缚在小环境的公园，要开阔、舒展、旷达。渼陂湖，像是一曲曲水乡渔歌，田园牧唱。居住在闹市的居民，工厂的职工，机关干部和城里的学生们，会喜欢上这个地方，来这里游玩。在这里，他们会忘记繁忙和噪音，身心得到放松。

我于归程中，不断回头眺望，心里想：渼陂湖，虽然有待逐步修缮和扩建，可是西安到户县毕竟又多了一个优美诱人的旅游胜景。

这次新地览胜，称得上意外的美的享受，时为1985年10月7日，夕阳辉照的下午。

心底的感激

我患急性心肌梗死之后，近几年的生活，多是在家养病或住院治疗，经常接触医生，交了些朋友。我随时听到患者们对医务人员的感激，当然也有批评和建议。说不清我与他们有过几十几百次的接触，就我所见所闻，以及亲身经历，积累的印象是：医生和护理人员太辛苦了，为了挽救人的生命，为了恢复病人的健康，日日夜夜，精心治疗，细心护理。“ 医者父母心。” 他们以满腔热情，将全部心血奉献于医疗事业。

我这次又是被门诊医生扣留住院的。因我的病历在黄雁村医院，我几乎是一月或四十天，照例去就诊检查。一般医生听诊过心率，会要我去做心电图。这次去做了心电图后，她反复察看纸带上的记录，又对照前几次的病历，断然决定留我住院，并当即联系病房，不许回家。

医生对于患有心肌梗死的病人，非常警觉敏感。发现我在迟疑，她用缓和平淡的语气对我说：“心电图比上次差些，住院调整比较方便。”我说回去做点准备再来，医生即解释说：“不用，明天可能没有病床了。”随即又补一句：“我们留病人住院，很平常。”我明白了，医生知道我的病情，同时想帮我淡释心理上的紧张。

约在 1981 年秋，我患心肌梗死，并发有急性肺炎，引起心衰，濒临生命危险。我在医院卧床四十多天，经医生精心治疗七个多月，才出了院。此后，经常按时到医院就诊检查，每当医生说情况没有多大变化，彼此都现出轻松的笑意。

这次同往次一样，一到病房，心血管医生便来诊查，做治疗处理，用药，接通检测器， 日夜观察心率动态。经过半个多月治疗，明显见效，血流传导多是一度，自知被留下住院，是及时的，信服医生没有忽视临时来门诊复查的病人。我开初不想住院，没有公务和家事的任何因由，只是不愿坐在病房，同病友说病。我最愿意接触健康人，乐意得到生命力旺盛者的感染。

在病房接触医生，看他们兢兢业业地履行医生治病救人的职责，心生敬佩和感激。他们精心治疗护理病人，神态举止是那么聚精会神，一心一意，认真负责，使我不禁又想起六年前我病危住院时的情景。那时我病危，医生随时来观察病情，主治医师也是早、午、晚来听诊，询问，并总是交代护士和家属在护理上要注意的事项。

事后闲谈，说得风趣，我说医生是治病能手，也是心理语言艺术家。在病危的那阵，医生异常小心，每次听诊前胸，总说：“还好，还好。”“心率有力。”“有进步。”但在要侧身从背部听诊肺炎时，又叫轻轻翻身，语气总是轻缓柔和：“慢，慢点。”同时用手轻轻稳缓地扶我转身。待到自觉心率比较平静一些时，我提出是否可以坐起来吃饭，医生却仍然不许，说话的声音依然是那么柔和：“不急，再过几天。”家人提出疑问时，医生也总是认真平静耐心地给予解释。

医生对病情的分析，按实情实说，但语言十分谨慎，措辞有分寸，在重病人面前，并不隐瞒病情，说得严肃，不致病人麻痹大意；又言辞委婉，使之不吃力有信心。可以说，鼓励时有节，限制时含有温存。

病友之间，常赞美有素养、高医德的医生和护士，说他们帮助患者同疾病做斗争，有勇有谋、有艺术，是战士，也是知心朋友。他们对病人心理的抚慰和对病情的认真负责，不单靠语言，也处处体现在行动上。我见到一位同病室的老人，因发现肺部影片上有一点浑浊暗色，怕有什么意外，拟作肺镜检查。他事后对我说，考虑到病人怕疼的心理，且又是个患有心梗的老人，当躺到外科操作台时，两个内科主任医师，已提前到了现场，一边轻声解释："比胃镜下得浅，软管，没有什么难受的。""大约十分钟。"一边亲手将心电图检测器线连接在心胸部位，以下肺镜时同时观察心肌反应。病人以感激的心情，向我们叙说：看到操作医生的精心，看到主任医师在旁照顾，一下放心了，几乎不觉得喉管有什么难受。是呀，医生们不但医术高明，还具有体贴病人的深厚热情，让病人在心理上得到抚慰和战胜疾病的信心。

没患过大病，不易体察医疗科学的意义；不住医院，便不知医护人员细心治疗病人，认真热心护理病人的劳绩。到了病房，最先遇到的是各种常规检查，详细问诊。医生了解查阅过去病历记载，有关学术讯息资料，制出各项治疗计划，操作安排，护理分工。从外表看都是白色罩衣、粉白鞋，忙来忙去，可是她们各自职能不同，什么治疗班、行政班、晚班、大夜班、重病号的专护等。我看到护士送药，满满摆了一大方盘的小杯子，每个病人早、午、晚三次药，有五六十份，按房号床号发送，不出差错，非常不容易，要有很高的责任心。她们动作熟练，做得细心认真，神态严肃。虽然是机械烦琐的工作，简单操作中有着神圣地为每个生命负责的意义。晚上病人就睡了，在更深人静的午夜，值班护士，手持小光度电筒，挨着病室巡查，细心听病人的呼吸，悄悄走来，轻轻走去。对失眠的病人，送来两片安定，对个别行动不便的老人，将小便壶倒掉。有的病人曾说，他虽然失眠，默默目送护理同志的背影，感到慰藉，心湖泛起了未说出的敬意。

经验丰富的医生，对于危重病人，极力抢救，采取紧急措施及时治疗。在他们心目中，"时间就是生命"。一天我对面病室，接收来一位心肌梗死老年病人，透过过道的门，我看见医生、护士及家属，日夜忙碌，病室内外人影匆匆。心电图室的负责医生，曾几个通夜对病人进行监测。忽然于一个下午，病人被推送外科动手术。病友们事后得知，这位病人心肌梗死引起高度循环传导阻滞，并兼有并发症，生命危急，因此被推去安装临时起搏器，调整心率。过不几天，病人传导功能正常，起搏器取掉了。病友们为这个紧急措施欣幸，说："临时安体外起搏器，救了命。"

我们这个病区，多患有不同特点的心血管毛病，医生对病人的早晚行动非常注意，而且要求严格。若有病人想临时外出，医生并不随便允许，确有急事，还要请示分管的主任医师商量，还再三嘱咐病人，提醒他不能过劳、防止感冒、限时回病房，才让出去。病友们说起这类事情，谈到了很多趣事。去年过春节时，病区医护人员专门开会研究，假日值班、轮休及节日医护事宜。除了可以出院的病人之外，留下来的多半是心脏病患者。医生们对每个病人一一做解释，进行安慰。他们对于不同病情，分别对待。有的允许回家三天与家人一起过节；有的只允许回家一天；还有的只许回家吃一顿团聚年饭，还规定几个钟头内必须返回病房。大家虽然当笑话说，心里都明白医生及医院的良苦用心。医生曾说过，春节家人团聚，亲友往来，最容易疲劳，还常吃坏肚子，增加肠胃负担，对心脏病人不利。

病室间最愉快的时候，是病友的病情好转，由重转轻，由轻而康复出院。大家日常生活的话题是治病，适当锻炼，增强信心。特别是知道某位病友要办手续出院了，大家都喜形于色，为他高兴。康复者和家属，对医护人员是满腔感激之情，医护人员们也是满心喜悦，犹如又打了一次胜仗，有强敌面前大捷之后的欣慰。只有患病康复的人，最能体会到健康的可贵。只有精心治病救人的医生和护理人员，最能理解拯救生命的重要价值。生病康复后重返工作岗位，为社会建设发挥多少能量和智慧，做出多少贡献，所创造出的物质财富、精神影响，是无法计量的。医院墙壁上贴的感谢信上，满是各种心底里感激的话语："感谢医生帮助我解除了病痛，恢复了健康""赢得第二个生命"等等。结尾都有个共同的表示：今后一定要好好工作，加倍努力，对社会多做贡献。这些话语正是对辛勤的医务工作者们最好的报答！

生命是可贵的。有几个中青年病友，曾这样叙说他们躺在病床上的痛苦：从窗口望出去，看到树影、飞鸟、蓝天、白云，联想外面世界的美满、自由、海阔天空和充满活力的生活。病人们身体受到病痛的限制，却偏偏爱想起：运动场上的猛烈拼搏；舞台上强旋律舞蹈；体育馆杂技惊险造型，仿佛听到观众的掌声、喊声、笑声。反映了病弱者渴望健康的心态和对于生活的热爱。

记得我被禁锢在病室半年之后，第一次散步到医院大门外，眼前的天地特别宽广，空间格外明朗。熙熙攘攘的街道、楼房、人群，一个纷繁多彩的世界。几十年看惯的事事物物，突然像是第一次发现似的新奇，生活太活跃、太美丽、太诱惑人心了，似乎所有的一切，提篮子买菜，争吵计较，挤公共汽车，争先恐后，都是迷人的幸福。由此想到了我大病前许多该办的事，该拿起做完，生活的兴趣、做事的欲望又逐渐强起来了。

我们病房也有过死亡，有的是因年老衰竭；有的是到医院来得太迟，难于挽救了；还有患癌症，癌细胞已经扩散， 目前医学无法拯救，算是不治之症。在今天，患心肌梗死等，也属于高危的病例。我听到两例，一位是因脑血栓，于安睡中逝去。夜里家人陪在床边，不曾发现什么异样，医生未来得及抢救。另一位患有心衰，在医院里住了几年，时好时差，医生尽了最大努力，一天突然病变，未能抢救过来，三个钟头之后去世了。检查原因，本来心力极衰，据说生了点暗气，加上接连疲劳，身体不支离开了。

医护人员，每逢遇到病人离世，心中也很感伤，如同失去了朋友，同时又以科学的理智，就生理、病理做分析研究，向病友们解释和鼓励养病的信心。

我接触临床时间长的医生，都知道当年鲁迅患肺病的故事。肺病在三四十年代是不治之症，那时国内医疗条件差，鲁迅又不肯去国外就医，但是美国肺病专家，认为鲁迅抗菌能力顽强，“倘若是欧洲人，则在五年前已经死掉了”。到今天，结核已不是大病了，而今对于心肌梗死等心血管病症，虽有许多治疗的办法，仍然缺少更有效的治疗措施。医学科研界正在不断探索新的方法，寻求更有成效更优良的诊治方法。

在病室里， 自然会看到医护工作中的不足和失误。平日我们工作，经济行业、行政行业等也有失误，但觉得平常，在所难免，或者被认为是正常现象。可是在医院里，在病人身上，医护人员技术水平如果不过硬，即或是一个极小的差错，都会使病情或生命受到影响。有时送药迟误了时间；清早病人未起床之前，护士来量血压，走时忘记关上房门，走廊冲进来冷气，病人要穿衣服，感到非常不便。还有，打吊针时，我的血管最难扎，年老肌肉松，血管容易滚动，加之血管细、不直、管壁脆，使新来的护士感到吃力，扎一针不行，扎二针。我尽力配合、鼓励，到扎第三针时，她先心神不安，手指不灵了。技艺熟练的护士，操作顺利。记得好的技术纪录，吊针七天，只扎过八次，六次是一针见血。

最能理解原谅医护业务中出了差错的，正是多病的和年老病人。医生的工作量非常大，他们不单轮流兼值夜班，遇紧急病人，争分夺秒连日连夜抢救。即使在正常八小时工作之余，仍有很多事情。诸如业务学习；参加疑难病会诊；参加学术活动；承担理论研究课题；中青年医生还要进修或学习外语，分外紧张，甚至顾不及料理家务，照顾小孩和爱人。有位中年医生说：“做医生就要准备着个人有牺牲。”

有时与医生交谈，也让我学到很多东西。在讯息日新，知识月异的今天，医学技术已不能凭老经验处理新病症。随着生活方式的变化，科技的发展， 自然环境的变化，新的病菌在产生，新的症状不断出现。这些迫使医学界不断进行研究，找寻对付新型疾病的办法。科学解析日益精密，仅感冒这一最普通的病，其含菌特征，这次和上次不一样，今年的流感和去年的流感，所携带的细菌可能就不同。因此医生们为病人治病，一边总结研究，察看有关新资料，学习新的治疗方法和手段。在用药方面，也是对旧药重新认识，新旧药的用法和效果进行对比，做到心里有数。一位从事三十多年的心血管医生说：人的生理、病理、医理、药理这门科学，是终身探索不完的常新课题。

这些有着高尚职业道德、辛勤拯救生命的白衣天使，我从心底感激他们。

起步的喜悦

这是初秋一个上午，天气晴朗，夏翁步行去看望女儿和外孙。这位老翁姓夏，因年高，有人又称秋翁，是我的同乡，今日我与他正逢到人行道上。我们战争年代同在一个部队多年，他打仗勇敢，负过三次伤，身板却结实。他转业到地方工作，同样认真刻苦。他今年已过了70岁，头发白了多半，离休后五年来，不甘心衰歇，仍然读书、做社会调查、练字、写点文章。以下是他看女儿之后的一段生活速写：

老人把儿女看作自己的同学，他的儿女有时对于父亲离休后新的学习追求，做委婉地督促，弄得老人不好意思泄气。这次他去看女儿，并不打算检查她的编写进度，相反思忖着如何向孩子说自己最近读得少、写得少呢。

老人刚走到女儿机关的大门口，正巧看见女儿在接待室同一个青年同事说话，神态有些不安。她见到老父亲来了，更似有些着急，一面将一大包书交托给对方，说："先放在收发室，我一会儿再来取。"一面走向父亲说："爸爸，我出去一下，你先到家里休息。"顺手便把她宿舍的钥匙递给父亲。

女儿未及多说话，就匆忙出了大门，向西边的十字马路走去。

平时，女儿见父亲来了，如不开会，总是放下正忙的事，陪老人回宿舍，今天有点异样。老父亲正疑惑间，收发室的人含混地说 :"学校里打来电话，叫她立即去一趟。"

夏翁望着女儿瘦弱的背影，灰白的上衣显得太宽大。她脚步急促，却刚强有力。老人忽然想起她小时，有人向她妈妈说过："你那瘦女子，胆大泼辣，啥都不怕。"她现在不再像初生牛犊，蹦蹦跳跳，可是她现在仍然刚强，也许出于对生活的理解，出于对社会的责任感，出于对事业的热爱和对自己努力的信心。

她匆忙离开，使老人预感到可能发生了什么不愉快的事，低头看到手中的钥匙，想起该去女儿的宿舍。

女儿的家，老人常去，很熟悉，一间屋子，锅碗盆勺、衣物、床铺、书架、写字台，都挤靠在四面墙脚下；外孙的小人书，整齐地放在床头上。屋里最显眼的是书桌上堆满的文稿，有一页只写到一半，没有题目，略略瞅了几行，可能是一篇为少儿写的故事。稿纸旁边堆有通俗文艺杂志、几张英文报纸，看样子，女儿昨晚又熬到了深夜。

以往老人到这里来，为看她和外孙，她通常为让老人少说话多休息，整理好床铺后，便找来画报、画册，以及新买的书让老父亲躺在床上浏览，她乘此动手做饭，不许外孙吵闹，或支出去到院子里玩。今天，老人只好自己到书架找书看。女儿搞文字工作，书架上大多是文学书籍和英文原著。老人拔出一本看看题目，放回去，再摸出一本，挑来挑去，拿出两个手抄本。一本是老人青年时抄辑的中外短诗名作，携带了三十多年，到“十年浩劫”中，遭过查抄、批判，失而复得。一本是粉碎“四人帮”之后老人日常读书阅报和生活见闻笔记。内中有纪事、有感想、有书报上的趣闻逸事和名句摘抄。如果要寻求贯串的思想线索，几乎都是有关鞭策自己和鼓励儿辈上进、警诫自己年老意志不衰、勉励青年一代奋发努力等类似的座右铭。

老人重读笔记，从字句里看见的仿佛不是自己，但却是一个老共产党员，心海不比青年人平静，仍然腾涌着时代的热情。几年来，在党的十一届三中全会精神激励下，不知不觉记了这一厚本，正反映了他思索最多的大心愿。大劫之后，最重要的是振奋精神，从头努力。他想到，我们全党于拨乱反正之后，正在开拓新局面，是历史航程的新起点。每个共产党员都应该紧紧跟上历史的步伐，这也正是个人继续前进的新起点……

面对女儿的书桌，老人的沉思慢慢移到她身上。她已经懂得知识的迫切，能刻苦学习，是这个时代的必然。近几年她勤奋补习，力求提高工作能力。冬天房子里冷，腿上盖着毛毯写作；夏天小房子特别闷热，顶着扑灯的蚊子读书；做饭时背外文词语；看电视还不时翻字典。她对工作、学习、写作有计划有安排，周末很少上街，节日也舍不得时间去公园游玩；舍不得时间陪闲人清谈；甚至常顾不及同孩子玩，欠着儿子许多故事债。记得与女儿谈心，她说过类似的心事：一天不学一点，不写一点，不译一点，似乎少吃一餐饭，少了一样东西，心里空虚，对不起自己，满身不自在。每天工作学习，体味到劳动和忙的成果，是真正的享受，精神上的满足。她刻苦，不只是“补上内乱时中学的损失”，还要学到更多新东西。老人赞成她的做法，同时更希望她的设想更宽阔些，除了专业能力之外，政治上要成熟。老人常爱唠叨，总嫌孩子政治上幼稚。这种心情，曾引起她姊弟两个巧妙的非议，风趣地说：“爸爸看人家的儿女都比自家的聪明。”

等了一个半钟头，女儿回来了，一手牵着外孙，一手提着刚才大门口收发室的一大包书。她忘记像往日时那样叫孩子向爷爷鞠躬，脸上带着让老父亲久等的歉意。她的神情又有点想哭的样子，几乎要打孩子，因为父亲在场，强忍住了，很克制地叹了一口气：“生活里事真多，工作忙得做不完，家务够累人的，孩子也没教育好……”

她为父亲倒一杯水，老人分明看到她睡眠不足。

她开始叙说她去学校的情况。是小豹和同学打了架，人家孩子固然先欺负他，他把人家孩子打重了，又不认错。老师叫家长去，安慰被打的小朋友。说着，感叹说：“这孩子一天天大了，操心的事情也多了，白天工作忙，下班后要照顾他，给他辅导作业。他作业做得慢，为他花去很多时间，现在还在学校惹麻烦。”

爷爷看着小外孙不服气的神态，毫不生气，反而想起一串平时的好印象：他上一二年级时，算术、语文考试都在95分以上，下学回来自动帮家里到食堂打饭、扫地、倒垃圾、收拾卫生，上街从不要买玩具，也不吃零食，是个懂事听话的孩子。小朋友来家玩，他总是大方地把玩具和娃娃书全部搬出来，一点也不小气。他平时和院子的小朋友玩耍，总让着别人，并不多事。可是今天为什么打了人家？

小豹说话了，理直气壮地申辩着：“他不讲理，捣乱我写字，把我的书包扔到地上。说他不听，还打我……”

“那你该向老师说嘛，打人家总不对。”女儿讲这个道理。

爷爷当着外孙面不便说，心里认为，儿童之间打架，也是正常，当然对孩子从小在学习和品行上给予教育和引导是十分重要的。为有意岔开母子怄气，便问女儿，那一包书是怎么回事。

女儿打开包裹，原来是她前年编写的一组童话、寓言故事，算是出版了。这些是出版社给作者寄来的一批样书。她拿一本递给父亲看，说：“只顾得孩子淘气，把这包书忘了。”

这时快到中午吃饭的时间，她匆匆忙忙为父亲做饭。老人拿着新出版的书，开始翻看。他曾经看过两篇原稿，觉得思路浮浅，文字不够简练优美，给儿童少年读，内容还是有趣有益的。

女儿一边烧水切菜，一边试探地问：“爸爸，你看行不行？”

父亲顺口说：“出版了，总是一个起步。”

老人不赞成女儿遇点生活小事就心烦，影响情绪。现在社会鼓励学知识、用知识，工作业务都有了好的条件。自己有业务定向，努力有目标，又不愁柴米，凡事应从大处想。只要坚持，继续努力，定会发挥个人才能，取得更大的成绩。但老人想在心里，并没有说出口。

老人信手在扉页上写了这么一段话：“这本小书，是业余副产，对于习作青年说，算小小的开端，证明功夫不负有心人。凡肯诚实耕耘，就会有收获，不能满足，不可轻视。这开头预示着未来，像长跑运动员的毅力，继续付出更大的心血，再多出一些质量好的书。”

有理想有牺牲精神的人

八月初，面对电视屏幕，看到胡耀邦同志向青海干部做激动人心的讲话，总题目是“立下愚公志，开拓青海省”。肯定过去工作成绩，分析优势，指出今后的开拓方向和步伐。当他讲到“自强不息，开拓不已”“不达目的，决不罢休”，随着语调的高昂而站起时，全场报以表达决心的掌声。我也忘记身在西安，仿佛仍然坐在多年熟识的会场第几排，坐在熟识的同志中间。

这是党中央对青海的厚望，也是对浩浩开拓大军的动员会。

紧接着，8 月 11 日《人民日报》上又发表了胡耀邦同志讲话，极大地鼓舞了新时代的建设者——青海省 50 万各族青年勇当开拓的生力军的喜讯。这是青海各族人民，广大党员和干部，已经站在起跑线上，开始谱写万卷书序言的第一句话。

这是中央领导同志，给青海人民燃烧在胸中的熊熊激情上，又添加了挥发不尽的燃料和干劲。

青海的天赋资源确是丰富的，山川田园、草原牛羊，地下有沉睡和废弃了千万年的宝藏。这块大地直到解放时，有了人民的政权，有了党的发展政策，发挥了人民的智慧，一切才变活了。被人望而兴叹的一草一木、一土一石，逐渐源源成为社会主义国家和人民的财富。

然而，青海被历代的封建势力、被马步芳父子几代统治，剥削得穷困不堪，生产极其落后，文化非常贫乏，人民的生活十分困窘。我们的党，党的干部和军队，就是在这样一片荒原上开拓、经营，一枪一弹、一笔一画、一锨一镢、一锤一斧地艰辛工作，一身汗、一手茧子，在忘我辛苦工作中开始的。

1949 年 9 月尾，我紧随解放青海的部队，紧赶着继续西进的捷报，兼程到了西宁，落脚在市东关一个骡马店，不是投歇旅社，而是来参加办报。《青海日报》就是在这个小店里编辑、印刷、发行，一张省报的铅印报纸在土屋里诞生了。而最高领导机关，青海省委，就在报社对面马路北面一处较大点的砖瓦院子里，日夜运筹指挥全省工作。西宁街道窄而短，东西不过一里多远；泥顶土屋，站在卡车上可以跨上屋檐；市区不及富庶之区一个小镇；早晚城墙外有狼叫狐狸跑；加之马步芳军队逃跑时隐藏下来的残匪还未及肃清，晚上常常听到枪声。

省人民政府就在城区中心一个空场的土台上宣告成立了，一切工作都在党和政府领导下，有秩序地进行着。没有人想什么困难，没有人计较条件，办公、开会的干部，都是走路，步行赶时间；下乡是背上行李跋山涉水；进军玉树地区建立新政权的干部，骑马行军，上午赶路，下午拾粪，支帐篷，在茫茫草原上跋涉了十八天（现在小汽车是两天的路程）；果洛地区的领导机关，初建时，书记、州长是坐在用草皮结的土墙砌起的半地窖里办公；牧区同志到省上来开会，常是绕道四川、陕西、甘肃，比从省内直接走方便些；首长没有小车，运输物资靠牦牛、小毛驴；连火柴、肥皂、糨糊、扫帚，也远从省外运进补充……

尽管地区贫瘠，处处荒野，而人，却专碰困难，能创造条件。不论是消灭马匪的部队，或者是地方工作的同志，都是经过多年的枪林弹雨，艰难岁月的磨炼，是勇于为革命牺牲的铁汉子，是战争中冶炼出来的战士。眼前的困难算什么？不怕苦，不怕累，日日夜夜宣讲政策，党对新区的政策、民族团结政策、宗教信仰自由政策、生产政策……发动群众，用热情唤起热情，用信任换得信任，同群众打成一片，共同实行土地改革、镇压反革命、清剿马步芳遗留残匪、发展生产，逐步合作化……夺得一个一个胜利。

是人，埋头苦干，呕心沥血，一天一天，年复一年，促事业发展，推青海前进。逐渐，汽车成群结队开进崎岖山区乡村，跑遍辽阔草原；火车来了；解放牌汽车出厂了；自造拖拉机了；自己冶炼钢铁了；外国小麦良种在高寒草原边沿落户了；新杂交羊种成功了；逐渐有大宗畜产品出口了；土特产品出省了。

逐渐，藏文报纸出版了，藏语广播办节目了，藏语话剧演出了；各少数民族青年进了大学，培养出了科学家、作家、画家和歌手了；劳动者走上戏曲舞台，各个民族的文化生活以新的内容和形式活跃起来，走向繁荣……

逐渐，特别近年来，有了大型的龙羊峡水电站；有一条一千多公里的铁路线；有一万五千多公里的公路；有了民用飞机航线……

青海，沿着党指的方向，跟着祖国的步伐前进。

变化、成绩、努力的方式有千条万条，最重要的是人，人才的成长。在党的哺育下，大批少数民族的优秀人才、共产党员、中青年的干部，成了科学家、业务专家、作家、艺术家，成了各条战线、各行各业的专业人才、工作骨干，其中不少担负起了厂长、经理、工程师、区长、县长、州长、书记、省长、省委书记等等重任。

青海的变化，天天辛苦工作在这里的人，也许觉得平淡无奇，甚至有些嫌迟缓。我可是亲自见过不少人，曾于初解放时见证过青海当时实况，过了十年、二十年、三十年，再到青海，总是敏锐地震惊于变化之深、发展之快。过去旧有的寻不见了，现在突兀在眼前的，却应接不暇，不禁口里啧啧称道：大大超过了所设想的那么快速。

人们都为祖国的这块宝地自豪。

如果不是“十年浩劫”，成千上万的领导骨干、优秀党员及干部群众受到各种诬陷和残酷打击，毁坏了党风，损害了党在广大群众中的影响，眼看到了难于正常生活下去的地步，青海的情况一定比现在要好得多。

在危难中，国家的大厦之所以不会倾倒，也正是由于伟大的党和受党激励的人，没有消沉，没有灰心。人们挺立着，咬着牙，横着心，忍着伤痛，踏过困难。人们在党的召唤和鼓舞下挺起腰板，继续前进。

正是在这艰难险阻中，看到了人的觉悟，党的力量，正气的威力。青海人有重建家园的信心，有坚韧不拔的毅力，对未来的希望。

人是宝贵的，人的觉悟、品格，为国家为人民献身的精神、理想、意志和信心是最可宝贵的。我们看到多少头脑清醒的人、正直的人、有党性的人、有良知的人，在严峻的考验面前挺直腰杆默默前行，心与心呼应，情与情相通。使我们党更加坚强，看到未来的光亮。

在青海几十年，熟识的同志说我勤恳工作，兢兢业业。我扪心自问，总觉得自己做的事还太少，增添的力量太微薄，要做的事还有太多太多。参加建设青海，在工作和生产的实践过程中，继续给我教育，受到和战争年代同样严峻的锻炼。在历次胜利的欢欣中，从工作的曲折中，使我继续认识和理解党，特别是执政之后党的使命和活动影响，逐步认识多年所向往为之奋斗的社会主义，不仅有其优越，还有回避不了的幼稚。正由于认识逐步实际，有血有肉，就更坚定地相信党，相信我们的国家会富强，人民的生活会幸福，社会更美好。

不少过来的同志说，党一直是我们心中的希望和力量。党胜利前进，人人有信心，更勤奋努力，国家建设得发展；党遇到挫折、干扰的时候，人民和国家就会遭受损失、遭遇灾难，但同时使我们聪明和坚韧，否则在“十年内乱”恶魔当道的时日，很难设想能从天昏地暗龙卷风灾难中踏出来。青海是锤炼意志的学校。

记得当青海第一个人民公社于西宁市北郊农村出现的时刻，朱德同志来青海视察，亲笔题词：“青海地大物博，是祖国的一个十分可爱的地方。”青海确是可爱，而奋斗在青海的干部和人民更可爱。我怀念青海的山水木石，同时以深厚的情感怀念的是人，为那里献身的人。我在那里确有很多熟识的、彼此理解的好同志和热爱祖国的各民族的朋友。我尊敬他们庄严地工作，紧张而愉快地生活。他们的生活和工作胜利中夹有坎坷，但他们的人品和精神境界高尚，使人敬佩。党的十一届三中全会之后他们更焕发了青春，他们有的是第一个带领人民的军队亲手解放青海，走进西宁的指挥员，今天仍然坚持在那里的领导岗位上。他们对人民、国家和党忠心耿耿，对群众满腔热情，是将自己全部心血奉献给青海的同志。他们虽然职位高，生活作风仍然非常简朴，保持着延安时期、艰苦岁月的优良品格，不理睬什么不会享福的讥笑。他们保持着清醒的头脑，坚持党的原则，是不为邪恶势力的淫威所吓倒的同志；他们憎恶不正之风，鄙视什么关系学，宁愿忍受个人生活上的不便，不许家属利用权势，他们是一贯保持高洁人品，有气节的好同志。

我欣羡许多少数民族青年，头脑聪明，思路活跃，在党的阳光下，进步成长得那么快。

许许多多模范人物、劳动英雄形象，经常显现拥挤来到我的眼前。可不是吗？那春节秧歌队里跳得欢的，不就是祁家乡土改运动中的积极分子吗；那位拉着我到他家喝水的，不就是乐都大修水利时，上苏华顶探查水源、兼打石放炮的能手吗；那位不就是西宁近郊农村合作社化时起先的带头者，后子河做通全家工作，最先响应和参加第一个人民公社的社员一家人吗；还有那刚察县全吉附近一个放牧二百多只羊的十三岁藏族女孩；还有，一只手拢着耳朵，歌声飘响在县城上空的，帮助粮站翻晒粮食的藏族姑娘；还有，帐房里忙着为我们准备奶茶、糌粑，肩后披有银饰的藏族妇女；还有，在一次国庆节欢腾之夜，西宁街头灯火辉煌，锣鼓喧天的时候，在八十里之外老爷山上为保证人们看好北京的电视节目而聚精会神操作转播机器的值班员们……

啊！这样好的人民，这样勤恳的劳动者，应该列数得太多太多了，一时间无法记起他们的名字，如果要坐下来细查仅我当时顺手笔记下来的，也一一荐举不完。这不要紧，他们对社会的贡献和高尚品德，会印在群众的心里，记录在闪光的史页上。

青海，是大有希望的！过去的一切，都成为充满汗水，闪着金光的历史。而今天的一切，又毅然地从零开始。这个零，起脚点是三十多年集聚起来的物质和智慧；这个零，包含有一次一次胜利成果和闯过一次一次崎岖经验，从而升华、凝聚成了顽强意志和百倍信心。

今后的成就一定更辉煌，今天、明天一定比昨天更伟大。

1983 年于西安

书，我的伴旅

书，从我识字起，相互结下了不解之缘，帮我认识人生，指引我路向，鼓舞我前进，与我携手共同走过了 70 多年的生活旅程。书，同我有深厚的情谊，在我的童年，在乡村的时光，在学校课余，在战地露宿山坡的草地上，在行军的马背上，在寂静的深夜里，在最艰难时期躲避敌人搜查，在节假日里和紧张的工作之余，书，总是默默地陪伴着我。书，坦率、诚实地敞开胸怀让我看里面内涵的世界、思想、知识、生活的哲理。书，不掩饰社会人和事的缺陷，有美好的，也有严峻的，给予人思考，尤其是对于谦虚的人更是慷慨坦诚。

今日已离开工作岗位，有宽裕时间翻读新的和曾在早年读过的书，感到亲切而新鲜，仿佛都是第一次见面，发现过去不求甚解，一知半解的读法，对书，不够朋友，对个人，不够诚实。

昨日，又从书橱里拿出这本手抄诗册，约 64 开本的笔记本。由于加续了几次纸张页数，纸的颜色和横格子都各不相同。加厚了的本子用白线牵订在一起，用硬白纸做了封面，署着我早先的名字。当我看到毛笔字写的是 1942 年，这才想起最初是从 1940 年开始用这个笔记本抄写诗篇的，随身带了 27 年，在“十年内乱”中被抄走了，今天拿在手里，真像是梦。

我沉思一阵之后，便打开第一页，上面密密麻麻写满了中外诗人的名字，一看便知道里面都抄有什么人的诗。接着翻过一页，第一首诗是雪莱的短歌，是我在延安北门外文化沟俱乐部窑洞门外，看墙报诗歌专刊时，站着抄录下来的。由于爱读诗的热情高，又缺少书，便经常到文化沟图书馆借诗集看。无论是诗集里的、报纸上见到的，自认为是好诗，我都抄。我特别喜欢普希金、海涅、雪莱、歌德、惠特曼、江布尔等人的诗。后来我抄了不少歌颂苏联卫国战争的诗，歌颂列宁、斯大林的诗，当然喜欢马雅科夫斯基、伊萨科夫斯基等人的诗。国内的诗，如艾青的《火把》长诗我也全抄进了这个笔记本。

我从延安墙报上抄何其芳的《夜歌》，还有鼓动抗战的枪杆诗、街头诗、传单诗，觉得内容、形式都新鲜。这册有四百多首诗的抄本中，旧体诗很少，只有鲁迅的几首，其中还有李又然用毛笔字抄给我一篇科罗连科的散文诗《小小的火》。起因是 1941 年我在中央党校时，练习写了几篇如“驼铃”等抒情散文，贸然送给李又然，期望能得到修改和指导。

过了几天，他果然热情地鼓励我，又写了回信，谈些意见，随即还抄给我这篇文章作欣赏的范文。

（一）

童年，我在父亲的辅导下读书识字，凡是书里所有的，一概朦胧地接受。

我的童年，生长在 20 世纪 20 年代、30 年代西北偏僻的乡村，日常接触的人和事，听的道理，见的习俗，极简单而古老。从识字开始，读些四书五经，学得文化知识，接受的是传统文化的旧思想。

我最初读书，是在生育我的家庭，是几代念书的耕读之家。家产有锄、镰、犁耙，还有家中堆积的各种古版书。启蒙教师，便是在乡塾教读终身的父亲，一个清末乡试秀才，有点学问。亲友常为他感叹："若是清朝不倒，科举不废，一定会高中的。"我却从未听见他自己遗憾过什么，只认真教书，学问远近闻名。

他对自己的晚生独子是偏爱的，教书特别严格，极其耐心。认字写方片，教诗亲口授，初级作文是他编句口述，我笔录。他对我从清早睡醒来就讲起，可说整天随时都在教我，讲解学问知识，一直到了熄灯，我进入梦乡，还在自言自语地讲授。白天，父亲除了接待客人，看古籍，写行书时，临时放开我这个教授对象之外，吃饭、走路、一同赶集、走访亲友，总不停地给我讲这讲那。

这种得天独厚的福气，我有点受不了，却又非常习惯。母亲在旁看得着急，向父亲说："你太急了，现在不上科场了。"她的语气，意在不敢强硬逼迫，当然也渴望我学有所成。

父亲，汗不白流，我学得一些文化知识，如四书五经记录的道理和典故，虽然不理解，却是囫囵吞枣，比同龄的少年多学了一些。刚过十岁，在父亲的指导下，开始写红纸对联。

在念过《论语》《孟子》及《诗经》的同时，父亲传授我做人要"守分安命""顺时听天"，讲述"国正天心顺，官清民自安"。以及忠、孝、节、义、礼、仁、廉、耻等一套封建的政治观和道德观。他完全以封建正统原则，照老一代模式培养一个书呆子。

可是现在回头看，他老先生是自相矛盾的，即教我念书，要有学问，却又经常感叹："穷死不做官，官场太伤天害理，不是好人干的。"他常讲梁洪不肯仕，司马相如卖酒的故事，有点反对"君叫臣死，臣不敢不死"的章法，赞扬王安石变法及"在齐太史简，在晋董狐笔"等反抗恶政的故事。特别钦敬岳飞、文天祥等为民族尊严献身的爱国英雄……这些，在我这个青少年空白的脑子里，尚无能力分析的状况下都接受了下来。

约 10 岁的时候，父亲远行，母亲带我到舅父家住了一年多。舅父是个老贡生，善书颜真卿体，会写诗，曾编《桃李记》曲本，偏爱程朱理学，曾在当地被视为清高隐士。他很少去县城，也不看报纸，虽早已不教学生了，但对外甥还是要讲授点学问。这才比较出来，他比我父亲讲的道理更难懂、古奥。他的学问，令人感到高深莫测，离我身边事更远了。

他主张读经，痛骂新学，其实日常直接给我们教课的，是他的得意门生郭某，年岁不大，思想更古。他头顶蓄发，束有高结，像书上画的古圣先贤。他讲书，食古不化，使我发现父亲比他们开明多了。父亲知道梁启超、章太炎、孙中山，赞成白话文等当时社会先进的人和事。当然，父亲毕竟走过许多地方，几次去过北京、天津看望长兄，读过《益世报》和许多进步书籍，他的见闻新多了。

（二）

我从 14 岁开始，离开了乡塾，进了官办的学校，始得接触新知识、新文化，接触的知识多了，看世界的眼界也宽了。

我能爬出古书堆而走进市镇、走进西安，这机缘是五伯父给的，在我的读书史上是个转折。五伯父是清朝末期进士，在河北省廿多个县做县官近三十年，是旧官员，不贪赃枉法，不投靠任何军阀势力，不参加党派，未陷入派系。约在 1929 年春，我十四岁，随父亲到河北省临榆县任所，第一次去看望五伯父。他那时近六旬，不再多坐堂审理诉讼，一般全由陈先生批办公文，比较有时间同老兄弟谈诗论文。对于我和一个同龄弟兄规定课业，批改作文。有时批给一角、两角作奖励。听他的言谈，十分厌烦官场生活，考虑儿辈的谋生之道，建议上类似工商职业学校，学些真才实学，经营一项实业可靠。他意识到我继续在乡下闭门读书不行，要留我在临榆县上学校。父亲因怕我在衙门，以及在已有洋商活动的城市生活学坏，托词说是独生子，母亲离不开，当年秋我随父亲回到农村家乡，父亲毅然于冬季送我上了县西的一个镇高小就学。

这个镇小学虽然设置简陋，教师力量却很强，旧书上没读过的如白话文、地理、算数、图画、音乐，还有学生讲演会等，都使我感到非常新鲜，这些课程在我眼前展开了一个广阔的知识世界。我除了算数四则觉得较费事外，作文成绩好，考美术时，我包画班里半数同学的画。跟上风琴唱歌，最先学的是“打倒列强”，知道了帝国主义侵略。穷乡小镇的学生，识字多了，也不甘寂寞。记得毕业班同学派人专到三原书店买回许多新书，抢着看毛边书，如蒋光慈的《少年漂泊者》、鲁迅的《野草》等。虽然读不懂书里的含意和哲理，兴趣在于从中找作文有用的新形容词。在日本侵入东三省事件之后，我们逢集日上街讲演，作宣传，反对日本侵略，反对买日货，宣传爱国思想，将校内的讲演比赛会充实了国家大事内容。我脑子里封建宗法道德、神鬼观念开始动摇，爱国主义思想、民族自尊心等，更加强了。“天下兴亡，匹夫有责”这句话对我影响很大，我脑子里开始思索，做一个青年应该为社会做些什么。

到西安上中学，课程繁重了，感到最吃力的，花时间最多的是数理化。在西安这个大城市，吸引我的不是花花市街生活，而是能到书店看到更多的新书。特别吸引我的是风行的鲁迅、郭沫若、茅盾、冰心、朱自清等名家的著作。我喜欢到北新书店买《活页文选》“中学生”，一心想摆脱早晨读英文，晚上作几十道代数、几何的困境，能够畅快地读自己喜欢的新书和刊物。

那时学校设备简陋，我们在纸窗、煤油灯下学习。学生中穿皮鞋的只有城里几个青年，社会政治活动也少。日本侵略东北，国民党的势力开始向西北渗透，激起社会爱国人士和少数进步师生进行一些爱国教育，反对国民党特务势力伸进西北。学校里多数学生仍然埋头读书，我看到同学中有国民党员公开活动，也看到校舍院子有红绿纸传单，说是夜里有共产党撒的，我也悄悄拾起来看，知道学校里有进步教师和同学活动。这些传单里，有讲历史，或者时事，含蓄地讲些进步道理。假期回校时，到火车站检查，特别是看到红皮的书，就被没收了。我羡慕这些同学觉悟早，愿意接近他们，向他们借书看。可是，我总记着父亲的话：只专心念书，不能陷入任何党派活动，这对于我在政治思想上束缚很大。再一想，我最尊敬的进步作家，鲁迅、茅盾、邹韬奋等名人，没参加什么进步党派，仍然受到广大青年的崇敬，对唤醒社会对国家进步贡献很大，以此自慰，似乎自己将来也可以那样做，也有那么大的本领。

初中念完了，我不知将来出路何在，能为社会做什么？在同学的鼓动下，我意外地考入西安高中，似乎又登上了一段瞭望台，登高远望，能学到更多的知识。由于日本紧逼山海关，东北沦陷，东北军被蒋介石远调来西北，这时，红军长征胜利，已落脚陕北。蒋介石几次来西安祝寿；鲁迅追悼会被国民党捣乱；“双十二事变”发生了；全国政治风云紧急；呼救爱国的声浪越来越高。学生无心坐在教室上课，积极开展抗日救国活动，我也和本县同学一起，参加了假期回乡宣传救亡活动。由于在学校不能正常上课，我便读了些书，如列昂节夫的《政治经济学》等，使我了解社会发展的趋势；艾思奇的《大众哲学》等，启发人们懂得社会现状要变革，要革命的出路；读了《铁流》《毁灭》，看到群众的革命斗争；《萍踪寄语》描画了苏联新型社会主义国家的迷人前景。总之，陆陆续续读了不少进步的、激发爱国心的各种新书和杂志，使我的理想日渐明确，追求逐步坚定的这一段人生路上产生飞跃的，除了当时的政治形势之外，我真要感激比我觉悟快的同学和老师，还有那些思想进步的书籍。

中学时寒暑假回家，我总是带上喜欢的书刊。父亲视力不行，要我念书给他听，逐渐喜欢鲁迅讽讥时弊的杂文，还有他写的《故乡》《社戏》《祥林嫂》等。这些正击中他所生活的黑暗社会种种丑恶现象，容易理解鲁迅文章的内涵深意，越听越爱听。有时他戴起近视眼镜，在屋檐明亮处阅读，常常一人感叹称绝，说鲁迅是思想家，文章是一代之雄，道理深刻透彻，揭露社会人情入木三分等。父亲有时同我谈说时，说到要读这样的书，也要做这样的人。逐渐地，父亲开始涉猎我带回家的所有的书，如邹韬奋的《萍踪寄语》、宣传抗日救亡的爱国进步刊物等，我成了提供他读新知识新思想的书友。父亲对国家大事很关心，“双十二事变”后的那个冬天，我回到家里，父亲竟然要看有关论述共产党政见，甚至毛泽东先生的文章。

书对我帮助太大了，帮我说服了原来不主张我参加党派活动的老父亲，竟然同意并支持我北上延安，奔向共产党，从事革命。1940 年夏，我二次去延安时，要化装通过国民党封锁边区的重重封锁线，当然身上不能带片纸只字，我把喜爱的书刊和日记等留给初识字的新妇。我的妻子李君受这些书的影响，六年后也走上了我所选择的道路，冒着生命危险，闯过碉堡林立的封锁线，奔向延安，在清凉山找到了我，参加了革命。

（三）

在延安中央党校约一年，算是专心地读了些马列主义的书。我们学习、听讲、展开讨论，觉得真自由，珍惜学习的环境和机会，特别是从国民党地区来的青年党员，不再用为读革命书籍和传阅党的文件、刊物而提心吊胆，东藏西躲。延安是思想活跃的天地，学习紧张，心情畅爽，是我理论知识打基础的一段生活，也是以后在工作繁忙时常怀念的一段生活。

1947 年春，蒋胡匪军进犯延安，我们这些非武装机关要撤离延安。为了轻装，将我读的书和剪辑积存的资料一概埋掉了，从此同书又分别了。后来我随部队在前线采访，身上仅仅带了一两本直接帮助我新闻采访写稿的书，如爱伦堡的《通讯集》。战地行军，千山万壑，辗转奔波，时时要轻装，在战火纷飞中难得书看，即使捡到几本，也不能随身多带几天。可是我总是要有书看，每当拿到一本书，在写稿之余，躲避敌机空袭，或骑在马上，必顺手翻看，哪怕只能看几句。我军攻开清涧城，我随战斗队进入敌军司令部七十六师师长廖昂的卧室，里面摆有一架子书，其中有三联书店出的书，还有不少延安新华书店出版的马列书籍。我想，这个廖昂也许也想知道点先进思想，也许是为了解共产党吧。不管如何，我选了几本书，有政论、有苏联小说等。刚拿出城，就被熟识的团长营长抢着借走了。其实即使他们不拿，我也得边看边丢，但是，无论在多么紧急的情况下，就像丢不开干粮袋一样，我的背包里至少有一两本书。

1949 年 9 月，西宁解放了，我到青海去参加办报，随身带的是几斤重的小行李，装了两本有关办报纸的书。

（四）

以往在工作之余，或者遇到原则性争论的时候，有意打开导师的著作求救，常常受到新的启示、警告，使眼前豁然明亮。

虽然从书上知道些中国革命情况特殊，无产阶级要分两步走；革命要不断进行；革命又有阶段性特点等，可在自己实践生活中就忘了，总是处于天真状态。当革命在全国取得胜利，夺得政权时，认为这下好了；接着进行土地改革、恢复经济、三反五反、镇压反革命、实行工商业社会主义革命等，每次都觉得好了；似乎革命到头了，万事大吉了，国家安定了，人民可以过上平静幸福的生活了。接着搞合作化、公社化，又觉得这下好了，似乎终于可以全心全意搞生产，提高人民生活水平这一件事了。但客观实践斗争，仍然极复杂，每次都是中央提出新口号、新步骤，才又发现自己总是落后，跟不上形势。翻开书重温，书上文件上多半早就讲过，何以读了就一点没印象？何以总是运用不好？同样也有另一面的教训，在1958年的时候，人们似乎感到我的思想保守，有点右倾。在这样的气氛下，自己也怀疑自己激进不够。其实当时的形势已经“左”了，什么高产，什么土高炉，什么玉米芯可磨出多少面粉、含有多少营养，可以度荒等。自己没有实际研究，但愿能是事实。可笑的是，涉及关于中农的理论问题，有人发明了一个奇特的怪论，说：农村的地主、富农被打倒了，态度一般规矩，不少中农凭着自己的成分，而敢于说些怪话。干部们觉得难办事的是中农，中农成了最危险的阶级对象，甚至说是“敌人”了。我们几个书呆子，为给谬说找所谓论据，竟然从马列主义著作中，将论述到中农的问题，断章取义，隔离背景，抄辑了一批断句语录，正儿八经印出来，其作用极坏，将干部的思想更搅乱了。事后想起来，不是令人可笑，而自觉心愧不堪。合该自己工作会出这样那样差错，我重新翻着书，以常态心理，似乎书向我瞪着眼睛讽笑，不是用声音，而是用印在纸页上的字句指责我，同时又重新启发我。书是公正的，又像在告诉我：它是不死的，它的原则也是来自实践，和人交往的同时，期待着聪明的活人在新情况运用，而且不断充实新营养。

60多年的蹉跎岁月，书，是我的风雨伴侣，可以说，没有须臾离开过。即使我在“文革”中受冲击时期，手中还有《毛泽东选集》四卷日夜陪伴身边。

老伴离世，孩子远走工作，我单身独处的寂寞日子里，又是不少书陪伴着我，默默地与我谈心。我与书结下不解之缘。随着我的政治生活崎岖、沉浮，而遭遇过不少别恨与重逢，书，帮助我认识世界，认识人生，认识自己，帮助我认识时代，祖国命运；认识中国革命；认识我们党的历史责任。书，给我力量，给我知识，指导我工作，做人做事。

书，对任何人都是公正的，如果说我在思想观点和工作上，有过不少局限、片面，确实是自己没有学习好、运用好。特别愧赧的是，对马列主义、毛泽东著作，一生没离开过，但是理解不深，没有刻苦学明白，理解通达。

在人生的道路上，我永远是个小学生，也就永远需要读书，有书做伴，生活是充实的，满足的。

一九八六年于西安

思想火花

我们老革命，当初决然参加革命以至入党宣誓，并没有想到要做官得权、出名图利。千万个共产党人，革命先烈们，每个人在国家生死存亡之际，都坚定地时刻准备着抛头颅、洒热血献出生命。这些人为的是祖国的安危，社会的平等，人民大众脱离贫困，能够有吃有穿，过上幸福安定的生活。

*　　　*　　　*

半个世纪以来，在中国共产党的领导下，广大党员和革命干部，历经艰险。他们出生入死，在枪林弹雨中，为民族的尊严、为解救煎熬于水火中的人民，同帝国主义、同日本侵略者、同卖国贼、同国民党，无时无刻不进行斗争，付出了鲜血的代价，一步步争来了人民的江山，成立了独立于世界的新中国。多少热诚的同志，争着奔向最艰苦的地区，争着承担最艰难的工作，为祖国建设不计较个人得失，勤勤恳恳地工作在每一个岗位上。现在，更是每个人积极争先为四化建设做贡献，努力补回过去的损失，光荣而艰巨的年代。

*　　　*　　　*

我怀念青海的山水木石，同时以深厚的情感怀念的是人，为那里献身的人。我尊敬他们庄严地工作，紧张而愉快地生活。他们的生活和工作胜利中夹有坎坷，但他们的人品和精神境界高尚，使人敬佩。

*　　　*　　　*

我周围的这些老革命们，衣着平常，却是看似平凡的英雄。他们有的艰苦朴素、克己奉公、辛勤工作、有全心全意为人民服务的优良传统，有“老骥伏枥，志在千里”的伟大抱负。我对他们怀有特别的敬意。

第七章 亲情无限

在午人的许多文章中，蕴藏了中华民族传统文化的浓郁气息。本章收录了他撰写的回忆父亲、母亲、伯父及爱妻的几篇文章，还有他写的《预书示儿女》，充满了浓烈的亲情，发自肺腑，“柔情似水”，读来感人至深。

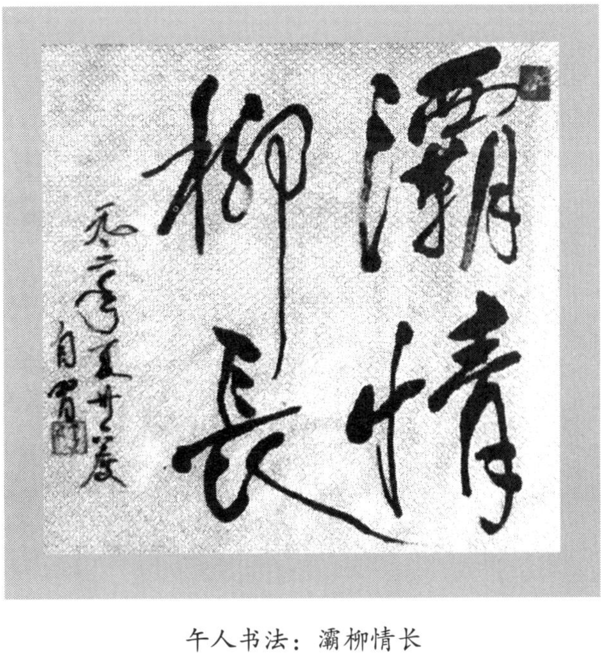

午人书法：灞柳情长

午人书法：

人忙趣亦奇

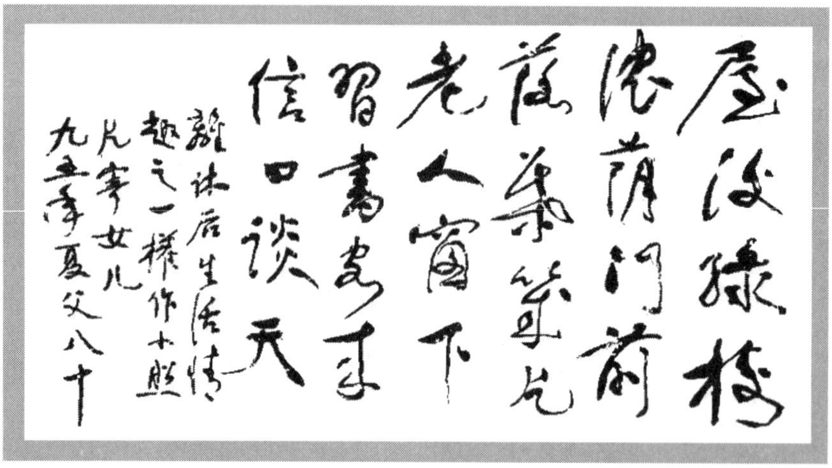

午人诗书寄女儿：

屋后绿树浓荫，门前落叶几片，

老人窗下习书，客来信口谈天。

离休后生活情趣之一，权作小照片寄女儿。

九五年夏　父八十

老人给了我什么
——忆父亲

（一）

1940年的盛夏中午，老人在炎热的太阳下，为儿子送行到村西马王庙前大路口停住了，他那花白的鬓发在阳光下闪亮，丰满的长髯微微飘动。

彼此面对着，相互再未说什么。也许该说的话昨夜之前都说完了，也许还有更多的话已来不及说，而心里都明白，这次远走的含义，加上国民党封锁线阻隔不易再相见。老人的表情很克制，只从眼神里示意让我“快走”。我转身从马王庙北面小路西去，边走边回头望，老人将芭蕉叶扇斜遮在头上，形影孤零，仍然站在那里未动。这时我才发现了老人身后的村庄，忍受着穷贫和苦艰而痉挛着的村庄，此时却反而令人留恋了。望着西邻家的墙垣、我家的屋顶、村中间的土墩台、村前的杂树丛，再南边是我家祖茔，柏树为几路纵队，拥挤得郁郁苍苍，绿得深黑。这些似一幅画，随着我的步行渐渐退远了，轮廓模糊了，画面缩小了。

这时刻，人、牲口都在家里歇晌午，天地、田野、空气，都静得凝滞了，只有我一个人背行李走路，四下无人，正给了我行动的方便。因为北上延安，除组织告知我之外，只有我父亲一人知道，最怕遇见闲人，事后对家里带来不利。

脚下在走，脑子却浮想联翩，想到前面去边区的路上，敌人碉堡林立，设有封锁线，如何回答我的去向和身份；想到我走后，家里只留下一个刚刚结婚，又足不出户仅廿岁的新妇，怎么侍养年过花甲的翁婆；同宗本家，不仅不会照顾，甚至在风声紧张的时候，会有人造谣捣鬼。可以预计，三个人在家的困境，近亲厚友在往来上难免会有疑虑……这些并不是想入非非，是现实面临的问题。

我心中充满着对老人又留恋又感激之情，他理解我的去向，明白组织的安排，慷慨支持自己的独生子的远行。他这样做不是偶然盲目的，近一两年来，对于我的舍弃西安学校而去延安抗大学习、对我的参加共产党组织、对我来家里言说进步的青年同学、对我奉组织命到某校教书等，都默默会意未曾责难，只提醒我行动要小心，又愿意对我的行动提供方便。

这是为什么？对一个取得清朝末期乡试的秀才，曾怀念过有皇帝统治，使天下太平的老先生说，其思想和行动确是不同于周围其他有名气的老书生的。对这一点，我是边走边思索边回忆。答案未及条理起来，即到了当时我们党组织的地下交通联络点。秘书将组织介绍薄纸条缝在衣角里，又赶向交通员的家里，次日跟上他的毛驴出发了。

（二）

到延安，党组织考核家庭对我走上革命的影响时，这样叙说了我的父亲。老人，参加清末的乡试，却极不喜欢八股文，更不因停止了科举而遗憾。他只觉该读书，识诗知礼。人们敬佩他的学问和为人。他对学生讲书，手里从不拿书本照念该文；写得一手小行书，使欣赏家容易想起苏东坡和刘石庵的风格；喜欢写和读最古老的钟鼎文字；能写韵律合格的骈俪文章；为人家撰碑文、祭文；曾向我朗诵其中警句。父亲谢绝过县、省政界、文化界朋友的邀请，自觉不是干公事的材料，实则厌恶官场中阿谀上司，欺压老百姓的丑行，甘心在偏僻乡村教蒙学。

老人对我的教学是特别偏厚的，因为在书房下学后，其他学生走散回家，只有我跟他朝夕相处。起床之后，就寝之前，吃饭桌上，赶集路上，不停地口授诗文，测试我背诵……父亲这样辛苦地教育，只鼓励多学，做个有学问的人、懂道理的人，安贫守分，似乎这就是读书的全部目的，从未提过“做官”“光宗耀祖”的事。

父亲教我读四书、习五经，给了我一些文化知识和老道理，君君臣臣、父父子子、忠孝节义。叫我背“国正天心顺”“官清民自安”等格言。普通黎民受皇朝及官方统治，是天经地义，自古如此……父亲不是死守独尊一孔，排除异端的原则，也喜欢讲异端人物的一些主张和故事。他赞扬周公旦和侄儿不争权谋位；屈原的忧国放歌；太史公的忍辱修史；周亚夫细柳营治军；诸葛亮的多谋；魏徵的直谏；岳飞、文天祥的爱国；海瑞的刚正不阿……这些光辉形象代表了我们伟大民族的优秀品格，启迪、诱导我爱祖国、敬慕正义、追求真理，使我逐渐愿意接受革命的道理。

老人加给了儿子许多陈旧的思想重负，同时也赞佩我学来的新思想、新道理。因为他有个长兄，以清朝进士学衔而一直在河北省做县官，父亲有机会去过北京、天津等地，看报纸，见闻稍广。父亲赞佩康梁的才华，喜读新民丛报、饮冰室文集；又亲眼见军阀混战；见过中国人民对帝国主义宰割的反抗；大小军阀竟有依仗洋人之势争地杀人，横征暴敛；父亲对民不聊生的状况焦愁愤慨；对渭华暴动的消息，以及国民党攻击共产党的谣言等，不大相信，有意不谈不传；常为听学生于抗日救国的宣传而特地进城赶集。我上了中学，假期从西安带回去的新书新刊，父亲非常喜欢。他眼睛不行，我为他朗读鲁迅的杂文、邹韬奋的时评。父亲对其文章和见解感到新鲜，赞叹不已。我进而给他读毛泽东、周恩来、朱德等革命领袖人物关于呼吁抗日救国、建立统一战线等政论文件，他佩服共产党有气概，主张高明，听着听着，起而拍案叫绝，竟将桌上的茶水震散了……就这样，父亲赞成了独生子的选择。

（三）

少年时，总喜欢听人们对父亲道德文章的赞誉，而且相信着。他比别人开明些，并不愿意把自己封闭在古老知识、陈腐观念的铁屋里。

在延安的日子里，总是怀念他老人家，那冬季的灰布棉袍；夏天去打麦场上戴的旧草帽；那独自在屋檐下踱步又读书的身影；同邻人蹲在树下谈农事的细语……都比我在他身边时显得更清晰、更亲近。对他的生活片段，一次一次地怀念。革命道路指点我思索，他虽然对于新的文化、思想有了兴趣，但对于旧书生的思想境界，并不能突破。

父亲常口头说，神鬼事不可全信，但在无聊时，或者心情苦闷时，玩牙牌卜卦，查解卦书，翻梦书。若得到吉祥的释文，便高兴起来，似乎什么都有希望了，常向老伴夸示，聊以自慰。

对于这个大家庭，不肯让寡妇出走，形成家庭分支，家人之间关系复杂。不劳而贪者多，使家境逐渐走向困难，各有怨言，貌合神离。亲戚来了，招待是大锅里的饭食，客人带来的礼物却归各个亲近的房子去了。有人曾提议拆居分灶，老先生宁愿忍受无益的纠纷，似乎分家是不光彩的。

老人唯一的女儿遭遇不幸，却不肯让她改嫁，另求出路。我的姐姐，原嫁给附近一大户家的学生，在西安干点事，婆婆心狠，不许儿媳去西安团聚，致这青年在外另寻有姘妇，使姐姐失去了丈夫。亲友劝说改嫁，老先生束缚于一女不嫁二夫的陋习，加上有碍于当初做媒的原是常见面的近亲，虽怜惜女儿的不幸遭遇，不敢破旧制，让事态拖延着，姐姐被折磨着。

有人讽刺父亲不会去兄长官府享福，他的回答是：同为父母生，兄做官，弟教书，淡泊衣食，自觉心安。他是一个不沾恩惠，有骨气的人。他对亲友中远去兄长官府要钱、求事，非常反感，曾在十七个年头里偏偏不去看访长兄，只是书信来往。两位老人的来往信件通常是抒发怀念之情，谈论时事，有时还相互讽刺，一个挖苦说他的钱臭，一个警告说做官要小心，红笔之下难免有冤情。我也看过伯父来信，可真没见过迢迢千里，相互争吵这般激烈的。

（四）

由于胡宗南及国民党特务，把陕甘宁边区和家乡分割成两个世界，互相无法通信息。一百个没料想到，1946年3月7日，李君突然来到了清凉山，站到我的面前。她是怎么闯过国民党封锁线的夹缝来到延安的？当然这是通过党组织的关怀和帮助下过来的。

亲人重逢，李君最先叙说了老父母的情况。她说："生活是够艰难的了，吃粮食是叫本家捎带耕种，夏秋给多少算多少，至于磨面、劈柴、买菜、上街等，不得不我去办。原来常到家看望的亲邻，也不多来往了，老人唯一能得到的安慰，是几岁的小孙女……"家中使人不愉快的，是常听到风言风语，说我已死在外面了；有猜测说我偷去了陕北；有的无赖，竟然要向县上官方告发。老人心情焦虑、生气，闷在家里开始吸旱烟了，当然他还是照常写字、看大字版的书，对儿子的远行，却没有说过一句失悔、懊恼的话，只是盼望着有一天父子能够相逢。

有一天，李君流泪了，这才慢慢叙说想念两位老人，不知他们怎么生活？李君告诉我，她在我家近六年中，翁媳之间曾发生过争执，为了姐姐免遭虐待而改嫁的事。老人是被说通了，但该找什么人家，老人只听某亲戚的话，甚至于在办事之前，有意将儿媳遣往娘家去。果然，当男方来我家同姐姐见面，不能处理自己命运的弱女子，只能逃向后院，悲痛欲绝。到这时，老人又是旧观念作怪，忍痛恳求女儿含泪嫁走了。老人曾躺在床上暗暗痛哭。李君从娘家回来，知道事已无法挽回，便向老人申述了自己的意见，老人原积压在心里的懊悔爆发了，她只有向慈祥的婆婆说："若果当天我在家，哪怕打官司、讲道理，无论如何不会叫他们把人带走！"

说到这里，李君心情很不安，说，由于生活环境的艰难，竟有无聊的人背地煽动她及早另奔前程。老人心烦，脾气比过去暴躁多了，比以往容易生气。谁料在冬季唯一的孙女患肺炎殇了，就在这个全家痛楚的严寒里(1946年冬)，党在本县地下组织有人到家里来，秘密告知我在延安工作的单位和住址，同时对我家人谈说了我们党在全国抗日胜利后的形势。老人果断地让儿媳北上延安，走儿子选择的道路。李君告诉我说："启程的那天，我坐苏坊骡车，有意让人知道是去娘家。老人没有说多少话，只是嘱托叫儿子不要远远为家里操心。老人跟到车后面，又是经过村西头马王庙，再往北顺马车路，送了很远很远。当时我的心痛极了，深深感到公公的纯朴、善良，不忍心让车继续前行，真想跳下车不走了。"一天下午，我们在清凉山下散步，李君说："老人如果也能到这里，看看宝塔山、延河水该有多好啊！"

（五）

写到这里，有关老人的故事并没完。

延安保卫战胜利了，人民解放军进军大关中，就在1949年5月，西安解放的前几日，我同李君（她那时跟地方武装已进了县城），回老家看望老母。我们同家人去两年前长眠的父亲、伯父的墓前，没有献上花束和肴馔，面对萦绕的香烟伫立、默默凝望着墓顶头的枯枝和新草，仿佛能隔着厚土，看到老人安详的睡眠，似乎在做梦，继续梦他当年的心愿。我们用力克制自己，觉得足以告慰老人的是：他所赞佩的中国共产党胜利了，大西北就要解放了，全国也很快就要解放了！儿子随着革命的胜利回家来了。

本家晚辈和年长的邻人，以感叹的语言告诉我，父亲同从北平回来的兄长，临终之前的凄凉境况。在河北省做民政厅厅长又兼代过主席的伯父，当年日本帝国主义侵犯危机时，坚决拒绝为日本人做事，辞去了职务，闲住北京私邸。伯父不甘忍受铁蹄下的屈辱生活，携带一女一孙千里迢迢回到陕西老家。在外为官三十多年，通常是久官自富，谁料他回家乡却困难到没有路费，竟然由守穷在家乡的兄弟奔走筹借，才得以回到祖居老家。伯父离开了北平，一则远远躲开了日寇、汉奸横行之地；二则能和老兄弟朝夕相处，又如少年时兄弟同窗读书那样，谈文、作诗、写字，而且，都盼望能见到我。老人过得惯淡泊的乡村生活，常向晚辈说他们少年念书时，下学回来，放下书本，又去拉犁、翻地、打井、淘粪、喂牲口等等，今天不做官了，照样过得惯。兄弟俩毕竟都是七十多岁高龄，困于生活，又遭人情冷暖的袭击，仅仅半年多，两位亲兄弟短期相随长逝了。

1940年夏，父子于炎日下马王庙前话别，竟成了永诀。是的，我同家乡分别了八个年头，却是真正相隔了一个时代。

人，总是要老死的，况且在当时农村没有医药的条件下，加上晚年境遇坎坷，能活过七十多岁，已算高寿了。但是令人心伤的是：父亲竟然未来得及看到中国的黎明，没有踏进这新的历史时代！

（注：作者午人的父亲为仵埥先生，字润初，生于1875年，清末期乡试秀才，一生教书，长于书法、诗文。在家排行第八，人们尊称八先生，卒于1947年春。）

母亲

自我记得事时，母亲将近 50 岁。她身材不高，身段较厚实，冬夏套一身自织自染的深蓝色棉布上衣，上衣下摆长至膝盖，下穿一条黑裤，腿腕下扎得很紧，头上搭一条黑帕。生活抹去了她脸上的笑容，但眼目神情并无怨怒之色。

她常年不出家门，总是默默地干活。母亲从早到晚有着干不完的活，做不完的事。她常常是做完厨房的活，赶紧到卧室抱起孩子喂奶，接着又做起针线活。她做每件事都是全神贯注，似乎旁若无人，有时低声念诵听来的民谣。她身上、箱底从来没有过一文钱，对我和姐姐的吃穿上，无法给予任何偏厚，而我们爱她，她更疼爱我们。母亲对人总是以礼相待，说话低声慢语，对丈夫是无限地驯服和体贴，对妯娌敬重相处，即或到了娘家，在兄长面前犹如见到父亲般的尊敬。

切近的亲戚家都评说母亲是贤惠的，手巧的，还羡慕她嫁到我父亲身边，是有福了，“不受打骂”。年长的姑和姨常以不平的心情向我们叙说，母亲当年是坐牛车来成婚的。母亲有时也流露说，出嫁是终身大事，却没得坐花轿，确是一生的遗憾。人们称赞她的为人，更羡慕她能纺、能织、能缝、能描、能绣，还能做出一桌好酒席。家里每逢婚丧喜事，多少桌酒席全是她亲自动手，忙得几天几夜不得歇息，曾疲倦得晕倒在地。即或妯娌间因嫉妒而不肯帮忙，她也乐意，因为正是这几天，残暴的家长才对她不发暴怒，她暂时幸免于斥骂，可是霸道的家长也不许人称赞她。她能做鸡鱼，还能做海味，当客人赞赏时，家长骗说是“家里人都笨，是请大厨来做的”。对这种不公正的对待，母亲从不计较。

母亲的茶饭手艺，是她年少时在娘家跟她母亲学的。她这方面的才能，赢得亲友的赞赏；换得恶煞家长偶然虚伪的笑脸；也招来妯娌间的妒恨。有一次，家里因请人要办酒席引起了一场风波。专政家长指令要她按时做出酒席的饭菜，当时正值她生病，同时也不愿意做，从而惹起魔王的疯狂怒骂，弄得前庭后院天翻地转。我母亲很镇定，不辩不吵，沉默抵抗。一贯顺从的她，这次使人们感到非常意外。事后，她照常劳动、生活，不自得意，也不恐惧。

家里有 20 多口人，上有妯娌四五个，还有婶娘，下有子侄，每个人都要侍候周到，只有苦了我的母亲。母亲常年起鸡叫，熬半夜，常常精疲力尽，头昏眼花，一到天黑，小腿、手腕肿胀，晚上还要纺棉线、织布，为丈夫和孩子缝补衣服、纳鞋底，因为太瞌睡了，针尖不知多少次扎破了手指。夜里她总是尚未睡眠多长时间，鸡又叫了。她每次生了孩子后都不得去娘家养息，在家休息不满月，就又开始和其他妯娌一起干活了。由于身体得不到足够的休息，母亲体弱，很容易生病。家中别的妇女也要干活，也无余力帮助她，有的甚至因此而发生口角，争执谁干活少了。

人们说，我的出生是在我母亲刚刚从水井下绞上来一桶水，水还未来得及往大水缸里倒，赶回房里孩子就落了草(以前生产时身下铺有草)。她这时已是四十多岁的人了，缺少奶水，当时是没有热水瓶的，更没有什么奶粉喂养孩子，只有用面糊给孩子吃。夜里孩子饿了，就在炕沿下烧麦草为孩子滚面糊。

由于在生我之前夭亡的孩子多，曾在一个月内接连死殇了三个孩子，这次为了我，不得不将一个刚满岁的小妹妹送给别村人家抚养，谁知，当年夏天发大水，小妹妹被水冲走了。这样接二连三的惨重打击，对于在孩子身上花了多少心血的母亲是太残忍了，而母亲没有被重重灾难所击倒，继续默默地劳动着，顽强地生活着。

母亲生过十多个孩子，只剩下一儿一女，她把全部的母爱都倾注到我和姐姐的身上。姐姐十多岁时，就帮助母亲洗衣扫地，把自己喜欢吃的饭菜都给我和父亲吃。我后来外出上学，姐姐总是把好吃的食物存放起来留给我吃，等我放暑假或是寒假回到家时，这些食物往往已放坏了。可是，姐姐心里是高兴的，哪怕我回来看一眼，她的心里也是觉得舒服的。我曾劝过，父亲也讽刺她，她不反驳，但还是照样继续做，有一次她说："不由人，想做也就这样做了。"

母亲像一个虔诚的宗教徒那样信奉旧社会的一切礼法，忠于种种有形无形束缚妇女的绳索，似乎那些对妇女苛酷的法典，对她生就都是合适的，从而心安理得地接受了。那个暴君似的家长，几乎每天要向家人、向弟兄，还有忙在伙房里浓烟、蒸气中的弟媳等人，发一场雷霆怒骂，甚至打盆砸锅，兄弟之间谁都不敢同他争吵，更没人敢上前好言相劝。日子久了，大家都习惯了，便不去理睬。可是，因我的父亲在外乡教书，我的母亲便更多地遭到家长魔王的莫名恶言怒斥。是非母亲是知道的，但她从不敢抗辩，不在妯娌小姑面前议说，也不请老一辈如婶母等为之说情，更不因此迁怒于孩子，只是回到房子，偷偷哭一阵。她不愿意自己唯一的亲人丈夫看见，赶快拭干眼泪，打起精神，继续下厨房干活。她表面平静，似若无事，但我知道，她心底深处所受的伤一定是很痛的。回转去娘家，她也不在兄长面前诉说，她不是糊涂，实在是太忠厚了，把忍受看作是妇女的德行，不愿引起家人之间的纠纷和不快，她受三从四德的影响太深了。

母亲的行为严谨，总是礼貌周全。去娘家要走几里路，如果不骑牲口，也照样穿上裙子，全身上下整齐干净。每年农历正月二十三日母亲带我去村边观音庙里上香，在她认为这是件大事，不用说，要头脚整齐，穿上百褶裙，手里握一股香，以十分虔敬的心愿，点燃三炷香，跪拜观音，神情严肃，目不旁视，口里念念有词。我站在她的近处，却听不见她说了些什么，可能她以为，声音再低微，神都是能听见的，并会明白她祈求赐福的诚心和对神的敬意。我站在一旁，看得出神，她要我跟上磕头，不准笑，不准动作轻浮，不准问什么有灵没灵的问题。我只有十来岁，不辨是非，看泥菩萨不会说话，好像对人家的不幸，总是含着微微的笑意，有什么灵气？却又不敢完全不信，不冒犯总是好的。

母亲不识一个字，当然不会读孔孟的书，她从丈夫和娘家兄长口里，听到些女诫、妇德之类的话，对妇女该恪守的种种训诫，比村邻妇女稍稍知道得多些，且做得认真。有一次，曾因闹兵荒，我同父母、姐姐四口暂时搬去邻近有城堡防守的村子，借住在一家人家的小屋里。母亲每到邻家井边去打一桶水，或去借件东西，或去磨面，也要换上干净的衣服，围上裙子。到邻家磨面劳动时，将裙子解下，面磨好了，一切收拾完了，又穿上回家。对于这样的礼节习惯，她做得一丝不苟。

母亲的兄长是读书人，一个老贡生，善书法，编过曲本，在乡间很受人尊敬。我家伯叔、大小男孩都念书，她日常听我们念书，也听得零星故事，如孟母三迁择邻的用心，她是知道的，一切为我念书，做个有学识的人。从未听她说过希望儿子读书做官，也从未要求说将来子贵母荣，不奢望什么报恩。我十五六岁进了新学堂，回来给父亲念些新书和进步杂志上的文章，议论些新道理，她虽然不大理解，可是有一条，永远觉得丈夫和儿子说的、想的、做的都是对的，一概赞成。我知道，她不是出于什么是非的考虑，而完全出于对亲人的信赖和厚爱。

母亲中年之后，因多年劳累辛苦，生孩子多，身体患有几种慢性病，身边要有人照顾。姐姐远嫁，自身遭遇坎坷，而我又远在西安上学，她总是一个学期、一个学期地忍耐着。后来我提出要远去延安，她知道再不会有寒暑假期那样，我有回家的可能了，也多少意识到此去会有危险。她犹疑、心里很不安，还是赞成了我的愿望和父亲对我的支持。

因为母亲支持我选择的道路，我更敬爱母亲，正出于这种情感，我越感到她为人的弱点，甚至是她一个致命的缺陷。她太迷信旧的礼教，被束缚得一举一动都谨小慎微，几乎没有独立自卫的能力，这是我最最不放心的，悔恨给她新道理讲得太少，父亲同样没有给她讲过历史上有文才、会打仗的妇女的故事，没有鼓励她建立独立自卫的意识。“女子无才便是德”误了她一生。

母亲晚年，度过着寂寞的生活，父亲去世之后，她已是70出头的高龄，我们尚在陕北，一个人生活，更孤寂了。我的姐姐不能常在她身边照顾她，没有钱的来源。本家侄辈给她吃饭，邻家妇女来帮她烧热炕，她身边没有一个最亲的人说话，她忍耐着一切。

1949 年初夏，大关中解放了，家乡解放了，我们回家看望她，老母亲见到儿子和儿媳妇，没有诉苦，照样高兴，似乎孤独困苦的年月未曾有过，只说："你们活着就好。前几年有人给我说，北面危险，怕你们回不来了。"我们又要离开家，虽然匆匆，她并不苦苦留恋，也不要求如何改善她的生活环境，一点不向往得到什么报答，以至些微的享受，似乎将她一生付出的劳力、流过的汗水、遭遇过的艰难、忍过的不幸，全忘记了。到了白发苍苍、行动不便、生活不能自理的时候，也没有向他人和社会有任何方便自己的期求。她，自以为一个人来到人间，就是为着劳动，特别是妇女，专门为丈夫和儿女服务的。

西安解放了，我们的机关进了城，母亲在生活上仍然得不到儿子的些许帮助。九月初，忽然家里来电报说母亲病危，机关组织上很关心，叫我立即回家乡看望，当时给了我三百元，其意是援助我为母亲做准备后事用，这是一种革命的情谊。当我赶回到她身边时，在县上工作的李君也因为老人病，赶回家侍奉。待病情稍有好转时，也就未考虑做寿衣和棺木的准备。在家住了约十天，正遇秋雨连绵，天湿地湿，灶房没有柴烧，每顿做饭都让人发愁，李君天天周旋，可是母亲和李君都没有诉苦，也没有问要公家照顾，而我就没有提说组织给补助钱的事。我回西安，公家的钱一分未动原数带回。到了机关将三百元一分不少退还组织。支部接收钱的同志，对我慨叹了一声，待了一阵说："难道一文钱都不需要用！""老太太也不问你要钱？"再没说出话来。之后，他对别人说："知道他多年在延安，家里老母生活困难，才给她带了三百元，他竟然分文未用，原数交给组织，叫人怎么说。还听随他一同来西安的邻人说，他病中的老母和爱人，也丝毫没提出要他留什么钱的事。"

就在这时候，我大军西进的捷报频传，兰州解放了，西宁解放了。我刚一回到机关，领导指派我去青海工作，这样一来，离母亲就更远了。到 1951 年冬，母亲去世了，我因正忙于土改，没能回家亲手料理丧事。组织上寄去七十元的补助，这就是她最后得到的儿子的一次报答。我同母亲就这样永别了，她带着旧世界的精神枷锁，在漫长的艰辛的路上，默默无闻地走完了一生。

写到这里，一直到她长眠地下几十年，我竟然没有听到过母亲的名字。怕因为她是女人，旧社会，妇女的名字可能一生也没用过，她们羞于在同辈人面前提说自己的名字，在儿女面前说，仿佛有损尊严。她娘家姓米，有姊妹三个，只记得老一辈人都称她米三姐。

备注：

1. 作者给女儿信中有关祖母的一段话：你生活的时代，比你的母亲、你的奶奶都优越，不可比拟。你的奶奶是满清末期和民国初期人。她操持家务，活动天地是厨房；为丈夫为儿女服务，于家庭于社会是贤妻良母；也是君权、神权、父权的奴隶。她会纺线、会缝衣、会刺绣、会制作接待上宾的宴席。她有智慧、有工艺技能，但是女子无才便是德的古训束缚了她的一生。

2. 作者母亲娘家属北宋书画家米芾后人，米芾明代后人米万钟被列为明末四大书法家之一。作者母亲和其兄长米岩，是米万钟之孙米汉雯之后，迁陕西蒲城一支始祖米厥十七世孙。米岩，又名米宴周，曾用名米海昌等，清末贡生，潜心理学，精于书法、文、诗、戏曲。晚年与蓝田牛梦周、兴平张鸿山交往甚密，并称“关中三大儒”。米岩墓志铭乃由作者岳父李采白先生撰写，墓志盖由作者父亲仵堉先生篆书。作者岳父为米岩墓志铭书《清恩贡生米君宴周墓志铭》：“君生于咸丰十年十一月九日，卒于民国二十四年夏历卯月卯日，春秋七十有六。著有《芦溪吟草》《拜石随笔》《秦中竹枝词》《桃李记词曲》及诗文杂集，藏于家，君之命也。配冉宜人，继董、继樊、继周，子二、女二、孙二、女孙一。子煦，中学毕业生，冉出；逢酉，樊出。长女适同里杜茂叔。孙金生，木生。”

五伯父仵墉

仵墉，字崇如，陕西蒲城县西南贾曲贤坡村人，生于公元1870年农历十月二十二日。幼年家贫，13岁入乡塾半耕半读，刻苦自励、勤奋学习；19岁进学；24岁中举；34岁，即公元1903年，考中清光绪癸卯进士，擅长古文诗词及草书。清末到抗日战争开始前，五伯父历任河北省乐亭、祁州、安州、沧县、滦县、临榆（两任）、长垣、昌黎、饶阳、赵县、霸县等县知县、察哈尔省政府民政厅厅长及代理察省主席，先后共28年。

清末、民国初年，国内军阀混战，派系斗争激烈，外受帝国主义列强欺辱。先生为官，只知办理分内政事，奉公守法，始终无党派关系，亦未依张投李，谨慎小心，亲自办理民间诉讼。先生为考察疑案，常着布长衫，单身徒步乡间，私访实情，查明虚假，合理处理了一些冤案。一次先生单身外出返县城，天将黑，匆忙赶路，发现身后有农民携筐跟随。询问：“往何处去？”农民回答：“我认识县长。县长为百姓办事，天黑，跟来保护送一程。”

河北各地战乱持续多年，横征暴敛，天灾人祸，民不聊生，先生心焦不安。遇水旱饥荒，尽力设法救助灾黎。沧州任期遇极大水灾，淹没大片田禾，人不得食，无力缴纳田赋。上级催索，先生多次禀报灾情，申请宽免；卖掉自家北京住房，全家移居蒲城会馆，垫付农民粮款；兼从本县积存中筹措，得减轻民命损失。再如 1927 年，蒲城遭民国十八年连年大旱，先生即兑回俸金五百元，援济故乡几村。

旧中国统治集团，崇洋媚外，对帝国主义由害怕到依靠，卖国以自肥。有的国外传教士横行乡里，先生为保护民族自尊、国家主权，对于教案纠纷，不屈辱迁就。曾以“办理教案不善”为理由，被削职赋闲一年。“九一八”事变后，日本帝国主义侵略锋芒直指察冀。先生任某县县长，警报传来，官绅纷纷逃匿，先生不顾个人安危，同全城居民一起，坚守危境。张学良得知此情，即推荐他担任察哈尔省政府民政厅厅长。时，形势日趋紧急，察省主席刘翼飞，活动上级调离；新任察省主席宋哲元，托病避居北京。先生在危难中代理主席主持省务，又与冯玉祥、吉鸿昌、方振武等爱国将领在张家口组织领导的抗日同盟军密切合作，坚决抗击日本帝国主义侵略，决心效命疆场，为国捐躯。五伯父多次写信预告家人安排后事，效法汉马援事。信中有“以马革裹尸还家之句”。在蒋介石、何应钦等投降卖国方针的破坏下，抗日同盟军遭到失败，战局更为紧急，先生被迫回到北平。

北平沦陷后，日本侵略者利用伪满汉奸统治，收买清朝和北洋军阀中的官吏，为伪满做事。先生誓不为日人做事，持民族气节，辞去官职，甘守清贫。

愿你含笑长眠

——写给妻子李君

（一）不发的信

午人的妻子李威

李君，你离开我们已 7 个年头了。

7 年，够漫长的，而 2500 多个日夜，却像几秒钟，飞逝得真快。不过我们没有忘记你，特别是在每每看到党的事业、国家一天天走向兴旺的时候，总是想起你。在喜庆节日，小孙子生日，儿女们工作、学习有点小成绩，接到苏坊李家来信，我生病住医院，每逢十月二十六日这一天的时候，我们都想起你，并且说，如果你活到今天，将是多么高兴，同我们一样高兴！

我们总觉得你在家里，或者是外出没有回来，似乎突然要向你说话。我同孩子多少次梦见过你，因此曾于去年病床上写过这一段诗：

寂寞似觉君犹在，相逢朦胧喜盈怀。
殷问儿孙增几许，切望个个渐成才。
欣慰四害已惩处，至期建设花盛开。
说罢人间家国事，含笑送我出梦来。

这是我的心情，我们也了解你的心愿。记得当你病危的几天，你躺在病床上，知道了粉碎“四人帮”的喜讯，心情十分激动。你感到病体轻松了，曾振作精神，要挣着继续好好活，要看到好的形势来到！但是刚过了几天，即一九七六年十月二十六日黎明，你长逝了，对我们都是不幸。作为一个共产党人，在“十年内乱”中忧心忡忡，辞世之前能看到党和国家化险为夷，你得到了安慰，正如亲近的同志所说：“你，并不遗憾！”

这年夏秋，西安闹地震，居民们不敢安居家里，日夜往空场奔波。你久患心力衰竭，经不起地震和冒雨逃出小巷的惊恐，遂再冒险上青海高原，以为能安宁休养，谁料到家就不行了。一进医院，医生表明你的病状有新的并发症，心电图状况一时比一时差，加上小便不通、浮水，虽然做了抢救，又限于医疗条件，终归无效。

你一个长期患心衰的病人，承受不了周恩来总理、朱德委员长、毛主席接连逝世过分悲痛，不由得为打倒“四人帮”而过分激动。且在瞑目前两天，即十月二十四日上午，还低声问首都天安门广场举行庆祝大会的盛况。我在医院阳台听实况广播，随时向你传报喜讯。你在同死神搏斗，仍然呈现出同全国人民一样的喜悦。

由于举国喜庆胜利，我以极简朴的方式办你的丧事。丧事简单，没有向友好通知。家人懂得你，送你的遗体到火化场去，选择了偏僻小巷，有意避开庆祝游行的红旗队伍参与。办丧事的同志都明白回避的意思。

你最关心你的儿女和家，他们随年龄的增长，逐渐懂事，都会操理家务，你所不放心的，他们都会了。他们都勤奋埋头工作，女儿做外文翻译，儿子拍摄电视新闻，渴求知识，有志力争补上中学时期，即“十年动乱”中荒废学业的损失。女儿在你逝世前六天生的虎子，已上初小一年级，极懂事。儿子的女儿已过三岁，送幼儿园，开始识字，爱唱爱跳，比他爸爸更机灵。如果你能看见，一定高兴；如果你还活着，即或躺在床上不能领他们上街玩，他们也一定爱你。

孩子比我们年轻时爱思考问题，胆子大、脑子活，期望改革，敢于创造，他们头脑里较少旧的束缚。在生活上，他们不追求，仍然保持着我们家以往的勤俭朴素作风。

孩子同我相处，除了在生活上精心照顾以外，在家庭里我们是民主的，如你所说过的“父子像同学”，今日再添一条，“爸爸兼妈妈”。我们愿意讨论些时政治学、思想道德等问题，观察事物，评价形势，我坚持共产主义基本思想原则永远是对的。不过，在交谈中我发现，两代人总有差别，老少阅历不同。今天毕竟是20世纪80年代，时代赋予青年的使命不同、要求不同，所以，我常怀疑自己的一些观点，不利于他们对新事物的敏感和思索。

你想不到，我也患了心肌梗死以至心衰，不过现在医疗条件好，孩子侍护细心。过去饮食作息不在乎的习惯，今天真叫孩子训练得有了些改变，开始注意营养，生活规律。我已离开工作岗位，可以轻松干点自由职业。请放心。

还可以告慰你，我们生活得好。我们家不是孤立的世外桃源，这同我党在十一届三中全会以来，以极大的决心和毅力，在政治上、思想上、组织上、作风上全面进行拨乱反正，深入肃清“四人帮”流毒，较快地创造出今日全国的大好形势分不开的。比如在政治生活上，再也不用提心吊胆了。在经济上，党调整了农业政策，农民有饭吃了。老家亲友来信再不诉说没粮的苦；好多人家已先富起来；从乡村到城市，人能安心工作，争着多为四化建设做事；在科学界，青中年不断涌现出80年代雷锋式的大批新人物，真是一片兴旺的局面，你若能看见，一定又惊又喜。不过这才是兴旺的开头，今后的形势一定将比现在好多少倍呢！

正因为形势好，前景壮丽，任务又艰巨，我虽然退下了岗哨，还要继续尽一个老党员的责任，不甘心虚度晚年，再读点书，在孩子的催促下，想写点文章。尽管涂抹的是一堆废纸，至少可以留给他们一丝锻炼意志毅力的榜样，你赞成吗？情长纸短，先说到这里。你含笑瞑目，更愿你含笑长眠！

二、补记生前二三事

出于深沉的怀念，孩子总爱问你早年的遭遇，如何到我家；如何奔向延安等等情节，他们想知道些妈妈的经历。你虽然没有惊天动地的丰功伟绩，作为一个农村妇女而走上革命的路，是该告诉孩子的。我曾许诺过，一直拖到今天，请你谅解。

你生逢苦难的旧世界，妇女的遭遇比男人更不幸，而你又在孩童时丧失被家庭歧视的母亲，疼爱你的是近视眼整日贴在书上的老父亲，而他又常奔波远行。伴随你的只有责骂，缺少温暖；只有繁重的劳役，缺少体贴；实为家庭童工，没有人把你娇养在深闺。小小年纪什么活都得干，在厨房要顶个大人；到田里帮干杂活；奔跑镇上办事。你要生活，尽力想法少受责骂，在逆境中磨炼，你闯得聪明了、刚强了、豪放了、自卫能力强了，有着男孩的气质和本领。在20世纪40年代偏僻农村崇尚古老风范，在人们的眼里，一个老先生家的掌上明珠，长得俏丽整齐的姑娘，应该文文雅雅，躲在家的后堂里，怎么能上树摘杏子、野地拾菜？连常来访问老先生的卫道之士们、诗书呆子们，也不免赞叹你的大方和开朗。

到了我家，你深觉生活平静了。可是仅仅相处一年半，1940年夏天，我又北上延安。从此一别六年。国民党的重重封锁线，将我们分隔在两个世界，彼此怎能有消息，真有点相逢又相识，别离太匆匆。1946年3月7日，你走上延安清凉山，突然站到我面前，真没梦想到，你从哪个天上掉下来的？为通过敌人封锁线的方便，你仍然穿着结婚时的绿旗袍。虽然是家庭妇女的形象，我们相逢的时刻，你并不凄怆、委屈，你刚强，眼睛告诉我：你已阅历过、思索过好多事。

在住定下来之后，你反而感伤了。怀念老翁婆的生活困境；哭你春节前因患肺炎刚刚夭亡的女孩，她只活了6岁，在一个冰天雪地的夜晚，母女永别了。你一点一滴叙说你难熬的生活，你，没有任何埋怨！你说翁婆很体贴，侍奉饮食之外，生活太单调了，再无人说话，活动的范围只有厨房、卧室。就凭所认得的字，翻阅我留在家里的进步书刊，开始接触时事知识，摸索着走近一个新的思想境界。你翻、你读、你想，往往到夜深人静，渐渐懂得一些革命道理；渐渐理解我果决的行动和平日向你演说青年该有的理想。你说：一个好的向往逐渐朦胧地在脑子里萌生。

在封锁线内外彼此消息隔断的六年中，你忍受着丧父的痛楚；你承担侍奉老弱翁姑的重担；你周旋艰难的一家人的生计；你吞咽了天上飞来我“已死了”的流言；你抵制了无聊之徒诱劝改嫁，示意不要“自误青春”“另找前程”等等世俗的冷眼和压力……

你说，在一个严冬的夜里，突然有人来专向家里告知我的消息，一家人高兴极了。你说，老公公劝你来延安，但背地里非常愁苦，你走，又舍不得老人。得到党的地下组织的帮助，你奔来延安找我，也为找到革命。

你说：“到了延安，像鸟儿飞上高天，飞入林海！”是真正的自由了！你脱掉农妇的衣装，穿上我这老延安的旧衣服，同大家一起，提水上山，吃饭下山，很快适应了特殊方式的生活。你喜悦，你热情，清新的生活情调，似乎将你二十多年积压得化不开的伤痕冲洗干净了。你失悔过去识字少、文化低，不久，组织送你去妇女职业学校学习。

在延安重逢，意味着我们将愉快地生活在一起，共同走一条革命的人生道路！将成为同志和战友！

久别重逢，彼此照顾，有心补偿两地相隔时所欠下的义务。没有计数一起在延河岸边洗过几次衣服；在半山草坡上曾有几次并肩散步。仅仅一年，胡宗南疯狂进犯延安了，边区所有人都卷进这场革命战争。我奔向前线，随军工作；你跟机关，辗转于千山万壑，我们将经受残酷艰险的战时生活新考验。

我们滚进战火。开初，以为你不一定能适应敌机滥炸；夜行军、爬山、饥饿、干渴；或许掉队，或许患病，或许吓倒，这些多余的想象，都被你的来信反驳了。你说，什么都不怕，只是在最初撤出延安时，为机关轻装，把些家属分散寄藏在山区老乡家，那时你担心了。你不懂当地方言，敌人来时老乡很难保护住你，也会为老乡增添危险。就这样，你坚决跟上机关走，什么艰难都忍耐，什么事都积极干。信中尽管语句不通畅，情绪却是刚健旺盛的，字里行间充溢出真正见了世面的自豪感，似乎不好意思自夸在光荣的战斗中也能献上一点点光和热的喜悦。我们在几次行军途中匆匆相遇的顷刻间，未及殷问、寒暄，急急忙忙相互扬手，各自赶队伍，至多能再回头看看身后的背包。你给了我鲜明的印象：身体结实、脸色深红、语言明快。你嘱咐我放心，并提醒我要注意生活，多报道胜利消息。我当时想，看样子你是禁得起这险恶的考验，我心里也放心。

当年冬季，西北野战军进行系统的新式整军，跟部队转移，又为前线服务的地方机关，同样进行“三查”运动。我们前线分社的同志，乘此机会回到新华社西北总分社和报社机关，总结报道经验，参加“三查”教育，这才有缘同你相处几天。我们慢慢叙说各自在战火中有趣的经历，遇到过的危险，遭到过的虚惊。你帮助我整修衣物，感到你确和刚来延安时不同了，不用说，比在家乡初遇时截然是两个人，以前的农妇，现在的兵，两个形象。

管你那个部门的老江同志，以满意的语言，向我介绍说你勤学习；对工作认真；能吃苦；在生活上能帮助他人；肯同他谈心里话；有加入党组织的意愿。老江40多岁，为人严谨、朴实，相信他的话实在。同时，老江又向我轻轻提及你文化低，自信心不足，同知识分子交谈词儿少，有自卑感，加上个别大学生、女同志看不起农村来的，不屑于帮助人……你为此委屈、烦恼，才发现革命队伍内部，还有人把国民党区对待人的许多陈旧意识带进来了。你想不通，你悄悄哭过，老江曾为你做过解说。针对这类心理，当我返回前线临行时，向你提醒过：我们党，我们革命队伍，是在旧社会包围中战斗的，人多是从旧社会来的，带有旧思想是自然的，我们也警惕自己观念里的旧东西，可能还不少！

我不设想，谈几次道理，就能解开一个人思想深处的疙瘩，可是战地是学校，战争是血与火写的活书，会烧掉人脑子里的旧东西，会教人得到快的觉悟。此后，从来信中，知道组织送你去延安大学学习，并跟学校东渡黄河去山西参加为支援西北战场转运粮食的工作。

青海解放了，我到青海办报，你在县上工作，因为侍护老母亲。多半年之后，你来了。短发、军帽，腰间束一条皮带，脚穿一双旧胶鞋，神态仍然是在地方武工队那样子，朝气勃勃，想干事情。在西宁东关，日有谣言，夜闻枪声，社会情况不安定，你走家串户，做少数民族妇女工作，好像有头绪、有兴趣，工作推得开。

逐渐不顺意的事来了，生孩子自然是高兴的，当时还是供给制，只能几个女同志合用一个保姆，这样人与人之间矛盾就直接了。你曾几次把婴儿抱走自己管，弄得几个母亲有误解，不愉快，加上到了两千多米以上的高原，原有的风湿心脏病一次比一次升级，天天去街道东奔西走，体力不行了，即到报社做些简单轻便的工作。你一直愿意同男同志交往合作，以为摆脱妇女多的环境，人际关系可以简单些，可以平静工作。又是意外，报社是大学生成堆的地方，工作人员有文化、能写文章、年轻，对一个走上革命路的家庭妇女，是不大看在眼里。当时你自己不真正理解人的思想为什么这样复杂，又认为，自己生长在农村，环境单纯，没有对付各种世故的本领，常常控制不住自己的烦恼情绪。你天真地以为，在革命队伍里每个人似乎都已经很高尚，你对革命队伍的认识不实际。

一次晚饭后，你同我一起出门散步，没有按规定的门规带牌子，小通信员已有气了，当转回来时，便把你堵住了。我没说话走了，你们发生了争执，罢了又埋怨我不出面。事过后，你也发现作为一个党员，这次争吵预示了生活修养的动向。我也想过：你算是从枪林弹雨中勇敢地走出来了，今后能不能禁得起和平环境的这一无形的关隘呢？

青海刚解放，人民生活极端贫困，文化十分落后，民族关系复杂。我们一心想的是建设好青海，提高人民的生活水平和文化教育水平。我们勤恳工作，生活艰苦朴素，从不曾想过什么生活享受。

和平环境久了，生活风气逐渐在发生变化。实行工薪制，有了级别之分，穿衣也讲究了；住房按等级；领导同志有小卧车坐了；开会台上台下；看戏前排后排；界限似乎越来越明显，加上社会上原有的世俗眼界的圈子在扩大，有人礼节场合喜带夫人孩子，单位之间有比赛排场的现象。这些风气，尽管对于我们一些来自延安的同志的影响比较迟钝，而人毕竟不是生活在真空中，况且我们的觉悟、思想境界并不那么高，不知不觉在附和、在默化。你对此是冷淡的，不听那些所谓“土包子”的讥讽，但却也引起过你的注意力，因此也感到应有所严肃的警惕，严格要求自己不搞特殊化。

你工作认真，生活中注意勤俭节约。我们平时也曾共同回忆你坎坷的童年；到了我家，生计担子加到你的身上，曾换掉补丁衣服去邻家求人帮助种地；到村外拾野；熬夜做些小孩衣件去街上卖；歹人想逼你改嫁；战争中的日日夜夜；在山西运

1947 年暮春，午人的妻子李咸（右一）与几位女战友在延安保卫战转移途中，行至安塞县时留影。

城运粮仓库的土雾里劳动……都能挺过来的旧事。我们受教育，而且相约保持艰苦时期的优良作风。

你对党的号召，是坚决拥护执行的，对党的话，总是一心一意听的。1962 年，实行精简机构和人员，你响应组织号召，报名退职，也是诚心诚意地帮助组织减缓困难。当得到批准通知时，要离开工作岗位时，你真伤心了，似乎将是失群的鸟，在情感上无法自持，怕听到退职金之类的名词。你回想奔向延安，冒着生死通过国民党封锁线的心情，入党时为革命奋斗终身的誓言，你伤心、苦闷，机关组织也冷淡，再未同你谈心。谁料，正在春节除夕之夜，将退职金送来了，这比什么刺激都尖锐。我看见你对拿来的钱一眼也不看，你克制着自己，当送钱的人走了，你真忍耐不住痛哭了，似乎什么都不怨，只觉得自己还能工作，应该做事，绝不能坐吃现成饭。而我，对你同情，可是因为我是机关的头，人事部门匆忙决定了，不便再提出考虑。虽然你是来自老区的，我一味想组织有困难，应当进行精简。事后才发现，在动员精简强调党员带头的声浪中，多少平时并不认真工作又无专长的人，大唱高调，结果这些人仍不被精简，而且反过来，对于老实接受精简的同志嗤之以鼻，报以白眼。你似乎看懂了些什么。你说批判“老实人吃亏”，一直认为是对的，可是组织对于伤害老实党员的阴阳歪气，却不加遏制，似乎在默许，这将会导致什么风气。两年之后，组织又恢复你的工作，你将退职金原数缴还了，还加上银行的利息。

一个共产党员，孩子的母亲，我们同在革命路上，都有自己的思想，有不同的缺点，我们都努力革除思想里旧的东西，但有时抵制力弱些，这也是常事。作为对一个战士的严格要求，一分为二，知人论世，才是对至亲的怀念，你赞成么？

你算等到了，亲眼看见“四人帮”彻底覆灭。

这是多么大快人心啊！

你该永远欣慰，含笑长眠。

再忆李君

我的妻子李君是个刚强、朴素，而严于律己的女同志。她幼时丧母，在寂寞孤苦中生活成长，练得性格刚强，不畏艰难。

她少时在家受着灰姑娘一样的对待，小小年纪就要承担各种家务、侍奉家人，学会茶饭、针线以及到田里帮忙和出外办事。嫁到我家后，她料理家务之余，不满于当时黑暗世界，自读进步书刊，毅然走出家庭，奔向革命。

到了延安不久，李君即被卷入保卫延安的战斗中，经过战火的奔波磨炼，多次遇到艰险，但她无所畏惧，成了有独立工作能力、有魄力能干的女干部。

到了青海高原，她不畏那里落后而艰苦的生活，在解放不久晚上常有枪声的复杂地区，做少数民族妇女的工作，能打得开局面。

李君在工作上能吃苦耐劳，生活上不曾有什么赶时行、求奢侈的欲念。多年的战争结束了，和平环境来了，大家的生活条件在变化。我们在新地区工作，继续革命和建设的任务十分繁重，每个人都知道要做好自己的工作。可是，在新情况下，人们默默地不自觉地在变化。

逐渐有卧车了；比赛服式色调了；争论房子的设计了；看戏计较座次了；干部不断增多，上下等级明显了；交谊舞会也流行了……干部中，很多人自觉约束自己，坚持优良作风，但也有些同志慢慢不谨慎了，甚至把艰苦朴素、勤俭节约，误贬为土气，把追求生活享受，宣扬为敏于接受所谓的新事物。这些，我们都看在眼里，相互提醒要严于要求自己。可是，对于有些客观现象及某些人的超时做法，都一时解说不清楚。我们反思自己，在党取得政权、着力于建设的新时期，我们不能忘记注意自己的思想境界。

一次，从外地刚来个演红娘的名角，我们当然抱有极大的兴趣。按照发票的惯例，我也得到两张票。由于汽车来晚了，我们去迟了，剧场已满座，戏已开场了。事后我们交谈，她说："这里刚解放时，大家的生活都很简单，那个席棚搭的山西会馆有戏，我们抱着孩子走着去，不是一样把戏看了？回家时夜深了，街上人少，只有野狗，还要边打边走，戏看得还是很满意……"

李君关心我的生活，支持我的工作。一个久患心脏病的女同志，医生曾多次告诫她，青海高原对她的身体健康非常不利，但她仍然留下来参加青海的建设。她坚持上班工作，又将家务、孩子的养育全包揽了。这不仅出于同我的感情，更多出于她对革命事业的支持。我们的生活中也会出现矛盾，但又常常是协调互助的。不记得有多少次大年除夕夜，当我处理完工作回到家时已近黎明时分了；有多少次中秋，我未能做到早些回家与她和孩子一起吃团圆饭。她曾几次表示过自己的情绪，但仍然体谅我的工作繁忙，对她的援助我从心底里感激。

1948 年春，午人妻子李威跟随延安大学师生转战到山西，参加了转运十万石粮食、支援陕北战场的战斗。图为李威（右一）与延大同学和战友（左起）花银子、延玉珍、张士英在山西隰县合影。

李君有一个时期和我在一个单位工作。她对所分配的工作和办公环境从不计较，工作认真、任劳任怨。可是有一次发生了一件事，对她对我都可以说是一次警钟。我们机关实行大门检查出入证制度。一次下午饭后，我们一起出大门，她没有带出入牌子，守门的小青年向她索要牌子，她因觉得只是出去一会儿，怕耽误时间，便没有折回身去取。等转回来时，小青年当然又向她索要出入牌子了。我当时将她作为一般职工，应当遵守制度，没有帮她说话。她心里很难过，一半因为守门的青年，一半因我，为何不帮她解说一句？“你，一个机关的负责人，不起个活牌子的作用吗？”她觉得是伤了她的面子，一个守门的小青年，对机关的主要负责人的情面都不看，真是领导当得窝囊。事过之后，我和她都冷静交谈，是否自己有了特权思想。她自己也不好意思，认为严于律己应从小事做起。

李君喜欢读书，古今中外的书她都爱看。工作之余，休息的时候，她总喜欢找书看。她很喜欢千古流传的孟光甘布裙、县令夫人绩麻织布，身在高位却勤俭朴素的好品质。她知道，共产党人的领导职位，只能标明是为人民事业的勤务员，更不容许封建时代什么夫荣妻贵、亲族升天。她从不炫示自己是什么人的爱人，在工作上她本分地和大家一样，做好本职工作；在生活上仍然坚持着延安时期艰苦朴素的作风。她去世多年后，朋友和同事来信中，仍提念她生活俭朴、待人谦和真诚。

李君是一个富有同情心、热心助人的人。1959 年，特别是 1960 年，因刮“共产风”

而形成生活困难，李君不像有些人那样，千方百计利用职位和特权，保证自己的精米细面。她精心地用所规定的粮食按天数做出分配，并为我们能够吃饱，给我们做的汤面里多放一些萝卜和菜叶，孩子们还是常常喊肚子饿……尽管家里有两个正在长身体的孩子，李君仍把领来的粮票、饭票接济其他家庭更困难的人，我的通信员、家里的阿姨，以及周围的同事，都接受过她的帮助。

在四害横行时，李君坚强、坚定；不怕受牵连；不背叛自己的人格；不出卖自己的灵魂。其间有很多夫妻、父母和子女相互揭发、批斗、划清界限，但她不。因为给我的莫须有罪名，使她受到许多不公正和屈辱的对待，她绝不为保全自己，说违心的话，伤害他人，更不要说对他人做落井下石的事。

李君，一个从农村姑娘走上革命；从一般有正义感到走进党内战斗行列；从旧社会到新社会；从新民主主义到社会主义。她有自己的思想，有自己的人格准则，刚强坚定的性格和与人为善、乐于助人的同情心是那么协调地体现在她的身上，受到同事们的信任和敬重……她的一生可说是平凡，而又充满了传奇，直到她生命的最后。

预书示儿女

我一生极普通，才智平庸，得自社会极多，为社会为人民奉献微薄，按中国共产党党员准则要求，深有不安。唯一自安的是：在政治风浪、横遭残害时刻，幸未迷津，清醒坚定地跟党走到个人生命的最后。遵纪守法，羞于谋私等，这或许是我留给你们姐弟该深思的东西。

我患心脏病，易有猝死的可能，故留有数语：

一、我走后，你们的工作生活，一如既往，靠自己努力，才算独立做人。

政治上跟中国共产党走，坚持和维护社会主义方向，全心全意献身于祖国人民的前进事业。

思想上爱护祖国优良文化，不固守、不赶风，警惕流行时病，小心旧意识再偷偷侵入你们的下一代的心灵。

忘记我，不悲伤，应着力于事业，若想念及我时，既能思索我所信仰坚持的；又不可忽视父母身上的弱点。

二、丧事，坚决从简。

不办遗体告别，不必登报。

火化不留骨灰，不去陵园登记（随你母骨灰一起送付渭水东流去）。

除少数亲友外，一般不发通知。

不收礼仪之物。

不因丧事向组织上提任何要求，节约公家财力。

以上留言，于我呼吸停止时，即向组织出示，并希望理解我的意愿（对少数深交亲友可分送几份）。

午　人

1992 年 12 月 24 日修订

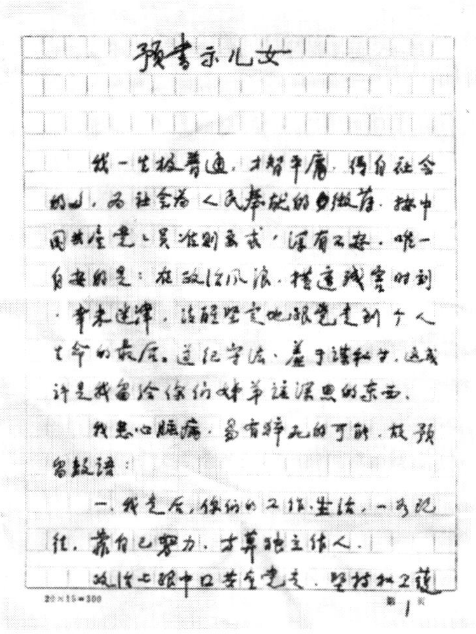

预书示儿女

我一生极普通，才智平庸，得自社会的多，而社会给人民奉献的甚微薄。按中国共产党党员准则要求，深有不安。唯一自安的是：在政治风浪，特连残害的时刻，未来迷惘，始终坚定地跟党走到个人生命的最后。这纪字法，盖于谦私心，这或许是我留给你们姊弟该深思的东西。

我患心脏病，易有猝死的可能，故预留数语：

一、我走后，你们的工作、生活，一切记住，靠自己努力，才算独立做人。

政治上跟中国共产党走，坚持和走

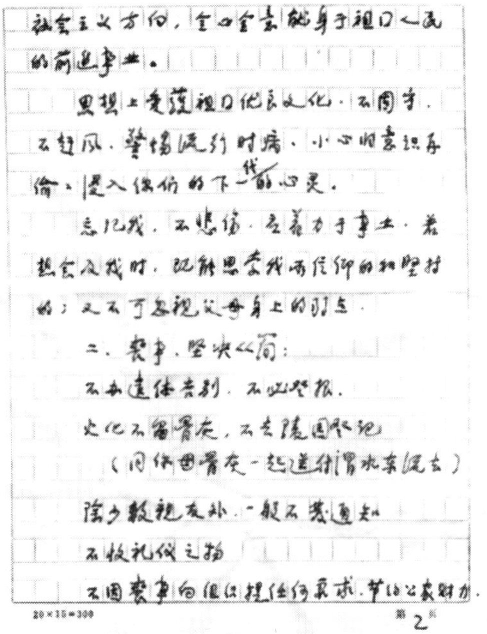

社会主义方向，全心全意献身于祖国人民的前进事业。

思想上要继承祖国优良文化，不固守，不赶风，警惕流行时病，小心旧意识的毒、侵入你们的下一代的心灵。

忘记我，不悲伤，应着力于事业。若想念我时，理解思念我所信仰的和坚持的；又不可忽视父母身上的弱点。

二、丧事，坚决从简：

不要遗体告别，不必登报。

火化不留骨灰，不去陵园登记

（随你母骨灰一起送付渭水东流去）

除少数亲友外，一般不发通知

不收礼仪之物

不因丧事向组织上提任何要求，节约公家财力。

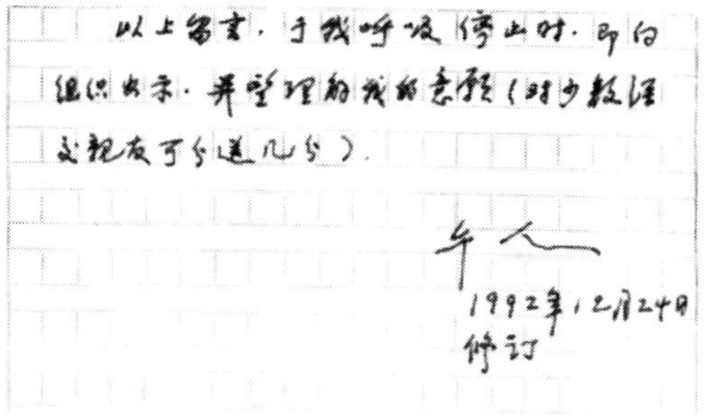

以上留言，于我呼吸停止时，即向组织出示，并希望理解我的意愿（对少数深交亲友可分送几份）。

午人

1992年12月24日修订

午人手书“预书示儿女”
（1992 年 12 月 24 日）

怀念亲爱的父亲、母亲大人

仵劲草

我对家世，以前朦胧知道一些。有人说是官僚地主，回家问父母亲，知是几代守本分的耕读之家。整理父亲遗稿，查了许多资料，看到《家训箴五则》，了解到祖辈是一个鼓励勤劳好学的人家。母亲曾几次带弟弟和我去过她的娘家，原来的长工也来看望，见我母亲如亲人一般，给了我很多思考。现在整理父亲的文稿，想他们当年的理想，和千千万万冒生死危险参加革命的有志青年，与他们后来的幸运和不幸的遭遇，感到不只是某个人、某个家庭的历史，也是社会各方面原因变化的一个记录。

我们的父母亲出身于晚清秀才之家，门当户对的传统婚姻把他们结合在了一起，荣辱患难与共 36 个春秋，除去被国民党红白区封锁线阻隔互无音讯的 6 年，以及父亲在特殊年代里受冲击，他们实际在一起生活的时间不满 25 载。他们多读了一些书，多一些思想，多一些正义感，多一些献身精神，社会动荡，民族危难之际，加入了匹夫有责的行列；投入了抗日和解放战争；参加了社会主义建设；经历了社会和政治上不同阶段的风云变化。风风雨雨，父母亲相扶相持，不离不弃，他们是一对相互尊重，相濡以沫的好夫妻。

父亲为人宽厚仁和、豁达，温文的外表下，有着坚强的内心和做人的准则。母亲富有同情心，善识世事人心，爱憎分明，她性格刚强正直，做事果断有主见。我每看张君秋演的《望江亭》，就会想起父母亲。在白士中和谭记儿身上，我看到父母亲的身影，不只是性格，还有那种传统文化道德的庄重气质和修养。

父亲是在祖父传统文化教育下成长的，其中的一些律言如：“国正天心顺”“官清民自安”留给父亲深刻影响。我们的祖父仵堉先生，自己受传统的教育，对父亲的教育却没有局限于传统思想的束缚，使父亲成为一个思想开放、关心时局、追求真理、爱国爱民的进步青年。我们的五伯祖父仵墉先生，在河北做官，祖父安心教自己的书，淡泊衣食，不沾其兄的恩惠，是一个有骨气的人。我们的五伯祖父仵墉先生是一个爱民爱国、有气节的人。他在河北任上，勤政爱民，清正廉洁，日寇入侵中国，他即辞去官职，坚决不为日本人做事，具有高尚的民族气节，是一位万民拥戴、正直廉洁的清官。

开明的祖父把渊博的知识传给了父亲，也把他自律、勤劳、节俭、善良和传统知识分子刚正不阿的风骨传给了父亲。在祖父和五伯祖父的影响下，父亲为官时，清廉律己，关心民生；“文革”遇灾祸时，不出卖自己的灵魂，活得有气节、正直磊落。

父亲的兴趣和爱好广泛，写得一手好字，会画画，会篆刻。听母亲说，我们祖父的字在当地远近闻名，后来视力不行了，有人求写匾额、碑文、中堂等都是父亲代写。父亲画画我亲眼见过一次，那时我还在上小学。父亲难得休息，竟有闲画了一幅梅花。他娴熟地几笔勾出树枝干，然后点出花瓣，添上花蕊，栩栩如生的朵朵红梅顿时漫溢出迎春的气息，开放在树枝上。母亲在旁夸赞不已，我屏住气看父亲画出这样美丽的画，心里羡慕极了。小孩子不知“才华”二字，但隐隐觉得父亲了不起。这是我唯一一次见到父亲作画，若不是行政工作缠住了他，他也许会成为一个大画家呢。

陕西省委党校校长、哲学教授李宗杨叔叔与父亲是同乡，少年时他们同在兴镇读新学。他对我多次夸赞父亲画得好，毛笔字写得好。他说，老师布置绘画作业，同学们都请父亲帮忙，结果全班的绘画作业常常都出自父亲之手。后来父亲在省城读高中，日本侵略之时，他们参加学生抗日运动，父亲的主要任务是写标语和横幅。

父亲刻的章子中一枚刻有“心曲”二字，道出父亲热爱生活的心意。父亲还会做风筝。一次出外散步，捡到细竹条，拿回家为孙女用宣纸做了一个风筝。

父亲是有名的好脾气，他性格温和，一生从未与任何人有过争执，与父亲一起工作和接触过的人，都赞说父亲对人尊重和气，意见分歧，也从不强加于人。父亲对母亲更是如此。有人认为这是父亲对母亲的谦让，其实父亲对母亲不但尊重、体贴有加，还有感激之情。

父亲和母亲在1938年农历十月结婚。1940年盛夏的一个晌午，父亲二次北上延安，家中留下他年老的父母亲和新婚妻子。父亲走后，母亲生下了我们的姐姐凤玲，母亲成了家中弱老幼女的靠山，艰难的生活，全由母亲支撑。家族中有欺凌霸弱之人，有人暗打母亲的主意；有人想乘机获利，散布父亲已死在外边，逼迫母亲改嫁。祖父是文弱书生，祖母善良本分，膝下是幼女，母亲不怕威逼利诱，敢于反抗。后来弟弟和我谈到此事，我们都佩服母亲的胆量和魄力，尤其在那个女子受家族宗法压制的年代里，母亲不仅保护了她自己，也佑护了年老的公婆和幼小的女儿。1946年初，寒冬之际，我们6岁的姐姐凤玲不幸患肺炎去世了。这对祖父母和母亲是多么沉重的打击啊！每想到他们悲哀心痛的情景，我便会流下眼泪，为未见过面的凤玲姐姐，为疼爱姐姐的祖父母和把爱倾注在我和弟弟身上的母亲。凤玲姐姐在我心中的美好形象和她好听的名字伴随我终身！坚强的母亲带着伤痛，在祖父母的支持下，勇敢地，不辞路途遥远，冒着生命危险，闯过国民党设立的重重碉堡和封锁线，一路艰辛，同年3月7日在延安清凉山与阔别了六年的父亲相聚。

母亲1921年农历三月十三日出生，八岁丧母，我们的外祖父李采白先生抚养她和舅舅长大成人，他教他们认字，读《孝经》《诗经》。外祖父是当地有名的诗人，民国十四年(1925年)，中华书局出版有他的诗集。外祖父不但才华横溢，满腹经纶，还忧国忧民。他同情共产党，常和一些文人谈论国事和治国主张。1931年秋，外祖父去西安营救入狱的地下党人，被省主席杨虎城委任为陕西省政府高级参议。1937年"七七事变"，外祖父四处奔波为抗日募捐。他主张联共抗日，拥护中共"八一宣言"，写下"抗日宣言好，丹心御侮情"的诗句。这些都对母亲后来的一生影响很大。母亲谈起当年杨虎城将军和孙蔚如先生来家看望外祖父，母亲错把旱烟叶当成茶叶，直到客人走后才发现泡错了。客人皆是仁人君子，竟无一人言声，说这茶水的味道有什么不对。

母亲爱看书，古今中外的著作和诗词她都爱看。母亲也非常爱看戏，京剧、秦腔、越剧、评剧等，凡是戏剧，她都喜欢。母亲曾对我讲起她以前在农村看戏，只要听说有戏班来，几十里路远，她都会跑去看。有了姐姐后，她看戏时怀抱姐姐，站在板凳上，一直到戏结束，母亲可说是个戏迷。

我看书看戏，只是懵懵懂懂看热闹。母亲不同，她从中得到智慧。母亲说，要读书，还要会读书，好书能治愚。母亲还常与父亲和我们笑谈一些有趣的故事，其中的情节和典故，只言片语中饱含智慧，笑过之后，我记在心中，引起思考，且在实际生活中获益不小。我对不知祖母和外祖母的名字耿耿于怀，觉得父母亲连自己母亲的名字叫什么都不知道，很是不解。母亲和我谈起《贩马记》中写状一段，丈夫为妻子写状，落款写告状人姓名时，问妻子叫什么名字，妻子不好意思把自己的名字说出口，扭捏之下对丈夫说："你就糊里糊涂地写上一个吧。"母亲喜欢剧中的唱词和对白，认为人物刻画得生动、有趣。母亲对妇女怀有极大的同情心。后来，我研究社会学有关妇女地位论题时，会想起母亲对我说的故事。

我从小常听人评说父亲人品好，做官了，有地位了，仍是糟糠之妻不下堂。父亲心中只有母亲一人，母亲离开了人世，父亲也从此未再娶，他坚贞不移地保持着对母亲的夫妻深情。

父亲是个富有幽默感的人，他风趣的言语常引起全家人开怀大笑。弟弟抱回一只朋友送的小猫咪，弟弟写大字，它常守在旁边观看，还喝弟弟写大字涮毛笔的水。看他满脸的满足，似乎饱喝了墨水，满腹学问的样子，父亲大笑，说，这是弟弟培养的文豪，由此我们家的这位小成员有了"文豪"的美名。即使在那非常艰难的岁月里，父亲也有许多自我调侃、苦中作乐的故事。

父亲开心的模样，单纯、可爱，像个孩子。母亲笑说父亲一把年纪了还童心未泯。

父亲对我和弟弟极少约束，也不刻意教导我们什么规矩，认为孩子就要活得像孩子，他要挽住我们的童真和纯洁的天性，并给了我们自己思考和处事的自由。我永远忘不了，星期日父亲有空带我和弟弟去书店买书。出家门时，父亲把我们姐弟二人左右揽在他的身边列队站好，然后在父亲“立正”“齐步走”“一二一”的口令下，父子三人兴高采烈向书店进发的情景。若我们做错了事，父亲从不严厉指责，他会用幽默、讨论的方式，在恰当的时候和我们交谈。

母亲相夫教子，家务井井有条，做得一手美味可口的饭菜。父亲在位时，母亲从不以部长夫人身份示人。她穿着简朴，保持着延安的艰苦朴素作风，默默地干着自己的工作。我永远忘不了，我和弟弟放学后去母亲办公室等母亲下班，然后我们像两只小鸟一般依偎在母亲左右，相伴回家。母亲在厨房做饭，我和弟弟殷勤地轮流帮母亲拉风箱，等不及地要享受母亲做的天下最好吃的饭。

我们在父母亲身边看世界，满眼都是纯洁与美好。父母亲给了我和弟弟一个温暖、充满爱的家。

听母亲讲，我在胎中只有七个多月就出生了，又小又弱。出生那天，父亲抱着我在火炉边取暖坐了一夜，才保住了我的小命。我三岁多还不会说话，母亲为此专门带我去医院检查。以后话是会说了，但比较其他孩子迟钝，上小学认字很慢，学习吃力。算数学乘法，全班孩子把九九表背得滚瓜烂熟，可我就是记不住。但父母亲对我很耐心，从未指责过。

父亲鼓励我说：“勤能补拙，敏而好学的人不多，迟钝的人通过努力有成就的，大有人在。”父亲列举了许多勤学有成的人，给我鼓劲，说：“天道酬勤，要有信心，不要怕自己不聪明。”新学期一开始，母亲教我们用牛皮纸包好新课本，然后坐下来和我们一本本翻看，了解新学期的学习内容。母亲喜欢我朗读课文给她听，往往新课文在课堂还未学到，母亲已辅导我认识了生字词。这对我帮助很大，增强了我学习的自信心。我们写大字，一篇大字四行，每行五个字，父亲也曾执笔做示范，写上一首五言唐诗，正好二十个字。我们临摹，写了字，完成了大字作业，学会了一首诗。

父亲常带我和弟弟去书店买书，然后父子三人满心欢喜地带上新书回家。读书是我们一家人的乐趣。父亲先是帮我们挑选浅显易懂的中外童话或神话故事书；继而如吴晗主编的《中国历史小丛书》和《十万个为什么》等，帮助我们启蒙，了解文化历史和自然常识。随着年龄增长，我和弟弟逐渐把视线转向了父亲的书柜，囫囵吞枣地开始读起一些中外经典书籍，虽然并不理解，却也看得津津有味。那些优美细腻和气势磅礴的文字吸引了我们，开阔了我们的眼界，不知不觉中，学到了许多课本和学校以外的知识。

日常生活中，父母亲对我们不娇惯，衣食简朴。小孩子在外面玩耍，摔跤爬树，衣服难免剐破，母亲或阿姨缝上补丁，洗得干干净净，穿到穿不上为止。起初，弟弟个子比我小，我的衣服就传给了他。到现在，弟弟还常常不平地说，当年穿了我的花衣服，让他十分难为情，在人面前没面子。

母亲身体不好，家里请了阿姨帮做家务，但是我们必须同大人一起做家务，拖地、擦桌子、整理房间。记得一个星期日，我的衣服还未洗完，有同学来找我一起去少年宫打乒乓球，可是母亲叫她们先走了，说我洗好衣服随后去。我当时很有情绪，阿姨见我一边流着泪，一边洗衣服，要接过去洗，母亲坚决不许。现在想来，我勤劳的好习惯，以及自食其力，不依赖他人，与母亲的严格教育是分不开的。

父母亲教我们做事要有头有尾。我小时有一段时间喜欢用钩针钩小包，往往钩到一半，觉得不好看，就丢在一边了，织毛衣和做其他事也是如此，几分钟的热度，不见结果。父母亲注意到这种现象，有一天，他们把我未做完的半成品摆在桌上，和我谈话，问我原因，担心我养成做事半途而废的习惯。最后父母亲说："我们做事老老实实从头做到尾，认认真真把一件事做成，就是成绩。"我记住了父母亲的话，从此我做事，都坚持做完。这个习惯使我在学习上、工作上和生活中受益很大，我此后在人生道路上取得的每个进步，都是父母亲的功劳。

父母亲教我谦虚做人。我上到小学五六年级时，智力突然开化，学习像神助般进步很快，尤其到了中学，学习成绩名列前茅，我那时自满得很，样样都想做到最好。父母亲留意到这一点。一天父亲对我说："你现在在学校学习，学知识提高为今后实践的能力，分数不重要，得六十分一年年升级毕业就很好，不必科科要得满分。以后出了校门，工作和生活中，有很多知识要学。"还对我说："日中则昃，月盈则食。俗语说，人怕出名猪怕壮，学习、做事，丰富自己人生对社会做贡献的意义，好胜心太强会适得其反，影响自己的进步。"母亲也在一旁给我举例讲做人要谦虚的道理。我在后来的人生道路上，提醒自己不自傲，不出风头，虚心做人。

父母亲在我们六七岁时，就教我们出外办事的能力，如买粮、买菜、买煤，为父母传递信件和口信等，通过实际办这些事，我和弟弟逐渐学会处理日常事情。"十年动乱"期间，父亲曾写给我和弟弟一张纸条，上面写着："你们要学会过苦日子，照顾好妈妈。"我和弟弟承担起了家务，做饭洗衣，没有不会的。邻居夸我们姐弟两个能干，以我们姐弟俩为他们孩子的榜样。在父母亲引导下，我们学会面对困境，得到了办事的能力。父亲说："经历磨难不是一件坏事，会激励人更坚强，处事更睿智。"

父母亲纯朴善良，待人亲切诚恳。我发现同事们不但敬重他们，还信任他们，有心里话愿意对他们讲。父母亲对遇到问题来我家里倾诉或寻求帮助的同事都会真诚接待，从未有过拒绝。

有一次我和弟弟在有人来家找母亲诉说委屈时，出过一点小小的洋相。来找母亲的是青海日报社的一位年轻的叔叔。我和弟弟听见敲门声，跟在母亲身后去开门。那位叔叔一见到母亲便像个孩子似的放声哭起来，母亲赶忙请他进屋，我和弟弟好奇，又觉得好笑。五六岁的弟弟调皮，跟在那位叔叔身后，学着他的样子，用手背揉着眼睛，嘴里也发出“呜呜”的哭声。母亲见状，立即把我们支走了。弟弟的这一表现，多年后还是家人谈笑的话柄。

父母亲对上下左右的同事和工作人员非常尊重，平等相待。父亲身边的通信员和在家帮做家务的阿姨和我们相处融洽，对我们也都非常好。父亲有几年周末和节假日经常下乡，住在农民家里。身边跟随他的只有一个年轻的司机。这位司机是位纯朴热心的青年，他对父亲很尊敬，也很照顾。晚上开会，他一定要跟父亲一起去。父亲视力不好，农村道路不平整，深夜回来的路上，他一手打着手电筒，一手搀扶着父亲。母亲非常感激这位司机对父亲的爱护和照顾，以后我们还常谈起他。

父母亲常伸出援手帮助有困难的人。三年困难时期，尽管我们家也有困难，但父母亲慷慨解囊帮助过不少人。有几次乞丐上门讨饭，母亲立即拿出馒头给他们吃，走时还装些面粉，给他们手里塞些钱让他们带上。

在风雨飘摇，父亲被冲击的年月里，我们并不孤苦。我们得到了许多善良人的关心、帮助和同情，深切地体会到了人间人性的友谊和温暖。这与父母亲平日的为人有着很大的关系。记得最先偷偷来家看望母亲的，是曾在我家帮做家务的阿姨，她给我们带来她自做的食品，还帮我们料理家务。偷偷来看望母亲的，有我认识的，也有我不认识的人，我记得有以前常给母亲看病的周医生；有北大街居民诊疗所的护士卢萍；还有曾经给父亲当过通信员的伊相年……伊相年在父亲身边工作过几年，是个英俊的转业军人。20 世纪 60 年代初期，他因自己的父母高龄，家中为他说了一门亲事，于是就辞职返乡了。他临走时与我父母亲依依不舍告别，这之后，虽然相互通信，他没有来过。在我们最困难的年月，有一天他突然来了，肩上扛着一条牛腿。牛是自家养的，当天宰的，坐了半天长途汽车，风尘仆仆赶来我家，他是专程来看我们的。多年之后，我突然醒悟到，伊相年叔叔也许那天是为我们，宰了他家的牛。这些雪中送炭的人，在非常时期不怕受牵连，关心我们，帮助我们，我们全家人非常感动。他们温暖了我们的心，增强了我们好好活下去的希望。母亲在我们很小时，就常对我们说：“要记住人的好。”这些人是我们家的恩人，我们永远忘不了他们！

2018 年夏，我和弟弟找到了两张母亲生前填写的干部调查表，其中一张是母亲在 1949 年填写的，当时母亲在蒲城县政府工作。母亲那时只有 28 岁，她在解放战争的艰苦辛劳中患了心脏病。父亲当时在西安工作。看到这张表，我心情很不平静。记得我从小多次听医生一再坚定地对父母亲说过：严重的心脏病人不宜留在氧气稀薄的高原。我们亲爱的父母亲原本可以不必离开生养他们的家乡，到那么偏远的地方去，可是他们怀着建设边区的责任感去了，忠实勤恳地把他们生命中最美好的年华献给了那片土地。

1976年10月26日，亲爱的母亲与世长辞了，从此，在这个世界上，少了一个最爱我们和我们最爱的人……

母亲去世，我们接到许多亲友吊唁母亲的信件和电报，我看到评价母亲的词句是：诚恳、善良、有同情心、谦虚、律己、朴素、刚强……母亲走了，但她美好的品德留在我们的心里。

母亲走后，我常在梦中见到她，其中一个梦是那么真切。我在梦中去看望母亲，她住在一个大房子里，房子旁边是一个花园。母亲喜悦地接待我，我们在一棵大树下的桌子旁边坐下，周围是浓郁的树木和花草，桌子上铺有雪白的桌布，一位中年妇女在桌子上摆了一个花瓶，里面插满鲜花。我和母亲说了些什么我不记得了，只记得我告诉母亲我不走了，我要和母亲在一起。母亲却坚决不留我，说："你不能住在这里。"并请那位中年妇女为我准备好行李，就打发我离开了。我拉着行李走在路上，听见路旁的人三三两两夸赞说："看，这个人带的行李真好！"我把这个梦告诉了父亲，我们俩都陷入想念母亲的沉思中。我做梦，很少把梦中的事情记得那么清晰，但这个梦中的细节和母亲的音容笑貌非常真切。我知道，我是真的见到母亲了。我每次梦中见到父母亲时，总有一种淡橙色的光辉环绕着我，身体感到很温暖，心里很踏实，很幸福。这不只是心灵的感应，也是我身体的感觉。

在没有母亲的日子里，父亲担起了母亲的责任，支撑起这个家，成了我和弟弟的精神支柱。父亲的谦和、严谨、淡泊名利、宠辱不惊的处事态度和宽阔的胸怀，潜移默化着我和弟弟，我们姐弟俩都以父亲为榜样，做他那样的人。父亲支持我们的工作和追求的事业，我们与父亲无话不谈，父亲是我们一生中最知心的朋友。我们谈读书、谈写作技巧、谈工作、谈人事和生活上遇到的问题，父亲常以开阔的思想指导我们从局限中走出来，不断提高和完善自己。与父亲交谈，得到启迪，也是一种极大的享受。

父亲对离休的态度非常明确，他说："趁着头脑还清楚的时候退下来，是明智的，这对于国家、人民和个人都有好处。"父亲是个有责任心的人。父亲将要离休时，把他以往主持的工作和文件认真仔细查看之后，说："无愧于国家人民的信任和重托。"于是，安心地开始安排他离休生活。

父亲生活有规律，他的房间整齐干净，时间安排井井有条。父亲先是整理了他在西北解放战争期间在前线随军记者时的日记《战地纪行》；和田方、方蒙一起主编了《延安记者》；并写下了大量的回忆录和笔记。父亲每日散步把在马路边、公交车内、菜市场的所见所闻记录了下来，以了解和反映民生与社会。父亲一直关心着普通民众，他曾多次说过：人民大众的利益高于一切。

父亲晚年仍勤学苦练，写文稿、练书法，为我们做出了做事坚持不懈、有毅力的好榜样。父亲笔下对我和弟弟充满慈爱之情，我们过去的经历，父亲都一一细心地记在心上。父亲去世23年了，整理父亲留下的书稿，看到父亲过节从医院回家，写李白《独坐敬山亭》一诗，心中触动很大。父亲对儿女从未有过一句怨言，有的只是体贴和支持。他在诗稿附言中写道："儿女各因工作忙，未及赶回接待。知其辛苦，却无力协助，只能自我管好，以减他们分心。"我欠父母亲太多太多，父亲送我书籍、字典和字，浸满了对女儿的深情、鼓励和思念。现在静心细想，自己以往陷入繁忙和执着的尘埃里，真正是辜负了父母亲对我的一片爱心和如山的养育之恩。

父亲生前要我们不要迷信他，说：父母亲身上也有缺点，现在的青年不应该像以前封建宗法家长压制下的人，要有自己的思想，遇事要善于思考，不人云亦云，要敢于做自己。我回想我们的父母亲，比较我近七十年阅历过的人和事，更加想念他们，敬重他们，爱他们，庆幸自己有这样通情达理、思想开放、谦逊善良的父母亲。我们有这样的父母亲是我们的大福气！

我感恩父母亲，生养了我们，培养我和弟弟成为身心健康，有益于社会的人。感谢父亲留下的文稿，使我们更多地知道我们的家世和亲人的往事与经历。感谢父母亲对我们的养育之恩。

亲爱的爸爸妈妈，弟弟和我爱你们，愿来世再做你们的儿女！

2020 年 7 月 12 日于荷兰

我的父亲与书的故事

午海宁

姐姐花费了很大的精力重新整理了父亲在70年前作为战地记者时在延安保卫战前线写的日记和在此前后的一些文章，经过新华社陕西分社原副社长边江同志选编，新华社吉林分社原社长申尊敬同志作序，由新华出版社正式出版。他们两位都是从新华社分社领导岗位退下来的老新闻工作者，现在致力于中国共产党新闻史的研究。在这里，我由衷地感谢他们二位帮助编辑出版这本书。

我的父亲午人先生的新闻写作，从1943年给延安《解放日报》当通讯员开始；而他的职业记者生涯，1945年起步于《边区群众报》（该报后改名《群众日报》，与新华社西北总分社为一套人马、两块牌子）。父亲的战地日记，则写作于他作为新华社战地记者的转战陕北时期。他后来成为《青海日报》的创始人。即使他后来离开了报社，但他仍然坚持笔耕不辍。他是一位名副其实的老报人，一辈子耕耘在新闻宣传战线上。

关于这本书，我不知道该如何评价，不过几十年前这本书背后发生的很多事情倒是深刻地记得点滴。我知道，在“十年浩劫”中，我父亲的许多书籍资料（其中有很多封面各异的笔记本）被抄家者用麻袋装走。随着“十年浩劫”的结束，这些东西被送了回来，但是只剩半麻袋了。对于遗失的书籍资料和笔记本，我断定父亲心中有痛，但他从不提及。直到有一天，鬼使神差地，我在父亲面前说：不知道现在那些书籍资料和笔记本都被放在哪里或者散失到哪里了？这是多年来唯一的一次提及那些笔记本的事。父亲只轻声说了声：“能还回来些就不错了。”我当时的心情沮丧透了，不知道这种沮丧是为父亲，还是为那些笔记本，还是为我自己。

直到父亲从工作岗位上退下来后，他悉心整理了尚存的这批笔记本的内容，并把这些原来以“随军日记”形式写成的文字，整理成《战地纪行》书稿。姐姐后来把这本书稿发给了我，我第一次认真地读完了父亲的这本《战地纪行》。里面生动地记录了很多在前线奋勇作战的普通指挥员和战士，这些人是他“记忆里最闪耀光辉的英雄群体”。我在他的书中也看到了一个群体的身影，这就是许多和他一起奔赴前线，在炮火中采访的同事们，这些人也是我心目中的英雄群体。父亲在书中以及平时提到的他在延安时期新华社、《解放日报》和《边区群众报》的许多记者同事和战友的名字，他们是：戈壁舟、汤洛、田方、洛冒、杜鹏程、刘星全、赵闻捷、胡绩伟、金照、刘祖春、韦明、景昌之、李千峰、刘漠冰、张潮、蓝钰、霍一禾、普金、延晓、冯达、毛岚、袁良、李言年、冯森龄等等。他们当中有许多人曾一起同甘共苦，投身到战斗的第一线，迎着枪弹炮火去感受，去采访，同时还直接参加战斗，他们差不多都有过战士在身边倒下以及自己从死人堆里走出来的经历。这些人后来随着解放大军到了全国各地，成为著名的诗人、作家和政府文化机构以及新闻部门的领导人。他们都为新中国的诞生浴血奋战，做出了自己的贡献。现在《战地纪行》收录到《午人新闻文存》一书中将正式出版，我从心底里感到高兴。

从小我就感受到父亲爱书，爱写文字。由于父亲工作上的便利，他几乎每个星期日都要去新华书店和一个内部书店。记得当时我已经七八岁了，父亲每次去书店，常常会带着我和姐姐，有时是我，有时是姐姐。至今我没有搞清楚，父亲带我们去书店是有意为之还是因为妈妈身体不好，他临时把我们带在身边算是帮妈妈带孩子了。

父亲每次在那个书店，都长时间地沉浸在书架前面，一本一本地翻看，还经常会买一两本。我也学着父亲的样子假模假式地在书架前翻书，那时的我已经为能初步读字书而骄傲了。有时找到一本绘图比较多，其中很多字我还算认识的书，就拿到父亲面前说能不能买这本，父亲看了一眼书，说道：“不买，没有价值！”我无奈地把书放还到书架上。在这整个逛书店的过程和回家的路上，我都处于没有精神的状态，蔫了。我那时完全不理解书的“价值”是什么，没有这个概念，只知道翻看插图多的书，希望买回家看。这种情况发生过若干次，包括看到成套的小人书等等，我想买，父亲总是轻声地说一声“没有价值”。后来我完全没有在他面前选择书的勇气了。

父亲很少给我们买书看。记得我七八岁的时候，有一天，我在家里惊奇地发现了一大摞“中国历史人物丛书”的单行本，主编是吴晗。这套丛书大约有四五十本，每本大约最多有三十来页纸，大三十六开，虽然装订简单，但是每本封面都是线刻绘图，不管是当时还是现在看来，这些薄薄的书都会被人们看作小书。至今我还记得丛书单册的书名有：《汉武帝》《秦始皇》《陈胜吴广》《唐太宗》《武则天》《屈原》《孔子》《墨子》《孟子》《鲁班》《黄道婆》《蔡伦》《孙思邈》《李时珍》《曹操》《诸葛亮》《洪秀全》《李秀成》《陈玉成》《曾国藩》《李冰和都江堰》

等等。书中的字我基本上都还能认识，里面的文字通俗易懂，很生动，篇幅不长，人物故事娓娓道来。虽然我读得有点吃力，但还被这些历史人物的励志故事所感动。这套书伴随了我的童年和少年时期，成为我历史知识的启蒙读物，多年后，我每每想起这件事，都觉得很温馨。父亲去世多年后，我再想起这件事情，才突然悟到了父亲当时的用意和做法。小时候父亲不是不给我们买书，而是选择了再选择。他选择了这套丛书，确实如他所说的——“有价值”，刚好适合我八九岁的年龄读，就是成人读来，也不是幼稚读物。直到今天，这套书还有几本被保留下来，和父亲的其他藏书放在一起。前几年我也曾在北京的旧书店看到这套丛书零散的单本册子，卖家把价格已经标得很高了，说明学界还是有人承认这些书的学术价值的。父亲不是列出书单来规定要我必须读什么书，而是做得不刻意，不显山露水地引导我正确读书。可惜，对父亲的良苦用心我用了五十多年才悟到。聊以自慰和自圆其说的是，我觉得这个悟的过程就是我和父亲的对话，不断地在回忆中参悟，父亲的爱的能量一直在发挥着作用。

现在细细想来，依稀记得我实际上每次打开书柜看到父亲这些笔记本时，心跳都会加速，实际上我对父亲的战地日记始终存有某种敬畏之感，另外就是自己的内心深处的自惭形秽的潜意识。

父亲从小在老家接受系统的私塾教育，后来在西安上中学，受新文化的影响，是一个文艺青年，受到革命思潮的影响，一腔爱国热情投身革命，奔赴延安。一个文学青年到了延安，的确很渴望进到当时延安的文艺殿堂鲁艺学习，父亲也不例外，满怀热情地报考了鲁艺。当时考官交谈间，问父亲读过托尔斯泰的《战争与和平》吗？父亲如实回答说没有读过。再问读过普希金诗词吗？父亲还是如实说没有读过。一个西北的乡下青年，孤陋寡闻，不大接触到巴尔扎克、普希金、雨果、托尔斯泰的著作，父亲因此失去了进入鲁艺学习的机会。

当时延安各个方面都需要文化青年，父亲没能进鲁艺，却在延安先后上了抗大和中央党校，后来还成为新华社、《边区群众报》的记者，新中国成立后又一直在做宣传领导工作，从此再也无暇进行自己喜爱的文学创作。父亲一生的梦想还是文学写作，直到晚年。

父亲一辈子谦虚谨慎，做人低调，是一个平静面对一切的普通人。父亲平时一身布衣，头戴草帽，足蹬布鞋，拄着一根树枝做拐杖，完全像一个这个院子里的花匠或者是收发室老汉。每天心如止水，除去写毛笔字，就是埋头写杂文。他写的杂文素材的来源就是他每天步行出大院，走到大街小巷，公交车上，小集市中和所看到、所听到、所问到的现实生活内容。

父亲离开工作岗位后的20多年中，没有了新闻报纸等着他的稿件刊登，没有前线报道的采访任务，没有各种文件的批阅和稿件修改，但是他做记者的职业习惯，造就了他随地采访和观察社会现实生活的本能。他每天出门散步，如同他当年奔赴前线深入连队采访一样，每天午睡起来后就出门了，直到下午四五点回来，第二天上午就是他的写作时间。他每天都有新鲜事情写，有时偶尔还和我议论一番，无论观点是否一致，这种父子之间讨论问题的感觉至今仍然觉得很享受。

从年轻时当随军记者战地采访，到老年深入市井探访，父亲一生的轨迹就是一个名副其实的记者，观察、探寻和写作贯穿了他的一生。

父亲活得很接地气，活得精神很充实。在他生命的最后两年里，他每天还在坚持写作。那时期我们的聊天中对死亡的话题逐步多了，父亲每每谈起死亡时都很淡定。有一次我谈起他手边的文稿时说，还是应该整理出版。父亲却淡淡地说："不要再出了，没有价值，后面的人没有人会看的！"当时我听父亲的这句话，心里一阵刺痛，觉得他这是在说我，是一种无尽的责备。实际上那时的他已经无力自己整理那些书稿了。

妈妈1976年去世后，我在父亲身边生活了20多年，在这些岁月中，我们常常在一起谈论读书，父亲依然保持着不给我刻意规定读什么书的风格，只是就事论事地谈各种书的内容以及文学成就，特别是谈到文艺复兴时期欧洲的优秀文艺作品、俄罗斯以及苏联的文艺作品，父亲对这些作品都有很深刻的评价，看来他是很认真地读过这些世界名著的。事实上，家里的书架上外国名著大多都有收藏。即便如此，父亲也没有强调要求我一定读什么书，他一生更没有把自己的文字作为"有价值"的读物推荐给我。

父亲调任陕西工作后，他和过去的一些老战友有了更多的联系和往来。我跟着父亲也有幸认识了他们，并且能亲身经历他们相聚聊天的情景。这些老人家在一起聊天时，总是那么热情洋溢，那灿烂的笑容中有互相间无限的信任和赞赏，充满激情和善良，谈及当年的采访、发稿和战斗经历，就如同谈论昨天的事情，显得轻松和不经意。我能感受到他们内心里充满了阳光。他们是一群有理想、有信仰、善良、乐观、热情、有格局且意志坚强的人。如今，这些老人家已全都仙逝了，可在我的心中依然鲜活地保存着他们的音容笑貌，耳边萦绕着的还是他们每次相见时开朗奔放的笑声和话语。以前我虽然没有早早地读这些战地日记，但长期与这些老人家接触，冥冥之中这本书的灵魂始终伴随着我。现在读着父亲的这本战地日记，我心中的这些老报人、老记者们和书中所记叙的当年那些年轻记者们的形象相叠加，泪水止不住地流出来。

60 多年前父亲默默地给我买来“中国历史人物小丛书”，静静地放在那里，等我自己去发现，去接受，去开悟！

今天，父亲留给我们他的战地日记和各类文章，我们之间的对话始终在进行中。

我不知道这本书对旁人有没有价值，但是对我来说，我要对父亲轻轻地说一声“有价值”！

父亲去世时有简单的遗言，其中就是要我们把他和妈妈的骨灰撒入渭河，他和妈妈一生在外工作，希望以这种方式回归故乡，他们想家。可惜的是那个时期渭河水遭到很严重的污染，河道还没有清淤治理，我们不忍心把他们的骨灰撒进这种水里。当时朋友提出来说延安保卫战中解放宜川县城的首发新闻稿是我父亲写的，是不是将老人安葬在宜川县黄河边上，可是父亲生前常常明确说过身后不进陵园。我们谢绝了朋友的好意，决定还是顺遂老人的意志，在黄河壶口把他们的骨灰撒进了黄河。他们的骨灰飘落进母亲河的波涛，瞬间融入点点的浪花中远去，无论是渭水还是壶口，他们终究是回归到母亲河的怀抱。

这本《午人新闻文存》如同他们的生命，也是中华文化这滔滔黄河中的一滴浪花。

如今，我每次路过黄河，或者远远地看到黄河，都会在心中祭拜我亲爱的爸爸、妈妈以及他们共同的战友们。

2022 年 6 月 2 日于西安家中

第八章 附录

午人于1997年7月12日23时30分因病逝世，享年82岁。午人的一生是革命的一生，战斗的一生，全心全意为人民服务的一生，廉洁奉公的一生。本章附录了《午人同志生平简介》和《午人传略》，以志对先生的深深怀念。

午人书法：山静竹生韵，池清兰自香

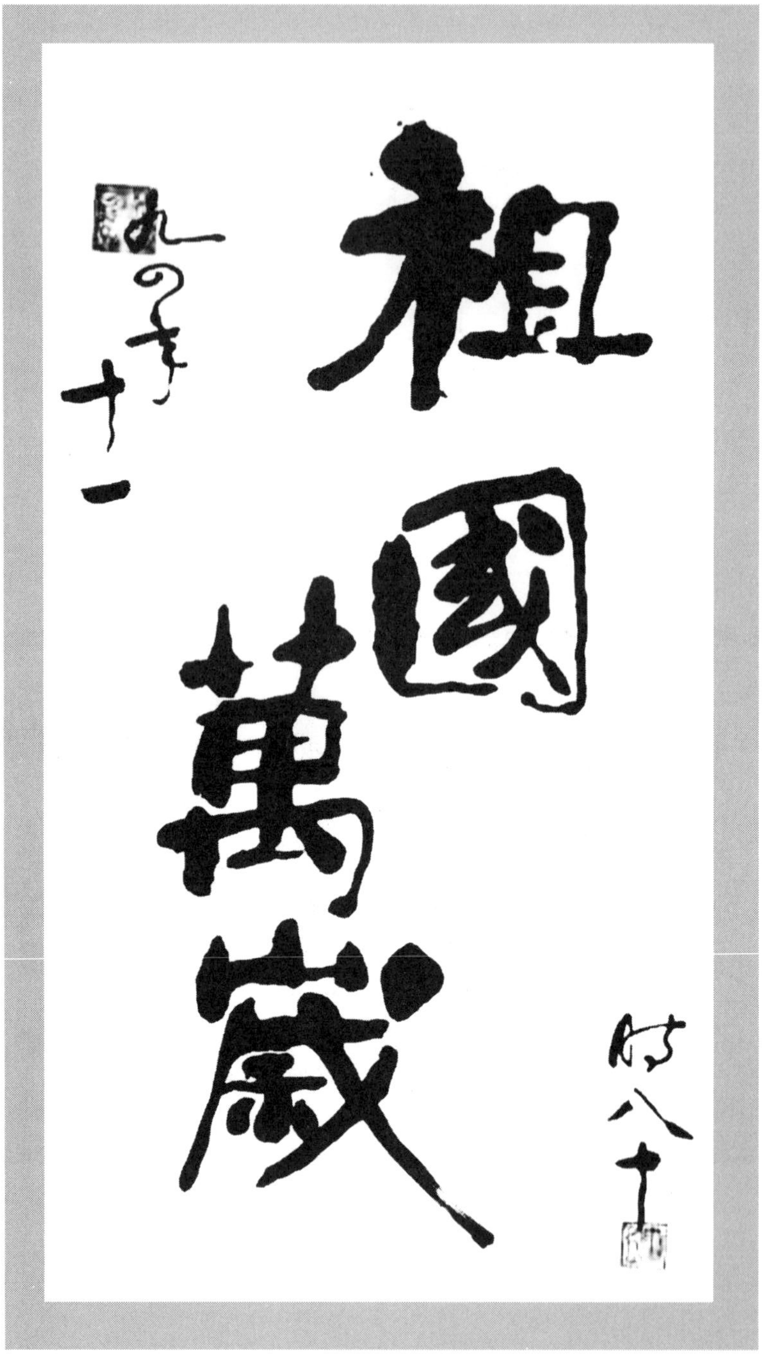

午人书法：祖国万岁

午人同志生平简介

中国共产党的优秀党员，坚定的马克思主义者，忠诚的共产主义战士，老一辈党的新闻工作者，党的优秀的宣传、理论、新闻战线领导干部，原中共陕西省委宣传部副部长、省顾问委员会委员、副省级离休干部午人同志，因患心肺等多脏器功能衰竭，医治无效，于1997年7月12日23时30分在西安逝世，享年82岁。

午人同志是陕西省蒲城县人，生于1916年1月。1933年秋至1936年夏在西安二中上学；1936年“西安事变”前后，在西安高中上学，其间参加抗日救亡活动；1938年3月到延安抗大学习，同年8月加入中国共产党；1938年10月，党组织安排他回到蒲城县兴镇小学教书，从事党的地下工作；1940年秋调回延安，进中央党校学习；1941年冬，在安塞县委做秘书工作；1945年8月至1949年6月，先后任《边区群众报》编辑、西北野战军前线记者、新华社驻黄龙分区记者等职；1949年10月，创办《青海日报》，并任社长兼总编辑；1953年至1957年，任中共青海省委宣传部副部长、部长、省委委员；1958年至1962年，任中共青海省委党校校长、省委副秘书长；1963年起任中共青海省委常委、宣传部部长；在“文化大革命”中，午人同志被林彪“四人帮”反党集团强加莫须有的罪名，横遭批斗和迫害；1973年恢复工作，任青海省广播局局长；1977年，任青海省委党校校长；1978年，再次任中共青海省委常委，第三次任中共青海省委宣传部部长；1979年，调中共陕西省委宣传部任副部长；1984年，任中共陕西省顾问委员会委员；1986年12月离职休养。

午人同志的一生，是革命的一生，战斗的一生，全心全意为人民服务的一生，廉洁奉公的一生。早在学生时代，他就积极追求进步，自觉参加反帝、反封建的斗争。高中尚未毕业，即毅然离家奔赴延安投身革命。在受党委派回蒲城县做地下工作期间，积极传播马列主义，发展党的组织，宣传、组织抗日救亡活动。解放战争时期，午人同志主要从事新闻工作，他不畏艰苦，不怕牺牲，深入前线，冒着枪林弹雨的危险，采写人民解放战争的光辉业绩，发挥了党的新闻工作鼓舞人民、打击敌人的重要作用。

中华人民共和国成立后，午人同志致力于社会主义革命和社会主义建设事业，廉洁奉公，忘我工作，倾注了全部精力。他先后三次主持青海省委宣传部工作，两次主持青海省委党校工作。一贯兢兢业业，恪尽职守，为党的宣传理论和干部培训工作，付出了大量心血。他一贯坚持党的宣传、理论工作方针，坚持正确的舆论导向和干部教育方向，立场坚定、原则性强、办事公道、顾全大局。他为人坦诚，谦虚谨慎，关心同志，爱护干部。他高度重视调查研究，倾听基层意见和群众呼声，提出了许多改进和加强宣传理论工作的意见和措施。在“文革”中，午人同志身处逆境，遭受诬陷、迫害，但从不说违心的话，不做违心的事，不计较个人得失，时刻关注着党的事业、人民利益和国家的命运，表现了共产党人的高尚情操和气节。党的十一届三中全会以来，特别是调回陕西工作后，午人同志更加努力地为党工作，旗帜鲜明、立场坚定地参与拨乱反正工作。为了使党的宣传理论和干部教育工作更好地为经济建设中心服务，做了大量艰苦细致、卓有成效的工作。

午人同志在长达近60年的革命生涯中，一贯忠于党、忠于人民、忠于共产主义事业，具有坚定的党性原则立场。他刻苦学习马列主义、毛泽东思想和邓小平建设有中国特色社会主义理论，密切联系实际，坚决贯彻执行党的基本路线和各项方针政策，拥护改革开放和四项基本原则，在思想上、政治上同党中央保持高度一致。他具有强烈的革命事业心和责任感，讲政治、讲原则、讲正气，始终把党和人民的利益放在高于一切的地位。他襟怀坦白、光明磊落，始终保持党的优良传统和公仆本色，严于律己、宽厚待人、廉洁奉公、艰苦朴素、团结同志、联系群众。表现了一个老共产党员的崇高品德。

午人同志离休后，仍然热切关注党的事业和宣传理论战线的工作，为我省改革开放和经济建设奉献余力。在国际政治风云变幻的形势下，他立场坚定，自觉抵制资产阶级自由化思潮，捍卫马克思主义的纯洁性。

午人同志在生命垂危之际，念念不忘党的事业。他在留给子女的遗书中，郑重地叮嘱他们：“政治上跟中国共产党走，坚持和维护社会主义方向，全心全意献身于祖国和人民的前进事业；思想上爱护祖国优良文化，不固守、不赶风，警惕流行时病，小心旧意识侵入我们的下一代的心灵。”要求子女在他离世后，“着力于事业”，“若想念我时”，“能思索我所信仰和坚持的”。并且要求在他去世后，丧事从简，节约公家财力。将骨灰撒入渭水，顺河东流以铭其志。这是午人同志留给子女及我们的极其宝贵的精神财富。

午人同志的逝世，使我们失去了一位德高望重的老同志、老党员、老干部。他的品德、精神、情操和作风是我们学习的榜样。我们要化悲痛为力量，在以江泽民同志为核心的党中央领导下，高举邓小平建设有中国特色社会主义理论的伟大旗帜，坚持党的基本路线，为把我国建设成为富强、民主、文明的社会主义现代化国家而努力奋斗！

午人同志永垂不朽！

中共陕西省委宣传部

1997年7月16日

午人传略

边　江

打开手里的这本书，呈现在面前的，是一位“三八式”（1938 年进入抗大并于同年加入中国共产党）的革命老前辈的文集。之所以叫“新闻文存”，是因为书的作者午人先生，是一位延安时期的新闻老前辈，他从基层通讯员干起，因积极写稿、成绩显著，而被选调到当时中共中央西北局机关报《边区群众报》（1948 年 1 月改称为《群众日报》）工作；在解放战争中，他当过新华社战地记者；新中国成立前夕，他亲手创办了《青海日报》，成为这家省级党报的首任社长兼总编辑；他一生绝大部分时间，都在新闻宣传岗位上。这本书的内容主体都是新闻：先后刊登在延安《解放日报》上的新闻，《边区群众报》（《群众日报》）上的新闻，《青海日报》上的新闻；还有 200 多篇《战地纪行》，是午人先生在 1947 年 5 月 30 日至 1948 年 5 月 29 日的一年时间里，作为新华社战地记者，所写的战斗生活日记，每一篇都是鲜活的“当日新闻”。这些文字因其“见证历史”而充满了沧桑感；更因作者记述得鲜活生动而充满了“新闻性”和新鲜感，带着我们走近那难忘的激情燃烧的岁月。

感谢作者和他的子女悉心保存了这些珍贵的文稿，使之得以公开出版，成为弥足珍贵的第一手资料，具有一定的阅读价值和研究价值。窃以为，这些“昨日新闻”，称之为“珍贵文献”，亦不为过。相信人们阅读了这部《午人新闻文存》，或多或少都会得到一些感悟和启迪，更加珍惜我们今天来之不易的幸福生活。

光荣：延安时期的革命老前辈

午人，1916 年 1 月 18 日出生于陕西省蒲城县南乡贾曲镇贤坡村，原名仵道诚，字遵一，笔名晌午、东方明、东方星、方健等，“午人”是他 1938 年参加革命后的化名（以他姓“仵”而得），后来以此作为常用名。

午人出生在一个耕读之家。祖父、父亲是清代秀才，伯父仵墉是清代进士，曾在河北历任十多个县的知县，并当过察哈尔省民政厅厅长、省代理主席和北平市政府高级参议。他们虽是旧时代的文人，却思想开明，为人正直，热爱国家，有民族气节。

父亲教他学文化，灌输封建伦理道德观念，同时也教他“不做官，不害人”，做一个有学问有益于社会的人，引导他认识了历史上许多仁人志士，讲解他们的民族大义精神。诸如岳飞的《满江红》、文天祥的《正气歌》、屈原的《橘颂》、司马迁的修史等等有正义思想、有坚强意志的故事，都是父亲讲给儿子的“做人之道”，在他的心灵里，早早就播下了正义的种子。

在伯父的鼓励下，父亲送午人上新学，由家庭读书到镇小学，接触新知识、新文化。他与一些进步同学阅读鲁迅、邹韬奋等思想先驱的进步书籍，受到民主革命进步思想的影响，从小学时期就开始参加抗日救亡宣传活动。1933 年秋，他到西安上初中；1936 年西安事变前后，适逢他在西安上高中，接触到一些教师和同学中的“先觉者”，受到进步书刊和思想的熏陶影响，逐渐接受了中国共产党对时局的主张，成为追求进步、追求真理的爱国青年。张学良、杨虎城“捉蒋兵谏”的“双十二事变”爆发后，他积极参加了呼吁“停止内战，抗日救亡”的爱国学生活动，在这场历史的大潮中，融入了自己热血青年的年轻身影和呐喊之声。

参加学生运动，使午人的爱国思想进一步增强，追求进步，追求真理，拥护中国共产党对时局的主张。日本打到黄河东岸，西安动荡，局势不安，各界抗日情绪激昂。学校要南迁汉中，他临将高中毕业，感到国家有难，自己前途渺茫。一次回乡，他看到有红军到本乡测绘地形，虽然在禾场上相互说话不多，但红军战士戴着红星帽的形象，令他从心底敬慕，留下极深印象，以至心情激动，一夜未眠。种种因素促进了午人思想认识变化，不再是“两耳不闻窗外事，一心只读圣贤书”，而是家国意识愈益强烈：“谁能抗日就拥护；谁能改变邪恶社会就拥护；谁能帮助人民大众过上平安日子和不愁吃穿的生活就拥护。”他和几个知己同学萌发了北上延安的想法并开始暗地准备起来。

1938 年 3 月，22 岁的午人和两位同学一起离开学校，怀着一腔热血徒步投奔延安。对于这段难忘的经历，午人后来在回忆录中，以充满激情的笔触写道：“我们出西安东门，早晨，阳光好，我们踏上新的征程，走向革命的起步。当时的思想是‘国家有难，匹夫有责’。一心为求得上战场，直接为抗日做事。前面，延安在召唤，走在路上，什么困难都不怕。在路上见到佩戴八路军臂章的人，见到从全国四面八方奔往延安的青年，自己激动自己；后面，西安在跟着我，有爱国、革命思想鼓励我，中国在觉醒，要起来救自己；家乡在跟着我，有饥饿、恐慌。看到延安，喜欢，什么都新鲜……”

就在 1938 年 3 月，青年午人来到了心向往之、以“巍巍宝塔山，滚滚延河水”著称的革命圣地延安，成为中国人民抗日军政大学的一名学员，开始了全新的生活。在这里，他学知识、学文化、学军事，接受马列主义理论的熏陶，受到党的教育培养，成长进步很快。通过学习马克思主义理论和党的方针政策，他认识到中国共产党代表了最广大人民的利益，团结爱国，抗日救亡，中国才有出路，民族才有希望，人民才能翻身解放。从日常具体生活中，他看到毛泽东主席、朱德总司令等中央领导和边区军民一样的生活、衣着，同群众密切接触，同士兵一块打球，看到好的党员心里敬佩。看到人与人的新型关系，生活充满革命热情和高尚的理想与信念。他从身体到心灵，受到了锻炼、洗礼和升华。半年后的1938年8月，他就光荣地加入了中国共产党。在党旗下举手宣誓，午人的心情十分激动，他“感到自己从此成为真正的人，独立的人，有庄严的社会责任的人，不会被旧社会吃掉的人”。

1938年10月，党组织安排午人回到蒲城县，以兴镇小学教师身份作掩护，从事党的地下工作。这个偏僻小镇上仅有的学校情况并不单纯。十多个教师中，有七位中共地下党员。其余教师中，有表面沉默、躲避政治的；有虚情假意、实为半公开的敌人暗探的；校长则是一个曾经加入过中共而后脱离组织的“出党分子”，但他有意表示不会伤害在党的同志。县西区这块地面的一个三青团头子，三十多岁，满脸横肉，三天两头来学校骚扰，特别关注到李某某（地下党负责人），总是突然钻进李的房子搭讪，名义上要“交朋友聊天”，说着说着就往政治形势上扯，企图“套话”。有时这人赖着不走，同教师一起吃饭，其间有意无意用手把衣襟撩闪一下，让人们看见他腰间别的手枪。一次这个三青团头子又去纠缠李老师，出其不意突然追问中共地下组织活动的情况，并把手枪放在李的书桌上，故意拆卸着，数枪中的子弹，一边问话，一边用眼睛四处打量。李当然明白其用意，平静自若地应付过去……如何在特务魔爪下，机警灵活地执行好党的任务，李老师和午人他们时刻高度警惕，同敌人进行较量，终于在极其凶险的环境下，完成了组织交予的工作任务。1940年10月，党组织调午人他们返回延安。当通过敌人碉堡林立的封锁线，脱离开黑暗、恐怖、特务横行的家乡，进了边区，午人长长地松了一口气，像飞出笼子的鸟儿，飞向蓝天、树林和晴朗的旷野。他们随关中分区“七月剧团”搭伴，边演出，边走路。穿过山川梢林，走过田园人家，一切都是那么自由，那么愉快，那么富有生命活力。

回到了延安，就像是真正回到了家。和午人原来一起做地下工作的几个同志回延安后，分别到了中央党校、陕北公学、女子大学学习。午人也被组织安排到中央党校学习。班里同学一个个面影生疏，而大家的思想却是相通的，感到非常亲近，似乎彼此早已熟识。班上同学出身各异，彼此差别非常大，有上过小学的、上过中学的、上过大学的，还有在国外留过学的；有从陕甘宁边区来的，也有从前方回来的，还有刚从敌后地下工作岗位上回来的；有从其他根据地回来的，也有从十里洋场、大城市来的，还有从海外留洋归来的。尽管各自经历不尽相同，但共同的理想、追求、目标和历史使命，使得他们从五湖四海、天南地北走到一起齐聚延安，相互感到是那么熟悉、亲近，相互理解，情同手足兄弟。

午人进入党校不久遇上秋收季节，他和党校师生一起参加了大生产运动。党校从校部到各班，教师、学生，男的、女的全都上山劳动。收获洋芋时，有的用镢头挖，有的用手捡，有的把堆成山的洋芋搬运到院子里。大家挖的挖、担的担、抬的抬，干得热火朝天，整个党校一时变成了农场。这支穿着各式衣服的劳动队伍，人人争先恐后，似乎要将山头也搬回家。学员中有人从未见过洋芋；有人竟将在大城市穿的茶色西装拿出来垫在肩上；有人鞋子破了，拿出雪白的手绢临时把鞋子捆扎起来。呈现在人们眼前的，是一幅充满欢乐气息喜庆丰收的画卷。

党校的一项重要任务是集中精力学习马列主义理论。学员们个个如饥似渴地学习，在树下、在窑洞、在吃饭的场地、在菜园，随处都可以看到有人在读马列著作，读有关文件。大家自由地谈论问题，再不用像在敌后那样，随时会因被特务搜捕而提心吊胆了。学习马列原著，通过教师讲解，使大家在许多基本理论问题上逐渐加深理解。中央领导同志常来党校作专题报告，结合实际生动地阐述革命原理、总结实践经验，指出运用革命理论、做好实际工作的方法，帮助大家提高思想认识。这里既是学校，也是温暖的家。学习理论，又锻炼了党性；既是学生，又是随时准备上岗执勤的一兵。大家随时准备“今天听完这一课，也许明天就要奔赴前线去战斗和工作”。

在党校内外，午人他们看到了众多党的领袖人物。在夕阳下延河边散步时看到毛泽东；在干部会上听过周恩来的时局报告；在篮球场上见到朱德，以及许多战功辉煌，已在中外负有盛名的军事领导人物。这些战功赫赫的指挥员，敌人听到他们的名字胆寒震恐，进步人士对他们敬仰，而又感到神奇。延安人尊敬自己的领袖，对他们感到亲切，敬如父兄，爱如尊长，是共同战斗的同志和战友。人们在群众大会上、在山沟小街道、在延河边随处可以遇见他们。这些大家从心底里敬慕，感到神秘的人，平易近人，随处可以遇到，对学员、小鬼、马夫都是那么亲切自然，有说有笑，是非常普通现实的人。和午人一同在党校学习的学员，其中有不少同志，是在火线上、秘密工作岗位上做出成绩，立了大功的。有经过长征的老红军；有十九岁的县委书记；有工运专家；有妇女领袖……他们在党校学习，同样上山劳动，轮班帮伙房做饭，晚上守门站岗。这些人、这些事，都是活生生的教科书。午人通过党校学习，进一步加深了对党的认识，思想起了更加深刻的变化，自觉以革命为己任，以党组织为家，自己的路选对了，走定了。

楷模：从通讯员到省报总编辑

1941年冬，午人结束了在中央党校的学习，来到安塞县委做秘书工作。在这里，他作为业余通讯员开始学写新闻稿，安塞成为他走上新闻工作的起始点。

中国共产党的各级新闻单位，历来有着重视通讯员队伍建设的优良传统。1931年11月7日红中社（新华社的前身）在江西瑞金成立，1931年12月《红色中华》报在江西瑞金创刊伊始，就把培养通讯员、建立通讯网，作为一项重要工作来抓。1933年1月27日，中共苏区中央局和中华苏维埃中央政府等联合发出《关于红色中华的通讯员问题》的特别通知，要求切实搞好通讯员工作。一个遍布革命根据地各地的通讯发行网络迅速建立起来。到1934年，红中社和《红色中华》报的通讯员队伍，已由初创时期的200多人发展到近千人，报纸销量也从不到一万份增加到了四万份。

红军长征到达陕北后，中共中央进一步重视了党报作用的发挥和通讯员工作。1938年4月2日，中共中央发出《中央关于党报问题给地方党的指示》，提出"每个同志应当重视党报"，要求各地党组织应当尽一切力量"加强报纸与群众的联系""帮助建立通讯工作"和"帮助建立读者会"。《解放日报》是延安时期的党中央机关报。报社的通讯员工作卓有成效，在报社的培养教育下，不少通讯员成长很快，有些同志还被选调为记者，终身从事新闻宣传工作。午人就是其中的佼佼者之一。

20世纪40年代初，中共中央提出了"全党办报"的方针。中共安塞县委于1943年9月在县委常委会上决定，要把党报的通讯工作提到应有的高度，重新整顿通讯组织，并提出知识分子帮助工农同志写稿，领导带头写稿、改稿的办法加强通讯报道工作。不久在县区干部会上，吸收了一批工农通讯员。为《解放日报》当通讯员的有16人，其中13人是工农通讯员，午人等3人为知识分子通讯员，县委书记李望淮任组长。另外有10人被确定为《边区群众报》通讯员。县上规定通讯员每人每月至少写稿一篇，月底检查。由于县委重视，安塞县的通讯员工作很快有声有色地开展起来。1944年3月18日的《解放日报》第四版，刊登了《安塞县委领导通讯工作的经验》，对安塞县做好党报通讯工作的经验进行了表扬和推荐。

午人作为县委确定的《解放日报》骨干通讯员，在报社同志的帮助下，写稿积极性高涨，写作水平提高很快。他曾饱含深情地写了一篇题为《〈解放日报〉成为新闻函授学校——报社编辑部对业余通讯员的热情指导》的回忆文章，详细述说当年《解放日报》的通讯员培养工作。他在文章中说，当时我们生活在陕北偏僻的山区，加上国民党的封锁，纸张和印刷条件困难，一般书刊缺乏，更没有收音机，能看到一张《解放日报》，对于自愿奔来革命，刚刚参加工作的青年来说，可以学习党的政策，学习新的知识，看到国内外大事，真是太重要了。来到安塞县（延属地区）工作的青年学生，人数很多，天天都急切地等待新报纸的到来。我也是爱抢先拆新报纸卷的一个。我们同《解放日报》结下了不解之缘。我从报纸上看到介绍邻县的消息和工作经验，感到很新鲜。有时也同本县一些区的情况比较，觉得我们这里也有类似的经验，或者比报上所刊登的另有特点或独具新意。于是我就试着给报社写稿，想不到有的竟很快发表了。稿子见报后，报社通讯部来信给予鼓励，我写稿的勇气逐渐增强。我们一些热心写稿的同志互相鼓励，随时就各自熟悉的事情学写稿子。经过整风运动之后，全边区展开大生产运动，劳动模范、英雄人物辈出，似乎有写不完的东西。在 1943 年到 1945 年这段时间，安塞县的通讯报道工作也随之活跃起来，报上经常刊出本县的新闻报道，有的月份，《解放日报》上登出安塞的长短新闻、通讯有二十八九件。大家为报社写稿逐渐由自发到自觉，由信手抓消息到有重点有计划地选题。当时在这个县工作的青年学生，爱写东西的人多，带动了当地文化较低的工农干部和劳模、读报组长们的写稿热情。大家彼此帮助、合作，形成了区长、干事、县长、书记等都为报纸写稿，而且乐于写各自专业的经验。激发起大家为报社踊跃写稿的因素很多。首先是热火朝天的大生产运动，村与村、队与队开展竞赛活动，英雄人物不断涌现，形势喜人，怎能沉默不写呢？但对业余通讯员来说，来自《解放日报》的支持、组织和指导，是起了直接推动作用的。午人说：自己就是在练习写稿中，同报社的联系逐渐密切起来的。开头寄给报社的稿件，一般都有回信，说明稿子为什么刊用、为什么修改以及为什么不用的原因，还提出一些报纸在近期关于农村工作的宣传重点；甚至还指明要再报道某村、某事、某个典型人物。每次接到复信，我总感到有所得，从中体会到党报对通讯员热情、诚恳的帮助和尊重写稿者劳动的优良作风。这种复信都是由报社编辑自己亲手写的，它比一份铅印的退稿信或是简单的收稿回条，使人感到更亲切，如同见面交谈。

午人说：我清楚地记得，当时报社经常给我的复信是毛笔字，字体稍斜，署名是李蕴辉。有时我寄较重要的稿子，为了帮助编辑处理稿子时便于考虑，往往向她另附信，说明写这一稿子的用意和根据。这样，彼此谈稿的信件往来就多了，先后曾收到过二十多件，有的信长到好几页纸。对于来信，我就其中有关宣传指导思想的提法特别留心，觉得所提示的意思，对于像我这样一个业余写稿者，其效益颇像函授学校。由于《解放日报》的热情帮助，使通讯员很乐意为党报写稿。多日不寄稿，似乎有点空虚，对不住党报和劳模朋友，觉得为党报写稿是自己责无旁贷的义务。每当看到《解放日报》发表有安塞县的消息，大家彼此相告，乐得能跳起来。有的对照自己的原稿，如面对老师给自己修改作文那样，看编辑调整了几处，修改了多少，有的将报社的复信相互传着看。我个人也是这样心情，看见自己奔走访问、熬夜写的稿子见报了，能把群众中涌现的新事物介绍出去，有说不出的喜悦。自己写的新闻能在党中央办的报纸上发表，是十分严肃的事，内心有一种特殊的光荣感。

午人说，《解放日报》记者常来安塞县采访，对本县通讯报道有直接的指导和推动。先后来过的有林朗、曾艾狄、杨永直、林沫、李蕴辉等同志。他们于采访、写稿之余，还召集通讯员开座谈会，谈无产阶级新闻事业的性质和根本原则，介绍采访写作的要求或经验，提出一些当前的报道要点，对我们写的稿子，直率地提出修改意见。报社记者善于发现新闻，采访深入，处理材料慎重，不信笔拔高、不歪曲事实的优良作风，我们都看在眼里，记在心上。记者又常常把写好的重要稿子交请县委负责同志审看，也同我们相互商量，我们都乐于将自己知道的情况尽可能地介绍出来，给他们提供线索。人们看到我们彼此间合作得好，便风趣地说我们“有点像报社记者帮办”，干部中也有人称业余写稿者是本县“土记者”。热情高，不等于报道工作就做得好。我们这帮青年同志，在写稿活动中曾出现过这样那样的毛病，如对有的模范村和人物偏爱，只看成绩不看缺点；对有的好经验，不能深入调查、研究总结；对有的材料丰富的典型，写得简单潦草，对某些该写批评的报道不愿意写等等。这些现象，有写作表达能力的限制，也有个人思想认识的原因。这些问题，经记者同我们座谈分析，在不断克服着。大家认为值得自慰的是，所写稿件未曾发生过夸大、拔高、内容失实的错误。

1945 年初夏，延安久旱不雨，当地部分群众抬着神楼子游乡求雨。针对这种情况，安塞县委决定派干部到群众中做说服劝阻工作。当时在县委办公室工作的午人和县委组织部干事许瑞生、文化馆干部李如镜等同志一起下乡，同几个劳动模范参加了劝阻说服，效果很好。事后他们三人合写了记述这次工作的起落经过。不几天，《解放日报》以醒目的标题发表了这篇稿子，同时报社还配发了评论，肯定安塞县对于群众迷信活动进行教育的做法是正确的，并阐述了既要反对命令主义，又要反对尾巴主义的观点。报社还给午人他们写信，其中透露出中央有关领导同志对安塞县委的工作方法很重视。这使他们很高兴，写稿的积极性更高了。

1945 年 8 月，午人从安塞县委被选调到《边区群众报》工作，分工负责编地方稿兼与通讯员的联络。在生疏的业务面前，他回想起自己在安塞县那一段的工作经历，想到《解放日报》对自己的培养教育，觉得实在获益不浅。他在处理通讯员来稿时，就按照《解放日报》过去对待通讯员来稿的做法，不管稿子用不用，力争回信答复，认真谈些问题。对来稿尽量加工采用，或者把几篇稿子中有用的材料编写成综合消息。

由于他自己当过通讯员，明白写稿者的心情，所以对这项工作一直很认真，同不少通讯员成了笔墨知交。1949 年 9 月，午人被派往刚刚获得解放的青海，负责创办《青海日报》，担任了该报首任社长兼总编辑。当时办报的人手少，一些同志才从学校毕业分配到报社，没有办报经验，于是午人就强调仿照延安时期的传统，注意走群众路线，着力开展业余通讯员工作，对来稿照老办法亲手复信。方法固然笨，但在当时赢得了通讯员们的友谊，换得了更大的吸引力。不久又增办了藏文版，同样用藏文字句向藏族通讯员复信。信的内容不仅谈写稿，也对他们不熟悉的政策，特别是民族团结及宗教信仰政策等做必要的解释。青海省委对报纸群众工作很重视，各级党组织都注意组织汉、藏文字报纸的群众读报活动，不少县常开通讯员座谈会。这对宣传党的政策，推动经济建设，提高群众的文化水平、政策思想起了一定的作用。天长日久，培养出一批写稿骨干和读报积极分子。1952 年夏，经过省委同意，作为一次群众性政治工作活动，召开了全省上千人的各民族通讯员和好的读报组代表大会。会上表彰了读报、写稿活动中成绩突出的先进小组和模范人物，有力地促成了党组织、专业新闻工作者同广大群众一起办报的局面，形成一支熟悉政策、积极工作的群众力量。

亲切：群众报道入耳入脑入心

1940 年 3 月 25 日，《边区群众报》（今《陕西日报》的前身）在延安创刊。1947 年 2 月 19 日，西北新闻社成立。同年 3 月 12 日，《边区群众报》因战事紧张被迫停刊，报社人员编入西北新闻社。5 月 27 日，西北新闻社改组为新华社西北总分社。西北新闻社在筹建新华社西北总分社的同时，就积极筹划《边区群众报》的复刊，出了六期试刊后，4 月 21 日该报正式复刊出版，并由过去的三日刊改为日报。在蒋胡匪帮大兵压境、我军主动暂时撤离延安，党中央带领中央总队转战陕北，《解放日报》被迫停刊，条件极其艰苦的情况下，《边区群众报》采取油印、石印、铅印等多种方式坚持出版，成为当时陕甘宁边区唯一坚持出版的党报。1948 年 1 月 10 日，《边区群众报》在绥德县霍家坪更名为《群众日报》，报头仍然由毛泽东同志书写。1948 年 4 月 22 日延安光复，《群众日报》回到革命圣地延安清凉山继续出版。午人 1945 年 8 月调入《边区群众报》，到 1949 年 9 月奉命西去创办《青海日报》之前，在《边区群众报》（《群众日报》，该报当时与新华社西北总分社为一套人马、两块牌子）工作了四年多。

自《边区群众报》创刊就担任该报总编辑的胡绩伟，在题为《办一张人民群众喜闻乐见的报纸——回忆延安〈边区群众报〉》的文章中说：当时在延安，《解放日报》

是党中央的机关报，也是人民的报纸。《边区群众报》是边区党委（后为中共中央西北局）的机关报，也是一份人民的报纸。它的鲜明特点，是直接办给广大群众阅读的，识字很少的人看得懂，不识字的人听得懂。它的诞生和成长的目标，是一张人民群众喜闻乐见的报纸，当时我们叫它是一张大众化的报纸。

《边区群众报》制订的《办报方法》规定：一、大力发展通讯员，建立覆盖全区的通信网络。二、加强报纸与通讯员、读者的联系。对通讯员和读者来信做到每信必复。三、改革报纸语言，用群众的语言创办群众的报纸。鼓励报社人员将陕北语言、陕北音乐、陕北民歌作为必修课学习，报纸内容要让群众“看得懂，说得出，听得惯，写得来”。四、严格审稿。每出一期报纸，编辑人员须集体审稿，并将报纸念给识字不多或不识字的人来听，听懂后方可定稿。五、报纸重视党性和群众性的密切结合。报纸是人民群众的喉舌，及时反映群众的思想、感情、呼声；同时报纸也是党的喉舌，积极宣传党的路线、方针、政策，教育和组织人民群众进行革命和生产建设。

前几年我因撰写新华社陕西分社社史，曾先后拜访过新华社西北总分社的老前辈李言年（2018 年 4 月去世，享年 94 岁）、张光（2019 年 9 月去世。享年 90 岁），两位老先生都谈到，那时他们每当稿子写成，都要先念给当地的群众听听，征求意见后才修改定稿，其目的就是稿子要力求让老百姓“解（读‘嗨’）得下”（即能听懂）。如果群众“一满解不下”，那就得重写或做大的修改。可见当时报社为读者服务所下的功夫。因此《边区群众报》在边区人民心中深深地扎下了根，人们称它是“咱们的报”。在群众中流传着一个打群众报的谜语：“有个好朋友，没脚就会走；几天来一次，来了不停口；说东又说西，肚里样样有；交上这朋友，走在人前头。”这充分说明边区人民对它的热爱。

在 1947 年 3 月撤离延安之前，报社同志把几套完整的《边区群众报》合订本掩藏起来。可是谁也没有想到，当我军收复延安，重新回到清凉山时，这些报纸合订本已全部焚毁一空了。后来经过多方搜集，只找到了很少的一部分，但还是凑不齐一份完整的报纸。胡绩伟说这“真是心里一件很大的恨事”。午人调入《边区群众报》，在负责通讯员工作的同时，自己也坚持写稿。在这部《午人新闻文存》中，选登了午人同志 1945 年至 1949 年在《边区群众报》和《群众日报》上发表的新闻作品 50 余篇，其中有 11 篇是 1946 年底以前在《边区群众报》上刊发的，这些“劫后遗篇”都是非常珍贵的史料，“她们是一个翻天覆地时代的产物和见证”（胡绩伟语），实属难得。

从午人同志的报道，至少可以看出以下特点：

——短小精悍。例如，《群众日报》1948 年 7 月 12 日第二版刊登的《“七一”在洛川》：

【本报黄龙讯】“七一”的清早，洛川市两块黑板报，均登出中国共产党的产生及奋斗历史。新华书店展览出中共领袖挂像、解放区建设照片，各解放区报纸，蒋介石卖国罪行及解放军的全国进军胜利的剪报。市民和赶集农民，争先快睹，延大分校街头黑板报上的题诗：“七月里，好太阳，中国产生了共产党，要为中国求解放”，立即被传诵开去，并有人抄记。农民们，看到彭副司令的像时，都敬仰地说：“这就是解放咱们黄龙的彭老总！”

全稿不到二百字，但有时间：“七一”清早；有地点：洛川；有人物：市民和赶集农民；有故事：两块黑板报及其内容、新华书店展出的领袖挂像和解放区照片、各解放区报纸的剪报；有诗歌：写在街头黑板上的快板诗：“七月里，好太阳，中国产生了共产党，要为中国求解放”，被人们传诵并有人抄记；还有农民们看到彭德怀副总司令的像时，发自内心敬仰的话语：“这就是解放咱们黄龙的彭老总！”可谓篇幅短小，内容丰富，文风活泼，引人爱看。

——题材重大。午人采写的许多重点稿件，被报纸安排在显著位置采用。例如，他与何长庆合作的稿件《（眉题）人民起来民主选举（主题）黄龙分区建立乡村政权（副题）部分乡村未发动群众，少数坏分子混入新政权》，《群众日报》刊登在1948年6月9日一版头条。他采写的《黄龙布置抢收保卫夏粮》一稿，《群众日报》在1948年6月16日一版头条位置刊登。他采写的《一个工作消极的乡支书半年学习大有进步》（与瑞生合作，载《边区群众报》1945年8月12日第二版），《左洛部三查运动已获成效 提拔连队干部的办法值得考虑》（载《群众日报》1948年1月17日第二版），《迅速开展中的黄龙通讯工作》（载《群众日报》1948年1月17日第二版），都因其内容重要、题材重大，报纸在刊登时都加了编者按。

——标题鲜明。例如，《（眉题）千余副担架奔前线，十万双军鞋齐准备（主题）黄龙人民誓灭胡匪热情支前》；再如，《（眉题）老子叫儿打顽固，妻子送郎上战场（主题）自己的家乡自己保护》；又如，《洛川军民忙迎夏收》的大标题之后，副标题是一段顺口溜：“赶集新买割麦刀，平填场垣父子忙，干部帮收齐准备，只盼麦子早上场”，主题鲜明，引人注目。1947年11月16日拂晓，解放军勇士在清涧战斗中，活捉了敌七十六师师长廖昂和二十四旅旅长张新等八个将校军官，10月18日的《边区群众报》第二版，刊登了午人采写的通讯，标题是醒目的三个大字：《捉廖昂！》，这篇稿件受到王震将军的表扬，成为战地记者们尊崇的好稿。

——语言清新。午人在《送好儿，当好兵》一稿中，讲了一个小故事：“小园子村的人，谁都知道野禄堂最爱二儿子，可是野禄堂这次偏偏把二儿送去参加游击队。他说：‘当兵不是为别人支差，是为保护自己的家财性命，去一个要顶一个。’他对儿子说：‘在咱八路军里当兵，长官关心你一定比我还好。’临走时，给娃换上新棉衣，老汉提了一布袋烙饼、核桃，亲自送去。一面走一面叮咛。临分手时，还鼓励儿子说：‘好好干，把地方保住，明年为你择个好日子娶媳妇。’说得儿子又喜又臊。”故事生动，语言诙谐。

——写作勤奋。《群众日报》1948年6月9日第一版共刊登了6篇稿件（含两条简讯），其中《黄龙分区建立乡村政权》（一版头条）、《黄龙工商复业物价平稳》两条重点稿件，都是午人采写的。在转战陕北期间，《边区群众报》是四开小报，每一期报纸总共只能刊登8000字。1947年10月12日的《边区群众报》第二版，总共刊登了三篇稿件，其中《攻克延长战斗中我炮手大显神威》（版面头条）、《光复延长县城经过》两篇稿件，都是前线记者午人采写的。1948年1月10日，《边区群众报》改名为《群众日报》，3月10日该报第四版刊登的两篇稿件《七郎山上逞英豪——宜川城外围战斗之二》《看你张汉初往哪里逃——记胡匪廿四旅旅长就擒经过》（共2000余字），都是前线记者午人与战友延晓合作采写的。

——实事求是。1948年12月17日，《群众日报》主办的《群众周报》第二版，刊登了午人采写的《记者访问土基区》，这篇“千字文”是一篇很有分量的批评稿。你看：记者问区委书记：“听说这个乡上，各自然村都把群众组织起来了？”王书记答：“是的！”“我们区上的宣传科长苗青峰。他总共下乡一星期，就把群众全组织起来了。”（把本本掏出来。）记者念王书记的本本：“基干排、妇女会、自卫军、青年队、贫农小组和农会、牛班长、驴队长，儿童团，老人队……”（从本本上看“成绩巨大”）。可记者访问乡农会主任和乡长时，就发现了诸多问题：王书记本本上记的乡农会主任是王定儿，王乡长介绍的乡农会主任却成了姓张的；记者问乡长“乡政府没给农会指示工作吗？”乡长答：“连我也不知道农会干啥事哩。”记者看见乡政府墙上贴着“农会组织条例”，就问：“乡长，这是啥？”乡长答：“这是上头发下来的，贴上几个月了。我也不知道里面说的是啥。”而当记者访问儿童团长和妇女主任时，儿童团长不知道“啥是个团员”，妇女主任“不承认”自己是妇女主任（全都“露了馅”。）在这篇报道最后，记者说：“乡长，我有个意见提出来，咱们研究研究：我看这工作是脱离了群众，犯了形式主义的病啦……乡长，你看我这意见对不对呀？”稿子最后一句是：“乡长点了点头。”通篇稿件全是对话，让人看了深受触动。而《人心向谁？》一稿（原载《边区群众报》1946年11月5日第一版），通过大量事实最后说明：“西水东流归大海，天下人心归延安”。

珍贵：战火中留下的珍贵文字

1947年3月，解放日报社派出胡绩伟率领杜鹏程、延国民、雪凡、刘星全等到西北野战军前线司令部，进行军事报道。月底，与新华社总社派来的刘祖春、林朗等人会合，建立新华社西北前线分社，由胡绩伟任社长。同年6月，在原有前线分社的基础上，成立了新华社西北总分社前线分社（简称新华社前线分社），西北野战军政治部宣传部部长鲁直兼任社长。1948年1月1日，西北野战军政治部发出关于加强新闻通讯工作的指示，指出：新华社西北总分社前线分社为野战军政治部一个部门，负责本军对外报道之责任。新华社前线分社依据新华社西北总分社及野战军政治部一定时期宣传方针，具体布置新闻通讯工作，有计划有组织进行各种报道。

1947年5月30日，午人奉命参加前线分社的工作，成为一名随军战地记者，1948年5月底离开。在这一年时间里，午人作为一名前线战士和随军记者，舍生忘死，完成采访报道任务，同时以日记的形式，写下了212篇共13万多字的随军日记，1986年午人将这些日记修订整理成书稿《战地纪行》。午人说："这册《战地纪行》，是1947年5月到1948年5月底，我跟随西北野战军第二纵队战地生活见闻琐记，也就是自己的日记。"延安保卫战，是震撼世界并赢得胜利的战争。延安的暂时撤离和较快光复，引起国内外各种政治观点的人极端注视、激动或惊恐。这场战争是非常残酷的，蒋介石、胡宗南蓄谋消灭中国革命的心脏，即中国共产党中央所在地，驱师25万之众，于1947年3月进犯边区，直冲延安，来势凶猛。人民解放军仅两万五千多人，在党中央、毛泽东直接领导和彭德怀具体指挥下，回旋在十多万平方公里，地瘠民贫、约150万人口的陕北山区。解放军和当地人民顽强抗击、以少胜多，打破了蒋胡三日占领延安的神话，旗开三捷，狠狠打击了敌人的疯狂气焰；又相继在陇东、三边、榆林、沙家店及宜川、瓦子街等地，逐步由内线转到外线，一次接一次给敌人以打击、杀伤以至整旅整师的歼灭，逼得敌人狼狈逃出延安，夺得西北战场决定性胜利，谱写了光辉的壮丽史诗。

"战争改变着生活的各个方面，没见过的事看见了，没想过的问题出现了，整个陕甘宁边区党政军民，投入了战争，一切工作都是为了胜利，所有人都面临着考验，学习在战争环境中生活和工作。"午人后来在《关于〈战地纪行〉的说明》一文中写道："身临战地，周围所发生的事情，都充实着胜利的意义：生活在战士群里，每个英雄人物，一举一动，使我敬佩；谈话、访问、总是怀着仰慕的深情；枪林弹雨里的分分秒秒，都给我教育和力量。初到部队，生活上受到照顾，不以为意。逐渐觉悟到在自己的军队工作，本来是普通一兵，见事就干，见俘虏就捉，老乡把我看作连队战士，心里真高兴。同时又自愧做的事少，出的力少，发的光和热少，觉得个人很渺小，但是同在火线上的同志们一样，自己也在变化。""日记原为自己学习、备忘，把战地当课堂，把英雄和他们的事迹作为在书本上学不到的东西笔记下来，以便进行思索和鞭策自己。行军、作战、戎马倥偬，只能在老乡家灶台、村边树下、防空工事壕边，将写稿之余的见闻点滴，忙忙草草写几段；较长的文字，多利用休整或作战间隙，补点续点，来不及将当时血与火的生活画面反映出来。文字比起浓烈残酷的现实，毕竟显得浅薄、瘦削。我们的英雄战士，为了推翻蒋家王朝、解放全中国人民、建立一个新中国，疆场上同敌人搏斗，英勇献身的精神，比纸上所能看到的更丰富、更深刻。”（午人：《关于〈战地纪行〉的说明》,1986 年于西安。）

午人先生的《战地纪行》，是人民战争的忠实记录，即便是 70 多年后的今天，当人们看到这些在血与火中练就的文字，仍然会受到深深的震撼。从这些战地日记中，我们至少可以看出以下内容及特点：

（一）记述了严酷的战争考验。“敌机在头顶轰炸”“敌机又来骚扰”“炮弹在周围炸响”“子弹在耳旁横飞”，以及“急行军一百二十里”“伤员闹着要回前方”“前边的人牺牲了，后边的立即补上去”，等等。在午人的《战地纪行》中，此类记述比比皆是。特别是 1947 年 9 月 1 日，午人跟随部队在清涧县的九里山上，“又晒又热，飞机又来扫射，一个侦察兵离我二尺远，刚站起来，一弹打进了后颈，热血横飞立即倒地牺牲了……”午人以激愤的心情、冷静的笔触，在日记中写下这带血的文字，记下这残酷的故事。人们看到这里，都会深深感到今日的幸福生活真是来之不易。他笔下写得更多的，是我军指战员的战斗事迹、英雄气概和胜利捷报，比如青化砭大捷、养马河大捷、蟠龙大捷、沙家店大捷、瓦子街大捷以及西府战役，等等。他说：我们也是战场上的战士，作为战士融入部队，在英雄当中生活和学习，“虽然我们是新闻工作者，只是分工罢了，我们也是这场保卫延安、保卫真理、保卫和平战争中的一员战士”。他记下何其芳同志的两句话表达自己的心情：“我把我当作一个兵士，我准备打一辈子的仗。”他说，自己“足以自慰的是身经枪林弹雨……”这些文字，表现出一位经受了战争考验的人民新闻战士的英豪之气。

1947 年 8 月 8 日，午人在《英雄豪情，美的诗！》中写道：“在战地，随时都有受伤和死亡的可能，不是人们一点也想不到，我们都知道战争总要有牺牲，打仗的目的是为消灭敌人保存自己。我们也懂得应当力争减少无谓的牺牲，不怕死，无所畏惧，但死得有价值。我，生活在战斗英雄群体里，有不少熟识的同志，他们的语言行动、生活气概，深深地感染着我激励着我，如果把他们的豪情用文字记录下来，会有很多很多。我们今天忍受艰苦，正是为了明天的香甜，今天的牺牲是为了消灭敌人，为了千千万万劳苦大众和亲人不受欺压剥削，过上一个和平、稳定、幸福的生活。正因为战士们有这样的使命感，虽然为正义而献出宝贵的生命，绝不是为了死，而是为更好地活。”午人《战地纪行》中的这段话，深刻中肯，令人感动。

（二）描绘了融洽的干群关系。譬如，午人1947年6月11日写的《初见纵队首长》："他公事办完了，到院子和我们拉起闲话"，"一套半旧灰布军装，精力充沛，言谈爽朗，话题很随便，山南海北，战场内外，行军作战，读书看戏，什么都谈。""首长一定要留我们吃晚饭。吃饭首长同大家一起蹲着围成一圈……我们丝毫不觉得他是率领雄兵叱咤风云的名将……拘束的心理，在与这位首长热情而平易的接触中自然消散了。"他还写这位首长"随时在战士和营连干部中，来往自如。打靶时，随手拾起手榴弹就摔。他谈笑风生，有时碰上不顺眼的事骂几句，甚至很严厉，但没有人介意计较"。还有纵队首长手把手教战士打靶："看见他正蹲在一挺重机枪旁边，亲自指导战士练射击。他一边介绍枪的性能，用手校正战士的卧势、肩、臂、手腕动作，指引视线如何瞄准，像一个普通排长、连长那样，手把手教基本动作……"总之，"他是指挥员，是同志，也是兄长，谁都尊敬他，谅解他，爱戴他，愿意亲近他，彼此不以为意，官兵上下之间的气氛如一个家庭成员那么自然和谐"。

又如，午人1947年10月31日在《阶级情、兄弟爱》的日记中写道，"今天采访了几个爆炸英雄，晚上参观二连的登梯演习"，"回来看见战士们都睡在窑洞里，连、排干部都睡在屋外的草垛里。听政治处干事说：'这个连的干部作风一直这样，住房子总是先让好地方给战士住，最后没地方了，干部就露营。'这种爱兵的诚挚情感使人内心感佩，其阶级情、兄弟爱，已不是讲一般理论道理所能做到，行动最感动人心。自己虽是临时来了解情况的客人，也和干部们一样钻进草垛里睡是心安的……"他发自内心地说："在我们的部队里，日常看到的官兵之间、士兵之间的情感，不是一般的亲如兄弟、情同手足，这里面有比骨肉同胞更深一层的内容，是阶级命运和革命的共同目标，把大家紧紧地联结在了一起。"

（三）再现了军民的鱼水情深。在午人的《战地纪行》中，《牵挂亲人》《"我们都是您的儿子"》《"天亮了，解放了"》《村上来了宣传队》《解放军战士利用一切机会向新区人民宣传政策》《进驻扶风我军严守纪律》《人心所向》《洛川军民忙迎夏收》……许多篇幅中，都忠实记录了鲜血凝聚的军民深情。午人在《战地纪行》中记述了这样一个小故事："在我们旅部机关前面，已走过几个团，落在地上熟透了的枣子仍然散落在脚下，战士说，没见过这么长的枣，肥肥的，像人的半截手指。说是说，却不拾来尝。小孩子们追着战士索要枪子弹，他们把枣子向我们手里塞着，战士捂住口袋不要，有个中年妇女在旁边说风凉话：'解放军没长口味，就不知道枣儿是甜的。'她的神态却十分诚朴亲切，笑得我们不好意思……"多么生动风趣而又意蕴悠长。午人深情地写道："正义的战争，把革命人民和人民子弟兵的生死命运，紧紧盘结在一起，军民鱼水情深，真正是生命和鲜血凝聚起来的。"诚哉斯言。

（四）采写了我军的政治工作。诸如《“左洛”部三查运动已获成效》《支部工作有新气象 “左洛”部大批优秀战士光荣入党》《“右洛”“泾河”等部发扬民主连队和支部工作更活跃》《我军城市政策美德 流传黄龙西府各县》《带兵先带思想》《诸葛亮会》《前线的宣传广播》以及《新式整军运动》《诉苦会》《〈土地法〉在部队反映极为强烈》等篇章，都体现了我军在战争年代，高度重视思想政治工作的一些做法和显著成效。

（五）反映了艰苦的战地生活。“空着肚子是常有的事”“客气难免受饿”“休息成了最迫切的大事”“雨中行军，手中棍子真得力”“灯下捉虱子”“见到醋够稀罕”“有钱装到身上也没用”“洗衣剃头就是‘清福双临’”；半个多月都是睡在地上，偶尔睡一次土炕，竟然觉得“是少有的特等福气”，等等，都是午人笔下的战地生活真实写照。特别是“强烈感觉到天下最大的福气，是能睡个天明觉，靠我左边睡的小鬼说：‘若有机会，一定要不吃饭，不喝水，在我妈土炕上整整睡个三天三夜不醒’。”这样的表述，让人感触极深。当然，战地生活也是多姿多彩的。例如利用休息时间阅读《西行漫记》，再读鲁迅的著作，看徐迟写的歌谣，“有机会时留心了解行军所到之处的战地社会情况”，“翻阅洛川县志”等等，都让人了解到当时战地生活的一些真实情况。

（六）记录了战时的业务氛围。当年的新华社战地记者，手中的写稿工具是“蘸笔尖和土墨水”：“行军哪有水笔，只带几个蘸笔尖，写字时，扎在筷子头上，墨水是用洋蓝加白矾自己化合的，墨水瓶用绳子系在挂包上，跑路快了还要溢出来”，“最发愁的是稿纸装在布挂包里，四角卷起，被揉成千层软饼”，但这都“不要紧，关键在于笔锋上要有激情，手头有材料。”战地记者心里常处的状态是“经常担心消息发迟了”。任务在身，从来不曾轻松过，即便是偶尔闲暇散步，心里也不得清闲，只要听见炮声就急了，“这是随军以来形成的习惯，部队的每一行动都与自己有关，总怕误了消息”。“每当战斗结束后，都是记者采访最忙时”。午人非常注重向前线分社的记者同事学习，汲取别人的长处，弥补自己的不足：他与记者杜鹏程长谈，认为老杜“积蓄的材料、故事多，体验的生活丰富，有了机会一定会写出好东西”；他注意到同事戈壁舟善于抓取精彩故事和典型情节细节，“把这些材料加进去，一定给读者更深的印象”；他与同事汤洛交流，学习其新闻名篇《毛主席万岁》的写作技巧；他与同事刘祖春交流，认识到“写新闻，就是同全边区军民站在一起，向敌人作战”；他还注意研究一些通讯员的稿件，认为“别人的缺点，也正是自己的镜子”……午人认真阅读作家赵树理的《李有才板话》，认为其“真是写得朴实又口语化，文章有生气、有感情。那深刻的思想、通俗的语言，雅俗共赏，实在是我们学习的楷模”。他从中受到启发，有意识地记下“信号弹不是星星，敌机不是风筝……”等战士语言和“顺口溜”。在午人的“战地日记”中，多次出现“自觉有愧”“自责”等字样，这是他严以律己的心声和努力提高的内在动力。

午人为了当好战地记者，非常注重学习领会革命领袖关于党的新闻工作的重要理论和新闻实践（按照现在的说法，就是认真学习贯彻马克思主义新闻观）。他在《用笔打击敌人》（1947年9月12日）的日记中写道：“首长亲自审查重要稿件，仔细修改，又随时提示报道要求。这使我更加注意到观察和分析问题的方法，以及采访作风。新闻、通讯绝不只是简单报数字。记得曾看见过毛主席亲自起草或修改过的重要新闻、评述，行文确有特色，有个性，有说服力。毛主席在军事指挥上是战略家，在政治舆论斗争上也是极高明的艺术家。”在《兔子不会跳到稿纸上来》（1947年9月27日）中写道：“读一位领导同志关于新闻工作的指示，其中提到依靠群众、相信群众力量。……他短短的信中，提出很多新的问题，特别是沿路询问情况，需要有细心的方法与科学的态度，启示我们新闻工作者，到任何地方、任何时候、见各样人，应该勤问细看，多留心，多用脑子想，注意观察各方面的情况，才可能发觉许多问题，得到新闻线索，而不是守株待兔，等着兔子往你的稿纸上跳。”这些话语，至今读来仍然很有意义。

午人在《战地纪行》最后一篇中说：“一年来，我真实参加了真枪实弹斗争这一课，有流血的沉思，有祝捷的喜悦，有牺牲的一瞬，有饥困的煎熬。生活是艰苦的，工作是紧张的，心情是愉快的，思想是充实的。古人说：凡操千曲而后晓声，观千剑而后识器。我已不是从银幕上看炮火，从书本里看战争故事了，而是亲身来到战地，报道战况，认识战争，同时战争也锻炼了我，告诉了我许多以前不懂的事情，战争真是一所学校。”本人在写随军日记时，为战争保密免去了军队行动时间、地点、部队番号的人名等。1986年，午人先生对他的《战地纪行》进行了梳理，“补记了一些人名、时间和地名，今日事过境迁，有的已无法查核注明。为保持原稿面目，作了一些补修，基本上只修订不通字句和明显错讹之处，其他无法补救。”（午人：《关于〈战地纪行〉的说明》,1986年于西安。）他说：“我仍然记得战场上牺牲的烈士，他们装在衣袋里的入党申请书、给父母爱妻的家信。他们在进入阵地前的顷刻之际，充满胜利信心，坚定地向党组织、向战友希望，到胜利的时刻，不要忘记他们！这样庄严的遗言，表明烈士所关心的不是个人的生死，他们的高尚理想和品格，是我们生者、后继者永远不能忘记的。”

忠诚：毕生从事新闻宣传工作

1948年4月23日，我军收复了延安，此时全国革命形势发生了很大变化，已从“低谷”逐渐走向胜利。为了迎接胜利在望的西北解放的形势发展需要，新华社西北总分社在陕西及周边地区相继组建了一批分支机构。将原有的几个记者组改为支社，并按当时的分区建制在过去没有记者组的地方新设立支社，加强了报道力量。据陕西人民出版社2000年8月出版的《陕西省报刊志》（为陕西省志第七十卷）记载，1948年5月至年底，新华社西北总分社先后成立了绥德支社（杜鲁公负责）、三边支社（冯森龄负责）、黄龙支社（午人、袁良负责）、陇东支社（叶滨负责）、陕东支社（后改称大荔支社，李言年、张光负责）、榆横支社（后改为榆林支社）；1949年春，又先后成立了三原支社（雷阳负责）、渭南支社（李言年负责）、彬县支社（刘甲负责）、宝鸡支社（兰钰、乔迁负责）。当时大部分支社同时兼有负责或参与创办地方党委机关报的任务。

1948年夏，午人离开前线分社，担任新组建的新华社黄龙支社社长（又称主编）。黄龙支社共有七名同志，包括午人、袁良、程远、李言年等，还有一位译电员。支社记者除了搞好采访报道，还承担了其他一些重要任务。如1948年后半年，组织上派李言年到黄龙山区里的一支绿林队伍里去采访。说是采访，实际上主要任务是“交朋友，拉队伍”，通过做思想工作，想办法把这支队伍拉到人民军队的阵营里来。他冒着生命危险，在这里住了两个月时间，完成了一篇稿子，与这支绿林队伍的首领交成了朋友。不久，这支队伍就接受了人民军队收编。这位首领在新中国成立后还担任了县公安局的副局长。在黄龙支社工作期间，午人采写了大量新闻稿件，部分刊登在《群众日报》上，还有不少稿件通过陕北新华广播电台播出。

1949年5月20日，古城西安解放。“三位一体”的新华社西北总分社、《群众日报》、陕北新华广播电台从革命圣地延安，随解放大军进入西安，在西安开始发稿、办报、播音。同年夏天，午人从黄龙支社调回西北总分社，担任通联室主编，到西安工作。

新华社西北总分社及前线分社是西北各省区新华分社的前身及创建者和领导者。当时各省区的新华分社和省级党报都是“两位一体”（1950年5月根据中央新闻总署的决定，新华分社才与省报陆续分设）。1949年8月26日兰州解放，9月2日西宁解放，9月23日银川解放，接着新疆和平解放，这些省区的新华社分社及党报随之陆续成立和创刊，分社社长、报社负责人及主力记者，都是由新华社西北总分社选派过去的（不到半年时间就先后选派了100多人）。午人就是在这样的情况下，被选派到青海西宁，担任新华社西宁分社（后改名青海分社）社长、青海日报社社长兼总编辑的。他的搭档是乔迁同志。

乔迁（1921—2001），原名刘自俭，祖籍陕西户县（今西安市鄠邑区），1921年7月生于四川省甘孜州巴塘县。乔迁是他在延安时期开始使用的笔名，后来索性以此作名字。乔迁的父亲早年从陕西原籍到四川做小生意并娶妻生子，妻子是一位藏族姑娘。乔迁5岁时跟随父亲回到陕西读书，1937年6月在陕西华县上初中时加入了中国共产党，1942年进入边区，先后在延川县和延属地委宣传部工作。1946年5月调到延安《解放日报》任助理编辑，1947年1月调到《边区群众报》当记者，曾任新华社延属记者组组长、收复延安报道组组长。1949年7月14日，西北交通工业重镇宝鸡宣告解放。乔迁以新华社西北总分社宝鸡支社副社长的身份，兼任新宝鸡报社副总编，参与创办了《新宝鸡报》。

1949年9月初西宁解放。中共中央西北局和新华社西北总分社应青海省委关于尽快创办《青海日报》的要求，决定选派午人担任新华社西宁分社社长、青海日报社长兼总编辑，乔迁担任新华分社副社长、青海日报副社长兼副总编辑；并决定停办《新宝鸡报》，原班人马由乔迁带队赶赴青海办报。7月20日创刊的《新宝鸡报》共出了31期，于9月20日停刊，该报社近40名同志（即青海日报社历史上有名的“一汽车办报人”）在乔迁的带领下，于9月下旬拥挤在一辆雇来的私营敞篷卡车里，从宝鸡出发，日夜兼行，于10月5日下午抵达西宁。午人则在9月下旬接受组织谈话后，立即与有关方面联系并于29日从西安出发，一路风尘仆仆，于10月15日抵达西宁与乔迁他们会合，开始谱写《青海日报》的创业史。

在时任中共青海省委书记张仲良和西宁市军管会主任的支持下，选定西宁市东关的一个老车马店院子作报社社址，并利用就地接收的一个小印刷厂用于办报。经过紧锣密鼓的昼夜辛劳，派记者连日走访军管会、军区政治部及采访各行各业人士赶写新闻，从社领导、编辑、记者到印刷厂，全报社的同志白天深夜都围绕出报忙碌着，采访写稿、审改稿件、研究标题、设计版样、排版校对……无所谓上班下班，工人守着不离开字架子，连伙房的同志也紧张地流水供应饭菜，如同打一个战役，大家都在拼搏着。

作为报社社长兼总编辑，午人在《青海日报》的创业过程中，更是以身作则，身先士卒。据《青海省志·报业志》（青海省地方志编撰委员会编，青海人民出版社2021年10月出版）“报业人物”记载：面对当时的艰苦环境，午人同志工作中吃苦耐劳，勇挑重担，身体力行，带头示范，为大家树立起了学习榜样。他反复向大家讲解延安精神和清凉山办报经验，要求大家正视困难，克服困难，并带头日夜苦干。在人少事多的情况下，哪里忙，他的身影就出现在哪里。新闻电台收报时经常遇到停电，他和大家一起用手摇发电机发电。当时，印刷厂只接收了几台破旧机器，还是手摇操作。为了及时出报，午人同志也和大家轮流摇机器。校对缺人，他去当校对，还和大家一起种菜、植树。当时办报的同志每天工作都在十几个小时以上，白天工作，夜晚办公室仍灯火通明，经常工作到深夜，午人同志经常在编报室和同志们研究版面，审定清样，也一直坚持到深夜。在编辑、记者新同志居多的情况下，午人同志一面抓理论和业务学习，一面从实际中加强培养。他首先紧抓报纸宣传方向问题，教育大家牢牢掌握党的舆论导向，坚定不移地宣传马列主义、毛泽东思想和党的路线、方针、政策；从青海省多民族地区实际出发，特别强调搞好民族政策的宣传；教育大家要服从党的领导，坚决完成党交给的任务，要求同志们深入实际，密切联系群众，充分反映各族人民生产、生活情况以及他们的意见和要求，要求大家认真学习革命理论，树立革命的人生观和世界观，提高政策水平。为了帮助同志们对政策的理解和青海实际的了解，他重视组织记者到农村、牧区采写稿件，调查研究，还请省委领导和有关人士讲党的政策，讲青海的风土人情。

午人同志谦虚谨慎，工作认真。报纸社论是报纸宣传的旗帜，他特别重视，稿子要经过集体反复讨论，然后由他定稿送审后发表。为了提高报纸宣传质量，防止差错，培养采编人员一丝不苟、精益求精的作风和提高写作水平，午人同志手把手地教；对稿件要求很严，对报纸清样毫不马虎，从政策思想到遣词造句，从谋篇布局到标点符号，他不厌其烦地一字一句地推敲，仔细修改。在报纸版面安排上，他总要和有关编辑仔细研究，力求突出重点，相互协调，恰到好处。在这种极端艰苦的条件下，午人同志率领全社职工，大力发扬延安革命精神和清凉山新闻工作优良传统，团结一致，艰苦奋斗，终于保证了报纸正常出版，并且日益求新，不断改进。紧接着于1951年1月又着手创办了《青海藏文报》。1952年9月，为工农大众出版了通俗的《青海群众报》。从此，揭开了青海省新闻史上新的一页。1953年底，调至省委宣传部任副部长。后长期在青海、陕西宣传部门担任领导工作。1954年1月，乔迁接任青海日报社社长、总编辑。（原载《青海省志・报业志》第393页，青海省地方志编撰委员会编，青海人民出版社2021年10月出版。）

1949年10月20日，青海省第一张人民的报纸《青海日报》，在青海省全省解放这一天“横空出世”了。这张当时只有四开四版的报纸，创刊号印刷了1500份，当日很快被读者抢购一空。《青海日报》创刊号上刊登的消息称：“新华社西宁分社今天成立，并已向新华社西北总分社发稿。”当天下午，报社全体职工齐聚东关湟光电影院开会，庆祝报纸创刊，省委书记张仲良到会讲话，表示热烈祝贺，勉励大家继续努力。在这本《午人新闻文存》的“《青海日报》创业记忆”板块，收录了午人先生撰写的《从零起步创办〈青海日报〉》《第一张人民的报纸》等回忆文章。而在《〈青海日报〉创建记》中，午人先生从“捷报催人急”“创刊的日日夜夜”“繁重的未来”“鲜明而谨慎地宣传民族政策”“刻苦劳动赢得友谊和支持”“日报是活页课本”“读者认识人民报纸的品格”“党给了我们志气”“在实践中学”“学习做人的工作”“报社是我们的学校”等不同方面，回顾了当年的创业过程。

新中国成立后，午人同志担负了繁重的领导工作，但他仍坚持笔耕不辍，采写的许多稿件见诸报端。从中也可以看出，他继承和发扬了延安时期深入实际、联系群众、实事求是、艰苦奋斗等优良传统和作风，这从他采写的下乡杂记系列稿件中，可以窥见一斑。

午人深爱着普通民众，从他诗歌中所描写的老农、乡村老婆婆、妇女、饲养员，都是他注意到，并深情描写的人物，甚至连乡村戴红领巾的小学生也是他歌颂的对象。作为一个高级干部，这种现象是极为少见的。看出他的心里是真正有普通人民大众的。

《青海日报》是午人在新中国成立后工作起步的第一站。虽然他在报社工作时间不算很长，但他在担任青海省委宣传部领导期间，又长时间与《青海日报》有联系、打交道。因此他有着深深的“青报情结”。1979 年在庆贺《青海日报》创刊 30 周年的时候，他撰写了《第一张省报创建》的文章，刊登在《青海日报》上，并写了一封长信“一表深情，二示礼仪”，在信的结尾还附有一首小诗：“珍惜峥嵘岁月，卅年战绩丰硕。若问变化多深刻？日报旦旦有评说。”1984 年《青海日报》创刊 35 周年，午人撰写了《万期报纸新航程》的文章。1989 年庆贺《青海日报》创刊 40 周年时，午人同志又写了贺信，报社将这封信刊登在报纸上，并印在报社工作人员的笔记本扉页上。1988 年，当年参与过《青海日报》创刊的老记者古洪因病去世，午人同志还撰写了悼念文章《一位勤勤恳恳耕作的记者》，刊登在 1988 年 10 月 8 日的《青海日报》上，表达对《青海日报》及对报社老同志的深切怀念。

深刻：让思想的火花璀璨闪光

午人同志在近 60 年的革命生涯中，长期工作奋战在新闻宣传战线上，曾当过两任青海省委常委、三任省委宣传部部长、两任省委党校校长，离开青海、调回陕西后，仍在省委宣传部担任领导工作，离休前还是陕西省顾问委员会委员。他是一位从延安走出来的“老革命”“老新闻”“老宣传”。他在工作岗位上时，发表了大量的各类文稿；他在离休后，仍然笔耕不辍，写作了许多富有哲理的文章。其中有些很有新意和见地，具有相当的思想深度和理论高度。

在午人笔下，《老同学的风范》，记述了一位老同志保持和发扬革命传统的事迹。《轻燕点水》，批评了个别领导干部下乡如“轻燕点水”搞形式、走过场的现象。《淡淡友情》《心底的感激》，表扬了医护人员“老老实实尽了自己责任”的事迹。《隔膜》《“名家”》《一种心态》《起步的喜悦》等，记录了平日的所见所闻和社会万象。《妒忌，摧残才智的大敌！》《败类查出以后》等，谈对社会上的不良现象和腐败问题的痛心疾首及坚决反对的鲜明态度。长文《有理想有牺牲精神的人》，表达了一位“老青海”对青海发展的祝福和期望。而在《书，我的伴旅》《我的书劫》中，作者以优美的文字娓娓道来，叙述了自己“从识字起，就与书结下了不解之缘”的人生历程：年轻时爱读书，是进步书籍引导自己走上革命道路；到延安后上抗大、上中央党校，读马列著作，使自己树立了革命的远大理想；在战地露宿山坡的草地上，在行军的马背上，在寂静的深夜里，在最艰难的岁月里，书总是默默地陪伴自己，走向一个个胜利和美好的明天；在繁忙的工作岗位上，读书常常使自己受到新的启示甚至警告，“眼前豁然明亮”；直到进入老年，自己仍然酷爱读书。他写道：“书帮助我认识世界、认识人生、认识自己，帮助我认识时代，祖国命运；认识中国革命；认识我们党的历史责任。书给我力量，给我知识，指导我工作，做人做事。”他说：“在人生的道路上，我永远是一个小学生，也就永远需要读书，有书做伴，生活是充实的，满足的。”

“冰冻三尺，非一日之功”。从午人先生的文章中，可以看出一位老同志、老记者、老领导崇高的思想境界、理论水平和深厚学养。读之品之，给人以启迪和感悟。

暖心：珍惜亲情友情柔情似水

午人是一个温文尔雅的文化人。在他的许多文章中，蕴藏了中华民族传统文化的浓郁气息。特别是他所写的回忆长辈和亲人的一些文字，充满了浓烈的亲情，“刚烈似火，柔情似水”，读来扣人心弦。

午人的父亲仵堉（1875—1947），字润初，清朝末期乡试秀才，一生教书，长于书法、诗文。在家排行第八，人们尊称八先生。午人在《老人给了我什么——忆父亲》一文中，讲述父亲的故事，说明了这么几层意思：

一是父亲是一个思想开明的人。午人的父亲作为一个有知识、有文化的人（清末秀才），多次谢绝县、省政界、文化界朋友“干公事”（当官）的邀请，甘心在偏僻乡村教书一生。他教儿子自小背“国正天心顺”“官清民自安”等格言，讲述周公旦不争权谋位；屈原忧国放歌；太史公忍辱修史；周亚夫细柳营治军；诸葛亮的多谋；魏徵的直谏；岳飞、文天祥的爱国；海瑞的刚正不阿等历史故事，以这些先贤哲人的光辉形象、优秀品格，启迪儿子热爱祖国、敬慕正义、追求真理，从而逐渐接受革命的道理。午人写道："老人去过京津，眼看过康梁变法、八国联军进犯北京，慈禧逃来西安避难、辛亥革命、军阀混战等大的历史事件。他有爱国心，受到一些民主思想影响，看不惯国民党的统治腐败，仇恨日本帝国主义侵略，爱国家、爱民族，憎恨蒋介石不攘外、只安内的卖国政策。""（老人）加给了儿子许多陈旧的思想重负，但同时也赞佩儿子学来的新思想、新道理。"对于儿子在西安上中学时假期带回的新书新刊，父亲非常喜欢，对鲁迅的杂文、邹韬奋的时评等文章见解感到新鲜，赞叹不已。进而让儿子给他读毛泽东、周恩来、朱德等革命领袖人物关于呼吁抗日救国、建立统一战线等政论文章，佩服共产党有气概，主张高明，"有时听着听着起而拍案叫绝，竟将桌上的茶水震散了……对我们党关于坚决抗日的政治主张等，赞不绝口，感叹自己年老，不能力行做救国的事情。"

二是支持儿子投奔延安、参加革命。午人是父亲视为掌上明珠的家中独生子，但他全力支持儿子走向光明。午人在文章中写道：自己"北上延安，真正投向革命，是得到父亲同情的，老人虽然年高，老母多病，一个姐姐遭婆家虐待，仅我一个晚生儿子，明知走远了家里生活会有困难，也知道上延安闹革命，有性命危险，可是毅然支持了我，而且帮助儿子向爱国有正义感的岳父做了解说……"午人说："我第一次北上延安，是1938年春，进抗大学习。1940年夏第二次北上，旧历七月七日，从家里走的。为避免村人看见，于中午炎日稍偏西时出门。老父亲白发苍苍，长长的银须随风飘动，拿一把芭蕉叶扇遮阳，把我送到村西马王庙前的大路口，两人相对默默无言。父亲的表情和我的心境都是充满矛盾的，觉得走得对，也预感着未来的风险，甚至会有难以预测的意外。转身离开父亲，一个人在路上走，深深感到父亲在大事情上深明大义，是真正支持儿子的。"

三是支持儿媳妇北上延安。1946年，这位年已七旬的老人，毅然支持儿媳妇（午人的妻子李咸）奔赴延安，去寻找丈夫并参加革命。这在当时白色恐怖笼罩的敌占区，午人的父亲能够做到这一点，是冒着极大的风险，是一般人所根本无法做到的"石破天惊"之举。

四是支持兄长"清白为官"。老人有个兄长（午人的五伯父仵墉）多年在外做官，他从不愿"沾点滴恩惠"，对亲友中远去兄长官府要钱、求事者非常反感，曾在十七个年头里偏偏不去看访兄长，只是书信来往。两位老人的来往信件通常是抒发怀念之情，谈论时事，有时还相互讽刺，一个挖苦说他的钱臭，一个警告"做官要小心，红笔之下难免有冤情”。午人写道：“我也看过伯父来信，可真没见过迢迢千里，相互争吵这般激烈的。”

这一桩桩事情、一个个故事，足以说明午人的父亲，是一个识大体、顾大局、明事理的正直老人。午人能够在抗日战争中义无反顾地奔赴延安参加革命，与他得到父亲的理解和支持不无关系。《老人给了我什么——忆父亲》，这标题就包含了午人心中对父亲的深深思念和这篇文章的内容指向。

《母亲》，是午人饱蘸着心血所写的回忆娘亲的文章。在这篇不算很长的文章中，充分反映出一个旧时代的女子，是怎样恪守妇道、忍辱负重、默默奉献的，“她带着旧世界的精神枷锁，在漫长的艰辛的路上，默默无闻地走完了一生”。而当读者从午人笔下看到“写到这里，一直到她（可亲可敬的母亲大人）长眠地下几十年，我竟然没有听到过母亲的名字。怕因为她是女人，旧社会，妇女的名字可能一生也没用过，她们羞于在同辈人面前提说自己的名字，在儿女面前说，仿佛有损尊严。她娘家姓米，有姊妹三个，只记得老一辈人都称她米三姐”时，读者与作者一起感到心情纠结、心痛不已。通篇读完《母亲》，让人再一次体悟到，什么叫“母爱深似海”。

午人的五伯父仵墉在他的家乡蒲城县，是一个重要的历史人物。在 1993 年 7 月，由蒲城县志编纂委员会编、中国人事出版社出版发行的中国地方志丛书《蒲城县志》中，第二十七卷为《人物卷》，其中是这样介绍仵墉的：

仵墉（1870 — 1947），字崇如。贾曲贤坡村人。13 岁入塾。光绪二十九年（1903）中进士。擅长文学与草书。清末民初，历任河北省乐亭、祁州（今无极县）、安州（今安新县）、沧县、滦县、临榆、长垣（今属河南）、昌黎、饶阳、赵县、霸县等县知县、县长，共 28 年。在沧县任中，大水成灾，田禾淹没，农民无力纳粮，他便把北京住房卖掉垫赔，全家移居蒲城会馆。“九一八”事变后，日军直逼察、冀，时局危急，他任某县县长，全县官绅逃匿一空，而他坚守危城。张学良问他为何不走，他慨然答道：“县长有守土保民之责，不能只顾个人安危而置全城百姓死活于不顾！”张学良深为感动，荐任察哈尔省民政厅厅长。时局日急，一夕数惊，省主席刘翼飞打通关节，调任离察，新任主席宋哲元托病不到职，他临危受命，代理察哈尔省主席。与冯玉祥、吉鸿昌、方振武所率抗日同盟军紧密合作，坚持抵抗。失败后，退走北平。北平沦陷后，他甘受清贫，日伪百般威逼利诱，不能动其爱国之心，亦不令子女给日伪做事和入日校读书。一再告诫家人“饿死事小，失节事大！”“宁可全家饿死，决不受日伪一粟一缕。”后装病住进医院，以避汉奸邀请做事。他和友人结成龙亭会，每逢周六到北海龙亭聚会，吟诗填词，抒发沦亡之恨，爱国之情。民国 35 年（1946），他年逾古稀，贫困不堪，老年丧子，悲痛失明，遂由其弟寄钱，并卖掉自己寿木，凑足路费，回到蒲城。行箧萧条，两袖清风，仅有“万民衣”一件，“万民伞”一把，但心情十分舒畅。吟诗述怀：“万里荆棘险，三冬冰雪寒。七十八岁叟，居然得生还。弟侄初相见，喜笑杂悲欢。收泪相问讯：一路尚平安？此喜胜登科，此乐胜迁官。此身得死所，此心得大宽！”

午人写的《五伯父仵墉》，是一篇“千字文”，篇幅虽短，但内容却很充实。他先是简要叙述了伯父生平及跨省为官数十载的情况，接着写了几个小故事：

——先生有一次单身外出返县城，天将黑，匆忙赶路，发现身后有农民携筐跟随。询问：“往何处去？”农民回答：“我认识县长。县长为百姓办事，天黑，跟来保护送一程。”

——先生在沧州任期，遇极大水灾，淹没大片田禾，人不得食，无力缴纳田赋。上级催索，先生多次禀报灾情，申请宽免，兼从本县积存中筹措，得减轻民命损失（《蒲城县志》中还有“农民无力纳粮，他便把北京住房卖掉垫赔，全家移居蒲城会馆”的记载）。

——1927 年，蒲城遭连年大旱，先生即兑回俸金五百元，援济故乡几村。

——北平沦陷后，日本侵略者利用伪满汉奸统治，收买清朝和北洋军阀中的官吏，为伪满做事。先生誓不为日人做事，持民族气节，辞去官职，甘守清贫。

午人最后写道：“本家晚辈和年长的邻人，以感叹的语言告诉我，父亲同从北平回来的兄长，临终之前的凄凉境况。在河北省做民政厅厅长又兼代过主席的伯父，当年日本帝国主义侵犯危机时，坚决拒绝为日本人做事，辞去了职务，闲住北京私邸。伯父不甘忍受铁蹄下的屈辱生活，携带一女一孙千里迢迢回到陕西老家。在外为官三十多年，通常是久官自富，谁料他回家乡却困难到没有路费，竟然由守穷在家乡的兄弟奔走筹借，才得以回到祖居老家。伯父离开了北平，一则远远躲开了日寇、汉奸横行之地；二则能和老兄弟朝夕相处，又如少年时兄弟同窗读书那样，谈文、作诗、写字，而且，都盼望能见到我。老人过得惯淡泊的乡村生活，常向晚辈说他们少年念书时，下学回来，放下书本，又去拉犁、翻地、打井、淘粪、喂牲口等等，今天不做官了，照样过得惯。兄弟俩毕竟都是七十多岁高龄，困于生活，又遭人情冷暖的袭击，仅仅半年多，两位亲兄弟短期相随长逝了。”这段文字，占到整篇短文的三分之一多。一个具有民族气节的“清廉官吏”形象，活脱脱站在人们面前。看得出，在午人心中，五伯父仵墉当是一个做人为官的“标杆”。

《愿你含笑长眠——写给妻子李君》和《再忆李君》，都是午人所写的回忆爱妻的文章。午人的妻子原名李娴，后改名李咸，在午人文章里均以“李君”相称。是否取“君子坦荡荡，小人长戚戚”之意呢？不得而知。李咸 1921 年出生于陕西省蒲城县苏坊镇苏坊村后李堡的一个诗书之家，其父亲李采白是当地著名的爱国诗人。

1993 年 7 月出版《蒲城县志》中，是这样记述李采白的："李采白（1874－1941），字同初，号望三堂主人。苏坊乡后李村人。17 岁考中秀才。厌八股，淡科名，执教多年。民国十四年（1925）历游洛、汴、京、津，当道聘以县长，辞而不就。富平美原镇马子和在天津担任军职时，托其携回私资 8000 银圆，他先以道路不靖而辞，后知中华书局预约销售《四部备要》，遂借马款为乡里各高等小学预购 13 部，商定回蒲将书售完还款。回乡后与学者鲁献颂募资发书，但因遇荒年，募资困难。马子和回家后，日差武弁限期还债，竟致他倾家荡产。民国二十年（1931）至民国二十七年（1938）受杨虎城之聘，任陕西省政府高级参议。是年 9 月，中共地下党员周至仁被当局捕押省狱，他配合地下党人，多方奔走，后又请杨虎城机要秘书王菊人、白心镜及长安法院推事廉健伯等多方营救，始得开释。著《望三堂七绝钞存》由中华书局刊印，部分诗作入选《陕西省通志稿》。其诗忧国忧民，充满爱国主义精神，为人们所称道。"

1940 年 11 月，李采白先生曾写过一首题为《怀仵道诚》的诗："救亡人去话匆匆，好在深藏不语中。为国为民成逆子，何人知汝暗修功。"这首诗，是这位岳父大人为怀念二赴延安的女婿午人（原名仵道诚）而作的。看得出，老人从心底里是支持午人北上延安的。

午人 1938 年 10 月从延安回到蒲城，根据党组织安排以教师身份从事党的地下工作，农历十月与李咸成婚，次年生一女孩。可夫妻仅仅相处一年半，午人 1940 年秋就奉命调回延安，从此一别六年。李咸留在家中侍奉父母、养育女儿（怎奈爱女 6 岁时不幸因病夭折）。李咸忍受着母女永别的悲伤，承担着侍奉老弱翁姑的重担；艰难周旋着一家人的生计；吞咽着丈夫"已死"的流言蜚语；抵制了无聊之徒诱劝她改嫁等世俗的冷眼和压力……翁婆待她很体贴，可是生活实在单调，再无人和她说话，平日活动的范围只有家中一片小天地。李咸就凭自己所认得的字，翻阅丈夫留在家里的进步书刊，开始接触时事知识，摸索着走近一个新的思想境界，渐渐懂得一些革命道理；渐渐理解丈夫果决的行动和平日向她所说青年该有的理想，一个向往逐渐朦胧地在她脑子里萌生。在 1945 年严冬的一个夜里，突然有人来家告知午人的消息，一家人高兴极了。在思想开明的老公公劝说下（尽管老人背地里非常愁苦），李咸依依不舍告别老人，在地下党组织的帮助下，投奔延安"去找丈夫，也为找到革命"。1946 年 3 月 7 日，李咸来到延安清凉山上的《边区群众报》办公窑洞，"像从天上掉下来的一样"，突然站到丈夫午人面前。从此他们不仅是恩爱夫妻，也成为革命同志和战友。组织送李咸去妇女职业学校学习，接着她被分配到安塞县真武洞完小教书。1947 年 3

月中旬至1948年底，李咸先是跟随边区群众报转辗陕北，后进入延安大学学习，跟随学校转战前往山西，并参加了运粮工作。午人的《战地纪行》中，有6篇文章写到李咸，其文字优美、情深意长。1949年初至1950年初，李咸随解放大军回到陕西蒲城，在蒲城县委工作。1950年初，李咸调动到丈夫所在的青海西宁工作，先是在青海日报社工作，中间有一段在青海省委《红与专》期刊室工作（后杂志停刊回到报社），直到1966年初停职养病，1976年10月26日因病去世，享年55岁。午人、李咸伉俪情深，爱妻仙逝后，午人再未续弦。在妻子去世第7个年头的时候，午人写下了《愿你含笑长眠——写给妻子李君》的长文，后来又写了《再忆李君》，两篇发自肺腑的文章共达9000多字，回忆了爱妻的往事桩桩件件，记述了“李君，一个从农村姑娘走上革命；从一般有正义感到走进党内战斗行列；从旧社会到新社会；从新民主主义到社会主义。她有自己的思想，有自己的人格准则，刚强坚定的性格和与人为善、乐于助人的同情心是那么协调地体现在她的身上，受到同事们的信任和敬重……她的一生可说是平凡，而又充满了传奇，直到她生命的最后。”并记述了美满幸福家庭往事的点点滴滴，字字饱含深情，表达了对爱妻的思绪绵绵，读之令人感动不已。

先生对人生看得很透彻。他生前就给子女写好了遗书：《预书示儿女》。先生在这篇只有400多字、1992年12月24日写成的“修订稿”中亲笔写道：

我一生极普通，才智平庸，得自社会极多，为社会为人民奉献的微薄，按中国共产党党员准则要求，深有不安。唯一自安的是：在政治风浪、横遭残害时刻，幸未迷津，清醒坚定地跟党走到个人生命的最后。遵纪守法，羞于谋私等，这或许是我留给你们姐弟该深思的东西。

我患心脏病，易有猝死的可能，故留有数语：

一、我走后，你们的工作生活，一如既往，靠自己努力，才算独立做人。

政治上跟中国共产党走，坚持和维护社会主义方向，全心全意献身于祖国人民的前进事业。

思想上爱护祖国优良文化，不固守、不赶风，警惕流行时病，小心旧意识再偷偷侵入你们的下一代的心灵。

忘记我，不悲伤，应着力于事业，若想念及我时，既能思索我所信仰坚持的；又不可忽视父母身上的弱点。

二、丧事，坚决从简。

不办遗体告别，不必登报。

火化不留骨灰，不去陵园登记（随你母骨灰一起送付渭水东流去）。

除少数亲友外，一般不发通知。

不收礼仪之物。

不因丧事向组织上提任何要求，节约公家财力。

以上留言，于我呼吸停止时，即向组织出示，并希望理解我的意愿（对少数深交亲友可分送几份）。

午人先生1997年7月12日仙逝于西安，享年82岁。从午人生前留给子女的这篇遗嘱，足以看出先生坚定不渝的信仰信念和他清白为人的高尚品行和哲人风范。午人先生在子女心目中的形象，从其女儿仵劲草、儿子午海宁的文章中，都有发自心底的真实表达，一并收录在本书中，以表对先生的深深缅怀。

文存：出版告慰先生启迪后人

1979年，午人依依惜别了自己工作生活了30个春秋的青海高原，调回故乡陕西，任中共陕西省委宣传部副部长，1984年任中共陕西省顾问委员会委员，1986年12月离职休养。

午人先生离开繁忙的一线工作岗位后，生活安排得井井有条。1986年初，他将自己在解放战争期间写的随军日记整理成书稿《战地纪行》。他和田方、方蒙共同主编了《延安记者》一书，书中收录了延安时期70多位记者的文章，1993年由陕西人民教育出版社正式出版。他坚持笔耕不辍，撰写了大量的回忆录和各类文章。先生本来是诗人，他继续写诗，并爱上了书法，丰富生活，陶冶情操。他将自己多年来的文稿进行梳理，分类整理成若干文集。他在1993年为这些文集撰写的“总序”（综合说明）中说：

“我以往的一些旧文稿，要编入结集出版成书，是我从未想过的，因为当年动笔时，只当作责任，当作需要，不是在作文写书。

诸如：《巷尾笔记》，是在晚年休闲之后，马路散步耳闻目睹，深觉社会生活之多样繁杂，是过去坐办公室时难得知道的。今日顺笔记录，仅作为自己认识社会的点滴资料而已。

《安塞部分通讯》是当时在县上工作，火热的生产运动，是党政军民最大的事。自己被大潮鼓舞，便向《解放日报》写点通讯报道。

《战地纪行》是随军采访之余，记录点战地生活见闻。作为一个青年，把在人民战争烟火中受到冶炼和自己思想感受，留下一点自我鞭策的记录。

《悟迟录》，并不是自传，是在中国革命胜利，新旧社会历史性巨变中，个人幸运的和灾难的经历片段。对事中的现象和深层内涵，常常是事后，甚至是事后多年时，才有所省悟，或又有点新的理解，至今仍未真正理解的仍然不少。所以这组文字本是为自己备忘的。

综如上说明，原未做出书的梦是对的，是一个诚实人的守分、自觉。即使今天有好心的同事要我将旧稿集拢起来，整编成册，我将在某地区主办省报及分管文化宣传近卅年间刊出的文稿，没有再集录。一则没力量查报；二则文章多涉及当时思想和工作，时至今日，更没有再浪费读者时间的必要。本书各卷所录文字，也不必一概废弃，其中多少渗透了点些许的社会影子，对一些研究社会的人说，也许有点用处，其他没有什么更多的价值。”

午人先生的这些文章，在他生前没有正式出版。他的女儿仵劲草、儿子午海宁悉心保存。2022年，仵劲草女士在近几年对父亲遗作进行认真整理的基础上，与边江合作，选编了《午人新闻文存》一书，由新华出版社正式出版，以告慰先生，启迪后人。本书也是新闻史研究的珍贵的第一手资料。

我们深深地缅怀这位从战火中走出的可亲可敬的新闻界老前辈。

2022年5月26日于古城西安新华苑

老幼勤学图。爷爷和孙女，80 岁与 9 岁。（1995 年摄）

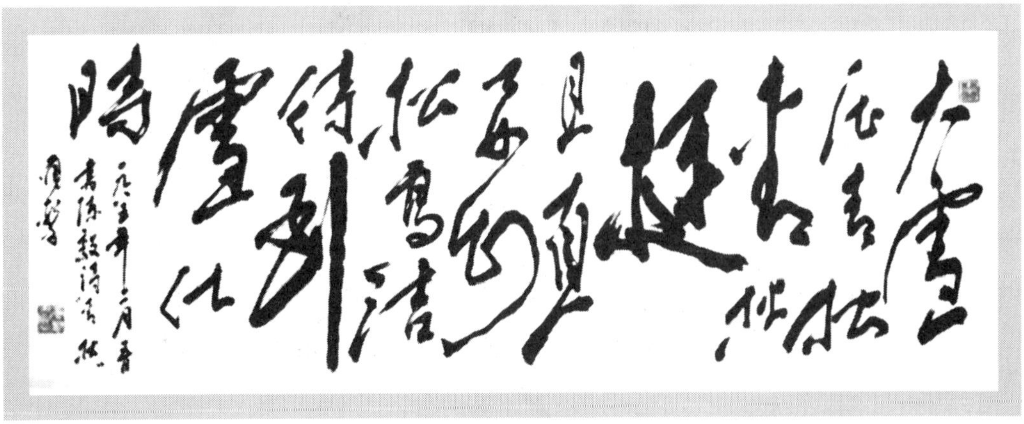

午人书法：
大雪压青松，
青松挺且直，
要知松高洁，
待到雪化时。
一九八五年二月五日书陈毅诗《青松》 勇击

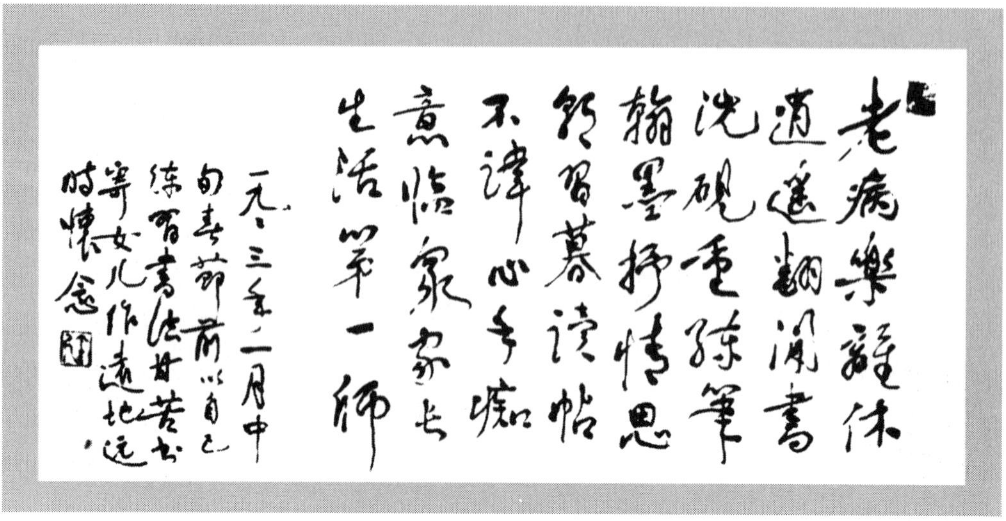

午人书法：
老病乐离休，逍遥翻闲书，
洗砚重练笔，翰墨抒情思。
朝习暮读帖，不讳心手痴，
意临众家长，生活第一师。
一九九三年一月中旬春节前以自己练习书法甘苦书寄女儿作远地远时怀念

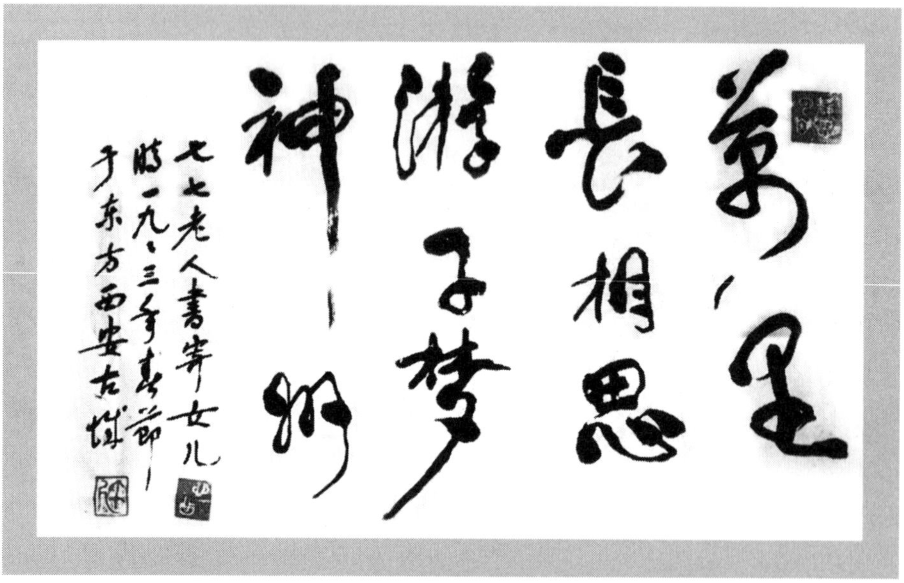

午人书法：
万里长相思
游子梦神州
七七老人书寄女儿
时一九九三年春节于东方西安古城

后　记

我亲爱的父亲午人先生，学生时代读了大量的进步书籍，积极参加抗日救亡活动。1938年初，他怀着“国家有难，匹夫有责”的正义感，“为寻找光明和真理”北上延安，进入抗大，同年加入中国共产党。他1943年开始新闻写作，继而走上编辑记者岗位，是一位老战士、老新闻人，他把毕生献给了中国人民的新闻宣传事业。在《午人新闻文存》即将付梓之际，我有许多心里话想向读者诉说。

我从父亲留下的文稿中，看到了一个有学识、善良、正直、全心全意为社会和人民诚实庄严地履行了自己职责的人。父亲是中国共产党的一位高级干部，也是一位受优秀传统文化熏陶，重道德重正义的知识分子。他是中国新民主主义革命和社会主义建设的追随者、参与者、亲历者和见证者，他的一生经历可谓丰富多彩。他热爱生活，热爱大自然，珍重人类心灵里美好的品质。他对纯朴、善良、勤劳、刻苦工作的人和战场上英勇奋战的指战员，充满了深深的敬意和无限的热爱。他写下大量文章、新闻通讯，记述了延安人的生活和精神面貌；热火朝天的大生产运动；新闻工作者一丝不苟的敬业精神；延安保卫战中可歌可泣的英雄事迹；创业的艰辛和他那一代人克服困难建设国家的坚强意志，以及四化建设中人们的坚定信念……父亲把所经历的各个不同时期的所见所闻和思想感受悉心地记录了下来，其中一部分是为鼓励和鞭策自己，为自己学习备忘。他的人生经历和他留下的文字，使我感动，引我深思，启发我对“生命”和“活着”的意义和价值向更深层次去理解和领悟。

父亲的文字简练形象，气势磅礴，优美细腻，有光有热、有意境，笔下亲切自然、真诚、富含智慧和哲理，耐人寻味，使人震撼。他字里行间那些瞬间发生的平凡和不平凡的人和事，有情有景，生动鲜活，读之使人难以忘怀。古人云："光阴似驹过隙。"人的生命是留不住的，但父亲记录下来的人和他们的事迹、思想和精神，以比生命更长久的意义留在了人间。

本书之所以定名为《午人新闻文存》，首先是我父亲一生从事文字工作，与报纸、新闻写作结下了不解之缘。在他生命的最后几年里，他仍"不甘衰歇"，坚持社会调查，了解民生，不曾停止写作，正如我的弟弟午海宁所说："父亲一生的轨迹就是一个名副其实的记者。"其次是我父亲早年在延安《解放日报》《边区群众报》《群众日报》以及《青海日报》等媒体发表的新闻稿件、各类文章及相关资料，幸由新华社图书馆、陕西日报社、青海日报社及陕西省图书馆等相关单位精心收藏与热情提供。再次是我父亲的《战地纪行》等遗稿幸得我弟弟午海宁妥善保存；加之新华社陕西分社原副社长、高级记者边江退休后潜心于新闻史研究，不辞辛苦各方查找和收集有关史料，最后形成了这本书。因此，以"新闻"和"文存"作为本书的书名，我认为是再恰当和贴切不过的。

窃以为，这本《午人新闻文存》具有纪实的史料价值，在新闻采访、稿件写作、报道探索以及新闻理论与实践相结合等方面，具有诸多特点或独到之处。这些幸存的文字现整理成书，借以"告慰先辈，启迪后人"，既是父亲新闻作品生命力和社会价值的延伸，也希望对新闻工作者、社会学者、历史学者和文学爱好者们能够提供一些参考和研究的材料。

本书在编辑出版过程中，得到各界人士的大力支持和鼎力相助，我在此向他们一一表示衷心的感谢，他们是：新华社资深高级记者，宁夏分社、吉林分社原社长申尊敬先生，特为本书写序；新华社陕西分社社长孙波先生；新华出版社社长匡乐成先生、总编辑许新先生、责任编辑丁勇先生；新华社图书馆馆长刘涛先生、总经理室张轩瑞先生；陕西日报社刘义先生，《陕西日报》数据部；青海日报社张成国先生，青海省报业志办公室李军先生；陕西省图书馆馆长周云岳先生；陕西省作家协会原党组书记雷涛先生；原陕西人民广播电台台长徐来见先生；延安大学党委书记张金锁先生、新闻系主任郭小良先生；原中共延安市委常委、市委宣传部部长师银笙先生；中共陕西省委宣传部张义平先生、朱若蕻女士、张景珠女士、鱼千惠女士；西安新华印刷厂马培红、马汉宇、岳娅、闫梅等各位师傅，从不同方面鼎力支持本书的编辑出版。我还要再次深深地感谢边江先生，为查找、搜集我父亲的通讯文章和有关资料，为本书的编辑工作，夜以继日花费了大量时间、精力和心血；他仔细了解我父亲午人先生的生平，精心查证，撰写了《午人传略》，他认真负责的敬业精神使我感动和钦佩，他的文字造诣和文风使我受益良多，与边江先生合作，我感到十分荣幸。

感谢上述诸位专业人士的辛勤工作，《午人新闻文存》与广大读者、学者和新闻工作者朋友们见面了。欣喜之余，我必须借此对一直以来许许多多关心、鼓励和帮助我，给我提供宝贵资料和诸多方便的长辈、同辈和亲友们表示心底的感激之情。感谢杜鹏程叔叔的夫人张文彬阿姨和女儿杜稚妹妹，父亲在世时，她们常去看望他，带给他温暖和关爱；父亲去世后，她们多次提醒我，说父亲留有文稿，要我们注意整理。没有她们的提醒、关切和帮助，就没有父亲遗稿的整理和编辑。感谢和父亲共事过的陈章平叔叔，他已年过九旬，依然思维清晰，帮助我回忆了他和父亲相处的一段经历，对我说，我父亲让他“永远不忘的是，他的文笔造诣、平易近人，他生活俭朴，低调处事，恪守本分的道德情操”。陈先生的这番话，更加坚定了我完成整理编辑父亲文稿的决心，感到父亲留下的精神财富和他那一代人高洁美好的品德对社会的可鉴性。感谢何大凡姐姐，给我传授整理文稿的经验，热心嘱咐我收集和录入要细致，一定要把父亲作品的原貌和他的精神遗存完整地整理出来。感谢我勤奋好学的表弟李坤明先生，他在编辑和注释蒲城县诗稿选集的繁忙中，不分昼夜，在我需要帮助的时候，总是第一时间给予答复，帮助我辨认我父亲手稿的字迹和解决文字上的困难。他于去年(2021 年)3 月不幸辛劳过度，突然离开了人世，我在此对他特意表示感谢和缅怀。感谢我的挚友郝进女士、热心助人的黄鲁平先生和马毅超先生，他们的珍贵友情和慷慨支持，给了我克服困难的信心和力量。感谢与父亲共事过的前辈们的子女：李言年前辈的女儿李丹萍女士，李季前辈之子李江树先生和李江夏先生，乔迁前辈之子刘冬青先生，金照前辈之子金京先生，他们为本书热情提供照片和资料，使这本书更具完善。最后，我深情地感谢我亲爱的丈夫 Tik Hwie Ong 先生，近四年来他一直默默地支持我，不厌其烦地帮助我解决了文图存入电脑等各种技术问题，使我能够顺利完成我父亲文稿的编辑工作。他的爱、包容和理解是我能安心整理编辑我父亲遗稿的源泉。

本书选编中如有不妥之处，敬请各位方家不吝指教。

午人之女仵劲草

2022 年初夏于荷兰